바울과 팔레스타인 유대교

종교 패턴 비교

간추린판

E. P. 샌더스 지음 | 박규태 옮김 | 김선용 간추림

비아토르 & 알맹e

본서의 커버는 원서의 1977년 초판 표지에 대한 오마주로 만들었습니다.
본서의 표지는 주로 서유럽과 미국의 박물관에 소장된 사도 바울의 그림을 모은 것입니다(사진: 맹호성).

수전 필립스Susan Phillips를 기리며
1947년 7월 2일-1975년 9월 26일

번역자의 일러두기

1. 성경 본문은 한국어 역본을 그대로 인용하지 않고 저자가 제시한 본문을 직접 번역했습니다.
2. 번역할 때는 저자가 말하고자 하는 의미는 그대로 정확히 살리되, 가능한 한 우리말로 쓴 글처럼 부드럽게 읽어나갈 수 있게끔 번역했습니다.
3. 이 책에서 히브리어 발음을 한국어로 음역할 때는 게제니우스 히브리어문법과 토머스 램딘이 쓴 히브리어문법의 발음을 따랐습니다. 가령 shewa도 보통 "에"로 많이 발음하나, 게제니우스와 램딘이 제시한 발음을 따라 "어"로 표기했습니다. shammai와 haggadah는 샤마이와 하가다로 적었습니다. 신학자 Emil Brunner를 독일에서는 에밀 브루너로 발음하나, 같은 독일어권인 스위스에서는 에밀 브룬너로 발음하듯이, 자음이 겹치는 경우에 그 발음을 어떻게 표기할지는 참 어려운 문제입니다. 위 두 단어를 샴마이와 학가다로 적기도 하지만, shammai의 mm과 haggadah의 gg가 두 개로 겹치는 자음을 가리키는 히브리어 다게쉬를 존중한 음역 표기요, 이스라엘 사람도 샤마이와 하가다로 발음하는 점을 고려하여 샤마이와 하가다로 표기했음을 밝혀둡니다.
4. 저자는 영어판 원서에서는 영어가 아닌 언어(불어나 독어 등)로 저술된 내용을 인용하는 경우가 종종 있는데, 그런 경우 본문에는 원어로, 각주에는 저자의 영역이 실려 있습니다. 이 한국어판에서는 독자의 편의상 본문에 한국어 번역으로, 각주에는 원어로 그 내용을 넣어뒀습니다.
5. 역주는 본문 속 〔 ⓣ〕 안에 적어놓았고, 이해에 도움이 되는 첨가어는 〔 ⓣ첨가〕라고 표기합니다(ⓣ는 translator를 뜻함).

편집자의 일러두기

1. 한 단어로 번역하기 어렵거나 독자의 이해에 도움이 된다고 판단되는 경우에는 대체 번역어나 영어 원문을 〔 〕 안에 넣어서 저자의 글과 구분되도록 했습니다. 그 외의 모든 괄호는 저자가 원서에 사용한 그대로 사용했습니다. 드물게 편집자주가 필요한 경우 〔 ⓔ〕 안에 적어놓습니다(ⓔ는 editor를 뜻함).
2. 한국어 번역서의 존재가 파악된 경우에는 번역서명을 『 』로 표시했습니다. 번역서가 존재하지 않으나 외국도서명의 한국어 번역이 도움이 될 것으로 판단되는 경우에는 〔 〕 안에 적어놓았습니다.
3. 본문의 행간에 있는 볼드 숫자는 원서의 페이지를 가리킵니다. 원서에서 문장 중간에 페이지가 바뀌는 경우, 해당 문장 머리에 페이지 번호를 표기했습니다. 본문에서 본서를 언급할 경우에는 원서 페이지 번호를 그대로 넣었습니다. 각주에 제시된 모든 페이지 번호도 원서의 페이지 번호입니다.
4. 저자는 영어로 번역된 책을 참고할 때 ET (English Translation, 영어번역판)이라고 표기하는데 본 한국어판에서도 해당 용어를 그대로 사용합니다.
5. 원서의 페이지 표기방식을 가급적 그대로 따르되, p.나 pp. 등 불필요한 표기는 모두 제거했습니다.
6. 각주 번호는 새로이 붙였으나 간추린판의 각주번호가 원서의 그것과 다를 경우에는 각주 번호 뒤에 회색으로 원서의 각주번호를 넣었습니다.
7. 간추린판 부록은 40주년 기념 한국어판에 없는 추가된 내용인 관계로 459페이지에 별도의 일러두기와 약어표를 넣었습니다.
8. 『바파유』의 생략된 부분은 "……"로 표시하여 저자가 생략한 부분에 표시한 "…"와 구분되도록 하였습니다.

목 차

※ 본 간추린판에 내용이 없는 부분도 목차에는 포함시켰으며, 이 경우 페이지를 따로 표시하지 않았습니다.

간추린이의 말

김선용, Ph.D.

제가 신약학 공부를 시작할 때, 그러니까 약 15년 전에 저는 이 중요한 책(널리 알려져 있는 『바파유』라고 부르겠습니다)의 한국어 번역본이 없다는 사실에 많이 놀랐고, 그 뒤 10년이 넘는 시간 동안 상황이 바뀌지 않는 것을 보고 한국 신약학계에 실망했었습니다. 『바파유』 출간 40년이 되어서야 번역본을 보게 되었습니다. 학자나 학교 출판부 혹은 유명 기독교 출판사가 아닌, 한 출판 저작권 에이전시가 새로이 출판사를 차려서 국내 최고의 신학 서적 전문 번역가와 손을 잡고 불가능하게 보이던 일을 해냈습니다.

신약학 연구자들에게 『바파유』가 끼친 심원한 영향은 말로 다 할 수 없습니다. 필독서라는 말이 가장 잘 어울리는 책입니다. 하지만 안타깝게도 전문적 훈련을 받지 않은 이에게는 넘기 어려운 산이기도 합니다. 샌더스가 이 책에서 자신의 논지를 여러 번 반복하기 때문에 그가 말하려는 바를 대략 파악하는 것이 어렵지 않지만, 그가 상당한 분량의 일차 자료를 인용하며 논증을 전개하기 때문에 세부적인 논의를 대할 때 독자는 쉽게 길을 잃을 수 있습니다. 번역본 출간은 무척 감사하고 반가운 일이었는데, 아쉽게도 많은 독자가 이 책을 완독하지 못하거나 읽더라도 중요한 지점을 놓치는 경우를 보았습니다. 전문가도 어렵다고 한 책이니 자연스러운 일이겠지만, 온갖 어려움을 극복한 끝에 나온 이 책이 제대로 읽히지 않는 모습을 보니 안타까운 마음이 들었습니다.

제가 설명을 해가며 이 책을 완독하는 강독 모임을 가지려고도 했습니다. 그러던 중 이 책의 발췌본을 만들어보자는 제의를 받았습니다. 반가운 마음에 하겠다고 했지만, 원서로 존재하지 않는 "간추린판"을 만들기 위해 편집 작업을 하려 하니 보통 어려운 일이 아니었습니다. 하나의 유기체인 책에서 중요도를 판단해가며 인공적으로 단락을 떼어내는 작업도 힘들었고, 추려낸 단락과 문장을 어색하지 않도록 잇는 일도 쉽지 않았습니다. 책을 몇 번씩 읽으며 간추리고 또 간추렸습니다. 중요한 내용이더라도 "언약적 율법주의"를 이해하는 데 직접 관련된 부분이 아니면 과감히 뺐습니다.

책의 내용을 발췌할 때 제가 세운 기준은 이렇습니다. 첫째, 긴 호흡의 논증을 읽다가 놓치기 쉬운 주제 단락을 돋보이게 할 것. 둘째, 샌더스가 인용하는 일차 자료를 최소한의 양이라도 포함시켜 독자가 유대 문헌을 직접 읽는 경험을 할 수 있게 할 것. 셋째, 샌더스 스스로 던지는 질문들과 그가 해답을 찾아가는 과정을 간략하게나마 남겨놓을 것. 마지막으로, 가급적 샌더스의 바울 해석 부분을 많이 남길 것. 처음 세 기준은 별도의 설명이 필요하지 않을 것 같습니다. 마지막 기준을 세운 이유는 설명을 하는 것이 좋겠습니다. 신약학 연구사를 볼 때 샌더스의 바울 해석이 가치를 제대로 인정받지 못했다는 판단이 듭니다. **샌더스의 바울 해석을 비판하며 등장한** 소위 "바울에 관한 새 관점" 학자들은 제가 보기에 샌더스의 바울 해석을 정확하게 이해하지 못한 것 같습니다. 샌더스의 글을 읽고 나면 왜 그가 제임스 던(James D. G. Dunn)이나 톰 라이트(N. T. Wright) 같은 "새 관점" 주창자들과 함께 "새 관점 학파"로 분류되기를 거부하는지 알 수 있을 것입니다. 샌더스의 날카로우면서 창의적인 바울 서신 읽기를 맛보는 재미도 적지 않을 것이라 생각합니다.

샌더스의 "다시 살펴본 언약적 율법주의"(Covenantal Nomism Revisited, 본서 부록 2)와 마크 챈시(Mark Chancey)의 40주년 기념판 서문을 먼저 꼼꼼히 읽어서 『바파유』의 논지를 충분히 이해한 다음 이 간추린판의 본문을 읽기를 추천합니다. 챈시의 『바파유』 40주년 기념판 서문은 샌더스가 "40주년 기념판의 하이라이트"라고 극찬한 글입니다. "내 논지를 꿰뚫어보면서 명쾌하게 설명"했으며 "바울을 바라보는 새 관점〔the new perspective on Paul〕이라 불리는 견해들과 복잡하게 뒤엉켜 한 덩어리가 되어버렸던 내 저작을 그 덩어리에서 풀어주었다"[『바파유』의 역자 박규태는 "바울에 관한 새 관점"이란 이 용어를 선호함.]고 샌더스가 고마움을 표시한 챈시의 글을 반드시 읽어보길 바랍니다.

현대 바울 연구에 익숙하지 않은 독자를 위해 샌더스의 논지를 간략히 요약하겠습니다. 그가 새롭게 창안한 용어인 "언약적 율법주의〔covenantal nomism〕"가 무엇인지 정확히 이해하는 것이 중요합니다. 샌더스의 말을 직접 들어봅시다.

> 언약적 율법주의의 "패턴"과 "구조"는 이렇다: (1) 하나님은 이스라엘을 선택하시고 (2) 율법을 주셨다. 이 율법은 (3) 하나님이 그 선택을 유지하시겠다는 약속과 (4) 그 율법에 순종해야 한다는 요구를 함께 암시한다. (5) 하나님은 순종에 보상하시고, 범과〔犯過: 율법을 어김〕를 벌하신다. (6) 율법은 속죄 수단을 제공한다. 속죄는 (7) 언약 관계가 유지되거나 재수립되는 결과로 이어진다. (8) 순종과 속죄, 그리고 하나님의 자비를 통해 언약 속에 남아 있게 되는 이는 모두 장차 구원받은 그룹에 속한다. 첫 번째 요점과 마지막 요점에서 중요시해야 할 해석은 선택과 궁극(최종)의 구원을 인간이 그 공로로 얻어내는 것이 아니라 하나님의 자비로 말미암아 주어지는 것으로 여긴다는 점이다(『바파유』 p.743).

무엇보다도 먼저 언약적 율법주의가 주전 200년~주후 200년 동안 팔레스타인 지역에서 산출된 유대 문헌의 신학적 요약이 아님을 분명히 알아야 합니다. 언약적 율법주의는 바울과 유대교 비교를 위해 샌더스가 제안한 랍비 종교의 **패턴**입니다. 이 패턴은 명징한 신학 명제로 나타나지 않습니다. 예를 들어 언약은 너무 당연한 믿음이어서 랍비 문헌에 많이 등장하지 않습니다. 유대 문헌에서 "언약을 받아들임"은 "하나님을 왕으로 모심" 같은 다른 표현으로 나오기도 합니다. 언약적 율법주의는 유대인이라는 정체성에 깊이 각인된 믿음이며 세계를 해석하는 **근본 전제**입니다. 매우 복잡하고 방대한 랍비 문서 기저에서 이같은 패턴이 널리 발견된다면 보다 간략한 다른 유대 문서에서 같은 패턴을 찾는 일은 쉽겠지요. 이게 바로 샌더스가 『바파유』에서 논증을 이어간 순서입니다. 다시 말하지만, 언약적 율법주의를 정확하게 이해하는 것이 중요합니다. 좋은 학자들도 샌더스의 논지를 제대로 파악하지 못해 잘못된 비판을 제시한 경우가 적지 않았기 때문입니다. 다시 샌더스의 글을 인용하겠습니다.

> 나는 언약적 율법주의가 유대교 문헌에 들어 있는 내용의 요약이라고 말하지도 않았고 그런 생각을 한 적도 없다. 언약적 율법주의는 기본 개념, 근본 개념, 바탕에 깔린 개념이어서 명시적으로 묘사되거나 설명되는 예가 거의 없다. 그런 까닭에 많은 학자가 내 논지가 지닌 힘을 제대로 파악하지 못한 채 언약적 율법주의를 명백히 언급한 **구절**들을 찾길 원했다. 그들은 근본 전제들을 보지 못했다. 이런 근본 전제들은 그야말로 근본인 것들이라 이 전제들에 반대하는 주장을 펴는 이가 전혀 없기 때문에, 이 전제들이 참이라는 것을 애써 논증하려는 이도 거의 없다. 내가 (나중에) 제안한 "주류 유대교(Common Judaism)"라는 개념은 여러 주제를 살펴봄으로써 검증될 수 있으나, 언약적 율법주의는, 우리가 전제하는 것이기에, 근본 개념이다. ("부록 2: 다시 살펴본 언약적 율법주의", pp. 511-512)

『바파유』를 읽어 본 독자는 잘 알겠지만 샌더스가 다루는 유대 문헌에서 "율법주의"적 신앙을 내비치는 것처럼 보이는 구절이 적지 않습니다. 그러나 이러한 몇몇 구절을 근거로 초기 유대교에 율법공로주의〔샌더스는 "공로 신학(merit theology)"이란 표현을 씀〕를 믿었던 사람 혹은 무리가 있었다는 결론을 내리는 것은 매우 섣부른 일입니다. 바로 위에 인용한 샌더스의 주장을 잘 이해하면 이러한 실수(의외로 많은 신약학자들이 이런 실수를 합니다!)에 빠지지 않을 수 있습니다. 아주 극단적인 예를 들어보죠. 어떤 유대인이 열심히 율법을 준수하고 세세한 율법 규정을 치밀하게 살펴야 하나님 나라에 들어갈 수 있다고 주장했다고 합시다. (실제 이와 유사한 고대 유대 문헌이 있습니다.) 우리가 놓치지 말아야 하는 점은 바로 이러한 견해를 내비친 유대 문헌의 저자가 바로 유대인이라는 사실입니다. 다시 말하면, 율법과 언약, 그리고 다가올 새 세상에 대해 다양한 견해가 존재한다고 하더라도 이러한 "고민"을 하는 사람들은 **태어날 때부터 유대인**이라는 것입니다. 유대인이라는 정체성, 그리고 유대 민족의 일원이라는 인식은 모든 유대인의 존재 기반〔raison d'être〕입니다. 그들은 이러한 정체성을 어떤 행위를 통해 얻어낸 것이 아닙니다. 유대인으로서의 정체성은 주어진 것이고 하나님의 백성이라는 자의식은 그들의 모든 말과 행동의 **근본 전제**입니다. 어떤 유대인이 하나님이 이스라엘 족속을 왜 택하셨는지 그 이유를 궁금해하고 그에 대한 다양한 답을 제시할 수 있겠지만, 이러한 궁금증과 해답을 찾기 위한 노력은 모두 그가 이미 유대인이라는 사실을 전제하고 있습니다.

한편, 『바파유』라는 제목이 말하는 것처럼 이 책은 소위 "팔레스타인 유대교"를 중점적으로 다루고 있어서 "디아스포라 유대교"에서도 언약적 율법주의 패턴이 발견되는가 질문할 수 있습니다. 샌더스는 이 책에서 아주 간단히 이 문제를 다루지만 "다시 살펴본 언약적 율법주의"에서 필론의 예를 들며 소위 디아스포라 유대교에서도 마찬가지로 언약이 유대인 정체성의 근간을 이룬다는 점을 강조합니다.

샌더스의 논지를 오해하지 않기 위해 또 하나의 중요한 주제를 집중해서 보아야 합니다. 유대 문헌에 등장하는 "보상과 처벌"이라는 주제를 샌더스가 어떻게 파악하는가를 눈여겨 보시기 바랍니다. 보상을 받는 게 "구원을 얻는 것"이 아니라는 점을 제대로 이해하는 게 중요합니다. 율법을 제대로 준수하면 보상을 받고 그렇지 않으면 하나님의 처벌을 받는다는 믿음은 유대 문헌에 광범위하게 등장합니다. 이러한 믿음을 율법의 완벽한 준수만이 구원을 얻어내는 길이라는 것으로 해석하면 안됩니다. 보상과 처벌은 모두 언약관계를 **전제**하고 있습니다. 이 주제에 관해 샌더스는 과할 정도로 많은 증거를 제시하고 있습니다.

언약적 율법주의를 반박하기 위한 증거를 모으고 싶다면 샌더스의 『바파유』에서 시작하는 것이 가장 쉬운 길입니다. 역설적인 말처럼 들리겠지만 바로 여기에 이 책의 중요성이 있습니다. 일견 언약적 율법주의와 상반되는 듯한 "율법공로주의"을 말하는 것 같은 구절들을 분석하면서 샌더스는 해당 구절의 **맥락**과 **문학 장르**를 고려하고, 또 해당 문헌의 저자가 어떤 **동기**에서 어떤 질문에 대답하기 위해 이런 말을 했는가를 유심히 짚어나가며, 그런 구절들이 실제로는 "행위구원사상"을 담은 게 아니라는 점을 설득력있게 보여줍니다.

『바파유』 독서가 주는 유익을 하나 더 언급하고 싶습니다. 샌더스의 주장에 동의를 하지 않는 독자라도 『바파유』를 읽으면 일차 자료를 읽는 최상의 방법을 샌더스에게서 배울 수 있을 것입니다. 일차 자료를 읽는 작업은 단지 원어로 "해독"해가며 읽는 것을 말하지 않습니다. (원어 실력이 일정 수준 올라서지 못한 채 원어로 일차 자료를 보면 별로 소득이 없습니다!) 가시적 신학 체계가 눈에 보이지 않는 방대한 랍비 문헌에서 샌더스가 날카로운 질문을 던져가며 그 문헌 아래 깔려 있는 신학 전제를 찾아가는 모습은 일차 자료를 어떻게 읽어야 하는가에 대한 모범을 보여줍니다. 어릴 때부터 고전어 교육을 받아 그리스어, 라틴어, 히브리어를 자유자재로 구사했던 20세기 쟁쟁한 유럽학자들과 비교해 매우 늦은 출발을 했지만 그 유럽의 학자들을 넘어서는 성과를 낸 샌더스의 지적 이력은 그의 자서전에서 찾아볼 수 있습니다. 그의 다음과 같은 말은 우리 한국 신학도에게도 충분히 용기를 줄 만합니다. "(나는) 여느 미국인처럼 어른이 되어서야 외국을 배우기 시작한 약점을 갖고 있었다. 더구나 나는 타고난 재능도 없었다."

또한, 『바파유』는 학자가 연구를 할 때 "내가 하고 있는 작업의 성격이 무엇인가"라는 질문에 명확한 답을 가지고 있어야 함을 잘 보여줍니다. 고도의 훈련을 받은 학자들 중에도 자신이 무슨 말을 하는지, 연구의 목적이 무엇인지 잘 모르는 이가 적지 않습니다. 체계적 탐구로서의 성서학은 "진리의 수호"를 위해 존재하는 변증학이 아닙니다. 성서학자가 물을 수 없는 질문은 없습니다. 대신, 성서학자는 잘 다듬어진 방법론을 바탕으로 제대로 된 질문을 던지고 정치한 논증으로 그 질문에 대한 답을 찾아야 합니다. 우리는 『바파유』를 통해 좋은 질문을 던지는 법을 배웁니다. 인간은 기본적으로 "비교"라는 인식 방법틀 없이는 제대로 대상을 파악할 수 없습니다. 샌더스는 자신의 평생 연구가 "비교" 작업이었음을 말합니다. "어떻게 비교를 제대로 할 수 있을까"라는 질문은 오랫동안 종교학자들을 괴롭혔는데(그중 가장 중요한 논의는 Jonathan Z. Smith의 작업을 살펴 보십시오), 샌더스도 비교적 이른 1977년에 이미 비교 방법론에 대해 고민하고 나름의 길을 찾은 뒤 바울과 팔레스타인 유대교를 "비교"해 주목할 성과를 냅니다. 이 책에 부록 1로 실린 그의 자서전 제목이 "유대교와 기독교를 비교함〔*Comparing Judaism and Christianity*〕"이라는 것에 주목할 필요가 있습니다. 그는 이 자서전에게 이렇게 말합니다. "진 켈리〔Gene Kelly〕가 (영화 〈사랑은 비를 타고〉에서) 춤을 춰야 했듯이, **나는 비교해야 했다**."

이 책에는 타 학자와의 논쟁이 상당히 많이 들어 있습니다. 초기 유대교를 잘못 해석한 옛 독어권 학자들, 특히 신약학의 거장인 루돌프 불트만, 귄터 보른캄, 에른스트 케제만이 주요 대화 상대자입니다. 샌더스가 이 쟁쟁한 학자들을 비판하는 내용을 보면서 독자는 불트만과 케제만의 주장을 보다 명료하게 이해하는 부수적 이득을 얻을 수 있을 것입니다. 아울러, 얼마 전 세상을 떠난 제임스 던이나 지금도 왕성하게 활동하고 있는 톰 라이트의 바울 이해와 샌더스의 관점이 갈라지는 지점도 분명히 볼 수 있습니다. 샌더스가 던과 라이트를 직접 겨냥한 것은 아니지만요(그들의 주요 저작은 이 책 출간 이후에 나왔습니다). 예를 들어 톰 라이트가 오랜 시간 힘주어 강조하는 바울 신학 안의 출애굽 모티프를 『바파유』의 샌더스는 절대 받아들이지 않을 것입니다. 케제만의 후예인 마틴〔J. Louis Martyn〕과 가벤타〔Beverley R. Gaventa〕 등이 주창하는 묵시적 바울〔apocalyptic Paul〕에 샌더스가 어떻게 반응할까 상상하는 것도 재미있습니다. (제가 '상상'이라고 쓴 이유는 마틴과 가벤타의 바울 연구 주저가 『바파유』 뒤에 출간되었기 때문입니다.) 어디에 그런 내용이 있는지 직접 찾아 보시기 바랍니다!

샌더스는 『바파유』 출간 이후 봇물처럼 쏟아진 비판에 대해 거의 대응하지 않았습니다. 그래서 본서의 부록 2로 실린 그의 소논문 "다시 살펴본 언약적 율법주의"는 무척 가치가 있습니다. 이 소논문에서 샌더스는 언약적 율법주의라는 표현을 다른 학자들이 어떤 식으로 오해했는가를 날카롭게 지적하고, 몇몇 중요한 학계의 비판에 대해 묵직하고도 적확한 응답을 합니다. 이 소논문에서 샌더스가 개진한 응답〔response〕은 "새 관점"을 넘어서려는 작업을 한 존 바클레이〔John M. G. Barclay〕, 프란시스 왓슨〔Francis Watson〕, 더글러스 캠벨〔Douglas Campbell〕에게도 상당 부분 적용될 수 있다고 저는 생각합니다. 독자 여러분은 바클레이가 그의 『바울과 선물』에서 샌더스의 『바파유』를 비판하는 부분과 이 소논문에서 샌더스가 자신의 비판자들을 비판하는 부분을 비교해가며 읽으면 무척 재미있을 것입니다. 여러분은 누구의 손을 들어주시겠습니까?

간추린판이지만 여전히 읽기 어려운 면이 있습니다. 하지만 신약학 연구자에게 필독서인 『바파유』를 제대로 이해하기 위한 견실한 입문용 가이드 역할은 할 수 있을 것 같습니다. 『바파유』를 둘러싼 논쟁과 그 이후 이루어진 신약학자들의 반응을 아는 것도 중요합니다. 이를 위해 간략한 설명을 담은 서지 목록을 작성해서 본서의 끝부분에 넣었습니다. 아쉽게도 한국어로 번역된 자료가 많지 않지만, 진지한 연구를 하고 싶은 분들에게 자그마한 도움이 되기를 소망합니다.

40주년 기념판 머리말

1977년에 처음 출간되었던 『바울과 팔레스타인 유대교』 출간 40주년을 기념하는 새 판이 나오리라는 것을 알았을 때, 놀라면서도 아주 기뻤다. 이 40주년 기념판은 개정판이 아니다. 책 본문은 40년 전과 똑같다. 물론 그동안 내가 1977년에는 몰랐던 것을 알게 된 것도 몇 가지 있고, 몇몇 경우에는 여러 주제와 쟁점을 바라보는 내 견해가 진보하거나 바뀌거나 발전하기도 했다. 하지만 나는 이 판을 개정하지 않았다. 그 이유는 내가 이후에도 계속하여 동일한 두 주제—바울과 유대교—를 다룬 책들을 출간했기 때문이다. 내 견해가 아예 바뀌거나, 변화를 주거나, 철회한 부분 등은 뒤이어 나온 이런 노작들에서 발견할 수 있다.[1] 나는 늘 〔내가 집필한 책마다〕 꼼꼼한 주제 색인을 제시하려고 노력했다. 때문에 나는 내가 이 두 주제에

1 내 견해들을 일부 더 자세하고 정교하게 다듬은 내용은 *Paul, the Law, and the Jewish People* (Philadelphia: Fortress, 1983) 『바울, 율법, 유대인』(크리스천 다이제스트, 1995)에서 이미 만날 수 있었다. 나는 내가 고대 유대교를 이해한 내용을 *Jewish Law from Jesus to the Mishnah: Five Studies* (Philadelphia: Trinity Press International, 1992)와 *Judaism: Practice and Belief, 63BCE-66CE* (Philadelphia: Trinity Press International, 1992)에서 제시했는데, 이 두 책에는 종종 당시 학계의 흐름과 상반되는 내용이 담겨있었다. 이 두 책은 포트레스 출판사〔Fortress Press〕가 2016년에 새로 조판하여 출간했다. 그 뒤 수년 동안 출간했던 더 짧은 연구 결과는 이제 *Comparing Judaism and Christianity: Common Judaism, Paul, and the Inner and the Outer in Ancient Religion* (Minneapolis: Fortress, 2016)에서 만날 수 있다. 내가 2008년까지 펴낸 작품들이 참고했던 문헌들은 *Redefining First-Century Jewish and Christian Identities: Essays in Honor of Ed Parish Sanders*, ed. Fabian E. Udoh and Susannah Heschel (Notre Dame: University of Notre Dame Press, 2008), 391-96에서 더 자세하게 살펴볼 수 있다. 마지막으로, 나는 내가 바울 해석자로서 살아오는 동안 피력했던 견해들을 *Paul: His Life, Letters, and Thought* (Minneapolis: Fortress, 2016)에 요약, 정리해놓았다.

관하여 피력했던 이해에 일관성이 없음을 발견하려 하거나 그런 이해의 발전 (혹은 발전이 없음)을 추적하고 싶은 이는 누구든지 엄청난 수고를 하지 않고도 그런 일을 해낼 수 있으리라고 확신한다.

이 40주년 기념판의 하이라이트는 내 논지를 꿰뚫어보면서 명쾌하게 설명해준 마크 챈시(Mark Chancey)의 서문(foreword)이다. 챈시 교수는 내 저작이 나온 정황과 학계의 내 저작 수용 역사를 제시했을 뿐 아니라, "바울을 바라보는 새 관점(the new perspective on Paul)"이라 불리는 견해들과 복잡하게 뒤엉켜 한 덩어리가 되어버렸던 내 저작을 그 덩어리에서 풀어주었다. 그가 쓴 서문은, 바울 연구가 계속되는 한, 아주 큰 도움을 베풀어 줄 중요한 학문 업적이다.

나는 이 서문을 어떤 의미에서는 내게 준 선물로 여긴다. 내가 하고 싶었지만 이루지 못했던 일을 챈시가 해주었기 때문이다. 더군다나, 챈시는 이 서문을 내 80세 생일에—내가 이 저자 머리말을 타이핑하고 있는 날에—다 썼다. 충심으로 챈시에게 감사한다. 그러나 비록 이 서문이 어떤 의미에서는 내게 준 선물이지만, 그보다 이 서문은 바울을 연구하는 고결한 학자 집단에게 준 혜택이라는 의미를 훨씬 더 크게 담고 있다.

다시 한 번 이 40주년 기념판의 출간을 도와준 포트레스 출판사와 출판사 지체들에게 감사를 드리며, 특히, 늘 그랬듯이, 마음 써서 여러 난관을 해결해주고 문제들을 제거해준 닐 엘리엇에게 감사드린다.

그리고 내 한국인 저작권 에이전트인 맹호성에게 특별한 사의를 전한다. 맹호성은 여러 우여곡절을 거쳐 결국 이렇게 이 40주년 기념 (영어)판이 책으로 나오게 된 출판 과정의 첫 걸음을 떼게 해주었다.

에드 패리쉬 샌더스

2017년 4월 18일

40주년 기념판 서문

마크 챈시, 종교학 교수
Mark Chancey
Southern Methodist University

성경학계에서 『바울과 팔레스타인 유대교』처럼 출간 직후는 물론이요 이후에도 계속하여 영향을 미친 책은 드물다. 에드 패리쉬 샌더스는 기원전 200년부터 기원후 200년에 이르는 기간에 나온 팔레스타인 유대교 텍스트 중 우리가 사실상 입수할 수 있는 모든 텍스트—랍비 문헌 중 초기 자료, 이제까지 출간된 사해 사본, 이 연구에 가장 적합한 외경과 위경—를 샅샅이 조사함으로써 이전에 분명 어떤 신약 신학자도 하지 못했던 일을 해냈다. 그의 목표는 유대교 신학이 공유하는 전제들과 기둥들을 밝혀내, 이것들을 바울의 그것과 비교한 뒤, 양자를 이해할 수 있는 새 테제들을 제시하는 것이었다. 샌더스는 졸로몬 쉑터, 조지 푸트 무어, 알베르트 쉬바이처, 윌리엄 D. 데이비스, 그리고 크리스터 스텐달 같은 학자들이 이전에 제시했던 통찰들을 언급한 뒤, 유대교의 본질을 둘러싸고 오랫동안 이어온 논쟁들을 뛰어넘어 바울 신학을 연구하는 학자들은 물론이요 신약 신학 전 분야를 움직이려 하나의 프로포절을 제시했다.

샌더스는 자신의 연구를 토대로 신약 신학 분야에 몸담은 많은 이들이 오랫동안 그릇된 정보를 바탕으로 불공정하고 유대교를 경멸하는 방법들을 사용하여 유대교 전반을 해석해왔으며 특히 랍비들〔랍비 유대교〕을 그렇게 해석해왔다고 결론지었다.[1] 많은 학자들은 오랫동안 유대인이 각자 선행(또는 율법의 행위〔율법에 따른 행위〕)을 쌓음으로써 자신의 구원을 얻어야 한다는, 메마르고 행위에 따른 의를 추구하는 종교를 믿었으며, 이는 결국 "자기만족에 취한 자기의"나 심각한 불안으로 이어지는 결과를 낳았다고 주장했다.[2] 유대교를 비판하는 이들은 유대교가 "편협한 율법주의, 자기 이익만 챙기고 자기를 속이는 궤변, 그리고 오만과 하나님을 신뢰하지 않음이 뒤섞인 상태로 반드시 흐를 수밖에 없다"고 잘라 말했다.[3] 행위로 의롭다하심을 얻음과 오직 믿음으로 의롭다하심을 얻음을 나누었던 마르틴 루터의 구분이 여전히 영향을 미치고 있음을 간파한 샌더스는 페르디난트 베버, 빌헬름 부세트, 헤르만 쉬트락, 파울 빌러벡, 그리고 루돌프 불트만을 포함한 학자들의 연구 흐름을 통해 이런 비판들이 널리 퍼졌음을 밝혀냈다. 유대교 텍스트를 직접 꼼꼼히 읽어본 샌더스는 이런 학자들이 직접 자료들을 검토하지 않았거나, 자료들을 읽었더라도 이 자료들을 철저히 잘못 해석했거나, 아니면 한심하게도 혹은 심지어 일부러 자료 내용을 잘못 제시했다고 확신하게 되었다. 샌더스는 『바울과 팔레스타인 유대교』 머리말에서 자신은 이처럼 선입견에 사로잡혀 유대교를 바라보는 견해를 무너뜨리고 이런 견해를 역사에 비춰볼 때 더 정확한 견해로 대치하려 한다고 대담하게 선언했다.[4]

샌더스는 유대교의 대다수 자료가, 심지어 다양한 모습을 지니고 있는데도, 그 믿음 체계는 위와 같은 학자들이 생각하는 것과 놀라울 정도로 다른 체계를 갖고 있다고 주장했다. 샌더스가 제시하는 유명한 요약을 바꿔

1 E. P. Sanders, "Comparing Judaism and Christianity: An Academic Autobiography," in *Redefining First-Century Jewish and Christian Identities: Essays in Honor of Ed Parish Sanders*, ed. Fabian Udoh, Susannah Heschel, Mark Chancey, and Gregory Tatum(Notre Dame, IN: University of Notre Dame Press, 2008), 11-41. 〔이 글은 현재 https://www3.nd.edu/~undpress/excerpts/P01243-ex.pdf 에서 확인할 수 있다. 2017년 9월 20일에 검색. ⓣ〕

2 원서 45. 여기서 샌더스는 특히 루돌프 불트만을 그렇게 제시한 학자로언급한다.

3 원서 427.

4 원서 xii.

표현해보면 이렇다: 유대인은 하나님이 유대인과 맺으신 언약을 택하시고 세우셨으며 이들에게 토라를 주셨다고 믿었다. 유대인은 그들이 언약에 따라 짊어진 의무이자 언약 백성의 구성원이라는 지위를 유지하는 수단인 토라로 말미암아〔토라에 따라〕 살았다. 하나님은 순종에 보상을 베푸시고 불순종에는 벌을 내리셨으나, 토라의 틀 안에는 하나님의 자비로 말미암아 참회하고 속죄할 길도 포함되었다. 이스라엘 백성에게 주어지는 구원은 하나님이 베푸시는 용서, 은혜, 언약에 신실하심 때문에 온 것이지, 개개 유대인이 토라에 완전히 순종하거나 행위〔율법에 따른 행위 ⓣ〕를 했다 하여 온 게 아니었다. 샌더스는 이런 신학을 "언약적 율법주의"〔covenantal nomism, "언약적 신율주의"로도 번역함 ⓣ〕라 불렀다.[5]

바울은 하나님이 그리스도를 통해 결정적 행위를 하셨다고 확신했는데, 이런 확신은 결국 바울을 "팔레스타인 유대교 문헌에서 발견되는 어떤 종교〔religiousness〕 유형과도 본질이 다른 종교 유형"으로 이끌었다.[6] 그가 가졌던 확신의 핵심은 구원이 "그리스도 안에 있음"에 있다는 것이었으며, 샌더스는 이런 관념을 참여주의 종말론〔participationist eschatology〕이라 부른다. "그리스도를 믿음으로 말미암아 의롭다하심을 얻음"과 "그리스도와 함께 죽음"은 "옮겨감을 나타내는 용어〔transfer terminology〕"인데, 바울은 이 용어를 유대인과 그리스도인이 어떻게 그리스도의 몸에 똑같이 합류하여 그 몸을 이루는가를 묘사할 때 사용한다.[7]

바울은 그리스도가 십자가에서 돌아가셨다는 사실이 "그리스도 안에" 있음이라는 이 새 메커니즘이 인간 구원에 필요함을 증명해주었다고 본다. 이런 구원이 이전에도 가능했었다면, 그리스도의 죽음은 헛일이었을

5 원서 422.

6 원서 543.

7 원서 463-72.

것이다(갈 2:21). 이 때문에 바울은 유대교의 전통 신학과 관습, 언약과 토라에 관한 유대교의 전통적 이해는 하나님 앞에서 의롭다하심이나 의로운 지위를 만들어내는 데 틀림없이 적합하지 않았을 것이라고 결론지었다. 바울의 생각은 유대교가 망가진 체계이며 새로운 해결책이 필요하다는 오랜 우려에서 발전된 것이 아니었다. 오히려 하나님이 그리스도 안에서 해결책을 제시하셨다는 그의 새로운 깨달음 때문에 이전에 존재했던 체계는 흠이 있다는 진단을 내릴 수밖에 없었다. 샌더스가 주장하듯이, 바울의 사유 과정은 인간의 비참한 곤경에서 해결책 쪽으로 나아가는 게 아니라, 해결책에서 인간의 비참한 곤경 쪽으로 나아갔다.

바울은 토라로 말미암아 살아가는 삶의 어려움과 맞서 싸우지 않고도 그 전에 이미 자신을 "율법 아래에서 책망할 것이 없는" 자로 여겼다(빌 3:6). 유대교가 의롭다하심을 얻게 할 형태를 제공하려면 제공할 수도 있었겠지만, 바울은 빌립보 사람들에게 율법을 통해 의롭다하심을 얻는 형태는 **올바른** 형태가 아니며, 의롭다하심은 오직 그리스도를 통해 얻을 수 있다고 가르쳤다(빌 3:4-11). 이런 깨달음이 율법에 관한 바울의 논지가 그때그때 상황에 따라 바뀌고 일관성을 띠지 않는 이유를 설명해준다. 바울은 이방인이 종말에 구원을 얻으려면 토라를 받아들여 지켜야 한다고 가르친 다른 선교사들의 가르침에 격노하는 반응을 보이면서도, 당면 문제가 구원이 아니라 윤리일 때는 정작 그 자신이 토라를 자유로이 인용했다.

샌더스는 초기 유대교를 이해하는 데 필요한 실마리를 다른 유대교 자료에서 얻지 않고 주로 바울에게서 얻은 학자들이, 바울의 견해가 같은 시대 유대인들이 주장했던 견해와 근본부터 완전히 다름을 깨닫지 못했다고 분명하게 주장했다. 마찬가지로, 유대교는 메마르고 지나치다 싶을 만큼 율법에 집착한 종교라고 보았던 이전 성경 신학자들의 주장을 아무 비판 없이 되풀이한 이들이 고대에도 존재했고, 지금도 살아있는 종교와 사람들을 중상 모략하는 죄를 저질렀다. 아우슈비츠의 희미한 그림자를 느끼는 이들은 역사상 큰 의미를 지닌 샌더스의 이 꼼꼼한 작품을 읽으면서 이 책이 암시하는 것들을 즉시 깨달았다. 초기 유대교와 초기 기독교의 관계를 이해하려는 새 시대가 시작되었다. 40년이 지난 지금도(40년이라는 햇수는 성경에서도 자주 나타나는 숫자이다) 그 새 시대는 계속되고 있다.

되돌아보면, 학자들이 패러다임을 바꿔놓은 『바울과 팔레스타인 유대교』의 중대한 의미를 얼마만큼이나 즉각 알아차렸는가도 주목할 만하다. 학자들이 샌더스의 개별 논지들을 받아들인 정도는 분명 사람에 따라 다 달랐지만, 점점 더 커지는 그 논지들의 영향을 인정해야 한다고 여기는 학자들이 많았다. 『바울과 팔레스타인 유대교』는 이내 사람들을 놀라게 한 걸작이라는 칭송을 받았다. 닐스 달은 "활력이 넘치고 설득력이 있으며 문서 자료를 통해 충분히 증명된 이 책의 논지"를 상찬(賞讚)하면서, 이 책이 이전 세대에 나온 고전들과 나란히 한 자리를 차지할 만한 "바울 신학 연구사의 이정표"라고 선언했다.[8] 킹은 서평을 시작하면서 "내가 아예 처음부터 신약을 공부하는 모든 학생과 하스몬 시대부터 미쉬나가 문서로 만들어질 때까지 팔레스타인 유대교에 관심을 가진 모든 이는 이 책을 철저히 이해하려고 노력해야 한다는 말을 해두는 것이 시간 절약이 되겠다"는 말로 서두를 뗀다.[9] 케어드는 이 책을 "깊은 학식과 명료함, 그리고 상당한 독창성을 갖춘 책"이라 규정했다.[10]

어쩌면 가장 큰 칭송은 유대교 쪽 신약 신학자인 새뮤얼 샌드멜이 한 칭송이 아닐까 싶다: "내겐 그리스도인들이 유대교에 관하여 쓸 때 따르길

8 Nils A. Dahl, *Religious Studies Review* 4:3 (1978): 153-58에 있는 서평을 보라. 인용문은 155쪽과 154쪽에서 가져왔다.

9 Nicholas King, *Biblica* 61:1 (1980): 141-44에 있는 서평을 보라. 인용문은 141쪽에서 가져왔다.

10 G. B. Caird, *Journal of Theological Studies* 29:2 (1978): 538-43에 있는 서평을 보라. 인용문은 538쪽에서 가져왔다.

원하는 방식이 있으며, 나도 그 방식대로 기독교에 관하여 쓸 수 있길 소망한다는 것을 이미 다른 곳에서 밝혔다. 나는 내가 유대교 쪽에서 이룰 수 있길 소망하는 일을 기독교 쪽에서 이뤄낸 그리스도인으로 샌더스를 예로 들고 싶다." 샌드멜은 마음 깊이 와 닿는 이런 평가를 내놓았다. "나는 그의 학문 연구에서 나타나는 철두철미함, 그의 생각에서 드러나는 명료함, 그리고 그의 이해가 보여주는 예리함에 감탄한다. …. 나는 이 책이 우리 시대 신약 학계가 내놓은 위대한 걸작 중 하나라고 주장한다."[11]

학계의 훌륭한 저작들도 샌더스가 이 책에 이어 펴낸 책들을 통해 확장하고 고치며 재정립한 논지들에게서 혜택을 받아 누리고 있다. 샌더스는 1983년에 후속작인 *Paul, the Law, and the Jewish People*을 펴냈다. 그는 이 책에서 바울 서신 주해에서 가장 큰 다툼거리가 되었던 몇몇 문제들을 더 상세히 다루었다. 몇 년 뒤(1991년), 샌더스는 *Paul*을 펴냈다. 이 책은 짧은 책으로서 전문가가 아닌 일반 독자도 읽을 수 있으며, 옥스퍼드대학교 출판부가 Past Masters 시리즈로 펴냈다. 요 근래에는(2015년) 일반 대중을 염두에 두고 바울을 더 충실히, 더 상세하게 논한 *Paul: The Apostle's Life, Letters, and Thought*을 펴냈다.[12]

사람들이 종종 "바울을 바라보는 새 관점"이라 부르는 것은 아주 폭넓고 다양한 논지[주장]의 집합체인데, 이것과 샌더스의 연구 결과가 거의 동

11 Samuel Sandmel, *Religious Studies Review* 4:3 (1978): 158-60에 있는 서평을 보라. 인용문은 159쪽과 160쪽에서 가져왔다.

12 E. P. Sanders, *Paul, the Law, and the Jewish People* (Minneapolis: Fortress, 1983)『바울, 율법, 유대인』(CH북스, 1995); Sanders, *Paul* (Past Masters) (Oxford and New York: Oxford University Press, 1991)『사도 바오로』(뿌리와 이파리, 2016); Sanders, *Paul: The Apostle's Life, Letters, and Thought* (Minneapolis: Fortress, 2015). 샌더스가 자신이 유대교를 재구성한 결과를 놓고 학계가 벌이는 논의에 보인 반응을 살펴보려면, "Covenantal Nomism Revisited," *Jewish Studies Quarterly* 16:1 (2009): 23-55을 보라. 이는 Sanders, *Comparing Judaism and Christianity: Common Judaism, Paul, and the Inner and the Outer in Ancient Religion* (Minneapolis: Fortress, 2016), 51-83에 실려 다시 출간되었다.

일시되는 것은 어떤 면에서 보면 아이러니이다. 샌더스 자신은 "새 관점"이라는 용어를 『바울과 팔레스타인 유대교』에서 단 한 번만 채용했다: "바울은 율법이 유대교에서 하는 역할을 오해했다기보다 오히려 그로 하여금 율법이 폐지되었다고 선언하게 만든 새 관점을 얻었다."[13] 샌더스가 언급하는 새 관점은 바울이 토라와 유대교를 새롭게 바라보게 된 관점이다.●

샌더스의 작품을 "바울을 바라보는 새 관점"이라 불러야 한다고 맨 처음 제안한 이는 제임스 던이었다.[14] 던은 1982년에 맨슨 기념 강연〔Manson Memorial Lecture〕에서 발표하고 이듬해 출간된 글에서, 그 전에 나온 책들과 논문들을 바라보는 그의 평가를 논하고, 그의 로마서 주석을 미리 귀띔했다.[15] 던은 이런 저작들 가운데 인상 깊은 것들이 많긴 했지만, "(솔직히 내 개인 의견을 말하자면) 바울을 바라보는 새 관점이라 할 것을 내게 제시해주었다고 내가 자신 있게 말할 수 있는 … 사례는 하나도 없었다"고 말했다. 그는 이런 의견을 피력했다. "요새 표현을 사용하자면, 바울 연구의 '틀,' 즉 사람들이 지금까지 수십 년 동안 바울이 한 일과 그의 생각을 묘사하는 표현들이 계속해서 담겨져왔던 '틀을 깨는 데' 성공한 이는 아무도 없었다." 던은 계속하여 이렇게 말했다. "내가 판단하기에, 지난 10년 혹은

13 원서 496.

● 한국 신학계에서는 "바울에 관한 새 관점"으로 널리 번역되어 사용되고 있으나 "perspective on"은 어떤 상황이나 대상을 바라보는 방식이나 시각을 가리키니, "바울에 관한"이라고 쓰기보다 "바울을 (바라)보는"이라 쓰는 것이 더 정확하다는 역자의 의견을 존중하기로 함. 역자는 perspective도 무언가를 바라보는 각도나 방향이라는 의미가 강하니, 애초에 "관점"이라고 번역하기보다 "시각"으로 번역하는 것이 좋았을 것이라고 생각했다는점을 이 자리에서 밝혀둠. ⓔ

14 James D. G. Dunn, "The New Perspective on Paul," *Bulletin of the John Rylands Library* 65 (1983): 95-122.『바울에 관한 새 관점』(감은사, 2018출간예정). 이는 여러 곳에 실려 다시 출간되었다. 테렌스 도널드선〔Terence L. Donaldson〕은 바울 연구에서 일찍이 "새 관점"이라는 말을 사용한 예를 "Paul within Judaism: A Critical Evaluation from a 'New Perspective' Perspective," in *Paul within Judaism: Restoring the First-Century Context to the Apostle*, ed. Mark A. Nanos and Magnus Zetterholm (Minneapolis: Fortress, 2015), 277-301에서 찾는다; 특히 278쪽 주2를 보라.

15 Dunn, "New Perspective on Paul"; 아울러 James D. G. Dunn, *Romans 1-8*과 *Romans 9-16* (Waco, TX: Word, 1988) 『로마서 상 하』(솔로몬, 2003)을 보라.

20년 동안 그런 틀을 깼다는 칭송을 들을 만한 저술은 단 하나뿐이다. 『바울과 팔레스타인 유대교』가 그것이다."[16]

그러나 던은 샌더스가 "틀을 깨버린 그〔샌더스〕 자신의 작품이 제공한 호기"를 놓쳤다고 보았다.[17] 던은 계속하여 그 나름대로 바울 신학을 재구성한 결과물을 제시하면서, 이렇게 주장했다. "나는 바울을 바라보는 새 관점이 샌더스나 그를 비판하는 이들이 여태껏 깨달은 것보다 더 바울을 잘 이해한다고 믿는다."[18] 던 자신의 시각에 따르면, 바울이 말하는 "율법의 행위"란 샌더스가 말하는 것과 같은 넓은 의미의 토라 준수도 아니요, 마르틴 루터와 그 이후의 아주 많은 신학 및 성경 연구가 말하는 것과 같은 선행〔선한 행위〕 전반을 뜻하지도 않는다. 오히려 바울은 갈라디아 사람들에게 쓴 서신에서 "그 서신을 읽는 이들이 **할례나 음식 율법처럼 특별한 율법을 지키는 일**에 대해 생각하게 하려고 했다."(던 강조)[19] 할례, 안식일, 음식을 규제하는 음식 규례는 "유대인임을 확인해주는 정체성 표지였다. 유대인 자신이 이런 율법 준수를 언약의 근간을 준수하는 것으로 보았기 때문이다. 이것들은 언약 구성원을 나타내는 뱃지〔상징〕 역할을 했다."[20]

샌더스가 생각하는 바울과 달리, 던이 생각하는 바울은 실제로 유대교에서 처참한 잘못을 찾아냈다: 유대인은 언약 구성원의 지위와 의를 얻는 민족의 범위를 특히 유대인의 정체성을 정의하는 유대 관습을 준수한 이들로 국한하는 민족배타주의 사상을 주장했다. 던이 생각하는 바울은 유대인의 언약이라는 관념 자체를 거부했다기보다, 오히려 유대인이 언약과 토라를 이해할 때 하나님의 은혜에서 유대인이 아닌 이들을 배제하는 식으로 이해

16 Dunn, "New Perspective," 97.

17 Ibid., 100.

18 Ibid., 103.

19 Ibid., 107.

20 Ibid., 108.

하는 것을 거부했다. 바울이 이런 비참한 곤경을 해결할 길로 내놓은 방법이 그리스도를 믿음으로 말미암아 의롭다하심을 받음이었다. 던은 나중에 "율법을 지키려는 열심을 빙자하여 다른 [열심이 덜한] 유대인을 사실상 죄인이요 배교자로 다루고, 바로 이런 열심을 이방인까지 확대 적용하여 이방인을 '상궤'(常軌; beyond the Pale)에서 벗어난 자들로 치부했다"는 비판을 바울이 유대교에 반대한 이유 목록에 추가했다.[21] 던은 계속하여 자신의 바울 해석을 긴 세월 동안 죽 이어 출간된 저서를 통해 펼쳐보였다.[22]

그러나 던보다 앞서 이미 니콜라스 토머스 라이트(톰 라이트)가 이전의 바울 신학을 비판하며 바울 신학계에서 일어난 발전들을 이해하는 데 "새 관점"이라는 용어가 쓸모있음을 인정했다. 라이트는 1978년에 한 틴들 신약 강연(Tyndale New Testament Lecture)에서 샌더스가 내놓은 새 책과 그 전에 무어, 스텐달 그리고 다른 이들이 제시했던 논지들을 함께 인용하여, 바울 서신에서 발생하는 주해 문제들에 다가갈 수 있는 "새로운 바울 탐구 방법"(new way of looking at Paul)과 "새 관점"이라는 것을 제안했다—그러나 라이트는, 던과 달리, 이 "새 관점"이라는 말을 어떤 새롭고 통일된 사상 학파의 등장을 묘사하는 말로 사용하려 하지는 않았다.[23] 라이트는 일반 학

21 James D. G. Dunn, "Noch Einmal 'Works of the Law': The Dialogue Continues," in *Fair Play: Diversity and Conflicts in Early Christianity: Essays in Honor of Heikki Räisänen*, ed. Ismo Dunderberg, Christopher Tuckett, and Kari Syreeni (Leiden: Brill, 2002), 273-90. 인용문은 278쪽에서 가져왔다. 내 의견을 말하면, 내가 그 저작에서 아주 많은 것을 배운 탁월한 학자인 던이 율법을 지키려는 유대인의 열심을 한편으로는 바울이 맞서 싸웠다 하는 "(유대인의) 심각한 배타적 태도"와 동일시하고, 다른 한편으로는 "홀로코스트의 공포" 그리고 "이전에 유고슬라비아와 르완다에서 벌어진 민족 내부 및 민족 사이의 갈등이 낳은 무시무시한 만행"과 동일시함이 적절하다고 본 것("Noch Einmal," 278)은 심히 불행한 일이다.

22 제임스 던의 대표작에는 3부작 *Christianity in the Making*의 제 2권 *Beginning from Jerusalem*(Grand Rapids: Eerdmans, 2009)(새물결플러스, 2018출간예정); *The New Perspective on Paul: Collected Essays* (Tübingen: Mohr Siebeck, 2005)(이 책의 제1장은 『바울에 관한 새 관점』(에클레시아북스, 2012)로 출간됨. 제 2장은 상기 각주14의 article로 감은사에서 출간 예정임.); 그리고 The Theology of Paul the Apostle (Grand Rapids: Eerdmans, 1998)『바울신학』(CH북스, 2003)이 포함된다.

23 N. T. Wright, "The Paul of History and the Apostle of Faith," *Tyndale Bulletin* 29 (1978): 61-88.

자, 신학자, 설교자들이 자주 유대교를 볼썽사나운 모습으로 이해하고 이런 이해를 되풀이했으며 바울도 잘못 읽어냈다는 샌더스의 주장에 동의했다. 라이트는 이렇게 설명한다. "여기서 내 주장을 간단히 말해본다: 바울 해석 전통은 바울이 반대한 유대교를 엉터리로 지어냄으로써 엉터리 바울을 지어내고 말았다." 계속하여 그는 이렇게 말한다. "따라서 바울 해석 전통이 그려낸 엉터리 유대교상(像)은 결국 특정 [시간] 시대"와 해석 공동체들"의 제한된 필요와 요구에 부응할 목적으로 희석시켜 비신화화해버린 상상 속의 사도를 지어내는 결과를 낳고 말았다."[24]

라이트는 유대교가 행위로 의를 얻으려는 종교가 아니었으며 바울 신학의 근간은 의라는 개념이나 이신칭의 개념이 아니라는 샌더스의 주장에 동의했다. 그러나 라이트는, 샌더스와 달리, 바울이 유대교의 여러 측면에 더 뿌리 깊은 거부감을 갖고 있었다는 증거를 바울이 제시한 논지들 안에서 발견했다. 기독교가 전통 대대로 묘사해온 유대교 모습은 잘못되었지만, 그럼에도 라이트는 바울 서신이 "**유대교 옹호자들이 제시하는 바로 그** 유대교를 상세하고 예리하게 비판"한다고 본다(라이트 강조). 라이트는 이렇게 주장한다. "바울은 율법 자체에 반대하는 말을 단 한 마디도 하지 않으며, 다만 율법 남용에 반대할 뿐이다—율법 남용은 율법주의가 아니라 '민족주의를 앞세운 의'(national righteousness, 이스라엘 민족만이 의롭다 함을 얻음 ⓣ)이며, 이는 곧 하나님이 유대인에게 그들이 영원히 그리고 나면서부터 저절로 누리는 특권의 근간이 되는 당신의 신탁(계시)을 맡기셨다는 사실

24 Wright, "Paul of History," 78, 80. 라이트의 다른 대표작에는 *The Climax of the Covenant: Christ and the Law in Pauline Theology* (London: T & T Clark, 1991; Minneapolis: Fortress, 1992); Paul in Fresh Perspective (Minneapolis: Fortress, 2005(영국판은 *Paul: Fresh Perspectives* (London: SPCK, 2005))『톰 라이트의 바울』(죠이 선교회, 2012); "New Perspectives on Paul," in Wright, *Pauline Perspectives: Essays on Paul, 1978-2013* (Minneapolis: Fortress, 2013), 273-91; 그리고 *Paul and the Faithfulness of God*, 2 vols. (Minneapolis: Fortress, 2013)『바울과 하나님의 신실하심』(CH북스, 2015)이 있다. (이상한 두 "" 세트는 번역때문에 순서가 바뀌어서임 ⓔ).

(롬 3:2과 비교해보라)을 이용하려는 시도다." 라이트는 바울이 "유대인이 유대 민족의 특권을 나타내는 뱃지로〔상징으로〕 율법과 할례를 신뢰함"을 공격하고 있다고 추론했다.[25]

라이트가 "역사 속 바울"의 신학을 더 발전된 모습으로 재구성한 결과는 다른 점들에서도 샌더스가 재구성한 결과와 늘 첨예하게 다른 모습을 보였다. 라이트가 생각하는 바울은 하나님이 아브라함을 통해 시작하신 언약이 이제는 교회를 통해 계속 이어진다는 믿음에 근거한 언약 신학을 굳게 지지했다. 라이트는 하나님과 이스라엘의 언약이 예수가 메시아로서 나타나심 그리고 예수가 십자가에서 죽음과 죄를 이기심에서 그 절정에 이르렀다고 본다.

이와 달리, 샌더스는 언약 신학을 바울 신학의 핵심으로 여기지 않는다. 샌더스가 보기에, 바울은 유대인과 이방인이 "그리스도 안에서" 연합하여 하나가 된 공동체가 "육에 따른" 바울 자신의 "동포"(롬 9:3)와 대체로 연속성을 갖지 않는다고 여겼다. 바울 사도의 아브라함 이야기 주해는 아브라함의 씨를 그리스도 및 그리스도를 믿는 이들과 직접 연계함으로써 대다수 이스라엘 사람을 그 씨에서 배제했다(갈 3:6-29; 4:21-31; 롬 4:1-25).[26]

라이트는 바울이 그리스도의 복음을 자신이 곧 세계 통치자라는 로마 황제의 주장을 거부하고 대신한 것으로 여겼다고 주장했다. 샌더스는 바울이 처해 있던 정치 상황과 사회 상황의 세세한 점들에 늘 예리하게 초점을 맞추면서도, 바울 복음이 암시하는 반〔反〕제국주의적 의미들을 강조하지는 않았다. 샌더스는 제국에 저항하는 것이 바울의 관심사는 아니었다고 보았다.[27] 결국 어쨌든 시대의 종말은 눈앞에 다가와 있었다.

25 Wright, "Paul of History," 82.

26 원서 457, 483-84, 488-93, 551.

27 실제로 샌더스는 바울이 롬 13:1-7에서 시민을 다스리는 권위를 존중하라고 권면한 말이, 비록 몇 가지 문제를 일으키긴 해도, 충분히 명쾌한 말이라고 평가한다(샌더스는 이 몇 가지 문제들을 요

학계에서는 샌더스, 던, 그리고 라이트를 함께 묶어 "바울을 바라보는 새 관점"(바울에 관한 새 관점)의 창시자로 보는 것이 전통이 되었다. 그러나 이들이 주장하는 논지들은 때로 잇닿아있고 겹치기도 하지만, 결국 바울과 유대교에 관한 이 세 학자의 이해는 여전히 사뭇 다르다. 던은 바울이 "율법의 행위"를 거부함은 바울 자신이 할례와 독특한 음식 관습 그리고 안식일 준수를 유대인의 정체성을 나타내는 독특한 표지라 여겼던 유대인, 자신들보다 이런 관습을 덜 엄중하게 지키는 다른 유대인을 심판했던 유대인, 그리고 이런 관습과 상관없이 이방인은 하나님의 은혜를 받는 대상에서 제외하려 했던 유대인에게 반대한 것을 반영한 결과라고 본다. 라이트는 유대교의 문제점으로 유대인이 영원한 특권을 누린다고 가정한 점과 율법을 왜곡 인식한 점을 든다. 유대인의 배타주의와 정체성 표지에 관한 관심은 던이 생각하는 바울과 라이트가 생각하는 바울을 하나로 묶어준다.

샌더스는 이 가운데 어느 것도 받아들이려 하지 않을 것이다. 그는 바울이 부활하신 그리스도를 만나는 신비한 체험을 하고 난 뒤에야 비로소 그가 그 자신의 문화와 동포를 비판하는 말이 나타난다고 주장한다. 바울은 이런 계시가 있고 이 계시에 동반하여 복음의 사도로 부르심을 받기 전에는 유대교에 흠이 있다고 믿지 않았다. 그가 율법에 퍼붓는 비난은 모두 그의 새로운 구원론에서 나왔다. 그가 "유대교 안에서 보냈던 이전의 삶"을 포기하게 된 것(갈 1:13-14)도 구원은 오직 "그리스도 안에" 있음에서 나온다는 그의 새로운 확신에 뒤따른 결과였다. 샌더스는 이를 이렇게 말했다. **"이것이 바로 바울이 유대교에서 발견한 문제다: 유대교는 기독교가 아니다."**[28] 이는 다른 말로 이렇게 표현할 수 있다. "바울이 그가 나면서부터

근래에 낸 *Paul: The Apostle's Life, Letters, and Thought*, 692-95에서 다루었다). 어쨌든 샌더스는 바울 서신(사사로운 의사전달)의 "어디에서도 저항 운동은 나타나지 않는다"고 본다.

28 원서 552.

믿었던 종교에 피력한 유일한 근본 반론은 이 종교에 그리스도를 믿는 믿음이 들어있지 않다는 것이었다."[29] 이처럼 샌더스가 바울을 바라보는 시각은 라이트 및 던이 바라보는 시각과 사뭇 다르다. 샌더스는 이 두 사람이 유대교 안에서 적어도 율법주의만큼이나 나쁜 흠들을 찾는다고 본다.[30]

이 학자들의 주장에 중대한 차이가 있음을 고려할 때, 이 세 학자들을 빈번히 "바울을 바라보는 새 관점"을 세운 이들로 한데 묶어 봐 온 것은 놀라운 일이다. 던이 1983년에 발표한 논문은 샌더스가 유대교 자료를 망라하여 분석한 결과에 대한 그의 평가를 표현할 때 처음으로 이 용어를 배치했다. 던은 "새 관점"이 샌더스가 주장한 논지에서 골라 뽑은 몇몇 측면과 던 자신의 독특한 자료 읽기 결과를 합친 것을 뜻한다고 보았다. 던은 1988년에 펴낸 그의 로마서 주석과 이후에 낸 저서에서 이 "새 관점"이라는 말을 대중에게 더 널리 퍼뜨렸다.[31] 다른 학자들도 던과 비슷하게 이 말을 사용하기 시작했다. 던의 로마서 주석이 나온 바로 그해에 스티븐 웨스터홀름은 "새 관점"이 샌더스, 던, 그리고 그 무렵에 막 *Paul and the Law*을 출간한 헤이키 라이새넨의 견해들을 조합한 것이라고 비판했다.[32] 1990년대 중반에 이르면, 이 말에 때로는 라이트를 포함시키기도 하고 때로는 포함시키지 않기도 한다.[33] 그러나 라이트가 1990년대와 2000년대 초에 걸쳐 그

29 Sanders, "Comparing Judaism and Christianity," 30.

30 이와 비슷한 비판을 보려면, Thomas Deidun, "James Dunn and John Ziesler on Romans in New Perspective," *Heythrop Journal* 33 (1992), 79-84; Mark D. Nanos, *The Mystery of Romans: The Jewish Context of Paul's Letter* (Minneapolis: Fortress, 1994), 88-95; 그리고 Donald Boyarin, *A Radical Jew: Paul and the Politics of Identity* (Berkeley: University of California Press, 1993), 209-24을 보라.

31 Dunn, *Romans 1-8*.

32 Stephen Westerholm, *Israel's Law and the Church's Faith: Paul and His Recent Interpreters* (Grand Rapids: Eerdmans, 1988), 141-43. "새 관점"이라는 말은 Heikki Räisänen, *Paul and the Law* (Tübingen: J. C. B. Mohr, 1987) 중 한 페이지에 나오지만, 다른 학자의 저작을 인용한 글에서 등장하며, 특정한 사상 학파를 가리키는 전문적 의미로 등장하지 않는다. 라이새넨은 던이 쓴 "새 관점" 논문을 알고 있지만(xxix), 이 말을 어떤 이름표로 활용하거나 언급하지는 않는다.

33 예를 들면, 이 말을 다룬 지슬러(John A. Ziesler)의 논의는 스텐달을 가장 먼저 다루고, 샌더스

나름의 사유 흐름을 발전시켜가면서, 이제는 어쩌면 그와 던이 의견을 같이 하는 점들 때문에 이 둘을 함께 묶어볼 수밖에 없을 것 같다.

이렇게 하여 21세기에는 샌더스, 던, 라이트가 함께 "바울을 바라보는 새 관점"을 이야기하기 시작했다는 생각이 사람들이 자주 되풀이하는 주장이 되었다. 그러나 라이트는 때로 이런 생각과 관련하여 양면성을 띤 견해를 표명하기도 했다. 그는 2002년에 이 용어를 주로 샌더스와 던에게 적용하면서, 샌더스와 던이 "중요하고도 정확하며 신학 면에서 풍성한 열매를 맺은 두세 가지 점"을 강조하긴 했지만, "동시에 아주 많은 것을 오해했다"고 지적했다. 라이트는 자신을 "비판적 시각으로 새 관점을 바라보는 내부자로서, 새 관점의 몇몇 주요 취지는 지지하지만, 다른 몇 가지 점은 지금도 심히 비판하는 태도를 유지하는" 사람으로 묘사했다.[34] 애초에 『바울과 팔레스타인 유대교』라는 자신의 작품으로 바울 연구에서 지진을 일으켰던 샌더스는 이 "새 관점"이라는 용어를 결코 받아들이지 않았다. 그의 주장과 라이트 및 던의 주장이 보여주는 차이점들을 생각할 때, 샌더스의 태도는 전혀 놀랍지가 않다.

잘 알려져 있듯이, "바울을 바라보는 새 관점"이라는 용어는 이 세 학자를 넘어 이들이 각기 다르게 주장하는 테제의 여러 측면이 설득력이 있으며 지지를 받는다고 여기거나 이 세 학자의 견해 위에 서 있다고 여기는 다른 많은 학자들까지 포함시켜 이들에게도 적용하는 말이 되었다. 그 결과, 지금까지 아무런 도전도 받지 않고 유대교를 나쁜 종교로 일반화시켰

를 강조하면서도, 이 용어 자체는 던에게서 가져온다; "Justification by Faith: In the Light of the 'New Perspective' on Paul," *Theology* 94 (1991): 188-94을 보라. 스탠리 포터(Stanley E. Porter)는 "Understanding Pauline Studies: An Assessment of Recent Research: Part One," *Themelios* 22:1 (1996): 14-25에서 이 말을 주로 샌더스와 던을 가리키는 말로 사용한다. 초기에 라이트를 이 용어에 포함하여 사용한 사례 중 하나가 Mark D. Thompson, "Personal Assurance and the New Perspective on Paul," *Reformed Theological Review* 53:2 (1994): 73-86이다.

34 N. T. Wright, "Communion and *Koinonia*: Pauline Reflections on Tolerance and Boundaries," in Wright, *Pauline Perspectives*, 255-69, 인용문은 257쪽에서 가져왔다.

던 시절은 이제 끝났음을 성경 신학계 전반에 끊임없이 되새겨주는 목소리가 풍성한 합창이 되어 울려 퍼지고 있다. 그러나 이런 합창은 아주 커지고 다양해져 그 구성원들이 한 표제어 아래에 다 들어간다고 주장하기가 어렵게 되었다. 유대교가 율법주의 종교도 아니요 행위로 의를 얻으려 한 종교도 아니었다는 점에서는 이들이 다 의견을 같이할 지도 모르나, 특히 유대교 내부의 다양성을 고려할 때 유대교가 실제로 어떤 종교였나를 이야기할 때는 의견을 달리 할 때가 잦다. 바울을 읽을 때도, 이들은 어느 한 관점을 공유하지 않는다.[35] 라이트가 말하듯이, "십중팔구는 '새 관점'을 지지하는 학자들만큼이나 많은 '새 관점' 주장들이 있다."[36] "바울을 바라보는 새 관점"이라는 명칭은 서로 다른 사람들에게 서로 다른 수많은 것들을 의미하는 말이 되어버렸으며, 이 때문에 이 말은 이전에는 어땠을지 몰라도 이제는 무엇을 가리키는지 더 이상 명확하지가 않다. 이제 이 이름표는 던과 가까운 결론을 내리는 사람들 몫으로 남겨두는 것이 가장 좋다. 하지만 이 말은, 이전에 어떤 효용을 가졌든, 더 넓은 범위를 아우르는 어떤 운동을 가리키는 말로서 살아남았다.[37] 만일 우리가 신약 신학자들이 바울 해석에 필요한 유대교 1차 자료들을 비평하며 사용하기 시작한 때 이전과 이후를 구분해야 한다면, 샌더스 이전 시대와 샌더스 이후 시대로 부르도록 하자. 우리가 만일 바울과 관련하여 공통된 주해 결론이나 방법론상 공통된 가설을 주장하는 학자들을 어떤 범주로 묶어야 한다면, 이들이 공유하는 특징들을 더 정확히 밝혀주는 용어를 사용하도록 하자.[38]

35 Donaldson, "Paul within Judaism," 277-78.

36 Wright, "New Perspectives on Paul," 276.

37 이 점을 살펴보려면, Donaldson, "Paul within Judaism"을 보라. 그는 이렇게 지적한다. "이 용어(곧 "새 관점")는 새 길을 연 샌더스의 작품과 같은 입장을 갖고 있다기보다 이 작품이 불러일으킨 관련 문제들에 관심을 공유하는 학자들을 가리키는 말로 더 폭넓게 사용되지만 그리 정확하게 사용되지는 않는다"("Paul within Judaism," 278).

38 내 자신이 이 용어를 모호하게 사용한 사례가 Mark A. Chancey, "Paul and the Law: E. P. Sander's

사실, 『바울과 팔레스타인 유대교』가 불러일으킨 변화들이 닥친 뒤에도, 바울 연구 전체를 통틀어보면, 여전히 맹렬한 싸움을 벌이는 상이한 견해들로 가득하다.[39] 바울 자신이 주장하는 논지들의 모호함, 바울이 살았던 문화 정황과 현대 해석자들이 살아가는 문화 정황의 거리—그리고 최소한 일부 독자들이 보기에, 양자의 신학적 이해 사이에도 차이가 있음—를 고려할 때, 이런 상태가 놀랍지는 않다. 일부 학자들은 이신칭의가 바울 신학의 출발점이라는 자리를 잃었다는 데 동의하지만, 또 다른 학자들은 전통에 더 가까운 루터파와 개혁파의 관점을 지지한다. *pistis Christou*(피스티스 크리스투)를 "그리스도를 믿는 믿음"으로 번역할지, "그리스도의 신실하심"으로 번역할지, 아니면 다른 식으로 번역할지를 둘러싼 논쟁은 지금도 진행 중이다. 강력하고 설득력 있는 목소리들은 묵시주의, 메시아 대망, 혹은 카이사르가 아니라 예수가 주이심 같은 개념들에 상당히 더 큰 비중을 두어야 한다고 주장한다. 일부 학자는 유대인과 이방인이 구원을 얻는 방법은 동일하다는 것이 바울의 믿음이었다고 주장하나, 다른 학자들은 바울의 글에서 두 길 내지 두 언약 체계를 식별해낸다.

질문은 넘쳐난다. 바울 자신은 당시 유대교 및 유대인과 얼마만큼 단절하려 했나, 혹은 얼마만큼 연속성을 유지하려 했는가?[40] 바울은 자신을 유대인도 아니요 이방인도 아닌 새 백성의 탄생을 알리는 자로 보았는가? 정체성을 규정하는 개념과 경계가 모호하고 유동성을 지닌다는 점을 고려할

Retrieval of Judaism," *Christian Century*, June 3, 2006, 20-23이다.

39 Sanders, "Covenantal Nomism Revisited"; Nanos and Zetterholm, eds., *Paul within Judaism*; Magnus Zetterholm, *Approaches to Paul: A Student's Guide to Recent Scholarship* (Minneapolis: Fortress, 2009); Stephen Westerholm, *Perspectives Old and New on Paul: The "Lutheran" Paul and His Critics* (Grand Rapids: Erdmans, 2003).

40 이 점을 살펴보려면, Sanders, "Did Paul Break with Judaism?" (1996)과 "Paul's Jewishness" (2008)를 보라. 둘은 모두 *Comparing Judaism and Christianity*에 실려 출간되었다(231-40과 267-86에 각각 실려 있다).

때, 우리는 역사 속 어느 지점에서 기독교가 유대교와 완전히 다른 종교가 되었다고 말할 수 있을까? 이런 논쟁들은 『바울과 팔레스타인 유대교』 그리고 이 책에서 시작된 다양한 탐구가 지금도 계속하여 영향을 미친다는 것을 생생히 증언한다.[41]

대다수 학자는 한때 신약 학계가 내놓은 저서 페이지들을 가득 채웠던, 유대교는 율법주의라는 지극히 단순한 비판이 근거도 박약하고 종종 확인조차도 되지 않은 가설들에 근거했음을 인정한다. 일부 학자는 샌더스에 맞서 미묘한 차이를 담은 주장들을 제시하면서, 적어도 초기 유대교 속의 **몇몇** 흐름들은 율법주의였다고 주장한다. 적어도 이런 학자들은 자신들의 주장을 제시할 때 더 섬세한 용어 그리고 샌더스 이전보다 더 깊이 유대교 텍스트를 파고든 결과를 근거로 내세운다.[42] 그렇지만 신약 신학자들은 유대교를 좋지 않게 보는 고정관념들(그것이 의도한 것이든 아니든 상관없이)이라는 망령이 완전히 사라졌거나 장차 사라질 것이라고 생각해서는 안 된다.[43] 유대교 자료로 안내해 줄 믿음직한 안내자를 찾는 신약 신학

41 내가 생각하기에, 바울이 자신과 자기 동포 유대인의 관계에 관하여 지녔던 인식을 가장 도발적으로 탐구한 내용은 "유대교 안의 바울"〔Paul within Judaism〕 집단에서 많이 찾을 수 있다. Nanos and Zetterholm, *Paul within Judaism*; Pamela Eisenbaum, *Paul Was Not a Christian: The Original Message of a Misunderstood Apostle* (New York: HarperOne, 2010)을 보라.

42 샌더스는 언약적 율법주의가 초기 유대교를 규정하는 특징이라는 생각을 *Judaism: Practice and Belief 63BCE-66CE* (London: SCM and Philadelphia: Trinity Press International, 1992; Minneapolis: Fortress, 2016)에서 더 깊게 펼쳐보였다. 샌더스가 유대인이 이런 신학 틀을 얼마나 넓게 공유했는지 묻는 학자들에게 제시한 답변을 보려면, "Covenantal Nomism Revisited"를 보라.

43 Hermann L Strack and Paul Billerbeck, *Kommentar zum Neuen Testament aus Talmud und Midrasch*, 5 vols. (München: C. H. Beck'sche Verlagsbuchhandlung, Oskar Beck, 1922)가 근래 *Commentary on the New Testament from Talmud and Midrash*, 3 vols. (Bellingham: Lexham, 2013)로 출간될 예정임을 생각해보라. 저작권 표기 속의 출간연도는 이미 출간되었다고 나와 있지만, 이 책은 아직 이용할 수 없다. Strack-Billerbeck은, 한때 사람들이 하나같이 이 독일어 원서를 두고 말했던 것처럼, 랍비 자료에서 적절하다 추정하는 본문을 인용하여 신약 성경 본문들을 밝히 설명해준다고 주장한다. 샌더스는 이 주석이 본디 갖고 있는 결점들과 한때 사람들에게 널리 영향을 미쳤던 점을 특히 꼼꼼하게 살피며 조사했다. "많은 신약 신학자가 랍비 문헌에 관한 글을 쓸 때 참조할 수 있는 문헌이 빌러벡 뿐이라는 사실은 이들이 그 자체가 의심스러울 수 있는 본문 선별에서 작동하는 이론을 인식하지 못한다는 것을 일러준다." 천지를 뒤집어놓은 샌더스의 분석은 "빌러

자에게 샌더스는 지금도 없어서는 안 될 존재다.

샌더스는 이전에 그가 학자로 살아오면서 "가장 중요한 교훈"이라 여기는 것을 이렇게 밝혔다: "여러분이 원전을 연구하면 여러분 자신이 배우는 것을 실제로 알게 된다"〔You really know what you learn for yourself by studying original sources〕.[44] 물론 그가 언급한 것은 고대 텍스트를 꼼꼼히 분석하라는 말이었다. 그러나 그가 말한 취지는 학자들의 고전 연구에도 역시 타당하다. 수많은 책과 논문이 샌더스의 여러 기여를 요약하고, 그가 제시한 논리의 흐름을 바꾸거나 더 발전시키며, 그의 주해 방향에 맞서 반론을 제기하기도 하고, 바울과 유대교에 관한 다른 해석을 지지하기도 한다. 그러나 『바울과 팔레스타인 유대교』가 지금도 중대한 의미를 갖고 학자들의 연구와 계속하여 관련성을 가지는 작품으로 남아있는 이유를 제대로 이해하려 한다면, 원전을 읽는 것 외에 다른 방도가 없다. 이 40주년 기념판이 바로 그런 일을 할 수 있는 계기를 시의적절하게 제공한다.

2017년 4월 18일

벡이" 어디서 "어떤 텍스트의 분명한 의미를 왜곡하거나 … 그가 선택한 자료로 어떤 문제를 편견을 갖고 바라보게 만들었는지" 일러주는 자세한 사례들을 명명백백히 밝혀주었다(원서, 42; 색인에서 "Billerbeck, P"를 보라). 로고스 바이블 소프트웨어는 새 번역본의 전자책 버전을 열심히 선전하고 있다. 이 때문에 이전보다 더 이 낡고 심대한 흠이 있으며 확연히 신빙할 수 없는 자료가 영어권에서 더 넓은 범위의 무리들에게 영향을 미칠지도 모르겠다. 로고스 바이블 소프트웨어 웹사이트에 올라와있는 과대광고는 Strack-Billerbeck이 "이 방대하고 다양한 랍비 문헌에서 가져온 모든 관련 인용문을 … 여기 이 한곳에" 모아놓았다고 선전한다. 이 광고는 "모든 목사, 모든 신약 신학자, 1세기 역사에 관심이 있는 모든 사람, 그리고 모든 사람"이 이 번역서를 구입해야 한다고 쾌쳐댄다. 이 회사는 샌더스가 40년 전에 경고했던 바로 그 함정에 빠져 있다(https://www.logos.com/product/30801/commentary-on-the-new-testament-from-the-talmud-and-midrash, 2017년 4월 2일에 검색); Cliff Kvidahl, "Strack and Billerbeck's Works in English," 2013년 4월 11일 (https://blog.logos.com/2013/04/strack-and-billerbecks-works-in-english/, 2017년 4월 2일에 검색).

44 Sanders, "*Comparing Judaism and Christianity*," 22.

1977년 저자 머리말

이 책은 제법 긴 기간에 걸친 연구와 사유의 결과물이다. 이 기간 동안 이 연구의 정확한 초점에 적어도 한 번 큰 변화가 있었다. 나는 옥스퍼드와 예루살렘에서 랍비 히브리어와 현대 히브리어를 공부하던 1962-1963년에 당시 내가 신약 성경의 유대 "배경"이라 생각했던 것을 진지하게 연구해보려는 노력을 처음 시작하게 되었다. 나는 이런 비교 연구를 너무 일찍 시작해서도 안 될 일이요, 박사 과정에 따른 시간 압박에 쫓기며 해서도 안 될 일이라고 생각했기 때문에, 비교 연구를 내 박사학위 논문 논제로 삼지는 않았다. 그래도 나는 유대교의 여러 측면을 다룬 코스워크를 계속 밟았다. 1966년, 나는 굿이너프〔E. R. Goodenough, 1893-1965. 미국의 저명한 종교사학자다. 그리스 문화가 유대교에 끼친 영향을 깊이 연구했다 ⓣ〕의 유대교 이론—그는 랍비 유대교를• 헬라화 경향을 강하게 보인 신비주의 유대교라는 거대한 바다에 자리한 작은 섬으로 보았다—을 연구하기 시작했다. 두 해 동안 계속하

• 본 한국어판이 나오는 시점에서 랍비 유대교(Rabbinic Judaism)라는 용어는 바벨론/바빌로니아 탈무드 기록 이후, 6세기 이래 주류로 여겨지는 유대교를 가리킨다. 제2성전기(the Second Temple period, 530 BCE~70 CE)에 기록된 외경, 위경, 필론, 요세푸스, 사해사본 등의 문서에 나타나는 유대교와 대비하여, 미쉬나, 탈무드, 미드라쉬같은 랍비[문서] 전통에 나타나는 유대교를 지칭한다. 전자를 Second Temple Judaism 또는 초기 유대교(Early Judaism)라고도 부르는데, 이 제 2성전기 유대교는 종교, 문학, 역사 문서들을 통해 히브리어성경(구약성경)과 랍비 유대교를 연결하는 유대교의 발전상황을 보여준다. 1977년 출간된 본서에서 샌더스가 "랍비 유대교"라는 용어를 사용할 때는 Judaism, Early Judaism, Second Temple Judaism, Rabbinism 등과는 다른 좁고 특정한 의미에서 사용했다는 점을 참고할 필요가 있다.(John J. Collins와 Daniel C. Harlow가 편집한 *The Eerdmans Dictionary of Early Judaism* (Eerdmans, 2010) 참조; 성기주가 쓴 것을 편집하여 이 곳에 붙임 ⓔ.

여 굿이너프가 제시한 자료들을 연구하고, 이어 한 해를 쉬는 동안 히브리어 자료(sources)으로 되돌아갔다. 이 기간 동안 나는 유대교 자체만을 따로 공부해야 한다는 분명한 결론에 이르렀지만, 동시에 랍비 종교 연구에 점점 더 깊이 빠져들면서, 처음에 구상했던 것과 다소 다른 프로젝트—곧 연구 범위를 좁혀 팔레스타인 유대교와 신약 성경에서 가장 두드러진 저자인 바울을 비교 연구해보는 것—에 초점을 맞추기 시작했다. 이 책은 바로 그 연구의 결과물이다.

유대교 자료를 연구하면 할수록, 내가 본디 신약 학도가 아닌 것처럼 서술하려 애쓰는 것이 잘못이요 부질없다는 것이 더욱더 분명해졌다. 유대교를 다룬 책을 쓴 신약 학자들은 때때로 자신들이 관심도 없고 실제 가지지도 않은 "종교사"의 관점과 교육 배경을 가진 것처럼 행세했는데, 나는 그런 실수를 하지 않으려고 노력했다. 반면, 나는 유대교를 바울에서 볼 수 있는 모티프와 아주 유사한 혹은 그의 "배경"과 직접 관련된 것으로 보이는 개개 모티프들 쪽으로 좁혀 보려는(제약해버리는) 반대쪽 함정도 피하려고 노력했다. 나는 유대교 자체의 관점에서 이해한 유대교와 바울 자신의 관점에서 이해한 바울을 비교해보려했다. 나는 이런 노력이 바울 및 바울과 유대교의 관계를 이해하는 데 기여할 뿐 아니라, 유대교 자체를 이해하는 데도 기여한다는 것이 증명되리라고 기대한다. 설령 내가 탈무드 신봉자에게 랍비 종교(유대교)에 관하여 무언가를 가르쳐 주지는 못한다 할지라도, 최소한 랍비 종교의 구조와 기능에 관한 논증과 랍비 종교와 유대교의 다른 형태들을 비교할 때 쓴 방법만큼은 유용하다는 게 드러나리라고 기대한다.

xii 이 연구서가 독자에게 숲과 나무라는 문제를 안겨줄 수도 있기 때문에, 이 문제와 관련하여 한 마디 미리 짚고 넘어가야겠다. 이 경우에 "숲"은 사실 두 숲이다. 숲은 은유인데, 이 은유를 벗겨보면 각 숲은 어떤 비교를 의미한다. 이 책은 1부에서 유대교의 다양한 형태를 비교하고, 팔레스타인 유대교의 본질에 관하여 한 가설을 주장한다. 2부에서는 바울과 팔레스타인 유대교를 비교하고, 한 단계 더 깊이 들어간 가설을 제시한다. 이 과정에서 나는 이 책에서 살펴본 다양한 문헌들이 되비춰주는 종교에 관하여 꽤 많은 설명을 제시했다. 나는 각 장을 결국 특정 견해를 지지하는 주장으로 마무리했다: 이 책에서 다룬 각 문헌—초기 랍비 문헌, 사해 사본, 몇몇 외경과 위경, 바울 서신—이 되비춰주는 종교를 각 경우에 이런 식으로 이해해야지, 저런 식으로 이해해서는 안 된다는 주장을 제시했다. 이 모든 논지들은 더 큰 테제들에게 중요한 의미를 부여한다. 때문에 나는 각 장과 절이 거기서 논의한 내용에 관한 독립된 설명〔다른 장/절을 참조하지 않고도 거기서 논의한 내용만으로도 충분히 이해할 수 있는 설명 ⓣ〕으로서 꼼꼼히 살펴볼 가치를 갖도록 하려고 애썼다. 반면, 이 저작 전체의 목표는 앞서 말한 둘을 제대로 비교해보는 것이다. 따라서 나는 나무와 숲 모두 제대로 알아야 했다. 주로 이 두 비교에 관심이 있는 독자는 우리가 비교해야 할 것들이 내가 잘 서술해놓은 실체들이라는 점, 그리고 독자 자신이 이것들을 비교해보려면 내가 이 실체들을 비교하는 일을 하기 전에 수백 페이지에 걸쳐 이 실체들에 관해 서술해놓은 내용을 인내심을 갖고 끝까지 읽어가야 한다는 점을 유념해야 할 것이다. 반면, 내가 독자 자신이 아주 큰 흥미를 느낄 문헌들에서 드러나는 종교〔의 모습〕에 관하여 제시해놓은 설명에 주로 관심이 있는 독자는 이 책 전체가 추구하는 비교라는 목적 때문에 〔내가 그런 종교의 모습에 관하여 제시하는 설명에도 ⓣ첨가〕 여러 한계가 있을 수밖에 없었음을 유념해야 할 것이다. 내가 이런 언급을 하는 이유는 양쪽 독자들이 내게 할 수 있는 비판을 모면하려는 게 아니라, 독자에게 이 책의 여러 부분과 이 책 전체의 관계에 관하여 알려주고 싶기 때문이다.

이런 내용을 다른 식으로 이야기하라면, 내가 적어도 여섯 가지를 달성하려고 노력하겠다는 말로 설명해보겠다. 내 주요 목표는 다음과 같다.

- 서로 관련이 있으나 서로 다른 두 (혹은 더 많은) 종교를 비교할 방법을 방법론 차원에서 고찰해보는 것
- 신약학계에서 여전히 많거나 어쩌면 대다수를 차지하는 랍비 유대교에 관한 견해를 파괴하는 것
- 이런 다수설과는 다른 시각으로 랍비 유대교를 보는 견해를 확증하는 것
- 팔레스타인 유대교(즉 팔레스타인에서 유래한 자료가 되비춰주는 유대교) 전체에 관하여 한 가지 주장을 제시하는 것
- 바울에 관한 한 가지 이해를 논증하는 것
- 바울과 팔레스타인 유대교를 비교하는 것

이런 다양한 목표는 서로 모순되지 않고 도리어 서로 보완하기 때문에, 나는 이 여섯 가지 목표를 한 책으로 달성하려 하는 것이 타당하다고 생각한다. 위 여섯 중 네 번째 목표와 여섯 번째 목표가 이 책 전체를 아우르는 목표임을 유념해야겠지만, 그래도 나는 이 두 목표를 달성하는 김에 다른 목표도 함께 달성하길 소망한다.

xiii 어떤 입장에 반대하는 주장을 제시하고 또 다른 입장에 찬성하는 주장을 제시하면 학문적 논박이 어느 정도 따라붙는 것은 자연스러운 일이다. 이 책 독자들도 이 책의 들어가는 글과 2장, 3장, 5장에서 이런 논박을 으레 볼 수 있는 분량만큼 발견할 것이다. 랍비 종교를 다룬 1장은 특별히 언급할만한 가치가 있다. 다른 신약 학자들이 수 세대에 걸쳐 제시해온 입장에 대한 비판이 1장에서 두드러지게 나타나기 때문이다. 처음에 1장을 쓸 때는 다른 이들의 주장에 동조하는 내용이 거의 전부였지만, 서너 번 고쳐 쓰고 나서야 비로소 랍비 종교에 관한 특정 이해에 반대하는 논지를 제시할 수 있었다. 1장 1절을 꼼꼼히 읽어보면 내가 거기서 날카로운 반박 논조를 쓸 수밖에 없다고 판단한 이유를 알게 되리라고 기대한다: 더 부드러

운 논조를 사용했더니 아무도 그런 내 말에 귀를 기울이지 않았으며, 이제는 다른 학자들이 아예 그런 내 말을 내가 지지하지도 않는 견해를 지지하는 말인 것처럼 인용하기 때문이다. 똑같은 텍스트에 대해 거듭하여 오해한 책들을 읽고 또 읽다 보니, 이런 오해를 꽤 자세히 파고들 필요를 점점 더 절감하게 되었다. 이런 오해를 파고드는 작업에는 이런 오해를 비판하는 것뿐 아니라, 종종 각주에서 언급만 한 것으로 보이는 수많은 본문을 완전히 통째로 인용하는 것도 포함되어 있다. 1장이 단지 논박에 그치지 않고 결국 긴 장〔章〕이 된 것도 그런 이유 때문이다. 사람들이 자주 오해해온 종교인 랍비 유대교를 바로 이해하는 것은 분명하고 상세한 비판과 긴 인용문을 정당화하는 데도 충분히 중요한 일이다. 나는 철저히 부정〔否定〕하는 〔이전의 견해를 철저히 부정하는 ⓣ〕 비평을 통해 더 나은 것을 건설해보려는 〔긍정적〕 목표, 곧 신약 학자들 속에 랍비주의〔Rabbinism, 랍비 유대교〕에 관한 더 나은 이해를 심어보려는 목표를 달성하고자 한다.

일단 랍비 유대교와 관련하여 논박이라는 문제를 제기했기 때문에, 이 책 주제가 반〔反〕유대주의〔anti-Semitism〕가 아닌지 의심하는 독자들도 있을 것 같다. 그렇지 않다. 내가 아는 어떤 유대인 학자는 내가 비판하는 견해들을 주장했던 이전 세대 학자들 가운데 누가 사실은 반유대주의 학자인지 내게 일러주겠다고 제안했지만, 나는 그런 학자를 찾아내는 일을 정중히 사양했다. 내가 보기에, 여기서 내가 비판하는 견해를 주장한 이들은 자기 견해가 증거에 합치한다고 생각하여 그 견해를 주장한 것이며, 내가 그 견해를 비판한 이유도 그 견해가 증거에 합치하지 않는다 생각하기 때문이다. 학자들의 유대교 설명과 반유대주의의 관계가 걸어온 역사는 아주 복잡하다. 하지만 이 책은 그 관계를 해명하는 데 기여하지 않는다. 오해 소지가 있는 부분도 그냥 액면 그대로 읽어야지, 더 과장하여 읽어서는 안 된다.

이 책은 각 부분들이 다 그 나름대로 어려움을 안겨주었지만, 아마도 여기에서는 바울에 관한 글쓰기와 관련된 한 가지만 언급해야 할 것 같다. 바울을 다룬 2차 문헌이 워낙 많다 보니, 바울과 관련된 각 논점을 다룬 주장들을 모두 요약하고 논의하기는 불가능하다는 게 드러났다. 바울 신학 분야에는 사람들이 계속하여 관심을 표명하는 문제인데도 언급조차 되지 않는 것들이 몇 가지 있다. 가령 바울을 대적한 이들의 정체 같은 문제는 논의에서 제외되어 왔으며, 이러다 보니 대다수 2차 문헌은 이 문제를 언급도 하지 않았다. 이 책에서 바울을 다룬 부분을 쓸 때는 무엇보다 다음의 세 입장을 염두에 두었다: 불트만〔Rudolf Bultmann, 1884-1976. 독일의 신약 신학자요 양식사학파의 거두다 ⓣ〕과 불트만 학파, 쉬바이처〔Albert Schweitzer, 1875-1965. 독일의 신약 신학자요 의료 선교사이며 오르간 연주자다. 역사 속 예수 연구에 공헌했다 ⓣ〕, 데이비스〔William David Davies, 1911-2001. 웨일스의 신학자요 회중교회 목사다. 바울 신학을 깊이 연구했다 ⓣ〕. [xiv] 불트만과 불트만 학파 그리고 쉬바이처를 고른 이유는 이들이 바울을 이해하는 두 큰 흐름을 대변하면서 서로 얼마간 정반대인 입장에 서 있기 때문이요, 데이비스를 고른 이유는 그가 바울 및 유대교 문제에 관하여 제시한 주장이 분명 중요한 의미를 갖고 있기 때문이다. 개개 논점들을 다룰 때는 다른 학자들의 견해와 기여도 논했지만, 그래도 나는 방금 언급한 세 입장에 맞서 (그리고 때로는 이 세 입장에 동조하여) 바울을 바라보는 내 견해를 체계 있게 제시해보려고 애썼다.

히브리어 음역〔音譯〕은 Jewish Encyclopedia〔유대 백과사전〕의 간이표기 체계를 따르되, 한두 가지만 살짝 바꾸었다(가령 ק를 *ḳ*로 적지 않고 *q*로 적었다). 특히 모음은 학문의 논리를 따라 음역하지 않았다(따라서 이 책에서는 *e*가 *seghol*과 *tsere̜* 그리고 *sheva* 음을 나타낸다). 나는 히브리어를 음역할 때 히브리어를 아예 모르거나 조금만 아는 독자들이 편하게 읽을 수 있는 말을 만들어내는 것을 염두에 두었다. 나는, 쉑터〔Solomon Schechter, 1847-1915. 몰다비아에서 태어난 미국의 유대교 신학자요 랍비다 ⓣ〕가 זכות를 *Zachuth*로 음역했어도 그가 써놓은 내용이 무엇인지 모르는 사람들이 없었듯이, 어떤 히브리어 음역도 히브리어를 모르는 이들을 잘못된 이해로 이끌지는 않으리라고 생각한다. 일부 사람들의 관점에서는 간이 음역 체계를 사용하는 것보다 둘 이상의 음역 체계가 등장하는 것이 더 나쁘게 보일 것이다. 그래도 나는 다른 사람들의 음역을 인용할 때면 당연히 그들의 음역을 따랐다. 랍비의 이름 그리고 미쉬나와 탈무드의 소논문 제목을 표기할 때는 영어권 독자들에게 가장 익숙한 댄비〔Herbert Danby, 1889-1953. 영국의 성공회 사제이자 유대교 연구자다. 미쉬나를 영어로 완역했다 ⓣ〕의 음역을 사용했으며, 머킬타 소논문〔Mekilta tractates〕 제목을 표기할 때는 라우터바흐〔Jacob Zallel Lauterbach, 1873-1942. 미국의 유대교 연구자다. 미드라쉬와 탈무드를 깊이 연구했다 ⓣ〕의 음역을 따랐다.

이 책에 쓸 내용을 연구하고 이 책을 집필할 때 후한 도움을 받았다. 도움을 베풀어준 학교와 기관에 신세를 졌음을 밝히고 감사를 표할 수 있게 되어 기쁘다: 이 책을 연구하고 집필하던 초기 단계에 연구에 도움된 하계 연구 보조금을 잇달아 제공해준 맥매스터대학교, 1년 동안 예루살렘에서 연구할 수 있게 박사 후 과정 펠로십을 제공해준 캐나다 학술원, 안식 펠로십을 제공해준 American Council of Learned Society〔미국 학회 평의회〕, 이 연구를 완성할 수 있는 시간을 제공해주었을 뿐 아니라, 비서의 도움과 연구 지원을 받고, 다른 학자들과 이 책 여러 부분의 초고를 토론하기 위한 여행을 하며, 다른 도서관을 방문하는 데 필요한 경비, 그리고 이 책 원고를 만드는 과정에서 발생한 모든 잡다한 비용에 충당할 자금을 제공해준 시니어 리서치 스칼라십을 베풀어준 캐나다 학술원의 킬럼〔Killam〕프로그램에 감사한다. 이런 도움이 없었다면, 이 원고는 지금도 메모와 초고가 뒤범벅 된 종이뭉치로 남아있을 것이다.

재정 도움에도 감사하지만, 이 책 원고를 읽고 나와 이 원고를 토론해준

학자들에게 훨씬 더 큰 감사를 드린다. 나는 여러 해에 걸쳐 바울과 유대교를 놓고 토론하고자 내가 괴롭힐 수 있는 모든 학자들을 괴롭혔다. 때문에 이 자리를 빌려 내 질문에 답해주고 내 이론을 토론해준 많은 학자들에게 널리 감사의 말을 전할 수밖에 없다. 그 가운데 특별히 내 두 동료인 벤 마이어〔Ben Meyer〕 박사와 앨 바움가르텐〔Al Baumgarten〕 박사, 그리고 찰스 모울〔Charles Francis Digby Moule, 1908-2007. 영국의 성공회 사제이자 신약 신학자다. 그레이엄 스탠턴과 제임스 던이 그의 제자다 ⓣ〕 교수, 존 녹스〔John Knox, 1900-1990. 미국의 신약 신학자다 ⓣ〕 교수, 존 지슬러〔John A. Ziesler〕 박사를 따로 언급하지 않을 수 없다. 나는 이 다섯 학자들과 특별히 자세한 대화를 나누었으며 이 학자들로 말미암아 특별한 보상을 받았다. [xv]이 다섯 학자들은 내 원고의 여러 부분을 일찍이 초고 단계부터 읽어주었으며, 덕분에 나는 이 중 네 학자와 내 원고를 놓고 토론할 수 있었다. 새뮤얼 샌드멜〔Samuel Sandmel, 1911-1979. 미국의 유대교 랍비요 신약 신학자다 ⓣ〕 교수와 웨인 믹스 〔Wayne A. Meeks, 1932- . 미국의 신약 신학자요 예일대 명예교수다 ⓣ〕 교수는 이 책 1장과 5장을 읽고, 나와 이 두 장을 주제로 상당히 긴 토론을 해주었다. 윌리엄 데이비스 교수는 이 책의 들어가는 글, 1장의 일부, 그리고 5장 전체를 읽어주었다. 그의 굳건하고 끊임없는 격려, 그리고 몇 가지 논지와 관련하여 그가 제시해준 비판에 감사한다. 벤 바홀더〔Ben Zion Wacholder, 1924-2011. 미국의 유대교 연구자요 사해 사본 연구의 권위자다 ⓣ〕 교수는 이 책 1장을 읽어주었으며, 그가 1장에 관하여 일러준 것들은 나를 몇 가지 실수에서 구해주었다. 게르트 뤼데만〔Gerd Lüdemann, 1946- . 독일의 신약 신학자다 ⓣ〕 박사는 최종 완성 전 단계의 원고 전체를 읽어주었다. 그의 지적 덕분에 몇 가지 잘못을 바로 잡을 수 있었다. 아울러 그는 이 책 내용과 관련하여 몇 가지 유익한 논평도 해주었다. 자신들의 시간을 너그러이 할애해준 이 모든 학자들에게 큰 빚을 졌다. 그들의 언질〔notes〕과 제안 덕분에 이 원고가 눈에 띄게 좋아졌다. 여기서 글로 그들에게 심심한 감사와 사의〔謝意〕를 표할 수 있어 기쁘다. 늘 하는 말(이요 아주 당연한 말)이지만, 설령 이 책에 어떤 실수가 남아있더라도, 그건 다 내 잘못이지 나를 도와 큰 친절을 베풀어준 이들의 책임이 아니니다. 나아가 때로는 내가 이 원고를 읽어준 이들 중 일부 사람들과 여전히 의견을 달리할 수밖에 없었다는 말도 덧붙여두어야겠다. 이런 의견 불일치가 종종 가장 유익한 토론 주제들을 제공해주기도 했다. 나는 이런 토론 주제들이 글로 기록되어 더 많은 독자에게 흥미를 안겨주길 소망한다.

나는 여태까지 표시한 감사와 다른 종류의 감사를 고〔故〕 모르데카이 캄라트〔Mordechai Kamrat, 1915-1970. 이스라엘의 히브리어 학자다 ⓣ〕 박사에게 드려야겠다. 캄라트 박사는 "울판"〔Ulpan〕 체계〔이스라엘의 히브리어 학습 체계 ⓣ〕의 "아버지"로 가장 잘 알려져 있는 이로서, 그 누구도 따라오지 못할 히브리어 교사였다. 그의 학문 분야는 탈무드학〔탈무드 연구〕이 아니었지만, 그래도 그는 (다른 많은 분야는 물론이요) 랍비 문헌에 관하여 백과사전 같은 지식을 갖고 있었다. 그는 많은 책임을 짊어지고 있었는데도, 1963년 그리고 1968년부터 1969년까지 내 개인 교사가 되어 현대 히브리어와 랍비 히브리어를 가르쳐주었다. 우리는 함께 네 개 주요 탄나임 미드라쉬 가운데 셋을 대부분 독파했고, 몇몇 미쉬나와 토세프타 소논문, 그리소 작은 탄나임 미드라쉬의 몇몇 부분을 독파했다. 내가 이런 말을 하는 것은 그만큼 캄라트 박사가 내 교육에 그의 시간을 할애해주었다는 것과 내가 그에게 헤아릴 수 없이 큰 빚을 졌다는 뜻을 밝히고 싶기 때문이다. 그 읽기는 속독〔速讀〕일 수밖에 없었지만, 그래도 그렇게 읽은 덕분에 나는 다른 식으로는 불가능했을 만큼 탄나임 문헌을 이해할 수 있는 기회를 갖게 되었다. 캄라트 박사는, 1970년, 이른 나이에 세상을 떠났다. 이 바람에 세계는 위대한 학문과 비범한 능력은 물론이요 그보다 훨씬 더 위대한 마음과 영혼을 소유한 사람을 잃어버리고 말았다.

맥매스터대학교에서 일하는 내 연구 조교들은 이 책에 여러 가지 중요한 기여를 했다. 만프레드 브라우치〔Manfred Brauch〕 박사는 *dikaiosynē theou*〔하나님의 의〕라는 문구를 다룬 연구 결과를 조사하여 제공해주었는데, 5장 부록은 이 조사 결과에서 나온 것이다. 필 슐러〔Pil Shuler〕 박사는 사해 사본을 인용한 곳들을 점검해주었다. 베노 프르지빌스키〔Benno Przybylski〕 박사는 랍비 문헌 작품을 인용한 곳들을 점검해주고, 랍비 문헌을 다룬 장과 관련하여 몇 가지 점을 분명히 설명한 메모를 내게 제공해주었다. 아울러 그는 이 원고를 읽고 교정하느라 오랜 시간을 할애해주었다. [xvi] 필리스 코팅〔Phyllis Koetting〕은 타이핑한 원고를 최종 교정해주고, 수정한 몇 페이지를 타이핑해주었으며, 참고문헌을 작성해주었다. 아울러 그는 색인을 작성해주고, 교정도 도와주었다. 꼼꼼히 일해준 이 모든 이들에게 깊이 감사한다.

수전 필립스〔Susan Phillips〕는 인쇄에 들어갈 최종 원고를 준비하는 무거운 짐을 져주었다. 수전은 1969년부터 1975년까지 내가 처리해야 할 행정 직무들을 정돈하고 처리할 수 있게 도와줌으로써 내가 연구하고 집필할 시간을 확보할 수 있게 해주었을 뿐 아니라, 이 책 원고의 여러 부분 초고들을 수도 없이 타이핑해주고, 인쇄소의 요구에 맞춰 각주와 원고 스타일을 바로잡아 주었다. 또 이 책 1장과 3장에 있는 영어 인용문들을 점검해주었으며, 마지막으로 1975년 9월의 첫 20일간 약 1,100쪽에 이르는 원고를 거의 흠 하나 없이 타이핑해주었다. 이 일들만으로도, 내 가장 진심어린 칭송과 존경과 감사의 말을 여기에 적었을 것이다. 하지만 우리가 함께 오래오래 행복하게 살아갈 삶을 기대하고 있던 그때에, 수전은 세상을 떠났다. 나는 이 책을 수전 그리고 우리가 함께 품었던 소망을 기리는 기념물로 바친다.

이 2쇄는 오탈자와 몇몇 소소한 오류를 바로 잡을 기회를 제공해주었지만,

본문 자체는 달리 바뀌지 않았다. 로버트 힙시(Robert Huebsch) 박사는 내게 몇 가지 오류를 일깨워주었고, 힐본(G. W. Hilborn) 씨는 남다른 세심함과 인내심으로 이 책 전체를 교정해주었다. 두 분에게 깊이 감사한다.

평론가들 그리고 이 책을 그들 자신이 쓴 저작에서 다룬 이들은 이 책을 대체로 후하게 다루어주었다. 너무 많아 일일이 열거할 수는 없으나, 많은 학자들이 학자가 기대할 수 있는 가장 큰 칭송을, 다시 말해 이 책을 진지하고 엄정하게 다뤄주는 칭송을 베풀어주었다. 이런 칭송에 깊이 감사드리고, 내가 그들의 비판에서 배움을 얻길 바란다.

이 책이 처음 나왔을 때, 랍비 문헌과 바울을 놓고 다른 학자들과 상당히 많은 대화를 나누었으며, 때문에 여기서 그들을 언급하는 것이 유익할 수도 있겠다. 제이콥 누스너(Jacob Neusner, 1932-2016. 미국의 유대교 학자다. 예일과 옥스퍼드 등에서 가르쳤다 ⓣ)와 나는 *Approaches to Ancient Judaism* II, ed. W. S. Green, Scholars Press for Brown Judaic Studies 1980, 43-80이 랍비 자료를 사용한 방법론을 놓고 대화를 주고받았다. 한스 휘프너(Hans Hübner, 1930-2013. 독일의 신약 신학자다 ⓣ)는 "이신칭의"가 바울 신학의 중심임을 변호할 목적으로 한 논문을 기고했다('Pauli Theologiae Proprium,' NTS 26, 1980, 445-73). 윌리엄 데이비스는 내 저작에 답하면서, 특히 내 저작과 데이비스 자신이 *Paul and Rabbinic Judaism* (Fortress Press, 1980)(바울과 랍비 유대교) 최신판에서 바울과 유대교의 관계에 관하여 피력한 이해가 연결되어 있다는 답을 보여주었다. 나는 1980년에 열린 Studiorum Novi Testamenti Societas(신약 신학 학회) 연차 총회에서 발표한 "바울과 율법: 다른 질문, 다른 대답"Paul and the Law: Different Questions, Different Answers에서 가장 중요한 논점들에 대답했다. 이 논문은 다른 논문들과 함께 묶어 내년에 *Paul, the Law and the Jewish People*으로 펴낼 예정이다. xvii

약어표

AB	Analecta Biblica, Rome
AGJU	Arbeiten zur Geschichte des Antiken Judentums und des Urchristentums, Leiden
ATANT	Abhandlungen zur Theologie des Alten and Neuen Testaments, Zürich
BASOR	*Bulletin of the American Schools of Oriental Research*, New Haven, Conn.
BBB	Bonner Biblische Beiträge, Bonn
BWANT	Beiträge zur Wissenschaft vom Alten and Neuen Testament, Stuttgart
BZ	*Biblische Zeitschrift*, Paderborn
BZAW	*Beiheft zur Zeitschrift für die alttestamentliche Wissenschaft*, Berlin
CBQ	*Catholic Biblical Quarterly*, Washington
DJD	Discoveries in the Judaean Desert, Oxford
DSS	Dead Sea Scrolls
ET	English Translation
EvT	*Evangelische Theologie*, München
Exp	*The Expositor*, London
ExpT	*Expositiory Times*, Edinburgh
FRLANT	Forschungen zur Religion und Literatur des Alten and Neuen Testaments, Göttingen
HNT	Handbuch zum Neuen Testament, Tübingen
HTR	*Harvard Theological Review*, Cambridge, Mass.
HUCA	*Hebrew Union College Annual*, Cincinnati
ICC	The International Critical Commentary, Edinburgh
IDB	*Interpreter's Dictionary of the Bible*, New York
IEJ	*Israel Exploration Journal*, Jerusalem
JBL	*Journal of Biblical Literature*, Philadelphia
JE	*The Jewish Encyclopedia*, New York and London
JJS	*Journal of Jewish Studies*, London
JQR	*Jewish Quarterly Review*, London
JR	*Journal of Religion*, Chicago
JSJ	*Journal for the Study of Judaism*, Leiden
JSS	*The Journal of Semitic Studies*, Manchester
JTC	*Journal of Theology and the Church*, New York and Tübingen
JTS	*Journal of Theological Studies*, Oxford
KD	*Kerygma und Dogma*, Göttingen

NT	*Novum Testamentum*, Leiden
NTS	*New Testament Studies*, Cambridge
PAAJR	*Proceedings of the American Academy of Jewish Research*, New York
RB	*Revue Biblique*, Paris
RHPhR	*Revue d'Histoire et de Philosophie Religieuses*, Strasbourg
RHR	*Revue de l'Histoire des Religions*, Paris
RQ	*Revue de Qumrân*, Paris
RSR	*Recherches de Science religieuse*, Paris
SANT	Studien zum Alten und Neuen Testament, München
S.-B.	Strack-Billerbeck, *Kommentar*
SBT	Studies in Biblical Theology, London
SJ	*Studia Judaica*, Berlin
SJT	*Scottish Journal of Theology*, Edinburgh
SNT	Supplements to Novum Testamentum, Leiden
SNTS	Studiorum Novi Testamenti Societas, Oxford
SNTSMS	Society for New Testament Studies Monograph Series, Cambridge
SPB	Studia Post-Biblica, Leiden
ST	*Studia Theologica*, Lund
STDJ	Studies on the Texts of the Desert of Judah, Leiden
SUNT	Studien zur Umwelt des Neuen Testaments, Göttingen
TDNT	*Theological Dictionary of the New Testament*, Grand Rapids, Michigan
TLZ	*Theologische Literaturzeitung*, Leipzig
TU	Texte und Untersuchungen, Berlin
TZ	*Theologische Zeitschrift*, Basel
USQR	*Union Seminary Quarterly Review*, New York
VT	*Vetus Testamentum*, Leiden
WMANT	Wissenschaftliche Monographien zum Alten und Neuen Testament, Neukirchen
YJS	Yale Judaica Series, New Haven, Conn.
ZAW	*Zeitschrift für die alttestamentliche Wissenschaft*, Berlin
ZNW	*Zeitschrift für die neutestamentliche Wissenschaft und die Kunde des rchristentums*, Berlin
ZTK	*Zeitschrift für Theologie und Kirche*, Tübingen

참고문헌 표시는 대체로 익숙하고 누가 봐도 확실히 알 수 있는 표시 방식을 따랐다. 인용한 문헌의 세부 서지 사항은 책 뒤 참고문헌에 제시해놓았다.

들어가는 글

1절 신약 학계가 이야기하는 바울과 유대교

…… 우리가 다루려는 것이 바울 종교와 기원전 200년경부터 기원후 200년 무렵까지 팔레스타인 유대교 문헌에서 나타나는 다양한 형태의 팔레스타인 유대교 사이의 관계임을 말해두어야겠다. 우리가 이렇게 다루려는 주제를 제한했지만, 그렇다고 팔레스타인 유대교와 헬레니즘 유대교 사이에 아무런 공통점이 없음을 전제하는 것이 아니며, 바울이 헬레니즘 유대교나 헬레니즘 자체보다 팔레스타인 유대교 혹은 그런 유대교 중의 어떤 형태와 더 가까운가라는 문제에 관하여 지레 판단을 내린 것도 아니다.[2] 우리는 고대 세계의 어느 부분이 바울에게 어떤 점에서 아주 큰 영향을 미쳤는가를 판단하고자 "유사〔평행〕사례들"과 "영향들"〔영향을 준 요인들〕을 골라 뽑아 그것만 중시하려 하지 않았다.[1] 바울과 비교할 점을 제공할 대상을 팔레스타인 유대교 문헌에 국한하는 것이 애초부터 현실에 맞다. 한 사람이 모든 것을 한 번에 논하기는 불가능하다. 하지만 우리는 결론에서 필론의 글을 통해 알려진 헬레니즘 유대교와 바울의 관계라는 문제를 간략

1 이렇게 유사 사례들과 영향들만 골라 뽑아 그것만 중시하려 한 2차 문헌이 아주 많다. 예를 들면, K. L. Schmidt, "Der Apostel Paulus und die antike Welt," *Das Paulusbild* (ed. Rengstorf), 214-45을 보라. 쉬미트는 바울이 "고대 세계"에 보인 태도를 서술하는 데도 관심을 보인다. 더 근래에 나온 예로 E. Brandenburger, *Fleisch und Geist*, 1968이 있다.

히 제기해보겠다. 어쨌든, 자료들과 영향들을 찾아내는 것은 이 책의 의도가 아니다. 자료들과 영향들에 대해 다루기는 하겠지만, 이 책의 진짜 의도는 바울의 종교 및 그의 종교관과 팔레스타인 유대교 문헌에서 나타나는 종교 및 종교관을 **비교하는** 것이다.

....

분명 행위가 아니라 믿음으로 의롭다하심을 얻는다는 정반대 명제가 바울 자신의 입장이다. 하지만 바울과 유대교의 입장이 정반대임을 인정하는 신약 학자들도 바울이 유대교를 논박하며 묘사한 내용을 무턱대고 정확한 것으로 받아들이지 않는다고 주장한다. 오히려 그들은 유대교를 다룬 학술서들이 바울의 그런 묘사를 증명하고 정교하게 설명했음을 발견한다. 우리가 이미 보았듯이, 대커리는 베버를 사용했다. 또 다음 장에서 보겠지만, 불트만은 부세트를 사용했다. 그리고 쉬렝크는 유대교를 묘사할 때, 빌러벡이 랍비 문헌에서 골라 뽑은 수많은 인용문과 원용문에 의존한다. 이처럼 유대교 문헌을 조사한 결과를 바탕으로 유대교와 바울을 대립관계로 묘사하려는 시도가 있긴 하지만, 사실은 바울 자신의 유대교 논박 때문에 당시 유대교가 바울의 사상과 대립하는 것으로 규정되지 않았나 하는 의심을 피할 수가 없다.

...... 지금 학계는 바울과 팔레스타인 유대교 사이의 일치점과 명백한 차이점 사이에 끼어 옴짝달싹 못하고 있다. 혹자는 둘 사이의 차이점으로 믿음 대 행위라는 문제를 지적하기도 하고, 혹자는 바울이 대속과 용서에 관한 유대교의 이해를 무시한 점을 지적하기도 한다. 쉑터와 몬테피오리를 읽은 이는 바울이 유대교에서 찾아낸 공격거리가 무엇이었는지, 또 그가 그렇게 찾아낸 공격거리를 과연 공격했는지 의아해한다. 데이비스를 읽은 이는 바울과 유대교 사이에 긴밀한 일치점들을 보며 어떻게 바울이 자신을 "메시아의 도착 유무"가 아닌 "의(義)를 어떻게 얻느냐"라는 문제

에서 유대교와 불일치하다고 말할 수 있는지 의아하게 여기게 된다. 지금 필요한 것은 수많은 일치점과 불일치점—바울 자신이 말하는 불일치점뿐 아니라, 유대교 쪽에서 보았을 때 명백히 드러나는 불일치점, 바울 자신이 묘사한 유대교와 유대교 자료에서 나타나는 유대교의 상이점(相異點)—을 모두 설명해주는 비교다. 다시 말해, 지금 필요한 일은 바울 자신이 말하는(바울 자신의 관점에서 바라본) 바울과 유대교 자체가 말하는(유대교 자체의 관점에서 바라본) 유대교를 비교하는 것, 곧 어느 한 본질과 한 본질을 비교하거나 개개 모티프들을 비교하는 게 아니라, 한 종교 전체(바울 기독교 전체 ⓣ)와 한 종교 전체(팔레스타인 유대교 전체 ⓣ)를 비교하는 것이다. 바로 이 일이 우리가 여기서 하고자 하는 일이다. 이제 해야 할 일은 이 일을 어떤 방법으로 행할지 그 방법론을 서술하는 것이다.

2절 종교 패턴들의 전체 모습을 비교함

난 여기서 비교 방법을 서술할 때 너무 막연한 서술은 피하도록 노력하겠다. 이는 내가 서술한 방법을 당장 적용하려 하기 때문이요, 적용을 해봐야 그 타당성을 검증할 수 있기 때문이다. 하지만 나는 바울과 유대교에 대한 비교 역사가 비교종교학 방법론 발전이 일반적으로 필요함을 특히 분명하게 보여주는 사례라고 본다. 어려운 점은 어느 것을 초점으로 비교해야 할지 정하는 일이다. 우리는 이미 대다수의 비교가 **본질들**(믿음 대 행위; 참고. 자유 대 율법, 영적 종교 대 물질적, 상업적 종교 따위)을 비교하거나 아니면 **개개 모티프들**을 비교하는 데 그치고 있음을 보았다. 이런 비교들 가운데 어느 것도 적절한 비교 범주를 이루지 못한다.

[13] 본질들을 비교하는 것을 놓고 많은 말을 할 필요는 없겠다. 어떤 한 종교를 한 문구나 한 줄로 적절히 요약할 수 있다는 생각은 얼른 봐도 의심스럽다. 짧게 진술한 어떤 하나의 본질로 한 종교 전체를 제대로 표현하기는 불가능하다. 더군다나, 기독교 쪽 학자들의 유대교와 기독교 비교는, 그 목적이 논박에 있었다. 그런 경우는 대개 바울이 (혹은 예수나 기독교 전반이) 유대교보다 우월함을 보여주는 것이 목적이다. 심지어 유대교를 모욕하려는 의도는 전혀 없이, 다만 바울(이나 예수나 기독교)에서 독특하게 나타나는 점들을 확실하게 강조하려 할 때도 그런 비교를 할 수 있다. 어쨌든 두 종교를 비교하는 데 정말로 진지한 관심이 있다면, 단지 두 종교의 본질만을 비교 대상으로 사용하는 것은 적절치 않다.

개개 모티프들을 비교하는 경우를 고찰할 때는 이야기가 그리 분명하지만은 않다. 어떤 종교가 그것을 이루는 부분들의 총합이라는 관념이 우스운 관념은 아니다. 따라서 그 종교의 수많은 구성 부분들을 비교하는 것이 단지 그 종교의 본질들을 비교하는 것만큼 명백히 부적절한 일은 아니다.

그럼에도 진짜 비교답게 종교를 비교하려면, 종교의 구성 부분들만 비교하는 것은 적절치 않다. 이는 두 가지 이유 때문이다. 첫째, 우리는 비교 대상인 두 종교의 기원을 밝히려 할 때, 보통 한 종교의 모티프들과 다른 한 종교의 요소들을 비교한다. 두 종교를 같은 식으로 다루지 않는다. 바울과 유대교를 비교한 역사는 이 점을 분명하게 보여준다. 사람들은 바울의 모티프에서 출발하여 유대교 안에서 이 모티프의 기원을 찾는 일을 하면서도, 유대교의 다양한 요소들만을 따로 독립된 논제로 삼지는 않는다. 결국 두 종교〔바울의 종교와 유대교 ⓣ〕의 진정한 비교가 이루어지지 않는다. 둘째, 모티프 연구는 종종 비교 대상인 두 종교 중 하나(혹은 때로 두 종교 모두)에 존재하는 모티프의 맥락과 의미를 종종 간과한다. 정확히 똑같은 모티프가 서로 다른 두 종교에서 나타나면서도 그 의미는 서로 다른 경우를 충분히 생각할 수 있다. 이를 두 건물에 빗대 생각해볼 수 있겠다. 모양과 색깔과 무게가 동일한 벽돌을 사용하여 서로 완전히 다른 두 건물을 짓는 일은 얼마든지 가능한 일이다. 한 건물을 무너뜨리고, 똑같은 벽돌로 첫 번째 건물과 다른 건물을 짓는 것도 가능하다. 모티프 연구를 할 때는 우선 그 모티프의 **기능**과 **맥락**〔*function and context*〕을 살펴보고, 그 다음에 두 종교가 유사한지 여부에 관하여 결론을 내려야 한다. 따라서 가령, 바울과 유대교가 말하는 의를 비교할 때는 바울과 유대교의 전체 틀 속에서 의가 가지는 **기능**과 **의미**〔*function and significance*〕를 살펴봐야 한다. 이는 곧 바울과 유대교에는 어떤 전체 틀이〔an overall scheme〕 틀림없이 **존재한다는** 것, 그리고 이 둘을 비교하려면 각 틀의 전체를 이해해야 한다는 것을 의미한다.

…… 분명 바람직한 것은 종교 전체를 놓고 비교하되, 한 종교의 부분과 전체를 다른 종교의 부분 및 전체와 모두 비교하는 것이다. 이를 건물에 빗대 말하면, 두 건물을 비교하되, 각 건물을 이루는 벽돌들도 빠뜨리지 않고 비교하는 것이다. 문제는 서로 비교해야 할 두 전체를 어떻게 발견할 것인가

이다. 이 두 전체는 모두 각각 자체의 관점에서 각각의 진가에 따라 고찰하고 정의해야 한다. 나는 "종교 패턴"이라는 개념이 이런 일을 가능케 하리라고 믿는다. 우리는 먼저 종교 패턴이 '무엇이 아닌가'부터 살펴봐야 한다.

1. 내가 말하는 "종교 패턴"은 역사 속에 존재해온 어떤 종교 전체—기독교, 유대교, 이슬람교, 불교 따위를 아우른 전체—를 뜻하는 게 아니라, 다소의 동질성을 지닌 주어진 실체만을 의미한다. 우리 목적에 비춰볼 때, "바울주의〔바울 사상; Paulinism〕"는 종교다. 이런 의미의 종교가 한 인물에 국한될 필요는 없으며, 종교와 종교적 삶에 관한 기본 이해가 동일하다면, 수백 년에 걸쳐 수백만의 사람을 아우를 수도 있다. 루터파는 십중팔구 이런 의미의 "종교"라 묘사할 수 있겠다. 이렇게 큰 실체에서는 개별 사항들의 차이점뿐 아니라 심지어 여기저기에 존재하는 커다란 차이점도 고려해야겠지만, 그래도 추측컨대(이런 말을 쓴 것은 나는 루터파 학자가 아니기 때문이다) 루터파를 여기서 사용하는 의미의 "종교"로 여기기에 충분한 본질상 일치와 일관성이 존재할 것이다.

17 2. 종교 패턴은 어느 한 종교 안에 들어있는 모든 신학 명제나 모든 종교 개념을 포함하지 않는다. "패턴"이라는 용어는 우리가 그 종교의 논리적 출발점에서 논리적 결론으로 어떻게 옮겨갈 것인가라는 문제를 가리킨다. 세계가 어떻게 창조되었는가, 종말은 언제 올 것인가, 내세의 본질은 무엇인가, 메시아의 정체는 무엇인가 따위처럼 사변에 의존하는 질문은 진정한 종교 패턴에서 제외한다. 바울과 유대교의 관계 그리고 유대교 내부에 있었던 다양한 분파들의 관계를 탐구한 수많은 연구는 바로 그런 질문들에 초점을 맞췄다. 종교 패턴, 곧 그 종교의 출발점에서 시작하여 그 종교의 결론에 이르는 순서〔sequence〕는 이런 사변적 질문에 주어진 답에 따라 꼭 바뀌지는 않는다는 것이 내 가설이다. 그렇다고 사변에 의존하는 질문이 종교 패턴에 영향을 미칠 수 없을〔could〕 것이라는 뜻은 아니다. 예를 들

면, 역사에는 시작이 있고 끝이 있다고 보는 견해가 없다면, 유대교와 기독교에서 아주 흔히 볼 수 있는 것과 같은 종교 유형은 존재하지 않을 것이다. 하지만 역사의 시작과 끝에 일어나는 일이 종교 패턴을 결정하는 핵심이어야 할 필요는 없다.

종교 패턴이란 것을 긍정 어법으로("… 이 아니다"가 아니라 "… 이다"로 ⓣ) 정의해보면, 종교 패턴은 그 종교 신자들이 **기능**을 따라 그 종교를 이해한 내용을 묘사한 것이다. "기능을 따라 이해한다"는 말은 신자가 매일 행하는 무엇을 의미함이 아니라, **안으로 들어와**(입문하여; getting in) **머묾**(staying in)**을 어떻게 이해하는가**라는 의미다: 즉 어떤 종교가 그 구성원을 받아들여 유지하는 방식을 그 종교가 "기능하는" 방식으로 여긴다는 말이다. 이런 기능에는 기도, 씻음 따위처럼 매일 행하는 행동들이 포함될 수 있지만, 우리가 관심을 갖는 것은 이런 행동들의 세부 내용이 아니라, 이런 행동이 종교 "패턴" 속에서 가지는 역할과 의미다: 즉 우리는 이런 행동이 기초한 원리는 무엇이며, 이런 행동들을 지키지 않을 때는 무슨 일이 일어나는가에 관심을 갖고 있다. 따라서 종교 패턴은 대개 조직 신학이 "구원론"으로 분류하는 항목들과 관련이 있다. 하지만 앞으로 우리가 서술할 것들을 가리키는 데는 "구원론"보다 "종교 패턴"이 더 만족스러운 용어다. 우선 종교 패턴은 구원론이 보통 포함하는 것보다 더 많은 것들을 포함한다: 종교 패턴에는 신앙생활의 마지막 지점 뿐 아니라 그 논리적 출발점도 포함하며, 이 출발점과 마지막 지점 사이에 존재하는 단계들도 포함한다. 그런가하면, 구원론이라는 말은 언제나 아주 적절하다고 할 수 없는 의미들을 함축하고 있다.[18] 예를 들면, 구원론은 저 세상 일(other-worldliness)에만 관심을 쏟는다는 뜻을 풍길 수도 있으며, 혹은 모든 이가 그들이 소유하지 못한 구원을 필요로 한다는 것을 암시할 수도 있고, 더 나아가 원죄 개념을 암시할 수도 있다. 유대교의 많은 종파는 저 세상 일에 골몰하지 않는다. 또 유대교의 대다수 형태에는 원죄 개념 혹은 심지어 보편적 죄 개념이 존재하지 않는다. 때문에 유대교 입장에서는 이런 함의(含意)들이 마뜩치 않을 것이다. 가끔은 "구원론"이라는 말을 사용하는 것이 적절하거나 유용할 수도 있으나, 위와 같은 한계가 있음을 유념해야 한다. 더 나은 술어가 "종교 패턴"이다. 종교는 설령 그 목적이 완전한 파멸에서 구원함이 아닐지라도 이런 저런 식으로 기능하기 마련이다. 우리는 이런 모습을 집회서(벤 시락)의 경우에서 특히 분명하게 목격할 것이다.

종교 패턴은 조직 신학과 동일하지 않으며, 사변에 의존하는 수많은 신학 질문들과 무관하다. 그렇지만 종교 패턴은 **분명 사상**과 관련이 있으며, 종교 행위의 외면뿐 아니라, 종교 행위 뒤편에 자리한 **이해**와 분명 관련이 있다. 따라서 우리는 **어떤 종교의 신자들이** 그 종교의 제의가 그들의 신앙생활에서 **어떤 기능을 가지는 것으로 이해되었는지**를,그 종교의 제의 행위에서 끌어낼 수 있겠다. 그 제의를 지켜 거행했다는 사실뿐 아니라, 그 제의의 의미에 관한 신자들의 **이해**도 중요하다. 다시 말하면, 꼭 신자들이 그 제의가 조직 신학에서 어떤 논리적 위치를 갖고 있는지 자세히 진술했다는 의미는 아니다. 설령 이런 자세한 진술이 없더라도 신자들은 어느 한 전체 패턴이 서로 연관된 여러 요소로 이루어져 있음을 볼 수 있듯이, 그런 제의도 종교 속의 다른 요소들과 일관된 관계를 유지하고 있는 것으로 이해할 수 있다.

그렇다면 비교할 점은 종교 패턴이다. 한 패턴은 서로 별개인 여러 모티프로 이루어져 있지만, 우리는 유대교의 일부분에 존재하는 어떤 모티프와 바울 안에 존재하는 유사한 모티프를 비교하기보다 각 종교의 고유한 틀 속에 들어있는 모티프들을 찾아내는 데 더 큰 관심을 갖고 있다. 일단 여러 전체 패턴들이 분명하게 나타나야 이 패턴들을 비교할 수 있으며, 그 전에는 비교가 불가능하다.

우리는 팔레스타인 유대교 안에 오직 한 종교 패턴만이 존재했다고 전제하지 않는다. 한 종교 패턴과 다른 종교 패턴을 비교할 때 쓸 방법을 논의할 때도 우리가 이 연구서 말미에 이르면 정확히 두 패턴을 갖게 되리라고 전제하지 않는다. 그 논의도 오로지 비교 방법만 일러줄 뿐이다. 팔레스타인 유대교 문헌에서 나타나는 종교 패턴은 여러 가지가 있을 수 있다. 바울의 종교 패턴은 이 여러 종교 패턴 중 하나와 일치할 수도 있고, 단 하나와도 일치하지 않을 수도 있다. 사실 바울 사상 안에도 커다란 불일치가 존재할 수 있으며, 불일치가 존재한다면 바울이 어느 한 종교 패턴만을 분명하게 갖고 있었던 것은 아님을 일러주는 것이 될 것이다. 이 모든 질문은 뒤이어 논할 내용으로 유보해둔다.

연구 목적

내가 1부에서 하려는 일은 유대 종교(유대교)의 역사를 제시하는 것이 아니다. 하지만 우리는 기원전 200년부터 기원후 200년에 이르는 기간에 기록된 방대한 현존 팔레스타인 유대교 자료들을 살펴보겠으며, 이렇게 하면 1부의 결론 부분에서 바울 시대의 1세기 팔레스타인 유대교가 가졌던 몇 가지 특징에 관하여 몇 가지 결론을 끌어낼 수 있을 것이다.[19] 하지만 이 연구서의 목표는 모든 것을 망라하는 형식적 역사서술이 아님을 유념해야 한다. 아울러 바울 사상을 알려주는 자료들을 발굴하는 것 역시 이 연구서의 주된 의도가 아니다. 하지만 내가 앞서 지적했듯이, 그런 주제가 가끔은 등장할 수도 있다. 더구나 내 주관심사는 단순히 바울과 유대교의 개념 및 용어가 일치하느냐 여부를 다루는 것이나, 바울이 유대교를 바로 이해했느냐 아니면 오해했느냐 를 다루는 게 아니다. 오히려 바울의 종교와 팔레스타인 유대교 문헌 속에 나타난 종교 형태들의 기본 관계를 묻는 물음에 대답하는 것이다. 우리는 용어 뒤편으로 들어가(go behind terminology) 바울과

(가령) 랍비들이 가진 종교가 똑같은 **유형**이었는가를 판단해봐야 한다. 데이비스의 말로 표현하면, 바울의 종교는 메시아가 이미 왔다고 생각했던 한 랍비(혹은 다른 어떤 팔레스타인 유대인)의 종교인가를 물어봐야 한다는 말이다. 어떤 비교 작업이든 비교하는 대상들을 더 잘 알 수 있게 해주는 것처럼, 우리는 바울과 팔레스타인 유대교의 관계를 종교 패턴(들)이라는 관점에서 비교분석해보면 바울과 팔레스타인 유대교가 모두 밝히 드러날 것이라고 추측한다: 우리는 일치점과 불일치점을 이해함으로써 배움을 얻는다. 본서의 의도는 바울과 팔레스타인 유대교 양쪽 모두에 대한 이해를 돕는 데 있을 뿐 아니라, 이 둘이 서로 어떤 관계에 놓여 있는가를 명확히 밝히는 것이다. ……

비교할 때 어려운 점들

우리는 두 가지 큰 난관을 만날 텐데, 이 두 난관은 **불균형**과 **부담**〔억지나 강요로 끼워맞춤; imposition〕이라는 말로 요약할 수 있겠다. 한 개인〔바울 ⓣ〕과 팔레스타인 유대교 문헌이라는 커다란 덩어리를 비교하는 일은 분명 균형을 잡기 어렵게 하는 난관들을 만들어낸다. 하지만 달리 선택할 여지가 없어 보인다. 이 문제는 탄나임 문헌을 다룰 장의 2절에서 더 충실히 논해보겠다. 그러나 여기서 팔레스타인 유대교 문헌의 본질 때문에 이 문헌의 큰 덩어리들을 통째로 살펴보겠지만, 이렇게 살펴보면 바울과 비교할 수 있는 개개인의 사상을 따로따로 분리해내기가 거의 불가능하다는 점은 간략히 언급해두어도 될 것 같다.[1] ……

혹자는 가령 탄나임 문헌에도 신약 성경만큼 아주 풍부한 견해들이 들어있을 수 있기 때문에, 탄나임 문헌에서 **어느 한** 종교 패턴만을 끌어내려

1 9 필론과 랍비들을 비교함에 관하여 이야기한 Sandmel, *Philo's Place in Judaism*, 5을 참고하라.

고 시도하는 것은 조화라는 것이 전혀 존재하지 않는 곳에 억지로 조화를 강요하는 결과를 낳을 수도 있다는 가설을 말할 수도 있다. 나는 이런 가설이 옳지 않다고 생각하며, 탄나임 문헌에서도 종교의 본질과 신앙생활에 관하여 사람들 사이에 널리 퍼져 있던 견해를 발견할 수 있으리라고 생각한다. 하지만 이것 역시 세세한 조사를 마친 뒤에야 그 타당성을 판단할 수 있는 가설일 뿐이다. 여기에서는 이 연구를 진행하면서 학자들이 각 문헌 덩어리〔each body of literature〕에 어떤 억지〔artificial〕 패턴을 강요하고 있는지 여부를 고찰해봐야 할 것이라는 말을 해두는 것만으로도 충분하겠다.

………

3절 자료

여기에서는 이 연구서에서 사용할 자료가 무엇인가는 그냥 간략히 언급하고, 각 자료의 연대와 기원 문제는 각각 할애한 장들에서 필요하다 여기는 만큼 상세하게 논하도록 하겠다. 바울을 연구할 때 쓸 자료는 물론 그가 쓴 서신들이다. 진정성 문제〔그 서신의 저자가 정말 바울인가라는 문제 ⓣ〕와 사도행전을 사용할 것인가라는 문제는 아래 2부에서 다루겠다. 하지만 기원전 200년부터 기원후 200년에 이르는 기간에 나온 팔레스타인 유대교 자료들은 여기서 몇 가지 언급을 해둘 필요가 있겠다.

내 의도는 원칙상 이 시기의 자료로서 활용 가능한 자료는 전부 고찰해보는 것이다. 하지만 시공간의 제약 때문에 상세하게 다루는 작품은 일부로 제약했다. 우선 우리는 초기 랍비(탄나임)문헌을 고찰하는 일부터 시작하겠다. 나는 이 문헌들을 여기서 다룰 문헌들 가운데 대체로 가장 후대에 나온 것으로 여긴다. 탄나임 문헌에서 시작하는 이유는 두 가지다.[25] 첫번째 이유는 신약 학자들이(가령 데이비스와 쉽스가) 바울과 유대교를 비교했던 대다수 주요 비교 결과를 보면, 이 학자들이 가장 먼저 염두에 둔 문헌이 바로 이 탄나임 문헌이기 때문이다. 따라서 탄나임 문헌은 당연히 으뜸으로 다룰 만하다. 둘째 이유는 탄나임 문헌이, 희년서와 에녹1서의 다양한 부분처럼, 아마도 훨씬 더 오래되었을 많은 문헌 작품보다 종교 패턴을 더 잘 묘사할 수 있는 기회를 제공하기 때문이다. 희년서와 에녹1서 같은 작품들은 상당히 짧고, 그 관심사가 특별한 내용에 한정되어 있다. 우리는 먼저 더 크고 더 넓은 범위를 아우르는 탄나임 문헌을 탐구하고 이어서 (어떤 한 패턴이 정말 표준이 되었다고 가정할 때) 후대에 나온 자료에서 표준으로 자리 잡은 종교 패턴이 초기에도 얼마만큼 작용했는지 파고드는 식으로 연구를 진행해볼 수 있으며, 이렇게 진행하는 것이 가장 좋겠다.

둘째로 우리는 다소 일관된 기원을 갖고 있으며 그 분량도 상당히 많은 또 다른 자료인 사해 사본을 연구해보겠다. 사해 사본 연구는 주로 1번 동굴〔Cave I〕에서 나온 큰 두루마리들과 다마스쿠스 언약에 국한하여 진행해 보겠다.

셋째, 집회서부터 에스라4서에 이르기까지, 외경과 위경에서 골라 뽑은 작품들을 다뤄보겠다. 하지만 시간과 공간을 절약하고 불필요한 중복을 피하고자, 팔레스타인에서 나왔을 개연성이 높고 우리가 고찰하는 시대에 기록되었을 가능성이 있는 몇몇 작품은 고찰을 생략했다. 생략한 작품 중 주요한 두 작품이 열두 족장의 유언과 바룩2서(시리아어 바룩묵시록)이다. 열두 족장의 유언을 생략한 이유는 무엇보다 저작 연대와 그리스도인들이 끼워 넣은 문구들에 얽힌 골치 아픈 문제들 때문이다.[1] 열두 족장의 유언을 다루려면 전면적 문학 분석을 해야겠지만, 여기서 얻을 수 있을 법한 결과들은, 사전 연구 작업이 일러주듯이, 주로 반복이어서 굳이 이를 분석하는 데 시간과 공간을 쓸 이유가 없었음이 드러날 것 같다. 바룩2서를 생략한 이유는 무엇보다 이 문헌이 에스라4서와 긴밀한 연관성을 갖고 있기 때문이다. 이 점에 관하여 모든 이가 동의하지는 않지만, 나는 에스라4서가 바룩2서에 의존했다기보다, 그 반대로 바룩2서가 에스라4서에 의존한 것으로 본다.[2] 저자의 관점은 동일하지 않지만, 그래도 사전 조사를 해본 결과, 바룩2서를 철저히 논의하는 것을 포함하여 전면 연구를 실시하는 것은 분명 실익이 없으리라는 것이 드러났다.[3] 외경이나 위경에 해당하는

1 이 주제를 다룬 문헌이 상당히 많다. 특히 M. de Jonge, *The Testaments of the Twelve Patriarchs*, 그리고 그가 기독교의 영향을 주제로 *NT* 4, 1960, 182-235과 NT 5, 1962, 311-19에 발표한 두 논문; J. Becker, *Untersuchungen zur Entstehungsgeschichte der Testament der zwölf Patriarchen*을 보라. 열두 족장의 유언을 사용할 때 생기는 어려움을 다룬 글을 보려면, Longenecker, *Paul: Apostle of Liberty*, 11f.를 보라.

2 H. H. Rowley, *The Relevance of Apocalyptic*, 119; F. Rosenthal, *Vier apokryptische Bücher*, 72f.; L. Rost, *Einleitung in die Alttestamentlichen Apokryphen und Pseudepigraphen*, 97.

기타 몇몇 소소한 작품도 같은 이유로 직접 고찰하지 않았다.

나아가 나는 이제 사람들이 때때로 이 시기에 나온 작품으로 여기는 아람어 타르굼도 고찰 대상에서 제외했다.[4] [26] 우리가 갖고 있는 타르굼이 과연 오래된 것인지 내가 확신하지 못하는 것도 고찰 대상에서 제외한 한 이유다.[5] 설령 타르굼이 대체로 후대에 나왔다 할지라도, 그 안에는 분명 초기 전승들이 들어있을 수 있지만, 우리는 이 전승들을 하나씩 찾아내야 한다. 대체로 현재 타르굼 연구 상태로 볼 때, 타르굼을 우리 연구 목적에 사용하기는 불가능하다. 현재의 모티프〔주제〕 중심 연구에는 타르굼을 사용할 수 있다. 이런 연구에서는 어떤 주제나 개념을 탐구하여 이와 관련된 타르굼 자료의 연대를 밝혀내려고 시도해볼 수 있기 때문이다.[6] 하지만 우리는 지금 팔레스타인 오경 타르굼이 제시하는 종교관과 신앙생활을 논할 수 있는 단계에 있지 않으며, 특히 우리가 지금 고찰하는 범위에 속하는 시대에 어떤 일관된 종교관이 나왔다고 주장할 수 있는 단계에 있지도 않다.

....

여기 이 연구서에서 하는 일은 유대교 문헌 자체를 연구하는 것이다. 이

3 나는 "구원론 범주〔개념〕인 언약과 팔레스타인 유대교 및 헬레니즘 유대교가 말하는 구원의 본질"에서 바룩2서가 말하는 언약과 구원론 문제를 간략히 다루었다.

4 M. McNamara, *The New Testament and the Palestinian Targum to the Pentateuch*, 35을 보라.

5 조지프 피츠마이어〔Joseph Augustine Fitzmyer, 1920- . 미국의 가톨릭 사제요 신약 학자다 ⓣ〕가 *Theological Studies* 29, 1968, 321-6에서 (위 주4에서 언급한) 맥나마라의 작품을 평한 글과 CBQ 32, 1970, 107-12에서 디에스 마초〔Alejandro Díez Macho, 1916-1984. 에스파냐의 가톨릭 사제요 유대교 학자다 ⓣ〕판 네오피티(Neofiti)를 평한 글을 보라. 나아가, Fitzmyer, "The Languages of Palestine in the First Century A.D.," *CBQ* 32, 1970, 524f; "The Contribution of Qumran Aramaic to the Study of the New Testament," *NTS* 20, 1974, 384 (주1에 더 많은 참고문헌이 들어있다); 조너스 그린필드〔Jonas Carl Greenfield, 1926-1995. 미국의 셈어 학자요 사해 사본 연구자다 ⓣ〕가 19세기에 알려진 오경 타르굼의 에더리지〔John Wesley Etheridge, 1804-1866. 영국의 셈어 학자요 유대교 연구자다 ⓣ〕 번역판 재출간본을 평한 글 (*JBL* 89, 1970, 238f.); 바홀더(B. Z. Wacholder)가 맥나마라의 *Targum and Testament* (*JBL* 93, 1974, 132f.)를 평한 글; Anthony D. York, "The Dating of Targumic Literature," *JSJ* 5, 1974, 49-62을 보라.

6 R. Le Déaut, *Le nuit Pascale. Essai sur la signification de la Pâque juive à partir du Targum d'Ecole XII* 42가 이런 예다.

연구서가 직접 고찰하지 않는 자료들도 있긴 하지만, 그래도 이 연구서가 활용하는 자료의 범위는 아주 넓다. 이런 자료들을 모두 고찰하고 나면, 팔레스타인 유대교 안에 존재했던 주요한 종교 흐름에 관하여 틀림없이 공정한 결론들을 얻을 수 있을 것이다.

1부

팔레스타인 유대교

I장 탄나임 문헌

1절 랍비 종교를 율법의 행위로 의를 얻는 종교로 보는 끈질긴 견해

조지 푸트 무어는, 1921년, 유대교를 다룬 저술을 하는 기독교 학자라면 누구나 반드시 읽어야 할 한 논문에서,[1] 유대교에 관한 기독교 저술가들의 저작이 19세기에 들어와 어떤 근본적 변화를 일으켰다고 언급했다. 18세기에는 기독교 문헌이 시종일관 유대교의 견해와 기독교 신학의 **일치**를 증명하려고 노력하는 데 주안점을 두었다. 분명 유대교는 공격을 받았지만—종종 악의에 찬 공격을 받기도 했지만, 대개 그리 했던 목적은 유대인 자신의 입으로 유대인의 잘못을 토설케 하려는 것이었다: 예를 들면, 그들이 중개자에 관하여 한 말(*logos*, *memra*)이 기독교 교리가 진리임을 증명한다는 것을 보여주는 것이었다. 하지만 페르디난트 베버가 등장하면서 모든 것이 바뀌었다.[2] 베버는 유대교를 기독교와 정반대요 대립하는 것으로 보았다. 유대교는 율법 종교였으며, 유대교가 말하는 하나님은 멀리 계신 분이요 접근할 수 없는 분이었다. 기독교는 행위보다 믿음에 기

1 G. F. Moore, "Christian Writers on Judaism," *HTR* 14, 1921, 197-254.

2 F. Weber, *System der altsynagogalen palästinischen Theologie aus Targum, Midrasch und Talmud*, ed. by Franz Delitzsch and Georg Schnedermann, 1880; 이 책을 개정한 것이 *Jüdische Theologie auf Grund des Talmud und verwandter Schriften*, 1897이다.

초를 두었고, 인간이 다가갈 수 있는 하나님을 믿는다.[3] 이어 무어는 베버가 묘사한 유대교 모습이 에밀 쉬러[4]와 빌헬름 부세트[5]에서도 계속 나타남을 보여주었으며, 이런 구조가 아주 부적절하고 그 근거가 아주 박약하다는 것을 일러주었다.[6] 무어가 분명 굉장한 그의 분석을 따라 그 나름대로 초기 랍비 종교를 구성하여 제시했을 때,[7] 사람들은 무어 혹은 베버와 베버의 후계자들 가운데 대체로 누가 옳은가라는 문제가 해결되리라고 생각했을 것이다. 베버, 쉬러, 그리고 부세트와 달리, 무어는 자료를 세부까지 알고 직접 살펴보았다. 베버 같은 이들과 달리, 무어는 유대교 자체를 유대교 자체의 관점에서 구성한 결과물을 제시하고 싶어 했지, 유대교를 기독교가 흥미로워하는 주제들만 다루고 나머지는 생략해버린 "신약" 핸드북이 다루는 "신약의 배경" 중 일부로 제시하려 하지 않았다.[8] 34 무어는, 특히 부세트와 달리, 랍비 자료가 그가 구성한 결과물〔그가 구성한 유대교 ⓣ〕의 기초임을 강조했다. 부세트는 주로 외경과 위경에 의존했으며, "특히 묵시문학〔apocalypses〕을 좋아했다."[9] 무어는 부세트가 자신의 책을 "유대교"〔the religion of Judaism〕를 다룬 책이라 부르면서도, "우리가 아는 한, 유대교가 아무런 권위도 인정하지 않은" 자료들을 자기 책의 근거로 삼으면서, "정작

3 Moore, "Christian Writers," 228-33.

4 *Lehrbuch der Neutestamentlichen Zeitgeschichte, 1874;* 이 책을 개정한 것이 *Geschichte des jüdischen Volkes im Zeitalter Jesu Christi*, 1886-90이다. 이후에도 여러 권으로 출간되었으며(처음에는 두 권, 나중에는 세 권으로 출간되었다 ⓣ) 판〔版〕을 거듭했다〔Emil Schürer, 1844-1910. 독일의 신학자요 유대교 연구자다 ⓣ〕.

5 W. Bousset, *Die Religion des Judentums im neutestamentlichen Zeitalter*, 1903; 이를 H. Gressmann이 1925년에 개정했다. 이 책 제목의 마지막 부분이 *im späthellenistischen Zeitalter*로 바뀌었다.

6 Moore, "Christian Writers," 237-48.

7 G. F. Moore, *Judaism in the First Centuries of the Christian Era: The Age of Tannaim*, 3 vols., 1927-30.

8 비교. Moore, "Christian Writers," 238.

9 Ibid., 243. 그레스만이 부세트의 책에 랍비 자료를 추가한 것을 알아보려면, 아래 원서 56 부분을 보라.

유대교가 늘 규범으로 여겼던 자료들은 믿지 않고 대부분 무시해버린다"고 비판했다.[10] 여기서 우리는 사람들에게 많은 비판을 받았던 무어의 견해, 곧 "규범적 유대교"〔normative Judaism〕와 랍비 유대교를 동일시하는 견해가 등장한 역사 상황을 본다.[11]

베버와 그의 후계자들을 겨냥한 무어의 비판에는 유대교를 연구하는 많은 학자가 동조했으며,[12] 우리가 말했듯이, 분명 성공을 거두었어야 했다. 1936년경, 로〔Herbert Martin James Loewe, 1882-1940. 영국의 셈어 학자요 유대교 연구자다 ⓣ〕는 무어의 비판이 성공했다고 선언했다. 로는 벨하우젠, 쉬러, 찰스〔Robert Henry Charles, 1855-1931. 아일랜드의 성경 신학자다. 외경과 위경을 깊이 연구했다 ⓣ〕, 부세트와 베버의 견해가 허포드〔Robert Travers Herford, 1860-1950. 영국의 랍비 문헌 연구자다 ⓣ〕, 무어, 쉑터, 몬테피오리, 뷔흘러〔Adolf Büchler, 1867-1939. 오스트리아-헝가리제국의 랍비, 신학자다 ⓣ〕, 아서 마모스타인〔Arthur

10 "Christian Writers," 244.

11 가령 E. R. Goodenough, *Jewish Symbols* 12, 6을 보라: 무어는 미쉬나 유대교를 "모든 유대교의 규범이요, 심지어 이런 초창기에도 그런 역할을 한 유대교로" 여겼다. …. "그는 미쉬나 유대교를 '규범이 되는' 유대교라 불렀으며, 이 유대교와 비교할 때 묵시 유대교, 신비주의(혹은 영지주의) 유대교, 필론식 유대교는 이런 규범에서 벗어난 것이라고 보았다." 무어(*Judaism* III, v-vi)는 이런 비판에 맞서 자신이 묘사하려 한 것은 기원후 2세기 끝에 이르러 규범이 된 유대교였음을 지적하여 자신을 변호했지만, 랍비 유대교가 1세기에도 모든 유대교의 규범이었다고 추정한다는 이유로 거듭 비판을 받았다. 실제로 그는 이런 견해를 품었을 수도 있다. 비록 활자 매체를 통해 부인하긴 했지만, 그 자신의 제자인 굿이너프도 그가 이런 견해를 갖고 있었다고 말하기 때문이다. 무어가 그의 저서 *Judaism*에서 묵시 문학이 표현하는 유대교 사상에 충분한 독립성을 부여하지 않은 것은 분명 사실이다. 반면, 무어가 이런 내용을 쓸 당시의 역사 상황을 고려해야 한다. 무어가 주로 외경에 의존한 책인데도 이런 자신의(부세트 자신의) 책을 "유대교"를 다룬 책이라 했다는 이유로 부세트를 비판한 점, 그리고 다른 이들, 그 중에서도 특히 부세트와 쾨벌레〔Adolf Köberle, 1898-1990. 독일 신학자다. 유대교를 깊이 연구했다 ⓣ〕가 그랬던 것처럼, 유대교의 경건을 에스라4서(이 책 역시 기원후 70년보다 뒤에 나온 책이다!) 같은 자료들에 기초하여 정의하면서, 이렇게 이미 정의한 경건의 관점에서 랍비 문헌을 읽는 것에 반대한 점은 모두 옳았다. 어쨌든 이번 장의 목표는 어떤 주어진 시공간을 지배했던 유대교 형태가 무엇이었는가를 판단하려는 게 아니라, 무엇이 랍비 유대교에 관한 올바른 해석인지 판단하려는 것이다. 19세기 말과 20세기 초—바로 이 때 지금도 서구 세계가 사용하는 주요 해석들이 만들어졌다—에 유대교에 관한 주요 설명(해석)을 수립한 이들 가운데, 무어는 분명 가장 박식하고 통찰력 있는 랍비 종교 해석자였다.

12 참조 Moore, "Christian Writers," 243.

Marmorstein, 1882-1946. 헝가리 출신의 랍비요 신학자다 ⓣ], 라우터바흐〔Jacob Zaleel Lauterbach, 1873-1942. 미국의 유대교 연구자다 ⓣ], 핑켈스타인〔Louis Finkelstein, 1896-1991. 미국의 유대교 연구자다. 탈무드와 유대교 율법을 깊이 연구했다 ⓣ]과 다른 이들에게 충분한 비판을 받았다고 여겼다. 이 때문에 로 자신은 유대교를 계속하여 변증할 필요가 있다고 여기지 않았다.[13] 마커스〔Ralph Marcus, 1900-1956. 미국의 유대교 연구자다 ⓣ]도 1952년에 비슷한 낙관론을 제시했다.

> 현대 유대인들에게는 복음서 저자들이 바리새인들에게 뒤집어씌운 위선과 잔혹함〔uncharitableness〕이라는 혐의를 벗겨주려고 길고 지루한 싸움을 펼치는 것이 유쾌하지는 않지만, 그래도 현대 기독교 학자들이 예수와 바리새인 사이에 양립할 수 없는 차이가 있다는 대중의 믿음을 바로 잡고자 아주 많은 일을 했음을 깨달은 것이 더 큰 위안이 된다.[14]

35 이런 낙관론은 특히 유대교를 연구하는 학자들 사이에 널리 퍼져있는 것으로 보이며, 몇몇 학자는 내게 이제는 더 이상 기독교의 편향된 견해를 반박하는 주장을 펼 필요가 없다는 말까지 했다. 하지만 사람들은 많은 유대교 학자가 개신교의 유대교 비판이 지닌 깊이를 인식하지 못하고 있는 게 아닌지 의심한다. 마커스는 학자들이 바리새인을 더 이상 위선자라고 공개 비판하지 않는다는 것에 만족했다. 그는 그의 시대에(그리고 실은 지금까지도) 신약 학계가 유대교를 바라본 견해의 뒤편에는 유대교를 기껏해야 부적절한 종교로 여기고 최악의 경우에는 하나님과 인간이 적절한 관계를 가질 수 있으리라는 어떤 소망도 파괴해버리는 종교로 여기는 시

13 H. Loewe, "Pharisaism," in *Judaism and Christianity I: The Age of Transition* (ed. W. O. E. Oesterley), 105.

14 R. Marcus, "The Pharisees in the Light of Modern Scholarship," *JR* 32, 1952, 163.

각이 무게 있게 자리해있음을 깨닫지 못했던 것 같다.

분명 대다수 유대교 학자는 기독교 학자들이 랍비 유대교(혹은 바리새주의〔Pharisaism〕)를 어느 쪽에도 치우치지 않은 공평한 시각으로 바라보도록 만드는 "지루한 싸움"을 펼치기보다 다른 일들에 몰두했다. 베버의 견해가 신약 학계에서 어떻게 계속 이어졌는가를 서술하기 전에, 학자들이 이 분야에서 보여준 주관적 편향성〔불공정성〕이라는 문제에 꾸준히 관심을 기울였던 한 유대교 학자, 곧 샌드멜〔Sandmel〕이 보여준 더 현실성 있는 태도를 잠시 언급하고 넘어가는 것이 유익하겠다. 샌드멜은 근래 이렇게 말했다. "무어가 부적절한 흐름을 바로 잡으려는 노력을 용감히 펼쳤는데도 불구하고, 유대교의 가치를 인정하는 판단들이, 유대교를 공정하게 서술하는 일과 별개로, 현대 신약 학계의 많은 부분에서 계속 나타나는 현실이라는 사실을 직시해야 한다." 샌드멜은 유대교 학자들이 때로는 반발하는 심정으로 유대교를 드높이려는 경향까지 보인다고 말했다. 언제나 주관적 편향성의 위험이 존재하는 셈이다. 그는 계속하여 신약 학계의 현재 상황을 이렇게 평가했다.

> 만일 누군가가 나더러 무어 이전 시대의 기독교 학자들이 유대교에 보인 태도와 무어 이후 시대 기독교 학자들이 유대교에 보인 태도의 주된 차이점을 설명해보라고 요구한다면, 무어 이전 시대에는 유대교를 공정하게 평가하려는 노력이 거의 없었지만, 무어 때부터 그런 노력이 상당히 이루어졌고, 특히 미국과 영국에서는 상당한 성과도 거두었다고 말하겠다. 아직도 가야 할 길이 멀긴 하지만, 나는 늘 학계 스스로 그런 편견〔유대교를 치우친 시각으로 바라보는 견해 ⓣ〕을 바로 잡을 수 있는 능력이 언젠가는 이 분야에서도 공정하고 객관성 있는 주장을 만들어 내리라는 확신을 갖고 있다. 어쩌면 순진해보일 수도 있는 확신이나, 나는 그렇게 확신한다.

하지만 샌드멜은 방금 인용한 바로 그 페이지에서 쉬러를 참조한 각주에 다음과 같이 써놓았다.[15]

> 보통 그리스도인 주석가들은 유대교와 유대교가 주장했다 하는 율법주의를 폄훼하려 하고 유대교 학자들은 이에 맞서 답변을 내놓지만 늘 아무 성과도 거두지 못하는 것을 영원히 지속될 운명을 지닌 것처럼 여길 수도 있다. 나는 이 주제를 서너 논문에서 이미 다루었기 때문에, 이번 한 번 외에는 이 주제를 더 이상 파고들지 않고, 유대교의 율법주의에 관하여 계속 잘못된 생각을 고집하는 그리스도인과 학문적 대화를 나누기는 불가능하다고 결론짓는 쪽을 택하려 한다. 초점은 이런 해석자들이 유대교를 사랑하게 하는 데 있지 않고, 그들이 유대교를 기본적이고 책임 있는 수준으로 이해하게 하는 데 있다.[16]

36 여기서 우리는 한 유대교 학자—기독교 쪽의 신약학을 속속들이 잘 알고, 다른 많은 이들과 달리, 유대교와 관련하여 신약 학계를 지배해온 흐름이 무엇인가를 이해하면서, 신약 학자들이 유대교를 "기본적이고 책임 있는 수준으로 이해하게" 해야 할 과업을 서술하고 이 과업을 이루려했던 한 신약 학자[17]—가 깨우침을 얻길 거부하는 이들을 설득하려고 노력하는 것은 부질없는 일이라는 이유로 그들을 설득하길 결국 포기했음을 본다.

샌드멜은 미래를 낙관하는 소망을 피력하면서도, "현대 신약 학자 중 많은 이"가 "부적절한 흐름"을 따르고 있음을 정확히 지적했다. 사실, 앞으로

15 S. Sandmel, *The First Christian Century*, 66.

16 Ibid., 98 주10. Eldon J. Epp, *Central Conference of American Rabbis Journal* 18, 1971, 72-74에 있는 평을 참고하라. 엡은 그 자신의 교육 경험에 근거하여 더 낙관론을 펴는 샌드멜의 견해를 더 따라간다.

17 참고. Sandmel, "The Jewish Scholar and Early Christianity," *The Seventy-Fifth Anniversary Volume of The Jewish Quarterly Review*, 1967, 476.

보겠지만, 무어가 반대했고 샌드멜이 공공연히 비판한 견해는 신약 학계에 아주 단단히 뿌리를 내리고 있어서, 기본 참고서에서도 등장할 뿐 아니라, 현 세대와 직전 세대에 가장 큰 영향력을 행사했던 학자 중 많은 이가 지지한 견해다. 유대교에 관한 베버의 일반론은 신약 학계에 계속 살아 있다. 그의 일반론은, 무어처럼 박식한 학자들과 로〔Loewe〕가 열거하는 다른 학자들이 비판을 퍼부었어도, 요지부동이다. 베버의 일반론을 지지하는 많은 이들이 아직도 자신들의 견해를 지지하는 근거로 인용할 본문을 찾아내지도 못하고 찾지도 않으며, 문맥 속에서 그런 본문을 읽어내지도 못하고 읽어내지도 않을 뿐 아니라, 무어가 이런 점을 혹독하게 비판했는데도, 베버의 일반론은 흔들림이 없다. 내 이런 판단이 옳음을 증명하는 게 필요하겠다.

....

베버는 우선 자신이 "구원론 일반"에 관하여 유대교가 갖고 있는 견해라 여기는 것을 제시한다. 베버는 "인간론"을 다루면서, 인간의 보편적 타락을 서술한다. 그는 이 인간의 보편적 타락이 죄가 유전된다는 교리를 구성하지는 않지만, 이 보편적 타락이 인간을 하나님에게서 떼어놓았다고 인식한다(218-25). 베버는 각 사람이 지은 죄와 의무를 이행한 것을 기록해놓은 장부가 있으며, 각 사람은 그 장부에 기록된 결과에 따라 심판을 받으리라는 것을 일러주는 증거가 타니트〔Taanith, 본디 히브리어로 물을 포함하여 모든 음식을 먹지 않는 금식을 의미하나, 미쉬나와 토세프타 그리고 탈무드를 이루는 한 책을 가리키기도 한다 ⓣ〕 11a라고 본다(242). 이어 베버는 "구원론"으로 넘어간다. 타락한〔넘어진〕 사람이 하나님께 돌아올(*zurückkehren*) 길이 둘 있다: 참회와 율법 준수가 그 두 길이다(259). 참회는 무엇보다 "이전에 지은 죄의 값을 모두 치르는" 변제(*Leistung*, 〔채무이행〕)다(261). 베버는 참회를 "구원의 첫 번째 수단"으로 여긴다(262). 하지만 참회는 사람을 의롭게 해주지 않으며, 사람에게 하늘나라에 들어갈 권리가 있음을 주장할 수 있는 청구권(*Anspruch*), 곧 사람이 아담의 타락으로 잃어버린 이 청구권을 제공하지도 않는다. 이런 이유 때문에, 하나님은 "구원의 두 번째 수단"인 율법을 제공하셨다. 율법의 이행〔fulfilment〕은 참회가 제공해주지 않는 것을 제공한다(262).

37 베버는 이런 일반 상황을 서술한 뒤, 선택, 이스라엘이 이집트에서 노예로 살았던 삶의 의미, 시내산에서 율법을 수여한 일을 고찰한다(262-73). 언약을 받아들임은 아담이 지은 죄의 결과들을 제거하고, 아담의 타락으로 잃어버렸던 영광〔*Herrlichkeit*〕을 이스라엘에게 회복시켜준다(271). 하지만 이 회복은 짧았다. 이스라엘은 자신이 되찾았던 지위를 금송아지 사건으로 잃어버렸다. 아담의 타락이 인류와 하나님을 갈라놓았듯이, 금송아지 예배는 결국 이스라엘을 하나님과 갈라놓았다. "이것이 이스라엘의 타락이다"〔es ist Israels Sündenfall〕(274). 그 뒤, 이스라엘의 타락으로 잃어버린 것을 되찾는 일이 개개 이스라엘인의 목표가 된다. 이 목표는 율법을 정확히 이행하고 희생 제사 체계〔sacrificial system〕를 실천함으로 이루어진다: "따라서 구원을 얻는 수단은 토라와 아보다[성전 제의], 율법(*Gesetz*)을 행하는 행위와 참회라고 결론지을 수 있다"(277).

개인과 하나님의 관계는 개인과 토라의 관계가 결정한다. 하나님은 죄와 의로운 행위를 기록한 당신의 책을 제시하심으로 인간을 심판하시며, 모든 계명을 이행한 자는 의롭다. 하지만 참으로 의로운 사람이 아무도 없기 때문에, 사람은 범죄 혹은 율법 이행 행위 가운데 어느 쪽이 더 무거운지 달아본 결과에 따라 심판을 받는다(280). ……

…… 베버는 분명 금송아지 이야기가 하나님이 이스라엘을 다루신 역사 속에서 어떤 체계적 위치를 갖는다고 본다. 그러나 유대교 문헌에서는 금송아지 이야기가 그런 위치를 가진 적이 한 번도 없었다. 사실 금송아지 이야기는 그런 위치를 가지려 해도 가질 수가 없었을 것이다. 유대교 문헌은 이런 이야기를 교리로 승화시켜 어떤 체계의 일부분으로 융합해낼 수 있는

조직 신학 같은 것〔a systematic theology〕을 제시하지 않기 때문이다. 하지만 이 덕분에 베버는 시내산에서 분명하게 나타난 하나님의 은혜라는 곤란한 문제를 벗어나 그의 체계에서 핵심이라 할 이론, 곧 이후에 전개할 논의를 지배한 이런 이론으로 나아갈 수 있었다: 유대교는 사람이 자기가 저지른 범죄보다 더 많은 선행("공로")을 쌓음으로 구원을 **얻어야**〔사들여야, *earn*〕 하는 종교다. 선행을 쌓는 방법은, 자신이 직접 행한 선행으로 선행을 쌓는 것이든, 다른 누군가에게서 남는 선행을 얻어와 선행을 쌓는 것이든, 상관없다. 각 개인이 구원을 **얻어야** 한다는 이론은 이스라엘이 시내산에서 하나님과 맺은 관계에서 "떨어져나갔으므로," 언약 자체의 효력이 존속하지 않으며 하나님의 약속도 무효가 되었다고 보는 견해를 그 근거로 삼는다.

구원론을 다룬 부분에서 다루지는 않았지만, 역시 마찬가지로 중요한 것이 유대교의 하나님은 다가갈 수 없는 분이라는 베버의 이론이다. 무어는 베버로 말미암아 사람들이 유대교를 오해하게 된 첫 시발점이 이 이론이라고 말한다. ……

19세기 말에 이르자, 사람들은 베버의 구원론을 1차 자료(원문 자료)에 직접 근거하여 정확한 내용을 제시한 것으로 널리 여기게 되었다. ……

…… 부세트의 베버 이론 수용은 훨씬 더 광범위한 영향을 미쳤다. 우선, 앞으로 보겠지만, 베버에게 의존한 부세트의 견해는 그의 제자인 루돌프 불트만이 자기 것으로 삼아 이후 여러 세대 신약 학자들에게 널리 퍼뜨렸다. 뿐만 아니라, 부세트의 저작 자체도, 베버의 저작과 달리, 지금도 인쇄되어 신약 학계에 직접 영향을 미쳐왔다. 우리가 (아래 10절에서) 이 주제를 다룰 때 보겠지만, 하나님은 멀리 계시고 다가갈 수 없는 분이라는 생각이 부세트의 저작을 지배하는 이론이 되었다. …… "유대교 교회"는 불완전했다. 이 교회에는 성례가 없으므로 그렇게 보고에 쌓여있는 잉여 행위〔공로〕를 개인들에게 이전해줄 수단이 없기 때문이었다.[40] 따라서 부세트

의 견해에 따르면, 유대인이 가진 한 가지 희망—조상의 공로를 이전받는 것—은 이루어질 수 없는 운명이었으며, 그 결과 유대교는 부적절하고 제 기능을 할 수 없는 종교라는 판단을 받게 되었다.

....

부세트 외에, 베버가 유대교의 구원론에 관하여 설파한 이론을 신약 학계에 깊이 심는 데 아주 큰 기여를 한 두 저자가 파울 빌러벡(Billerbeck)과 루돌프 불트만이었다.[18] 랍비 문헌에서 신약 성경 본문과 "유사한" 수많은 "평행 본문"을 꼼꼼하게 수집했던 빌러벡은 누구보다도 많이 베버의 구원론 체계를 현 세대에 전해주었다. 여기서 모든 문장은 랍비 문헌에서 인용한 수많은 본문과 함께 기록했으며, 이런 인용문이 지닌 무게가 랍비 유대교 속에 존재했던 어떤 공감대를 정확하게 반영했을 수도 있고 반영하지 않았을 수도 있는 진술(빌러벡이 하는 말 ⓣ)을 뒷받침해주는 과학적 증거라는 인상을 심어준다. 많은 신약 학자가 랍비 문헌에 관하여 글을 쓸 때 오직 빌러벡만 참조한다는 사실은 인용 본문 선택 때(즉 빌러벡 인용 본문을 선택할 때 ⓣ) 작용한 이론이 이론 자체에 의문의 여지가 있을 수 있는 것임을 이 신약 학자들이 인식하지 못하고 있음을 일러준다. …… 이 때문에 이 학자들은 빌러벡을 참조하면서도, 그들 자신을 한 학자의 의견을 참조하는 이가 아니라 랍비 자료를 직접 원용하는 이들로 여긴다. ……[19] ……

18 26 이와 관련하여 중요한 저작이 키텔(Gerhard Kittel, 1888-1948. 독일의 구약 신학자다 ⓣ)의 *Theologisches Wörterbuch zum Neuen Testament*(영어도서명은 *Theological Dictionary of the New Testament*)다. 아래에서 특별한 주제들을 다루면서 언급하겠지만, 이 사전 속의 많은 논문은 베버가 세운 체계의 요소들을 통합한 뒤, 이 요소들을 표준이라 할 이 "사전" 속에 집어넣음으로써 이 요소들을 드높인다. 가령 쉬렝크(Schrenk)가 dik-단어 그룹을 다룬 항목을 보라. 하지만 *TDNT*에 들어있는 논문들이 베버의 견해를 되풀이하는 것은 아마도 어느 한 사람의 책임은 아닐 것이며, 다만 베버/부세트/빌러벡의 견해가 얼마나 널리 퍼졌는가를 보여줄 뿐이다.

19 28 샌드멜은 "Parallelomania"(JBL 81, 1962, 8-10)에서 빌러벡이 쓴 *Kommentar*를 통렬하게 비판한다. 샌드멜의 언급에서 유일하게 끌어낼 수 있는 타당한 결론은, 빌러벡의 *Kommentar*에게서 영향을 받지 않고 자료들을 다룰 수 없다면, 아예 *Kommentar*를 사용해서는 안 된다는 것이다. 그러나 나는 이런 샌드멜의 비판이 랍비 문헌에 관한 지식을 얻고자 하는 이가 오로지 빌러벡에 의존하

불트만은 그의 저서 *Das Urchristentum im Rahmen der antiken Religionen*에서 예수 시대 유대교를 바라보는 자신의 견해를 가장 간결하게 제시한다. 내가 이 책은 물론이요, 키텔의 사전에 들어있는 불트만의 항목들, 그리고 그가 *The History of the Synoptic Tradition*『공관복음전승사』(대한기독교서회, 1970)에서 랍비 자료를 활용한 사례로 미루어 판단하건대, 불트만은 "후기 유대교" 문헌에 사실상 전혀 직접적으로 접근하지 못했으며, 랍비 자료에는 특히 더 그러했다. ……

…… 우리는 사람들이 랍비 유대교의 구원론에 관한 베버의 견해가 모든 점에서 이미 사람들의 신뢰를 잃어버린 지가 오래 되었다는 생각을 했을 법한데도, 지금까지 베버의 견해 가운데 주요 요소들이 신약 학계 안에서 명맥을 이어오고 있음을 본다. 그런 주요 요소 중 하나가 행위로 구원을 **얻는다**는 이론이요, 한 사람의 운명은 율법이 부여한 의무를 이행한 것과 범죄를 **달아보고** 비교한 결과에 따라 결정된다는 이론이다. 이 견해를 유지하면 **선택**에서 나타난 **하나님의 은혜**를 **부인**하거나 어떤 다른 길로 우회할 수밖에 없다. 사람들은 이스라엘이 선택 받은 뒤에 타락했다는 베버의 이론을 따르진 않았지만, 선택이 **은혜로 말미암은 구원** 사건〔*gracious*, *saving*〕임을 널리 부인하는 태도는 그대로 유지했다. 어떤 학자들은 선택이 하나님의 은혜에 달려있음을 부인하고 사람이 그 행위로 얻는 것이라고 보곤 했다(조베르가 그 예다). 다른 학자들은 그저 선택을 구원을 확증해주는 것으로 보길 단호히 거부했다(뢰슬러가 그 예다: 그는 역사와 연결끈을 잃어버렸다). 우리가 뒤이어 보겠지만, 쇠베리는 선택이 이스라엘 자체를 구원하는 효력은 갖지만, 이스라엘 속의 개인들을 구원하는 효력을 갖지는 않았으며, 다만 택함을 받은 사람들이 보존되리라는 것만 보장해주었다는

는 것을 막아내지는 못했음을 언급해둔다.

견해를 취했다. 베버의 견해 중 세 번째 측면은 **공로**를 쌓고 마지막 심판 때 **공로를 이전**해줄 수 있다는 이론인데, 이 세 번째 측면 역시 행위로 말미암은 구원 이론과 연결되어 있다. 네 번째 요소는 랍비 문헌 속에 반영되어 있다 추정하는 태도와 관련이 있다: 구원의 **불확실성**이 율법에 따른 의무를 이행함으로 자기가 의롭다고 느끼는 느낌과 뒤섞여 있다. 이 요소 역시 사람이 행위로 말미암아 구원을 얻는다는 견해에 의존한다. 사람은 자신이 구원을 얻기에 충분한 행위를 행했는지 확신하지 못하거나, 자신의 의로움을 자랑할 수 밖에 없다. 베버의 구원론이 갖고 있는 이런 주요 요소들 외에도, 하나님은 사람이 **다가갈 수 없는** 분이라는 그의 견해 역시 지금껏 유지되고 있다. 우리가 앞서 개관한 내용은 이 점을 늘 염두에 두진 않았지만, 이 주제는 아래 10절에서 다시 살펴보겠다.

....

베버에서 티언에 이르는 학자들이 (그리고 분명 티언 뒤의 학자들도) 생각하는 율법주의 유대교는 아주 분명한 기능을 수행한다. 율법주의 유대교는 이보다 더 우월한 종교 형태들을 묘사할 때 이 종교 형태들과 대비하는 대상이 되어준다. 누스너〔Jacob Neusner, 1932-2016. 미국의 유대교 학자다 ⓣ〕가 말했듯이, 율법주의 유대교는 신학에 관한 글이 마치 역사(역사 기록)인 것처럼 행세하게 해준다. 우리는 특히 개신교도들이 로마가톨릭에서 가장 거부감을 느꼈던 견해—잉여 행위(공로)로 세워진 공로의 보고가 존재한다는 견해—가 유대교에 투영되었다는 점에 주목해야 한다. 여기서 우리는 개신교와 로마가톨릭의 논쟁이 시간을 거슬러 올라가 고대사 속에 역〔逆〕투영되고 있음을 본다. 유대교가 로마가톨릭교 역할을 하고 기독교가 루터파 역할을 하는 셈이다.

하지만 베버가 생각하는 율법주의 유대교, 그리고 요 근래의 주장들을 신약 시대로 역투영하고 싶어 하는 유혹이 큰 효용을 갖고 있더라도, 이런 효용이 베버의 견해가 지금도 존속해야 하는 이유를 완전히 설명해주지는 않는다.[58] **베버의 견해가 존속하는 이유는 이 견해가 든든한 증거에 근거한 것으로 보이기 때문이다**. 실제로 율법 이행과 범죄를 저울에 달아봄을 이야기하는 텍스트들은 이렇게 율법 이행과 범죄를 달아봄이 랍비(혹은 바리새 혹은 유대교) 구원론을 이룬다는 견해를 분명 밑받침해줄 수 있다. 저쿠트 아보트〔*zekut 'abot*〕, 곧 "조상의 공로"라는 문구가 들어있는 본문들을 인용하여, 심판 때 타인에게 양도할 수 있는(혹은 양도할 수 없는) 공로의 보고 교리를 밑받침하는 것도 가능하다. 이런 경우들이 또 있다. 우리가 위에서 언급했듯이, 그 안에 수천 가지 예시문과 인용문을 담고 있는 빌러벡의 저작이야말로 **누군가**가 빌러벡 자신이 "바리새 구원론"이라 불렀던 견해를 주장했음을 확실히 증명해주는 증거를 제공하는 것으로 보인다. 용어를 트집 잡고("빌러벡은 자신이 말하는 유대교가 랍비 유대교임을 이야기했어야 했다"가 그런 예다) 연대를 트집 잡는 것("빌러벡이 인용하는 자료가 대부분 기원후 70년 이후의 것이다"가 그런 예다)은 사실 도움이 되지 않는다. 빌러벡의 저작 안에는(곧 랍비 문헌 속에는) 이런 견해〔바리새파의 구원론 ⓣ〕가 존재한다. 어느 시대에 랍비들이 그런 견해를 주장했다. 하지만 그들이 그런 견해를 새로 만들어낸 것은 아니었다. 따라서 이 견해를 예수 시대를 중심으로 대략 수십 년을 전후한 시기에 존재했던 어떤 유대인 그룹이 주장한 견해로 봐도 무방할 것 같다.

…… 유대교 혹은 유대교의 일부를 율법을 지키는 행위로 의를 얻는 종교로 보는 기독교 쪽의 통설은, 이 통설을 지지하는 이들보다 훨씬 더 유대교 자료를 잘 아는 학자들에게 예리한 비판—어떤 이는 통렬한 비판이라 생각할 것이다—을 받았는데도, 끄떡없이 계속 이어지고 있다. 분명히 이야기하건대, 이 통설을 무너뜨리는 것이 이번 장의 의도 중 하나다. 바라기는, 이런 의도가 유대교에게 더 큰 자비를 베풀어달라고 호소하거나 단

지 베버의 견해가 기초로 삼고 있는 본문과 다른 본문들을 제시하면서 이런 본문들이 랍비 유대교를 더 옳게 설명한다고 주장하는 방법으로 달성되지 않고, 베버/부세트/빌러벡의 견해가 탄나임 문헌에 적용되면 이 견해가 자료를 엄청나게 곡해하고 오해한 결과를 근거로 삼는다는 점을 보여주는 방법으로 달성되었으면 한다. 하지만 논의를 더 진행하기에 앞서, [탄나임 문헌] 자료를 어떻게 사용하고 이 자료를 받아들여 무엇에 적용할 것인가를 확실히 해두어야 한다.

2절 랍비 자료 사용

앞서 한 논의는 랍비(혹은 유대 혹은 바리새) 종교를 바라보는 베버/빌러벡/부세트의 견해를 밑받침하는데 사용했던 바로 그 자료를 다시 평가할 필요가 있음을 분명하게 일러주었다. 이것이 우리가 활용할 자료를 어느 정도 결정해준다. 하지만 방대한 랍비 문헌 자료를 취사선택하여 다뤄야 할 변증 차원의 필요성이 존재하지 않는다 할지라도 우리의 탄나임 문헌 자료 사용을 결정해줄 또 다른 강력한 요인들이 있다. 우리는 우선 자료를 어떤 식으로 사용할지 요약해보고 이어서 요점 하나하나와 나올 수 있는 반대 의견을 더 자세히 다뤄보겠다. 그리하는 것이 가장 간명하겠다.

우리가 활용할 자료는 전통을 따라 탄나임 자료, 곧 예루살렘 멸망(기원후 70년)부터 랍비 유다 하 나시〔Judah ha-Nasi〕의 미쉬나 편찬(기원후 200년경)에 이르는 기간에 나온 자료로 여겨온 자료다. 가장 중요한 자료는 누가 봐도 탄나임 자료임이 두드러지는 작품들이다: 미쉬나, 토세프타 그리고 탄나임 혹은 할라카 미드라쉬(출애굽기 머킬타, 레위기 시프라, 민수기와 신명기 시프레; 후대 자료를 근거로 재구성한 것으로서 탄나임 미드라쉬라 추정하는 것들은 신중하게 사용했다.[60] 이런 자료에는 랍비 시므온 벤 요하이의 출애굽기 머킬타, 민수기 시프레 주타〔Sifre Zuta to Numbers〕 그리고 신명기 미드라쉬 탄나임〔Midrash Tannaim to Deuteronomy〕이 있다.) 아울러 나는, 미드라쉬 라바처럼, 두 탈무드와 후대의 미드라쉬들이 탄나임에서 나왔다 말하는 전승들도 일부 사용했다.

나는 이런 자료를 사용하면서, 이런 자료가 위에서 언급했던 130년의 기간 동안에, 특히 (앞으로 보겠지만) 2세기의 마지막 3분의 2 기간〔약 70년ⓣ〕 동안에 랍비들이 논의한 내용을 정확히 제시하고 있다고 추정했다. 나는 이런 자료가 예수와 바울 시대의 유대교의 모습을, 혹은 그 시대 바리새주의의 모습조차도 정확히 제시한다고 생각하진 않지만, 그래도 이런 자료와 그 시대 유대교 혹은 바리새주의의 모습 사이에 아무런 연관관계가 없다면 놀라운 일일 것이다.

어쩌면 가장 논란이 될 만한 것은 존재했던 시간과 공간을 특정하여 밝힐 수 있는 또한 이름을 알 수 있는 어느 한 랍비나 어느 한 작은 그룹이 한 말들에 초점을 맞추지 않고 자료를 취사선택하여 사용하는 일일 것이다. 그러나 이런 절차〔방법〕를 따르는 것이 정당한 이유는 아래에서 제시하겠다. ……

저작 연대와 작품의 진위(眞僞)

나는 자료의 저작 연대 및 출처〔기원〕와 관련하여 두 가지 큰 가정을 한다. 첫째, 나는 엡스타인과 마찬가지로 할라카 미드라쉼 가운데 저자 이름이 없는 대다수 자료가 랍비 아키바와 랍비 이쉬마엘(둘 다 분명 바르 코흐바 봉기 무렵 혹은 기원후 2세기의 첫 30여년이 끝날 즈음에 세상을 떠났다) 때부터 랍비 유다 하 나시(기원후 200년경 사람이다. 그는 보통 그냥 "랍비"라 불린다) 때에 이르는 기간에 나온 자료라고 추정한다.[1] 둘째, 나는 누스너와 마찬가지로 이름이 밝혀져 있는 얌니아 시대 내지 그 이후 시대(기원후 70년 이후 시대)의 랍비들을 저자로 밝혀놓은 것이 대부분 신뢰할 수 있다고 추정한다. 누스너는 그가 쓴 *The Rabbinic Traditions about the Pharisees Before 70* (vol. III, 3)〔기원후 70년 이전의 바리새인에 관한 랍비 전승〕에서, 이름이 밝혀진 랍비들에게서 나왔다 하는 전승들과 관련하여 두 가지 경험법칙〔rules of thumb〕을 제시한다: 그는 70년 이후의 랍비들을 출처

1 23 J. N. Epstein, *Mebo'ot le-Sifrut ha-Tannaim*, 521; 더 자세한 내용은 원서 68f.와 주56부터 주60을 보라. 하지만 엡스타인은 탄나임 미드라쉼 안에 들어있는 일부 전승들이 더 이전 것으로서, 기원후 70년 이전 시대로 거슬러 올라간다고 지적한다: ibid., 512f. 〔Jacob Nahum Epstein, 1878-1952. 폴란드 출신의 유대교 학자다. 탈무드를 깊이 연구했다 ⓣ〕

로 보는 견해를 "진지하게 받아들이고," "이 전승들이 140년 이후에 나왔다는 견해를 절대 신뢰할만한 견해로" 여긴다. 누스너는 더 근자에 *Eliezer Ben Hyrcanus*〔엘리에제르(엘리에셀) 벤 히르카누스〕를 다룬 작품에서 자신의 주장을 더 정교하게 다듬어 제시한다: 그는 대체로 이른 시기에 나온 작품들에 등장하는 자료는 탈무드 그리고 그보다 더 뒤에 나온 미드라쉼〔미드라쉬들〕에서 처음으로 등장하는 자료보다 더 신뢰할만하다고 주장한다. 대체로 신빙성이 높은 것부터 열거해보면, 다음과 같다: (1) 미쉬나 토세프타, (2) 탄나임 미드라쉼, (3) 팔레스타인 탈무드 속의 바라이토트〔baraitot, baraitot는 유대교의 구전 율법으로 미쉬나에 들어있지 않은 전승을 가리키는 바라이타(baraita)의 복수형이다 ⓣ〕, (4) 바벨론〔바빌로니아〕 탈무드 속의 바라이토트, (5) 후대 미드라쉼 안에 들어있는 전승들(참고. vol. II, 226). 뿐만 아니라, 일련의 전승이 그런 것처럼(II, 87), 좀 더 뒤에 등장한 랍비가 한 말에 관한 논의는 어떤 말〔곧 그 랍비가 한 말보다 좀 더 앞서 나온 말 ⓣ〕의 내용이 진정함을 증명하는 데 도움을 준다. 또 누스너는 어떤 랍비에게서 나왔다 하는 자료들로서 역시 바로 그 랍비에게서 나왔으나 다른 경로를 거쳐 전달된 다른 자료와 일치하는 자료들은 진정한〔즉 정말 그 랍비가 출처인 ⓣ〕 자료일 가능성이 높다고 주장하며, 이외에도 여러 주장을 펼친다. 모든 출처를 신뢰하기는 불가능하다는 점은 오래전부터 알려져 있었다. 자료는 동일한데, 그 자료의 출처〔저자〕는 다른 경우가 가끔씩 있었기 때문이다. 하지만 우리가 살펴볼 대상을 대체로 탄나임 문헌에 국한하는 이상, 몇몇 자료의 출처가 불확실한 점은 그다지 중요하지 않다. 우리가 특정 랍비가 생각했던 것이 무엇인가라는 문제를 탐구하는 경우는 단지 극소수에 그칠 것이기 때문이다(자료를 "절충"하여〔취사선택하여〕 사용하는 문제는 다음 항을 읽어보라). 우리의 주 관심사는 탄나임 시대에 나온 자료를 다루는 것이며, 이 자료들을 다룰 때는 이 자료들이 제시한 출처를 편의상 대체로 신뢰할 수 있는 것으로 간주하겠다. 가령 타미드〔Tamid〕 같은 오래된 소논문〔tractates〕 속에 들어있는 익명의 자료와 같은 나머지 자료들은 언제나 엡스타인이 제시한 저작 연대를 따르도록 하겠다. 따라서 때로는 기원후 70년 이전부터 랍비(랍비 유다 하 나시)에 이르기까지 어떤 특정 개념이 밟아간 역사를 설명할 수도 있을 것이다.

우리는 이 지점에서 누스너의 견해 중 한 측면을 분명히 밝히고 넘어가야 한다.[64] 누스너는 **바리새인에 관한** 랍비 전승으로서 기원후 70년 이전에 나온 것들이 상당히 적다고 주장하지만, 랍비 자료에서 기원후 70년 이전에 나온 다른 자료를 전혀 발견할 수 없다는 주장은 하지 않는다. 누스너는 미쉬나에 들어있는 몇몇 소논문 중 상당 부분이 70년 이전에 나온 것이라는 엡스타인의 견해에 의문을 갖지 않는 것 같다. 그는 다만 이런 자료가 바리새파의 특성을 갖고 있는가에만 의문을 가진다. 때문에 그는 "십중팔구 70년 이전 시대에 나왔겠지만 당시에는 아직 바리새파의 통제 아래 있지 않았던 공적 삶의 영역을 다루는 그런 미쉬나 율법들"을 우리가 어떻게 설명해야 하는지 묻는다. 이 자료 중 많은 부분이 성전〔예루살렘 성전〕 및 성전 제의와 관련이 있으며, 우리는 우리 탐구에서 중요한 요소를 이루는 속죄에 관한 이해를 그런 부분에서 많이 배울 수 있다. 그런 자료가 랍비의 미쉬나에 존재한다는 것은 랍비들이 그런 자료를 권위 있는 것으로 인정했음을 일러주는 것으로 보이지만, 나는 그런 자료가 바리새파만이 독특하게 갖고 있는 견해를 보여주는 게 아닐 수 있다는 데 동의할 수밖에 없다.

…… 랍비 학자들은 머킬타의 저작 연대와 관련하여 엡스타인의 주장을 따라 대다수 자료를 탄나임 학파가 만든 자료로 여기면서도 후대에 편집이 이루어졌을 가능성을 인정하는 데 대체로 공감한다.[68] 그리하여 가령 골딘은 머킬타에 들어있는 다양한 소논문들을 탄나임 학파가 쓴 자료로 여기면서도, 이 소논문들을 한 주석으로 편찬한 일은 탄나임 시대 이후에 이루어졌

다고 주장한다. 나아가 골딘은 대다수 자료, 특히 할라카와 관련된 자료를 랍비 이쉬마엘 학파의 작품으로 보는 것을 타당한 근거가 있다고 여긴다.

우리는 우리가 사용하는 자료의 저작 연대 및 신빙성과 관련하여 학자들이 널리 공감대를 형성하고 있고 엡스타인의 방대한 학식과 두터운 신망이 밑받침하는 바로 이 견해를 따라가려 한다. 내 의도는 이런 문제들과 관련하여 새로운 가설들을 제시하는 것이 아니라, 내가 인식하기에 랍비 연구의 주류를 이루는 학자들을 따라가는 것이다.

…… 엡스타인은 …… 미드라쉬 자료에 관한 자신의 일반론, 즉 오경 율법 부분을 다룬 미드라쉬 주석이라는 꽃은 랍비 아키바와 랍비 이쉬마엘에게서 나왔다는 견해를 확립했다. 우리는 바로 이런 견해를 근거로 삼아 탄나임 미드라쉬 안에 들어있는 방대한 익명 자료가 기원후 2세기의 마지막 3분의 2 시기〔대략 130년에서 200년에 이르는 시기 ⓣ〕의 랍비 유대교를 연구하는 데 적절한 자료라고 인정한다. 일부 해석들은 분명 전통적 해석이지만, 우리는 그런 해석들을 2세기의 여러 학파를 통해 전해진 해석으로 받아들인다.

탄나임 자료를 절충 사용함

"절충"이라는 말은 다소 오해를 낳을지도 모르겠다. 이 말은 자료를 사용할 때 그 자료에 존재하는 견해와 시간과 장소의 차이들을 희석시키는 방향으로 사용한다는 뜻이 아니기 때문이다. 그럼에도, 탄나임 문헌의 모든 것을 알려주고 그 바탕을 이루는 종교와 종교 생활에 관한 어떤 일반적 이해가 존재한다고 주장하는 것이 이 연구서의 중요한 한 요소다. …… **어느 한 시점에는 어느 한 관점만이** 존재했다는 주장을 펴고 싶다면, 혹은 **전체를 아우르는 어떤 철학적 관점 혹은 사회학적 관점**이 존재했다는 주장을 펴고 싶다면, 위와 같은 관점에서 나온 반대 의견〔즉 랍비 문헌을 가능한 한 많은 기층으로 나누면서 랍비 문헌 전체를 아우르는 어떤 구조가 존재하지 않았다고 보는 견해 ⓣ〕은 치명타일 것이다. 이 모든 점을 고려하면, 탄나임 문헌은 아주 다양하다.
70 하지만 내 주장은 종교와 종교 생활이 어떻게 **이루어졌으며** 종교가 어떻게 **기능했는가**(사람이 어떻게 종교 안에 들어갔으며 어떻게 그 안에 머물렀는가)라는 문제와 관련하여 탄나임 문헌을 구성하는 여러 상이한 부분의 밑바닥에 깔려있는 어떤 공통 패턴을 찾아낼 수 있다는 것이다. ……

랍비 문헌이 집단성〔여러 가지 것을 모아놓은 성질 ⓣ〕을 갖고 있다는 것은 어느 한 개인에게서 그만이 갖고 있는 독특한 신학이나 심지어 어떤 "종교 패턴"을 찾아내기가 어렵다는 것을 의미한다. ……

…… 랍비들이 논의하는 것들은 종교적 중요성을 가지는 중심 문제들과 동떨어져 있을 때가 종종 있다. 가령 미콰오트〔Mikwaoth〕 곧 "정결용 목욕탕〔못〕"이라는 소논문은 정결함을 얻고자 몸을 물에 담그는 일이 가지는 종교적 가치나 정결해야 할 일반적 이유를 고찰하지 않을 뿐 아니라, 심지어 이런 율법을 지켜야 하는 **이유** 같은 큰 주제조차도 아예 고찰하지 않는다. 이 논문은 그냥 몸을 담글 목욕탕의 등급을 분류하는 것으로 시작한다. 그렇다고 이것이 이런 논의 뒤편에 아무런 종교 원리도 존재하지 않았다는 뜻은 아니다. 이것은 다만 (a) 사람들이 이런 원리들을 아주 잘 이해하고 있다 보니, 이 원리들을 자세히 거론할 필요가 없었다는 뜻이요, (b) 이런 원리들이 할라카의 영역에 속하지 않았다는 의미일 뿐이다. 이 점은 아래에서 더 자세히 다뤄보겠지만, 여기서 따로 언급하고 넘어갈만한 가치가 있다. 이런 종류의 문헌은 원리보다 세부 문제들을 다루기 때문에, 이런 문헌으로 어느 한 개인을 지배하는 종교 원리들을 분석하기는 아주 어렵지만, 세부 사항을 다루는 논의들 전체의 뒤편에 자리한 원리들이 무엇인가는 추측할 수 있게 해준다.

랍비 문헌이 집단성을 갖는다는 것은 특정한 종류의 쟁점들에 관하여 만장일치 의견은 아니어도 통설이랄 수 있는 공감대가 존재함을 의미한다. …… 랍비들은 어떤 특별한 문제에 관한 할라카는 무엇이어야 하는가를 놓고 논쟁을 벌이면서도, **할라카가 존재해야 한다는 점만은 예외 없이 다 믿었다**. 앞으로 보겠지만, 바로 이 사실이 랍비들의 종교 이해에 관하여 우리에게 아주 많은 것을 일러줄 것이다.

....

랍비 사상이 본질상 체계적이지 않았다고 주장한다 하여, 이것이 곧 랍비들이 논리를 전혀 사용하지 않았다는 뜻은 아니다. 오히려 그 반대로, 랍비들은 유기적 틀 안에서 논리를 채용했으며, 그런 예를 성경 본문 해석에서 볼 수 있다. ……

…… 우리가 현재 어떤 새로운 조직 신학을 건설하려고 애쓰는 게 아님도 역시 명백한 사실이다. 도리어 우리는 랍비 종교(유대교)의 기본 패턴, 곧 그 종교의 신앙생활을 이끈 기본 원동력을 설명해주고, 그 종교에 참여한 자들이 그 종교가 어떻게 기능한다고 인식했는가를 설명해주는 어떤 패턴을 찾고 있다. 우리가 이 책의 들어가는 글에서 설명했듯이, 종교 패턴은 사람이 그 종교의 논리적 출발점에서 논리적 귀결점으로 어떻게 옮겨가는가와 관련이 있다. 이런 의미에서 "종교 패턴"은 "구원론〔soteriology〕"이라고도 부를 수 있다.

앞서 우리는 "구원론"이라는 말을 유대교에 적용하면 이 말이 오해를 일으킬 수도 있다고 말했다. "구원론"이라는 말을 랍비 사상에 적용하면, 이 말은 두 가지 결점을 갖는다. 첫째, 이 말은 우리가 아주 열심히 부인하려고 한 것, 곧 다양한 요소가 위계질서적 상호관계를 이루는 체계적 틀만을 암시하는 말처럼 보일 수도 있다. 우리가 서술할 "구원론"은 실제로 어떤 일관된 견해를 이루긴 하지만, 조직 신학 혹은 조직 신학의 일부라기보다 종교와 삶을 바라보는 하나의 방식이다. 랍비 종교와 관련하여 "구원론"이라는 용어를 거부하는 이유로 들 수 있는 두 번째 사유는 유대교 전체 그리고 특히 랍비 유대교가 주로 저 세상〔피안〕의 일을 추구하던 종교가 아니라는 것이다. 랍비 문헌에서는 "내가 무엇을 해야 구원을 얻을 수 있는가?"라는 물음이 두드러지지 않는다. 카두쉰이 올바로 언급했듯이, 베버 같은 이가 랍비(혹은 바리새파) 구원론을 잘못 서술하게 된 배경에는 랍비들이 무엇을 해야 구원을 얻을까를 염려했다는 그릇된 억측이 자리해있다.

"구원론"이라는 용어를 사용할 것을 지지하는 입장은 이 말이 유대교의 중심이 무엇인가에 보이는 관심을 가리킨다는 이유를 든다: 즉 합당치 않은 신앙보다 합당한 신앙을 갖는데, 하나님의 길을 떠나기보다 하나님을 섬기는데, "밖"에 있기보다 "안"에 있음에 보이는 관심을 가리킨다. 사람이 "밖"에 있기보다 "안"에 있음에 관심을 가질 때, 설령 그가 내세에 관하여 아무런 견해를 갖고 있지 않더라도, 우리는 그를 "구원론 차원의" 관심을 갖고 있는 이로 여길 수 있겠다. 랍비 유대교는 유대교의 본질을 이루는 것이 무엇이며 유대교가 어떻게 "작용하는가"라는 문제와 관련하여 일관되고 모든 것을 아우르는 광범위한 견해를 갖고 있었던 것으로 보이는데, 우리는 편의상 이 견해를 종종 "구원론"이라 부르겠다. 이 광범위한 견해는 "언약적 율법주의"〔covenantal nomism〕이라는 말로 요약하여 표현할 수 있다. 간단히 말하면, 언약적 율법주의는 하나님의 계획 속에 들어있는 한 사람의 자리가 언약에 근거하여 확립된다는 견해요, 언약은 사람이 언약의 계명에 순종하는 것을 언약에 합당한 반응으로 사람에게 요구함과 동시에, 사람이 지은 죄를 속〔贖〕할 수단을 제공한다는 견해다.[76]

3절 탄나임 문헌의 본질

....

탄나임 문헌과 탄나임 종교

세부 사항을 정확히 정의하는 데 관심을 쏟았다는 것은 많은 학자들, 특히 그리스도인들이 왜 랍비 종교〔랍비 유대교〕를 편협하고 형식에 치우친 율법주의로 해석했는지 그 이유를 설명해준다. 하지만 우리는 이보다 깊고 정확하게 랍비 종교를 묘사하는 결과를 가져다 줄 랍비 종교 분석을 충분히 시작할 수 있음도 보았다. **우리는 랍비들이 성경의 계명들을 이토록 상세하고 정밀하게 탐구하게 만든 종교적 동인〔動因〕이 뭔지 질문해봐야 한다**.

동인일 법한 것이 둘 있었던 것 같다. 랍비들이 가졌던 견해는 구원이 수많은 계명 이행 결과를 모아들일 수 있는 그들의 능력에 달려있으며 율법의 정확한 정의가 이렇게 모아들이는 일에 도움이 되리라는 것이었을 수도 있고, 이스라엘은 언약 속에 있기 때문에 율법을 가능한 한 전체적으로 또한 완전하게〔fully and completely〕 지켜야했다는 것이었을 수도 있다. 즉 랍비들은 자신들의 노력을 구원을 얻으려는 노력으로 보았을 수도 있고, 자신들의 노력을 이스라엘을 택하시고 이들에게 계명을 주신 하나님께 보여야 할 유일하고 적절한 반응으로 보았을 수도 있다. 어느 쪽이 해답에 더 가까운가를 일러주는 단서를 이제 곧 찾아보겠다.

…… 익명인 미드라쉬 저자는 민 5:3(“내가 너희 가운데 거하느니라[*shoken*]”)을 주석하면서, 정확하고 아주 신중한 계명들의 정의 뒤편에 숨어있던 종교적 동기를 조금이나마 들여다보게 한다.

> 이스라엘은 사랑받는 이들이로다. 그들이 비록 부정해도 셰키나〔하나님의 임재ⓣ〕가 그들 가운데 있기 때문이다. 아울러 그것은 또 이렇게 말한다: “그들이

부정한 중에 그들과 함께 있는(*ha-shoken*)"(레 16:16). 또 그것은 이렇게 말한다: "너희 가운데 있는 내 성막을(*mishkani*) 더럽힘으로써"(레 15:31). 그것은 또 이렇게 말한다: "그들이 내가 너희 가운데 거하는 그들의 진영을 더럽히지 않게 하라"(민 5:3). 그것은 또 이렇게 말한다: "너희는 너희가 사는 땅, 곧 그 가운데 내가 거하는(*shoken*) 땅을 더럽히지 말라 (민 35:34)."

여기서 랍비 유다 하 나시는 이스라엘이 정결치 않을 때도 하나님의 임재(셰키나)가 이스라엘과 함께 한다는 어마어마한 종교적 주장을 할뿐 아니라, 율법을 정확히 준수해야 하는 이유를 일러준다. 하나님이 그들과 함께 계시므로, 그들은 부정하고 하나님이 증오하실 것을 용납해서는 안 된다. 위에서 인용한 마지막 두 본문(민 5:3과 35:34)이 그 점을 특히 분명하게 강조한다. 이 계명들을 정확하게 정의하는 이유는 그래야 하나님이 요구하신 것들을 행할 수 있기 때문이다. 하나님이 요구하신 것들을 행해야 할 이유는 하나님이 당신 백성들과 함께 거하시기 때문이다.

이제까지 시프레 안에서는 "언약"이라는 말이 나타나지 않았다. 하지만 시프레 민수기 1 전체는 분명 하나님과 이스라엘의 언약을 굳건히 믿는 믿음을 전제한다.[1] 하나님은 당신 백성과 함께 거하시고, 하나님 백성은 그의 계명을 정확히 지켜야 한다. **할라카 자료는 대부분 이스라엘이 언약 아래서 하나님께 진 의무를 상세히 설명한 내용과 정의를 다룬다. 이것이 할라카 자료 전반을 설명해주는 것이다.** 그럼 계명을 아주 좁게 정의하고 그 이행 방식을 아주 철저히 논하는 이유는 무엇인가? 그 이유는 계명을 지키는 것이 곧 이스라엘이 그들을 택하시고, 그들과 언약을 맺으셨으며, —심지어 그들이 완벽하게 순종하지 않을 때조차도— 그들과 함께 거하시는 하

1 15 랍비들이 사용했던 언약 개념의 본질은 이번 장의 나머지 부분, 특히 4절에서 논하겠다. 랍비들의 언약 개념이 성경의 언약 개념과 동일하다고 전제하지는 않는다.

나님께 보여야 할 반응이기 때문이다. **하나님**이 언약에서 행하시는 역할을 직접 논하는 경우는 아주 드물다. 할라카 자료는 하나님의 역할을 아주 철저하게 전제했기 때문에, 그것을 굳이 언급할 필요가 없다고 생각한다. 그렇지라도 하나님의 역할은 할라카의 모든 내용이 그 기초로 삼는 전제다. 인간이 언약 아래서 짊어진 의무들만을 상세히 설명하고 정의하는 이유는 단 하나, 하나님이 언약 당사자로서 신실하심과 정의를 지키시리라는 것은 의심할 여지가 전혀 없기 때문이다. 민 5:3에 관한 하가다의 주석은 하나님을 언약 당사자로서 논한, 비교적 희귀한 사례 중 하나다. 여기에서도 역시 언약을 전제하면서도, 인간의 의무보다 하나님의 자비라는 관점에서 언약을 다룬다.

83 언약, 계명, 그리고 순종 요구의 관계는 이 연구서의 초점 중 하나다. 우리는 시프레 민수기 1이 이 관계에 관하여 표명한 이해—계명들을 완전히 이행해야 하는 이유는 하나님이 순종을 이스라엘이 언약에, 하나님이 당신 백성과 함께 계심에 보여야 할 반응으로 규정하셨기 때문이다—가 탄나임이 공통으로 갖고 있던 이해임을 알게 될 것이다. 랍비들이 언약, 계명, 순종이나 불순종(그리고 그에 따른 결과인 보상과 형벌)을 정확히 어떤 식으로 다루었는가는 상세한 분석이 필요하다(4-6절에서 다루겠다). 그러나 이번 절은 순종과 계명 그리고 언약에 관한 탄나임 학파의 이해를 특히 분명하게 표현하는 두 본문을 더 인용함으로써 마무리 지어도 될 것 같다. 이 두 본문이 탄나임 학파가 계명들을 엄밀히 정의하고 순종하는 데 아주 마음을 쏟았던 **이유**를 더 자세히 설명해줄 것이다.

순종의 동기를 꿰뚫어보는 심오한 통찰은 신 6:6을 주석한 시프레 신명기의 다음 본문에서 나타난다.

"또 내가 오늘 네게 명령하는 이 말을 네 마음에 새기라." 랍비는 이렇게 말한

다: 왜 이런 말을 하는가? 그 이유는 그것〔성경〕이 “또 너는 네 마음을 다하여 네 하나님 야훼를 사랑하라”(신 6:5)고 말하기 때문이다. 나는 우리가 하나님을(*ha-Maqom*) 어떻게 사랑해야 하는지 모른다. 때문에 성경은 “또 내가 오늘 네게 명령하는 이 말을 네 마음에 새기라”라고 말한다. 이 말을 네 마음에 새기면, 네가 이 말을 통해 네게 이 말을 하신 이와 존재하게 된 세계를 알게 되고, 그의 길로 나아가게 될 것이다.[2]

“이 말을 네 마음에 새기라”라는 말은 당연히 이스라엘 백성이 토라에 있는 하나님 계명을 알고 이에 순종하려 해야 한다는 뜻이요, 어떤 이가 하나님을 사랑한다는 것을 순종이 증명한다는 뜻이다. 사람은 계명을 연구함으로써 하나님을 알게 되고 하나님 뜻을 굳건히 따르게 된다. 랍비들은 이것이 종교(유대교)의 목표임을 굳이 말할 필요가 없었다. 결국 우리도 보겠지만, 하나님을 알고 그의 길로 나아감에는 보상이 따르지만(하나님은 정의로우시므로), 그 보상이 종교의 목표는 아니다. 그 목표는 다만 사람이 하나님을 알고 하나님 뜻을 행할 때 이루어진다. 계명들을 연구함과 계명들에 순종하려는 의도가 그 목표에 이르는 올바른 방법이요 언약 안에서 행할 올바른 행위다.

84 레 1:2을 주석한 시프라의 한 본문을 보면, 언약 안에 있음과 계명을 지킴이 연결되어 있다는 게 극명히 드러난다: “이스라엘 백성에게 말하며 그들에게 이르기를, 너희 가운데 어떤 이가 야훼께 제물을 드리려면, 너희 제물을 소떼와 양떼에서 가져오라 하라.” 이 문제는 누가 제물을 가져올 수 있고 누가 제물을 가져와야 하며, 왜 그래야 하는지와 관련이 있다. 본문은 이렇다.[3]

2 17 Sifre Deut. 33(59). ……

3 18 Sifra Nedabah parasha 2.3 (Friedmann, 41; 1:2을 다룬 부분).

사람. [이 말은 무슨 뜻인가?] 개종자를 포함. **너희 가운데** 있는〔*From you*〕(RSV는 of you). [이것은] 배교자를 제외하라는 [말이다]. — 그대는 어떻게 이런 주장을 할 수 있는가? 이는 사람더러 배교자들을 포함시키고 **너희 가운데서** 개종자들을 제외하라고 말한다! [주해 규칙은] 한 본문이 무언가를 포함시킨 다음에 무언가를 제외하는 [것이지, 그 반대가 아니다]. — [그대의 주장은 타당하지 않다. 그 이유는] 성경이 **이스라엘 자손**(RSV는 people of Israel〔이스라엘 백성〕)이라 말하기 때문이다. [본디 이스라엘 사람인] 이스라엘 사람들이 언약을 받아들이듯이, 개종자들도 언약을 받아들인다. 배교자는 제외된다. 그들은 언약을 받아들이지 않기 때문이다. — 그러나 그대는 [본디 〔이스라엘〕 사람인] 이스라엘 사람들이 언약을 받아들인 이들의 **자손**이듯이, 배교자들도 언약을 받아들인 [그 때문에 반드시 포함시켜야 할] 이들의 **자손**이라 주장할 수는 없지 않을까? [이 경우에] 개종자들은 언약을 받아들인 이들의 자손이 아니므로 제외될 것이다. — [그대의 주장은 타당하지 않다. 그 이유는] 성경이 **너희 가운데서**라고 말하기 때문이다.[4] 이제는 이것만이 말이 된다: [본디 이스라엘 사람인] 이스라엘 사람들이 언약을 받아들이듯이, 개종자도 언약을 받아들인다. 배교자는 제외되는데, 이는 그들이 언약을 받아들이지 않기 때문이다(그들은 언약을 깨뜨렸기 때문이다). 따라서 그것은 이렇게 말한다: "악인의 희생 제사는 역겨운 것이거늘, 하물며 악인이 악한 의도를 품고 제물을 가져오면 더더욱 역겹지 아니하랴"(잠 21:27).

계명(이 본문에서는 희생 제사에 관한 계명)을 완전히 이행함이 **언약 안에 있는 이들**에겐 특권이요 의무임을 이 본문만큼 명확하게 보여주는 본문은 없을 것이다. 본디 **이스라엘 사람**으로 태어난 이라 할지라도 언약 밖

4 20 배교자는 "너희"라는 말에 포함되지 않는다.

에 있는 이들은 이런 특권과 책임에서 제외된다. 계명은 언약과 함께 한다. 이제는 언약을 사람이 율법을 완전히 이행함으로 얻느냐 여부가 문제로 떠오른다.

4절 선택과 언약

…… 서로 다른 시대에 살았던 여러 랍비가 동일한 본문이나 사건이나 경험에 관하여 어느 한 해석을 "교리"나 조직 신학의 일부분으로 여겨야 한다는 생각은 아예 하지 않은 채 각기 서로 다른 하가다 해석들을 내놓을 수 있었다. 언약과 계명을 다룬 다양한 진술을 억지로 일치시키려 하거나 서로 충돌하는 것처럼 보이는 진술들은 틀림없이 서로 다른 두(혹은 더 많은) 조직 신학의 단편들일 거라고 추정하는 것은 잘못일 것이다. 아울러 단순히 어떤 특정 견해가 등장하는 경우들만 헤아려 그것을 "다수"설이라 판단하고 이와 다른 진술들을 소수설이자 하찮은 견해로 치부하는 것도 잘못일 것이다. 이어질 절들에서도 그러겠지만, 이번 절에서 우리가 따를 절차는 상이한 여러 유형의 진술을 검토하여 이 진술들이 그 밑바탕에 깔려있는 어떤 일치된 견해를 드러내는지 판단하는 것이다. 상이한 진술들이 어떤 일치된 견해를 드러내는 게 아니라면, 우리는 그냥 이런 상이한 진술들이 실제로 서로 다른 의견으로서 존재하게 하는 것으로 만족해야 할 것이다.

상급이라는 테마

우리는 먼저 한 랍비가 언약 속으로 들어감이 계명을 완전히 이행함보다 앞선다는 것을, 다시 말해 인간이 계명에 순종함으로 언약을 얻는 게 아니라, 하나님이 먼저 이스라엘을 선택하심이 낳은 결과가 계명 순종임을 분명하게 말하는 몇몇 본문을 언급할 수 있다. 가령 이 두 진술은 2세기 중엽을 함께 살아갔던 랍비 요슈아 벤 카르하(Joshua b. Karha)와 랍비 시므온 벤 요하이(Simeon b. Yohai)가 했다 하는 말이다.

랍비 요슈아 벤 카르하가 이렇게 말했다: 어찌하여 **들으라, 오 이스라엘아**(신

> 6:4-9)라는 [부분]이 **너희가 [내 계명을 성실히] 청종하면 그 일이 일어나리라**라는 말보다 앞서 나오는가? — 이는 이렇게 함으로써 사람이 우선 하늘나라라는 멍에를 짊어지고 뒤이어 계명이라는 멍에를 짊어지게 하려는 것이다. (Berakoth 2.2)

랍비 시므온 벤 요하이도 출 20:2, 3과 레 18:1-3을 언급하면서 같은 주장을 했다. 각 경우에 "난 네 하나님 야훼니라"라는 말이 뒤따르는 계명들보다 앞서 나오면서, 이 계명들의 근거가 된다. "'나는 네 하나님 야훼니라'라는 말은 이런 의미다: 내가 바로 네 자신이 시내산에서 왕으로 인정한 그 이가 아니냐?" 이스라엘이 이 물음에 시인하는 대답을 하면, 하나님은 이렇게 대답하신다. "네가 내가 왕임을 인정했으니, 내 법령도 인정하라."[1] 하나님을 왕으로 인정함은 곧 하나님을 율법 수여자이시자 보호자요 변호자로 인정한다는 뜻이며, 이렇게 하나님을 왕으로 인정하라는 말 뒤에 분명한 계명들이 등장한다. [86] 하나님이 그가 택하신 백성들을 다스리는 왕이시기에, 이 백성들은 언제나 왕의 법령을 지켜야 한다. 그것이 왕과 백성에게 적합한 관계이기 때문이다. 그러나 하나님이 왕이심을 인정하는 것은 계명들을 지키라는 명령보다 앞선다.

언약과 계명의 관계를 이와 똑같이 바라보는 견해를 머킬타 속의 그림 같은 두 비유에서 발견할 수 있다. 둘 중 첫 번째 비유 전체를인용하겠다.

> **나는 네 하나님 야훼다**(출 20:2). 왜 토라 첫머리에서 십계명을 말하지 않는

1 2 Sifra Aḥare pereq 13.3 (18:1, 2을 다룬 부분). 이곳이 얄쿠트〔*Yalkut*, 하가다 모음 ⓣ〕에서 나온 시프라에 덧붙여진 절을 시작하는 부분이다. 이 절(Mekilta of ʿArayot)은 아키바 학파에게서 나오지 않고, 이쉬마엘 학파에게서 나왔다. Epstein, *Mebo'ot*, 640f.; Weiss, Sifra, 85d를 보라. Mek. Baḥodesh 6에도 이와 일부 유사한 본문이 있는데, 이것 역시 랍비 시므온 벤 요하이의 이름으로 기록되어 있다.

가? 그것들은 한 비유를 제시한다. 이 비유를 무엇에 비유할 수 있을까? 다음에 비유할 수 있다: 한 지방에 들어간 왕이 거기 사람들에게 이렇게 말했다: 나를 그대들의 왕으로 삼겠는가? 그러나 그 사람들은 그에게 이렇게 말했다: 그대가 우리를 마땅히 다스려야 할 만큼 우리에게 무슨 선한 일을 했는가? 그러자 그가 무슨 일을 했는가? 그는 그들을 위해 성벽을 짓고, 그들에게 공급할 물을 끌어들였으며, 그들을 위해 싸웠다. 그런 뒤, 그가 그들에게 말했다: 나를 그대들의 왕으로 삼겠는가? 그들이 그에게 말했다: 물론입니다. 물론입니다. 마찬가지로, 하나님도 그러하셨다. 그는 이스라엘 사람들을 이집트에서 이끌어내시고, 그들을 위해 바다를 가르시고, 그들에게 만나를 내리시고, 그들을 위해 우물을 길어 올리시고, 그들에게 메추라기를 보내셨다. 그는 그들을 위해 아말렉과 싸우셨다. 그런 뒤, 그는 그들에게 이렇게 말씀하셨다: 내가 네 왕이 되리라. 그러자 그들이 그에게 대답했다: 물론입니다. 물론입니다.[2]

백성들의 왕이라는 의미는 아마도 이제 하나님이 계명을 주실 수 있다는 뜻이겠으나, 계명들을 주시기 전에 하나님이 자비를 베푸시는 행위가 앞선다. 마찬가지로, 머킬타는 "너는 내 앞에서 다른 신을 두지 말라"는 본문을 주석하면서, 백성들이 자신의 통치를 인정할 때까지 법령을 반포하길 거부하는 왕 비유를 제시한다.

마찬가지로 하나님이 이스라엘에게 이렇게 말씀하셨다: "나는 네 하나님 야훼이니, 너는 다른 신들을 두지 말라—내가 바로 너희가 스스로 이집트에서 통치자로 받아들인 그니라." 그리고 그들이 하나님께 "물론입니다. 물론입니다"라고 말하자, 하나님은 계속하여 이렇게 말씀하셨다: "이제 네가 내 통치를 받아들였듯이, 내 법령도 받아들여야 한다: '너는 내 앞에서 다른 신들을

2 3 Mek. Baḥodesh 5 (219; II, 229f.).

두지 말라.'"[3]

이 점은 머킬타의 다른 곳도 간결하게 천명한다: "우리에게 공로라 할 행위가 전혀 없거늘, 당신은 우리에게 자비를 보이셨나이다."[4] 이 견해도 이스라엘이 안식일을 지키기 **전에** 이미 하나님이 만나를 곱절로 주신 일을 언급하면서, "내(하나님)가 그들에게 계명을 주기 전에 그들에게 베풀 보상들을 이미 그들에게 주었도다"라는 머킬타의 진술을 일러준다. 이 본문은 계속하여 하나님이 이스라엘을 상대로 으레 습관처럼 그렇게 행동하셨다고 말한다.[5] 이스라엘이 하나님께 여러 은덕을 받은 뒤에도 계속해서 불순종했다는 관찰은 이 견해를 한층 강력하게 뒷받침해준다: "랍비 요슈아가 이렇게 말한다: 거룩하신 이, 송축 받으실 그 분이 모세에게 말씀하셨다: 이스라엘 사람들에게 말하라: 내가 너를 이집트에서 이끌어냈고, 내가 너를 위하여 홍해를 갈랐고[일련의 목록을 제시한다] — 네가 얼마나 오랫동안 내 계명과 내 법을 지키길 거부하려느냐?"[6]

87 이처럼 우리는 하나님이 먼저 이스라엘을 택하시고 그 뒤에야 이스라엘이 순종할 계명들을 주셨다는 견해가 랍비 문헌 속에 있음을 본다. 이런 주석들은 특히 성경이 출애굽과 시내산에서 이루어진 토라 수여를 묘사한 대목을 설명한 하가다 주석에서 나타난다.

3 4 Mek. Baḥodesh 6 (222; II, 238f.; 20:3을 다룬 부분).

4 5 Mek. Shirata 9 (145; II, 69; 15:13을 다룬 부분). 히브리어 본문에는 "공로라 할"이라는 말이 없다. 하나님이 이스라엘이 마땅히 받을 대우보다 많은 자비로 이스라엘을 대하신다는 점을 더 자세히 살펴보려면, 랍비 시므온 벤 요하이가 출 6:2에 붙인 머킬타(아래 주 65에서 인용)와 Mek. Baḥodesh 10 (아래에서 인용, 5절 주93)을 보라.

5 6 Mek. Baḥodesh 1 (206; II, 199; 19:2을 다룬 부분).

6 7 Mek. Vayassa' 5[169f.; II, 121 (6장); 16:28을 다룬 부분]. 하늘나라가 그 결과로서 계명들을 암시한다는 점을 살펴보려면, Kadushin, *Rabbinic Mind*, 23; Schechter, *Aspects*, 219을 보라. 후자는 targum Pseudo-Jonathan에서 출 34:7, 레 16:21, 민 14:18을 다룬 부분을 인용한다.

선택 그리고 선택에 관한 여러 설명

랍비들은 하나님이 이스라엘을 특별히 택하셨고 따로 구분하셨다는 성경의 태도를 그대로 유지했다. "내가 특히 내 이름을 내 백성 이스라엘에게 주었으나, 나는 세상에 들어오는 모든 이의 하나님이니라."[7] 여기서 랍비들이 이스라엘을 선민으로 여겼다는 사실을 길게 상세히 설명할 필요가 없을 것 같다. 이 점은 명백하며, 어쨌든 이 연구서에서 반복하여 등장할 것이다. …… 선택 교리를 주장하던 다른 어떤 사람들처럼 랍비들도 거만에 취해있지 않았다. 실제로 선택에는〔곧 선택받은 자에겐 ⓣ〕 고난이 함께 따른다는 개념(아래에서 논하겠다)이 선택에 관한 랍비들의 사상에 거만함과 아주 거리가 먼 분위기를 제공하는 도움을 준다. 사람들이 아브라함의 자손으로서 특권을 누린다는 개념을 남용했을 수도 있으나, 랍비 자신들은 이런 남용을 비판했다. 그들은 거드름 피우려하지 않았다. 하지만 이런 문제들은 옆으로 제쳐놓고, 선택에 관한 랍비들의 설명을 살펴봐도 될 것 같다.

우리는 앞서 하나님의 선택을 선택받은 이들에게 선택을 받을 만한 선행 원인이 없는데도 하나님이 베푸신 온전한 은혜로 생각하는 본문들을 살펴봤다. 그러나 랍비들은 하나님을 자비로 당신의 심판을 누그러뜨릴 수 있는 분이지만, 변덕을 부리지도 않고 제멋대로 행하지 않으시는, 합리적이고 정의로운 재판장과 같은 분으로 여겼다. 여기서 우리는 랍비들이 다만 하나님이 이스라엘을 택하셨다고 말하는 데 만족하지 못하고 하나님이 이스라엘을 택하신 **이유**를 탐구했음을 발견한다. 그들은 "하나님이 유대인을 택하심이 기이한 우연"이 아님을 설명하고 싶어 했다. 하나님은 왜 이스라엘을 택하셨는가라는 문제에 랍비들이 제시한 대답은 대체로 세 종류가 있었다.

7 　9 Mek. Mishpatim 20 (Kaspa 4) (334; III, 185; 23:17을 다룬 부분).

첫 번째 대답은 하나님이 언약(과 언약에 첨부된 계명)을 모든 사람에게 주셨으나, 이스라엘만이 언약을 받아들였기 때문이라는 것이다. 두 번째 대답은 하나님이 족장들 혹은 출애굽 세대에게서 어떤 공로를 발견하셨기 때문에, 혹은 미래 세대의 순종을 조건으로, 이스라엘을 택하셨다는 것이다. 세 번째 대답은 사실 전혀 대답이 아니다.[88] 즉 세 번째 대답은 하나님 자신의 뜻을 넘어선 이유를 제시하지 않는다: 이 대답은 다만 하나님이 당신 이름을 위하여 이스라엘을 택하셨다고 말할 뿐이다. 이 대답들을 순서대로 다뤄보면 되겠다.

하나님이 모든 사람에게 언약을 주셨다는 것을 때로는 이스라엘이 다른 민족보다 도덕 면에서 우위에 있음을 지적하는 식으로 이야기하기도 하지만, 이스라엘이 다른 민족보다 도덕상 우위에 있다는 점 역시 다른 민족이 아니라 이스라엘이 하나님의 백성인 이유를 설명하는 데 기여한다.

> 또 다른 해석은 이렇다: "또 그가 '야훼가 시내산에서 오셨다'라고 말했다"(신 33:2). 거룩하신 이, 곧 송축 받으실 이가 자신을 나타내 [그] 토라를 이스라엘에게 주셨을 때, 그는 당신 자신을 이스라엘에게만 나타내시지 않고 모든 민족에게 나타내셨다. 그는 처음에 에서 자손에게 오셔서 그들에게 "토라를 받으라"라고 말씀하셨다. 그들은 그에게 "그 안에 무엇이 적혀 있습니까?"라고 물었다. 그가 "너는 살인하지 말라"라 대답하셨다. 그들은 (창세기 27장을 언급하며) 그들 조상의 본질 자체가 사람을 죽인 것이라고 대답했다.

그러자 하나님은 토라를 다른 민족들에게 주셨는데, 이 다른 민족들은 토라의 다른 부분들을 받아들일 수 없음을 발견했다. 하나님이 토라를 주시고자 다가가 문을 두드리시지 않은 민족이 없었으나, 그들은 노아의 일곱 계명조차도 지키지 못했다. 이스라엘만이 토라를 받아들였다.

토라가 모든 사람에게 제시되었다는 주장은 자주 등장하며, 여기에는 시내산이 이스라엘 땅에 있지 않다는 사실을 설명으로 덧붙이는 경우가 잦다.

> **그들이 광야에 장막을 쳤다**(출 19:2하반절). 토라는 어느 누구에게도 속하지 않은 곳에서[in a free place] 모든 사람이 보는 가운데 주어졌다. 이는 토라가 이스라엘 땅에서 주어졌다면, 이스라엘 사람들이 세상 민족들에게 이렇게 말할 수 있겠기 때문이다: 너희는 토라에 아무 분깃이 없다. 그러나 토라는 모든 사람이 자유로이 드나들 수 있는 곳에서 만인이 보는 가운데 광야에서 주어졌기 때문에, 토라를 받아들이길 원하는 이는 누구나 와서 토라를 받아들일 수 있었다. 혹자는 토라가 밤에 주어졌다고 추측할지 모르겠다. 그러나 성경은 이렇게 말한다: "그 일은 셋째 날 아침에 일어났다"(출 19:16). [89] 혹자는 토라가 조용히 주어졌다고 추측할지 모르나, 성경은 이렇게 말한다: "천둥번개가 칠 때"(출 19:16). 혹자는 그들이 하나님의 음성을 들을 수 없었으리라고 추측할지 모르나, 성경은 이렇게 말한다: "야훼의 음성은 강력하다," "야훼의 음성은 지극히 장엄하다," 따위(시 29:4). … 그렇다면 저 가엾은 민족들은 대체 무슨 일을 했기에 하나님이 그들에겐 토라를 주시려 하지 않았는가? "그들의 그의 법령을 알지 못했다"(시 147:20) — 그들은 그의 법령을 받아들이려 하지 않았다….[8]

이제 하나님이 출애굽 때 이스라엘을 택하신 이유를 출애굽 세대가 이

8 16 Mek. Baḥodesh 1 (205f.; Ⅱ, 198-200; 19:2하반절을 다룬 부분). 같은 본문을 다룬 랍비 시므온 벤 요하이의 머킬타-성경 주해 규칙-도 비슷한 설명을 한다(137). 참고. Mek. Shirata 5 (133; II, 39; 15:6을 다룬 부분). 하나님의 제안이 지닌 통일성을 살펴보려면, Sifra Aḥare pereq 13.13 (18:5하반절을 다룬 부분)을 보라: "성경은 토라가 제사장과 레위인과 (평범한) 이스라엘 사람들만을 위한 것이라고 말하지 않고 '사람의 토라'[Torah of man, Torah haadam]이라 말한다"(삼하 7:19). 더 자세한 것은 Schechter, *Aspects*, 80-96; Moore, *Judaism* I, 219-34, 276-79을 보라: 언약을 모든 사람에게 제공했다는 것이 2세기의 두 위대한 학파의 가르침이었다.

미 계명들을 완전히 이행했기 때문이라고 말하는 본문들을 살펴보자.[9] 가장 놀라운 본문은 머킬타 피스하〔Mek. Pisḥa〕 5(출 12:6을 다룬부분)다.[10]

> **너희는 그것을 이 달 열 나흗날까지 간직하라.** 성경은 왜 유월절 어린 양을 죽이기 나흘 전에 사라고 요구하는가? 헤레쉬(Ḥeresh)의 아들인 랍비 마티아(R. Matia)는 이렇게 말하곤 했다: 보라 성경이 이렇게 말한다: "이제 내가 너를 지나가며, 너를 보니, 보라, 네 때가 사랑의 때라"(겔 16:8). 이것은 거룩하신 이, 곧 송축 받으실 이가 아브라함에게 그의 자손을 구원하리라고 다짐하셨던 맹세를 이행하실 때가 이르렀다는 뜻이다. 그러나 본문은 나아가 "네 가슴이 모양을 갖추었고 네 머리도 자랐으나, 너는 아직도 벌거벗은 알몸이다"라고 말하는데(겔 16:7), 이는 그들에게 아무런 종교적 의무도 없다는 뜻이니, 곧 그들에겐 아직 구속을 얻으려면 이행해야 할 종교적 의무들[*mitsvot*]이 없었다는 말이다. 따라서 거룩하신 이, 곧 송축 받으실 이가 그들에게 두 의무를 부과하셨으니, 유월절 희생을 바칠 의무와 할례 의무였다. 그들은 이 의무들을 행하여 구속받기에 합당한 자들이 되어야 했다. …. 이런 이유 때문에 성경은 유월절 어린 양을 죽이기 전 나흘 전에 미리 사두라고 요구했다. 행위가 없으면 보상을 얻지 못하기 때문이다.
>
> 랍비 엘리에제르[곧 엘르아자르] 하 카파르〔R. Eliezer [sic; Eleazar] ha-Kappar〕는 이렇게 말한다: 이스라엘은 세상에 있는 어떤 것보다도 귀중한 네 가지 미덕을 소유하지 않았던가: 그들은 순결을 지키고 소문을 퍼뜨리는 일에 관한 한 의심할 여지없이 바르게 행하고, 그들의 이름을 바꾸지 않았으며 그들의 언어

9 17 이것이 모세가 시내산에서 율법을 받기 전에 일부 계명들이 주어졌다고 보는 랍비들에게서 나온 말은 아니었다. 가령 Mek. Mishpatim 4 (263; III, 37 [Nezikin 4]; 21:14을 다룬 부분)를 보라: 이시 벤 아카뱌〔*'Issi b. Akabyah*〕가 이렇게 말한다: 우리는 토라 수여가 있기 전에 피를 흘리지 말라는 경고를 받았다." 참고. Kiddushin 4.14: 아브라함은 율법이 주어지기 전에 율법을 행했다.

10 18 14; I, 33f.

를 바꾸지 않았다. ….

머킬타는 다른 곳에서 랍비 느헤미야가 이스라엘이 이집트에서 구속받은 것을 "그들이 가졌던 믿음," 곧 하나님이 이스라엘 사람들 안에서 보상을 받을 수 있을만한 공로를 발견하셨다는 믿음에 대한 보상이라 말했다고 보고한다.[11]

이와 같은 생각이 출애굽이나 선택 자체와 관련하여 나타나는 경우는 드물다. 한 예를 들 수 있다: 시프레 신명기 170(18:9을 다룬 부분)은 이렇게 말한다: "'네가 그 땅에 들어가면(*ki*).' — 너는 언급된 계명을 완전히 이행하면 그에 대한 보상으로 그 땅에 들어갈 수 있으리라.[12] '그 땅은 네 하나님 야훼가 네게 주시는 것이다' — 네 보상으로."[13]

90 이런 태도가 우리가 앞서 서술했던 태도, 곧 하나님은 이스라엘의 공로가 없어도 이스라엘을 택하셨으며 이스라엘이 계명을 이행하기 전에 계명에 따른 보상을 제공하셨다고 보는 태도와 정면으로 충돌한다는 것이 금세 드러난다. (바로 위에서 인용했던) 마티아 벤 헤레쉬가 쓴 문장인 "행위가 없으면 보상을 얻지 못한다"와 머킬타의 다른 곳에 있는 익명의 문장인 "우리에게 공로라 할 행위가 없는데도 당신은 우리에게 자비를 보이셨나이다"(위 주5)를 대조해 봐도 되겠다. 우리는 이제 이 견해들을 절충할 수 있는지 여부는 탐구하지 않고, 이스라엘이 선택받은 이유를 달리 설명하는 말들을 살펴보겠다.

랍비들은 때로 이스라엘 사람들이 공로인 행위를 행함으로써 출애굽을

11 19 Mek. Beshallaḥ 6 (114; I, 253 [7장]; 14:31을 다룬 부분).

12 20 Sifre Deut. 297 (316; 26:1을 다룬 부분).

13 21 "네 보상으로": Finkelstein (217)은 *bizekuteka*라고 읽고, Friedmann (f. 107a)는 *bisekareka*라고 읽는다. "보상"은 보통 *sakar*를 번역한 말이요, "공로"는 보통 *zekut*를 번역한 말이다. 지금 같은 경우는 어느 독법을 택하든 "네가 계명을 완전히 이행함에 따른 합당한 대가로서"라는 의미를 갖는다.

얻었기에 이집트에서 벗어남은 공로로 얻은 것이라고 말한다. 마찬가지로 그들은 출애굽을 족장의 공로〔*zekut*〕 덕분이라고 말한다. 저쿠트라는 말과 비저쿠트〔*bizekut*〕라는 문구는 아래에서 충실히 논하겠다. 우리는 여기서 저쿠트라는 말이 특히 그 앞에 베트(〔*bet*〕, 영어의 by나 in에 해당하는 말)라는 전치사가 올 때는 꼭 영어의 "merit"〔공로〕라는 의미만을 갖는 게 아님을 유념해야 한다. 즉 저쿠트가 등장한다 하여 이것을 꼭 일부 학자들이 랍비 문헌에서 발견한 (그리고 로마가톨릭에서 말하는 "공로의 보고"에 비유하는) 축적된 공로 교리만을 늘 암시하는 것으로 추정해서는 안 된다. 저쿠트는 어떤 의미에서는 영어의 "virtue"〔덕, 미덕〕라는 단어에 더 가깝다: 둘 다 강한 의미를 가질 수도 있고 약한 의미를 가질 수도 있다. 따라서 어떤 이가 덕 있는 사람이라고 말하는 것은 이 단어를 의미심장하게〔강한 의미로〕 사용한 것이나, "by virtue of"〔… 덕분에〕라는 문구에서는 그 의미가 단지 "because of"〔… 때문에〕 정도로 약해진다. 때문에 우리는 비저쿠트 — "… 덕분에"〔by virtue of〕나 "…의 공로로"〔by the merit of〕 — 라는 표현이 등장할 때마다 지나치게 흥분해서는 안 된다. "merit"라는 말을 강조해서는 안 된다.[14] 이런 경고를 달아두었으니, 이제는 어떤 랍비가 출애굽이 누군가 혹은 무엇의 비저쿠트였다고 말하는 몇몇 경우들을 살펴봐도 되겠다. 가령 머킬타 피스하 16을 보자.[15]

> 아자랴의 아들인 랍비 엘르아자르는 이렇게 말한다: "이는 그가 당신 종 아브라함에게 하신 거룩한 말씀을 기억하셨기 때문입니다"와 "그가 당신 백성을 즐거이 이끌어내셨다"(시 105:42, 43)라는 말씀대로 하나님이 우리 조상 아브

14 22 더 자세한 내용은 아래 8절을 보라. *bizekut* 번역을 다룬 글을 보려면, Moore, *Judaism* III, 164을 보라. 관련 문구들(가령 "보상으로서" 혹은 "… 때문에"를 뜻하는 *besakar*)을 살펴보려면, Marmorstein, *Merits*, 11을 보라.

15 23 62; I, 140f.; 13:4을 다룬 부분.

> 라함의 공로 때문에[*bizekut,* 〔*because of the merit of our father Abraham*〕] 이스라엘을 이집트에서 이끌어내셨다. 랍비 시므온 벤 요하이는 이렇게 말한다: 할례 의식을 지켰기 때문에[bizekut] 하나님이 이스라엘 사람들을 이집트에서 끌어내셨다.

우리가 첫 줄에 등장한 저쿠트에 충분한 신학적 의미를 부여하지 않아도, 하나님이 이스라엘을 이집트에서 이끌어내심은 아브라함 때문임을 안다. 오히려 하나님이 이스라엘을 이집트에서 이끌어내심은 아브라함에서 하신 맹세 때문이라고 말하는 게 더 정확할지도 모른다. 이것이 이 증거 본문〔proof-text〕의 요지이기 때문이다. 그러나 이 랍비는 "비저쿠트 아브라함"〔*bizekut* Abraham〕이라고 말했다. 랍비 시므온 벤 요하이가 출애굽을 이스라엘이 계명을 철저히 이행했기 때문이라고 말한 점도 주목할 만하다.
91 머킬타의 다른 곳에는 어쩌면 훨씬 더 분명하달 수 있는 본문이 있다.[16]

> 랍비 바나아〔R. Banaah〕는 이렇게 말한다: "그들의 조상 아브라함이 행한 행위의 공로[*bizekut mitscvah*] 때문에 내가 그들을 위해 바다를 가르리라." …. 테만의 시몬은 이렇게 말한다: "할례를 행하라는 계명을 지킨 공로 때문에, 내가 그들을 위해 바다를 가르리라." …. 현자들은 이렇게 말한다: 그가 그의 이름 때문에[*lema'an shemo*] 그들에게 이렇게 행하셨다. …. 랍비가 이렇게 말한다: "그들이 나를 믿은 믿음을 보니, 내가 그들을 위해 바다를 가름은 당연하다." …. 아자랴의 아들 랍비 엘르아자르는 이렇게 말한다: "내가 그들의 조상 아브라함을 보아 그들을 위해 바다를 가르리라." …. 유다의 아들이요 케파르 토타 사람인 랍비 엘르아자르는 이렇게 말한다: "내가 그 지파〔부족〕들

16 24 Mek. Beshallaḥ 3 (98f.; I, 218ff. [4장]; 14:15을 다룬 부분). 다른 본문들을 살펴보려면, Schechter, *Aspects*, 174을 보라.

> 을 보아 그들을 위해 바다를 가르리라." … 셔마야[Shema'yah]는 이렇게 말한다: "그들의 조상 아브라함이 나를 믿은 믿음을 보니, 내가 그들을 위해 바다를 가름은 당연하다." …. 압탈룐은 이렇게 말한다: "그들이 나를 믿은 믿음을 보니, 내가 그들을 위해 바다를 가름은 당연하다." …. 기드론의 시몬은 이렇게 말한다: "내가 요셉의 뼈를 보아[*bizekut*] 그들을 위해 바다를 가르리라."

우리는 출애굽을 다뤄왔지만, 랍비들은 하나님이 누군가를(뭔가를) 선택하신 다른 사례들을 만났을 때도 동일한 유형의 대답을 제시한다. 하나님은 왜 이런 특별한 선택을 하셨는가? 어떤 저쿠트 때문이다. 가령 소논문 버라코트(T. Berakoth) 4.17(16)은 왜 유다(곧 유다 지파)가 왕위를 받을 자격이 있는지(*zakah*) 묻는다. 어떤 이들은 유다가 다말과 관련하여 저지른 죄를 고백했기 때문이라고 대답한다. 랍비 아키바는 "하나님이 범죄에 보상을 베푸시는가?"라는 질문으로 대답한다. 이어 그는 유다가 왕위를 받을 자격이 있는 이유는 그가 그의 아우[요셉 ⓣ]를 죽음에서 구해냈기 때문이라거나, 그가 겸비했기 때문이라고 주장하지만, 최종 대답은 그가(곧 유다 지파가) 다른 지파들이 주저할 때 가장 먼저 홍해 바닷물로 들어감으로써 하나님의 "이름을 거룩하게 했기" 때문이라는 것이다. 여기서 하나님의 선택 동기를 원칙없는 임의로[non-arbitrary] 보지 않는다는 게 분명히 드러난다. 이스라엘이 특히 택함을 받았다면, 혹은 유다 지파가 특히 총애를 받았다면, 이는 하나님이 그런 선택을 하신 이유를 설명해줄 수 있는 어떤 행위 때문이다.[17]

17 25 비슷한 논의를 보려면, Mek. Beshallaḥ 5[104-107; I, 232-237, 특히 236f.(6장); 14:22을 다룬 부분]; Sotah 36b-37a를 보라. 시프라에서 비저쿠트가 나오지 않음은 흥미롭다. 하지만 시프라에서는 "그들은 왜 그럴 자격이 있었는가?"(מפני מה זכו)라는 말이 나오는데, 이는 Mek. Beshallaḥ 5에 나오는 "그들은 무슨 공로로 그런 자격을 (얻었는가[deserve])"(באיזו זכות זכה)와 같은 역할을 한다. 가령 Sifra Aḥare parasha 9.6은 이렇다: 가나안 사람들은 왜 그들의 땅에 47년을 거주할 자격이 있었는가? 아브라함을 존중한데 따른 보상으로서(*bishbil sakar*) 거주했기 때문이다.

하나님의 이스라엘 선택이나 이스라엘 사람들을 위하여 행동하심을 이런 식으로 설명하는 것은 비저쿠트라는 표현과 무관한〔apart〕 것으로 보인다. 가령 출애굽기 라바〔Ex. Rab.〕 15.4는 탄나〔Tanna, "선생," "현자"ⓣ〕 랍비 유다가 이렇게 말했다고 보고한다: "거룩하신 이, 곧 송축 받으실 이가 이렇게 말했다: '내가 이스라엘의 행위를 샅샅이 조사한다면, 그들은 [이집트에서] 구속을 받지 못하리라. 때문에 나는 그들의 거룩한 조상들만 주목하겠다.'"[18] 사람들은 랍비 유다와 같은 시대 사람인 랍비 느헤미야도 같은 본문에서 비슷한 말을 했다고 믿는다. 92 그러나 하나님이 이스라엘 조상들의 공로 행위를 참작하여 이스라엘을 택하셨다는 것이 랍비들의 설명임을 증명하려고 더 많은 사례를 제시할 필요는 없다.[19]

내가 이미 지적했듯이, 하나님의 이스라엘 선택은 아직 이루어지지 않은 행위들로 설명하기도 했다. 하나님은 이스라엘이 장차 토라를 이행하리라는 것을 미리 내다보셨기에, 이스라엘을 토라를 받을 이로 택하신다.[20]

> "지극히 높으신 이가 민족들에게 그들의 유업을 주셨을 때." — 거룩하신 이, 곧 송축 받으실 이가 [그] 토라를 이스라엘에게 주셨을 때, 멈춰 서서, (미래를) 내다보시고(*tsafah*),[21] 인식하셨으며 …, 또 여러 민족 가운데 토라를 받을 만

18 26 참고. II Baruch 84.10: "그가 네 허다한 죄를 헤아리시지 않고 네 조상의 올곧음만 기억하시게" 기도하라.

19 27 우리는 우리 논의의 목적을 고려하여 이스라엘이 이집트에서 구속받음이 예증〔例證〕하는 선택에 주로 초점을 맞추면서, 이스라엘이 하나님께 결정적 선택을 받은 때가 **언제인가**라는 문제는 제쳐두었다. Sifre Deut. 312 (353; 32:9을 다룬 부분)를 보면, 그 선택이 아브라함이나 이삭 때가 아니라, 완전한 사람이요 그 아들들이 모두 선택받을 만한 가치가 있었던 야곱 때에 선택이 있었다고 말한다. 야곱과 그 자손들이 택함을 받은 것이 곧 이스라엘이 택함을 받았음을 증명한다. 선택은 비록 공로에 기초하나, 결국 무조건이요 영원하다. 유진 미할리(E. Mihaly, "A Rabbinic Defense of the Election of Israel," *HUCA* 25, 1964, 103-35)는 이 본문을 분석한 뒤, 이는 기독교가 모든 이스라엘이 선택받았음을 부인함에 대한 대답이라고 주장했다.

20 28 Sifre Deut. 311 (352; 32:8을 다룬 부분).

21 29 *tsafah*, 곧 "앞서 내다보다"라는 단어에 관하여 알려면, Taylor, *Sayings of the Jewish Fathers*, 160을 보라.

한 민족이 이스라엘 외에 아무도 없으므로, "그가 사람들의 경계를 정하셨다."

이 글은 하나님의 선택을 이치에 맞게 설명한다. 이와 똑같은 취지는 시프라는 물론이요 다른 곳에서도 종종 등장하는 "…이라는 조건으로"(*'al tenai*)라는 문구의 용례를 검토해보면 알 수 있다. 이스라엘이 이런저런 계명을 짊어지는 것을 **조건으로** 하나님이 출애굽을 이루셨다고 말하는 본문들이 몇 개 있다. 단 한 예만 전문을 인용해 봐도 되겠다.[22]

> "나는 너를 이집트 땅에서 이끌어낸 네 하나님 야훼니라." — 이런 조건으로, 곧 네가 올바른 잣대〔도량형〕(*mitsvat middot*)에 관한 계명을 받아들이는 조건으로 내가 너를 이집트 땅에서 이끌어냈으니, 이는 올바른 잣대에 관한 계명을 시인하는(곧 동의하는, 〔agrees to〕) 이는 누구나 출애굽을 시인하는(곧 동의하는, 〔confirms〕) 이이지만, 올바른 잣대에 관한 계명을 부인하는 이는 누구나 출애굽을 부인하는 이이기 때문이다.

다른 본문들에서는 다른 조건들을 든다: 이자를 받지 말라는 계명을 지키는 자[23]나 하나님의 이름을 거룩하게 하는 자.[24] 여기에서는 하나님이 그리 행하신 이유를 제시하려는 동기도 나오지만, 하나님이 행하실 행위의 조건을 이루는 계명의 중요성을 강조할 목적으로 사용한 수사 도구도 등장한다.[25] 이 마지막 동기는 레위기 라바 안에 들어있는 아모라〔250년경부터

22 30 Sifra Qedoshim pereq 8.10 (19:36하반절을 다룬 부분).

23 31 Sifra Behar parasha 5.3 (25:38을 다룬 부분).

24 32 Sifra Emor pereq 9.6 (22:33을 다룬 부분). 참고. Sifre Deut. 303 (322; 26:15을 다룬 부분)과 323 (373; 32:30을 다룬 부분): 이스라엘이 토라를 행하지 않는데, 하나님이 어찌 약속을 이행하실 수 있겠는가?

25 33 카두쉰(Kadushin, *The Rabbinic Mind*, 359)은 이 본문들을 논하면서 다음과 같이 올바로 주석한다: "랍비들은 *Mizwot*〔계명들〕을 더 강하게 존중하게끔 계명들을 받아들이거나 준수하는 것은

500년경까지 팔레스타인의 유대교 학당에서 미쉬나 율법을 논했던 랍비 집단을 말한다 ⓣ]
본문에서 분명하게 드러난다.[26]

93 랍비 요하난[R. Joḥanan]이 이렇게 말한다: 너는 곡식 다발에 관한 계명을 사소한 계명으로 여기지 말지니, 이는 아브라함이 곡식 다발에 관한 계명의 결과로 가나안 땅을 소유할 특권[*zakah*]을 얻었기 때문인즉, 이것은 **"내가 너와 네 뒤에 나올 네 씨[후손]에게 가나안 땅 전부를 주리라"**(창 17:8)라는 본문에서 추론할 수 있다. 이 약속은 **"너, 곧 너와 네 뒤에 나올 네 씨가 내 언약을 지키면"**이라는 조건 위에['*al menat*] 세워진 것이었다. 이 언약은 무슨 언약인가? 곡식 다발 계명이다.

하지만 "…이라는 조건으로" 뒤편에 있는 더 중요한 동기가 있다. 그건 바로 어떤 계명을 "시인하는" 것은 하나님의 통치를—하나님께 계명을 주실 권리가 있음을—인정함을 나타내지만, 어떤 계명을 "부인하는" 것은 곧 하나님이 왕이심을 부인하고 자기 의지로 일부러 불순종함을 나타낸다는 것을 강조하는 것이다. 이는 특히 시프라의 다른 두 본문이 분명하게 이야기한다.

"나는 너를 이집트 땅에서 이끌어낸 네 하나님 야훼니라"(레 11:45). 이런 목적 때문에('*al ken*) 나는 너를 이집트 땅에서 이끌어냈다: 네가 계명이라는 멍에를 네 스스로 짊어지는 조건으로. 이는 계명이라는 멍에를 시인하는 이는 누구나 출애굽을 시인하는 이이기 때문이요, ….[27]

곧 출애굽을 인정하는 것과 같다고 가르쳤다."

26 34 Lev. Rab. 28.6, 첫머리(ET, 364).

27 35 Sifra Shemini pereq 12.4 (11:45을 다룬 부분).

"이런 목적 때문에"와 "조건으로"라는 말이 상당히 혼란스럽게 등장하는데, 이는 뒤 문구의 "조건" 부분을 강조해서는 안 된다는 말일지도 모른다. 어쩌면 이 둘 전체의 의미는 "…할 목적으로"〔with a view to〕일지 모른다.[28] 어쨌든, 뷔흘러가 지적했듯이, "멍에"라는 말은 "이스라엘이 전능자의 왕권에 복종하고 하나님의 계명 속에 나타난 그의 뜻에 순종함을 표현한다."[29] 여기서 뷔흘러의 논지를 되풀이할 필요는 없겠다. 그러나 뷔흘러는 멍에를 짊어짐이 부과된 짐을 받아들인다는 뜻이 아니라, 하나님의 모든 뜻에 스스로 기쁘게 복종한다는 뜻임을 아주 힘주어 분명하게 밝혔다.[30] 중요한 것은 이스라엘이 어떤 계명, 혹은 심지어 모든 계명에 순종함으로 출애굽을 **얻었다**는 것이 아니라, 이스라엘이 계명에 순종케 하려고 하나님이 출애굽을 행하셨다는 것이요, 하나님이 이스라엘의 성공적인〔successful〕 계명 이행이 아니라 그들의 자유의지에 따른 계명 순종을 **언약 속에 머무는 조건으로 삼으셨다**는 것이다.

시프라 버하르 파라샤〔Sifra Behar parasha〕 5.3(레 25:37f.을 다룬 부분)을 검토해보면, "…이라는 조건으로" 본문의 목적과 의미를 훌륭히 꿰뚫어보는 통찰을 얻을 수 있다. 하나님이 이스라엘 백성을 이집트에서 구해내심은 그들이 계명에 순종할 것을 조건으로 하신 일이었음을 말하는 사례 중 하나가 이 본문임은 이미 언급했다. 우리는 이제 이 말의 맥락을 살펴봐야 한다.

"너는 그에게 이자를 얻으려고 돈을 꾸어주지 말라. 나는 야훼니라"(레

28 36 뷔흘러〔Büchler〕는 *Studies in Sin and Atonement*, 92에서 이 말을 이렇게 번역한다. 마찬가지로, Sifre Num. 115 (128; 15:41을 다룬 부분)를 "이런 조건으로(*'al menat ken*) 내가 너를 구속했다: 나는 법령을 수여하고 너는 그것을 지키는 조건으로(*'al menat*)"나 "이런 목적으로 나는 너를 구속했다: 나는 법령을 수여하고 너는 그것을 지키게 하려고"로 번역해야 할지는 확실히 알 수 없다.

29 37 *Studies in Sin and Atonement*, 93.

30 38 Ibid., 1-118.

25:37f.). 때문에 그들은 이렇게 말했다: 이자[를 물리지 말라는 계명이]라는 멍에를 받아들이는 이는 누구나 하늘의 멍에를 받아들이는 이요, 이자[를 물리지 말라는 계명이]라는 멍에를 내던지는 자는 누구나 하늘의 멍에를 내던지는 이다. "나는 너를 이끌어낸 네 하나님 야훼니라"(25:38). — 이런 조건으로, 곧 네가 이자[에 관한] 계명을 받아들인다는 조건으로 내가 너를 이집트 땅에서 이끌어냈으니, 이는 이자[에 관한] 계명을 시인하는(받아들이는) 이는 누구나 출애굽을 시인하는(받아들이는) 이이기 때문이요, 또 이자[에 관한] 계명을 부인하는 이는 누구나 출애굽을 부인하는 이이기 때문이다.[31]

여기서 분명 "…이라는 조건으로" 본문은 스스로 자신을 언약 속에 있다고 여기는 자("출애굽을 시인하는 자")가 가져야 할 태도를 일러준다. 아울러 그는 계명도 시인해야 한다(순종하려고 해야 한다). 순종하려는 의도가 **언약 속에 머무는 조건**이며, "멍에를 부수는" 자는 계명에 순종하지 않으려는 자신의 의도를 나타내는 자요, 계명을 명하시는 하나님의 권리가 계명에 순종하지 않으려는 자를 정녕 언약에서 배제하신다는 것을 부인하는 자다. 따라서 "… 이라는 조건으로" 본문은 처음 보기보다 그리 편협한 율법주의를 표방하는 본문이 아니다.[32]

이처럼 우리는 하나님이 계명 준수를 조건으로 이스라엘 사람들을 이집트에서 구해내심을 다룬 시프라와 시프레 주타의 본문들이, 비록 미래에

31 39 Sifre Zuṭa 15:41 (290)도 "너를 이집트 땅에서 이끌어낸 이"(민 15:41)라는 말을 정확히 이와 똑같게 해석하며, 다만 여기서 말하는 계명이 옷단 귀에 다는 술에 관한 계명이라는 점과 *'al tenai* 대신 *'al menat*를 사용한 점만이 다르다.

32 40 예부터 신약 학자들은 이 본문들을 율법이 "언약보다 시기상 앞서며, 언약의 기초"임을 보여주는 것으로 이해해왔다(Banks, *Jesus and the Law in the Synoptic Tradition*, 1975, 36; 분명 S.-B. IV, 487f.에 의존하고 있다). 이와 반대로, 이 본문들은 언약이 시기상 앞서며, 율법 순종이 언약의 근거가 아니라 **언약 속에 머무를 조건**임을 보여준다. 이 본문들의 다른 측면들은 아래에서 논하겠다. "시인함"과 "부인함"에 관하여 알아보려면, 6절, 원서 135-138을 보라. 어느 한 계명 위반을 곧 언약 거부로 보는 입장을 살펴보려면, 6절, 원서 134-136을 보라.

이스라엘 백성이 계명에 순종하길 기대한다는 뜻을 분명히 밝히긴 하지만, 그래도 구원을 미래의 순종으로 **얻어내는** 것이라고 암시하지는 않음을 본다. 하지만 "조건부"와 "무조건"이라는 문제는 더 자세히 탐구해야 할 만큼 중요하다. 우선 조건부 언약과 무조건 언약에 관한 머킬타의 논의를 살펴보고, 뒤이어 불순종이 하나님이 언약을 취소하시게 하는 원인이 되는가라는 문제를 살펴보면 될 것 같다.

머킬타는 출애굽기 18:27을 주석하면서, 조건부 언약과 무조건 언약이라는 문제를 직접 다루고, 무조건 언약을 더 우월한 언약으로 여긴다.

> 랍비 나단이 이렇게 말한다: 레갑의 아들 요나답과 맺은 언약이 다윗과 맺은 언약보다 더 위대했다. 다윗과 맺은 언약은, "네 자손이 내 언약을 지키면, …"(시 132:12)이라 말하고, 내 언약을 지키지 않으면 "내가 회초리로 그들의 죄를 다스리리라"(시 89:33〔개역개정판은 89:32〕)라고 말하기 때문에, 단지 조건부[*al tenai*]였다. 그러나 레갑의 아들 요나답과 맺은 언약은 어떤 조건도 붙지 않았다. 이는 "레갑의 아들 요나답에게서 내 앞에 설 사람이 영원히 끊어지지 않으리라"라고 말하기 때문이다. (렘 35:19)

95 미드라쉬는 계속하여 세 가지—이스라엘 땅, 성전, 그리고 다윗 왕국—는 이스라엘에 조건부로 주어졌으나, 두 가지—토라, 그리고 아론과 맺은 언약—는 아무 조건 없이 주어졌다고 말한다.[33] 그 언약, 곧 출애굽과 시내산에서 이루어진 토라 수여로 말미암아 수립된 그 언약을 전혀 언급하지 않음은 주목할 만하다. 그렇지만 조건부 언약에 해당하는 사례로 제시한 언약, 곧 다윗과 맺은 언약에서는 불순종의 결과가 택함 받음을 잃어버림

33 41 Mek. Jethro Amalek 2 [200f.; II, 187f. (Amalek 4); 18:27을 다룬 부분.

이 아니라 형벌이라는 점이 특이하다. 이스라엘은 이 본문이 조건부로 주어졌다고 분류한 세 가지—땅, 성전, 왕국—를실제로 잃어버렸다. 본문은 분명 이를 곱씹으면서도, 다른 한편으로는 어떤 불순종이 있어도 취소되지 않을 하나님의 선물이 이스라엘에 주어졌음을 강조한다.

탄나임 문헌을 통틀어 살펴보면, 얼핏 보아 "…이라는 조건으로" 본문〔곧 조건부 본문 ⓣ〕이 지닌 의미로—즉 그 조건들이 완전히 충족되지 않으면 하나님이 언약을 취소하실 것이라는 의미로— 볼 수 있는 것이 있지만, 사실 그런 견해를 암시하는 곳은 전혀 존재하지 않는다. "…이라는 조건으로" 본문 자체가 그런 가능성을 지향하지는 않는다. 이런 본문 중 일부는 권고, 즉 거기서 지목한 계명을 지켜야 한다는 뜻이다. 하지만 이런 본문들의 주된 의도는 언약이 암시하는 의미를(언약에 따른 계명을 지켜야 할 의무를) 부인하려 하는 **개인**을 언약 자체를 거부한 자(그는 "출애굽을 부인한다")로 간주하겠다고 강조하는 것이다. 이런 사람은 분명 언약에서 떠났을 수도 있다. 그러나 이것이 곧 하나님이 언약을 취소하신다는 뜻은 결코 아니다. 랍비들은 하나님이 언약에 따른 약속들을 끝까지 신실히 지키실 것이요, 심지어 불순종과 맞닥뜨려도 그리하시리라는 것을 결코 의심치 않았다. 랍비 요세(벤 할라프타)〔R. Jose b. Halafta〕는 이런 통설을 분명하게 선언한다: "거룩하신 이, 곧 송축 받으실 이의 입에서 나온, 복 주시는 말씀은, 설령 어떤 조건에 근거한 것이라도, 그가 결코 거두시지 않으셨다."[34] 머킬타는 이런 취지를 아주 정성을 들여 자세히 천명한다. 가령 랍비 엘르아자를 벤 랍비 요세는 다마스쿠스 사람의 아들인 압바 요세〔Abba Jose〕의 이름으로 이렇게 말했다:[35] "'하나님이 이스라엘 자손들을 아셨으며,' 곧 그들이 미래에 당신을 화나게 하리라는 것을 아셨으며, '하나님이 그들을 꿰

34 42 초기 팔레스타인 아모라인 랍비 요하난〔R. Joḥanan〕이 전한 Berakoth 7a, ET, 34.

35 43 이 랍비들을 알아보려면, Epstein, *Mebo'ot*, 69을 보라.

뚫어보셨다,' 곧 그들이 미래에 하나님을 모독하리라는 것을 꿰뚫어보셨다." 그렇다면 하나님은 왜 그렇게 관대하셨는가? 참회의 능력 때문이다. 마찬가지로, 성경은 왜 하나님이 이스라엘이 당신을 그릇 대하리라는 것을 아시면서도 "그들의 구원자가 되셨다"(사 63:8)고 말하는가? 그 이유는 "그가 긍휼이 풍성하시므로 죄악을 용서하시기" 때문이다(시 78:38).[36]

이 견해 — 즉 하나님은 이스라엘이 불순종해도 언약에 따른 약속들을 유지하셨다는 견해 — 의 유일한 예외랄 수 있는 것이 랍비 유다가 했다는 말이다.[37] 96 서로 다른 두 버전이 있는데, 둘 다 인용해도 되겠다.

> "너희는 네 하나님 야훼의 아들들이다"(신 14:1). 랍비 유다가 말했다: 너희가 아들들이 행동해야 하는대로 행동한다면, 너희는 아들들이다. 그러나 너희가 그러지 않는다면, 너희는 아들들이 아니다. 랍비 메이르가 말했다: 그러므로 어찌됐건 다음과 같다: "너희는 네 하나님 야훼의 아들들이다"[38]

> "그들이 야훼를 악하게 대했으니, 그들의 흠 때문에 그들은 더 이상 그의 자녀가 아니로다"(신 32:5). — 그들은 흠이 가득해도, 자녀라 불린다. 그리하여 랍비 메이르(R. Meir)는 이렇게 말한다: 가로되, "그의 자녀들은 흠이다[으로 가득하다]." 랍비 유다는 이렇게 말했다: 그들에겐 아무 흠이 없으므로, 가로되, "그의 자녀들에겐 아무 흠이 없다."[39]

두 번째 본문을 보면, 랍비 메이르는 마지막 두 단어를 인용하여 이 구절

36 44 Mek. Baḥodesh 1 (205; II, 197; 19:2을 다룬 부분).

37 45 Schechter, *Aspects*, 54을 보라.

38 46 Sifre Deut. 96 (157; 14:1을 다룬 부분); 참고. Kiddushin 36a.

39 47 Sifre Deut. 308 (346f.; 32:5을 다룬 부분).

을 해석하고, 랍비 유다는 마지막 세 단어를 인용하여 해석한다. 랍비 유다는 하나님 자녀들에게 흠이 있음을 딱 잘라 부인한다. 하지만 첫 본문을 보면, 랍비 유다가 말했다는 견해는 분명 죄가 "자녀"라는 칭호를 잃게 한다는 것이다. 민 15:31을 다룬 익명의 미드라쉬도 같은 취지를 강조한다: "그들에게 흠이 있으면 그의 자녀가 아니나, 그들에게 흠이 없으면 그의 자녀다."[40] 하지만 여기서 문맥은 참회하는 이들에겐 흠이 없다고 분명히 일러주기 때문에, 이것은 위에서 인용한 첫 번째 본문, 곧 랍비 유다가 시프레 신명기 96에서 제시한 주석 뒤편에 자리한 이해였을지도 모른다. 아니면, 그와 달리, 그냥 자녀라는 것과 순종이 늘 이어져있다는 뜻이었을 수도 있다.[41] 어쨌든, 하나님이 죄를 지은 이스라엘 사람들에겐 신실함을 지키지 않으실 것이라거나 죄인은 언약의 복에서 배제당하리라는 것이 랍비 유다의 생각이라고 결론짓는다면, 잘못일 것이다. 우리가 앞서 지적했듯이, 어느 한 랍비가 어떤 주요 종교 원리에 관하여 생각한 것을 꿰뚫어보기는 아주 어렵다. 하지만 당분간은 랍비 유다가 그가 말했다 하는 모든 것을 정말로 말했다고 추정하면서, 이 바라이타를 인용해도 되겠다.

랍비 일라이[R. Ila 'i]의 아들 랍비 유다는 이렇게 상세히 설명했다: "**내 백성에게 그들의 범과(허물)를 보이고 야곱의 집에 그들의 죄를 보이라**"(사 58:1)의 의미는 무엇인가? [첫 번째 문구는] 학자들을 언급하면서, 그들이 부지불식간에 저지르는 잘못들을 일부러 저지른 허물이라 설명한다. [두 번째 문구는] 무지

40 48 Sifre Num. 112 (121; 15:31을 다룬 부분).

41 49 Köberle, *Sünde und Gnade*, 490f.가 그런 견해다. 헬프고트(Helfgott, *Election*, 121)는 이 점을 간과한 채, 이렇게 써놓았다. "랍비 유다에 따르면, 선택은 이스라엘이 사랑에 기초한 하나님과 이스라엘 관계에 관한 상호약정 속에서 제 본분을 계속하여 준수하느냐에 따라 직접 좌우된다." 그가 인용하는 본문들은 선택을 다루지 않지만, "자녀"라는 칭호를 다루거나, 아니면 단순히 하나님이 벌하시는 범죄를 다룬다. 하나님이 이스라엘의 죄에 대한 반응으로 **선택**을 철회하신다는 말은 어디에서도 하지 않는다. E. Mihaly, "A Rabbinic Defense of the Election of Israel," *HUCA* 25, 1964, 124 주 36도 같은 견해다.

한 자들['*amme ha-'arets*]을 [언급하면서], 그들이 일부러 저지른 죄를 부지불식간에 저지른 잘못이라고 그들에게 설명한다.[42]

여기서 랍비 유다는 "내 백성"이라는 말을 학자들에게 적용하지만, "야곱의 집"이 죄 때문에 언약에서 배제된다는 말은 분명 하지 않는다. 마찬가지로, 랍비 유다는 므낫세〔마나세〕가 참회했기 때문에 장차 임할 세상에 한 분깃을 갖고 있다고 주장했다(Sanhedrin 10.2). 이것은 불순종 자체가 사람을 언약에서 배제한다고 믿지 않았음을 일러주는 말일 것이다.

97 따라서 우리는, 하나님이 불순종을 벌하시며 계명을 내리실 수 있는 하나님의 권리를 일부러 거역하는 것이 곧 언약 거부를 의미할지라도, 랍비들은 하나님과 이스라엘의 언약을 이스라엘이 죄를 지으면 하나님이 언약에 따른 약속들을 철회하시리라는 의미를 가진 순종 조건부 언약으로 여기지 않았다고 결론짓는다. 이런 의미에서 하나님과 이스라엘의 언약은 무조건부 언약이다. 그래도 이 언약은 분명 순종해야 할 의무를 암시한다.

우리는 위에서 언약은 곧 순종을 조건으로 한 것이라는 랍비들의 진술 때문에 기독교 학자들이 언약(과 구원)이란 인간의 순종으로 얻는 것이요 하나님의 은혜는 실상 아무런 역할을 하지 못한다는 것이 랍비들의 종교관이었다는 결론을 내리게 되었다고 말했다.[43] 다른 기독교 학자들이 언약을 아무 조건 없이 은혜로 주어진 것이라고 말하는 본문들에 주목하여, 랍비들은 윤리라는 관점을 인식하지 못했다고 결론지은 것은 다소 우스운 부분이다. 샌데이와 헤드램이 말했듯이, 랍비들은 언약을 아무 조건이 따르지 않는 것으로 만듦으로써 언약이 "더 고상한 측면들을 모두" 잃게 만

42 50 Baba Metzia 33b. 〔baraita, 미쉬나 안에 들어있지 않은 구전 율법의 한 전통 ⓣ〕.

43 51 위 1절, 특히 조베르와 풀러를 다룬 부분을 보라.

들어버렸다.[44] 마찬가지로 윅스〔Henry J. Wicks〕도 외경 문헌이 언약을 순종을 조건으로 한 것으로 만듦으로써 "더 훌륭한 견해"를 받아들였다고 보았다.[45] 이것은 학자들이 "더 차원이 높고" "더 훌륭한" 견해와 견줘볼 대상이 되어줄 하등 종교를 얼마나 필요로 했는지 보여준다. 사실, 랍비들은 이때까지 서술문과 명령문을 아주 균형 있고 질서 있게 유지해온 것으로 보인다. 그러나 이 문제는 아래에서 다시 다루어도 되겠다. 우리는 이제 우리가 이제까지 언약과 관련하여 살펴본 설명들을 요약하고 이 설명들이 얼마만큼이나 실제 논쟁을 반영하는지 판단해봐야 한다.

우리는 하나님이 이스라엘을 택하시고 구속하신 것이 출애굽 세대의 공로 때문이요, 족장들의 공로 때문이며, 아직 이스라엘이 행하지 않은 행위들〔계명 이행 행위들 ⓣ〕 때문이라는 진술들을 하나의 일반 유형에 속하는 설명, 곧 하나님이 이스라엘을 택하신 것은, 그들이 과거에 한 행위이든, 현재의 행위이든, 미래에 할 행위이든, 그들의 행위 때문이라는 설명의 하위 범주들로서 살펴봤다.[46] ……

99 우리는 하나님이 이스라엘을 이집트에서 이끌어내신 이유와 관련하여 사람들이 죽 제시한 주장들을 담고 있는 몇몇 본문을 이미 살펴봤다. 이제 그런 주장을 하나 더 인용해도 되겠다. 이 주장은 우리를 마지막 유형의 설명으로 인도하는데, 이 설명은 하나님이 "그의 이름 때문에" 이스라엘을 이집트에서 이끌어내셨다고 말한다.[47]

44 52 Sanday and Headlam, *The Epistle to the Romans* (ICC), 249. 〔William Sanday, 1843-1920. 영국의 신약 신학자다; Arthur Cayley Headlam, 1862-1947. 영국의 신약 신학자이자 성공회 주교다 ⓣ〕.

45 53 H. J. Wicks, *The Doctrine of God in the Jewish Apocryphal and Apocalyptic Literature*, 253.

46 54 설령 *'al tenai*를 "…이라는 조건으로" 대신 "…할 목적으로"로 번역하더라도, 선택과 행위는 여전히 연관이 있다.

47 64 "그의 이름 때문에"라는 말은 이미 위에서, 곧 Mek. Beshallaḥ에서 인용한 본문에서 등장했다(주 24). 이 문구를 알아보려면, Marmorstein, *Merits*, 12ff.를 보라.

갈릴리 사람인 랍비 요세가 이렇게 말했다: "하나님이 이렇게 말씀하셨다": 거룩하신 이, 곧 송축 받으실 이가 모세에게 이렇게 말씀하셨다: 이스라엘은 이집트에서 멸절당해도 싸니, … 이는 그들이 이집트 우상들을 [경배하여] 더럽혀졌기 때문이다. …. 그러나 내 큰 이름 때문에 그리고 그 조상들의 공로 때문에(*lema'an*) [내가 그들을 이끌어 내리니], 이는 기록된 그대로 "하나님이 그들의 신음을 들으시고 [당신의 언약을 기억하셨기" …(출 2:24)] 때문이로다. 또 [내가 그들을 이끌어내어] 내 이름이 그들 가운데서 더럽혀지지 않게 하리니, 이 역시 성경이 말한 대로, "그러나 나는 내 이름 때문에 행하였으니, [이는 그들이 거주하는 민족들이 보는 앞에서 내 이름이 더럽혀지지 않게 하려 함이요], 그 민족들이 보는 앞에서 나 자신을 그들을 이집트 땅에서 이끌어낸 이로 그들에게 알렸기"(겔 20:9) 때문이로다.

랍비 타르폰〔R. Tarfon〕은 이렇게 말했다: 거룩하신 이, 곧 송축 받으실 이가 이렇게 말씀하셨다: 내가 보기에 이스라엘이 이집트에서 나가 암몬과 모압과 아말렉에게 격파당해도 싸다는 것이 드러나고 나타나나, 내가 그들의 전쟁을 싸우며, 내가 그들을 구하겠다고 맹세했으니, 이는 말씀에 이른 대로, "야훼의 기〔旗〕에 손을 올려놓았기"(출 17:16) 때문이로다. 또 말씀은 "내가 내 이름 때문에 행하였으니, 이는 내 이름이 더럽혀지지 않게 하려 함이로다"(겔 20:9)라고 말한다. 여기서 나는 그들을 이집트에서 이끌어내려 하나, 너는 내게 "비옵건대, 〔다른 이를 ⓣ첨가〕 보내소서"라고 내게 말한다.

랍비 요슈아 벤 카르하가 이렇게 말했다: "하나님이 이렇게 말씀하셨다": 거룩하신 이, 곧 송축 받으실 이가 이렇게 말씀하셨다: 이스라엘은 내가 광야에서 만나를 베풀어줄만한 이들이 아니라, 도리어 굶주림과 목마름과 헐벗음을 겪어도 싸다. 그러나 나는 〔내 명을 따라 ⓣ첨가〕 직무를 행한 천사들 앞에 "서서" "섬긴〔요리한〕" 그들의 조상 아브라함이 받을 보상을 그들에게 다 [베풀었으니], 이는 말씀이 말하는 대로, "그가 [자기가 만든] 유제품과 우유를 가져오고 [그들 옆에 서서 시중을 들었기 …"](창 18:8) 때문이로다. 여기서 나는 그들을 이집트에서 이끌어내려 하나, 너는 내게 "비옵건대, 다른 이를 보내소서"라고 말한다.[48]

여기서 요점은 하나님이 이스라엘을 구속받기에 합당한 이들로 여기지 않으셨으나, 당신이 족장들에게 하셨던 맹세를 당신 이름 때문에 지키려 하셨다는 점이다. 이처럼 족장들과 하나님 이름 때문이라는 것이 긴밀하게 연결되어 있다.

우리가 만일 이스라엘이 택함을 받은 **이유**에 관한 **교리**가 무엇인가를 묻는다면, 우리는 분명한 답을 결코 얻지 못한다. **이스라엘이 택함을 받았으며 이 택함에는 계명이 따를 수밖에 없었다는 보편적 확신이 존재한다는 게** 모든 본문에서 분명하게 나타난다. 그러나 하나님이 왜 이스라엘을 택하셨는지 그 이유를 제시하는 설명은 제각각이다. 랍비들이 보기에 하나님이 이스라엘을 택하심을 ―그 택하심이 계명이 주어지기 전에 이루어졌다 설명하든 혹은 "그의 이름 때문"에 이루어졌다 설명하든― 순전히 자비 때문이라고 말하는 것이 썩 그른 설명은 아니다. 그러나 랍비들이 선택의 **이유**를 찾을 수 있길 바랐던 것도 명백한 사실이다. 하지만 사람들이 선택의 이유로 제시한 것들 가운데 어느 것도 하나님이 이스라엘을 택하신 이유에 관한 체계 있는 설명으로서 면밀한 검증을 견뎌낼 만한 것이 아니다. 어떤 이유도 그 자체만으로 분명한 설명을 제시한다고 보이지 않는다.
100 편집자는 종종 어느 한 설명을 다른 설명들보다 우선시해야 한다는 강박

48 65 R. Simeon b. Yohai의 Mek.에서 출 6:2을 다룬 부분(5).

을 전혀 느끼지 않은 채 같은 취지의 설명들을 그냥 죽 나열할 수도 있기 때문이다. 이스라엘이 아브라함의 공로 때문에 이집트에서 나왔다고 말하는 것은 선택이라는 문제를 또 다른 무대, 곧 "그럼 왜 아브라함은 택함을 받았나?"라는 문제로 되돌리는 것에 불과하다. 유일한 대답은 아브라함의 자손들이 계명을 지키리라는 것을 하나님이 이미 내다보셨다는 것뿐이다. 아브라함이 야훼의 명을 따라 직무를 행하는 천사들 앞에 "서서" "섬겼다"는 것이 아브라함이 선택받은 이유를 설명해주지 않는다. 하나님은 그 전에 이미 아브라함을 부르셨기 때문이다. 랍비들 입장에서는 한편으로 이스라엘이 출애굽이라는 보상을 얻은 것은 그들이 이런저런 계명을 이행했기 때문이라 말할 수도 있고, 다른 한편으로 이스라엘에게는 아무 공로가 없다고, 혹은 이스라엘이 계명을 이행하기 전에 출애굽이라는 보상이 주어졌다고 말할 수도 있다.[49] 랍비들은 바울과 루터가 고민했던 "행위-의"라는 문제를 갖고 있지 않았기 때문에, 이스라엘이 그 공로로 출애굽을 얻었다고 말할 때 아무런 거리낌을 느끼지 않았다. 하지만 이스라엘이 그 공로로 출애굽이라는 보상을 얻었다는 것은 분명 랍비들의 교리〔가르침〕가 아니다. 그것은 단지 설명 도구일 뿐이다. 혹자는 랍비들이 선행 은혜〔prevenient grace〕에 관하여 분명한 교리를 발전시켰으리라고 예상했을지도 모르겠다.[50] 그러나 랍비들은 은혜와 공로가 서로 모순된다고 보지 않았으

49 67 한 랍비가 이 두 유형의 말을 다 말했다 할지라도 놀랍지 않다. 가령 랍비 요세(벤 할라프타)는 하나님이 분별없이 선택하신다는 비판에 대답하면서, "하나님은 당신이 선하다고 인정하시는 행위를 한 자를 택하사, 가까이 하신다"고 대답했다(Num. Rab. 3.2, 첫머리 근처; ET, 68). 하지만 하나님이 이스라엘에게 계명을 주시기 전에 이 계명으로 말미암아 이미 이스라엘에게 보상을 베푸셨다고 말했던 이가 바로 이 랍비 요세였다(위 주6을 보라).

50 68 탄나임 문헌에는 선행 은혜라는 개념이 어떤 의미임을 암시하는 것처럼 보이는 말이 적어도 몇 개 존재한다; "하나님은('그들은') 의인이 심각한 범죄의 손에 빠지도록 내버려두지 않으신다('내버려두지 않는다')"; Sifre Num 135(신 3:26을 주석한 곳; 181); Sifre Num.의 이 부분을 살펴보려면, 아래 5절 주103을 보라. 아울러 아래에서 인용한 기도를 살펴보려면, 7절 주157을, 랍비 가말리엘의 말을 살펴보려면, 5절 주76을 보라.

며, 여기에서도 분명 성경에서 훌륭한 근거를 제시했다. 그들은 이스라엘을 이집트에서 이끌어내신 하나님의 은혜를 강조하면서도, 동시에 누구의 저쿠트 때문에 하나님이 그런 일을 하셨는지 묻는다.[51]

다른 민족들 역시 토라를 받았다는 말도 체계 있는 설명을 좋아하는 이들에겐 선택이라는 문제와 관련하여 만족스러운 답을 제시하지 못한다. 결국 따지고 보면, 하나님은 다른 민족들을 위해 바다를 가르시지 않았다. 다른 민족들이 토라를 받아들였어야 할 이유가 있었는가? 그렇다면 분명한 교리는 존재하지 않는다. 성경에는 하나님이 계명을 이행한 자에게 보상하신다는 증거가 있다.[52] [101] 때문에 랍비들은 공로에 따른 보상이라는 개념을 포기할 수 없었고, 선택 교리가 정당한 명분과 동떨어져 있음을 암시하는 것처럼 보이는 하나님의 변덕스러움이라는 개념을 받아들일 수 없었다.[53] 그러나 하나님이 아브라함 혹은 출애굽 세대가 어떤 계명을 이행했기 때문에 이스라엘을 특별 대우하셨다는 견해와 함께 할 수도 있는 배타주의와 오만 역시 마뜩치 않은 것이었기 때문에, 랍비들은 하나님이 계명을 주시기 전에 이미 행동하셨다고〔즉 이스라엘을 구하셨다고 ⓣ〕 말했다. 랍비들은 하나님이 이스라엘을 택하신 이유를 설명하려고 여러 시도를 했지만, 결국 그 이유는 설명되지 않은 채 그대로 남았으며, 늘 그럴 수밖에 없

51 69 마모스타인(Marmorstein, *Merits*, 24)은 여기서 "학파들" 사이에 벌어진 또 다른 교리 논쟁을 발견했다. 한 학파는 하나님이 당신 이름 때문에 모든 일을 행하셨다고 주장했고, 다른 학파는 하나님이 이스라엘에 보상하심은 다만 공로 때문이라고 주장했다. 일부 랍비들은 이스라엘이 선택받은 이유로 이 설명 혹은 저 설명을 강조하려 하지만, 그래도 그들은 이 문제와 관련하여 특정 교리만을 주장하는 학파로 갈라지지는 않은 것 같다. 랍비들의 신학 논쟁이 지닌 특징은 교리 논쟁을—적어도 기독교에서 말하는 의미의 교리 논쟁만은— 피한다는 것이다. 하나님이 공로에 보상하심을 강조한 이들이 하나님이 그의 이름 때문에 이스라엘을 택하셨음을 **부인**했을지 의문이다. 마찬가지로 하나님의 값없는 은혜를 강조하는 이들이 하나님은 의로우신 분이요 사람들이 행한 대로 벌하시고 그 공로대로 보상하시는 분이심을 부인할지 의문이다.

52 70 이 점을 증명하는 근거를 굳이 들 필요는 없지만, 레 26:3, 4을 언급해둔다: "너희가 내 규례를 따르고 내 계명을 지키며 그것들을 행하면, 내가 너희에게 철 따라 비를 주리니, 땅이 그 산물을 내고 밭의 나무들은 그 열매를 내리라."

53 71 참고. Marmorstein, *Merits*, 14, 137-39.

었다.[54] 그러나 랍비들은 하나님의 이스라엘 선택에서 자신을 위대하다 하는 이스라엘의 주장을 보았다: 왕이 사랑하는 이들은 왕을 사랑하는 이들보다 위대하다.[55] 이 본문은 하나님의 사랑을 인간의 공로로 얻을 수 없다는 점과 이스라엘이 특별히 선택받았다고 느꼈다는 점을 모두 강조한다.

하나님이 이스라엘을 택하신 이유가 비단 과거나 현재나 미래의 공로 때문이라는 견해가 랍비들의 교리였다 할지라도—사실은 아니지만—이것이 곧 이스라엘 사람 개개인이 자기 공로로 구원을 **얻어야** 한다는 것을 증명해주지는 않을 것이다. 과거에는 설령 자신의 공로로 선택을 얻었다 할지라도, 이후의 이스라엘 사람들은 개개인이 언약 속에서 자신들이 가지는 자리를 자신들의 공로로 계속 얻어야 한다고 생각하지 않았으며,[56] 각 세대가 언약을 다시 얻어야 한다는 생각도 하지 않았다. 하나님이 과거에 이스라엘을 선택하신 이유가 무엇이든, 하나님은 이후 세대에도 계속하여 언약이 유효하리라거나 하나님이 당신 백성을 구속하시고 보존하시겠다는 약속을 지키시리라고 연역적으로〔선험적으로〕 기대하신 것이다.

……

54 72 쉽스(Schoeps, *Aus frühchristlicher Zeit*, 196f.)는 하나님이 이스라엘로 하여금 특별한 섬김을 완수케 하고자 이스라엘을 택하셨다고 보는 생각은 유대교 전통 안에 아무런 근거가 없다는 것을 올바로 강조한다. 그는 대체로 신 7:7, 8이 랍비들의 견해를 형성했다고 본다: 하나님이 이스라엘 백성을 택하심은 그들이 위대하기 때문이 아니라, 하나님이 그들을 사랑하시기 때문이다. 나는 이 사랑을 **설명**하려는 랍비들의 여러 시도를 설명해오고 있다.

55 73 Mek. Mishpatim 18 (311; III, 138 [Nezikin 18]; 22:20을 다룬 부분). 이 말은 랍비 시므온 벤 요하이가 했다고 한다. 그는 이 말을 개종자들에게 적용한다: 개종자들은 사랑받는 자로다, …. Sifre Deut. 47 (106; 11:21을 다룬 부분)도 이와 비슷한 말을 나중에 랍비 시므온 벤 메나샤〔R. Simeon b. Menasya〕가 했다고 한다. 그는 이 말을 장로들에게 적용한다. 분명 그 공동체는 하나님의 사랑을 가리키는 예로 장수와 영예를 든다. 바로 이 랍비는 의가 이 세상에서 보상을 받는다고 생각했다. 아래 7절의 주123을 보라.

56 74 가령 유대인 소년이 받는 할례는 그가 하나님의 거룩한 백성 중 하나임을 나타내는 상징이지, 그가 어둠의 영역에서 빛의 영역으로 옮겨갔음을 나타내는 구원론 차원의 사건이 아니다. Sjöberg, "Wiedergeburt und Neuschöpfung im palästinischen Judentum," *Studia Theologica* 4, 1951-1952, 44-85을 보라.

언약의 약속들이 가지는 영원한 효력

....

랍비 문헌에서는 선택 자체가 영원한 효력이 있다고 여기는 부분이 자주 등장한다. 머킬타에 있는 익명의 주석은 출애굽기 15:17("당신〔하나님〕이 그들을 인도하여 당신의 산에 그들을 심으실 것입니다")을 주석하며 이렇게 말한다.

> 심음이 있으면, 그 뒤에 뿌리째 뽑는 일이 이어지지 않으리니, 말씀이 말한 것과 같도다: "내가 그들을 세우고, 그들을 헐지 않으리라. 내가 그들을 심고, 그들을 뽑지 않으리라"(렘 24:6). 또 이런 말씀도 있다: "내가 그들을 그들의 땅에 심으리니, 그들이 더 이상 뽑히지 않으리라"(암 9:15).

이 문헌은 출애굽기 15:17에 나오는 산을 "당신이 그것에 관하여 약속하신 산"이라고 정의한다. …… 여기에서는 분명 약속을 영원한 것으로 간주한다.

…… 랍비들이 언약에 따른 약속을 계속 유효한 것으로 여겼음을 일러주는 가장 확실한 증거는 하나님이 이스라엘에게 베푸신 사랑이라는 주제와 하나님이 이스라엘과 함께 계심이라는 주제를 살펴보면 나온다. 하나님이 이스라엘과 함께 계심이라는 주제는 아래 10절에서 다루겠다. 그러나 여기서 언약이 계명과 복을 모두 포함한다는 것, 언약이 (뢰슬러가 생각하는 것처럼) 율법이기도 하지만, 동시에 약속이기도 하다는 것을 언급해두어도 괜찮을 것 같다.

언약의 하나님 측면: 계명과 복

우리는 이 절을 시작하면서 우선 하나님이 주신 계명과 언약의 관계를 탐구했다. 이스라엘은 계명으로〔계명을 이행함으로〕 언약을 얻었는가, 아니면 언약에 계명이 따라붙었는가? 우리가 보았듯이, 랍비들은 이스라엘 사람들이 **그들** 시대에 계명에 순종하는 것이야말로 그들을 택하신 하나님께 보일 반응이라고 주장했으나, 일부 랍비들은 하나님이 **먼저** 이스라엘을 택하신 **이유**를 설명할 때, 하나님의 선택을 공로라는 관점을 내세워 정당화했다〔즉 하나님이 이스라엘의 공로 때문에 이스라엘을 택하셨다고 보았다 ⓣ〕. 이처럼 우리는 언약의 하나님 측면〔언약에서 하나님이 하시는 일 ⓣ〕 중 하나가 계명 수여요, 이스라엘 측면은 그 계명에 순종하는 것이었음을 보았다. 아울러 우리는 하나님이 주신 약속들이 그 언약 속에 들어있다고 말했다. 이제 우리는 랍비들이 이 약속에 따르는 것으로 인식했던 것들을 더 직접 언급해봐야 한다.

하나님이 이스라엘에 베푸신 사랑을 다룬 본문들을 완전히 주석하면, 그 내용이 큰 책 하나를 가득 채울 것이다. 하나님이 이스라엘에 베푸신 사랑은 랍비 문헌이 끊임없이 다루는 주제이며, 미드라쉼에서도 본문이 종종 아주 정성을 들인 말로 말문을 여는 곳이면 어디에서나 이 주제가 등장한다. [105]주요 주제는 이런 것들이었던 것으로 보인다: 하나님이 이스라엘을 사랑하시고 당신 사랑을 알려주셨다는 것(랍비 아키바도 아보트 3.15에서 이렇게 말한다), 하나님이 이스라엘을 악에게서 지키신다는 것, 하나님이 이스라엘과 함께 거하신다는 것, 하나님이 결국에는 이스라엘을 구원하시리라는 것, 그리고 이스라엘 사람 개개인이 죽을 때에 하나님이 이 사람들의 영혼을 구원하시리라는 것. ……

…… 이스라엘이 하나님께 사랑을 받고 특별한 복을 받았다는 것은, 우리가 말했듯이, 랍비 문헌에서 공통으로 나타나는 주제다. 하지만 랍비들이 언약을 단지 계명과 복만 가져다 준 것으로 생각했다고 짐작한다면, 잘못일 것이다. 실은 그 반대다. 랍비들은 하나님께 택함 받은 백성들이 겪는 고난을 거듭 강조하며, 랍비 신학에서는 이 고난이 중요한 역할을 하게 된

106 다. 고난도 (계명 및 복과 마찬가지로) 기쁘게 받아들여야 한다. 고난 역시 하나님이 이스라엘에게 구속을 베푸시는 목적 전체 중 일부이기 때문이다. 그러나 랍비들은 이스라엘과 하나님의 특별한 관계를 이스라엘이 순종해야 할 상세한 계명이라는 관점에서 논할 때든, 아니면 이스라엘이 성찰하며 참회케 하시려고 하나님이 그들에게 내리신 고난이라는 관점에서 논할 때든, 그들 자신을 하나님이 주시고 그들의 조상과 그들 자신이 받아들인 언약의 틀 안에서 살아가는 이들로 언제나 변함없이 인식하고 있음을 보여준다. 그들은 언약에서 자신들이 해야 할 일을 기꺼이 열심을 다해 이행하려고 하며, 하나님도 당신이 하실 일을 이행하시리라는 것을 결코 의심하지 않는다.

이 마지막 말은 아주 중요한 점이다. 선지서와 욥기에서 발견할 수 있는 유형의 신앙적 관심사와 대조를 이루기 때문이다. 하나님께 언약을 이행할 책임을 지움으로써 하나님의 언약 이행이 그리 만족스럽지 않았을 수도 있음을 암시할 수 있었던 것이 선지자주의〔선지자의 예언자 정신, prophetism〕이 지닌 특징을 보여주는 표지다. 그러나 현존하는 탄나임 문헌에서는 이런 특징이 전혀 나타나지 않는다. 하나님은 온전히 신실하시며 온전히 신뢰할 수 있는 분이라는 것을 언제나 전제하고 자주 천명한다. 이 점은 "나는 네 하나님 야훼니라"라는 성경 말씀을 다룬 주석들도 자주 언급한다. 랍비들은 종종 이것을 "나는 신실히 보상하며, 벌할 때도 신실한 재판장이로다"라는 뜻으로 해석한다.[57] 이 본문들은 율법주의 문제를 고찰할 때 다시 살펴봐야 한다. 따라서 지금은 랍비들이 하나님을 하나님으로

57 91 Sifra Aḥare parasha 9.1 (18:1, 2을 다룬 부분); ibid., pereq 13.15 ('Mekilta of 'Arayot'에 있는 부분); Sifra Qedoshim pereq 8.11 (19:37을 다룬 부분); Sifra Behar pereq 9.6 (26:2을 다룬 부분); Sifra Emor pereq 9.6 (22:33을 다룬 부분). 이 중 몇몇에서는 "나는 신실히 (꼭 보상할 만큼만) 보상한다"는 말만 등장한다. 더 자세한 것은 Sifre Num. 115 (129; 15:41을 다룬 부분); Mek. Baḥodesh 4 (218; II, 228; 20:1을 다룬 부분); Sifre Zuṭa에서 민 15:41을 다룬 부분을 보라.

서 신뢰할 수 있게 행동하시는 분으로 여겼다는 말만 해두고 넘어가겠다. 그러나 여기서 가장 강하게 제시하고픈 논지는 이와 반대되는 취지를 일러주는 말이 전혀 없다는 점이다.

이제 우리는 이제까지 논한 내용을 요약해도 되겠다. 우리는 할라카 자료가 존재한다는 바로 그 사실 때문에 성경의 율법을 세세하고 철저하게 탐구하게 된 종교적 동기가 무엇인지 탐구하게 되었다. 우리는 하나님이 이스라엘을 선택하심으로 말미암아 이스라엘과 하나님이 특별한 관계에 있게 되었다는 것이 랍비들의 의견이었음을 보았다. 하나님은 이스라엘을 위하여 행동하시고, 이스라엘은 하나님의 통치를 받아들였다. 하나님은 기꺼이 당신 백성에게 계명을 주셨다. 계명 이행은 이스라엘 사람들의 독특한 신앙 행위요, 이스라엘이 자신들을 택하시고 구속하신 하나님께 응답하는 방식이다. 랍비들은 하나님이 이스라엘을 택하신 근거를 제시하려 할 때, 하나님이 거저 베푸신 은혜를 근거로 들었고 때로는 공로라는 개념에 호소했다. 하나님의 통치는 순종을 요구한다. 아울러 하나님의 통치는 하나님 백성에게 은덕과 고난을 가져다주지만, 이런 고난도 은덕이다. 어쨌든 이스라엘 사람들은 자신이 받은 계명을 온전히 이행해야 한다. 아울러 이들은 하나님이 왕이요 재판장이며 구속자로서 당신이 행하실 역할을 다 하시리라는 것을 의심하지 않는다.

앞으로 우리가 랍비 자료의 본질을 탐구한 덕분에 랍비 종교를 규정하는 패턴의 한가운데로 들어가게 되었다는 것이 드러날 것이다. 우리는 지금 처음, 곧 이스라엘이 하나님께 선택받음으로 되돌아가 이를 고찰했다.
107 이제 우리는 언약과 함께 주어진 계명에 순종하거나 불순종할 경우 따라오게 될 결과들을 살펴봐야 한다.

5절 순종과 불순종: 보상과 벌

순종 요구

하나님은 이스라엘을 택하시고 이스라엘은 하나님을 받아들였다. 그 결과, 하나님은 이스라엘에게 계명을 주셨다. 랍비들은 이스라엘이 그 계명을 지키는 것이 하나님 뜻이었다고 본다.

> "너희가 내 규례를 따르고 내 계명을 지키며 그것들을 행하면"(레 26:3). [이 구절이 가리키는] 사람은 행하려고 배우는 사람이지, 행하지 않으려고 배우는 사람이 아니다. 행하지 않으려고 배우는 사람은 차라리 지음을 받지 않았더라면 더 나았으리라.[1]

마찬가지로, 랍비들은 맹세를 논하면서, 하나님을 이스라엘이 그들 마음으로 생각했을 법한 조건이 아니라, 하나님 자신이 하나님 마음으로 생각하신 조건을 따라 이스라엘에게 맹세하셨다고 말씀하시는 분으로 제시한다.[2] 물론 하나님이 염두에 두신 조건은 이스라엘에게 지키라고 주신 계명이다.[3]

랍비들은 **순종하려는 의도**[의지, intending]가 필요함을 빈번히 강조했다. 이런 의도, 곧 "마음을 향하게 함"이라는 주제는 아주 중요한 주제이므로, 좀 상세히 살펴볼 필요가 있다. 이 말이 가질 수 있는 뉘앙스는 적어도 세 가지가 있다. 첫째, "마음을 향하게 함"은 "마음을 하나님께('하늘로') 향하게 함"이라는 뜻일 수 있다. 때문에 랍비들은 이를 제물과 관련지어 이야기하면, 제물의 크기는 문제되지 않는다고 말한다. 모든 제물을 "달콤한 풍

1 Sifra Beḥuqqotai parasha 1.5 (26:3을 다룬 부분).

2 T. Sotah 7.4-6.

3 성경에서 이를 지지하는 증거를 보려면, 가령 레 19:37을 보라.

미를 가진 향기"라 부른다. 이는 곧 "제물을 바치는 자의 마음이 하늘을 향하기만 한다면, 그가 제물을 많이 가져오든 적게 가져오든 다 똑같음을 가르치는 것"이다.[4] "야브네의 랍비들"에 따르면, "사람의 마음이 하늘을 향해있다면, 그가 많이 행하든 적게 행하든 매일반이다"라는 말은 토라 연구에도 적용되었다. 평범한 사람이라도 "그 마음이 하늘을 향해있다면," 많이 공부한 학자라도 이 사람보다 우월하지 않다.[5] "기도하는 사람은 그 마음이 (하나님을) 향해야 한다"는 말도 역시 "마음을 향하게 한다"는 말을 똑같은 의미로 사용한다.[6] 랍비 메이르는, 셔마(*Shema'*)를 기도할 때, 기도하는 자의 의도가 기도하는 말의 가치를 좌우한다고 말한다.[7] 이 모든 경우에 "마음을 향하게 함"은 사람이 진지하게 헌신하는 신앙 자세로 행동해야 한다는 뜻이다. 108 이는 어떤 사람이 제사하거나 연구하거나 기도할 때 제사와 연구와 기도에 관한 계명을 이행하려는 의도를 갖고 있느냐 없느냐를 묻는 문제가 아니라, 그가 하는 행동이 순수한 신앙 동기에 나온 것이요 하나님께 고정된 마음에서 나온 것이냐 아니냐를 묻는 문제다. 그렇다면, 중요한 것은 사람이 무언가를 행한 양이 아니라, 그 사람의 헌신이다.

이 말의 두 번째 용법은 사람이 우연히 계명을 이행하는 게 가능한가 여부를 논할 때 등장한다. 탄나임 시대에 이런 논의들은 말함과 들음에 관한 계명들을 다루었다. 가령 미쉬나는 셔마를 기도하라는 계명을 다루면서, 이렇게 규율한다.

4 Menahoth 13.11.

5 Berakoth 17a.

6 T. Berakoth 3.4 (Liebermann, 12, 그리고 추커만델(Moses Samuel Zuckermandel, 1836-1917. 독일의 랍비요 유대교 학자다 ⓣ)의 T. Berakot 두 번째 서두 부분; 추커만델의 첫 번째 서두 중 3.6.). "하늘을"이라는 말을 덧붙인 것을 살펴보려면, Liebermann, *Tosefta Ki-Fshuṭah*, Zera im I, 28을 보라.

7 Megillah 20a.

> 어떤 사람이 율법〔토라〕에서 [셔마 구절을] 읽는데 셔마를 낭송할 시간이 되었을 때, 그 마음을 향하게 하면〔하나님께 향하게 하면 ⓣ〕, 그는 자기 의무를 이행한 것이요, 그렇지 않으면 자기 의무를 이행하지 않은 것이다(버라코트 2.1).

....

아모라임 시대에 들어와 세 번째 가능성이 제기되었다. 어떤 사람이 계명을 지키겠다는 의도를 품고 계명이 명한 행위를 행했으면서도, 자신이 행한 행위의 효력을 부인하는 일이 있을 수도 있다. ……

탄나임이 의도를 강조하면서, 의도가 실제로 이행을 대신할 수도 있다는 견해〔실제로 계명을 이행하지 않았어도 이행하려는 의도가 있었으면 이행한 것으로 간주하는 견해 ⓣ〕로 이어졌을 수도 있다. 예루살렘 성전이 파괴된 뒤에는 이런 견해가 제사법에 명백히 적용되었다. 율법을 연구한다는 것은 율법을 지킬 의도가 있음을 일러주는 표지인데, 이런 율법 연구가 실제로 제사를 행함〔제사를 행함으로 제사법을 지킴 ⓣ〕을 대신했다. 하지만 이 규칙은 더 널리 적용되었다. 가령 머킬타는 "종교상 의무를 실제로 이행한 경우는 물론이요 그 의무를 이행하려고 시도했을 때도 보상이 주어진다"고 주석한다. 주석자는 계속하여 이렇게 말한다: "일단 그들이 그 계명을 이행하는 데 착수하면, 그 계명을 이미 이행한 것처럼 간주된다."[8] 자선을 베푸는 경우에도, 자선을 베푸는 행위와 베풀려는 의도가 모두 보상을 받는다. 사람이 의도는 있으나 돈이 없어 이행하지 못했을 때는 그 의도에 따른 보상을 받는다.[9] 악한 생각은 악한 행위로 여기지 않지만, 선한 생각은 ("선한 행위에 더하여 또 다른") 선한 행위로 여긴다는 것이 일반 규칙이 되었다. 악한 의도는 실제로 행동으로 완전히 옮긴 경우에만 처벌을 받아야 한다.[10]

8 13 mek. Pisḥa 12 (42; I, 96; 12:28을 다룬 부분).

9 14 의도(실제 "행함"은 없으나 행하겠다는 "말"만 한 경우에도 이런 "말")에 따르는 보상은 행함에 따르는 보상과 똑같다. Sifre Deut. 117 (176: 15:9을 다룬 부분).

10 15 T. Peah 1.4. ……

하지만 이렇게 의도를 강조하긴 했어도, 랍비들은 종교(신앙)에는 그 의도를 이행함이 필요하다고 보았다. 그들은 각 사람에게 순종할 의무를 부여했으며, 자신의 의무를 이행하는 대신 다른 이들의 경건에 호소하는 것을 인정하지 않았다.[11]

순종이라는 짐

신약 학자들이 랍비 종교를 계명이 수없이 많았다는—불트만 말마따나,[12] 계명이 하도 많아 계명을 행하는 것은 관두고라도 계명을 다 아는 것조차 불가능했다는— 이유로 자주 비판한 것만큼이나, 랍비 학자들은 유대교가 하나님이 당신 백성에게 부과하신 의무들을 귀찮은 것으로 여기지 않았다고 자주 지적했다. 계명은 귀찮은 게 아니라 복으로 간주되었기에, 기뻐하며 다 이행해야 했다. 계명에는 힘과 평화가 함께 따르며,[13] 하나님의 자비를 보여주는 표지다: "시내산에서 하나님은 자비로 가득한 옛사람처럼 그들에게 나타나셨다."[14] 미쉬나 안에 들어있는 이 본문은 이 점을 간명하게 표현한다.[15]

> 랍비 하나냐 벤 악사샤(R. Hananiah b. Aksasha)는 이렇게 말한다: 거룩하신 이, 곧 송축 받으실 이가 이스라엘에게 은덕을 베풀기로 하셨다. 그리하여 그가 그들에게 율법과 계명을 더하셨으니, 말씀이 이를 이렇게 기록해놓았다. "야

11 16 Sifre Deut. 329 (380; 32:39을 다룬 부분); 신 32:39을 다룬 Midrash Tannaim (202). ……

12 20 Bultmann, *Primitive Christianity*, 66

13 22 Sifre Deut. 343 (398; 33:2을 다룬 부분).

14 23 Mek. Baḥodesh 5 (219; II, 231; 20:2을 다룬 부분).

15 24 Makkoth 3.16; 참고. Aboth 6.11. 엡스타인(Epstein, *Mabo' le-Nosaḥ ha-Mishnah*, 977f.)은 두 곳에 있는 이 말을 덧붙인 말로 간주한다. 아울러 Ex. Rab. 30.9 (ET, 356f; Schechter, *Aspects*, 143f.가 인용)를 참고하라: 하나님은 특별히 이스라엘에게 모든 토라를 주심으로 그들에게 복을 주셨으나, 이방인들은 단지 몇몇 계명만을 받았다.

훼가 그의 의로 말미암아 율법을 크게 하고 그것을 존귀하게 만들기를 기뻐하셨다"(사 42:21).

…… 111 비록 신약 학자들에게는 계명이 무거운 짐으로 보이는 게 사실이지만, 어쨌든 랍비 문헌에서는 계명들이 아주 많다는 이유로 이 계명들을 복으로 여기든지, 아니면 제사장들에게 주어진 계명들보다 적기 때문에 계명들을 상당히 가볍다고 여기든지, 그 어디를 살펴봐도 계명을 무거운 짐이라 여겨 불만을 토로하는 내용이 전혀 없다. 우리는 이제 랍비 문헌이 이렇게 여긴 이유를 살펴봐야 한다.

미쉬나를 처음 보고 읽는 바깥사람들 눈에는 율법이란 것이 복잡하고, 당황스럽고, 불합리하여, 무거운 짐처럼 보인다. 그러나 랍비들은 율법을 결코 불합리하다고 여기지 않았을 것이다. 율법은 하나님이 그들에게 명령하신 것이었기 때문이다. 더군다나, 많은 계명을 매일 일과처럼 지키는 공동체 안에서 살았던 사람들이 볼 때, 랍비들이 해석한 성경의 율법은 복잡하거나 어려워 보이지 않았을 것이다. 가령 랍비 요슈아는 아침과 저녁에 할라카〔유대 율법 ⓣ〕 둘을 공부하고 자기 일을 돌보면 토라 전체를 이행한 것으로 간주한다고 말하는데,[16] 이 말은 다른 계명을 지키지 않았다는 뜻이 아니다. 더 많은 계명들을 일상 일과처럼 지켰을 것이다. ……

…… 랍비들이 말하는 할라카는 현대의 법과 비슷하다. 삶의 모든 영역을 규율할 규칙을 제시하는 게 그 목표였기 때문이다. 때문에 율법은 그것을 지키는 자에게 특별한 짐을 지우지 않았으며, 다만 인간 사회에 공통된 법을 알고 지킬 의무만을 지웠을 뿐이다. 랍비들의 율법은 분명 하나님의 계명으로서 효력과 강제력을 갖고 있었으며, 그 점에서는 현대의 법과 완

16 26 Mek. Vayassa' 2 (161; II, 103f. [3장]; 16:4을 다룬 부분).

전히 달랐다. 다만 하나 중요한 점은 아무리 법규가 많아도 그것을 거의 다 알고 지키는 데 특별한 문제가 없다는 점이다. 우리는 모두 그렇게 한다. 성경, 그리고 결국 랍비들은 우리가 민법 혹은 형법의 일부나 심지어 선한 행실에 관한 권면으로 여겨야 할 많은 것들을 하나님의 계명이라는 제목 아래 제시했다. 따라서 이런 계명들은 유대교 안에서 어떤 독특한 특성을 가지지만, 이런 규칙들과 법규들의 숫자와 복잡성이 특별히 이채롭지는 않다. 랍비들은 이런 계명들에 순종해야 할 의무를 순종하는 유대인에게 무거운 짐을 지운 것으로 여기지 않았다.

112
죄요 죄책인 불순종

이스라엘이 그들을 택하신 하나님께 보여야 할 반응이 선택과 함께 주어진 계명에 순종하는 것이라면, 죄는 계명에 순종하지 못한 것임이 틀림없다. 즉 죄는 불순종이다.

랍비 종교에서는 불순종이 우리가 말하는 죄다. 불순종이 고의이든, 부주의에 따른 과실이든 상관치 않으며, 어떤 제의 법규를 어긴 것이든, 십계명 중 하나를 어긴 것이든 상관이 없다. 계명이 명하는 것을 순종하지 않음이 곧 죄이며, 어떤 측면에서 보면, 상황은 중요하지 않다. 지금은 사소한 규칙 위반 정도로 볼 수 있는 일들을 사실은 하나님의 계명에 얼마만큼 불순종한 일로 간주했는지 여실히 보여주는 사례를 쉽게 제시할 수 있다. 랍비 요세는 칼 바호메르〔*qal vaḥomer*〕 논증〔큰일과 작은 일, 무거운 것과 가벼운 것을 밝히는 논증 ⓣ〕에서, 아담의 범죄가 하나님이 내리신 "처벌의 질〔質〕"로 말미암아 셀 수 없이 많은 미래 세대에게 임할 죽음을 가져왔다면, 하나님이 베푸시는 "보상의 질"은 처벌의 질보다 더 크므로, 어떤 이가 계명을 이행하면 이로 말미암아 그의 자손들은 더더욱 큰 은덕을 누리게 될 것이라고 결론지었다.[17] 랍비 요세는 자신의 논증에 이런 특별한 사항을 활용했다: "피굴(〔*piggul*〕 쓰레기)과 노타르(〔*notar*〕 남은 찌꺼기)를 참회하고 대속죄일에 금식하는 자." 피굴과 노타르는 올바로 처리하지 않은 희생 제물들을 가리킨다.[18] 이런 제사 법규를 어긴 죄를 **참회한다**는 것이 눈길을 끈다. 랍비들은 계명에 순종함을 중요하게 여겼고, 불순종을 치유할 길은 참회였다. 때문에 사람들은 제의와 관련하여 저지른 잘못도 "참회했다." 이런 잘못도 불순종에 해당했기 때문이다.

이것이 기독교 신학자들에게 날카로운 비판을 받은 랍비 사상의 한 측면이다. 브라운은 윤리와 관련된 계명들과 제사 법규가 아보트〔Aboth〕 안에 나란히 자리해있는 것을 "순진하다"고 여겼다.[19] 우리가 이미 위 1절에서 봤듯이, 불트만과 다른 이들은 제사 법규가 "율법에서 더 중요한 문제들"보다 중요한 것이 되었으며(이 바람에 마 23:23의 논박이 역사 속에서 실제 있었던 선언으로 바뀌고 말았다), 이것이 소위 랍비 종교를 규정하는 특징이라는 형식주의와 외식주의를 증명해주는 증거라는 견해를 피력했다. 그러나 우리는 이것이 이 문제에 관하여 랍비들이 피력한 견해와 일치하지 않는다는 것을 유념해야 한다. 랍비들은 계명은 모두 하나님이 주셨기에 모든 계명을 지켜야 한다는 견해를 갖고 있었다. 사람이 어떤 계명은 무시해도 된다고 판단하는 것은 주제 넘는 일이 될 것이다.

하지만 이런 논리에도 불구하고, 랍비들은 그저 모든 계명에 똑같이 순종해야 한다고 역설하는 것에 만족하지 않았다. 어느 계명이든 다 똑같이 순종해야 하지만, 하나님이 주신 모든 계명의 중요성을 부인하지 않으면서도 커다란 계명 덩어리 안에 중심이자 본질이라 할 핵심이 존재하는지

17 30 Sifra Ḥobah parasha 12.10(5:17을 다룬 부분).

18 31 Maaser Sheni 3.2와 Danby가 제시한 주들을 보라.

19 33 H. Braun, *Radikalismus* I, 35. 〔Herbert Braun, 1903-1991. 독일의 신약 신학자다 ⓣ〕.

탐구하는 것도 가능했다.[20] [113]기본 원리와 관련이 있음을 일러주는 가장 유명한 이야기는 힐렐과 관련이 있다.

> 또 다른 기회에 어느 한 이교도가 샤마이 앞에 와서 그에게 이렇게 말했다. "내가 한발로 서 있는 동안 내게 토라 전부를 가르쳐준다는 조건으로 나를 개종자로 만들어주십시오." 그러자 샤마이는 자기 손 안에 있는 건축자용 잣대〔cubit, 본디 규빗은 팔꿈치에서 가운데 손가락에 이르는 길이 ⓣ〕로 그 이교도를 쫓아 버렸다. 그가 힐렐 앞에 가자, 그가 그에게 이렇게 말했다. "네게 해로운 일을 네 이웃에게 하지 말라.[21] 그것이 토라 전부이며, 나머지는 그것의 주석이오. 가서 그것을 배우시오."[22]

이와 비슷한 태도를 보여주는 다른 말들을 더 인용해볼 수 있다: " … 어떤 이가 정직하게 상거래를 하고 그와 동료인 이들의 영혼이 그를 기뻐하면, 그는 토라 전부를 이행한 자로 간주된다."[23] "자비(*tsedaqah*) 그리고 사랑을 담아 친절을 베푸는 행위(*gemilut ḥasadim*)는 토라에 들어있는 계명 전부와 같다."[24] "윤리"와 상관없는 계명이면서도 토라 전부를 구현한 계명으로 간주되는 유일한 사례가 우상숭배를 하지 말라는 계명이다.[25]

20 율법을 기본 원리로 축소하는 입장을 보려면, Alon, *Meḥqarim Be-Toldot Yisra'el* I, 278f.; Moore, *Judaism* I, 276, 325, 342, 466f.; II, 86ff.를 보라. 기본 원리와 다양한 율법의 관계를 살펴보려면, Moore, *Judaism* III, 141f.(주 189)를 보라. 도덕 면에서 중요한 의미가 있는 율법은 기본 원리로 간주했으며, 이 율법이 의식 관련 율법 및 다른 율법과 충돌할 때는 후자보다 더 우위에 있는 것으로 여겼다. 그러나 모든 율법은 동일한 의무 기초—곧 하나님의 뜻—를 그 기반으로 삼았다. 더 자세한 내용은 Urbach, *Ḥazal*, 301-19(ET, 342-64)을 보라.

21 널리 알려져 있는 잠언이다. 토비트 4:15을 보라: "네가 싫어하는 일을 다른 이에게 하지 말라."

22 Shabbath 31a.

23 Mek. Vayassa 1 (158; II, 96; 15:26을 다룬 부분); Friedmann, f.46a이 제시하는 본문은 이렇다: "그의 상거래에서, 다른 사람의 영혼이 그를 기뻐하면, 그는 … 간주된다."

24 T. Peah 4.19; Peah 15b, 아래.

25 Mek. Pisḥa 5 (15; I, 37; 12:6을 다룬 부분); Sifre Deut. 54, 끝부분(122; 11:28을 다룬 부분).

토라의 핵심은 때로 어느 한 계명보다 서너 계명에서 나타나기도 한다. 가령 십계명은 특히 우월한 위치에 있었으며 모든 계명의 기본 요소 노릇을 할 수 있었다.[26] 이와 반대로, 우상숭배, 방탕〔음란〕, 살인을 주요한 세 죄로 여겼다.[27] 랍비들은 때로 많은 계명이 이스라엘을 정련할 목적으로,[28] 이스라엘 백성들을 연단하고 훈련시킬 목적으로 주어졌다고 말했다.[29] 이 계명들은 다 순종해야 할 것이었으나, 랍비들은 여전히 큰 계명 덩어리에서 기본이라 할 신앙 가치들과 윤리 가치들을 추출해낼 수 있었다.

많은 계명과 근간을 이루는 한 원리 혹은 몇몇 원리의 연관성은 특히 아모라임 학파가 마코트〔Makkoth, 미쉬나와 탈무드의 한 부분이다. 유대 법정에서 적용할 법, 특히 형벌 법규를 다룬다 ⓣ〕 23b-24a에서 제시한 논의에서 특히 분명하게 볼 수 있다. [114]이 마코트 23b-24a는 토라에 613개 계명이 있다고 말하는 본문으로서, 사람들은 이를 랍비 종교의 좋지 않은 면과 외식주의 특성을 드러내는 말로 여겨왔기 때문에, 이 본문을 요약해보는 것이 유익하겠다. 우리가 지금 논하는 미쉬나는 랍비 하나냐 벤 아카샤가 한 말이다. 그는 하나님이 이스라엘의 공로를 인정하시고자 계명을 더하신 것이므로 결국 하나님이 이스라엘에 복을 베푸셨다고 말한다(마코트 3.16). 랍비 심라이〔R. Simlai〕는 다음과 같이 강설했는데, 여기서 크게 요약해보면 이렇다.

613개 교훈〔명령〕이 모세에게 전해졌다. 다윗이 와서 그것들을 열하나[11개

26 Gedaliahu Alon, *Meḥqarim* I, 278을 보라; 참고. JE IV, 496은 "십계명에는 토라의 모든 율법이 들어있다"고 말하면서, Shekalim 46d; Sotah 22d; Song of Songs Rabbah (5:14을 다룬 부분)를 언급한다.

27 Moore, *Judaism* I, 466f.를 보라.

28 Gen. Rab. 44.1. 우어바흐(Urbach, *Ḥazal*, 321 주84; ET, 846 주90)는 이런 생각이 Tanḥuma Tarzi a' 5, 끝부분에 있는 랍비 아키바의 글에서 나왔다고 말했다: "(하나님이) 이스라엘에게 계명을 주심은 오로지 그들을 정련하시려 했기 때문이다." 이 문맥은 할례를 논하는 대목이다. 부버〔Buber〕판에서는 이 본문이 Tanḥuma Tarzi a'7, 끝부분(vol. II, 35)에 들어있다.

29 Schechter, *Aspects*, 208; Urbach, *Ḥazal*, 321f. (ET, 366f.)를 보라.

원리]로 줄였다. 이사야가 와서 그것들을 여섯[6개 원리]으로 줄였다. 미가가 와서 그것들을 셋으로 줄였다. 다시 이사야가 와서 그것들을 둘로 줄였다. 아모스가 와서 그것들을 하나로 줄였으니, 성경은 그것을 이렇게 말한다. "이는 곧 야훼가 이스라엘 집에 '너희는 나를 찾으라 그러면 살리라'라고 말씀하셨기 때문이다"(암 5:4). 랍비 나하만 벤 이삭〔R. Naḥaman b. Isaac〕은 이에 반대하며 이렇게 말했다. …. 와서 그것들 전부를 하나[한 원리]로 만든 이는 하박국이니, 성경이 "의인은 그 믿음으로 말미암아 살리라"(합 2:4)라고 말하기 때문이다.[30]

다른 법전을 더 만들거나 법을 더 상세하게 규정함이 없이 "사랑"과 같은 어떤 한 계명만으로 살아가려는 시도는 사실 바람직한 결과로 이어지지 않을 가능성이 높다. 다행히도 유대교는 어떤 한 원리를 추구할 자유를 추구하느라 많은 계명을 실제로 이행하는 것을 저버리는 행위를 하지 않았다. 그러나 랍비들이 어떤 한 지배 원리 혹은 몇몇 주요 원리를 끄집어내려고 시도했다는 것은 이들이 하나님이 주신 모든 계명을 이행해야 한다는 것을 강조하느라 "율법의 더 중요한 문제들"을 부차적 위치로 떨어뜨리는 일은 하지 않았다는 것을 보여준다. 이는 곧, 우리가 아래에서 보겠지만, 이웃에게 저지른 죄를 하나님께 저지른 죄보다 속〔贖〕함을 받기가 어려운 죄로 여겼던 것과 궤를 같이 한다. 하나님께 저지른 죄를 규율한 율법에는 제사, 음식법, 정결법 따위와 관련된 법규들이 들어있었을 것이다. 형식주의와 외식주의라는 비판은 아무 근거가 없는 것으로 보인다.

여기서 랍비들이 죄인 불순종의 기원에 관하여 사색한 내용을 논할 필요는 없다. 이런 종류의 신학적 사색도 내세의 본질에 관한 사색처럼 랍

30 44 Makkoth 23b-24a에 관한 설명은 Schechter, *Aspects*, 138-40을 보라.

비 종교 패턴의 범주 밖에 자리해있다. 그러나 랍비들이 기독교에서 말하는 것 같은 원죄 교리나 인간은 본디 죄인이라는 교리를 갖고 있지 않았음은 중요하게 새겨두어야 할 점이다. 모든 사람이 죄를 짓는다는 것은 경험적으로 알 수 있다. 사람은 분명 태어날 때부터 반역하고 불순종하려는 경향을 갖고 있다. 그러나 이것은 사람이 날 때부터 죄로 가득한 성품을 지닌 상태에 있으며 이 상태에서 벗어나야 한다는 말과 같은 말이 아니다. 죄는 인간이 실제로 불순종할 때 다가온다. 만일 인간이 불순종하지 않는다면, 죄인이 아닐 것이다.[115] 사람이 죄를 짓지 않을 수도 있는 가능성이 존재한다. 인간에겐 불순종하려는 경향이 있으나, 그래도 자신의 자유의지로 순종하거나 불순종할 수 있다. 랍비들의 "구원론" 혹은 유대인의 종교 생활이 지닌 본질과 특질을 이해하고자 한다면, 랍비들에겐 아우구스티누스가 말했던 원죄 개념을 담은 교리가 없었다는 것이야말로 반드시 유념해야 할 중요한 점이다.

....

랍비들은 계명을 이행함이 종교에서 인간이 맡은 측면이라고 인식했다. 또 성경의 계명들을 이행하기가 다른 인간 사회의 법을 이행하기보다 꼭 더 어렵지는 않지만, 그래도 성경의 계명에 완전히 순종하기는 어렵거나 심지어 불가능하다. 때문에 혹자는 랍비들이 엄격한 죄책감을 증언하리라고 예상할지도 모르겠다. 하지만 이는 사실이 아니다. ...... 우리는 우선 의무인 것과 의무가 아닌 것, 범죄인 것과 범죄가 아닌 것, 충분한 속죄인 것과 그렇지 않은 것이 무엇인가를 정확히 밝히는 것이 사실은 신경과민에 가까운 죄책감을 더 키우지 않고 오히려 없애는 방법임을 유념하는 게 좋겠다. ......

여기서 꼭 해결해야 할 문제는 아니나, 흥미로운 문제가 하나 있다. 랍비들이 제의에 부적합한 더러움에 감염되는 것을 금지한 계명을 어겼을 때,

자신이 그런 더러움에 감염되었다고 **느꼈을까** 아니면 죄책감만 느꼈을까라는 문제가 그것이다. 정말 자신이 부정하다는〔더럽다는〕 느낌이나, 감염되었다는 느낌이나, 어떤 독기〔毒氣〕를 느꼈을까? 대다수 학자들은 당시 사람들이 부정에 관한 율법을 지키라는 명령을 받았으므로 이 율법을 지켰을 것이며, 따라서 이런 율법을 어겼을 때 가졌던 느낌도 죄책감이었지, 단순히 부정하다는 느낌만은 아니었을 것이라고 믿는 것 같다. 이것도 옳을 수 있지만, 사람들은 이스라엘이 이집트에서 "할례 받지 않고 부정한 자의 권력 아래 노예 노릇을 했다" 같은 말들은 어떻게 설명하는가? 이런 말들은 제의 면에서 볼 때 정결하지 않은 자들에게 느끼는 혐오감을 가리키는가? 분명 랍비들은 죄를 불결과 오염을 가리키는 말로 규정할 때가 아주 잦았다. 하지만 그런 느낌은 도덕 면에서 불결하다는 느낌이었던 것 같다. 달리 말하면, "불결하다"는 느낌은 제의에 부적합한 더러움에 감염되었다는 느낌이 아니라, 도덕상 죄를 지었다는 죄책감이었다. 랍비들은 범죄〔계명을 어긴 죄〕의 흉악함을 나타내는 데 오염과 더럽혀짐이라는 말을 활용했다.[31]

117

보상과 벌

하나님은 사람이 계명을 완전히 이행하는 데 성공하면 보상을 베푸시고 계명을 어기면 벌하신다. 탄나임 문헌에서는 보상과 벌[32]이라는 주제가 곳곳에 퍼져있다. 우어바흐가 말했듯이, 보상과 벌에 관한 설명이 랍비에 따라 다 다르긴 했어도—그런 보상과 벌이 이 세상에서 이루어지든 아니

31 62 Büchler, *Studies in Sin and Atonement*, 270-374에 있는 장 "The Defiling Force of Sin in Post-Biblical and Rabbinic Literature"를 보라.

32 63 "보상"은 שכר, *sakar*로서, "보상"뿐 아니라, "급료," "지급," "정당한 몫" 따위를 뜻한다. 가령 아래에서 인용하는 Mek. Mishpatim 20을 보라. "벌하다"는 פרע, *para'*의 니팔 형태로 쓸 때가 잦은데, 이는 "누군가에게 무언가를 지급받다," "누군가에게 책임을 묻다"를 뜻하며, 따라서 누군가를 벌한다는 의미를 가진다. M. Brocke, "Tun und Lohn im nachbiblischen Judentum," *Bibel und Leben* 8, 1967, 166-78에 보상과 벌을 훌륭히 논한 글이 있다.

면 다음 세상에서 이루어지든, "진짜" 보상이든 아니면 이행해야 할 또 다른 의무〔*mitsvah*〕든— 그래도 랍비들은 하나님이 보상하시고 벌을 내리신다는 것은 전혀 의심하지 않았다. 올바른 심판은 하나님을 생각하면 떠오르는 개념의 일부다. 하나님이 당신 백성에게 주셨던 토라를 보면, 심판을 계명에 순종함과 연계한다.[33] 우리는 여기서 랍비들이 공로에 따른 보상과 벌이라는 엄격한 체계에 부여했던 제약들 그리고 언약의 개개 구성원들이 마지막에 얻을 구원에 관하여 랍비들이 가졌던 견해가 낳은 결과들을 살펴보기 전에, 랍비들은 사람이 이룬 일에 따라 하나님이 보상하시고 벌을 내리신다는 것을 아주 자연스럽게 받아들였음을 인정하는 몇몇 사례를 제시해볼 수 있다.

우리는 랍비 아키바 학파가 랍비 이쉬마엘 학파보다 성경 본문에서 계명과 보상을 다룬 내용을 찾는 데 더 열심을 냈다는 것을 이미 언급했다.[34] 가령 토세프타 훌린〔Tosefta Hullin, 토세프타는 미쉬나 시대의 유대교 구전 율법 모음을 말하며, "훌린"은 "신성을 모독하는"이라는 뜻으로 성물에 관한 내용을 담고 있는 토세프타 안의 한 소논문이다 ⓣ〕 10.16은 토라에는 보상(*matan sakar*)을 함께 규정하지 않은 계명이 없으며 죽은 자의 부활도 그 안에 기록되어있다는 랍비 아키바의 말을 인용한다. 하나님이 "신실히 보상하신다"는 것은 이미 지적했다.[35] 이 말은 특히 시프라에도 똑같이 들어있는데, 랍비 이쉬마엘 학파에게서 나왔다는 본문들은 이 말에 맞춰 하나님이 모든 피조물에게 보상을, 혹은 정당한 몫을 베푸신다고 말한다.[36] 랍비들은, 적어도 가끔은, 보상

33 64 Urbach, *Ḥazal*, 456f. (ET, 514f.).

34 65 위 3절 주6.

35 66 4절 주91.

36 67 Mek. Mishpatim 20 (321; III, 159[Kaspa 2]; 22:30을 다룬 부분). 같은 문장이 Sifra Tsav Milu'im 31(이것 역시 랍비 이쉬마엘 학파에게서 나온 말이라 한다; Epstein, *Mebo'ot*, 641을 보라)에서도 나타난다. 아울러 Mek. Beshallaḥ 5 (105; I, 233[6장]; 14:22을 다룬 부분); Mek. Shirata 9 (145; II, 67; 15:12을 다룬 부분); Nazir 23b; Pesaḥim 118a도 참고하라.

이란 것이 지급되는 것을 정당하게 여겨야 한다고 강조했다: "사람은 행위〔보상을 받을 만한 행위 ⓣ〕가 없으면 보상을 받지 않는다."[37]

우리는 앞서 복을 공적〔계명을 다 이행함〕에 베푸는 보상으로 해석하는 경향이 있었음을 언급했다[38]. 이것은 아주 작은 사항에서도 마찬가지였다. 가령 아브라함의 이름에 글자를 더한 것〔아브람이 아니라 아브라함으로 고쳐 부르게 한 것 ⓣ〕도 선행의 결과다.[39] 어린이들은 왜 벧 하 미드라쉬〔Bet ha-Midrash, 미드라쉬 학당〕에 가는가? 그들을 데려간 이들이 보상을 얻게 하려 하기 때문이다.[40] [118] 이것이 통설적 해석은 아니지만, 하나님이 인간에게 보여주시는 총애도 때로는 인간이 하나님 뜻을 완전히 이행하는 것과 결합해있다.

> 한 본문은 "야훼는 그의 얼굴을 너를 향해 드시며"(민 6:26)라고 말하며, 한 본문은 "그는〔야훼는〕 그의 얼굴을 들지 않으신다"(신 10:17)〔히브리어 본문에는 lo-yishshā pāniym이라는 말이 분명히 들어있다. 개역개정판은 이를 사람을 외모로 보지 않으신다는 말로 의역했다 ⓣ〕고 말한다. 이 두 본문을 어떻게 조화시킬 수 있을까? 이스라엘이 하나님 뜻을 행하면, "그는 얼굴을 드신다." 그러나 이스라엘이 하나님 뜻을 행하지 않으면, "그는 얼굴을 들지 않으신다."[41]

심지어 범죄를 행하지 않으려고 삼가는 것도 보상을 얻을 공로가 된

37 68 Mek. Pisḥa 5(14; Ⅰ, 34; 12:6을 다룬 부분). "하나님은 범죄(계명을 어김)에도 보상을 베푸시는가?"라는 아키바의 질문[T. Berakoth 4.18(16)], 그리고 랍비 시므온(벤 요하이)이 했다는 말로서 Sifre Zuṭa 중 5:28을 다룬 부분(238, 첫머리)에 있는 말, 곧 "하나님은('그들은') 범죄에 보상을 베푸시지 않는다"을 참고하라.

38 69 4절, 원서 91.

39 70 Mek. Jethro Amalek 1 [189; II, 165(Amalek 3장); 18:1을 다룬 부분].

40 71 남자는 배우러, 여자는 들으러 벧 하 미드라쉬에 간다면, 어린이들은 왜 가는가? 그들을 데려간 이들이 보상을 얻게 하려는 것이다: T. Sotah 7.9.

41 72 Sifre Num. 42(45); Sifre Zuṭa에서 민 6:26을 다룬 부분. RSV는 신 10:17을 "who is not partial"(그는 한쪽으로 치우치지 않으신다)로 번역했다.

다: "랍비 시므온은 … 앉아서 아무 범죄를 행하지 않는 자도 종교상 의무[*mitsvah*]를 이행하는 자와 마찬가지로 보상을 받는다고 말한다."[42] 마찬가지로, 머킬타에서 익명으로 등장하는 한 랍비는 출애굽기 22:23(개역개정판은 22:24)을 다루면서 이렇게 주장한다.

> 이제 칼 바호메르(*kal vaḥomer*) 방법(큰일과 작은 일, 무거운 것과 가벼운 것을 밝히는 논증 ⓣ)을 사용하여 추론해야 한다: 네가 단순히 정의를 침해하지 않으려고 삼가는 것만으로도 너희 아내가 과부가 되지 않고 너희 자녀가 아비 없는 자녀가 되지 않는(성경 본문이 그렇다) 보상을 받을진대, 하물며 너희가 실제로 정의를 실행한다면 그 보상이 더더욱 크리라.[43]

보상은 계명 이행과 일치하고 처벌은 범죄와 일치할 때가 잦다. 가령 하나님이 모세와 얼굴과 얼굴을 마주한 채 말씀하셨던 것은 모세가 그의 얼굴을 가렸기 때문이다.[44] 하나님은 자비를 행하는 자에게 자비를 베푸신다.[45] 마찬가지로 간음을 저질러 민 5장이 규정한 시험을 받아야 하는 여자는 배로 범죄를 시작하여 나중에는 넓적다리로 죄를 저질렀기 때문에, 그 배가 부풀어 오르고 그 넓적다리가 마르는 벌을 받아야 한다.[46] 작은 행

42 73 Makkoth 3.15; 참고. Sifre Deut. 286 (305; 25:3을 다룬 부분). 이 견해의 변형을 살펴보려면, Schechter, *Aspects*, 166f.를 보라.

43 74 Mek. Mishpatim 18 (314; III, 144f. [Nezikin 18]; 22:23을 다룬 부분).

44 75 출 3:6과 33:11을 주석한 Ex. Rab. 3.1. 출애굽기 라바에는 이런 "보상"을 전부 열거한 내용이 들어있다.

45 76 R. Gamaliel II: T. Baba Kamma 9.30; Shabbath 151b; Baba Kamma 6c (8.10). 하지만 이 주해는 하나님이 인간에게 자비를 베푸시고자 인간을 자비를 행할 줄 아는 존재로 **만드셨다**고 암시한다. Shabbath 151b의 ET에 붙은 주를 보라.

46 77 Sifre Num. 18 (22; 5:27을 다룬 부분). 민 5:21은 이 순서를 거꾸로 적어놓았다. Sifre Zuṭa는 **이** 절을 이렇게 주석하는데, 좀 더 논리가 있다. "범죄가 시작된 곳에서 처벌을 시작해야 한다." 하지만 Mek. Beshallaḥ 1 (Lauterbach [2장], I, 192; 14:4을 다룬 부분)도 Sifre와 일치한다. ……

위〔공로〕는 작은 보상을 낳고 큰 행위는 큰 보상을 낳는다는 것이 시프라에 들어있는 이 이야기의 핵심이다.[47]

> "내가 너희를 고려하겠다"(레 26:9). — 그들은 한 비유를 일러주었다. 그 내용은 무엇인가? 그것은 많은 일꾼을 고용한(*sakar*) 어떤 왕 비유였다. 그 일꾼 중에 한 특별한 일꾼이 있었다. 여러 날을 왕을 위해 수고한 종이었다. 일꾼들은 자신들이 받을 품삯(*sakar*)을 받으러 왔고, 이 일꾼도 그들과 함께 왔다. 왕은 이 일꾼에게 이렇게 말했다. "내 아들아, 내가 너를 (특별히) 고려하겠다. 내 일을 적게 한 이 많은 일꾼들에게는 적게 주리라("적은 품삯을 주리라," *sakar*). 그러나 네게는 큰 삯을 지불하겠다." 그리하여 이스라엘은 이 세상에서 자신들이 받을 보상을 하나님(*ha-Maqom*) 앞에서 구했다. 그러자 하나님이 그들에게 이렇게 말씀하셨다. "내 아들들아, 내가 너희를 (특별히) 고려하리라. 세상의 이 (다른) 민족들은 내 일을 적게 했으니, 그들에게는 적게 주리라. 그러나 너희에게는 큰 삯을 지불하겠다." 이리하여 "내가 너희를 고려하겠다"는 말씀이 나온 것이다.

119 이 본문에서 작동하는 이론은 "눈에는 눈, 이에는 이"〔등가교환 법칙, measure for measure〕다. ……

이처럼 눈에는 눈, 이에는 이라는 개념을 분명히 선언하고 이런 개념이 하나님을 정의로우신 분으로 보는 랍비들의 견해에서 논리상 추론한 개념이라는 것을 분명히 선언한 말들이 있지만, 그래도 사람이 받을 보상은 그의 공적과 엄격히 일치한다는 개념은 결코 랍비들이 만든 교리가 아니다. 보상과 공적은 엄격히 일치한다는 개념과 다른 개념을 선언하는 말도 역

47 78 Sifra Beḥuqqotai pereq 2.5 (26:9을 다룬 부분).

시 같은 정도로 자주 등장한다. 가령 아주 "가벼운" 계명을 이행한 것도 아주 큰 보상을 받을 공로가 될 수 있다.

> 아무리 나병 환자를 정결케 하려는 경우라도 어미와 그 새끼를 (함께) 취해서는 안 된다(신 22:6, 7을 보라). 이처럼 그저 일개 의무(*issar*)의 가치밖에 없는 것에 관한 가르침이 이렇게 가벼울 때도 율법은 **그리하면 네가 복을 누리고 네가 오래 살 수 있으리라**고 말했는데(신 22:7), 하물며 율법의 더 중요한 가르침들에게는[가르침들을 이행했을 때는] 훨씬 더 많은 [보상이 주어지지 않겠는가]! (훌린 12.5)

혹은 이런 말도 있다.

> 랍비가 이렇게 말했다: 어느 길이 사람이 골라야 할 올곧은 길인가? 그것은 사람에게 영예를 안겨주고 그가 사람들에게서 영예를 얻는 길이다. 가벼운 가르침도 무거운 가르침과 똑같이 마음을 다해 지키라. 이는 네가 각 가르침을 지킴에 따른 보상이 어떻게 주어질지 모르기 때문이다. ….[48]

이 둘—하나님이 작은 섬김보다 큰 섬김에 더 큰 보상을 베푸신다는 것, 그리고 하나님이 어느 행위에 보상하려 하실지 아무도 모르므로, 우리가 보기에 커다란 행위인 것과 하나님의 커다란 보상 사이에는 필연이라 할 연관성이 전혀 존재하지 않는다는 것—은 서로 모순처럼 보일 수도 있다. 그러나 사실 이 둘은 공통된 한 관심사에서 유래했다. 여기서 우리는 랍비들이 언약에서 이스라엘이 해야 할 의무를 하나님의 계명을 지키는 것이

48 82 Aboth 2.1. 참고. Sifre Deut. 79 (145; 12:28을 다룬 부분): "'내가 네게 명령하는 이것들' — 너는 가벼운 계명도 무거운 계명만큼이나 귀중히 여겨야 한다."

라고 생각했다는 점을 재차 언급할 수밖에 없다. 하나님이 명령하셨으니, 이스라엘은 순종해야했다. 때문에 그들은 힘써 계명에 주목하며 계명을 이행하라고 독려했다. 서로 모순인 주제처럼 보일 수도 있는 두 가지가 사실은 이런 공통된 관심사에서 나왔다. 랍비들은 하나님이 큰 섬김에는 크게 보상한다고 말함으로써 큰 섬김을 행하라고 독려했다. [120]그들은 또 하나님이 지극히 가벼운 계명을 얼마만큼 중요시하시는지는 아무도 모른다고 말함으로써 모든 계명에 마음을 다해야 한다고 독려했으며, 나아가 계명이란 하나님이 명령하신 것이므로 모든 계명에 순종해야 한다는 점을 강조했다. 이런 태도는 랍비들이 딱히 그 존재 이유를 알 수 없는 계명에도 순종하려 노력하고 다른 이들도 이런 계명에 순종케 하려고 애썼던 것과 일치한다.[49] 이런 계명에 마음을 다하여 순종한다는 것은 그 사람이 하나님께 철저히 헌신하고 종교(신앙)를 자기 통제 아래 놓거나 종교를 그 자신이 지닌 이성의 힘 앞에 복종시키려 함이 없이 하나님 뜻을 행한다는 것을 보여준다.[50]

이것은 랍비들이 어떤 점에 관하여 말한 어떤 진술도 논리 있고 일관된 어떤 신학 체계 속에서 어떤 자리를 갖는 것으로 여겨서는 안 된다는 점을 극명하게 보여준다 할 것이다. 랍비들의 주석은 그때그때의 특별한 상황을 전제한 것으로서, 어떤 목적에 이바지하거나 어떤 점을 강조하려고 한다. 랍비들은 그들이 한 진술들 사이의 체계적 관계에는 관심이 없었다. 그

49 83 Moore, *Judaism* I, 273f.; Büchler, *Studies in Sin and Atonement*, 118을 보라.

50 84 가령 엘르아자르 벤 아자랴는, 재료를 섞어 짠 옷을 입지 말아야 하고 돼지고기를 먹지 말아야 하는 경우처럼, 딱히 어떤 도덕적 정당성 때문에 순종해야 하는 율법이 아닌 율법에도 순종해야 하는 두 이유를 이렇게 제시한다: 우선 이 율법들은 사람들을 늘 죄에서 떼어놓기 때문이요, 나아가 (더 중요한 이유는) 사람들이 이 율법을 지킴으로 "하늘의 왕권을 그 자신 위에 받아들이기" 때문이다. Sifra Qedoshim pereq 9.10 (Weiss, pereq 11.11, f.93d; 레 20:26을 다룬 부분을 보라). 이와 반대 견해가 불트만이 *Primitive Christianity*, 68에서 "이해할 수 없는" 계명에 관하여 제시한 해석이다: 이해할 수 없는 계명은 형식적이고 그저 외식(外飾)에 치우친 순종으로 이어졌다. 불트만은 이런 계명에 순종함이 가지는 의미(중요성)에 관한 랍비들 자신의 설명을 고려하지 않는다.

럼에도 우리는 종종 어떤 점을 다룬 다양한 진술에서 어떤 공통 관심사를 추론해낼 수 있다. 계명 이행 혹은 계명 위반과 이에 따른 하나님의 보상이나 처벌의 관계에 관한 이런 몇몇 진술들은 하나님의 계명을 지켜야 한다는 것이 랍비들의 공통 관심사였음을 일러준다. 이런 진술들은 보상과 형벌이 계명 이행 및 위반과 정확히 어떤 관계를 갖는가라는 문제에 관하여 서로 다른 체계적 견해를 제시한 것은 아니다. 하지만 이 견해들은 순종과 불순종에는 보상과 형벌이 따른다는 랍비들의 통일된 견해를 반영한다.

랍비들은 계명이 보상을 담고 있음을(혹은 계명 불이행에는 형벌이 따름을) 반복하여 강조한다. 그러면서도 그들은 **대가를 얻을 목적으로** 계명을 이행하지 말라고 경고한다. 오히려 사람은, 숨은 동기 없이, 그리고 계명들 자체가 선하고("그것이 계명이기 때문에") 혹은 하나님을 사랑하기 때문에("하늘 때문에"), 요구받은 계명을 이행해야 한다.

> 랍비 요세는 이렇게 말했다: 네 동료〔이웃〕의 재산을 네 자신의 재산처럼 소중히 여기고, 네 자신을 율법을 연구하기에 적합한 사람으로 만들지니, 이는 율법[을 아는 지식]이 네가 물려받는 것이 아니기 때문이다. 또 네 모든 행위를 하늘 때문에(하나님 뜻을 염두에 두고) 행하라. (아보트 2.12)

"그것이 계명이기 때문에" 계명을 행하라고 강조했다는 것은 시프레 신명기의 이 본문이 증명해줄 것 같다.

> 121 랍비 엘르아자르 벤 랍비 차독〔사독, R. Eleazar b. R. Zadok〕이 이렇게 말했다: 계명을 행할 때는 (오로지) 그것들을 행해야 하기 때문에 행하며,[51] [그리고]

51 85 Nedarim 62a에 있는 평행 본문은 "그것들을 만드신 이 때문에"(ET, 197)라고 말한다. 바허(Bacher, *Agada der Tannaiten* I, 48)는 "그것들을 행해야 하기 때문에"를 "그〔계명을 행함 ⓣ〕 자체

그것(만)을 위하여 그것들을 말해야 한다. 그는 이렇게 말하곤 했다: 성전의 그릇을 범상한 그릇[인 것처럼] 사용한 벨샤자르(벨사살)(단 5:2-4을 보라)의 생명이 현세와 내세에서 뿌리 채 뽑혔다면, 이 세상을 만들 때 쓴 그릇(토라)을 [적절치 않게] 사용한 사람의 생명은 현세와 내세에서 더더욱 뿌리 채 뽑히지 않겠느냐![52]

....

랍비들은 두려움과 같은 다른 동기들도 사람이 계명에 순종케 할 수 있음을 알았다. 그러나 현재 남아있는 문헌을 보면, 분명 사랑이라는 동기를 더 선호한다. [122] 아모라임은 처음에 온전히 순수하지 못한 동기로 순종하기 시작하는 사람도 마지막에는 오로지 사랑으로 순종하는 것으로 마칠 수 있기 때문에, 다른 동기들도 완전히 경멸받지는 않는다고 말했다.

이처럼 우리는 랍비들이 하나님은 정의롭고 신실하시기에 섬기는 사람에겐 보상하시고 죄를 범한 사람은 처벌하신다고 믿으면서도, 하나님을 섬길 때는 보상을 얻으려는 욕구나 형벌을 두려워하는 마음 때문이 아니라 오로지 하나님을 사랑하기 때문에 섬겨야 한다고 생각했음을 보았다. 그러나 랍비들이 생각했던 보상 개념을 더 충실히 이해하려면, 더 나아가 사람에게 그가 마땅히 받아야 할 것을 엄정하게 지급해야 한다는 개념을 반박하는(부인하는) 랍비들의 다른 주장들을 살펴봐야 한다.

첫째, 랍비들은 이행해야 할 또 다른 의무(*mitsvah*)를 받는 것도 의무를 이행한 데 따른 "보상"이라고 말한다.

벤 아자이(Ben Azzai)는 이렇게 말했다: 지극히 가벼운 의무도 지극히 무거운 의무와 마찬가지로 이행하려고 힘쓰며, 범죄를 피하라. 이는 한 의무

가 목적이기에"(als Selbstzweck)라고 설명한다. 참고. Schechter, *Aspects*, 160; Moore, *Judaism* II, 97.

52 86 Sifre Deut. 48 (114; 11:22을 다룬 부분).

(*mitsvah*)가 또 다른 의무를 잇달아 끌어오며, 한 범죄가 또 다른 범죄를 잇달아 끌어오기 때문이요, [이행한] 의무에 따른 보상(*sakar*)은 [이행해야 할] 의무이며, 한 범죄에 따른 보상은 [또 다른] 범죄이기 때문이다. (아보트 4.2)

랍비는 이 말을 조금 다른 형태로 되풀이한다.[53] 이런 의견은 심오한 도덕적 통찰을 보여줄 뿐 아니라, 이미 말한 내용, 곧 "계명은 그것이 계명이기 때문에 (혹은 하나님 때문에〔하나님이 주신 것이기 때문에〕) 순종해야 한다"는 말에 힘을 실어준다. 순종에 따른 "보상"은 순종 자체에서 찾아야지, 그 밖의 다른 것에서 찾아서는 안 된다.

나아가 랍비들은 하나님이 사실은 이스라엘의 공로를 엄밀히 계산한 결과에 따라 이스라엘을 처리하지 않으셨다는 것을 인정했다. 가령 랍비 메이르는 이스라엘이 겪은 고난의 의미를 논하면서, 이렇게 설명한다: "너희는 너희가 겪는 고난은 물론이요 너희가 행한 행위도 내가 너희에게 임하게 한 것임을 명심해야 한다. 내가 너희에게 임하게 한 고난은 너희가 행한 행위와 결코 그 크기가 같지 않기 때문이다."[54] 심지어 랍비들은 성경에서도 사람들이 그의 능력에 따라 행해야 하지만 보상은 그의 필요에 따라 지급되었다는 내용을 찾아냈다.[55]

123 **이것이 야훼가 명령하신 것이다: 너희는 그것을 거두라**, …(출 16:16). 현자들

53 92 Sifre Num. 112 (120; 15:30을 다룬 부분); Moore, *Judaism* I, 470f.가 인용한다. 아울러 Mek. Vayassa 1 (157; II, 95; 15:26을 다룬 부분)을 보라: 사람이 한 계명을 "들으면"(곧 듣고 순종하면), 하나님은 그가 많은 계명을 "듣게" 하시며, 사람이 많은 계명을 "들으면," 하나님은 그가 한 계명을 "듣게" 하신다.

54 93 Mek. Baḥodesh 10 [240; II, 279; 출 20:20(23)을 다룬 부분]. 프리트만의 텍스트 f.72b에는 이 말이 들어있지 않다. 호로비츠〔Hayyim Saul Horovitz, 1859-1921. 체코의 랍비요 유대교 학자다 ⓣ〕 판과 라우터바흐 판의 비평 도구를 보라: 이 말은 초기 인쇄본부터 이미 빠져 있다.

55 94 Mek. Vayassa' 4 [167; II, 115 (5장); 16:16을 다룬 부분].

> 이 이렇게 말했다: 아미나답의 아들 나숀〔나손, Naḥshon〕과 그의 식솔이 나가서 많이 거두었다. 이스라엘의 가난한 이가 나가서 적게 거두었다. 그러나 그들이 그것을 재어보니, "그것들이 한 오멜인즉, 많이 거둔 자도 넘침이 없고, 적게 거둔 자도 모자람이 없었다. 그들 모든 이가 각기 자기 먹을 만큼 거두었다"(18절).

이것은 랍비들이 하나님이 내리시는 형벌보다 하나님이 베푸시는 보상이 늘 크다는 그들의 생각을 따라, 하나님의 자비와 하나님의 정의가 충돌할 때는 하나님의 자비가 정의보다 우위에 있다고 말하는 것과 일치한다.[56] 랍비 문헌에서는 두 말이 표준이다. 그러나 기독교 학자들은 종종 랍비들이 하나님의 자비를 하나님의 정의에 관한 율법주의식 견해보다 아래에 놓는다고 생각했기 때문에, 몇 개 사례를 제시해보는 것도 가치가 있겠다. 더 앞서 나온 문헌에서 볼 수 있는 더 오래된 대조, 혹은 적어도 더 널리 퍼져있던 대조는 하나님의 "처벌하시는 특질"(*middat pur 'anut*)과 하나님의 "보상하시는 특질"(*middah ṭobah, middat ha-ṭob*)을 대조하는 것이다. 모디임의 랍비 엘르아자르〔R. Eleazar of Modi'im〕이 한 이 말은 랍비들의 표준 견해를 제시하는데, 이 말은 자주 되풀이되었으며, 한 번도 반박을 받지 않았다:[57] "보상하시는 특질 아니면 처벌하시는 특질 가운데 어느 것이 더 큰

56 95 가장 널리 쓰는 용어는 이러하다: 하나님의 자비[로운 특질]: *middat raḥamim*; 하나님의 정의[로운 특질]: *middat ha-din*; 하나님의 보상[하시는 특질]: *middat ṭobah*; 하나님의 처벌[하시는 특질]: *middat pur 'anut*. 마지막 두 문구는 다르게 쓴 경우들도 있으며, 동의어도 가끔씩 사용한다. 가령 Mekilta의 콘코던스에서 *middah* 부분을 보라. 아모라임 시대에서, 보상을 베푸시는 특질(*middat ha-ṭob*)과 처벌하시는 특질(*middat yissurin*)을 언급하는 랍비 후나의 말(Gen. Rab. 9.8)을 주목하라. 둘 다 선하게 여겼다.

57 96 Mek. Vayassa' 3 [166; II, 113(4장); 16:14을 다룬 부분], 내 번역이다. 호로비츠와 프리트만(f.49a)은 *pur 'anut* 대신 *ra'ah*라고 읽는다. 이 본문에는 다른 난점들이 있으나, 말하고자 하는 취지는 명확하다. Yoma 76a는 하가다를 익명으로 되풀이하며, Sanhedrin 100a-b는 이와 비슷한 본문을 랍비 메이르가 말했다고 제시한다.

가? 너는 보상하시는 특질이 더 크다고 말해야 한다." 시프라는 이와 아주 비슷한 말을 랍비 요세가 했다고 말한다.[58] 머킬타는 "보상하시는 특질"이 "처벌하시는 특질"보다 크다는 생각을 다른 식으로 자주 표명한다.[59] 시프라를 보면, 이 원리에 근거한 칼 바호메르(*qal vaḥomer*) 논증이 잇달아 나온다. 가령 랍비 아키바는 이렇게 주석한다:[60] "이처럼 이 본문이 단지 어떤 범죄를 저질렀을 수도 있는 사람을 벌한다면, 의무〔*mitsvah*〕를 이행한 사람에게는 더더욱 큰 보상이 주어질 것이다." "더더욱 큰"이라는 문구는 하나님이 벌하시기보다 보상하시기를 기꺼워하신다는 점에 근거하고 있다.

랍비 아키바 시대 이후에는 또 다른 용어를 더 널리 쓰게 되었다: "자비로운 특질"(*middat raḥamim*)과 "정의로운 특질"(*middat ha-din*).[61] 랍비 124
들은 시종일관 전자를 후자보다 크게 여긴다:

"당신의 의(*tsedaqah*)는 하나님의 산들과 같습니다"(시 36:7 〔개역개정판은

58 97 Sifra Ḥobah parasha 12.10 (5:17을 다룬 부분).

59 98 가령 Mek. Pisḥa 7 (24; I, 54f.; 12:12을 다룬 부분): "칼 바호메르(*qal vaḥomer*) 논증이 있다: 만일 더 작은 특질인 처벌하시는 특질의 경우에, 맨 처음 죄를 짓는 사람이 맨 처음 벌을 받는다는 [것이 규칙이라면], 더 큰 특질인 보상하시는 특질의 경우에는 더더욱 [이런 규칙이 있지 않겠느냐]"(저자 번역). 다른 예들을 살펴보려면, 콘코던스에서 middah 부분을 보라. Sifre Deut. 286(304; 25:3을 다룬 부분)도 *pur 'anut*가 더 작은 특질이라고 말한다.

60 99 Sifra Ḥobah parasha 12.8. 뒤따르는 네 문단에도 비슷한 주석들이 있다. ARN 30 (ET, 123)는 내용이 유사한 말을 랍비 메이르의 이름으로 제시한다. 여기에서도 논증은 분명 *middah ṭobah*가 *middat pur 'anut*보다 크다는 원리에 근거하고 있다. 구사하는 말도 위 주96에서 인용한 말과 같다. Sifra Tsav pereq 16.10(랍비 시므온 벤 요하이)을 더 살펴보라.

61 100 Marmostein (*The Names and Attributes of God*, 44f.)은 이 용어가 랍비 메이르와 랍비 시므온 벤 요하이 시대 전에는 나타나지 않는다고 주장했다. 하지만 그가 사용한 몇몇 증거는 억지였다. Sandmel, *Philo's Place in Judaism*, 21f.를 보라. 그렇긴 해도 탄나임 문헌에서는 앞의 용어가 훨씬 더 빈번히 등장한다는 것은 옳은 말이다. 콘코던스들을 보라. 아울러 Urbach, *Ḥazal*, 396-400 (ET, 448-52을 보라). Kadushin (*The Rabbinic Mind*, 219)은 *middah ṭobah*와 *middat pur 'anut*를 *middat ha-din*의 하위개념으로 여긴다. 이것이 논리에 맞는 것 같다. 그러나 우리는 (a) *middat raḥamim*과 *middah ṭobah*에 관하여 비슷한 말을 하면서도, 후자를 전자의 하위개념으로 다루지 않는다는 점, 그리고 (b) *middat raḥamim*과 *middat ha-din*이 또 다른 쌍(*middah ṭobah*와 *middat pur 'anut*)을 대신하곤 한다는 점을 주의해야 한다.

36:6]). 랍비 시므온 벤 요하이는 이렇게 말했다: 산들이 심연(깊은 물)을 내리눌러 그것이 올라와 세상에 홍수를 일으키지 못하게 하듯이, 의(*tsedaqah*)[62]는 심판하시는 특질(*middat ha-din*)과 처벌하시는 특질(*ha-pur 'anut*)을 눌러 그것이 세상에 오지 못하게 한다.[63]

"당신의 능한 손"(신 3:24): 당신은 정녕 긍휼(*raḥamim*)로 정의로운 특질을 내리누릅니다(참조한 미 7:18-20을 언급하며).[64]

"보라, 야훼가 그의 처소에 나오신다"(사 26:21): 그가 미다에서 미다로, 정의로운 특질에서 자비로운 특질로 나오신다.[65]

마지막 본문의 의미는 하나님이 엄격한 정의를 자비로 대신하신다는 것임이 분명하다.

내가 이미 말했듯이, 하나님이 인간에게 엄히 책임을 물으시기보다 자비롭게 대하시는 경향이 있다는 견해가 통설이다. ……

어떤 이가 하나님은 정의로우셔서 각 사람에게 마땅히 받아야 할 몫을 주신다는 생각과 하나님의 자비가 하나님의 정의보다 우위에 있다는 말을 어떻게 조화시켜 한 교리로 만들 수 있는지 묻는다면, 이전과 마찬가지로 이것은 각 진술이 그 안에서 어떤 논리적 위치를 차지하고 있는 교리 체계

62 101 다른 곳과 마찬가지로 여기도 *tsedaqah*를 인간을 향한 하나님의 사랑이나 자비를 가리키는 말로 사용한다. 아래 8절을 보라.

63 102 Tanḥuma Noah 8 (ed. Buber, vol. I, 34). Marmorstein, *The Names and Attributes of God*, 44은 이를 언급하지만, 내용은 인용하지 않는다.

64 103 Sifre Num. 134 (180). 이 부분은 사실 신 3:24이하를 다룬 미드라쉬이며, 다른 자료에서 나왔다. Epstein, *Mebo'ot*, 600f.를 보라. 아울러 하나님의 오른손(강한 손)은 자비를 상징하나 하나님의 왼손은 엄격한 정의를 상징한다는 것을 보려면, Schechter, *Aspects*, 323을 보라.

65 104 P. Taanith 65b (2.1), 마모스타인이 이곳에서 인용한다. 〔middah, 히브리어로 "장대함, 척도, 가치, 미덕, 공물, 세금"이라는 의미가 있고, 아람어로 "세금, 공물"이라는 의미가 있다 ⓣ〕.

가 아니라는 말로 대답할 수 있겠다. 이렇게 말하느냐 저렇게 말하느냐는 그 경우의 특별한 필요에 따라 결정될 것이다. 그러나 후자의 진술 유형—자비가 정의보다 무겁다—이 하나님을 대하는 랍비들의 기본 태도를 반영한다는 것은 추호도 의심해서는 안 된다. 하나님이 각 사람이 마땅히 받을 몫을 주신다는 진술은 권면 목적으로 한 말이지만, 동시에, 우리가 거듭 말했듯이, 하나님은 사리가 명확하시고 정의로우시다는 굳건한 믿음에 근거한 말이기도 하다.[125] 그러면서도 랍비들은 하나님을 틀림없이 자비로운 분이라고 생각했다. 랍비들은 하나님이 자비로우셔도 당신에게 순종해야 할 필요성까지 제거하시지는 않는다고 말했다. 그러나 랍비들은 비록 그 행위는 완전함에서 멀지라도 그 본바탕에 하나님께 순종하려는 의도를 가진 이들에게는 하나님이 자비를 베푸신다고 생각했다.

6절 보상과 벌 그리고 장차 올 세상

장차 올 세상에 나타날 하나님의 정의와 보응

하나님의 정의가 현세의 삶 동안에 주어진다는 것이 성경의 견해요, 유대교 안에서 영향력을 유지하던 견해였다. 예를 들면, 집회서가 이 견해를 끈질기게 표명했고, 이 견해가 완전히 사라진 적이 전혀 없었음을 보여준다. 부활을 믿는 믿음과 의인이 현세에서 당하는 고난을 목격한 관찰 결과가 결합하면서, 특히 기원후 70년에서 135년 사이에, 내세에는 의인이 보상을 받고 악인은 처벌을 받으리라는 견해가 등장했다. 여기서 보상과 처벌이 이루어질 장소에 관한 역사를 상세히 다루는 것은 우리 의도가 아니다. 이 주제의 한 측면인 고난은 아래 7절에서 다시 다루겠다. 여기에서는 보상과 처벌이 현세에서 이루어진다는 견해가 계속 이어졌음을 보여주는 몇몇 사례만을 제시하겠다. 기원후 70년 이전에 나온 것임이 거의 확실한 초기 미쉬나 중 하나인 키두쉰〔Kiddushin〕 1.10a를 보면, 계명에 순종하는 사람은 긴 삶을 누리고 "그 땅"을 유업으로 받으리라고 말한다.[1] 여기서 말하는 삶은 육신의 생명이요 땅은 문자 그대로 이스라엘이라 이해하면 거의 틀림이 없지만, 나중에는 이 "그 땅"이라는 문구를 내세를 가리키는 말로 받아들였다. 후대에 랍비 메이르는 의〔tsedaqah〕를 행하는 이가 장수를 누리리라는 말을 했다 하나,[2] 2세기 후반에 활동했던 탄나임 중 한 사람인 랍비 나탄〔R. Nathan〕은 이렇게 말했다. "토라에는 (아무리) 가벼운 의무〔*mitsvah*〕도 현세에서 보상을 받지 않는 의무가 없다. 내세에 [각 의무이행에 따른

1 Kiddushin 1.10a는 다음 항에서 더 자세히 논한다. 저작 연대를 알아보려면, Epstein, *Mebo'ot*, 53을 보라. 루돌프 마흐(Mach, *Der Zaddik*, 32)는 "그 땅을 유업으로 받다"를 내세를 가리키는 말로 잘못 받아들인다.

2 Gen. Rab. 59.1; ET. 516.

보상이] 얼마나 클지 나는 모른다."[3] 그 보상은 "구원"이 아니지만, 그래도 행한 일에 합당한 것이다.

하지만 우리가 살펴보고 있는 문헌에서 주로 나타나는 견해는 랍비 아키바와 그의 직접 후계자들이 말했다 하는 견해, 곧 처벌과 보상은 대체로 내세에서 이루어진다는 견해였다. 126 이 견해는 분명 하드리아누스 시대의 박해에서 영향을 받았다.

처벌과 보상을 내세로 미룬다는 것이 숱한 계명을 이행함으로 내세를 **얻는다**는 뜻은 아니다. 오히려 랍비들이 하나님을 정의로운 분으로 보았다는 것은 하나님이 순종과 불순종에 적합한 보상과 형벌을 내리시는 분이라는 의미였다. 이 세상에서는 이런 일이 이루어지지 않는다고 보면서, 하나님의 정의가 이뤄지는 때를 내세로 늦추게 되었다.

랍비들은 의인들이 내세**에** 보상을 받는다는 견해를 자주 말한다. 가령 랍비 타르폰(R. Tarfon)은 이렇게 말한다.

> 그 과업을 마치는 것이 네 역할은 아니나, 너는 그것을 네 맘대로 그만두지 못한다. 만일 네가 율법에서 많은 것을 배우면, 많은 보상이 네게 주어질 것이요, 네게 일을 맡긴 주인은 신실한즉 네 수고에 따른 보상을 네게 지급할 것이다. 의인이 받을 보상은 내세에 지급된다는 것을 알라. (아보트 2.16)[4]

여기서 율법 공부를 내세를 얻는 일로 여기지 않았음을, 곧 내세는 다

3 Menahoth 44a, 내 번역이다. 공로와 살아갈 날들[수명]의 길이의 관계를 알아보려면, Yebamoth 49b-50a와 우어바흐의 논의(Urbach, *Ḥazal*, 235-37; ET. 264-66)를 보라. 하나님이 현세에 의인에게 보상하시리라는 대중의 생각이 끈질기게 이어졌음을 살펴보려면, Urbach, 388f.(ET, 439-41)를 보라.

4 6 Kiddushin 39b가 랍비 야콥[야곱] 이름으로 제시한 바라이타[baraita, 미쉬나 안에 들어있지 않은 유대교 구전 율법 ⓣ]를 참고하라. 이것은 토라가 약속하는 보상들이 부활에 의존한다고—즉 이 보상들은 현세에 주어지지 않는다고—말한다.

만 정당한 보상이 지급되는 곳으로 여겼음을 분명히 알 수 있다. 페아(Peah) 1.1도 말한 이가 누구인지 밝히지 않고 이와 비슷한 취지를 담은 진술을 제시한다.

> 이런 행위들은 사람이 그 열매를 이 세상에서 누리는 것들이지만, 그가 누릴 주된 열매는 내세에 쌓여있다: 부모를 영예롭게 하는 행위, 사랑과 친절을 베푸는 행위, 사람과 그 사람의 동료를 화평케 하는 행위, 그리고 율법을 공부하는 행위가 모두 똑같이 그런 행위다.

이 견해는 어쩌면 랍비 타르폰의 견해보다 랍비 나탄의 견해(여기—현세—와 내세에 모두 보상이 있다)에 가까울지도 모르겠다. 그러나 우리는 이 모든 경우에서 순종에 따른 정당한 보상 중 일부 혹은 전부를 내세로 미룸을 본다.

....

우리가 이제까지 인용한 본문들을 기초로 몇 가지 관찰 결과를 제시해 볼 수 있다.

1. 보상과 처벌이 있다는 믿음은 하나님이 정의로우시다는 확신에 근거한다. 하나님은 정의로우시며 보상을 베푸시고 형벌을 내리신다는 말의 반대말은 하나님은 **자비로우시다**가 **아니라**, 하나님은 **제멋대로**이시며 변덕쟁이이시다라라는 말일 것이다. 우리는 위에서 랍비들이 때로 하나님의 정의와 자비가 어떻게 연결되는지 탐구했음을 보았다. 이제 분명한 것은 하나님의 정의와 자비가 서로 반대말이 아니요, 자비가 변덕으로 바뀌는 일이 없이, 언제나 이 두 특질이 유지된다는 것이다. ......

2. 내세**에** 보상을 받고 형벌을 받는다는 주제는 행위로 말미암아 의롭다 함을 받는다는 말이 아니라, 하나님의 정의(하나님은 정의로우시다는) 이론을

확장한 것이다. 이 세상에서는 분명 의인과 악인이 늘 그들에게 합당한 대우를 받지만은 않는다. 때문에 그들이 받을 보상과 형벌은 내세에 유보되어있다. 그 보상이 **무엇**이며 그 형벌이 **무엇**인가는 자세히 말하지 않는다. 우리는 다만, 여기가 아니면 내세에서라도, 하나님의 정의가 유지되리라고 확신한다.

3. 우리는 이미 (자기 인을 찍음으로써 장부에 기록된 자신의 행위가 정확함을 확인하는) 부기〔簿記, book-keeping〕라는 주제가 신정론〔theodicy〕이라는 주제와 역시 연결되어있음을 보았다. 사람은 심판을 받을 때, 그 심판이 정의로움을 인정한다.

우리가 방금 살펴본 본문들을 보면, 계명에 순종한 사람에게 내세가 보상으로 주어진다고 말하지 않고, 다만 계명에 순종한 사람이 내세**에**〔*in* the world to come〕 보상을 받는다고 말한다. 그러나 사람의 행위와 내세는 분명 연관이 있다. 우리는 사람이 자기가 저지른 범죄 숫자보다 많은 계명들을 이행함**으로써** 내세의 삶〔생명〕을 얻는다는 것을 증명해주는 본문이라 하는 것들을 살펴봄으로써 사람의 행위와 내세 사이에 무슨 연관이 있는가라는 문제를 탐구해보겠다.

심판 때 이행한 것들과 죄 지은 것들을 달아봄

계명을 이행한 것들과 죄 지은 것들을 비교하여 달아봄이 랍비 구원론을 이룬다는 견해를 지지하는, 혹은 지지하는 것으로 볼 수 있는 본문이 대체로 셋이 있다.[129] 키두쉰〔Kiddushin〕 1.10a와 이를 중심으로 모여 있는 토세프타 및 탈무드의 자료, 랍비 아키바가 아보트 3.15(ET, 3.16)에서 심판은 많은 행위로 말미암아 이루어진다는 취지로 한 말의 일부, 그리고 랍비 엘르아자르가 아보트 4.22에서 모든 것은 계산에 따라 이루어진다는 취지로 한 말이 그 셋이다. 이것들을 차례로 살펴봐야 한다.

> 한 의무를 이행한 모든 사람 — 하나님은(그들은) 그에게 은덕을 베푸시고(베풀고) 그의 날들을 늘려주시며, 그는 그 땅을 유업으로 받는다. 한 의무를 이행하지 않는 모든 사람 — 하나님은 그에게 은덕을 베푸시지도 않고 그의 날들을 늘려주시지도 않으며, 그는 그 땅을 유업으로 받지 못한다. (키두쉰 1.10a)

두 번째 문장은 완곡어법이다. 이는 "한 **의무**를 어긴 모든 이를 하나님이 상하게 하신다〔everyone who transgresses one *mitsvah*, God harms〕," 등등의 의미이며, 댄비도 이 해석을 받아들인다.[5] 우리가 이미 언급했듯이, 이것은 아주 오래된 미쉬나다. 나중에 가서야, 사람들은 그 땅을 유업으로 받으리라는 약속을 내세에 적용되는 것으로 받아들였다.[6] 더구나, 랍비들은 나중에 의인에게는 보상이 오직 내세에서만 지급되는 반면, 악인은 그들이 행한 선행이 아무리 적어도 무슨 선행을 하든 그 선행에 따른 보상을 이 세상에서 지급받는다고 주장하곤 했다. 이 오래된 미쉬나의 의미는 아주 또렷하다: 이는 하나님이 순종에는 보상하시고 범죄는 벌하신다는 것을 쾌쳐대 듯 강조한 것이다: 하나님이 그 땅을 계명을 이행한 자에게 주신다면, 계명을 이행하라! 하나님이 죄를 지은 자에게 그 땅을 주시지 않는다면, 죄를 짓지 말라! 랍비 문헌을 연구하는 학생은 이렇게 체계가 없지만 권면을 담은 말들을 예상하게 된다. 중요한 점은 사람들이 계명에 순종하고 죄를 짓지 않게 격려하는 것이다.

이 본문에는 더 자세한 주석들이 붙었다. 토세프타를 보면, 더 적절한 말

5 15 댄비〔Herbert Danby〕는 이렇게 번역한다: "어떤 사람이 단 하나의 계명을 이행했어도 그에겐 복이 있을 것이요 장수〔긴 날들〕를 누릴 것이며 그 땅을 유업으로 받을 것이다. 그러나 한 계명이라도 무시하면 그에겐 화가 있을 것이다", 등등.

6 16 Epstein, *Mebo'ot*, 53 주186; Albeck, *Seder Nashim*, 413.

들이 이 본문에 붙어있다.[7]

누구든지 한 의무를 이행하는 자 — 하나님은(그들은) 그에게 은덕을 베푸시고(베풀고) 그의 날들을 늘려주시며, 그는 그 땅을 유업으로 받는다.[8] 한 죄를 범한 모든 이는,[9] 하나님이 그를 상하게 하시고 그의 날들을 짧게 하시며, 그는 그 땅을 유업으로 받지 못한다. 이와 관련하여 성경은 이렇게 말한다: "죄인 하나가 많은 선을 무너뜨린다"〔전 9:18, 히브리어 본문을 그대로 옮기면, "죄인 하나가 많은 선을 사라지게 한다"이다 ⓣ〕: 이 사람은 단 한 죄로 그 자신에게 주어질 많을 선을 잃어버린다. [130] 사람은 늘 자신을 반은 죄가 없고 반은 죄가 있는 자처럼 여겨야 한다.[10] 만일 그가 한 의무를 이행한다면, 그는 저울의 무죄 쪽을(*kaf zekut*) 내려가게 했으니 복된 자로다. 만일 그가 한 죄를 범하면, [이는 마치] 그가 저울의 유죄 쪽을(*kaf ḥobah*) 내려가게 한 것과 같다. 이와 관련하여 성경은 이렇게 말한다: "한 죄인이 많은 선을 무너뜨린다": 그는 단 한 죄를 저질러 그 자신에게 주어질 많은 선을 무너뜨린다.

14. 랍비 시므온 벤 르아자르〔R. Simeon b. Leazar〕가 랍비 메이르 이름으로 이렇게 말했다:[11] 개인은 많은 쪽을 따라 심판을 받[고] 세상도[12] 많은 쪽을 따라 심판받기 때문에, 그가 한 의무를 이행한다면, 그는 그 자신과 세상을 무죄 쪽

7 17 리버만의 텍스트를 따르는 T. Kiddushin 1.13-16.

8 18 리버만(Lieberman, *Tosefta Ki-Fshuṭah*, Nashim, 927)은 여기에서는 신 5:16의 영향을 받아 *'adamah*가 *'arets*를 대신했다고 설명한다.

9 19 미쉬나의 "한 의무를 이행하지 않는"을 "한 죄를 범한"으로 해석함을 알아보려면, Lieberman, op. cit., 927f.를 보라.

10 20 이 문장으로 시작한다는 점에서, 이 본문은 Kiddushin 40a-b와 비슷하지만, 조금 다른 부분이 있다.

11 21 몇몇 사본에는 "랍비 메이르 이름으로"가 빠져있다; 리버만의 비평 도구〔apparatus〕를 보라. 탈무드(40b)는 이를 랍비 엘르아자르 벤 랍비 시므온이 한 말이라고 말한다.

12 22 리버만(Lieberman, *Tosefta Ki-Fshuṭah, Nashim*, 928)은 "세상"을 "공동체," 곧 이스라엘 공동체로 해석한다.

으로 내려가게 했으니 복된 자로다. 만일 그가 한 죄를 범하면, [이는 마치] 그 자신과 세상을 유죄 쪽으로 내려가게 하는 것과 같다. 이와 관련하여 성경은 이렇게 말한다: "한 죄인이 많은 선을 무너뜨린다": 그는 단 한 죄를 저질러 그 자신과 세상에 주어질 많은 선을 무너뜨린다.

15. 랍비 시므온이 이렇게 말했다: 어떤 사람이 늘 의롭다가〔*tsaddiq*〕 마지막에 가서 반역하면, 그는 모든 것을 무너뜨린 것이니, 성경이 이렇게 말함과 같도다: "의인이 죄를 지으면 의인의 의가 그를 구원하지 못하리라"(겔 33:12).

16. 어떤 사람이 늘 악하다가〔*rasha'*〕 마지막에 참회하면, 하나님〔*ha-Maqom*〕이 그를 받으시리니, 성경이 이렇게 말함과 같도다: "악인의 악의 경우에는, 그가 그의 악에서 돌이키면 그로 말미암아 그가 넘어지지 않으리라"(겔 33:12).

토세프타 키두쉰 1.13에 있는 익명의 주석은 이 미쉬나 본문에서 발견할 수 있는, 같은 종류의 체계 없는 권면을 이어간다. 사람은 자신을 반은 죄가 없고 반은 죄가 있는 자**처럼** 여겨야 하며, 그가 다음에 할 모든 행위가 그의 운명을 결정할 것**처럼** 생각해야 한다. 그는 분명 늘 계명에 순종하고 죄를 짓지 않으려고 노력해야 한다. 이런 말은 죽기 하루 전에 참회하라는 명령(아보트 2.10)과 그 유형이 비슷하다. 이는 사람이 매일 참회해야 한다는 뜻이다. 여기에서도 역시 사람은 **늘** 계명에 순종하려고 노력해야 하며 모든 행위가 자신의 운명을 결정하는 행위인 것**처럼** 행동해야 한다고 말한다.

우리는 랍비 시므온 벤 엘르아자르가 랍비 메이르 이름으로 한 말에서 개인과 유대인 공동체가 많은 쪽을 따라 **심판을 받는다**는 것을 분명하게 선언한 말을 발견한다. 이는 분명 이들이 범죄보다 계명 이행이 많은가 여부에 따라 심판을 받는다는 뜻이다. 우리는 이 말이 하나님이 인간을 어떻게 심판하시는가라는 문제에 관하여 어떤 체계 잡힌 이론을 어느 정도나 표현하고 있는지 잠시 살펴봐도 되겠다. 랍비 메이르가 이 말을 했다는 전제 아래, 우리는 당장 사랑〔자비〕이 게힌놈〔힌놈의 골짜기〕에서 구해낸다는 그의 말(바바 바트라 10a 〔Baba Bathra는 탈무드 아람어로 "마지막 문"을 뜻하며 유대교 구전 율법의 한 부분이다 ⓣ〕)을 인용할 수 있다. 만일 그가 사랑을 베푸는 행위로도 구원을 받기에 충분하다고 말할 수 있었다면, 사람이 그 행위 중 많은 쪽을 따라 엄정하게 심판을 받는다는 믿음을 체계 있게 견지했을 리가 없다. 131 더구나 우리는 토세프타 편집자가 랍비 시므온 벤 엘르아자르가 한 말 바로 뒤에 이 말과 반대 취지인 랍비 시므온 벤 요하이의 말을 놓아둔 것을 볼 수 있다:[13] 선행을 아주 많이 한 사람이라도 마지막에 가서 반역하다 저주를 받을 수 있는 반면, 지극히 악한 죄인도 마지막에 회개하면 구원을 받는다. 여기에서도 다시 행위 중 많은 쪽에 따라 심판을 받는다는 이론을 배제한다. 더 상세한 결론을 내리려 하기 전에 두 탈무드가 키두쉰 1.10에 붙인 주석들을 살펴봐도 되겠다.

랍비 유다는 바벨론 탈무드에서 미쉬나가 그 행위들이 달리 균형을 이루고 있는 사람을 언급한다고 본다: "이것이 그 의미다: [똑같이 균형을 이루고 있는] 그의 공로에 더하여 **한 명령을 이행하는 사람**은 **후히 보상을 받으며**, 그는 마치 토라 전체를 이행한 자와 같도다〔HE WHO PERFORMS ONE PRECEPT [*mitsvah*] in addition to his [equally balanced] merits IS WELL REWARDED, and he is as though he had fulfilled the whole Torah〕."[14]

팔레스타인 탈무드는 이 미쉬나가 우선 중간 위치에 있는 사람을 가리키는 것으로 해석한다. 그의 행위는 균형을 이루고 있다〔즉 계명 이행 행위와 범죄 행위와 똑같아 저울이 어느 한쪽으로 기울지 않는다 ⓣ〕. 만일 그가 한 명령을 이

13 23 p. Peah 16b (1.1); Kiddushin 40b에 유사한 본문이 있다. 두 탈무드는 모두 토세프타의 랍비 시므온이 랍비 시므온 벤 요하이라고 밝힌다.

14 24 Kiddushin 39b; ET, 193.

행하면, 이는 저울을 그에게 유리한 쪽으로 기울게 할 것이다. ……

우리는 앞서 키두쉰 1.10a가 단 한 계명을 이행하는 것도 이행한 자의 날들을 연장해주며, 한 계명을 어기는 것도 그 날들을 단축케 한다고 말한다는 것을 언급했다. 랍비 하니나 벤 가말리엘〔R. Hanina b. Gamaliel〕도 마코트〔Makkoth〕 3.15에서 비슷한 말을 한다: "한 죄를 저지르는 사람이 그로 말미암아 자기 영혼을 잃어버린다면, 한 종교적 의무(*mitsvah*)를 이행한 사람은 더더욱 그의 영혼을 회복하지 않겠는가!" 칼 바호메르〔*qal vaḥomer*〕 논증—"더더욱 …하지 않겠는가"—은 보상을 베푸시는 하나님이라는 특질이 처벌하시는 하나님이라는 특질보다 크다는 원리에 근거한다. 랍비 요세는 우리가 이미 언급했던 본문에서 같은 근거로 비슷한 결론을 끌어낸다:[15] 금지 계명을 어긴 아담의 한 범죄가 이후 세대에 죽음을 가져왔다면, 사람이 피굴〔*piggul*, 쓰레기〕과 노타르〔*notar*, 남은 찌꺼기〕를 참회하고 대속죄일에 금식하는 행위는 그와 그 자손들에게 더더욱 큰 은덕을 가져다주지(מזכה) 않겠는가! 랍비 요세는 "보상을 베푸시는 하나님이라는 특질"이 "처벌하시는 하나님이라는 특질"보다 크다는 원리를 분명하게 언급한다.

때로 랍비들은 다양한 계명들을 하나씩 지목하면서, 사람이 그 계명을 이행하면 내세에 생명을(혹은 그와 같은 어떤 것을) 얻으나, 사람이 그것을 어기면 저주를 받으리라는 말을 하기도 한다. 랍비들은 아브라함이 가졌던 믿음만으로도 그가 현세와 내세에 생명을 얻는 데 충분했다는 것을 바로 지적했다.[16] 마찬가지로, 이스라엘의 믿음은 성령이 이스라엘 위에 머무는 은덕을 가져다주었다. 사실, 단 한 계명이라도 믿음으로 받아들이는 자는 성령이 그 위에 머물게 할 자격을 얻는다.[17] 안식일**만을** 지킨 이들이

15 34 Sifra Ḥobah Parasha 12.10; 위 5절 주30.

16 35 Mek. Beshallaḥ 6 (114; I, 253 [7장]; 14:31을 다룬 부분). 마찬가지로, 하나님을 신뢰하는(baṭaḥ) 자는 현세와 내세에 피난처를 얻는다; Menahoth 29b.

17 36 Mek., ibid. (Lauterbach, I, 252이하).

미래 세계를 수여받고 그런 이들이 큰 심판일을 피하리라는 말은 전혀 놀랍지 않다.[18] 마찬가지로, 랍비들은 사랑도 구원을 가져오는 효과를 갖고 있다고 말한다.[19]

> 이런 가르침이 있었다: 랍비 메이르가 이렇게 말하곤 했다: [유대교를] 비판하는 자가 네게 "네 하나님이 가난한 자들을 사랑하신다면, 왜 가난한 자들을 돕지 않으시느냐?"라는 주장을 할 수도 있다. 그런 일이 있으면, 그에게 "그것은 우리가 가난한 자들을 도움으로 게힌놈으로 떨어지는 벌을 받지 않고 구원을 얻을 수 있게 하시려 하기 때문이다"라고 대답하라.

말하자면 가난한 이들의 존재가 이들에게 사랑을 베풀어 게힌놈에서 구원받을 호기를 제공한다는 것이다.[20] [134] 자비로운 행위도 하나님께 유리한〔무죄〕 판결을 받는 데 충분하며, 랍비들은 이것도 "무게를 달아봄"이라는 모티프와 분명하게 연계한다:[21] "하나님은 자기 이웃을 무죄 쪽으로(*lekaf zekut*) 판단하는 자를 죄 없다고(그에게 유리하게, *lizekut*) 판단하신다."[22]

18 37 Mek. Vayassa' 4 (169; II, 120 [5장]; 16:25을 다룬 부분].

19 38 Baba Bathra 10a (ET, 45). 여기에서도 랍비 아키바가 한 바로 그 말에서 나왔다는 이야기를 들려준다. 구원을 가져다주는 사랑에 관하여 알아보려면, 시편 17편을 다룬 미드라쉬(끝부분)를 함께 보라.

20 39 사랑이 (제 때 죽지 못하고 일찍) 죽는 데서 벗어나 구원을 얻게 해준다는 점을 살펴보려면, Baba Bathra 10a-b (ET, 48); Urbach, *Ḥazal*, 235f. (ET, 264f.)를 보라. 사랑이 죄를 속해준다는 점을 살펴보려면, Urbach, 428 (ET, 484)을 보라.

21 40 Shabbath 127b, 첫머리 부근에 있는 익명의 바라이타〔baraita, 미쉬나 안에는 들어있지 않으나 유대교 구전 율법에 속하는 전승을 말한다 ⓣ〕. 프리트만은 이렇게 번역한다(Freedman, ET, 633): "자기 이웃을 공로라는 저울로〔좋게 ⓣ〕 판단하는 자는 그 자신이 유리한 판결을 얻는다." 아울러 랍비 가말리엘 2세가 한 말을 참고하라: 하나님은 자비를 베푸는 자에게 자비를 베푸신다: T. Baba Kamma 9.30; Shabbath 151b (ET, 774. 여기에서는 이 주해를 설명한다); Baba Kamma 6c (8.10). 뒤의 두 본문을 보면, 자비를 베풀지 않는 자에겐 하나님이 자비를 베푸시지 않는다는 부정문이 덧붙여져 있다.

22 41 다른 몇 예가 있다: Aboth 2.7(힐렐): "그 자신을 위하여 율법의 말을 취한 자는 … 그 자신을 위하여 내세의 생명을 취했다."; Aboth 6.6., 끝부분: "그것을 말하신 이의 이름으로 무언가를 말하는

…… 언약을 받아들임은 계명을 받아들인다는 뜻이었기에, 계명을 거부함은 곧 언약 거부를 의미한다. "이렇게 행하여 멍에를 벗어버리는 자"와 같은 문구들은 반드시 이렇게 이해해야 한다. 여기서 언급하는 특별한 **죄는 하나님을 드러내놓고 부인하는 것이거나 고의로 그 이웃에게 범하는 죄를 말한다. 이런 죄는 율법 조문뿐 아니라 율법의 기본 도덕 원리를 어기는 죄요, 계산과 의도를 갖고서야 저지를 수 있었던 죄였다**. 첫째 유형의 죄에 해당하는 주요 예가 우상숭배다.

135
모든 계명들을 어기는 것이 멍에를 부숴버리고, 하나님과 이스라엘의 언약을 무효로 하며, 토라를 잘못 드러내는 일이듯이, 이 한 계명을 어기는 자도 멍에를 부숴버리고, 하나님과 이스라엘의 언약을 무효로 하며, 토라를 잘못 드러낸다. 그럼 무엇이 이 한 계명일 수 있을까? 우상숭배를 금하는 계명이다.[23]

"너희가 내가 오늘 너희에게 명령하는 길에서 돌이켜 다른 신들을 따르면"(신 11:28). — 그들은 이 본문을 근거로 이렇게 말했다: 우상숭배를 인정하는 자는 모두 토라 전체를 부인하는 것이요, 우상숭배를 거부하는 자는 모두 토라 전체를 믿는다고 고백하는 것이다.

시프라의 이 본문은 도덕 계명을 어긴 것도 하나님을 부인함과 같을 수 있다고 본다:

"너는 그에게 이자를 얻으려 네 돈을 꾸어주지 말고, 이익을 얻으려고 네 양

사람은 세상에 구원을 가져온다." (범죄 숫자보다 하나 더 많은 계명 이행 행위가 아니라) 한 계명을 행함 그리고 그렇게 한 계명을 이행하는 행위가 "마치" 그를 토라 전체를 이행한 사람"처럼" 만들어주는 예를 살펴보려면, 내 논문 "On the Question of Fulfilling the Law," 114f. 주7을 보라.

23 44 Mek. Pisḥa 5 (15; I, 37; 12:6을 다룬 부분). ……

식을 꾸어주지 말라. 나는 너희 하나님 야훼니라"(레 25:37f.). — 그들은 이 본문을 근거로 이렇게 말했다: 이자를 [받지 말라는 계명]이라는 멍에를 스스로 짊어진 자는 모두 하늘이라는 멍에를 받고, 이자를 [받지 말라는 계명]이라는 멍에를 자신에게서 벗겨버린 자는 모두 하늘이라는 멍에를 자신에게서 벗겨버린다.

이 본문(위 4절 주39에서 이 본문을 더 충실히 인용했다)은 계속하여 이스라엘이 이자에 관한 계명을 준수한다는 조건으로 하나님이 이스라엘을 이집트에서 이끌어내셨다고 말한다. 우리는 여기서 한 계명을 어김도 "멍에를 부숴버림"으로 여긴다는 주제, 출애굽은 어떤 계명을 이행한다는 "조건으로" 이루어졌다는 말, 그리고 특정 계명들(혹은 모든 계명)을 "인정"하고 "부인"하지 말아야 한다는 요구 사이에 연관관계가 있음을 본다. 서로 연관된 이 주제들 뒤에 자리한 이해는 똑같다: 하나님은 언약을 주시면서, 반드시 지켜야 할 계명도 주셨다. 사람은 계명에 순종함으로써 선민 가운데 있는 자신의 자리를 지켜야 한다("출애굽을 인정해야 한다"). 계명 중 하나를 일부러 거부("부인")하는 것은 언약을 부인하고("출애굽을 부인하고") 하나님 바로 그분을 부인하는 것("멍에를 부숴버림")과 같다. 서로 연관된 이 주제들이 랍비 종교의 핵심으로 들어온다: 중요한 것은 언약 속에 있음이요, 언약을 주신 하나님께 순종하려 함이다. 단 한 계명이라도 그 계명을 주신 하나님을 부인하려는 의도를 품고 거부하는 것은 자신을 언약에서 제외하는 것이나, 우상을 숭배하지 말라는 계명과 같은 근본 계명을 받아들임은 하나님께 순종하려는 의도를 내보이는 것일 수 있다. ……

137 한 계명을 어긴 자는 언약 속에서 그가 가진 자리 혹은 내세에 그가 받을 분깃을 잃어버린다고 강조하는 본문들은 랍비들이 사람들에게 율법에 비춰 완전할 것을 요구했다는 뜻이 아니다. 랍비 문헌에는 바울이 갈 3:10

에서 피력하는 견해나 에스라4서가 표명하는 견해 같은 견해, 곧 율법에 비춰 완전함에 이르러야 한다는 견해를 귀띔하는 단서가 없다. 이 점은 랍비들이 이런 견해를 지지하는 본문으로 이해할 수 있는 특정한 성경 본문들을 어떻게 다루었는지 고찰해보면 금세 알 수 있다. 바울은 갈 3:10에서 신 27:26을 인용한다: "율법 책에 기록된 모든 것을 지키지(*emmenei*) 않고 그것들을 행하지 않는 모든 이는 저주를 받은 자다." 이것은 70인역을 따랐으나, 그리스어로 *emmenei*라 번역한 히브리어는 *yaqim*〔히브리어 동사 *qwm*의 Hiphil, 미완료 3인칭 단수형이다 ⓣ〕이다. RSV는 이를 "confirm"〔인정하다〕으로 바르게 번역했다. 랍비들도 이런 해석을 받아들였다. 내가 살펴본 범위만 놓고 보면, 탄나임 문헌에는 이 본문을 주석한 글이 없다. 그러나 아모라임 문헌은 늘 사람이 율법을 흠 없이 완전하게 지켜야 한다고 말하지 않고 율법을 인정해야 한다고 강조한다. 가령 팔레스타인 탈무드는 이 구절이 "법을 수호하고 범죄에 맞서 싸워야 할 제 의무를 이행하지 않는 세상 법정"을 가리킨다고 해석한다.[24] 레위기 라바 25.1에도 이와 똑같은 해석이 있으나, 여기는 개인에게 적용한다.[25] 나아가 미드라쉬는 이렇게 말한다. "이 본문이 '**배우지** 않는 자는 저주를 받은 자다'였다면, 그는 살아남지 못했을 것이나, 〔다행히 ⓣ첨가〕 이 본문은 '인정하지 않는 자는 저주를 받은 자다'라고 말한다."[26] 랍비들은 인간의 완전함을 실제로 이루어질 수 없는 것으로 여겼으며, 이런 완전함을 요구하지도 않았다.

마찬가지로, 에스겔 18:20("죄를 짓는 영혼은 죽으리라. 아들은 아버지의

24 53 Schechter, *Aspects*, 193. 이 논의의 관심사는 *yaqim*의 의미다. 이 말을 문자 그대로 해석하면 "세우다"라는 뜻이다. 그럼 이 말은 토라의 말이 쓰러질 수 있음을 암시하는가? 아니다. 오히려 이 말은 법을 수호하지 않는 세상 법원을 가리킨다. "법을 수호하지 않는다"는 말은 사실 이 텍스트에서 나타나지 않기 때문에, 분명 집어넣은 말이다.

25 54 레위기 라바의 이 부분은 신 27:26과 잠 3:18("지혜는 그것을 붙잡은 자들에겐 생명나무다"). 이것과 일부 유사한 본문이 Sotah, loc. cit.에 있다.

26 55 "인정하다"를 그릇된 행위와 맞서 싸우고 학자들을 지지하는 행위를 포함하는 것으로 본다.

죄악으로 고통당하지 않을 것이요, 아버지는 아들의 죄악으로 고통당하지 않으리라. 의인의 의는 그 자신에게 돌아가고, 악인의 악도 그 자신에게 돌아가리라")은, 첫 문장을 강조하면, 인간의 완전함을 요구하는 본문으로 받아들일 수도 있다. 그러나 랍비들은 이를 단지 "죄가 없으면 죽음도 없다"는 의미,[27] 혹은 (출애굽기 34:7과 대비하여) 죄에 따른 개인의 책임을 가르치는 말로 받아들인다.[28] 출애굽기 15:26("내 모든 규례를 지키면")은 방탕한 성문제를 처리하는 이들을 의미하는 것으로 해석한다.[29] 138 랍비들은 신명기 11:22("만일 너희가 마음을 다해 이 온 계명을 지키면")을 토라를 들을〔청종할〕 뿐 아니라 토라를 **연구**해야 함을 언급한 말로 받아들인다.[30]

랍비들은 율법에 비춰 완전해야 한다고 요구할 기회를 시종일관 무시해 버렸다. 우리가 방금 전까지 봐왔듯이, 어떤 범죄가 결국 언약에서 배제당하거나 내세의 생명을 잃어버리는 결과로 이어진다는 것을 일러주는 말들은 에스라4서 저자를 낙담케 했던 것과 같은 율법주의식 완벽주의와 사뭇 다른 의미다. 계명을 부인함(으로써 결국 계명을 주신 하나님을 부인함)의 반대말은 계명에 완벽하게 순종함이 아니라, 계명을 "인정함"이다. 사람들이 요구받는 것은 하나님의 계명에 복종함이요 이 계명에 순종하려는 의도다.

…… 키두쉰 1.10a 자체와 토세프타 키두쉰 1.13은 순종을 독려하고 불순종을 저지하는 권면을 담은 말이다. 이것들은 한 행위와 다른 행위를 비

27 56 Shabbath 55a (ET, 255). Urbach (*Ḥazal*, 237; ET, 266; 참고. 384; ET, 435)는 "죄가 없으면 죽음도 없다"는 견해가 오직 아모라임 시대에서만 나타난다고 말한다. 여기에서는 이 말이 랍비 암미의 말이라고 밝힌다. 하지만 랍비 유다가 이런 견해를 주장했을 수도 있다. 7절 주128을 보라.

28 57 Makkoth 24a (ET, 173). 랍비 시므온 벤 요하이가 20:5에 붙인 머킬타는 겔 18:20과 출 20:5을 대조한다("아버지의 죄악을 나를 미워하는 이들의 삼사 대에 이르기까지 그 자식에게서 찾으리라") (148).

29 58 Mek. Vayassa' 1 (158; II, 96; 15:26을 다룬 부분).

30 59 Sifre Deut. 48 (107f.; 11:22을 다룬 부분; 참고. Friedmann, f. 83b, 이곳은 본문이 조금 다르다.)

교하여 달아본다는 논리를 만들어내지 않는다. 바벨론 탈무드에는 탄나임 학파가 이 주제를 다룬 내용이 전혀 없으며, 팔레스타인 탈무드에 들어있는 벤 아자이와 랍비 아키바의 토론도 무게를 달아봄 가설을 지지하지 않는다.[140] 우리가 이제까지 살펴본 본문 가운데, 무게를 달아봄 가설을 지지하는 말은 토세프타 키두쉰 1.14에 있는 말, 곧 랍비 시므온 벤 엘르아자르가 랍비 메이르 이름을 빌려 개인들과 "세상"이 그들의 행위 중 많은 쪽을 따라 심판을 받는다는 취지로 한 말뿐이다. 그러나, 우리가 보았듯이, 랍비 메이르가 이런 견해를 어떤 체계 잡힌 구원론으로 주장했을 리는 만무하며, 토세프타 편집자도 이 말 바로 뒤에 이와 취지가 다른 말을 곧바로 실어놓았다. 랍비 시므온 벤 엘르아자르가 랍비 메이르 이름을 빌려 한 말에서 하나님이 계명 이행 행위와 범죄 행위를 저울에 달아보심으로 심판하시리라는 어떤 체계 잡힌 구원론을 끌어내는 것은 잘못된 일이자, 어리석은 생각이다.

우리는 랍비 엘르아자르 하 카파르〔R. Eleazar ha-Kappar〕가 아보트 4.22에서 한 말은 아직 논하지 않았다. 그가 한 말은 이렇다.

> 죽으려고[죽을 운명을 안고] 태어난 자들, 죽었다가 살아날[살아날 운명을 지닌] 자들, 살다가 심판을 받을[죽은 뒤에 심판을 받을 운명을 지닌] 자들이 있으니, 이는 사람들이 그가 하나님이요, 지은 자요, 창조주요, 분별하시는 이요, 재판장이요, 목격자요, 원고〔原告〕이심을 알고 깨달으며 이해하게 하려 함이요, 바로 그가 심판하실 이이시며, 송축 받으실 이이시니, 그가 계신 곳에는 교활함도 없고, 잊어버림도 없고, 사람들을 떠받듦도 없고 뇌물을 받음도 없으니, 이는 모든 것이 그분의 것이기 때문이다. 또 만물이 계산에 따른다는 것을 알라. 네 [악한] 본성이 네게 무덤이 네 피난처가 되리라고 약속하지 못하게 하라. 이는 네 자신에도 불구하고 네가 만들어졌으며, … 또 이후에〔내세에〕

네 자신에도 불구하고, 왕 중의 왕 중의 왕 , 거룩하신 이요 송축 받으실 이이신 그분 앞에서 모든 일을 밝히고 계산을 할 것이기 때문이다.

이 본문의 의도는 하나님이 편애하시는 분이심을 부인하고, 사람들이 죄를 지으면 벌을 받으리라는 것을 마음에 새기고 살기를 바라면서, 이들에게 지은 죄에 따라 벌 받을 것을 확실히 새겨두려는 것이다. "계산"을 언급했다 하여 이것이 꼭 한 사람의 선행이 그의 범죄보다 더 많은지 여부를 결정할 근거가 될 어떤 장부(帳簿)를 가리키지는 않는다.

…… 사람은 하나님의 정의에 의지할 수 있으며, 하나님은 순종에 보상하시듯이 범죄를 벌하신다. 되풀이하는 말이지만, 이 견해의 반대말은 하나님이 은혜로 구원하신다는 말이 아니라, 아무런 보응(報應)이 없으므로 사람이 죄를 짓고도 무사할 수 있다는 말이 될 것이다.[141] 우리가 살펴봐온 본문들은, 말하자면, 선행으로 구원을 **얻는다**는 견해를 표현한 게 아니다. 하지만, 우리가 보았듯이, 일부러 불순종하려는 의도를 가진 사람은 언약과 언약에 따른 약속들에서 제외된다. 순종은, 특히 순종하려는 의도("인정함")는 **구원에 없어서는 안 될 조건**(*conditio sine qua non*)이지만, 이런 순종이나 순종하려는 의도로 구원을 얻는 것은 아니다.

"무게를 달아봄"을 말하는 본문들(토세프타 키두쉰 1.14와 아보트 3.15의 마지막 문구)과 한 계명을 이행함으로 구원을 받을 수 있다는 말들을 비교해보는 것이 도움이 된다. 우리가 만일 어느 쪽이 교리냐고 묻는다면, 그 대답은 틀림없이 "어느 쪽도 아니다"일 것이다. 하지만 한 계명을 이행함으로 구원을 얻는다고 일러주는 본문들은 "무게를 달아봄"이 랍비들의 교리였다는 생각을 논박하는 데 이바지한다. 물론 이 그릇된 오해에서 나온 견해를 훨씬 더 확실하게 비판한 논박이 결국 나타나게 된다. 그러나 우리는 이제 쉑터도 한 율법의 완벽한 이행을 구원론에 속한 교리로 다루었다는 점에서 철저히 잘못을 범했다는 점에 주목해야 한다. 이것이 무게를 달아봄이라는 개념보다 랍비 종교를 널리 지배했던 정신에 훨씬 가까운 것만은 확실하다. 그러나 랍비 종교에 구원과 관련된 "교리"가 있다면, 그것은 선택과 참회다. 한 계명을 이행하면 내세에 분깃을 얻으리라는 말이 한 범죄에 따른 결과가 바로 영벌〔永罰〕임을 일러주는 말과 균형을 이루고 있다.

…… 하나님이 사람의 계명 이행 행위와 범죄 행위 중 많은 쪽을 따라 엄정히 심판하신다고 일러주는 말이 몇 개 있긴 있다. 그러나 우리가 보았듯이, 이런 말을 랍비들이 주장한 교리로 받아들이기는 불가능하다. 랍비 아키바가 팔레스타인 탈무드 카두쉰 61d에서 한 말과 샤마이 학파 및 힐렐 학파가 벌인 논쟁, 그리고 한 계명 이행도 구원을 받을 만한 공로라는 취지의 다른 말들이 말 그대로 아주 잘 증명이 되어있고, 아주 넓게 퍼져 있고, 아주 많고, 아주 강력하기에, 그런 견해〔하나님이 사람의 계명 이행 행위와 범죄 행위 중 많은 쪽을 따라 엄정히 심판하신다는 견해 ⓣ〕를 지지하기는 불가능하다.

이것은 하나님이 공로와 범과〔犯過〕를 저울에 달아 서로 비교하심으로써 공로가 죄를 **무효로 만들거나 벌충할** 수 있게 하신다는 견해도 포기해야 함을 뜻한다. ……

…… 우리는 랍비들의 구원론이 공로와 범과〔demerit〕를 저울에 달아본다는 내용으로 이루어져 있지 않음을 보았다. 랍비들은 분명 하나님이 범죄를 벌하시고 순종에 보상을 베푸시리라고 믿었지만, 사람이 내세에서 가질 자리가 그의 행위를 헤아려보거나 달아봄으로 결정된다는 것은 랍비들이 주장한 교리가 아니다. 사람이 어떤 행동을 할 때는 자신의 행위가 저울로 공평히 측정 받을 것**처럼** 행동하고 자신의 다음 행위가 자신의 운명을 결정할 것처럼 행동해야 한다는 취지의 말, 그리고 사람은 자신의 계명 이행 행위와 범죄 행위 중 많은 쪽을 따라 심판을 받는다는 말은 계명에 순종하라는 랍비들의 권면이라는 전체 맥락에 비춰 바라봐야 한다. 이런 랍

비들의 권면에는 한 범죄가 영벌을 부를 수도 있지만 한 계명 이행 행위로 구원을 얻을 수도 있다는 취지의 말도 들어있다. "무게를 달아봄"은 랍비 구원론이 아니다. 더군다나, 랍비들은 심판 때 선행이 범죄를 청산하거나 보상해준다고 여기지 않았으며, 다만 선행이 범죄에 따른 처벌을 묶어둘〔늦춰줄〕 수는 있다고 보았다(소타 3.4가 그렇게 말한다). 앞으로 보겠지만, 범죄는 그에 상응하는 선행으로 상쇄해야 할 게 아니라 속죄해야 할 것이다. 순종이 요구되긴 하지만, 사람이 스스로 자신을 언약에서 배제하는 식으로 행동한다면, 아무리 많은 선행으로도 구원을 얻지 못한다.[147] 만일 어떤 사람이 언약 속에 계속 남아 언약이 약속한 것들을 그 분깃으로 얻으려면, 순종과 순종하려는 의도가 필요하지만, 이런 순종과 순종하려는 의도로 하나님의 자비를 얻지는〔earn〕 않는다.

하지만 "무게를 달아봄"이 랍비 구원론을 이룬다는 이론을 아주 확실하게 반박하는 증거는 랍비들이 또 다른 견해를 주장했다는 사실이다. 이 또 다른 견해는 랍비 문헌 속에 철저히 스며있으며, "무게를 달아봄" 이론이 랍비들의 교리일 가능성을 없애버린다.

7절 언약과 속죄의 일원이 됨으로써 얻은 구원

모든 이스라엘 백성이 내세에 분깃을 갖고 있다

랍비 가운데 널리 퍼져있는 견해는 이렇다: 모든 이스라엘 백성은 하나님과 그분의 언약을 부인함으로써 내세에 얻을 분깃을 부인하지 않는 한, 내세에 분깃을 갖고 있다. 언약 안에서 저지른 모든 죄는, 그 죄질이 얼마나 무거운가에 상관없이, 죄를 지은 자가 범죄를 속함으로써〔죗값을 치름으로써〕, 특히 범죄를 참회함으로써 언약을 지키려는 것이 자신의 기본 의도였음을 제시한다면 용서를 받을 수 있다. ……

“모든 이스라엘 백성이 내세에 분깃을 갖고 있다”고 분명하게 선언하는 말은 산헤드린 10.1에 나온다. ……

우리는 랍비 문헌의 한 본문을 모든 랍비가 모든 시대에 주장한 어떤 도그마를 대표하는 말로 받아들여서는 안 된다고 거듭 경고했으며, 산헤드린 10.1을 이런 식으로 사용하는 것은 우리 의도가 아니다. 우리는 여기서 다만 사실상 통설 노릇을 해왔다고 보이는 한 견해를 가장 분명하면서도 가장 간결하게 천명한 말을 본다. 물론 이런 견해가 통설이라는 것은 학자들이 명확하게 말하기보다 그냥 전제하는 경우가 더 잦았다. 여기서 온 이스라엘이 구원을 받으리라는 견해에 해당하는 사례를 둘 더 제시해 봐도 되겠다. 150 하나는 랍비 엘리에제르와 랍비 요슈아가 이스라엘이 구속을 받으려면 참회해야 하는가를 놓고 벌인 논쟁이다. 랍비 엘리에제르는 참회가 필요하다는 입장을 취했고, 랍비 요슈아는 하나님이 어떤 경우에도 당신 백성을 구속하시리라는 입장을 취했다. 이 논쟁은 분명 이스라엘 사람들이 내세에 받을 구원이 아니라, 이스라엘 사람이 몸을 입은 채 받을 구속〔physical redemption〕과 관련이 있지만,[1] 논쟁의 전체 요지는 타당하다: 이스라엘 자체가 구속을 받을 것이다. 둘째, 랍비 이쉬마엘〔이스마엘〕이 내세에 이스라엘이

받을 구속에 관하여 어떤 결론을 끌어낸 논의를 인용해볼 수 있다.[2]

> 구속을 받을 수 있는 희생 제사가 있고 구속을 받지 못하는 희생 제사가 있으며, 먹지 말라 한 것으로서 구속을 받을 수 있는 것이 있고 먹지 말라 한 것으로 구속을 받지 못하는 것이 있다. …. 따라서 미래 세계에도 구속을 받을 이들이 있고 구속을 받지 못할 이들이 있을 것이다. 이방 민족들〔이교를 믿는 민족들〕은 구속을 받지 못하리니, 성경이 이렇게 말하기 때문이다: "사람이 그 형제를 결코 구속하지 못하며 하나님께 그 형제를 위한 속전도 치르지 못하리니, 이는 그들의 영혼을 구속할 속전이 너무 비싸기 때문이다"(시 49:8-9). 이스라엘 백성은 사랑받은 이들이니, 이는 거룩하신 이, 곧 송축 받으실 이가 세상의 이방 민족들을 그들의 영혼을 구할 속전으로 주셨기 때문인즉, 성경이 이렇게 말함과 같다: "내가 이집트를 네 속전〔贖錢〕으로 주었다." 왜냐? "이는 네가 내 보기에 귀중하고 영예로우며 내가 너를 사랑했기 때문이다. 그러므로 내가 너를 대신하여 사람들을 내어주고, 네 생명을 대신하여 백성들을 내어주리라"(사 43:3-4).

여기서 이방인을 대하는 태도는 랍비 요슈아가 표명하는 태도만큼 관대하지는 않지만, 이사야서를 훈계 목적으로 사용했다는 점을 적절히 감안해야 한다. 하지만 어쨌든, 이스라엘 사람들이 구속을 받으리라는 것만은 분명하다. 여기서 주석자는 계명 이행 행위보다 범죄가 하나 더 많은 자들은 구속을 받지 못하고 선행이 범죄보다 많은 자는 구속을 얻으리라고 말할 수도 있었지만, 그렇게 말하지 않았다: 모든 이스라엘 백성이 구속을 받는다.

1 16 Urbach, *Ḥazal*, 603f. (ET, 668f.); Neusner, *Eliezer* II, 259이 인용한다.

2 17 Mek. Mishpatim 10 (286; III, 87f. [Nezikin 10]; 21:30을 다룬 부분).

하지만 거듭나지 않은 죄인을 제외한 모든 이스라엘 백성이 내세에 분깃을 갖고 있다는 요지는 이와 반대 취지를 담은 말이 전혀 없다는 사실, 그리고 참회와 대속〔속죄〕을 바라보는 랍비들의 견해를 살펴본 결과가 가장 잘 증명해준다. ……

속죄〔대속〕

가장 거듭나지 않은 죄인만이 언약과 언약에 따른 약속에서 배제되었다는 점은 범죄를 속함을 다룬 본문을 연구해보면 아주 명백하게 드러난다. 통설은 이렇다: 하나님은 하나님과 그분의 언약을 일부러 거부하려는 의도를 제외한 모든 범죄를 속할 수단을 정해주셨다. 즉 언약 안에 있는 자들은, "멍에를 벗어버림으로써" 그들 자신을 언약에서 제거하지 않는 한, (내세에 받을 분깃을 포함하여) 언약에 안에 머물고 언약에 따른 약속들을 받을 것이다. 사람의 범죄가 아무리 많아도, 그 사람이 참회하고 다른 적절한 속죄 행위를 함으로써 언약 안에 머물겠다는 의도를 표명하는 한, 그 범죄를 용서받을 길을 제공하셨다.

이 견해를 일러주는 본문들은 아주 많으며, 이 견해에 반대하는 의견은 없다. 우리는 여기서 대표 사례들을 충실히 제시하고 속죄〔대속〕 수단을 하나씩 논해보겠다. 다음 본문은 모두 모든 범죄를 속할 수단이 있다는 견해를 표명하지만, 어느 범죄를 어떤 식으로 속하느냐라는 문제에서는 견해를 달리 한다.

> 6. 문란함으로 말미암아 성전과 성전 성물〔聖物〕에 임한 부정〔不淨〕은 대속죄일에 [지성소] 안에 염소 피를 뿌림으로 대속한다. 이는 율법이 말하는 모든 범죄의 경우에, 그 범죄가 경미하든 중대하든, 악으로 범한 것이든 모르고 범한 것이든, 의식하고 저질렀든 무의식중에 저질렀든, 부작위범〔不作爲犯; sins

of omission〕, 법이 행하라고 명령한 의무를 이행하지 않은 죄 ⓣ〕이든 작위범〔作爲犯; sins of commission〕이든, 법원이 멸절이나 사형으로 처벌할 수 있는 죄는 대속 염소〔scapegoat〕로 대속한다.

7. 이스라엘 백성이든, 제사장이든, 아니면 기름부음 받은 제사장이든, [이렇게] 똑같이 [대속한다]. 이스라엘 백성과 제사장 및 기름부음 받은 제사장은 어떤 점이 다른가? [158] 제사장의 경우에는 성전과 성전 성물에 임한 부정을 수소〔네 살 이하인 수소, bullock〕의 피로 대속한다는 점만 다르다. 랍비 시므온은 이렇게 말한다: [지성소] 안에 뿌린 염소 피가 이스라엘 백성의 죄를 대속하듯이, 수소의 피가 제사장의 죄를 대속한다. 속죄염소의 머리에 손을 얹고 죄를 고백함이 이스라엘 백성의 죄를 대속하듯이, 수소의 머리에 손을 얹고 죄를 고백함이 제사장의 죄를 대속한다. (셔부오트〔Shebuoth〕 1.6, 7.)

8. 속죄제와 아무 조건을 붙이지 않은 속건제는 속죄를 가져오며, 참회가 있으면, 죽음과 대속죄일도 속죄를 가져온다. 참회는 율법이 하라고 명령한 것과 하지 말라고 명령한 것을 어긴 더 경미한 범죄를 속하는 효과를 낳는다. 범죄가 더 중대할 경우, 참회는 대속죄일이 이르러 속죄를 이룰 때까지 처벌을 늦춰준다.

9. 어떤 사람이 "나는 죄를 짓고 참회하며 또 죄를 짓고 참회하리라"라고 말한다면, 그에게는 참회할 기회가 주어지지 않을 것이다. [만일 그가] "내가 죄를 지으면 대속죄일이 속해주리라"라고 [말한다면], 대속죄일은 아무런 속죄도 가져다주지 않을 것이다. (요마 8.8, 9)

....

랍비 유다는 이렇게 말했다: "너는 [네 하나님 야훼의 이름을 헛되이] 취하지 말라" 뒤에 나온 모든 [계명을] 어긴 범죄의 경우, 참회로 속죄한다. "너는 취하지 말라" 자체를 포함하여 "너는 취하지 말라" 앞에 나온 모든 [계명을 어긴 범죄의 경우], 참회는 [형벌을] 유예할 뿐이요 대속죄일로 속죄한다. (토세프타 욤 하 키푸림 4(5).5)

과연 적절한 대속 수단이 있는가라는 의문이 드는 유일한 범죄는 "너는 네 하나님 야훼의 이름을 헛되이 취하지 말라"(출 20:7)는 계명을 어긴 범죄였다. 이런 어려움이 생긴 이유는 이 구절의 나머지 부분이 "야훼가 그의 이름을 헛되이 취하는 자를 죄 없는 자로 여기시지 않으리라"(또는 "깨끗이 씻어주시지 않으리라," לא ינקה)라고 말하기 때문이었다. 이 토세프타는 다른 모든 범죄를 이야기할 때는 "그가 깨끗이 씻어주시시라"라고 말하면서도, 이 죄를 이야기할 때만은 "그가 깨끗이 씻어주시지 않으리라"고 말한다.[3] 160 마찬가지로 ARN 39도 야훼의 이름을 헛되이 취하는 자를 (죄를 짓고 참회하겠다는 의도를 가진 사람들 그리고 이와 비슷한 이들과 더불어) 용서받지 못할 사람들 가운데 올려놓았다.[4] 우리는 이 문제를 다루는 세 방법을 보았다. 관련 문구를 주해한 결과를 기초로 삼았다는 점에서 가장 현명하달 수 있는 방법은 랍비 엘르아자르가 방금 인용한 머킬타 본문에서 이야기하는 방법이다. 랍비 엘르아자르는 출애굽기 20:7("그가 깨끗이 씻어주시지 않으리라")을 주석하면서, 출애굽기 34:7의 ונקה לא ינקה라는 문구를 언급한다. RSV는 이를 "who will by no means clear the guilty"〔그가 죄 있는 자들을 결코 깨끗이 씻어주시지 않으리라〕로 바르게 번역해놓았다. RSV가 "by no means"로 번역한 말은 "깨끗이 씻어주다"의 부정사 절대형으로서 정동사를 강조하는 역할을 한다. 하지만 랍비 엘르아자르는 ונקה를 정동사로 봄으로써 이 구절을 "또 그가 깨끗이 씻어주실 것이요, 그가 깨끗이

3 60 T. Sotah 7.2. T. Sotah 7.2, 3은 이 말과 다른 몇몇 말을 통해 하나님 이름을 모독함이 얼마나 중대한 범죄인지 강조한다.

4 61 ET, 161.

씻어주시지 않으리라"라고 말하는 구절로, 곧 야훼가 참회하는 자는 깨끗이 씻어주시나 그렇지 않은 자는 그리하지 않으시리라는 것을 말하는 구절로 받아들인다. 이를 출애굽기 20:7의 "깨끗이 씻어주시지 않으리라"에 적용하면, 이는 곧 참회만 있으면 하나님이 당신 이름을 헛되이 취한 자도 **용서해주시리라**는 뜻이 된다.

랍비 이쉬마엘은 야훼의 이름을 모독하는 행위를 가장 속죄하기 힘든 죄로 여긴다. 이 죄를 속하려면 참회와 대속죄일이 필요할 뿐 아니라, 죽음의 날과 이 죽음의 날에 앞서 고난을 겪는 것도 필요하기 때문이다. 그러나 이 죄도 속할 수 있다. 랍비 유다와 랍비〔아키바 ⓣ〕는 "너는 취하지 말라"를 어긴 범죄에는 참회와 대속죄일만이 필요하다고 생각한다. 이것은 분명 아키바 학파의 견해이기도 했는데, 이 학파는 "너는 취하지 말라"를 어긴 범죄가 중범죄이기 때문에 참회와 대속죄일로 속해야 한다고 생각했다(요마 8.8). 따라서 하나님 이름을 모독한 이들을 "멍에를 부숴버린" 사람들에 더하려 했던 이들이 분명 일부 있었지만, 주류를 이루었던 견해는 어떤 계명을 어긴 범죄도 속할 수 있다는 견해였다.

이 모든 본문을 보면, 랍비들은 "대속하다〔속죄하다〕"라는 단어를 인간의 대속〔속죄〕 행위와 하나님의 용서 행위를 모두 포함하는 말로 사용함으로써 용어의 지름길〔terminological short cut; 일종의 은유법으로 짧은 단어/구절로 여러 것을 하나로 뭉뚱그려 아우르는 의미임 ⓔ〕을 활용하고 있는 셈이다. 레위기의 몇몇 본문은 이 둘을 분명히 구분하는데, 레 19:22이 그런 예다: "제사장이 그가 범한 죄를 위해 야훼 앞에서 속건제 숫양으로 대속하면, 그가 저지른 죄가 용서받으리라." 제사장이 "대속하지만," "용서받으리라"라는 수동태(*nislaḥ*)는 용서 주체가 하나님이심을 일러준다. 하지만 시프라는 레위기의 이런 본문들을 주석하면서, 이런 구분을 전혀 하지 않는다. 이와 반대로, 성경이 말하는 "용서하다"를 설명하고자 적어도 한 번은 "대속하다〔속죄하다〕”라는 말을 사용한다. “‘그가 몰랐으면〔모르고 죄를 지었으면〕 용서받으리라’ — 따라서 그가 알았으면, 그것이 그를 속해주지(*mitkapper*)[5]않는다.”[6] 마찬가지로, 주로 “용서하다”라는 의미를 가진 다른 말, 곧 *maḥal*도 “속죄하다”와 얼추 같은 말로 사용한다. 랍비 이쉬마엘이 속죄할 네 방법을 논한 위 머킬타 본문을 살펴보면, “고난이 **속죄한다**”라고 말한다. 그 161
러나 머킬타 뒷부분에 가면 어떤 이가 이 문장을 이렇게 읽는다: “무엇이 그를[그의 범죄들을] **용서해주는가**? 그대는 고난이라고 말해야 한다.”[7] “어떤 속죄 수단이 범죄를 속할 수단으로 정해져있으며 하나님의 용서를 가져다주는가?”라고 말하는 것이 더 정확하겠지만, 랍비들은 더 간명하게 고난이 속죄한다 혹은 고난이 용서한다고 말하면서, 속죄와 용서라는 두 행위를 늘 깔끔하게 구분하지는 않는다. 참회의 경우에는 용어 구분이 자연스럽게 유지되었다: 인간이 참회하고 하나님이 용서하신다. 가령 위에서 인용했던 랍비 이쉬마엘의 논의를 보면, “참회로 **속죄한다**”는 본문이 나온다. 이어 “무언가를 행하라는 명령〔*mitsvah*〕을 어기고 참회한 자는 누구든지 그때부터 하나님이(“그들이”) 그를 **용서하실** 때까지 움직이지 않는다.”[8] 하지만 대개 랍비들은 레위기가 구분하는 것처럼 속죄와 용서를 구분하지 않았다.

이어 하나님의 용서가 “속죄”라는 일반 용어에 포함된다는 것이 나타난다. 랍비들은 사람이 대속죄일에 죄를 고백하고 금식하며 기도함으로 속죄하고 하나님은 그를 용서하신다는 것을 일부러 어렵게 말하지 않았다.

5 62 Sifra Ḥobah pereq 6.7 (4:20을 다룬 부분); ibid., pereq 9.5//pereq 10.8//pereq 20.9; ibid., pereq 23.1 (5:26을 다룬 부분; [ET, 6:2])을 보라.

6 63 Sifra Ḥobah pereq 21.2 (5:18을 다룬 부분).

7 64 Mek. Baḥodesh 10 (240; II, 278; 20:20을 다룬 부분). 라우터바흐는 이를 “그러나 사람에게 용서를 가져다주는 것이 무엇인가?”로 번역한다.

8 65 라우터바흐가 위에서 인용한 번역문에서 말하듯이, “어떤 이가 무언가를 행하라는 계명을 어기고 참회한다면, 그는 즉시 용서받는다.”

그들은 간단하게 "대속죄일이 속죄한다"고 말했다. 랍비들이 속죄에 하나님의 용서가 포함된다고 이해했다는 것은 "속죄하다"와 "용서하다"를 서로 바꿔쓸 수 있다는 점에서 분명하게 드러난다. 그러나 랍비들이 속죄에 관하여 문장을 풀어가는 방식을 살펴본 독자들은 랍비들이 속죄 과정을 저절로 이루어지는 과정으로 인식했다는 오해를 할 수도 있다. 랍비들은 분명 하나님이 속죄에 합당한 일을 한 이들에게 용서를 베푸시리라고 확신했지만, 하나님과 죄인을 다시 화해시켜주는 하나님의 용서가 없어도 속죄가 유효할 것이라고 생각하지는 않았다. 그들은 하나님을 늘 용서를 베푸실 준비를 하고 계신 분으로 묘사했기 때문에, "하나님이 용서하기로 하시면 참회로 속죄가 이뤄진다"고 말할 필요가 없었다. 늘 그렇듯이, 랍비들은 하나님 쪽 일〔하나님이 하셔야 할 일〕을 깊이 다루지 않으며, 용서만을 따로 떼어내 전체 화해 과정의 일부로서 특별히 주목하게 하지도 않았다. 그들은 단지 인간의 행위만을 가리키는 말임이 분명한 "속죄"를 하나님과 인간의 화해 전체를 가리키는 말로 사용할 수 있었다.

…… 랍비들이 제사 제도와 성전 제사에 보인 태도에는 어떤 모호함이 있다. 한편으로 보면, 랍비들은 오경이 제사 제도에 부여한 역할에 결코 이의를 제기하지 않았다. 설령 있었다 해도, 사람들이 부풀린 것이었다. 다른 한편으로 보면, 참된 종교는 사실 제사 제도에 의존하지 않았다. 제사 대신, 랍비들은 희생 제사를 규율한 율법을 연구하라고 재촉대기 시작했다. 대속죄일에 하는 행위도 바뀌었다. 그러나 유대교는 계속하여 하나님이 지정하신 속죄 수단을 운용하는 종교로 남아 있었다. 그렇다고 이것이 유대교가 성전이 있을 때처럼 성전이 없을 때도 계속하여 건재할 수 있다는 것이 모든 랍비의 견해였다는 의미는 아니다. 누스너는, 가령, 랍비 엘리에제르가 제사 제도를 대신할 것들을 준비하지 않았던 것 같다고 말했다. 랍비 엘리에제르는 제사 제도가 신속히 회복되리라고 예상했던 것 같다. 다

른 랍비들은, 특히 세월이 흘러감에 따라, 제사를 올리는 대신 제사를 연구하는 일에서 실제로 어떤 이점을 발견했을지도 모른다. 하지만 어느 경우든, 제사 제도의 가치는 결코 부인하지 않았으며, 유대교는 제사 제도 없이 계속하여 기능했다.

…… 랍비들이 실제로 관심을 가진 것은 (단지 더 많은 계명 이행 행위로 범죄를 청산하는 데 머물지 않고) 범죄를 **속할** 수 있는 방법이었다는 것이 분명히 드러난다. **아울러** 랍비들은, 토라의 계명을 이행할 수 있는 방법에 관심을 기울였듯이, 제사를 행하라는 계명을 이행할 수 있는 방법에도 관심을 기울였다 .…… 랍비가 속죄에는 도통 관심이 없었고 오로지 겉으로만 순종하는 데 관심이 있었다는 결론을 끌어내는 것은 완전히 자기 주장만 늘어놓는 해석이다.

…… 우리는 랍비들이 성경이 지정한 속죄 수단이나 이런 수단들이 진실로 효력이 있음을 결코 부인하지 않았음을 보았다. 설령 어떤 다툼이 있다 해도, 그것은 사람이 지은 죄가 용서받을 것이냐 여부를 묻는 문제를 둘러싼 다툼이 아니라, 하나님이 용서를 베푸시겠다고 약속하시면서 용서의 조건으로 덧붙이신 것이 무엇인가를 둘러싼 다툼이었다. 랍비들은 성경에서 이 문제를 다룬 내용을 모두 살펴보려고 노력했으며, 이런 내용을 조화시키고, 성경이 정해놓은 이런 다양한 속죄 수단에 상이한 효력을 부여했다. 그러나 그들은 모든 죄를 속할 유효한 수단이 존재한다는 데 모두 동의했다.

…… [168] 랍비는 대속죄일이 하나님을 명백히 거역한 죄를 제외한 모든 죄를 속하며, 참회가 그것을 속한다고 말하면서, 나아가 다양한 속죄 수단이 보편적 효력을 가짐을 강조했다—어떤 죄, 심지어 "멍에를 벗어버림"도 하나님이 용서하시는 범위 안에 들어있다. 물론, 사람이 언약의 멍에를 벗어 던져버림을 참회하면, 그는 결국 그 멍에를 확실히 벗어 던져버리지 않은 셈이다. 탕자도 언제나 돌아올 수 있다. 랍비의 견해는 이렇게 말해볼

수 있겠다: 사람이 언약 안에 머물겠다는 의도를 갖고 있는 한, 성경이 정한 속죄 수단은 유효하다—명확한 반대 증거가 없는 한, 참회 자체는 추정된다〔성경이 지정한 속죄 수단에 따른 행위를 하면, 참회 의사가 있는 것으로 추정한다는 말이다 ⓣ〕. 사람이 언약을 거부하면, 언약의 일부인 속죄 수단이 효력을 발생하기 전에 돌아와야〔참회해야 ⓣ〕 한다.

어쨌든, 희생 제사와 다른 제의 행위를 마술처럼 스스로〔저절로〕 효험을 일으키는 행위로 여기지 않았으며, 마치 이것들 자체가 무슨 힘을 가진 것처럼 여기지 않았다는 점을 강조하지 않을 수 없다. 내가 위에서 말했듯이, 문제는 하나님이 용서를 베푸시겠다는 약속에 덧붙이신 조건이 무엇이냐이다. 용서를 베푸시고 속죄가 효력을 갖게 하시는 이는 하나님이시다. 하나님이 제사와 다른 제의 행위를 명령하는 쪽을 택하셨다면, 사람은 이런 수단을 통해 속죄하려고 해야 한다.

속죄 수단으로 활용되는 고난은 좀 더 간략히 논의해 봐도 되겠다. ……

…… 랍비 엘리에제르가 아팠을 때, 랍비 아키바와 다른 세 사람이 와서 그를 위로했다. 랍비 아키바를 제외한 다른 모든 이는 랍비 엘리에제르를 지나치게 칭송했다. 하지만 랍비 아키바는 "징벌이 귀중합니다"라고 말했다. 그는 이 말을 설명하면서, 오직 징벌만이 므낫세가 하나님께 간구하도록 이끌었다고 주장했다.

170 이 …… 논지는 …… 고난에 속죄 효과를 부여하게 된 두 주요 동기 중 하나다: 징벌은 참회로 이끈다. 한 아모라〔Amora〕는 이 점을 아주 분명하게 강조한다: "라바(〔Raba〕, 어떤 이는 랍비 히스다〔R. Ḥisda〕라고 말한다)는 이렇게 말한다: 어떤 이에게 고통스러운 고난이 임한 것을 보면, 그가 자기 행위를 돌아보게 하라."[9]

9 112 Berakoth 5a (ET, 18).

랍비들이 고난과 속죄 그리고 고난과 범죄에 따른 형벌 사이에서 발견한 관계를 이해해야 고난을 속죄 수단이라 부른 또 다른 동기를 알 수 있다: 하나님의 정의. 하나님이 정의로우신데, 사람이 죄를 짓는다면, 그 범죄에 아무런 죗값을 요구하지 않기는 불가능하다. 제사는 물론이에요 심지어 돈으로 지불하는 속전(贖錢)도 속죄를 가져올 수 있으나,[10] 고난은 더 효력이 강하며 더 중대한 죄를 속한다. 고난은 더 큰 희생을 요구하기 때문이다. 따라서 의인이 이 땅에서 그들의 죄에 따른 벌을 받음은 그가 내세에 중단 없는 열락을 누리게 하려 함이다.

우리가 여기서 유대교가 생각했던 의인의 고난이라는 개념이 걸어온 역사 전반을 제시하기는 불가능하다. 그러나 (1) 하나님은 당신이 사랑하는 자들을 고난으로 정결하게 하신다는 것과 (2) 하나님은 정의로우시므로 심지어 의인도 그 죄 때문에 벌하신다는 것이 오랜 세월 동안 의인이 왜 고난을 겪는가라는 물음에 주어진 두 대답이었음은 분명하다. ……

…… 탄나임은 하나님이 완전히 유효하면서도 **하나님의 정의와 일치하는** 속죄 수단을 제공하셨다고 생각했다. 구원을 하나님이 하시는 행위로 본다면, 고난은 하나님의 정의로운 요구를 만족시키려는 것이라고 말할 수 있다. 사람이 범죄 때문에 형벌을 받고(punished) **또** 영벌을 받는(damned) 일은 없다. 그러나 경건한 사람은 고난을 그 내면에서 자신을 돌아보고 참회하게 하는 계기로 본다. 랍비들은 고난을 범죄에 따른 하나님의 정의로운 형벌로 보지 않았으며, 마치 갈등처럼 하나님이 사람에게 참회하라고 쾌쳐대시는 수단으로 보지 않았다. 이 두 말은 랍비들이 깊이 간직하던 신앙의 확신(하나님의 정의로우시고, 사람은 죄에 책임을 져야하며 참회해야 한다)에서 나오며, 두 말 모두 고난은 속죄를 가져온다는 말로 표현할

10 113 랍비 이쉬마엘은 사람이 돈으로 자신을 구속할 수 있음을 하나님의 자비를 보여주는 표지로 받아들인다. Mek. Mishpatim 10 (286; III, 86f.[Nezikin 10]; 21:30을 다룬 부분)을 보라.

수 있다.

....

이처럼 우리는 대체로 참회가 다른 속죄 수단과 함께 하며, 이런 점에서 하나님께 용서를 받는 데 늘 필요한 것은 네 번째 속죄 수단이 아니라 태도〔죄를 참회하는 태도 ⓣ〕임을 보았다.[11] ......

......[176] 탄나임 문헌은 율법에 완전히 순종함이라는 문제를〔율법에 완전히 순종하는 것이 가능한가라는 문제를 ⓣ〕 제기하지 않는다. 분명 일부 랍비들은 자신들이 순종하지 않았을지도 모를 계명이 무엇인가를 생각하며 힘든 시간을 보냈지만,[12] 인간이 잘못을 저지를 수 있음은 잘 알고 있었다. 참회를 아주 큰 효험이 있다고 여겨 심지어 평생 지은 죄와 불순종보다 무겁다고 여겼다. 우리가 토세프타 키두쉰 1.15, 16에서 본 랍비 시므온 벤 요하이의 말이 그런 예다: 악한 자도 그의 생애 마지막에 참회하면 구원을 받는다. 랍비 메이르도 이와 비슷한 견해를 제시한다: 두 사람이 같은 병을 앓았는데 한 사람만이 살아남는다면, 그것은 그가 참회했기 때문이다.

여러분은 이 견해가 어떤 사람이 전 생애를 통틀어 행한 행위〔즉 계명 이행 행위와 범죄 행위 ⓣ〕 중 많은 쪽이 그의 영원한 운명을 결정한다는 견해와 거의 들어맞지 않는다는 것을 곧 알게 될 것이다. 시프레의 이 본문은 참회가 허다한 죄를 씻어준다는 견해와 하나님이 당신의 정의 때문에 사람을

11 140 이 점은 ARN 29와 Yoma 45가 제시하는 랍비 이쉬마엘의 네 범주가 분명히 말한다. 거기를 보면, 랍비 마티아 벤 헤레쉬가 랍비 엘르아자르에게 랍비 이쉬마엘이 말하는 세 속죄 범주에 관하여 들었는지 묻는다. 그러자 랍비 엘르아자르가 이렇게 대답한다. "들었습니다. 그러나 속죄 범주는 셋이 있으며, 각 범주에는 반드시 참회가 함께 합니다."

12 148 가령 Mek. Mishpatim 18 (313; III, 141f. [Nezikin 18]; 22:22[23]을 다룬 부분): 랍비 시므온과 랍비 이쉬마엘이 처형당하려 할 때, 랍비 시므온은 자신이 무슨 죄 때문에 벌을 받을지 생각하지 못했다. 랍비 이쉬마엘은 그가 언젠가 자기 잔을 마시거나, 신발 끈을 매거나, 옷을 입을 때까지 어떤 판단을 내리길 늦췄을 수도 있음을 시사했다. 중요한 것은 이런 죄가 그의 때 이른 죽음을 설명해줄지도 모른다는 것이다. (이 랍비 시므온의 정체를 알려면, Finkelstein, *Akiba*, 268, 316f.를 보라.) 또 다른 경우를 보려면, Büchler, *Sin and Atonement*, 347을 보라. 아울러 Büchler, *Types*, 17f.를 보라. 여기에서는 랍비 문헌과 다른 문헌에서 거의 완전하게 율법을 지킨 사례들을 인용한다.

그가 지은 죄에 따라 엄히 다루실 수밖에 없다는 견해를 연계한다.[13]

> 현자들은 말한다: 하나님은("그들은") 무죄를 유죄로, 유죄를 무죄로 바꾸시지 않고, 도리어 의무를 [다함에] 보상을 베푸시며 범죄를 처벌하신다. 그렇다면 성경은 왜 "르우벤은 죽지 않고 살지어다"라고 말하는가? 그것은 르우벤이 참회했기 때문이다.

이 본문의 요지는 엄격한 계산을 했다면 르우벤은 죽었겠지만, 참회가 그의 불순종을 더 이상 그에게 불리하게 계산하지 않는 새로운 상황을 만들어냈다는 것이다. 성경 기사(記事)가 그의 참회(추측컨대 근친상간에 따른 참회일 것이다; 창 35:22과 49:4을 보라)를 언급하지 않음은 어쩌면 주목할 만한 일일지도 모른다. 랍비들은 신 33:6이 그가 살고 죽지 않으리라고 말하기 때문에 그가 **필시** 참회했을 것이라고 추측했다. 이것은 랍비들의 구원 교리가 참회를 얼마나 철두철미하게 요구했는가를 일러준다.[14]

참회도 순종처럼 그저 하나님의 사랑을 믿고 행함이 가장 좋지만, 두려움 때문에 하는 참회도 안 하는 것보다야 낫다. 랍비들은 그런 참회를 칭송하진 않지만, 그래도 그 효력을 부인하진 않는다.[15]

루터파가 오랜 세월에 걸쳐 제기한 문제에 민감해진 사람에겐 참회도 하나님의 자비를 자기 힘으로 얻는(earn) 율법 행위로 보일지 모른다. 랍비들이라면 사실 이 문제를 이야기하면서 참회할 때는 인간이 자신의 의지로 해야 함을 하나님의 자비를 얻는 절대조건으로 삼는 식으로 이야기할 수 있다. [177] 즉 때로 개개 본문을 보면, "참회하라"는 명령문이 "그러면 하나

13 151 Sifre Deut. 347 (404f.; 33:6을 다룬 부분).

14 152 Moore, *Judaism* I, 500: 참회와 그 다른 측면인 죄 용서는 "유대교의 구원 교리라 불러도 적절하다."

15 153 므낫세를 다룬 Schechter, *Aspects*, 318이하를 보라.

님이 자비를 베푸시리라"라는 서술문보다 앞서는 것처럼 보일 때도 있을 것이다. 그 예로 시프라의 이 본문을 인용해볼 수 있겠다.[16]

> "할례 받지 않은 그들의 마음이 낮아지면"(레 26:41). — 이 말은 참회에 적용된다. 이는 그들이 참회하여 그들의 마음을 낮추자마자, 내가 곧장 돌이켜 그들에게 자비를 베풀기 때문이니, 성경이 이렇게 말함과 같다. "할례 받지 않은 그들의 마음이 낮아지고 그들이 자신들의 죄악을 바로잡으면."

어떤 의미에서는, 이런 인상이 옳다. 랍비들은 참회를 하나님이 용서를 베푸시는 조건으로 여겼다. 하나님은 사람에게 억지로 순종하고 참회하는 태도를 유지하라고 강요하시지 않았다.[17] 랍비 종교〔랍비 유대교〕는 참회를 "자비"를 얻는 **행위**〔공로〕로 본다고 생각하는 견해의 잘못된 점은 랍비 종교의 근본 기초, 곧 하나님이 이스라엘을 택하셨다는 점을 고려하지 않는다는 점이다. 참회와 용서라는 주제는 "모든 이스라엘 백성은 내세에 분깃을 갖고 있다"는 이해에 기초한 더 큰 구조 안에서 작동한다. 분명 이 견해는 하나님의 은혜에 관한 이해를 그 기초로 삼는다.

여기서 우리는 랍비 자료의 본질 그리고 랍비 종교의 전체 구조를 모두 참작해야 한다. 랍비 종교를 형성한 두 틀은 한쪽의 선택과 다른 한쪽의 내세에 받을 분깃이었다. 언약 속에 남아있는 이들은 모두 언약에 따른 약속들에 참여했다. 우리가 거듭 지적했듯이, 랍비들은 하나님이 언약에 신실

16 154 Sifra Beḥuqqotai pereq 8.6 (26:41하반절을 다룬 부분). 참회를 주도하는 이가 사람인가 하나님인가라는 문제를 살펴보려면, Petuchowski, "The Concept of 'Teshuvah'," 184f.를 보라.

17 155 랍비들은, 사람이 언약에 따른 계명들을 좋아하든 말든, 일단 그가 언약을 받아들였으면, 그 계명들이 강요되었다고 말할 수 있었다. Sifre Num. 115 (127f.; 15:41을 다룬 부분). 하지만 경건하려 살려는 의도를 강요하기는 불가능하다: "모든 것이 하늘의 손에 달려있지만, 하늘을 두려워하는 마음만은 예외다"(Berakoth 33b; Megillah 25a). "선택의 자유가 주어져 있었다"(Aboth 3.15; ET, 3.16). 참고. Urbach, *Ḥazal*, 320 (ET, 365): 어떤 의미에서 보면 계명은 의무이지만, 또 다른 의미에서 보면 계명을 지킴은 자의에 달려있다.

하심을 결코 의심치 않았다. 그들이 다룬 것은 사람이 어떻게 하면 가장 신실할 수 있는가라는 문제였다. 할라카 문헌은 그 이름 그대로 이런 문제를 다룬다. 즉 할라카 문헌의 관심사는 언약 내부의 문제들이었다. 사람이 언약에 신실함을 부정문으로 표현하면, 언약을 부인하지 않음이요, 하나님의 법령을 아무 효력이 없는 것으로 다루지 않음이요, 율법을 경멸하지 않음이요, 자기 형제를 대할 때 이웃을 사랑하라 명령하신 하나님을 사실은 전혀 존중하지 않음을 보여주기라도 하는 것처럼 대하지 않음이다. 사람이 언약에 신실함을 긍정문으로 표현하면, 계명에 순종하려 최선을 다하고 순종하지 못했을 때는 그에 적합한 것을 하려고 최선을 다하는 것이다. "적합한 것을 행함"에는 늘 참회가 따른다. 회개하지 않는 사람은 자신의 불순종을 고치는 조치를 취하지 않기 때문이다. "적합한 것"에는 제사를 드림, 손해를 배상함, 통회하는 마음을 분명하게 드러내는 다른 행위가 포함된다. 예루살렘 성전이 파괴된 뒤에는 참회가 율법이 규정한 모든 제사를 대신했지만, 대속죄일은 유대인의 삶에서 여전히 특별한 자리를 유지했다. 결국 필요한 것은 언약 안에 남아 있으려 함이요, 순종하려 함이다.

178 따라서 참회는 사람이 주도하여 하나님의 자비를 유인하고 얻어내는, 어떤 "지위를 얻는" 행위가 아니다. 참회는 "지위를 유지"하거나 "지위를 회복"하려는 태도로서, 어떤 이가 언약 안에 남아 있으려 한다는 것을 일러준다. 다른 말로 표현하면, 그 사람은 이미 "구원 받았다." 그가 이제 해야 할 일은 하나님께 올바른 태도를 유지하는 것이다. 그런 태도를 유지하지 않으면, 하나님의 자비는 아무 소용이 없다. 사람은 하나님이 베푸신 자비를 받아들임으로 언약 안에 들어간다. 들어간 이는 그 자비를 계속하여 받아들임으로 언약 안에 머문다. 이것은 범죄를 참회함을 암시한다.

…… 참회는 하나님의 은혜를 얻는 행위가 아니라, 범죄로 뒤틀린 관계를 회복시키는 수단이다. 여기에서는 하나님이 먼저 구원의 은혜를 베푸

신다고 추정한다. 이것이 랍비들의 태도이며, 죄를 짓고 참회하는 자들은 여전히 "율법으로 말미암아" 의로운 자들이다. 그리스도인과 유대교 신자를 불문하고, 이런 본문들이 "참회하라"는 명령문을 "그러면 하나님이 자비를 베푸실 것이다"라는 서술문 앞에 놓은 것을 "행위로 의롭다하심을 얻음"을 주장하는 종교의 존재를 증명하는 증거로 해석해서는 안 된다. 그런 해석은 그보다 훨씬 전에 구원을 베푸신 하나님의 은혜를 언급한 말이 있음을 간과하고 참회가 은혜로 말미암아 수립된 관계를 회복시킬 때 하는 역할을 무시할 때만 비로소 가능하다.

....

요약

이제 우리는 이스라엘 백성에게 적용된 랍비 종교의 전체 패턴을 조망할 수 있는 자리에 와 있다(개종자와 의로운 이방인은 아래에서 살펴보겠다). 그 패턴은 이렇다: 하나님은 이스라엘을 택하셨고, 이스라엘은 그 선택을 받아들였다. 하나님은 왕이라는 당신의 역할을 따라 이스라엘에게 그들이 최선을 다해 순종해야 할 계명을 주셨다. 순종에는 보상이 주어지고, 불순종에는 형벌이 따른다. 하지만 순종하지 못한 사람은 하나님이 정하신 속죄 수단에 의지하며, 모든 속죄 수단에는 참회가 함께 따라야 한다. 그가 언약 안에 머물려는 욕구를 유지하는 한, 그는 내세에 누릴 생명을 포함하여 하나님의 언약에 따르는 약속들에 분깃을 가진다. 순종하려는 의도와 노력이 **언약 안에 머물기 위한 조건**을 이루지만, 그 의도와 노력으로 그런 조건을 **얻는** 것은 아니다.

비록 체계 있게 발전하진 못했지만, 대체로 종교를 이렇게 바라보는 이해가 실제로 탄나임 문헌 전체의 배경에 자리하고 있다. 이런 이해가 탄나임 문헌의 주된 강조점뿐 아니라 중요한 점에서 분명하게 드러나는 모순을 설명해준다. 이런 이해가 탄나임의 신앙적 사고를 시종일관 철두철미하게 형성시켜준 것으로 보인다. 그들은 분명 다른 모든 종교 양식은 성경에 합치하지 않으며, 토라가 계시하는 하나님의 뜻과 일치하지 않는다고 보았을 것이다.[181] 이런 큰 패턴을 못 보고 넘어갔을 때만 비로소 랍비들이 편협하고 멸시를 받아도 싸다는 의미를 담은 율법주의자로 보일 수 있다. 랍비들의 율법주의는 은혜에 따른 선택과 확실히 보장된 구원이라는 더 큰 맥락 속에 들어있다. 랍비들은 불순종과 순종, 형벌과 보상을 논하면서, 사람이 어떻게 구원을 받는가는 다루지 않았지만, 사람이 언약 틀 안에서 어떻게 행동해야 하고 하나님이 어떻게 행동하시는가는 다루었다. 그들은 언약 틀 안에서 하나님이 주신 명령을 최선을 다해 이해하며 순종하고자 했지만, 자신들이 계명에 따른 의무〔명령, *mitsvot*〕를 이행한 숫자에 따라 언약 속에서 자신들의 자리를 얻는다고 생각하지는 않았다. 아울러 그들은 계명을 어긴 범죄가 계명 이행보다 많으면 영벌을 받으리라는 생각도 하지 않았다. 그들은 **한** 계명을 어긴 범죄도 영벌을 가져다준다고 말할 수 있었기 때문에, 혹 그런 말을 했을지도 모르지만, 그래도 훈계를 담은 권면과 기본 믿음을 혼동해서는 안 된다. 사람이 언약 안에 머물려 하고 이런 의도를 참된 참회로 표명하는 한, 하나님은 그 사람이 계명을 이행하거나 어긴 숫자를 꼼꼼하게 헤아리시지 않았다. 하나님이 엄격하게 심판하신다면, 살아남을 이는 아무도 없을 것이다. 족장들도 하나님이 엄히 심판하셨다면 하나님의 질책을 견디지 못했을 것이다.[18]

언약에 따른 선택과 보장된 속죄라는 틀, 그리고 **언약 내에서** 하나님이 보상하시고 처벌하실 것을 믿을 수 있다는 신뢰가능성 사이에 존재하는 관계를 이해하지 못하는 바람에, 랍비 종교의 본질을 철저히 오해하는

18 169 랍비 엘리에제르가 Arakin 17a, 첫머리의 한 바라이타에서 한 말. Gen. Rab. 12.15와 39.6도 하나님이 엄격히 심판하신다면 세상은 견디지 못할 것이라고 말한다.

결과가 벌어졌다. 이런 오해가 빌러벡 같은 학자들의 저작뿐 아니라 쇠베리 같은 학자의 저작에서도 나타나는 특징이 되었다. 빌러벡은 언약을 언급하지 않고도 "바리새인의 구원론"을 쓸 수 있었지만, 속죄를 인간이 저지른 범죄보다 많은 계명을 이행하려는 노력 속에서 적은 역할을 담당하는 것으로 보아 속죄의 역할을 축소해버렸다.[19] 반면, 쇠베리는 랍비들의 견해에서 나타나는 정의와 자비의 관계를 이해하려고 노력했다. 쇠베리는 산헤드린 10.1이 표현하는, 선택을 믿는 믿음에 주목했으며, 아주 많은 이들이 그랬던 것과 달리, 이 산헤드린 10.1을 그냥 무시하지 않았다.[20] 쇠베리는 영원한 지복〔至福〕이 유죄인가 아니면 의롭다하심을 받았는가를 묻는 문제가 아니라 이스라엘에 속하는가를 묻는 문제로 바뀐다는 것이 산헤드린 10.1의 의미라고 보았다.[21] 그렇다면 이 견해를 행위에 따라 보응이 있으리라는 견해와 어떻게 연결할 수 있는가? 쇠베리는 산헤드린 10.1(과 선택에 관한 일반 이론)을 이스라엘에 속한 개개인에게는 적용하지 않고 오직 이스라엘 자체에만 적용함으로써 그 문제를 해결했다. 개개인의 경우는 각 사람이 그 행위대로 심판을 받는다는 것이 통설이다(그러나 그 심판이 많은 이들이 추정하듯 기계처럼 이루어지지 않는다).[22]

쇠베리가 내린 결론의 의미는 그가 "유대교의 구조"를 다룬 절에서 볼 수 있다. 182 유대교가 율법 이행을 요구한다는 사실은 사람이 **그 스스로** 순종을 통해 하나님을 기쁘게 해드리는 **이가 된다**는 결론으로 이어진다.[23] "이처럼 유대교는, 탄나임 랍비들이 제시하듯이, 하나님과 인간의 정상 관계는 인간의 의로움과 이 의로움을 통해 얻어낸 하나님의 호의(*Wohlgefallen*)를 기

19 170 S.-B. IV, 5f.

20 171 Sjöberg, *Gott und die Sünder*, 118f.

21 172 Ibid., 120f.

22 173 Ibid., 122-24; 참고. 106-8.

23 174 Ibid., 188.

초로 삼아 세워진다고 보는 종교로 남아있다."[24] 여기서 쇠베리가 발견하고 균형을 유지하고자 노력했던 자비와 선택이라는 개념들이 결국 사라지고 말았다.

쇠베리의 견해에 대한 논박은 간단하다. 산헤드린 10.1이 담고 있는 말 자체(글자 그대로 옮겨보면, "모든 이스라엘 — 내세에는 **그들에게** 줄 분깃이 있다"; 따라서 "모든 이스라엘 사람이 내세에 분깃을 가진다.")는 이 말이 비단 계속 이어져온 이스라엘 민족뿐 아니라, 개개인에게도 적용된다는 것을 일러준다. 이 본문이 뒤이어 제시한 예외들은 개인이 내세에 분깃을 얻을 대상에서 제외되지 않고 포함되어 있다는 것을 더 자세히 보여준다. 하지만 가장 중요한 것은 개인이 자기가 저지른 범죄를 속할 길을 만들어내려고 기울이는 세세한 노력들이다. 우리가 자주 이야기했던 결론을 다시 말해보면, **통**설은 참회하고 대속죄일을 지킴과 같은 것으로 언약 안에 머물겠다는 의도를 표명한 **모든 이스라엘 사람 하나하나**는 자신이 지은 **모든** 범죄를 용서받으리라는 것이다. 하나님께 **돌아가고자** 참회하고 속죄함을 이야기하는 본문이 랍비 문헌 곳곳에서 등장하며, 이런 본문들은 하나님과 이스라엘의 모든 구성원이 맺은 언약 관계를 **전제한다**. 우리는 개인을 다룰 때, 그가 하나님과 이스라엘이 맺은 언약에 속한 자임을 놓치지 말아야 한다.[25] 그런가하면, 보상과 형벌을 언급한 말도 인간이 어떻게 구원을 얻는가를〔자기 힘으로 벌어들이는가를, earn〕 일러주지 않는다. 이런 말의 반대말은 하나님이 자비로우셔서 구원을 베푸신다는 말이 아니라, 하나님의 보상과 인간의 행위 사이에는 상관관계가 없다, 하나님 뜻에 달려있다는 말일 것이다〔God is arbitrary〕. 이 세상에서 하나님이 정의롭지 않은 분처럼 보인다면, 내세에는 정의가 이루어질 것을 확신하며 안도해도 된다. 언

24 175 Ibid., 190.

25 176 Urbach, *Ḥazal*, 454f. (ET, 511f.)도 마찬가지다.

약 속에 자리한 이스라엘 사람들은 —고난을 통해, 죽음을 통해, 필요하다면 죽은 뒤에도— 범죄에 따른 벌을 받겠지만, 그래도 그는 하나님이 주신 언약 안에 머묾으로 구원을 얻는다. 이 때문에 가령, 랍비 아키바는 행위에 따라 엄격한 처벌이 있으리라고 믿었다. 고난은 그 사람이 죄를 지었으며 그 죄에 따른 벌을 받고 있음을 보여준다.[26] 하나님은 의인이라도 그들이 지은 죄에 따라 벌하시지 않음으로 자비를 보이는 일을 하시지 않는다.[27] 그러나 이것은 하나님이 언약 안에서 하시는 행위를 서술한 것이지, 사람이 어떻게 구원을 받는가를 서술한 게 아니다. 랍비 아키바는 모든 이스라엘 사람이 내세에 분깃을 얻는다는 말에 동의했으며, 이는 그가 몇몇(극소수) 예외를 열거하며 그 말에 붙인 주석이 일러준다. 나아가, 어떤 의미에서는 하나님이 의인의 죄에 내리시는 벌도 그 자체가 자비다. 여기서 받는 벌은 그 의인이 내세에 벌을 받지 않게 하려고 여기서 벌을 주셨음을 보여주기 때문이다. 자비와 정의는 실제로 충돌하지 않으며, 행위에 따른 엄격한 보상과 형벌이 선택과 속죄를 대체하는 구원론도 아니다.[183]

26 177 Mek. Baḥodesh 10과 Sifre Deut. 32, 위 주109.

27 178 Gen. Rab. 33.1, 위 주118.

8절 적절한 신앙 행위: *zakah*와 *tsadaq*

지금까지 탄나임 종교〔탄나임 유대교〕의 기본 패턴을 살펴봤지만, 이제는 우리 연구서가 몇몇 주제를 더 깊이 탐구해봐야 한다. 이 절에서는 올바른 신앙 행위〔태도〕를 알려주는 두 주요 단어, 곧 *zakah*〔자카, 정결하다/순결하다〕와 *tsadaq*〔차다크, 의롭다/바르다〕 그리고 이 단어들의 동족에 초점을 맞춰보겠다.

자카〔*Zakah*〕

위 1절에서 봤듯이, 기독교 학자들은 랍비들이 "공로 교리"를 주장한다는 견해를 오랫동안 유지해왔다. 랍비들이 순종을 공로요 하나님이 보상하실 것으로 믿은 것만은 의심할 여지가 없다. 우리가 주로 탐구하려 하는 것은 공로를 쌓았다가 **마지막 심판 때**는 이 공로를 **이전하여 범과**〔犯過, demerit〕**를 상쇄할** 수 있다는 견해다. 위에서 봤지만, 이 견해는 랍비들의 구원론이 공로와 범죄(죄책)를 비교하여 달아봄으로 이루어져 있다는 이론과 연결되어 있다. 많은 학자는 "조상들의 공로"를 뜻하는 저쿠트 아보트〔*zekut 'abot*〕라는 말에서 공로의 보고〔공로를 쌓아둔 곳간, *thesaurus meritorium*〕가 있다 하는 로마가톨릭의 견해와 비슷한 견해를 보았다. 공로의 보고는 성인들의 잉여 공로와 의로운 고난이 쌓여있는 곳이다. 기독교의 전통적 견해는 마지막 심판 때 저쿠트 아보트가 다른 이들에게 이전될 수 있다는 것이 랍비 구원론이라고 보아왔다.

…… 우리는 다양한 관점을 가진 많은 학자가 지금도 계속하여 랍비 문헌 속에서 공로의 보고라는 개념을 찾아내고 있음을 본다. 이 개념은 랍비들의 구원론을 바라보는 기독교의 전통적 견해에서 늘 중요한 위치를 차지해왔다. 자카, 저쿠트 그리고 자카이〔*zakka'i*〕를 철저히 연구하는 것이 랍비 종교를 이해하는 데 유익하겠으나, 우리는 현재의 연구 범위를 구원론

문제로 국한할 수밖에 없다. 첫째로 우리는 자카와 저쿠트를 언제나 변함없이 "공로"로 번역하는 것은 오해를 불러온다는 점을 언급해두겠다. 둘째, "공로"가 올바른 번역어일 때는 **무엇**이 공로인지 언급하겠다. 마지막으로, 공로의 보고라는 문제를 살펴보겠다.

187
1. 위에서 언급했듯이, 마모스타인은 자카라는 동사와 저쿠트라는 명사를 늘 "공로"로 번역했다. 이 번역은 종종 유감스럽다. 실제로는 거기 들어있지 않은 "공로 교리〔doctrine of merits〕"를 암시하는 것 같기 때문이다. 마모스타인은 저쿠트가 죄, 범죄, 죄책의 반대말로 사용된다고 주장했는데, 이는 바른 주장이다.[1] 그러나 마모스타인은 이 각각의 경우에 저쿠트(와 그 동족어)를 모두 "공로"로 번역했다.[2] 죄나 범죄의 반대말은 선행이나 바른 행위요, 죄책(ḥobah, 〔유죄〕)의 반대말은 무죄이며, 빚이라는 의미로 쓴 호바의 반대말은 빚에서 자유로움〔빚이 없음〕이다. 따라서 이 경우들에는 자카와 저쿠트를 그에 맞게 번역해야 한다. 몇 가지 예를 들어볼 수 있다. 첫 번째 예는 아보트 5.18인데, 댄비의 번역을 따른다.

> 많은 이를 덕으로 인도하는● 자는, 그를 통해 아무 죄(*ḥet'*)도 임하지 않으리라. 그러나 많은 이를 죄로 인도하는●● 자는, 그에게 참회할 수단이 주어지지 않으리라. 모세는 덕이 있었으며(*zakah*) 많은 이를 덕으로 인도했다(*zikkah*). 많은 이의 덕(*zekut*)이 그에게서 나왔다. …. 여로보암은 죄를 지었으며(*ḥata'*) 많은 이를 죄로 인도했다●●●. 많은 이의 죄가 그에게 의존했다. ….[3]

1 21 Marmorstein, *Merits*, 8.

2 22 Ibid., 6f.

● *mezakke*h, zkh 동사의 piel, 현재분사다 ⓣ

●● *maḥati'*, *ḥata'* 동사의 *hiphil*, 현재분사다 ⓣ

●●● *heḥeti'*, *ḥata'* 동사의 *hiphil*, 완료 3인칭 단수형이다 ⓣ

3 23 T. Yom Ha-Kippurim 4(5). 10f.는 다른 이를 그릇된 길로 인도하는 이에게 참회할 기회가 주어지지 않는 이유를 이렇게 설명한다: "그의 제자들은 쉬올〔스올〕로 내려가는데 그는 [내]세를 유업

이 번역이 어려워진 이유는 영어 단어에 "죄"(sin)에 딱히 어울리는 반대말이 없기 때문이다. 댄비가 동사들의 번역어로 "덕으로 인도하다"(lead to virtue)와 "덕이 있다"(be virtuous)를 고르고 명사의 번역어로 "덕"을 고른 것은 아마도 어느 말을 쓰든 오십보백보였기 때문일 것이다. 하지만 여기서 마모스타인은 저 피엘(piel) 동사를 "공로를 얻게 하다"(cause to acquire merits)로 번역했지만, *ḥata'* 동사의 히필 형태는 "잘못된 길로 인도하다"(lead astray)로 번역했다.[4] 영어에서는 "cause to acquire merits(공로를 얻게 하다)"가 "lead astray(잘못된 길로 인도하다)"의 좋은 반대말은 아니다. 공로를 얻음에 관하여 이야기하는 것은 공로를 쌓아둘 수 있는 공로의 보고를 암시하는 것 같다. 바로 이런 이유 때문에 마모스타인의 번역은 오해를 부를 수 있다. 여기서 가장 자연스러운 번역은 모세가 "바르게 행동했다"와 "많은 이를 바로 이끌었다"일 것이다.[5] 그들의 "바른 행동"은 모세에게 의존했다. 중요한 점은 자카의 의미를 그 반대말이자 잘못된 일을 행함을 뜻하는 "죄"가 지배한다는 것이다. 이는 다른 두 본문에서도 분명히 볼 수 있다. 가령 토세프타 페아(T. Peah) 3.8은 이렇게 말한다: 어떤 경건한 사람(*ḥasid*)이 잃어버린 곡식 다발에 관한 계명을 논하면서 자기 아들에게 이렇게 말한다: "칼 바호메르 논증을 할 수 없겠느냐? 하나님이 선한 행위(*zakah*)를 할 의도가 없었던 이가 선한 행위를 한(즉 곡식 다발을 잃어버린) 사람도 선한 행위(*zakah*)를 한 것처럼 계산하신다면, 선한 행위를 하려는 의도를 갖고 선한 행위를 한 이가 있을 때는 더더욱 [그것을 선행으로 계산하시지] 않겠느냐 …. 죄를 지으려는(*ḥata'*) 의도가 없었으나 죄를 지은 이가 있다면, [그 경우도 마찬가지다]." [188] 이런 대조는 시프레 신명기

으로 받는 일이 없게 하려 함이다." 참고. Liebermann, *Tosefta Ki-Fshuṭah, Mo'ed*, 827.

4 24 *Merits*, 6.

5 25 Jastrow, Dictionary, 399도 같은 견해다. 그는 Aboth 5.18에 있는 *mezakkeh*를 "선을 행하게 하다"로 번역한다.

306 (332; 32:1을 다룬 부분)에서도 나타난다: 땅과 바다는 이득(*sakar*)도 손실도 보지 않게 만들어졌다. 따라서 "땅과 바다는 바로 행해도(*zokim*) 보상(*sakar*)을 받지 않으며, 바로 행하지 않아도(*ḥot'im*) 벌을 받지 않는다(*pur'anut*)." 마모스타인이 이끄는 대로 이런 경우에 자카를 "공로를 얻다"로 번역한다면 잘못일 것이다.

저쿠트가 호바의 반대말인 경우, 마모스타인은 이를 "공로"〔merit〕와 "죄책"〔유죄, guilt〕으로 번역한다. 하지만 이 두 단어는 "무죄"와 "유죄"로 번역하는 것이 자연스럽다. 가령 마모스타인은 하나님은 결코 저쿠트를 호바로, 호바를 저쿠트로 바꾸시지 않는다는 말을 "공로와 죄책은 서로 바꿀 수 없다"는 뜻으로 인용하면서, 이렇게 설명한다: "사람이 큰 공로를 얻었어도 이 공로로 그가 짊어진 죄책을 줄이지 못하며, 마찬가지로 죄책도 공로를 줄이지 않는다."[6] 이것은 분명 올바른 관찰이지만, 이 본문을 정확히 해석한 말로는 보이지 않는다. 오히려 이 본문의 의미는 하나님은 무죄를 유죄처럼 다루시지 않으시며 유죄를 무죄처럼 다루시지도 않는다는 것이다. 도리어 하나님은 죄인을 벌하시고 죄 없는 자에게 보상하신다.[7] 우리는 저쿠트를 유죄와 구별하여 무죄(*ḥobah*)라는 의미로 보는 것이 랍비 문헌의 표준임을 유념해야 한다.[8] 한 가지 흥미로운 사례가 레 7:34을 다룬 주석이다. 성경 본문은 이렇다: "내가 이스라엘 백성의 화목제물에서 흔든 가슴과 바친 뒷다리를 가져다가 제사장 아론과 그 자손에게 주었으니, 이것이 이스라엘 백성에게 마땅히 받을 영원한 몫이니라." 주석자는 왜 이

6 26 Ibid., 7; Sifre Deut. 347을 인용한다.

7 27 위 6절 주11과 그곳 본문에 있는 논의를 보라. 참고. Sifre Deut. 144와 Sanhedrin 4.1 아래 주89.

8 28 가령 Sanhedrin 3.6 (*zakka'i*, 곧 "무죄"를 "유죄"라는 의미를 가진 *ḥayyab*의 반대말로 사용한다); Sanhedrin 4.1 (zekut, 곧 "무죄" 혹은 "석방"을 "유죄"라는 의미를 가진 *ḥobah*의 반대말로 사용한다); Sanhedrin 3.7 (*mezakkeh*, 곧 "무죄를 선고하다"를 "유죄를 선고하다"라는 의미를 가진 *meḥayyebin*의 반대말로 사용한다)을 보라. 마찬가지로, 나는 *kaf ḥoban*과 *kaf zekut*가 공로와 죄책〔유죄〕이라기보다(Marmorstein, 9는 이렇게 본다) 무죄와 유죄를 재는 (저울의) 양쪽을 가리킨다고 받아들인다.

제물을 이스라엘에게서 취하는지 묻는다. 그 답은 이스라엘 사람들이 죄에 빠졌기(*nitḥayyebu*) 때문이다. 이 대답이 옳다면, 이스라엘이 무죄일(*zaku*) 경우에는 그 제물을 다시 얻을까? 이 성경 구절의 마지막 부분이 분명히 일러주듯이, 그렇지 않다.[9] 여기에서는 분명 자카를 "그들에게 (충분한) 공로가 있다면"으로 번역하려면 할 수도 있겠지만, 이런 번역은 어울리지 않는 곳에 공로라는 의미를 강요하는 것이다. 이곳의 의미는 그냥 "무죄"다. 마찬가지로(마모스타인은 이 예를 들지 않지만), 호바가 금전채무를 뜻할 때는 저쿠트가 호바의 반대말이다. 이 경우, 저쿠트는 "공로"가 아니라 "빚에서 자유로움"〔빚이 없음〕을 뜻한다.[10]

요컨대, 마모스타인이 완전히 틀리지는 않았지만("바르게 행한" 자는 마땅히 그에 따른 보상을 받을 자격이 있다), 자카와 그 동족어를 시종일관 "공로"로 번역하는 것은 이 말이 실제 가진 뉘앙스를 불분명하게 만들고, 마치 일관되고 철두철미한 어떤 "교리"가 존재했다는 인상을 주는 것 같다.

189 2. 우리는 위에서 랍비들이, 어떤 이가 보상을 얻으면, 그가 무슨 공로로 그 보상을 얻었는지 탐구하는 것을 자연스럽게 여겼음을 보았다.[11] 이제 우리는 공로에 따른 이런 보상이 거의 예외 없이 역사 속에서 주어지는 구체적 보상이지, 구원론 차원의 보상이 아니라는 데 주목해야 한다. 즉 공로에는 보상이 주어진다는 개념은 사람이 선행으로 **구원을 얻음**〔사들임, *earns salvation*〕을 암시하지 않는다. 신약 신학자들은 랍비들이 말하는 공로 개념이 율법의 행위에 따른 의를 일러준다며 이 개념에 이의를 제기한다. 그러

9 29 Sifra Tsav pereq 17.5 (7:34을 다룬 부분).

10 30 Gittin 8.3. *paṭar*를 *ḥub*의 반대말로 쓰면, 어떤 책무를 면제받음, 어떤 의무를 벗어남, 혹은 어떤 율법에 따른 책임을 지지 않음을 뜻한다. Bekhoroth 4.4를 보라: 만일 그가 실제로 빚을 지고 있는(*ḥayyab*) 자의 빚을 면제한다(zikkah)고 선언하면, 선언한 그가 변제해야 한다. 그러나 그가 전문가라면, 그는 변제해야 할 책무를 지지 않는다(*paṭur*).

11 31 위 4절, 191.

면서 공로로 주어지는 것이 바로 구원이라고 추측하는 것 같은데, 이런 추측은 옳지 않다. 이미 제시했던 한 예를 다시 떠올려보면, 우리는 유다 지파가 가장 먼저 바다(홍해)를 건넜기 때문에 그 공로로 왕의 자리를 받았음을 보았다. 또 다른 예를 몇 개 들 수 있다. 여호수아가 백성들의 지도자로 세움을 받은 것은 "그의 공로 때문"이요,[12] 아론은 제사장직이라는 이득을 얻을 만했고 그 자손들은 그 자리를 계속 이어가게 되었으며,[13] 다윗은 왕위를 받을 만 했고,[14] 베냐민은 그가 분깃으로 받은 땅(성전이 있는 장소)에 셰키나가 거하는 혜택을 받을 만 했다.[15] 모세는 이스라엘 백성과 하늘에 계신 이 백성들의 아버지 사이에서 사자로 세움을 받을 만했고,[16] 이스라엘 백성은 그들 가운데 선 선지자를 가질 만 했으며, 선지자가 그들 가운데 일찍 이른 것도 "그들의 공로 때문"이었고(*bizekut*),[17] 이스라엘은 집이 이미 가득하고 물통이 이미 만들어져있는 땅에 들어갈 만 했다.[18] 마찬가지로, 이스라엘 백성이 이스라엘 땅을 받음은 그들의 공로 때문이라는 말을 자주 되풀이한다.[19] 토라 연구에 몰두하는 사람은 "많은 것을 받을 만

12 32 Sifre Num. 139 (185; 27:17을 다룬 부분).

13 33 Sifre Num. 117 (135; 18:8을 다룬 부분): *bizekuteka, bizekut beneka*. 반면, 아론은 그의 의로운 자손과 그의 악한 자손 때문에 제사장직을 얻었다(*zikkah*)고 말할 수 있으니, 그가 제사장직을 받음은 순종을 조건으로 한 것이 아니었기 때문이다: Sifre Num. 119 (144; 18:20을 다룬 부분).

14 34 Sifre Num. 119 (144; 18:20을 다룬 부분).

15 35 Sifre Deut. 352 (412: 33:12을 다룬 부분); 참고. Mek. Beshallaḥ 6 (114; I, 252f. [7장]; 14:31을 다룬 부분): 조상은 공로가 있어 성령이 그들 위에 머물렀**으니**, 곧 그들은 성령이 그들 위에 머묾을 받을 만 했다.

16 36 Sifra Beḥuqqotai pereq 8.12 (26:46을 다룬 부분).

17 37 Mek. Baḥodesh 9 (237; II, 271; 20:19을 다룬 부분): 하나님이 한 선지자를 세우려 하셨으나, 이스라엘 백성이 *bizekut*로 그 일을 앞당겼다. 이것은 *bizekut*를 뒤따르는 명사 없이 사용한 드문 예 중 하나다.

18 38 Sifre Deut. 38 (76; 11:10을 다룬 부분), 신 6:11을 언급한다.

19 39 Sifre Deut. 156 (208; 17:14을 다룬 부분); ibid. 170 (217; 18:9을 다룬 부분); ibid. 57 (124; 11:31을 다룬 부분); 참고. ibid. 179 (222; 19:1을 다룬 부분).

하고" "온 세상을 받을 자격이 있다(*kedai hu'lo*)."[20] 나는 앞서 내세를 공로에 따른 보상으로 지목하는 극소수 사례들을 언급했다: 아브라함은 이 세상과 내세를 그의 믿음에 따른 보상으로 물려받았다.[21] (자기 이웃에게) 정의를 행하는 사람은 그의 날들〔수명〕이 길어지고 "내세의 생명을 〔보상으로 ⓣ첨가〕 받을 만하다."[22] 이런 말들은 **한** 계명을 이행한 이는 내세에 분깃을 얻으리라고 일러주는 말들과 비슷하다.[23] 190 그러나 이런 말이 범죄한 것보다 계명을 이행한 것이 많으면 구원을 얻는다는 이론으로 이어지지는 않는다. 하지만 대체로 보면, 공로에 따른 보상은 구체적이고 특정되어 있다. 대다수 경우를 보면, 공로에 따른 보상은 하나님이 성경 역사 속에서 베푸신 선물을 가리킨다.

공로 행위에 따른 보상을 특정하지 않을 때도 종종 있다. 가령 "자기 친구 것을 훔치고 가서 토라의 말씀을 연구하는" 사람을 도둑이라 부를 수도 있으나, 사실 그는 "그 자신에게 공로가 될 것을 얻는다"(*zokeh le'atsmo*). 하지만 이 결론은 공로의 종류를 마음에 두고 있음을 암시한다: 그는 결국 공동체 지도자로 세움을 받을 것이다 같은 내용을 말한다. 마찬가지로, 피굴〔*piggul*, 쓰레기〕과 노타르〔*notar*, 남은 찌꺼기〕를, 곧 남은 제물을 바르게 처리하지 않았음을 참회하고 대속죄일에 금식하는 자는 "자신을 이롭게 하거나" "자신"과 그 자손에게 "공로를 안겨준다"(*mezakkeh lo*). 여기에서는 혜택을 딱히 특정하지 않은 채 그대로 놔두었다. 여기에서는 아담과 대조한

20 40 Aboth 6.1. 6장은 후대의 바라이타다. Epstein, *Mabo' le-Nosaḥ*, 978을 보라.

21 41 Mek. Beshallaḥ 6 (114; I, 253[7장]; 14:31을 다룬 부분). 라우터바흐 판은 "보상으로"라는 말로 *besakar*를 쓰지만, 호로비츠 판은 *bizekut*를 쓴다.

22 42 Mek. Mishpatim 18, 끝부분(315; III, 146[Nezikin 18]; 22:23[24]을 다룬 부분.) 여기서 *tizku l...*는 "…에 이를 것이다"나 "…에 이르는데 성공할 것이다"로 번역할 수 있다. 무언가를 얻음, 성취함, 받을 자격이 있음을 뜻하는 말들은 깔끔하게 구분할 수 없을 때가 잦다. 이런 범주에 속하는 본문으로 또 하나 들 수 있는 예를 보려면, 아래 9절 주31을 보라.

23 43 위 6절, 133f.

다. 아담은 한 금지 계명을 어김으로 자신과 그의 자손에게 죽음을 가져왔다. 도입부의 문장은 이 논증을 통해 "의인이 내세에 받을 보상이 아주 큼"을 보여주겠다고 일러준다. 하나님은 벌을 주기보다 선〔좋은 것〕을 베풀려 하신다. 또 그는 한 범죄라도 아주 엄하게 벌하셨다. 때문에 계명을 이행한 이에게는 큰 보상이 주어지리라고 기대할 수밖에 없다. 랍비들은 사실 만물에게 찾아오는 죽음보다 큰 보상이 무엇인지 밝히지 않는다. 그러나 이 논증의 논리는 하나님이 꼭 그런 보상을 하시리라고 암시하는 것 같다. 이 논증의 취지는 하나님이 벌을 주시기보다 보상을 베푸시길 좋아하신다는 것이지만, 그 보상이 무엇인가는 밝히지 않는다. 어쨌든, 순종은 공로요 하나님은 이에 적절한 보상을 하시리라는 것이 랍비들의 믿음이었음은 의심할 여지가 없다.

3. 공로가 부족한 개인들에게 나눠줄 수 있는 공로의 보고라는 개념을 암시하는 것일 수 있는 혹은 그렇게 받아들일 수 있는 본문을 고찰할 때, 이 주제를 세대별로 구분했던 쉑터의 방법을 채용할 수도 있다. 근래에는 지슬러가 이런 구분을 다음과 같이 되풀이했다: 동시대인의 공로, 자손의 공로, 조상의 공로〔the merits of contemporaries, of descendants and of the fathers〕.

"동시대인의 공로"는 쉬이 처분할 수 있다. 세상이 각 세대의 경건한 자들이 쌓은 "공로"로 말미암아 파멸에서 구원받는다는 취지의 말[24]은 이런 공로가 다른 개인에게 이전된다는 뜻이 아니며, 특히 심판 때 이런 공로가 그렇게 이전된다는 의미는 더더욱 아니다. 이것은 단지 하나님의 자비를 강조하는 한 방법일 뿐이다. 하나님은 몇몇 사람을 봐서 세상을 향한 당신의 심판을 늦추시기 때문이다. [191] 이런 종류의 훈계하는 말은 십중팔구 창세기 18:22, 23("내가 열 사람을 봐서 [소돔을] 파괴하지 않으리라") 같은 본문에

24 47 Aboth 5.1: 의인이 세상을 지탱한다; 더 자세한 내용은 Ziesler, *Righteousness*, 123; Schechter, *Aspects*, 190을 보라.

근거하며,[25] 공로에 관한 교리는 물론이요 공로 이전도 암시하지 않는다.

사람들은 모두 랍비 시므온 벤 요하이와 관련이 있는 두 탄나임 본문을 경건한 동시대인의 공로가 이전된다고 일러주는 본문으로 받아 들여왔다. 한 본문은 이 랍비가 이렇게 말했다고 말한다. "나는 내가 태어난 날부터 이제까지 온 세상이 심판을 받지 않게 해줄 수 있다. …."[26] 손시노판〔Soncino edition〕 번역자는 랍비 시므온의 말이 다른 이들의 죗값에 해당하는 벌로서 충분했을 시므온 자신의 고난을 가리킨다고 본다.[27] 이 말은 확실히 흥미로우면서도 어렵지만, 이 말 속에는 "공로"에 관한 내용이 없다. 또 다른 본문은 팔레스타인 탈무드 버라코트〔p. Berakoth〕에서 찾을 수 있다:[28] 랍비 헤제키아〔R. Hezekiah〕가 랍비 예레미야 이름으로 이렇게 말했다. "랍비 시므온 벤 요하이가 이렇게 말했다: '아브라함이 그의 세대부터 내 세대에 이르는 (사람들을) 위해 도고〔중보〕한다면, 나도 내 세대부터 온 세대의 끝에 이르는 (사람들을) 위해 도고〔중보〕할 수 있다.' …." 여기서 쓴 동사는 *qarab*의 피엘 형태인데〔본디 *qarab*의 피엘 형태는 "누군가가 가까이 오게 하다"라는 뜻이다 ⓣ〕, 여기에서는 "도고하다"만이 합당한 의미다.[29] 마모스타인은 이를 "공로로 의롭다함을 얻다"로 번역함으로써,[30] 여기에도 "공로 교리"를 도입한다. 하지만 이 본문은 분명 의인의 도고 기도를 가리키며, 이

25 48 Schechter, ibid.도 같은 견해다.

26 49 Sukkah 45b; ET, 209; Marmorstein, *Merits*, 52가 인용하는데, 여기서 가리키는 공로는 랍비 시므온의 공로라고 말한다.

27 50 대속 제물은 탄나임 문헌의 주요 주제가 아니지만, 탄나임 문헌에서 등장하기는 한다. Mek. Pisḥa 1 (4; I, 10f.; 12:1을 다룬 부분)을 보라: 족장과 선지자는 그들의 생명을 이스라엘을 위해 바쳤다. 참고. Moore, *Judaism* I, 546-52; III, 164f. (주250); Lohse, *Märtyrer und Gottesknecht*, 104; Thyen, *Sündenvergebung*, 72f.

28 51 p. Berakoth 13D (Krotoschin; 베네치아판의 12d), 끝에 가까운 부분(9.3).

29 52 Gen. Rab. 35.2 (ET, 283)에 있는 평행 본문의 손치노 판 번역문에서 해리 프리드먼(H. Freedman)도 같은 말을 한다.

30 53 Marmorstein, *Merits*, 52.

기도가 큰 쓸모가 있음은 다른 문맥에서 알 수 있다.[31] 이 범주에 속하는 탄나임 본문을 몇 개 더 논할 수도 있으나, 그리 하는 것은 무의미하다. 어느 세대에 속한 한 사람의 선행이 공로 이전을 통해 다른 이들의 범죄를 상계해준다고 믿었다는 증거는 존재하지 않는다.

"**자손의 공로**"는 논하기가 다소 복잡하다. 그러나 여기에서도 공로가 이
전된다는 교리는 없음을 보게 될 것이다. "경건한 후손의 자쿠트〔*Zachuth*〕"
라는 주제를 다루었던 쉑터도 이 주제를 증명하는 초기 자료가 부족함을
알면서도 이 주제를 다루려고 시도했다. 그는 탄나임 본문에서 "이 교리를
지지하는" 본문을 단 하나만 언급한다. 이 본문은 그가 민수기를 다룬 예
멘 미드라쉬 하 가돌〔Yemenite Midrash Ha-Gadol〕 필사본에서 발견했다.[32] 그 192
는 다만 그가 가진 사본의 폴리오〔folio, 폴리오는 책의 두 면에 같은 페이지가 붙
어있는 경우를 말한다 ⓣ〕만 언급하는데, 나는 현재 활용할 수 있는 편집본 텍
스트에서는 이 본문을 찾을 수 없었다.[33] 분명 아주 부지런한 연구 끝에 그
본문을 찾아냈겠지만, 지금 당장은 그가 197쪽 후반부〔197쪽이라는 쪽수가 붙
어 있는 두 번째 부분 ⓣ〕에서 인용한 본문을 "조상이 그 자손들의 의로움으로
구원을 받을 수 있게 이 자손들이 다 자라기까지" 하나님이 "그 조상에 대
한 심판을" 늦추신다는 것을 증명하는 증거로 평가하기는 어렵다. 그는 자
신이 인용한 이 특정 본문을 어느 탄나가 한 말로 봐야 한다고 분명하게
말하지 않기 때문이다. 더군다나, 쉑터가 랍비 자료를 인용한 글은 자기 글

31 54 약 5:16. 도고 기도를 알아보려면, Mek. Mishpatim 18 (313f.; III, 143 [Nezikin 18]; 22:22[23]을 다룬 부분.)을 보라. 아울러 R. le Déaut, "Aspects de l'intercession dans le Judaïsme ancien," *JSJ* 1, 1970, 35-57을 보라. 하지만 그가 죽은 이들이 산 자들을 위해 하는 도고 사례로 든 대다수 경우(45 주1)가 사실은 의인이 심판 때 올리는 기도를 가리킨다는 것을 볼 수 있다(가령 에녹1서 9.3, 5이 그 예다).

32 55 Schechter, *Aspects*, 197 주2. 쉑터(197)는 "자녀가 그 부모를 게헨나에 떨어질 심판에서 구원한다"는 말을 역시 미드라쉬 하 가돌에서 인용하는데, 그는 이를 탄나임 본문이라고 말하지 않는다.

33 56 Ed. Z. M. Rabinowitz, 1967. 이보다 앞서 나온 피쉬〔Solomon Fisch, 1898-1985. 폴란드에서 태어나 영국에서 활동한 랍비요 유대교 학자다 ⓣ〕 편집본이 있다.

로 바꿔 쓴 경우가 잦아서, 원 자료를 찾을 수 없을 때는 그의 해석에 의심이 든다. 하지만 그는 또 랍비 시므온 벤 요하이가 출애굽기 20:5을 다룬 머킬타를 언급하는데, 이는 분명 이런 견해를 이 머킬타에서 찾을 수 있음을 일러주려는 것이다.[34] 이 본문은 조상의 죄로 말미암아 자손이 처벌받는가라는 문제를 논하지만, 나는 자손의 공로로 조상이 구원을 받는다는 언급을 전혀 찾지 못하겠다. 자손의 공로 때문에 조상이 받을 처벌이 늦춰지거나 완화되거나 면제된다는 견해를 밑받침하는 것으로 볼 수 있는 말은 오로지 이것뿐이다: "랍비 유다는 이렇게 말한다: 예후 벤 님시의 경우처럼, 내가(하나님이) 그들의 범죄를 내 손에 모아 네 대 동안 그것들을 벌하기를 늦추니, 이는 성경이 '네 자손이 네 대에 걸쳐 이스라엘 왕위에 있으리라'(왕하 5:12)고 말하며 그대로 이루어졌기 때문이다." 그러나 여기서 처벌을 늦춤은 조상(이 경우는 예후)이 그 자손의 공로로 구속을 받게 하려 하기 때문이 아니다. 오히려 성경의 몇몇 본문에 따르면, 예후의 죄에 따라 그 자손도 처벌받아야 하나, 다만 그 처벌이 네 대 동안 "늦춰졌으며," 이 동안에 예후의 자손이 이스라엘을 통치했을 뿐이다. 그 네 대가 지난 뒤, 이스라엘왕국은 멸망했으며, 여기에서는 이 멸망을 예후의 죄에 따른 처벌이 늦춰졌다가 집행된 것으로 본다. 우리는 여기서 자손의 공로로 그 조상이 구원을 받는다는 "교리"를 발견하지 못한다. 때문에 어쩌면 탄나임 시대에 과연 그런 교리가 존재했을지 의심하는 입장을 그대로 유지해도 될 것 같다. 특히 미드라쉬 하 가돌을 다른 어디에도 나타나지 않는 탄나임 전승[사상]을 보여주는 가장 신뢰성 있는 자료로 볼 수 없기 때문이다. 쉑터가 언급하는 본문에 나오는 미드라쉬 하 가돌의 저자가 자손이 받을 처벌이 늦춰진다고 말하는 탄나임 전승을 바꿔놓는 바람에 조상이 받

34 57 Schechter, *Aspects*, 197 주2.

을 처벌이 늦춰진다는 전승이 되었다는 추측을 아주 대범하게 해보려면 해볼 수도 있겠다.

마모스타인은 그 부모에게 혜택을 안겨주는 "자녀의 공로"에 관한 논의를 시작하면서, 우선 악한 아버지가 죽은 뒤에 랍비 아키바가 양육한 한 아이에 관하여 길게 적혀있는 어느 미심쩍은〔apocryphal〕 이야기를 들려준다.[35] 아키바는 이 소년을 가르쳤으며, 덕분에 그 아버지는 지옥에서 구원받았다. 이는 적어도 이런 견해가 중세 초기에 이르기까지 널리 퍼져 있었음을 보여준다. 하지만 여기에서도 공로가 이전된다는 개념은 전혀 나타나지 않으며, 다만 죽은 자에게 기도의 효과가 미친다는 생각만이 나타날 뿐이다. 어쨌든 이 이야기는 탄나임에게서 나온 게 아니다. 193 마모스타인이 인용하는 또 다른 주요 본문은 더 꼼꼼히 분석해야 하므로 본문 전체를 인용할 수밖에 없다. 이 본문은 전도서 4:1 주석이다.[36]

> 랍비 유다는 이렇게 말한다: 그것은 그 조상이 이 세상에서 지은 죄로 말미암아(*b-*) 어린 나이에 묻혀버린 자녀들을 가리킨다. 내세에서 이 자녀들은 의인 무리와 함께 있겠으나, 그 조상은 악인 무리와 함께 있을 것이다. 이 자녀들이 하나님 앞에서 이렇게 말할 것이다: "온 우주의 주여, 우리가 일찍 죽은 것은 오직 우리 조상의 죄 때문이(*b-*) 아닙니까? 우리 조상이 우리 공로로 말미암아(*bezakiyotenu*) 우리에게 건너오게 해 주소서." 하나님은 이 자녀들에게 이렇게 대답하신다. "너희 조상이 너희가 죽은 뒤에도 죄를 지었으니, 그들의 잘못이 그들을 고소하느니라." 랍비 유다 벤 랍비 일라이는 랍비 요슈아 벤 레비〔레위〕 이름으로 이렇게 말했다:[37] 그때 엘리야가 거기서 변호할 말을 일러

35 58 Marmorstein, *Merits*, 156f. 마모스타인은 이 이야기가 후대의 이야기라고 인식한다.

36 59 Eccl. Rab. 4.1 (12b); ET, 110; Marmorstein, *Merits*, 158이 인용한다.

37 60 여기서 전승에 혼란이 있다. 랍비 유다 벤 일라이는 탄나였고 랍비 요슈아 벤 레비는 아모라였기 때문이다. 주석가 체에브 볼프 아인호른〔Ze'eb Wolf Einhorn, ?-1862. 독일의 유대교 학자다 ⓣ〕

줄 것이다. 그는 이 자녀들에게 이렇게 말할 것이다: "하나님 앞에서 이렇게 말하라. '온 우주의 주여, 당신의 속성 중 어느 것이 우월합니까, 은혜를 베푸시는 속성입니까 아니면 벌을 주시는 속성입니까? 분명 은혜를 베푸시는 속성이 크고 벌을 주시는 속성이 작은데, 저희는 우리 조상의 죄로 말미암아 죽었습니다. 만일 은혜를 베푸시는 속성이 벌을 내리는 속성을 능가하면, 더더욱 우리 조상이 우리에게 건너와야 하지 않겠습니까!'" 그리하여 하나님이 그들에게 말씀하셨다. "너희가 잘 변론했도다. 너희 조상이 너희에게 건너오게 하겠다." 이는 성경이 **"그들이 살아서 그들의 자녀들과 함께 돌아오리라"**(슥 10:9)라고 기록해놓음과 같으니, 이 말은 곧 그들이 내려갔던 게힌놈에서 돌아오며, 그 자녀들의 공로로[*bizekut*] 구원을 받으리라는 뜻이다. 따라서 모든 사람은 그 자녀가 그를 게힌놈에서 구해낼 수 있게 그 자녀에게 토라를 가르칠 의무를 진다.

마모스타인은 "자녀들이 그 부모의 죄로 말미암아 아주 어릴 때 죽어도, 토라를 공부함으로써 그 부모를 지옥의 벌에서 구해낸다"고 결론짓는다.[38] 하지만 마지막 절(clause)은 타당해보이지 않는 해석이다. 자식에게 토라를 가르치라는 결론은 분명 이 본문의 본래 주제는 아니다. 자녀들은 칼 바호메르 논증을 사용하여 하나님을 설득하는 데 성공한다: 하나님의 자비는 하나님의 처벌보다 크다. 부모의 범죄 때문에 그 자녀들이 일찍 죽어야 할 정도로 하나님의 처벌이 강하다면, 그 자녀들에게 부모를 되찾아줄 하나님의 자비는 틀림없이 훨씬 더 강할 것이다. 랍비들의 탄탄한 논리에 근거한 이 훌륭한 변론이 하나님의 마음을 움직인다. 공로의 이전은 전혀

은 이곳을 주석하면서, 이 텍스트는 필시 그냥 "랍비 요슈아"였을 것이며, 이 텍스트가 가리키려는 랍비 요슈아는 랍비 요슈아 벤 하나냐라고 주장했다.

38 61 Marmorstein, *Merits*, 158.

언급하지 않는다. 자녀들의 첫 호소는 그 부모들이 "우리 공로로 말미암아 〔*bezakiyotenu*〕 우리에게 건너올" 수 있게 해달라는 것이었으나, 거절당한다. 이 말은, 그 대답이 분명하게 일러주듯이, "우리 공로가 그들에게 옮겨져 그들이 우리에게 건너오게" 해달라는 뜻이 아니다. 이 호소가 이 부모들이 그 자녀가 죽은 뒤에 죄를 지었다는 이유로 거절당했다는 것은 이 자녀들의 이른 죽음이 그 부모들의 죄 때문이었음을 일러준다. 그 죄는 이미 처벌받았으므로 그 부모들이 게힌놈으로 내려가는 벌을 받을 필요가 없다. 그러나 이 부모들은 자녀가 죽은 뒤에도 계속하여 죄를 지었기 때문에, 자녀들의 호소는 기각되었다.[194] 따라서 버자키요테누〔*bezakiyotenu*〕는 "우리의 잉여 공로를 이전함으로써"라는 뜻이 아니라, "우리를 봐서"라는 뜻이거나, 혹은 어쩌면 "우리의 죄 없음[죄 없는 죽음]을 고려하여"라는 뜻일 수 있다. 어쨌든 이 호소는 효력이 없다.

성공한 변론에는 "그 자녀들의 비저쿠트〔*bizekut*〕"라는 말이 들어있다. 여기서 이 말은 "그 자녀들 때문에"라는 말로 번역하는 것이 가장 좋다. 이 글이 염두에 두고 있는 것은 자녀의 잉여 공로가 아니라 이들의 성공한 논증이기 때문이다. 부모들은 그 자녀들이 하나님의 자비에 호소한 덕분에 "악한 자들의 무리"에서 구원을 받았으므로 결국 "그 자녀들 때문에" 구원을 받은 셈이다. 자녀에게 토라를 가르치라는 결론부의 말은 분명 랍비 아키바와 죄인의 아들을 다룬 그 미심쩍은 이야기가 표명한 견해로 거슬러 올라간다. 이런 말은 사람이 토라를 배워 그 아비에게 의롭다하심을 얻게 해주는 자녀로 말미암아 **오래 살리라**고 제시한다. 아비는 토라 교육을 선행으로 여긴다. 토라를 가르치면 아들이 그 아비를 위해 기도하게 되는데, 이는 그 미심쩍은 외경의 이야기처럼, 아마도 그 아들이 여전히 살아있는 동안에 기도한다는 말일 것이다. 그러나 이 견해는 전도서 라바(Eccl. Rab.) 4. 1의 나머지 부분과 일치하지 않는다. 나머지 부분에 따르면, 이 자녀들은 **부모보다 먼저 죽었으며** 자녀들이 하는 변론도 하늘에서 이루어진다. 이 변론을 통해 부모가 구원받은 이유는 부모들이 죽은 뒤에 그 자녀들이 경건한 삶을 살았기 때문이 아니라, 이 자녀들이 하나님 앞에서 한 변론이 성공했기 때문이다. 따라서 탄나임 시대에는 자손의 공로가 그 조상에게 이전된다는 견해를 분명하게 증명해주는 증거가 나타나지 않는다—나는 그런 증거가 전혀 없다고 생각하고 싶다.

기껏해야 우리가 여기서 발견하는 견해는 부모가 받을 **벌**이 자녀에게 **이전된다**는 견해다. 이 본문은 자녀의 죽음을 자녀가 죽을 때까지 그 부모가 저지른 죄에 따른 벌로 여긴다. 성경(출 20:5, 34:7)은 조상이 지은 죄를 그 자손에게 추궁한다고 말한다. 대다수 랍비는 이 견해에 반대한 에스겔의 말(에스겔 18장)을 따라 개인이 각자 책임을 진다고 보았지만,[39] 몇몇 목적 때문에 출애굽기 20:5의 견해를 여전히 채용할 수 있었으며, 우리가 지금 논의 중인 본문에서도 이 견해가 계속 이어지고 있음을 본다. 하지만 여기에서도 "일사부재리"〔no double jeopardy〕의 원칙을 내세워 성경의 견해를 완화한다. 자녀가 그 아비의 범죄 때문에 벌을 받으면, 그 아비 자신은 같은 범죄로 처벌받지 않는다. 이미 지적했듯이, 탄나임 문헌에서는 자손이 그 조상의 죄 때문에 고난을 겪는다는 견해가 거의 나타나지 않지만, 이것이 대속 이론과 아주 비슷한 견해로 이어진다는 점은 흥미롭다. 하지만 고난이 가져다주는 속죄, 심지어 누군가가 대신 당하는 고난이 가져다주는 속죄는 저울에서 측정될 공로를 이전하는 것과 아무 상관이 없다. 이 이야기에 나오는 자녀들은 (1) 자신들이 죽을 때까지 그 부모가 저지른 죄 때문

39 62 Schechter, *Aspects*, 185-88; Makkoth 24a (ET, 173); 랍비 시므온이 출 20:5을 다룬 Mek. (148); Sifre Deut. 329 (380; 32:39을 다룬 부분); Midrash Tannaim에서 신 32:39을 다룬 부분(202); Sifra Beḥuqqotai pereq 8.2 (26:39을 다룬 부분)을 보라: 조상은 그 자손의 행위로 심판받지 않으며, 자손도 그 조상의 행위로 심판받지 않는다. 아울러 T. Sanhedrin 8.4를 보라: 의인은 "우리가 의인의 자손이다"라는 논증에 의존하지 않아도 된다.

에 부모 대신 벌을 받음으로써, 그리고 (2) 하나님이 자기 부모에게 자비를 베풀어주시길 호소함으로써 부모를 벌에서 구해낸다. 하지만 어떤 공로도 그 소유자가 바뀌지는 않는다.

195 그렇다면 "**조상**〔아비〕**의 공로**"는 어떤가? 여기에는 공로의 이전을 다룬 견해가 없는가? 없는 것으로 보인다. 우리는 위 4절에서 선택에 관한 설명을 논하면서, 탄나임 문헌이 조상 중 한 사람의 저쿠트를 언급한 많은 본문을 인용하거나 언급했다.[40] 누구 혹은 무엇 비저쿠트〔bizekut, 누구 때문에 혹은 무엇 때문에 ⓣ〕라는 문구를 주로 사용하는 경우는 하나님이 왜 이스라엘을 이집트에서 이끌어내셨는가라는 문제를 언급할 때다. 하나님이 그리하심은 아브라함 비저쿠트(때문이)요, 이스라엘 백성의 할례 계명 준수비저쿠트(때문이)요, 요셉의 유골 비저쿠트(때문) 등등이다.[41] 이 문구가 이 용례에서 가지는 의미는, 무어와 쇠베리가 주장했듯이, 〔온전히〕 전치사의 의미이거나 적어도 대부분은 전치사의 의미다: "아브라함 때문에"〔아브라함을 봐서〕 등등. 공로 행위가 전혀 관련되지 않은 경우도 종종 있다. 가령 하나님이 이스라엘을 이집트에서 이끌어내심을 비저쿠트 아브라함이라 말하는 랍비 엘르아자르 벤 아자랴의 말을 보면, 그리 말하는 증거 본문이 "그가 그의 종 아브라함에게 주셨던 그의 거룩한 말씀〔약속〕을 기억하셨다"이다. 이는 곧 하나님이 "아브라함 때문에" 이스라엘을 이집트에서 이끌어내셨지만, 그 이유는 그가 아브라함에게 하신 약속 때문이라는 말이다.[42] 공로 행위를 언급하는 경우는 더 잦다. 가령 랍비 바나아는 이렇게 말한다: "그들의 조상 아브라함이 행한 행위의 공로 때문에"(*bizekut mitzvah*) 하나님이 이스

40 63 위 4절, 90-92를 보라.

41 64 Mek. Pisḥa 16 (62; I, 140f.; 13:4을 다룬 부분); Mek. Beshallaḥ 3 (98f.; I, 218-20 [4장]; 14:15을 다룬 부분)을 보라.

42 65 Lauterbach, I, 140.

라엘을 이집트에서 이끌어내셨다.[43] 비저쿠트 자체는 전치사로 번역할 수 있지만("그 행위 때문에"), 이 말이 가리키는 것은 어떤 공로 행위다. 이런 이유 때문에 비저쿠트를 "…의 공로 때문에"로 번역해도 그르지는 않다.

우리는 여기서 저쿠트 아보트 혹은 저쿠트 뒤에 어떤 족장 개인의 이름이 나오는 문구를 몇 개 더 예로 들 수 있다. 시프레 신명기에서 익명인이 신명기 13:18(17)을 다룬 주석은 하나님이 "이스라엘 백성의 조상에게 맹세하신대로" 그들에게 자비를 베푸시고 그들의 수를 늘려주실 것이라고 말한다. — "모든 것이 네 조상 때문이다(*bizekut 'aboteka*)."[44] "그가 네 조상에게 약속하신 땅을 네게 주신다"라는 문구도 똑같이 주석한다.[45] 이런 경우들이 언급하는 것은 하나님의 약속이며, 분명 "…때문에"가 더 나은 번역이다. 하지만 다음 본문은 십중팔구 개인의 공로를 염두에 두었을 수도 있다.[46]

> 랍비 요슈아는 이렇게 말한다: 미리암이 죽었을 때, 우물을 빼앗겼으나, 뒤에 그 우물이 되돌아옴은 모세와 아론의 공로 때문이었다 [비저쿠트 모세와 아론]. 아론이 죽었을 때, 영광의 구름을 빼앗겼으나, 뒤에 그 구름이 돌아옴은 모세의 공로 때문이었다. 모세가 죽었을 때는 우물과 영광의 구름과 만나 셋을 모두 빼앗겼으며, 이것들은 더 이상 돌아오지 않았다.

조상의 공로나 행위를 언급하는 문맥이 둘 더 있다. 하나는 조상의 공로나 행위가 범죄에 따른 형벌을 늦출 수 있다(혹은 없다)고 말하는 문맥이

43 66 Lauterbach, I, 218.

44 67 Sifre Deut. 96 (157; 13:18[17]을 다룬 부분); ibid. 184 (225; 19:8을 다룬 부분)도 마찬가지다.

45 68 Sifre Deut. 184.

46 69 Mek. Vayassa' 5 (173; II, 128 [6장]; 16:35을 다룬 부분); Sifre Deut. 305 (326; 31:14을 다룬 부분)에 유사한 본문이 있다.

다. 늦출 수 없다고 말하는 경우는 이렇다.

> 196 랍비 요수아 벤 카르하(R. Joshua b. Karḥa)는 이렇게 말한다: 할례는 위대하다. 모세의 공로[*zekut le-mosheh*]도 할례를 단 한 시간 무시한 데 따른 처벌을 늦추지 못했기 때문이다. …. 랍비는 이렇게 말한다: 할례는 위대하다. 모세의 모든 공로도 그가 할례 때문에 고초를 겪을 때 그에게 도움이 되지 못했기 때문이다. 그는 이스라엘을 이집트에서 이끌어내려 했다. 그러나 한 시간 동안 할례를 행하길 머뭇거리는 바람에 천사가 그를 죽이려 했으니, 성경은 그 일을 이렇게 말한다: "모세가 길을 가다가 숙소에 있을 때에 …"(출 4:24).[47]

그런가하면, 조상의 행위만으로도 하나님이 다른 사정이 없을 경우 세상에 내리셨을 벌을 그 행위를 참작하여 늦추시도록 만드는 데 충분하다는 말도 있었다. 레 26:42("만일 그들이 자신의 죄악을 고백하면 … 내가 야곱과 이삭과 아브라함과 맺은 내 언약을 기억하리라") 주석이 그렇다.[48]

> 조상의 이름을 왜 역순(逆順)으로 열거하는가? 이는 만일 아브라함의 행위(히브리어에서는 단수 *ma'aseh*)가 충분치 않다면, 이삭의 행위로 [충분하고], 이삭의 행위가 충분치 않다면, 야곱의 행위로 [충분하기] 때문이다. 이들 중 어느 한 사람의 [행위]로도 [하나님이] 그 사람을 생각하여(*begino*) 세상을 [처벌하시는 것을] 늦추기에 충분하다.

47 70 Mek. Jethro Amalek I (191f.; II, 169f. [Amalek 3]; 18:3을 다룬 부분). 모세가 아들 할례를 늦추다가 죽을 뻔 했다는 전승을 살펴보려면, Vermes, *Scripture and Tradition*, 178-92을 보라.

48 71 Sifra Beḥuqqotai pereq 8.7 (Weiss, 8.6). 한 사람의 공로가 세상이 벌 받는 것을 늦춤을 알아보려면, 위 6절, 144-46도 함께 보라. 공로를 가진 한 개인이 간음을 의심받는 이와 관련된 처벌을 늦춘다고 말한다: Sotah 3.4; Sifre Num. 8 (15; 5:15을 다룬 부분). 이 곳에서는 얼마나 오랫동안 처벌이 늦춰지는가를 논한다. 랍비 시므온 벤 요하이는 이 경우엔 공로가 처벌을 늦추지 않는다고 주장한다.

이와 얼추 비슷하게 한 익명의 랍비는 출애굽기 20:5의 말(하나님은 아비의 죄 때문에 그 자녀들을 벌하신다)과 에스겔 18:20(하나님은 그리하시지 않는다)을 조화시키려고 노력하면서, 이렇게 주석한다. "그 아비가 덕이 있으면(*zakka'in*), 하나님은 그 자녀들을 [벌하시길] 늦추시나, 그렇지 않으면, 그 자녀들을 벌하시길 늦추지 않는다."[49] 하지만 여기서 늦춰지는 것은 자녀들 자신의 죄에 따른 처벌이 아니라, 그 아비의 죄에 따른 처벌이다.

두 번째로 조상의 행위를 언급하는 문맥은 이 행위가 후대에게 도움이 된다고 일러준다. 가령 머킬타가 이스라엘이 아말렉과 벌인 전쟁을 논한 내용을 보면, 조상의 행위를 언급하는 부분이 몇 군데 있다.[50] 모디임의 랍비 엘르아자르에 따르면, 이스라엘은 이 전투에서 틀림없이 그 조상의 행위(*ma'aseh*)에 의존했다.[51] 바로 이 랍비에 따르면, 이 전투가 벌어지는 동안 아론과 훌이 모세의 팔을 들어올렸다고 말하는 본문은 모세가 자기 팔을 들 힘을 얻고자 조상의 행위에 "의지했음"을 일러준다.[52] 때문에 조상의 행위를 유익하다고 여기지만, 그렇다고 이 행위가 이전 가능한 공로의 보고를 세워주지는 않았다.[53]

197 따라서 조상의 공로 내지 행위를 언급하는 문맥이 몇 개 있는 것으로 보인다: (1) 하나님은 "그 조상 때문에"〔그 조상을 봐서〕 이스라엘을 위해 어떤 행위를 하셨다 (예. 홍해를 가르는 행위). 이는 그가 이스라엘 조상에게 약속을 주셨기 때문이다. (2) 하나님은 그 조상의 선행("공로") 때문에 이스

49 72 랍비 시므온 벤 요하이가 출 20:5을 다룬 Mek.(148).

50 73 Mek. Beshallah Amalek I (179f.; II, 142-45; 17:9-12을 다룬 부분).

51 74 Lauterbach, II, 142.

52 75 Lauterbach, II, 145.

53 76 랍비 가말리엘 벤 랍비 유다 하 나시가 3세기에 한 말을 참고하라(Aboth 2.2): 조상의 저쿠트가 후대를 돕고 그들의 의가 영원히 이어진다. 저쿠트가 "돕지만," 이전되지는 않는다. Mek. Beshallaḥ 5 (106; I, 235 [6장]; 14:22을 다룬 부분)는 의인의 저쿠트가 (다른 이들이 아니라) 그들을 돕지만, 아주 속된 방식으로 돕는다고 말한다.

라엘을 위해 어떤 행위를 하셨다. (3) 하나님은 그 조상의 공로가 없었으면 처벌하셨을 세상을(파멸당해도 쌀 세상을) 그 공로를 봐서 처벌하시지 않는다. (4) 어떤 역사 상황에서는 조상의 선행이 그 자손에게 혜택을 안겨준다. **탄나임 문헌에는 심판 때 이전할 수 있는 공로의 보고를 언급하는 말이 전혀 나오지 않는다**.

지슬러는 "공로의 보고"를 논하면서, 조상의 공로를 언급하는 말이 "마지막 심판 때가 아니라," "과거나 심지어 현실"의 맥락에서 등장하는 경우가 "아주 잦다"고 말한다.[54] 이것은 십중팔구 옳은 말이다. 탄나임 문헌이 다루는 맥락은 **결코** 마지막 심판이 **아니다**. 마지막 심판 때는 공로로 범과를 결코 상계하지 **않는다**. 그러나 하나님은 공로를 고려하여 처벌을 늦추실 수도 있다.

우리는 여기서 6절을 시작할 때 강조했던 점을 떠올려봐야 한다. 하나님은 선행을 현세에 보상하시기보다 내세에 보상하신다는 말이 자주 나왔다. 이런 의미에서 혹자는 보화를 하늘에 쌓음을 이야기할지도 모른다. 가령 토세프타 페아 4.18은 자신이 이 땅에서 가진 보화를 가난한 이들에게 나눠준 왕을 가리켜 하늘에 혹은 내세에 보화를 쌓았다고 말한다. 이 말은 다만 그가 자신이 베푼 사랑 때문에 내세에 보상을 받으리라는 뜻이며, 마태복음 6:19-21이 말하는 "하늘의 보화"와 마찬가지로 이것도 역시 그 자신이나 다른 누군가의 범죄를 덮어줄 공로의 보고와 아무 상관이 없다.

그렇다고 이것이 곧 탄나임 문헌이 혜택의 연대성(어떤 이의 선행이나 공로가 다른 이에게 혜택을 안겨주는 것 ⓣ)을 전혀 생각하지 않았다는 말은 아니다. 우리는 쉑터가 자신이 "조상의 공로 교리"라 불렀던 것을 논할 때 바로 이런 의미로 논했다는 점을 유념해야 한다. 조상의 행위는 분명 그 자손에게

54 77 Ziesler, *Righteousness*, 123.

혜택을 준다. 그 행위 때문에, 하나님은 언약을 기억하시고 이스라엘에 선행을 베푸시며 범죄에 따른 처벌을 늦추시기 때문이다. 의로운 동시대인들이 있으면 모든 이에게 혜택이 돌아간다. 하나님이 이 의인들 때문에 벌을 받아도 싼 세상을 처벌하시지 않기 때문이다. 나아가, 한 사람의 선행은 그 자신에게도 혜택을 준다. 하나님은 순종에 신실히 보상하시기 때문이다.[198] 하지만 이 가운데 어느 것도 공로의 이전(移轉)이나, 공로로 범과를 상계한다는 견해나, 실제로 "공로 교리"라 부르는 것이 적절한 어떤 가르침에 해당하지 않는다. 유일한 "교리"는 하나님이 신실하게 보상하시고 처벌하신다는 것이다. 우리는 이제 또 다른 뉘앙스, 곧 자손이 그 조상의 선행으로 말미암아 보상을 받을 수 있다는 뜻을 본다. 그러나 범죄는 속하거나 벌을 받는 대상이지, 상계의 대상이 아니다. 사람은 그가 한 선행에 따라 보상을 받지만, "공로의 보고"를 쌓음으로 내세를 **얻지** 않으며, 다른 누군가가 쌓은 공로를 끌어옴으로써 내세를 얻지도 않는다. 요컨대, 저쿠트에 관한 탄나임의 논의는 "랍비 구원론" 속에서 이 저쿠트라는 말에 어떤 자리도 부여하지 않는다.

차다크(*Tsadaq*)

우리가 차다크와 그 동족어를 고찰하면서 우선 관심을 갖는 것은 탄나임 문헌이 *tsaddiq*(차디크), 곧 "의로운"이라 부르는 것의 의미와 관련된 두 오해를 바로잡는 일이다. 이 두 오해는 모두 랍비들의 구원론을 바라보는 기독교의 전통적 견해에서 비롯되었다. 지슬러는 "의인"을 "그 선행이 —따라서 공로가— 그 악행보다 —따라서 범과보다— 무거운 자"라고 정의했다. 케르텔게는 랍비 유대교가 의로움을 율법에 순종함에 달려있는 것으로 여기지만(이것은 옳다), 구원 상태를 **얻음** 및 **확보함**과 동일시하기도 하는데, 이는 옳지 않다고 말한다. 하지만 우리는 이 연구를 확장하여 모든 동족 명사와 동사를 살펴보겠다. 이렇게 하는 것이 유익할 것이다. 이 용어들이 유대교와 바울을 비교하는 데 중요하기 때문이요, 지슬러가 근래 내놓은 연구서가 탄나임 자료보다 아모라임 자료를 많이 사용하기 때문이다. ……

…… 우리는 우선 **의인이란 구원받은 자**임을 보았다: 의인은 내세에 그들이 받을 보상을 받고 하나님과 함께 에덴의 동산을 거닐 자다. 또 다른 본문이 말하듯이, 모든 의인은, 모세처럼, 하나님이 "거둬 모으신다." 그런가하면, **의인은 토라에 순종하고 범죄를 속하는 자**다. 많은 이들이 이것에서 행위로 의롭다하심을 얻는 엄격한 체계—곧 율법에 순종한 자가 구원을 얻는다는 체계—를 끌어냈지만, 이는 랍비들의 견해를 정확히 해석한 게 아닐 것이다. 오히려 통설은 이렇다: 그 안에 하나님의 구원 약속을 담고 있는 언약을 받아들인 자는 하나님이 언약과 연계하여 수여하신 계명들에 순종할 의무도 받아들인다. 언약을 받아들이고 언약 안에 머무는 자는 "의롭다." 따라서 "의롭다"는 칭호는 하나님께 순종**할 뿐 아니라** "내세에 분깃을" 가진 자에게 적용되지만, 하나님께 순종하는 자가 자기 힘으로〔공로로〕 내세의 분깃을 얻은 것은〔사들인 것은〕 아니다. 이 때문에 랍비 시므온 벤 요하이는 평생 의로웠지만 마지막에 하나님을 거역한 자는—이는 단순히 한 계명을 어긴 것보다 훨씬 심각하다— 내세에 그가 얻을 분깃을 잃는다고 말했다. 거꾸로, 악한 자가 참회하면 내세에 분깃을 얻는다.

205 이는 아주 큰 시사점을 던지는 말이다. 첫째, 우리는 의인이란 언약에 **신실한** 자임을 본다. 신실하다의 반대말이 **거역하다**이기 때문이다. 의롭다는 것은 완전하다기보다 오히려 신실함을 뜻한다. 둘째, 평생 의로웠다가 마지막에 하나님을 거역한 사람의 행위를 마지막 심판 때 합산하면, 그 행위는 아마도 "공로" 쪽이 훨씬 더 무거우리라는 데 주목해야 한다 — 물론 이것이 하나님이 인간의 운명을 결정하시는 방식이라고 생각할 경우에 그

렇다는 것이다. 랍비 시므온이 한 말은 장부 기재(계명 이행 행위와 범죄 행위를 장부에 기록함 ⓣ)와 무게를 달아봄을 염두에 두고 있지 않음을 분명히 보여준다. 마지막에 "의롭다" 불리는 사람은, 지슬러가 말하듯이, 선행이 악행보다 무거운 자가 아니라,[55] 언약에 신실한 자임이 분명하다. 거역한 의인은, 여전히 많은 선행을 갖고 있을지라도, 내세에 얻을 분깃은 물론이요 "의롭다"는 칭호도 잃을 게 확실하다. 반면 참회한 악인은, 비록 범죄가 계명 이행 행위보다 훨씬 많아도, 내세에 분깃을 얻으며 "의롭다"는 칭호를 받는다.

랍비 시므온의 말은 의인에 관하여 그 혼자만 주장한 견해가 아니라, 통설을 일러주는 말이다. 사람이 단지 범죄보다 계명에 순종한 것이 더 많다고 그 사람을 "의롭다" 부르는 말은 없는 것으로 보인다. 앞서 한 말을 되풀이하자면, 의롭다는 말은 언약 안에 있으면서 언약에 성실한 자에게 적용된다.[56] 언약 안에 있음은 구원을 제공하는 동시에 순종을 요구한다: 거역하는 자는 스스로 자신을 하나님의 언약에 따른 약속들에서 배제하는 자이나, 참회하는 자는 하나님의 은혜로 말미암아 언약 안으로 다시 들어온 자다. 참회하는 악인은 참회한 뒤에는 순종하리라고 추정한다.

의롭다는 것은 최선을 다해 율법에 순종하고 지은 범죄가 있으면 참회하고 속죄한다는 의미이며, 이런 의미의 의로움은 그 사람이 언약 안에서 가지는 지위를 **보존해주지만**(이 점이 거역하는 경우와는 반대다), 그렇다고 이런 의로움으로 그런 지위를 **얻는**(사들이는) 것은 아니다. 랍비들이 "사람이 어떻게 하면 의롭게 **될** 수 있는가?"라는 질문을 하지 않은 것은 주목할 만하다. 의로움이 어떤 신앙 탐구의 목표는 아니다. 의로움은 시내산에

55 128 Ziesler, *Righteousness*, 122.

56 129 *tsaddiq*가 구약에서 하나님은 물론이요 사람의 경우에도 언약에 성실함을 의미하게 된 경위를 살펴보려면, E. Nielsen, "The Righteous and the Wicked in Habaqquq," *Studia Theologica* 6, 1952, 54-78, 특히 64-72을 보라.

서 주어진 언약을 받아들이고 하나님이 왕이심을 받아들임에 따른 계명을 받아들인 사람에게 맞는 행위다. 차디크는, 자카이와 그 동족어처럼, 주로 어떤 얻은〔이룩한〕 지위가 아니라 유지되는 지위를 가리키는 말이다. ……

10절 종교생활과 체험의 본질

....

연구와 행함과 하나님의 임재

...... 랍비들이 말하는 "행함"(*ma'aseh*)은 무슨 뜻인가? ...... "행위〔deed〕" 또는 "행함〔doing〕"이라는 말은 "종교적 의무의 실천〔the practice of religious duties〕"을 의미하고, 나아가 "사랑과 친절을 베푸는 행위〔the practice of deeds of loving-kindness〕를 의미할 때가 잦았다." ......

...... "행함"을 무엇이라 정의하든, 랍비들을 "행함"을 무시했다는 이유로 엄히 비판할 수는 없다. 사람은 행하기 위해 연구해야 했으며, 연구를 계명을 무시하기 위한 핑계거리로 사용할 수는 없었다.

...... 랍비 종교가 어떻게 작동했는가라는 관점에서 볼 때, ... 구원이란 하나님의 선택으로 말미암아 오는 것이지, 인간의 의도나 실제 행위로 오는 게 아니라는 것이다. 인간의 의도나 실제 행위 둘 다 필요하지만, 이것들은 사람이 먼저 나서서 하나님의 호의를 얻어내는 수단이 아니다. 종교적 감정과 체험이라는 관점에서 볼 때, 랍비들은 자기구원의 종교가 만들어낼 법한 불안과 긴장을 증언하지 않는다고 대답할 수 있다. 오히려 그 반대로, **랍비들은** 〔토라 ⓣ첨가〕 연구와 행함을 자기구원에 이르는 수단과 아주 다른 차원에서 소중하게 여겼다.

"연구"와 "행함"이 자기구원에 이르려는 시도가 아니라면, 왜 사람들은 "연구"하고 "행했을까?" 두 대답이 있다: 계명에 순종하려 했기 때문이요, 하나님께 가까워지려 했기 때문이다. ......

...... 토라를 연구하는 목적은 토라를 주신 하나님의 임재 안에 있으려 함이요, 할라코트를 지킴은 하나님이 임재하셨다는 느낌을 일깨워준다. 따라서 랍비들이 따랐다 하는 율법주의의 핵심에는 하나님과 친밀한 접촉을

유지한다는 느낌이 자리하고 있는 것으로 보인다. …… 그들의 하나님 체험은 하나님이 멀리 계신다는 게 아니라, 그가 가까이 계신다는 것이었다. 토라를 연구하고 실천하는 일은 랍비들의 종교 감정 및 종교 인식과 전혀 어긋나지 않고 완전히 일치했다. 하나님이 멀리 계시고 인간이 소외된 존재라면, 토라를 연구하고 행함을 "바람직한 종교생활(신앙생활)"이라 규정하는 것은 기괴한 행동이 될 것이다. 그런 경우에는 토라를 연구하고 실천하는 행위가 그저 무능하고 무력하며 소외당했다는 느낌만 강화해주겠기 때문이다. 멀리 계신 하나님을 끌어내리기에 충분할 정도로 토라를 "연구"하고 "행하는" 것도 불가능했다. 그러나 하나님이 가까이 계신다고 느끼는 사람은 선한 마음으로 토라를 "연구"하고 "행할" 수 있다. 그는 그의 아버지 뜻을 행하고, 그의 모든 행동은 하나님이 임재하셨다는 느낌을 강화해준다. 말 그대로 하나님을 일상생활에서 거듭 만나는 셈이다.

이것이 바로 랍비 문헌을 그저 간접으로만 알았던, 나머지 랍비들이 율법 연구와 행함에 부여했던 종교적 의미를 깨닫지 못한 이들이 거듭하여 놓친 점이다. ……

11절 결론

나는 동시에 두 논지를 전개하려고 애썼다: 한 견해가 잘못되었다는 부정의 논지와 다른 한 견해가 옳다는 긍정의 논지. 부정이라는 측면에서 보면, 내 의도는 랍비 종교를 율법의 행위로 의롭다하심을 얻는 종교요 인간이 자기가 저지른 범죄보다 많은 계명을 이행함으로 구원을 얻는 종교라고 보는 견해 외에 있을 수 있는 **또 다른** 견해를 주장하는 것이 아니었다. 나는 이 견해가 완전히 잘못이라고 주장했다: 이 견해는 신학적 선입견에서 나온 것이며, 랍비 문헌의 본문들을 체계상 오해하고 잘못 해석한 결과를 그 근거로 삼고 있다. 나는 탄나임 문헌의 어떤 지층에서도 이런 견해를 발견하지 못했으며, 탄나임 시대의 어떤 랍비도 이런 견해를 주장한 것을 발견하지 못했다. [234]따라서 내 의도는 신약 신학자들 사이에 일관되게 유지되어온 베버의 견해를 무너뜨리되, 설득력 있는 방법으로, 곧 이런 견해가 근거로 삼는 "증거"가 사실은 베버가 구성한 내용으로 이어지지 않는다는 것을 보여줌으로써 무너뜨리는 것이었다.

앞서 논의한 내용에서 두 예를 들어본다: 랍비들이 행위에 따라 엄격한 보응이 있으리라는 이론을 믿었다는 주장이 빈번히 있었다. 보응이 있으리라는 믿음(*Vergeltungsgedanke*)이 하나님의 자비를 고대하며 깜박이는 소망을 지배했으며, 이런 믿음은 구원이 사람의 행위에 따라 엄격하게 결정된다고 보는 이론을 수립하는 데 도움을 준다. 고찰 결과, 우리는 **랍비들이** 보상과 형벌을 빈번하게 강조하는 주장을 사실 그런 식으로 이해하지 않았음을 알았다. 엄격한 정의는 하나님의 자비를 배제하는 말이 아니라, 자의〔恣意, 변덕; caprice〕의 반대말이었다. 더군다나, 보응 이론은 선택과 속죄라는 더 큰 틀 안에서 기능했으며, 하나님이 언약 안에서 하시는 행위〔intra-covenantal behaviour〕를 가리키는 것이다. 구원론이라는 이론은 자비를 향한 소망을 잘라버리지 않는다(7절의 결론을 보라). 둘째, 우리는 "조건으로"라는 말이 들어있는 본문을 떠올릴 수 있다. 언약이 순종을 조건으로 주어졌다고 말하는 것은 마치 랍비들이 불순종이 있으면 결국 하나님이 언약에 따른 약속들을 취소하실 것이요, 따라서 사실 선택은 늘 인간이 **얻어야**(힘써서 사들여야; earned) 하는 것이라고 믿었다는 인상을 심어줄지도 모르겠다. 사실, 우리는 그런 견해를 전혀 암시하지 않고(실제로 랍비 문헌에는 그런 견해가 전혀 들어있지 않다) 도리어 전혀 다른 목적을 가진 본문들을 발견했다. 그 본문 가운데 가장 중요한 본문은 인간이 언약 속에서 자신의 지위를 **유지하려면**(retain) 계명을 **인정해야**(confess) 한다고 말하는 본문이었다: 계명을 수여하시는 하나님의 권리를 부인함은 선택을 부인한다는 말이다(4절과 6절). 유대교가 행위로 의롭다하심을 얻는 종교였다는 견해, 혹은 이런 종교가 랍비 문헌을 지배한다는 견해는 보응과 "조건으로(on condition that)" 같은 주제들을 해석하는 틀이 좌우한다. 사람들은 이런 본문들이 랍비들이 말하려 했던 의미대로 이해하지 않고, 선입견으로 갖고 있는 신학 범주들(개념들; preconceived theological categories)을 따라 이해한다. 이런 범주들을 따르면, 율법을 이야기하는 어떤 종교도 좋지 않은 의미의 율법주의 종교가 될 수밖에 없다. 잘못된 것은 바로 이런 해석 틀 전체다.

그렇다면 결국 이런 견해를 발견할 수 있고 이런 견해가 증명되었다고 전제하는 교과서와 참고서 — 주로 부세트의 *Die Religion des Judentums im Neutestamentlichen Zeitalter*(신약 시대의 유대교), 빌러벡의 *Kommentar*, 쉬러의 역사서와 키텔 사전에 들어있는 몇몇 항목들 —는, 랍비 종교를 다루는 부분에 관한 한, 도저히 신뢰할만한 가치가 없다. 다른 견해를 인용한 새 판(版)들이 나오거나 거칠고 근거가 박약한 몇몇 부분을 보완해도 이들을 바로잡지는 못한다. 이 학자들은 그릇된 전제에서 출발하고, 자료를 잘못 해석한다. 이들은 마치 멍에를 벗어버린 유대인처럼 구제될 가망이 없다. [235]빌러벡의 주석은 몇몇 쟁점을 다룬 본문 모음으로서 아직도 어느 정도 쓸모가 있을지 모르겠지만, 이 경우에도 몇 가지 단서가 붙는다: 주석 사용자가 그 본문들을 찾을 수 있고 문맥 속에서 그 본문들을 읽을 수 있을 것, 사용자가 빌러벡 자신이 제시한 요약과 종합 명제를 가능한 한 많이 무시할 것, 그리고 사용자가 빌러벡이 인용하지 않은 주제에 관한 본문들을 어떻게 발견해야 할지 상상할 수 있을 것. 마지막 점의 중요성을 잘 보여주는 예는 가까이에 얼마든지 있다. 렘스토르프가 소망에 관한 본문을 찾으려고 의지하는 빌러벡 주석 안의 페이지들은 우리가 렘스토르프의 견해를 논할 때 인용했던 적절한 본문들을 담고 있지 않다. 이 때문에 결국 렘스토르프도 빌러벡 주석의 본문들을 활용하지 못했다. 마찬가지로, 뢰슬러도 "약속"과 "신뢰"를 연구하면서, 빌러벡이 선별하여 제시한 본문에만 의지했는데, 여기에서도 랍비들이 하나님의 약속들을 여전히 유효하다고 여겨 이 약속들을 신뢰했음을 보여주는 가장 적절한 탄나임 본문들을 찾을 수가 없다. 빌러벡 주석을 사용하려면 빌러벡이 제시하지 않은 본문을 발견할 수 있어야 한다고 말하는 것은 사실상 빌러벡이 이 주석으로 도움을 주려 했던 사람들은, 곧 혼자 힘으로 랍비 자료에 다가갈 준비가 되어 있지 않은 신약 신학자들은 이 주석을 사용하지 말아야 한다고 말하는 셈이다.

긍정의 논지, 곧 랍비 문헌에 널리 퍼져 있고 서로 다른 시대와 서로 다른 학파에 속해 있는 랍비들이 종교(신앙) 원리들에 관하여 폭넓게 드러낸 일치 의견을 반영한 또 다른 견해가 있다는 논지는 어려운 주장이었다. 이것이 어려운 이유는 랍비들이 체계 잡힌 신학 분석을 남기지 않았기 때문이다. 우리는 랍비 자료의 본질과 탐구 전략을 되새겨봐야 한다. 특별히 할라카를 다룬 자료는 상당히 소소한 사항들을, 문제가 있는 영역들을 다루는 경향이 있다. 이 자료를 보면, 랍비들은 말 그대로 그들 종교의 경계선에서 승강이를 벌인다. 이 문헌의 이런 측면 때문에 많은 이가 사소한 사항들이 랍비들의 주된 종교적 관심사였다고 추측하게 되었다. 그들은 박하, 시라〔蒔蘿, dill〕, 커민〔cummin〕의 십일조에는 주의를 기울였지만, 더 중요한 문제는 무시했다. 하지만 소소한 문제를 둘러싼 논쟁은 오히려 중심 이슈에서는 의견 일치가 이루어졌음을 반영한다고 결론지어야 한다〔One should rather conclude that debates on details reflect agreement on central issues〕. 더구나, 우리 연구 전략에서 가장 중요한 점은 이런 승강이조차도 랍비들이 품었던 중요한 확신들이 무엇인가를 드러내 보여줄 수 있다는 점이다. 우리는 하나님이 이스라엘을 선택하신 **이유**를 둘러싼 논쟁에서 하나님이 이스라엘을 택하셨다는 확신이 중심에 있다는 결론을 끌어낸다. **어떻게** 순종해야 하는가를 둘러싼 논쟁은 순종하는 데 **관심이 있음**을 드러내 보여준다. 더군다나, 순종하는 데 보이는 관심을 연구해보면, 이 관심은 하나님이 율법을 함유한 언약에 신실하실 것을 믿고 의지하는 태도를 보여주지, 어떻게 하면 순종을 통해 하나님의 호의를 얻을지 배우는 일에 불안 섞인 관심을 보이는 태도를 보여주지 않는다. 아마도 가장 두드러진 예는 어떤 속죄 수단이 죄를 속하는가를 놓고 벌인 논쟁이 아닐까싶다. 이런 논쟁과 견해 차이는 외형으로만 율법을 준수하는 데 보인 관심을 드러내기보다 다음 세 가지를 드러내 보여준다: (1) 모든 범죄에는 속죄 수단이 있다는 것, (2) 랍비들은 속죄를 생생한 종교 문제로 인식하고 이에 관심을 보였다는 것, (3) 개개 죄에 대한 속죄는 참회하는 죄인이 다시 하나님과 올바른 관계를 갖도록 **회복시켜주기** 때문에, 이런 죄인도 **원래는** 하나님과 올바른 관계에, 곧 하나님의 자비로 말미암아 수립되고〔established〕 개개인의 순종과 참회 그리고 하나님의 용서로 말미암아 유지되는〔maintained〕 관계에 **있었다**는 것.
236 그저 어떤 속죄 수단이 어떤 죄를 속하는지만 연구해도 랍비들이 **언약 관계의 유효성이 영속하다**〔enduring validity〕고 믿었다는 것을, 랍비들이 **공로와 범과를 비교하여 그 무게를 헤아리고 달아보지 않았다**〔did not count and weigh

merits against demerits〕는 것을(오히려 그들은 지은 죄를 속죄했다), 그리고 **하나님이 이스라엘의 모든 신실한 구성원들에게** —순종을 통해 그리고 언약이 제공하는 속죄 수단, 그 중에서도 특히 참회를 활용하여 언약 속에서 자신들이 가진 지위를 유지하는 모든 이들에게— **구원을 베풀어주시리라고 믿었다**는 것을 알 수 있다. 속죄 문제의 경우, 속죄 수단을 둘러싼 논쟁은 모든 시대에 걸쳐 벌어졌고 모든 학파가 참여했는데, 우리가 방금 정리한 속죄의 의미에 관한 통설에는 예외가 전혀 없었다. 따라서 우리는 널리 퍼져 있고 펼쳐져 있던 종교 패턴을 랍비 문헌에서 발견할 수 있다고 결론짓는다. 이 패턴은 선택과 속죄를 그 기초로 삼고 있다. 하나님이 선택과 관련하여 계명을 주셨으며, 이 계명에 순종하는 것을, 혹은 범죄를 속하고 참회하는 것을 언약 공동체 안에 남아있기 위한 조건으로 예상했다고 이해했기 때문이다. 이런 종류의 종교를 가장 잘 나타내는 명칭이 "언약적 율법주의"〔covenantal nomism〕다. 우리가 서술한 이 패턴이야말로 할라카가 필요한 이유를 설명해주고(이스라엘을 택하시고 이들에게 계명을 주신 하나님께 어떻게 순종해야 할까를 판단하려면 할라카가 필요하다), 다양한 쟁점에 관한 토론 뒤에 자리한 것이 무엇인지 설명해주며(가령 하나님이 왜 이스라엘을 택하셨으며 죄를 속하는 수단이 얼마나 다양한가를 설명해준다), 랍비들 자신이 분명하게 천명한 많은 말(온 이스라엘 사람이 구원을 받으리라는 것, 하나님이 이스라엘에게 당신이 하신 약속을 지키시리라는 것, 사람이 죽을 때에 하나님이 그 영혼을 지켜주시리라는 것 등등)과 일치한다. 때문에 나는 이 패턴이 자료〔랍비 문헌 ⓣ〕에 그릇 강요된 해석이 아니라, 도리어 그 문헌 뒤에 자리한 종교의 견해를 사실 그대로 반영한다고 결론짓는다.

우리는 랍비 문헌이 말하는 언약 개념에 특히 주목해야 한다. 언약은, 특히 하나님 쪽의 의무는, 직접 논의 대상으로 삼기보다 그를 전제하고 넘어갈 때가 많지만, 인간 쪽의 의무를 논하는 할라카의 존재 자체는 하나님 쪽 의무를 당연히 **전제한** 것이지, 사람들이 종종 주장하는 것처럼 잊어버리거나 무시한 것이 아님을 가장 먼저 일러준다. 우리가 위에서 시사했듯이, 언약 개념이 중심이라는 것은 속죄 논의 뒤에 자리한 가정이 일부 보여준다. 속죄는 앞서 존재한 관계로 회복됨을 암시하는데, 그 관계는 언약 관계라 부르는 것이 가장 좋다. 랍비들은 하나님이 이스라엘과 맺은 언약을 신실히 지키신다고 말할 수 있는데도(4절 주88), 종종 다른 용어를 활용한다. 우리는 종종 하나님이 택하시고 구속하신 자들 가운데 들어있기를 바라는 이는 결국 언약에 따른 계명들을 받아들인다("인정한다")는 것을 일러주는 본문에서 "언약을 받아들이다"라는 말 대신 "출애굽을 인정하다"라는 말을 발견한다(위 원서의 94). 랍비들은 종종 하나님을 왕〔왕다운 왕, King〕이라 말한다. 이 왕은 백성의 동의 없이 다스리는 동방의 전제 군주가 아니라, 먼저 백성들을 구하고 보호하여 그들의 동의를 구한 뒤에야 비로소 계명을 수여하는 왕이다(4절 첫머리). [237] 랍비들이 사람이 계명에 순종하면 이는 곧 "하늘의 왕권"을 받아들이는 것이라고(5절 주84), 또는 "계명의 멍에"를 받기 전에 "하늘나라의 멍에"를 받아들인다고(버라코트 2.2) 말할 수 있는 것도 그런 까닭이다. 이를 조금 다른 용어로 말하면, 계명을 받아들이는 자는 하늘의 멍에를 받아들인 자다(4절 주39). 하나님의 계명을 받아들임을 그 사람이 (자기 힘으로 하늘나라에서 자신의 자리를 얻음이 **아니라**) 하나님 "나라" 안에 있음을 또는 하나님의 "멍에" 아래 있음을 받아들인다는 것을 일러주는 표지로 보는 주제가 아주 빈번히 등장하는데, 이 주제야말로, **언약**이라는 가장 편리한 한 단어를 사용한다면, 랍비들이 생각했던 **언약** 개념을 잘 전달해준다. 그 개념은 하나님이 행동하신다는 것, 이스라엘이 그 행동을 그들을 위한 것으로 받아들인다는 것, 하나님이 계명을 주신다는 것, 이스라엘이 계명에 순종하기로 동의한다는 것, 그리고 계명을 계속 받아들임은 그 사람이 〔언약〕 "안에〔in〕" 있음을 증명하지만, 순종하길 거부함은 그 사람이 〔언약〕 "밖에〔out〕" 있음을 증명한다는 것이다. 랍비들은 이 모든 것을 "언약"이라는 용어를 쓰지 않고 빈번히 표현한다.

이제 우리는 요약 삼아 한 가지 관찰 결과를 더 제시해 봐도 되겠다: 랍비 종교는 사람 하나하나의 개별성을 존중하는 종교였지만, 동시에 이런 개인들이 한 몸을 이루고 있다는 집단성을 존중한 종교이기도 하다. 무어는 특별히 전자의 측면들을 강조했다. 그는 하나님과 인간이 인격 대 인격의 관계로 만나는 종교라는 점이 랍비 종교의 주된 특징이라고 주장했다. 아울러 그는 여기에 "이전의 이스라엘 종교를 뛰어넘는 가장 중요한 진보"가 자리해있다고 여겼다. 무어는 하나님과 인격 대 인격으로 맺은 관계가 "종교 공동체의 사귐 속에서" 유지되었다는 것을 분명하게 인식했다.[1] 우리는 종교가 개인화되고 내면화되었다는 무어의 논지를 인정하면서도,[2] 한 몸이라는 개념이 어느 정도 유지되었다는 점에 주목해야 한다. 우어바흐가 강조했듯이, 선택은 이스라엘 전체를 대상으로 한 것이었다. 아울러 개인은 직접 하나님께 개별 책임을 질 뿐 아니라 공동체로서 계명을 지킬 책임도 진다는 개념도 사라지지 않았다.[3] 우리는 한 개인의 죄가 온 이스라엘에 벌을 가져다준다는 취지의 말뿐 아니라,[4] 안식일을 일부러 어김으로 죄를 지은 사람이 그가 속한 사람들에게서 "잘려나갔으나" 그가 속한 사람들은 평안히 살아남았다는 말도 발견할 수 있다. 그러나 우리가 논한 종교 패턴은, 랍비들이 집단 차원과 개인 차원의 보상과 형벌을 함께 이야

1 2 Moore, *Judaism* I, 121.

2 3 참고. Ibid., 113f.; 501f.

3 4 Urbach, *Ḥazal*, 477f. (ET, 538-40).

4 5 Urbach, ibid. Lev. Rab. 4.6 (ET, 55)에 있는 랍비 시므온 벤 요하이의 말; 랍비 시므온 벤 요하이가 19:6을 다룬 Mek. (139)를 인용한다. 아울러 T. Sotah 7.2를 보라: 사람은 토라가 금지하는 모든 범죄로 말미암아 처벌 받는다. 그러나 거짓 맹세로 말미암아 하나님의 이름을 헛되이 취한 자가 있을 때는 그 자와 "모든 사람"이 처벌 받는다.

기할 수 있었다는 사실에서 훨씬 더 나아가, 종교의 이런 개인 차원과 집단 차원이 어떻게 결합되었는가를 생생히 보여준다. 우리는 하나님의 계획 안에 있는 한 개인의 자리가 그 개인이 그 그룹의 구성원이 됨으로써 완성된다는 것을 보았다. 이처럼 우리는 랍비 문헌이 사실상 개인 차원에서 구원을 추구하지 않았음을 발견한다. 문제는 어떤 이가 훌륭한 이스라엘 사람인가 여부다.[238] 반면, 단지 이스라엘 혈통이 구원을 보장하지는 않았다. 구원은 신실한 모든 이스라엘 백성 개개인에게 임했다. 나아가, 특별히 예루살렘 성전이 파괴된 뒤에는, 이런 그룹이 하나님과 개개 이스라엘 백성을 중개하지 않았다: 사람의 경건은 개인의 일이 되었고, 그의 기도는 하나님께 직접 하는 일이 되었으며, 그가 받은 용서도 하나님에게서 직접 왔다. 랍비 유대교도 그룹 중심인 전통적 언약 종교를 헬레니즘 시대의 특징인 개인 경건 중심의 정신에 맞춰 탈바꿈시켰다. 어쩌면 랍비 유대교의 이런 적응력이 유대교가 가진 강점이며, 그리고 유대교가 존속한 이유를 대부분 설명해줄지도 모른다. 기독교가 유대교와 아주 비슷하게 그룹의 구성원이라는 지위와 개별성을 인정하는 인격적 종교의 결합을 채택한 것은 주목할 만하다.[239]

II장 사해사본

1절 들어가는 글

사해 사본[●]을 대충만 읽어봐도, 우리가 랍비 종교 구조의 구성부분으로서 다룬 주제들이 쿰란 문헌에서도 아주 많이 발견된다는 것을 알 수 있다. 언약, 계명, 악한 자들이 처벌받음, 의로운 이들이 구원받음 그리고 유대교의 다른 공통 주제들이 주요 문서들〔사해 사본 중 주요한 문서들 ⓣ〕의 사실상 모든 페이지에서 등장한다. …… 우리가 마주할 문제는 이것이다: 에세네주의〔Essenism, 에세네인의 신학〕가 독특하게 주장하는 점들은 랍비 종교〔유대교〕의 전체 유형과 형태를 결정할 때 얼마나 중요한 의미가 있는가? 그런 차이들은 우리가 랍비 문헌에서 발견한 종교의 전체 구조를 바꾸지 못하고 단지 세부 사항이나 정의〔定義〕와 관련된 문제에 불과한가? 아니면 의〔義〕의 교사〔Teacher of Righteousness〕를 따르는 이들을 광야로 몰아넣은 세력들〔forces〕은 기존의 종교 유형과 기본부터〔완전히〕 다른 종교 양식을 형성할 수밖에 없도록 몰아붙인 원동력이었는가? 이 문제에 답하려면, 우선 서로 연관성을 지닌 언약, 선택, 택함을 받은 자와 악한 자의 정체, 그리고 "이스라엘"의 정의라는 주제들에 집중하는 것이 가장 좋을 것 같다.

● 사해사본이 체계적인 학술용으로 적합한 번역서가 없어서 역자는 Martinez판을 중간중간 한국어 사역으로 제시하고 있다. 사본들의 약칭도 본서의 집필 이후에 정리가 된지라 *The SBL Handbook of Style, second edition* (2014)을 참고해서 최신의 정리된 약칭으로 최대한 병기하였다. ⓔ

2절 언약과 언약 백성

언약

현존 문헌에 들어있는 하나님과 에세네인의 언약을 공식으로 표현하는 방법에는 두 가지가 있다. 이 공식은 결국 같은 것으로 보이지만, 이 두 공식 사이의 차이가 에세네 운동 안에서 중요한 신학적 의미를 가졌을 수도 있다. 가장 유명하고 가장 놀라운 한 공식은 하나님이 에세네 공동체와 새 언약을 맺으셨다는 것이다(CD 6.19, 8.21. 20.12; 1QpHab 2.3, 4). 첫 공식보다 더 빈번히 등장하는 다른 공식은 하나님이 모세(혹은 족장들)와 언약을 맺으셨으나, 이 언약에는 오직 이 에세네 공동체만이 이해한 감춰진〔비밀인〕 것들이 담겨있기 때문에, 에세네 공동체가 하나님이 이스라엘과 맺으신 언약의 유일한 지킴이〔overseer〕라는 것이다. 가령 CD〔다마스쿠스 언약 ⓣ〕 15.5-11은 이렇게 말한다.

> 온 이스라엘을 위한 언약의 모든 구성원은 그들의 자손이 "소집된〔모여 있는〕 그들 가운데로 지나가게" 한 뒤 언약의 맹세로 서약하게 하라. [241] 악의 시대 동안에는 자신의 타락한 길에서 돌이키는 모든 이와 관련한 판결을 내릴 때도 그와 똑같이 하라: 그〔타락한 길에서 돌이킨 이 ⓣ〕가 많은 이〔the Many〕를 감찰하는 이에게 말하는 날에, 그들〔언약의 모든 구성원 ⓣ〕은 그에게 모세가 이스라엘과 맺었던 언약의 맹세를 하게 할지니, 이 언약은 곧 "자신의 마음을 다하고 자신의 영혼〔목숨〕을 다해" 모세의 율법으로 돌아가는 언약, 다시 말해 악의 시대에 행하는〔지키는〕 율법으로 돌아가는 언약이다. 어느 누구도 그〔타락한 길에서 돌이킨 이 ⓣ〕가 많은 이를 감찰하는 이 앞에 설 때까지는 그에게 내려질 판결(*mishpaṭim*)〔그 사람에게 내려질 판결 ⓣ〕을 알려주어서는 안 되니, 이는 그〔많은 이를 감찰하는 이 ⓣ〕가 그〔타락한 길에서 돌이킨 이 ⓣ〕를 조사할 때 그〔타락한 길에

서 돌이킨 이 ⓣ〕가 바보〔어리석은 자〕임이 드러나지 않게 하려 함이다.

여기서 분명한 것은 "모세의 율법으로 돌아감"이 사실은 "새 언약"에 합류함과 같다는 것이다. 이는 우리가 알듯이 어떤 사람이 그 공동체 사람으로 받아들일만한 사람임이 판명되기까지는 언약에 따른 개개 율법들(*mishpaṭim*)을 배우지 않아도 되기 때문이다. 이런 점은 "모세의 율법으로 돌아감"을 언급하는 다른 곳에서도 나타난다. 가령 1QS 5.8, 9에서는 "모세의 율법으로 돌아감"이 "모세의 율법과 관련하여 차독(사독)의 자손과 언약을 지키는 자들(the Keepers of the Covenant and Seekers of His will)과 하나님의 뜻을 찾는 자들에게, 그리고 그들의 언약에 속한 많은 사람들에게 계시된 모든 것을 따라" 모세의 율법에 순종함을 의미한다. "그들의 언약"이라는 용어(1QS 6.19; 1QSa 1.2도 이 말을 쓰며, 이는 "그—하나님—의 언약"과 같은 말이다)〔두 곳의 히브리어 원문은 בריתם이다 ⓣ〕가 특히 두드러지게 나타난다. "그들의"는 에세네 공동체를 설립한 제사장들을 가리킨다. 또한 1QSa 1. 2, 3에서 볼 수 있듯이, **그들의** 언약은 하나님의 언약과 같은 말이다.

이 방식이〔곧 그 언약을 "그들의 언약"이라 부름이 ⓣ〕 그 언약을 "새" 언약이라 부르는 것보다 더 적합한 표현이다. "새" 언약이라는 말은 여러 난제로 빠지는 길을 열어놓는 용어이며(가령 하나님이 모세 언약을 부인하셨는가 혹은 대체하셨는가라는 난제를 낳는다), 예레미야서에 이 말이 존재하지 않는다면 도저히 받아들일 수 없는 말이었을 수도 있기 때문이다. 하지만 모세 언약(언약의 목적에 비춰볼 때, 이 언약에는 율법—오경—뿐 아니라 선지서도 포함된다)에 근래에 와서야 비로소 드러난 비밀들이 들어있었다는 주장을 할 수밖에 없는 점을 고려하면 "새"라는 형용사는 본질상 옳다. 즉 다마스쿠스 문서에 따르면, 하나님은 언약의 첫 구성원들이 불순종했다는 이유로 이 구성원들이 대부분 파멸에 이르게 하셨다. 하지만 하나님은 살아남은 남은 자들에게 "온 이스라엘이 잘못된 길로 나아간 것과 관련된 감춰진 것들을 드러내심으로" 이 남은 자들과 당신의 언약을 맺으셨다(CD 3.10-14). 1QS 5.11, 12는 유사하게 언약에 속하지 않은 사람들을 "감춰진 것들"과 관련하여 그릇된 길로 갈뿐 아니라 "드러난 것들"을 어기는 오만한 짓을 행한 이들로 규정한다. 여기서 "드러난 것들"은 아마도 그 언약에서 비밀이 아닌 부분들, 곧 에세네인과 유대교 내부의 다른 그룹들이 모두 아는 부분들을 가리키는 것 같다. 1QpHab 7.4, 5는 "하나님이 당신의 종인 선지자들〔His servants the Propehts〕이 한 말에 담긴 모든 신비를" 바로 의의 교사〔Teacher of Righteousness〕에게 "알려주셨다"고 말한다. 하지만 1QS와 1QSb는 대체로 차독〔사독〕 반열의 제사장들을 언약을 수립한 이들이라고 말한다(1QSb 3.24; 1QS 5.21, 22; 1QS 8.10에 있는 "언약을 수립하다"의 주어가 무엇인지 정확히 판명하기가 어렵지만, 1QS 8.5에 있는 "공동체 회의"〔Council of the Community〕일 가능성이 있다; 1QSb 5.23에 있는 "언약을 수립하다"의 주어는 분명 "회중의 왕〔Prince of the Congregation〕"이다). [242]언약을 수립하고 보존하는 주체를 차독 반열의 제사장들이라 밝힌 것(1QS 5.2, 3, 9)은 이들이 언약의 비밀을 드러내고 이 언약의 비밀을 드러내는 방법으로 활용한 주해〔석의〕를 통제하는 역할을 했을 뿐 아니라, 이들이 널리 하나님의 법령이 잘 시행되게끔 감독하는 권위를 갖고 있었음을 일러주는 것일지도 모른다(1QS 3.24; 1QS 5.22).

따라서 새 언약이라는 것을 수립한 이유가 오로지 이 분파〔에세네파〕의 언약에 새로운 계시들이 들어있어서 "대다수 사람들이 옛 언약을 무시했기" 때문이라고 주장한다면, 이는 적절치 않은 주장 같다. 사실 어떤 의미에서 보면 에세네인은 모세 언약을 바꿔야 한다고 느끼지 않았다. 그들은 새로운 계시들이 성경 속에 감춰져 있다가 발견된 "비밀인 것들"이라고 추론했을 수도 있기 때문이다. 그러나 에세네파의 언약과 옛 언약의 유일한 차이점을 자원하여〔스스로〕 헌신할 것을 요구하느냐 마느냐로 본다면 전혀 옳지 않을 것 같다. 에세네파의 언약도 하나님이 "감춰진 것들"과 "신비들"을 드러내심에서 새로운 주도권을 행사하신다는 것을 전제하기 때문이다(위에서 인용한 CD 3.10-14와 1QpHab 7.4, 5).

하나님이 완전하고 참된 언약을 에세네 공동체 구성원들에게 계시하실 때 도구로 사용하셨던 이들이 누구이든, 에세네파의 언약과 이스라엘이 받아들인 다른 언약을 구분해주는 "감춰진 것들"과 율법들〔*mishpaṭim*〕이 무엇이든, 오로지 에세네파의 언약만이 참된 언약이요 "감춰진 것들"을 알고 받아들이려 하지 않는 이들은 모두 언약 밖에 있는 이들이라는 (따라서 결국은 구원을 베푸시는 하나님의 자비 밖에 있는 이들이라는) 것이 에세네파의 으뜸가는 교의〔tenet〕임은 분명하다. …… 호다욧〔Hodayot, 사해 사본 중 가장 먼저 발견된 일곱 두루마리 중 하나로서 "감사 찬송"을 담고 있다 ⓣ〕에서는 "당신의 언약"이라는 말이 아주 빈번히 나타나며, 1QH〔1QHa〕 2.21, 22, 28, 29처럼, "당신의 언약"을 지키면 유대교 내부의 나머지 분파에게서 핍박을 받으리라는 것을 종종 분명하게 밝히기도 한다. 하나님의 언약과 에세네파의 언약은 같다.

언약의 구성원과 그 대적들

그렇다면 우리는, 간단하면서도 정확하게, 하나님의 언약에 속한 구성원들이 바로 에세네파 구성원이라고 결론지어도 될 것 같다.[243] 현존 문헌을 연구해보면, 에세네파가 서로 다른 세 그룹을 이 언약 밖에 있는 이들로 여긴다는 게 드러난다: 이방인, 에세네인이 아닌 유대인, 그리고 에세네인이었으나 에세네파를 배반한 이들. 이런 관찰 결과는 에세네파 사람들이 "이스라엘"이라는 용어를 어떻게 사용했는지를 이해하는 것과 중요한 연관이 있다. ……

…… 이제 우리는 이 연구서에 더 중요한 의미가 있는 문제, 곧 이 분파가 이 분파에 속하지 않은 이스라엘 사람들과 구별하여 자기 분파를 정의하면서 "이스라엘"이라는 명칭을 자신에게 적용했는가 적용하지 않았는가라는 문제를 물어야 한다. 바꿔 물으면, 에세네파 사람들은 악한 이스라엘 사람들이 에세네파의 언약을 받아들이길 거부함으로써 하나님의 언약을 부인하고 결국 이스라엘이라는 명칭마저 잃어버렸다고 생각했는가? 우선 우리는 1QS와 1QH가 에세네파 사람들을 주저 없이 "택함을 받은" 자들〔선민, the elect〕이라 부르며, 이 말 뒤에는 늘 어떤 수식어가 따른다는 점에 주목할 수 있다: 하나님의 뜻을 따라 택함을 받은 자들(1QS 8.6)〔히브리어 원문은 בחירי רצון이다 ⓣ〕, 사람 중에서 택함을 받은 자들(11.16)〔저자는 11.16이라고 하나, 11.17이 맞는 것 같다. 11.17에 사람 중에서 골라 뽑으신 자들이라는 말이 나온다 ⓣ〕, 그 시대에 택함을 받은 자들(9.14)〔히브리어 원문은 בבחירי העת이다 ⓣ〕, 택함을 받은 의로운 자들(1QH 2.13). 245 이 경우 가운데 두 경우에는 "택함을 받은 자들"이라는 말 대신 "자손들"이나 "사람들"처럼 더 널리 쓰는 말을 써도 의미가 그리 달라지지 않는다: 의의〔의로운〕 자손들, 1QS 3.20,22; (하나님의) 뜻에 합당한 사람들, 4QpPs37 2.24, 25. 1QH 14.15에서는 "당신이 택하신 자들"과 "당신을 아는 자들"이 평행을 이룬다. 시편 37편 주석에서는 그〔하나님〕가 택하신 자들로서 그의 뜻을 행하는 이들로 이루어진 회중(4QpPs37 2.5) 혹은 그냥 간단히 그가 택하신 자들로 이루어진 회중(3.5)이 분명 이 에세네파라는 그룹, 곧 "광야의 참회자들"(3.1)을 지칭한다. …… 이 공동체는 "택함을 받은 자들," 혹은 "하나님이 택하신 자들" 같은 관련 명칭으로 부를 수 있다(1QS 11.7). 이 공동체는 자신들의 언약을 유일한 참 언약으로 규정했으며 자신들을 기꺼이 "(하나님이) 택하신 자들"이라 부른다. 이 때문에, 이스라엘이라는 명칭을 오직 자기 공동체만을

가리키는 명칭으로 사용하는 데도 전혀 거리낌이 없는 것 같다. …… 하지만 이 분파의 자기이해를 이해하려면, 그것이 단순히 "이스라엘"이라는 명칭을 전용〔專用, 오로지 자신들만을 가리키는 명칭으로 사용〕한 데 그치는 것이 아니었음을 아는 게 중요하다. 에세네파 구성원들은 자신들이 이스라엘 가운데서 택함을 받은 분파의 구성원이요 하나님이 역사를 결정지을 전쟁을 싸우시고자 세우실 **참 이스라엘의 선구자**〔forerunner of the true Israel〕라는 지위에 있음을 자각하고 있었던 것 같다. ……

…… "택함을 받은 자들"은 "이스라엘 가운데서 택함을 받은 자들"이다. 에세네파 사람들 자체가 이스라엘은 아니다.

…… 에세네파 사람들은 대체로 자신들을 무턱대고 "이스라엘"로 부르기를 삼갔다. 에세네파 사람들은 자신들이 이스라엘에서 특별히 택함을 받은 부분임을 늘 의식했던 것으로 보이며, 어느 누구도 성인이 될 때까진 이 분파의 완전한 구성원이 되지 못한다는 사실(1QSa 1.8, 9)은 그런 의식을 틀림없이 강화시켜주었을 것이다. 더구나, 에세네파는 악한 자들도 참회하고 이 분파에 참여할 가능성을 늘 열어놓았다. 그러나 이 악한 자들 자체가 이스라엘 사람들이었다. ……

…… 에세네파는 자기네 분파가 **역사 속에 실존했던 기간 동안에는** 자신을 "이스라엘"이라 생각하지 않았으며, 적어도 그렇게 생각한 경우는 자주 있지 않았다. 에세네파 구성원들은 자신들만이 참된〔true〕 언약 해석을 갖고 있지만, 다른 이스라엘 사람들, 곧 "이스라엘의 악한 자들"이 있다고 믿었다. [255]마지막 때에는 온 이스라엘이 언약 공동체에 합류하지만 (IQSa), 교정이 불가능할 정도로 악한 자들은 에세네파에게 파멸당하거나, 하나님께 직접 파멸당하거나, 이방인에게 넘겨져 파멸당할 것이다. 따라서 에세네파는 자신이 역사 속에 실존하던 기간에는 그 자신을 한 분파로〔단지 유대교의 한 분파로 ⓣ〕 인식했다. 이 분파는 아직 완전체인 이스라엘이 아니었

지만, 그래도 참 이스라엘은 오로지 이 분파의 언약을 통해 구성될 수 있었다. 그런가하면 에세네파 사람들은 그들이 이해하는 언약이 온 이스라엘에 효력을 미친다고 주장했다. 그런 점에서 에세네파의 자의식〔自意識, self-conception〕 속에는 어느 정도 긴장이 존재한다. 한편으로 보면, 그들은 참 언약을 가졌으므로 그들이 곧 "참 이스라엘"이라고 말할 수 있을 것 같다. 하지만 다른 한편으로 보면, 그들은 자신들을 이런 공식〔말, formulation〕으로 표현하지 않았다. 그들은 "하나님의 진리에 속한 자손들" 같은 이들로서, 이스라엘의 악한 자들, 곧 "지옥에 속한 사람"의 반대편에 속한 자였다. 마지막 날들에 이르면 비로소 "이스라엘 회중"이 이방인에 맞서 세워질 것이다(1QSa 1.21).

…… 우리는 CD와 1QS에서 에세네파가, 영원한 배교자든 잠시 배교한 자든, 배교자에 관하여 알고 있었으며 이들에게 다시 공동체 구성원이 될 길을 열어두었음을 분명히 본다.

이제는 우리가 에세네파가 구원론과 관련하여 갖고 있던 기본 개념을 다루고 있다는 게 분명해졌다. 에세네파는 언약 밖에 있는 이들—이들은 이방인이거나, 에세네파에 속하지 않은 이스라엘 사람들이거나 에세네파 사람 중 배교한 자들이었다—**과 언약 안에 있는 이들을 구분한다**. 따라서 언약 밖에 있는 이들이 파멸당하리라는 말은 이 세 그룹 사람들을 모두 염두에 두고 한 말이다. 1QM은 이스라엘을 대적하는 이방 민족들이 남은 자 없이 혹은 구원의 소망도 없이 파멸을 맞으리라고 말한다(1QM 1.6, 4.2, 11.11. 14.5, 11). 1QS는 "사탄의 무리에 속한 사람들"이 무자비하게 혹은 용서 없이 파멸당할 것이며(2.4-10), 남은 자가 없으리라고 말한다(4.11-14, 5.12, 13; 참고. 5.19). 1QH는 "거짓말하는 사람들과 잘못을 저지르는 보는 자〔선견자〕들"이 심판 때 파멸당하고(4.20; 참고. 14.16), "죄책의 자손들"에겐 남은 자가 없으리라고 말한다(6.20-32). 유사하게, 4QpPs 37 3.12는 "이스라엘의 악한 자들"이 "잘려나가리라"고 말한다(참고. 2.3, 4, 7). 사해 사본이 배교자들에 관하여 대체로 하는 말들 역시 이들이 파멸당하리라고 말한다(CD 2.6, 7, 8.2, 20.25, 26; 1QS 2.11-18). 그러나 우리가 보았듯이, 배교자를 다루는 특별 규칙들은 가장 심각한 배신행위에 빠지지 않은 자들에겐 적어도 메시아(들)의 날들에는 돌아올 기회를 허용하는 것 같다.

이와 반대로, 언약 안에 있는 자들("자원하여 택함 받은 자들에 합류하는 이들")은 심판 때 구원을 받을 것이다(1QpMic 7-9). …… 언약 밖에 있는 이들에겐 용서받을 소망이 없지만 언약 안에 있는 이들에겐 용서와 죄 사함과 구원이 있다는 사실만 기록해두면 되겠다.

결국 중요한 문제는 선택(election)이라는 문제다: 사람은 어떻게 그 바깥에는 구원이 전혀 존재하지 않는 언약에 다가갈 수 있는가?

3절 선택과 예정

…… 애초부터 하나님이 몸소 모든 개인의 "운명〔lot〕"을 결정하셨다. 이 도식은 두 영 가운데 이것 아니면 저것의 지배 아래 있다는 말로(1QS), 혹은 하나님이 세우신 영의 경향을 가졌다는 말로(1QH), 혹은 어떤 "운명"에 속하는 자로 만들어졌다는 말로 각각 다르게 표현할 수 있지만(여기서 두 영은 "통치하는" 영이라기보다, 오히려 각각 "돕는" 영과 "타락케 하는" 영을 말한다, 1QM), 본질적 요지는 같다.

…… 어떤 일이든 하나님의 뜻이 있어야 **알려진다고** 강조한 이유는 지식이 선택의 수단이요 선택을 받았음을 나타내는 표지이기 때문이다. 사람은 지식을 부여받음으로 말미암아 언약 안으로 들어가게 되며, 하나님의 비밀을 아는 지식이 택함을 받은 자들을 규정하는 특징이다. 지식과 선택의 연관성은 부연〔추가 설명〕이 필요할 정도로 아주 중요하다.

260
1QH 14.25, 26은 지식이라는 선물이 선택을 유효하게 하는 수단임을 일러준다.

> 또 당신은 당신의 종인 내게 지식의 영을 베푸사,
> 진[리를 사랑하고] [의를 사랑하게 하셨으며]
> 완고한 모든 길을 혐오하게 하셨나이다(뒤퐁-소메르 번역).

베르메쉬는 첫 빈칸〔"진리를 사랑하고" 부분 ⓣ〕을 "내가 택하게 하신다〔that I may choose〕"라는 말로 채워 넣으나, 어쩌면 사랑과 혐오를 대비하는 쪽이 더 나을 것이다. 어쨌든 분명한 것은 이 시인이 사실상 자기가 하나님으로 말미암아 올바른 무리〔운명, lot〕에 속하게 됨은 자신에게 지식이 주어짐으로 말미암아 이루어진 것이라고 고백한다는 점이다. 1QH는 사실상 지식을 선택과 동일시할 때가 빈번한 것 같다. 이 때문에 시인은 많은 공동체 찬송의 첫머리에서 하나님께 선택을 받고 하나님이 구원해주심에 감사한다. …… 1QH 14.12-14는 이 지식〔통찰〕을 뭔가를 깊이 곱씹으며 성찰하는 지식〔reflective knowledge〕이라고 말한다: 그는 하나님이 주신 이해로 말미암아 자신이 언약 속으로 인도받았고, 성령을 받았으며, 거의 하나님을 이해하기에 이르렀음을 안다. 다시 말하면, 이 지식은 그가 택함 받은 자임을 아는 지식이며, 택함을 받았다는 것은 하나님의 뜻을 아는 지식과 관련이 있다. 따라서 지식은 선택을 유효하게 하는 수단일 수 있으며(사람은 어느 길을 택해야 하는지 안다), 많든 적든 선택과 동일시할 수 있다(사람은 구속받고 택함을 받음에 감사하듯이 지식을 주신 것에 감사한다). 아울러 지식에는 선택이 함께 따른다(택함을 받은 자는 안다〔곧 지식을 얻는다 ⓣ〕). ……

사해 사본의 찬송들에서 특별히 나타나는 이런 견해를 주장한 이유는 금세 알 수 있다. 아래에서 더 충실히 살펴보겠지만, 에세네파 구성원들은 태어날 때부터 언약 구성원으로 태어난 이들이 아니었다. 따라서 에세네파 구성원들은 자신들이 어떻게 하여 이 언약 구성원이 되었는가를 설명해야만 했다. 앞서 보았듯이, 이들은 하나님이 자신들을 예정하셨다고 생각했다.[261] 그러나 출생, 혹은 할례 같은 언약의 겉표지는 이 구성원들이 언약 구성원임을 나타내는 표지가 아니었기 때문에, 이들이 예정된 자임을 알 수 있는 어떤 내면적 방법이 있어야 했다. 이것은 지식과 통찰과 이해를 강조한 연유를 설명하는 데 도움을 주며, 어떤 것보다 지식을 하나님이 베푸신 은혜로운 선물로 여겼던 이유를 설명하는 데 도움을 준다. ……

하나님이 다스리시는 섭리는 언약에 들어감을 결정하는 요인이자 언약 안에 있는 이들이 거기서 벗어나지 않게 예방해주는 요인이라고 묘사할 수 있다: …… 하나님은 언약 안에 있는 이들이 그릇된 길로 빠지는 것을 허락하지 않으신다(4.24, 25; 참고. 16.15). 하나님은 당신이 선택하신 자의 길을 닦으시고, 그를 분별력으로 에워싸심으로써 "그가 당신에게 죄를 짓지 않게 하신다"(17.21, 22).

그러나 에세네파 사람들은 이렇게 영원하고 거역할 수 없는 하나님의 은혜가 이 택함 받은 자들의 공동체로 들어가게 해주는 기초임을 강조하면서도, 이를 이해할 때 인간에겐 두 길 중 자신이 따라갈 길을 고를 수 있는 능력이 없다는 식으로 이해하지 않았다. 그들은 하나님이 선택의 은혜를 베푸신다고 생각하면서도, 이 은혜와 인간이 가진 선택의 자유가 대립한다고 생각하지 않았다. 이런 의미에서 보면, "예정"을 이야기하는 것은 에세네파 시대와 일치하지 않는다〔anachronistic〕. 앞으로 보겠지만, **하나님이 우리의 운명을 결정하시는 은혜를 베푸신다고 말하는 진술들은 인간이 자유로운가**〔자유의지가 있는가〕 **여부를 묻는 질문이 아니라 다른 질문에 대답하는 말이다**. 이처럼 우리는 이 사본들에서 하나님의 선택이라는 개념이 인간의 선택을 근거로 삼아 이 언약에 들어가거나 이 언약에서 제외 당함을 설명하는 내용과 나란히 함께 존재하는 모습을 거듭 목격한다. 즉 이미 인용한 한 본문을 보면(1QH 15.14-19), 시인이 의인을 창조하여 의로운 길을 따르게 하신 하나님께 감사한다. 그와 동시에 하나님이 악인도 "지으시되" "모태에서부터" 그를 파멸시키시기로 맹세하셨다고 말한다. 그러나 시인은 뒤이어 그 이유를 이렇게 제시한다: "**이는**〔ki〕 이들이 선하지 않은 길로 행하기 **때문이다**."[262] 시인은 계속하여 이들이 언약 밖에 있음은 이들이 언약을 경멸하고 심히 미워했기 **때문이라고** 설명한다. 이들은 하나님이 증오하시는 것을 "택했다." 우리는 다른 곳에서도 이와 비슷하게 하나님의 선택과 인간의 선택이 서로 교차하며 바뀌는 모습을 발견한다.

....

대체로 보면, "선택하다," "돌이키다"와 "경멸하다" 같은 용어가 사람이 어떻게 언약 안으로 들어가는가 혹은 들어가지 않는가를 다루는 논의에서 중요하게 부각된다. 언약 안에 있지 않은 이들은, 악에서 **돌이키지 않는 이상**, 하나님이 정결하게 만들어주시지 않을 것이다(그리고 받아주시지도 않을 것이다)(1QS 5.14). 범죄에서 **돌이키는** 자들은 선한 자라고 정의하나, 그 길에서 **돌이켜** 타락한 자들은 악한 자라고 정의한다. 아울러 (범죄에 따른 형벌로) 세게 두들겨 맞은 자들은 그들의 길이 완전해질 **때까지** 위로를 받지 못할 것이다(1QS 10.20, 21). 하나님은 죄에서 돌이키거나 죄를 참회하는 자들을 용서하신다(1QH 14.24). 언약에 **합류**하려면, 자신의 타락한 길에서 돌이켜야 한다(CD 15.7). 우리는 위에서 이 분파(에세네파)를 가리키는 명칭 중 하나가 분명 "경건치 않음에서 돌이킨 이들," 혹은 이와 비슷한 명칭들임을 보았으며, 이런 사례들을 추가할 수 있음도 보았다.

반면, 언약 밖에 있는 자들인 "완고한 사람들"이 저지른 잘못은 "그들이 그〔하나님〕에게 묻지도 않고 그를 **찾지도** 않았다"는 것이다(1QS 5.11, 12). (이것은 언약을 지키고 하나님의 뜻을 구한 이들과 반대다, 5.9.) [263] 오히려 이들은 하나님의 계명과 그의 언약을 경멸한다(1QpHab 1.11; 1QH 15.18; CD 3.17, 7.9, 8.19; 1QS 2.25, 26, 3.5, 6). 마지막 두 본문은 특히 인상 깊어 꼭 인용해야겠다.

> 하나님의 [언약에] 들어감을 경멸하고 (그럼으로써) 그의 완고한 마음으로 행하는 자는 모두 그〔하나님〕의 진리의 공동체에 [들어가지 못하리라].

> 그가 언제나 부정하고 또 부정하여 하나님의 율례를 경멸한다면—그는 그의 진리의 공동체 안에서 가르침을 받지 못하리라(샌더스의 번역).

이 본문은 택함을 받지 못한 자들을 묘사하는 또 다른 문구를 보여준다: 그들 자신의 완고한 마음으로 행하는 자들(1QS에 여덟 번, CD에 다섯 번, 그리고 1QH 4.15에 나온다). 이 문구는, "돌이키다," "선택하다"와 "경멸하다" 같은 말처럼, 에세네파 사람들이 인간이 지닌 선택의 자유를 부인하지 않았음을 일러준다〔indicates how far the sectarians were from denying man's freedom of choice〕.

....

우리는 택함 받은 자들에 속한 구성원은 자신의 의지대로 행할 자유가 있다고 명백히 가정하는 견해와 이렇게 택함 받은 자들에 속한 구성원이라는 지위도 그가 "모태에 있을 때부터" 철저히 하나님의 뜻에 따라 결정된 것이라고 거듭 역설하는 주장이 서로 충돌한다고 계속 이야기해왔으며 이런 충돌을 앞에서 종종 언급해왔다. 그리고 에세네파 사람들은 분명 이 두 입장이 서로 충돌한다고 여기지 않았다. 그들은 만물을 다스리시는 하나님의 섭리를 강조했지만, 이 때문에 사람이 자신의 운명을 결정할 수 있다는 자신들의 확신을 배척하지는 않았다. ……

에세네파 사람들도 다른 모든 유대인처럼 선택을 설명해야 하는 문제에 부닥쳤다. 우리가 보았듯이, 랍비들은 이 문제를 설명이 필요한 문제로 보았고, 다양한 설명을 제시했다. 하지만 이런 설명은 모두 하나님이 왜 **이스라엘**을 선택하셨는지 그 이유를 설명한 것이었다. 사실 이스라엘 사람 개개인은 그들 자신을 언약에서 제외시키는 결과를 가져올 행동을 하지 않는 한 이런 문제를 파고들지 않았다. 하지만 에세네파 사람들은 훨씬 더 진지한 문제에 부닥쳤다: 그들 자신이 특별히 택함을 받은 자요 유일한 참 언약을 따르는 자들이라는 의식을 갖고 있었다면, 결국 자신들이 이런 지위에 있음을 어떻게 설명할 수 있을까가 문제였다. 선택은 그 말뜻 자체만 봐도 하나님의 뜻으로 말미암아 이루어진 일임이 틀림없다. 이는 명약관화〔明若觀火〕하다. 그렇다면 하나님은 왜 어떤 이스라엘 사람들은 선택하시고 어떤 이스라엘 사람들은 선택하시지 않았는가? 이 문제는 선택이라는 문제의 중요성을 부각시켰고, 두 대답을 이끌어냈다: 하나님이 어떤 이는 선택하시고 또 어떤 이는 선택하시지 않은 이유는 그가 그렇게 하기로 결정하셨기 때문이다. 아울러 하나님은 당신의 길을 선택한 이들을 선택하시고 당신의 계명을 경멸하는 자들을 거부하신다. 에세네파 사람들은 이 **두 대답 모두**(Both of these answers)를 여러 상황에 비춰 옳은 대답이라고 여겼을 수 있다. …… 어떤 이들은 선택하시고 또 어떤 이들은 선택하시지 않은 하나님의 선택 은혜를 강조한 때는 그가 특별히 하나님 앞에서 누구보다 우선 그 자신 혹은 에세네파 안에 있는 그의 동료들을 성찰할 때였을 것이다. 이런 맥락에서는 자신이 선택받은 것에 놀라는 마음, 자신이 무가치한 존재라는 느낌과 하나님의 은혜를 강렬히 깨닫는 인식을 동반한 감사를 올리는 것만이 적절한 표현이다. 하나님을 대면한다면(*vis à vis*) 어느 누구도 가치 있는 존재일 수가 없다. 사람의 선택도 틀림없이 하나님의 은혜로 이루어진 것이다. 이런 태도가 주로 찬송 자료에서 나타나는 것은 놀라운 일이 아니다. 찬송은 기도나 축복이라는 일반 범주 안에 들어있다.
267 따라서 사람이 기도하는 태도를 취할 때 자신의 무가치함과 하나님의 은혜를 느끼는 것은 당연한 일이다. 하지만 에세네파 사람인 이 사본 저자들은 에세네파 밖 사람들이나 이 언약에 들어오려고 애쓰는 이들, 또는 이 언약을 저버리고 떨어져나간 이들을 염두에 두고 이 사람들을 다루기 위한 할라카를 제시할 때는, 당연히 모든 것이 사람에게 달렸다고 썼을 것이다.

우리는 여기서 우리가 이전에 보았던 신앙 표현의 한 변형을 가장 잘 드러낸 사례를 목격한다. 랍비들 역시 기도에서는 하나님의 은혜와 그들 자신의 무가치함을 이야기했지만, 할라카에서는 그들 자신의 능력을 전제하는 것 같았다. 쿰란 자료(사해 사본 ⓣ)가 특이한 이유 중 하나는 찬송과 기도를 담은 자료가 아주 많기 때문인데, 이런 점은 현재 남아있는 이 문헌(사해 사본 ⓣ) 전체에 다른 문헌에서는 발견되지 않은 독특한 풍취를 제공해준다. 그러나 이 문헌이 지닌 이런 특성이, 선택이라는 기본 문제와 관련하여 왜 하나님의 선택을 표현한 말과 인간의 선택을 인정하는 말이 이처럼 첨예하게 갈라져있는지에 대해서는 완전한 답이 되지는 않는다. 두 영이 창조되었고 하나님이 존재하는 모든 것을 설계하셨다는 기본 진술(1QS 3.15이하)이 1QS의 할라카 부분이라 불러야 할 부분 가운데서 나온다는 것을 기억해야 한다. 이 진술 자체가 할라카는 아니어도, 찬송 자료나 기도 자료는 분명 아니다. 이 진술의 표현에서 페르시아의 간접 영향을 관찰할 수 있긴 하지만, 이런 진술을 하게 한 원동력은 십중팔구 이스라엘 사람 중 어떤 이는 선택받고 어떤 이는 선택받지 못한 이유를 설명해야 했던 에세네파 자신의 필요에서 나왔을 것이다. 에세네파 언약을 유일한 언약으로 정의하고 자신들을 유일하게 택함 받은 자들이라 정의한 것은 에세네파 사람들에겐 아주 진지한 행보〔行步〕였다. 이 행보가 그들을 예루살렘에 있는 파당들과 구별되는 한 "분파"의 구성원으로 만들어주었다. 이런 행보를 취하다보니, 그들은 하나님이 자신들을 선택하신 것과 다른 이스라엘 사람들이 보길 거부하고 믿길 거부하는 이유를 설명해야 했다. 이것은 아주 심각한 문제였기 때문에, 이런 일을 만들어내실 수 있는 이는 행하시는 일 자체가 신비인 하나님뿐이었다. 하나님은 당신의 은혜 가운데 에세네파 사람들을 선택하셨으나, 다른 이스라엘 사람들은 벨리알 무리에게 넘겨주셨다. …… 사해 사본이 말하는 "예정 교리"는 자유의지가 있느냐 없느냐라는 문제보다 오히려 **이 언약도들이 선택받은 이유가 뭔가라는 질문에 제시한 대답**으로 보는 게 가장 좋다.

선택에 관한 에세네파의 진술을 이해할 때 가장 중요한 점은 이런 진술과 유대교 전체가 선택에 관하여 갖고 있던 견해들의 관계를 아는 것이다. …… 쿰란 사람들〔에세네파 사람들 ⓣ〕은, 참 언약의 내용이 다른 이스라엘 사람들이 갖고 있는 언약의 내용과 일부 다르다고 인식했기 때문에, 에세네파 사람들은 진실함을 지켰으나 다른 이들은 타락했다고 생각하는 관념이 요구할 법한 혹은 허용할 만한 것보다 더 큰 주도권을 하나님께 부여할 수밖에 없었다. 따라서 이런 사본이 하나님의 주도를 지식이나 통찰이나 이해를 부여하심으로 빈번히 묘사하는 것은 놀라운 일이 아니다. 에세네파 사람들은 자신들이 지닌 언약에 특별한 계시가 들어있다고 보았다. 이 때문에 이들은 하나님이 당신 주도 아래 은혜를 베푸사 당신의 통찰을 받을 자와 받지 못할 자를 결정하신다는 점을 강조할 수밖에 없었으며, 사해사본〔곧 에세네파 ⓣ〕이 팔레스타인 유대교의 다른 분파와 달리 하나님의 은혜 그리고 하나님이 각 개인의 운명을 결정하신다는 점을 강조하는 것도 결국 그 때문이다.

따라서 하나님의 은혜로 선택을 받았다는 일반 개념은 오로지 에세네파만 독특하게 가졌던 생각이 아니다. 사해 사본이 그런 개념을 특히 강조한 것은 자기 공동체를 다른 이스라엘 사람들과 대비하여 다르게 규정했던 에세네 공동체 내부의 신학적 요구 때문으로 보인다. 하나님의 은혜를 강조함은 대다수 이스라엘 사람을 그 언약〔에세네파 사람만이 갖고 있는 독특한 언약 ⓣ〕에서 배제한 것과 궤를 같이 한다. ……

쿰란 공동체와 유대교 내부의 다른 그룹들은 하나님의 선택이 하나님이 은혜를 부어주심이라는 점을 모두 강조했으나, 다만 **강조의 정도**에서만 차이를 보였다.[270] 하지만 에세네파 사람들이 선택에 관한 견해를 피력할 때 유대교 내부의 다른 그룹과 큰 차이를 보인 것이 하나 있다. 에세네파의 자의식〔자기이해, self-consciousness〕과 신학을 이해하려면, 이런 중대한 불일치를 강조하는 게 중요하다. 우리가 앞서 이 점을 언급하긴 했으나, 이제는 이를 더 분명히 밝혀야한다: 에세네파 사람들이 생각했던 선택 개념은 이스라엘 민족 전체가 선택받았다는 개념이라기보다 개개인이 선택받았다는 개념이다. 에세네파는 에세네파 밖에 있는 사람들을 모두 파멸을 맞이할 운명에 처한 죄인으로 여긴다. 나아가, 사람이 날 때부터 이 에세네파에 속할 수는 없었던 것으로 보인다〔one could not be born into the sect〕. 에세네파 언약은 날 때부터 당연히 갖는 권리가 아니라, 어른이 되어 자유의지로 이 분파에 들어가는 입회 절차가 필요했다. 랍비주의〔랍비 유대교〕에서도 그렇지만, 여기에서도 언약은 본디 구원론에 속하는 범주〔개념〕다. 랍비들은 주로 이스라엘 사람들이 언약 안에서 어떻게 행해야 언약 안에 **머물** 수 있는가를 다루었지만(물론 **이방인**이 어떻게 하면 이 언약에 들어올 수 있는가도 다루었으나 그저 간간이 다루었을 뿐이다), 에세네파 사람들은 이미 이스라엘 사람인 자라도 각 개인이 에세네파 언약에 합류한다는 것을 인식하면서 이 언약에 합류해야 한다고 강조했다.

에세네파가 요구했던 자유의지에 따른 행동은 두 가지, 곧 참회와 언약에 헌신함〔commitment〕이라는 요소가 모두 들어있는 행위다. 이 때문에 에세네파는 다른 무엇보다도 "죄악에서 돌아선〔죄악을 회개한〕 자들"이라 불렸으며, 에세네파 언약은 "참회의 언약"이라 불렸다(CD 19.16). ……

4절 계명

에세네파 사람들은 유대교가 대체로 갖고 있던 언약에 관한 이해를 따라 언약에는 순종해야 할 특별한 계명이 들어있다고 보았다. ……

우리는 앞서 지식과 통찰 같은 것들이 선택과 연관이 있음을 보았다. 이제 우리는 지식이라는 주제도 에세네파 언약에 포함된 계명과 관련지어 강조된다는 점을 주목해야 한다. 에세네파 사람들은 연구를 통해 "모세의 손을 거쳐" 명령된 것은 물론이요 그 이후에 계시된 것의 내용을 알아야했다(1QS 8.12-16). 사해 사본은 "통찰력 있는 사람〔man of insight〕"(the *maskil*)을 두고 이렇게 말한다. "그가 율법의 가르침을 거짓의 사람들에겐 비밀로 하겠으나, 그 길〔the Way; 하나님의 길 ⓣ〕을 택한 사람들에게는 참 지식과 의로운 판단을 나누어주리라"(1QS 9.17, 18; 참고. 4.22). 여기에서는 언약의 내용 가운데 비밀도 일부 있으나 에세네파에 합류한 사람들은 이런 내용을 배우게 되리라는 것을 분명하게 일러주며, 이 점은 1QS 5.10-12도 암시한다. 이처럼 사해 사본이 강조하는 특별 지식의 일부분이 바로 에세네파 언약의 비밀 내용을 아는 지식—이 언약 안에 있지 않은 이들이 제 길을 벗어나 타락한 것과 관련하여 감춰진 것들을 아는 지식—이다(1QS 5.11, 12). …… 하지만 이 언약의 비밀스러운 것들을 아는 것만이 에세네파 사람이 가진 특별한 지식의 내용은 아니라는 점을 강조해두어야겠다. 그 지식에는 그들이 선택받았다는 것과 비밀 계명뿐 아니라, 장차 주어질 신비들도 들어있다.

5절 성취와 범과(犯過); 죄의 본질; 보상과 벌

이행의 필요성(The requirement of fulfilment)

실제로 에세네파 언약의 계명들을 완전히 이행하는 것이 중요함을 아주 엄정하게 강조하는 말이 있다. 어떤 이가 이 언약에 들어가기로("모세 율법으로 돌아가기로") 서약하면, 그가 이 서약을 완전히 이행하는 **한**(provided that), 마스테마(Mastema) 천사(악을 추구한다는 천사 ⓣ)는 그 사람을 떠난다. …… 만일 어떤 사람이 토라의 어떤 측면을 완전히 이행하겠다고 서약했다면, 그는 자기 목숨을 잃는 한이 있더라도 그것을 이행해야 한다. …… 에세네파 언약에 들어가는 사람들은 하나님의 모든 계명에 순종하고자 이렇게 행해야 한다(1QS 1.6, 7, 1.16, 17; 참고. 5.20). 에세네파 지체들은 하나님말씀을 하나라도 어겨서는 안 된다(3.10, 11). 에세네파 지체들은 그들의 "통찰"과 그들의 "행위"에 따라 검증을 받는다(5.21; 참고. 5.23, 24, 6.14, 17, 18).

………

범과(犯過)인 죄

사해 사본은 악한 자들이 당할 파멸을 하나같이 아주 합당한 벌이라고 생각한다. 이 점은 죄의 본질을 밝히는 데 도움을 준다.[273] 악한 자들을 가리켜 "모태에서부터" 파멸당할 자로 정해진 자들이라 말하지만, 그럴 때조차도 실제 이들이 받을 형벌이 정당성을 갖는 이유는 이들 자신이 그런 벌을 받을 만한 행위를 저질렀기 때문이다: 이들은 언약을 경멸하고, 진리를 몹시 싫어하고, 그릇된 길로 행하면서 하나님이 증오하시는 것들을 선택했다(1QH 15.17-19). 즉 사람마다 다 이렇게 저렇게 정해진 "운명"이 있음을 일러주는 진술들이 있긴 하지만, 죄는 **자세히 뜯어보면** 여전히 **계명 위반**(계명을 어긴 범과)이다. …… 결국 언약 밖에 있는 자들—악한 자들 혹은 어둠의 자손들—은 말 그대로 언약을 어긴 자들이요 에세네파 사람들이 하나님의 뜻이라 여긴 것들을 따르길 거부하는 자들이다. 죄의 본질은 범과〔경계를 넘어감〕요 범과에 함께 따르는 의도다. "그의 완고한 마음〔그 마음의 완고함〕"을 따르길 더 좋아하는 자를 가리켜 "하나님의 교훈"을 경멸하는 자라고 부른다(1QS 2.26-3.7). "그〔하나님〕의 언약 안에 포함된 자로 헤아림을" 받지 못하는 자들은 "악의 길로 행하는" 자들이다. 그들의 잘못은 자신들이 행해야 함을 알고 있는 계명("계시된 것")을 **행하지** 않았다는("오만하게 대했다는") 것이지만, 그들은 자신들이 행하려면 알아야 할 것, 곧 에세네파 사람들에게 알려진 비밀 계명들을 알려고 하지도 않았다(1QS 5.10-12). 그들은 "그〔하나님〕의 말씀을 어기며(*'abar*)〔히브리어로 rb[인데, 이는 "어떤 법규를 어기다, 넘지 말아야 할 경계를 넘어가다라는 뜻이다" ⓣ〕" 깨끗하지 않다(5.14). 하나님은 "그의 말씀을 경멸하는" 모든 자를 멸망케 하실 것이다. 이 사본은 하나님의 말씀을 경멸하는 이 자들을 "**이 모든 교훈을 따라** 행하고자 언약 안으로" 들어가는 이들과 대비한다(5.19, 20). ……

…… 죄가 지배하는 영역이 있긴 있다(언약 밖의 영역이 그렇다).[1] 하지만 인간이 처한 곤경과 이 곤경을 해결할 방책을 진술하는 용어는 인간이 죄 "안에" 있으며 이 죄"에서" 죄 밖으로 옮겨진다고 말하는 용어가 아니라, 인간이 죄를 범하나 그 죄를 용서받고 그 죄에서 깨끗함을 받는다고 말하는 용어다. 사람은 용서받고 깨끗케 하심을 받음으로 곤경에서 구원을 받지만, 이 곤경은 바울이 말하는 의미처럼 사람이 "죄 안에" 있다는 뜻이

1　109 베커가 자신이 의의 교사가 썼다고 보는 찬송들이 말하는 죄를 논한 내용을 참고하라, *Heil Gottes*, 66f. 그는 여기서 죄란 개개 범죄를 통해 구체화되는 어떤 영역〔sphere〕이라고 주장한다. 그는 특히 이 "영역"을 가리키는 말로 1QH 2.8의 "사악한〔경건치 않은〕 영역〔realm〕"이라는 문구를 언급한다. 물론 이 "영역"은 언약 밖의 영역이며, "악한 자들의 무리"가 거주하는 곳이다(2.12). 다시 말하면, 이 영역은 에세네파 밖의 온 세계를 말한다. 이 세계는 그 자체가 죄가 아니라, 하나님의 계명을 어기는 범죄가 일어나는 지역이며, 이런 범죄를 참회함으로 이 지역을 떠날 수 있다(2.9). 죄는 언제나 범과다.

아니라, 사람이 언약을 어겼다는 뜻이다.

…… 이 공동체가 가졌던 인식을 더 잘 이해한 내용은 다음 셋으로 집약할 수 있다: (1) 이 공동체 안에 있음이 구원의 결정적 요소이며, 이 공동체 구성원들은 자신들이 구원받았고〔현재 이미 임한 구원, *gegenwärtiges Heil*〕 하나님의 임재 안에서 살아가는 공동체의 구성원이라고 인식했다. (2) 이 구원은 그들을 육이라는 상태에서 건져내지 않았다. 그들은 하나님 앞에서 아무런 의〔義〕도 갖지 않았으며, 이런 의미에서 여전히 인간의 연약함과 불법〔사악함〕 안에 머물러 있었다〔현재의 연약함, *gegenwärtige Schwachheit*〕. (3) 인간의 연약함이 "버림받은 상태〔lostness, 타락〕"나 영벌을 구성하지는 않으며〔현재의 버림받은 상태가 아니다, *keine gegenwärtige Verlorenheit*〕, 이런 연약함은 종말에 극복될 것이다.

…… 우리는 학자들이 바울과 쿰란의 유사점이라고 추정한 점—죄에 관한 깊은 인식—에 훨씬 더 놀라운 차이점이 들어있음을 주목해야 한다. 브라운처럼 바울과 쿰란이 모두 "버림받은 상태"가 육 안에 존재한다고 인식했다 말하는 것은 잘못이다. 쿰란에서는 인간의 "육"성〔"肉"性, "fleshly" nature〕을 저주하지 않기 때문이다. 인간의 "육"성을 저주하지 않는 이유는 바로 구원받은 자들의 공동체인 이 공동체 사람들이 계속하여 자신들이 인간으로서 부적절하며 아무 것도 아니라는 것을 고백하기 때문이다. 이 분파〔에세네파 ⓣ〕 안에 있는 자는 여전히 인간의 육 안에 머물면서 인간의 "죄성"에 참여하지만, 그래도 그는 늘 구원받은 자들 가운데 있다.[282] 어떤 이를 **이 분파에서 제외시키는**, 곧 구원받은 자 가운데서 제외시키는 죄는 그 사람이 더 나은 의지 혹은 더 나은 지식을 가졌다면 피할 수 있었을 율법 범과〔律法犯過, transgressions of the law, 율법이 정해놓은 경계를 넘어간 행위들〕다.

…… 에세네 공동체 신학자들은 언약 안에 있는 인간이 죄를 짓는 이유들을 인간의 의지 너머에서 찾으면서, 그리고 그런 이유들을 한편으로는

인간의 연약함에서 발견하고 다른 한편으로는 만사를 예정하신 하나님의 은혜에서 발견하면서, 우리가 팔레스타인 유대교 내부의 다른 곳에서 발견하는 견해보다 더 심오하게(또는 적어도 더 비관적으로) 죄로 가득한 인간의 본성을 꿰뚫어 보는 견해에 이르렀다. 사해 사본은 이쯤에 이르러 죄를 피할 수 있는 범과로 보는 정의〔definition〕와 결별한다. 사해 사본이 죄를 범과라고 말하는 곳도 일부 있으나, 이런 범과〔범죄〕가 모두 피할 수 있는 것은 아니다. 하지만 이것은 완결된 견해가 아니다. 우선, 피할 수 없는 범죄에는 아무런 해결책을 내놓지 않는다. 인간은 늙을 때까지(1QH 4.29) 혹은 종말까지(1QS 3.22, 4.18, 19) 범죄 안에 머물러있다. 인간이 할 수 있는 말은 오로지 택함 받은 자들이 저지르는 죄는 그 자체가 신비인 하나님의 뜻으로 설명할 수밖에 없다는 것이다(1QS 3.23). 다시 말하면, **죄로 가득한 인간 본성**〔인간의 죄성, *human sinfulness*〕**을 깊이 통찰한 이런 견해들은 구원론과 무관하다**. 이 견해들은 이 삶 속 구원론 차원의 해결책을 필요로 하는 곤경을 명시하지 않는다〔They do not state a plight to which a soteriological solution within this life is offered〕. 즉 이 진술들은 에세네파에 속하지 않은 (저주받은) 상태에서 에세네파에 속한(구원받은) 상태로 옮겨감을 다룰 때 등장하는 말이 아니며, 언약 밖에 있는 자들은 버림받았다라는 의미에서 인간이 "버림받았음"을 이야기하는 말도 아니다. 인간은 아무 것도 아님〔nothingness〕이라는 자신의 상태에서 치유 받아야 하며, 언약 안에 있는 이들은 치유 받을 것이다. 그러나 아무 것도 아니라는 고백이 곧 "버림받았다"는 고백은 아니며, 아무 것도 아님이 에세네파 안에 있는 이들이 영벌을 받음으로 이어지지도 않을 것이다.

오히려 에세네파 안에서 통용되었던 구원론을 구성하는 내용은 에세네파 밖에서 에세네파 안으로 옮겨감(그러나 이 옮겨감이 아무 것도 아님을 바로 잡아주진 않으며, 어둠의 천사가 지닌 힘을 완전히 뿌리 뽑지도 않는다)이다. 1QS 3.21-23과 4.19-22 같은 본문들에 비춰볼 때, 에세네파 사람들은 자신들이 종말에 이르면 더 정결해지길 소망했던 것 같다. 즉, 일종의 두 단계 구원론이 있다. 한 단계는 에세네파라는 그룹에 합류하는 것이요, 다른 한 단계는 선택 받은 자들이 종말에 정결해지는 것이다. 나는 전자를 실제로 작동하면서 에세네파의 삶과 사상을 지배했던 구원론으로 여기지만, 후자는 구원받은 자들로 이루어진 이 그룹 안에 이미 들어와 있는 이들이 미래를 향하여 품고 있는 소망으로 본다. 그렇다면 에세네파 밖에서 에세네파 안으로 옮겨감은 피할 수 있는 범죄를 저지른 것을 참회하고 "자원함"(volunteering, 자기 의지로 에세네파에 들어감 ⓣ)과 관련이 있지만, 정작 자원자는 자신이 하나님께 선택받은 사람이라고 느낀다(하나님이 자신을 미리 선택하셔서 자신이 이 분파에 들어간 것이라고 느낀다 ⓣ). 하지만 외부에서 구원을 베풀어주는 힘(outside salvific force)으로서 어둠의 천사가 심지어 선택을 받은 자들에게도 휘두르는 힘을 깨부수거나 자기 의지로 악을 피하지 못하는 연약한 인간을 "새 피조물"로 만들어주는 힘은 전혀 존재하지 않는다.

…… 인간이 범죄를 피할 수 없는 존재라고 말한다 할지라도, 그런 인간의 상태 자체가 죄와 같은 것은 아니다. 설령 인간의 악행을 피할 수 없는 것으로 여긴다 할지라도, 죄는 여전히 인간이 행하는 행위다. 따라서 비록 에세네파 신학자들이 인간의 능력(죄를 피할 수 있는 능력 ⓣ)에 관하여 심오한 비관론에 이르긴 했지만, 이 때문에 이들이 유대교 내부의 다른 곳(에세네파를 제외한 다른 그룹들 ⓣ)이 알던 죄 개념과 완전히 단절하는 일은 벌어지지 않았다. 죄는 하나님의 계명을 통해 알려진 하나님의 뜻과 에세네파의 율법 해석을 어김이다. **파멸**을 부르는 죄는 에세네파 언약 속에 들어있는 하나님의 계명을 받아들이길 거부하는 것 혹은 그것을 어길 경우 참회할 길이 없는 계명을 어김이다. 일종의 "죄성"이긴 하지만 파멸을 부르지 않고 선택 받은 자들을 계속하여 규정하는 "죄성"이 있는데, 이는 하나님 앞

에서 인간이 가지는 부적절함〔의롭지 않음 ⓣ〕과 관련이 있다. 이것은 마지막까지 극복되거나 뿌리 뽑히지 않을 것이다. 하지만 이 비관적이고 심오한 견해는 구원에 이르는 **길**에서 극복될 기본 요소가 되지 않는다. 하나님이 종말에 악 자체를 파멸시키실 때까지는 그것〔죄로 가득한 인간 본성 ⓣ〕과 관련하여 아무런 일도 이루어질 수 없기 때문이다. 에세네파의 삶이 실제로 추구했던 목적들에 비춰보면, 죄는 여전히 **피할 수 있는** 범과로 남아있다.

우리는 다시금 죄를 범과로 보는 개념이, 어떤 이가 언약에 합류하려면 육을 떠나는 일이 **아니라** 범죄(*pesha'*)에서 돌아서는〔율법이 정한 경계를 넘어갔더라도 다시 돌이켜 경계 안으로 들어오는 ⓣ〕 일을 해야 한다고 말하는 진술들(1QH 6.6, 14.24 그리고 다른 곳)과 조화를 이룬다는 것을 강조할 수밖에 없다. 즉 악한 자들이 어둠의 천사의 지배 아래 있다는 진술이 있긴 해도(1QS 3.20), 이 악한 자들이 죄와 관련하여 할 수 있는 일이 있다: 참회하고 언약에 합류하는 일이다. 이것은 쿰란이 가졌던 견해와 유대교의 나머지 그룹 및 바울의 관계를 이해하는 데 아주 중요한 점이다. 랍비 문헌을 보면, 사람은 범죄를 참회함으로 언약에 **합류**하는 게 아니다. 애초에 사람은 언약 안에서 태어나기 때문이다. 하지만 죄를 범과로 보고 참회를 이런 범과에서 고침을 받는 것으로 보는 기본 범주〔개념〕는 쿰란이나 유대교의 나머지 그룹이나 바울이나 똑같다. 앞으로 보겠지만, 바울과 에세네인은 똑같이 사람은 날 때부터 구원에 효험이 있는 언약 속에 있는 게 아니라 자신의 의지에 따른 행동(곧 "믿음")으로 언약에 합류해야 한다고 생각한다. 하지만 바울은 죄를 단지 하나님의 계명을 어긴, 피할 수 있는 범과로 정의하지도 않고, 참회를 인간이 처한 곤경에서 고침을 받음으로 규정하지도 않는다.

언약 내 범과 행위에 따른 벌

……[285] 이제 우리는 언약 안에 있으면서 범죄를 저지른 자들도 벌을 받긴 하

지만 파멸을 당하지는 않는다는 점에 주목해야 한다. CD와 1QS에는 공동체 안에서 죄를 저지른 자들을 벌하는 규칙이 많이 들어있다. 각 사본에서 한 예씩 인용해보면 되겠다.

> 그러나 잘못을 범하여 안식일과 정해진 때를 더럽힌 자는 누구라도 죽이지 말지니, 이는 그 사람을 지켜보는 것이 사람들이 할 일이기 때문이요, 그 사람이 그것에서 고침을 받으면, 사람들은 7년이라는 기간 동안 그를 지켜볼 것이요, 그 사람은 그 기간이 지난 뒤 총회에 들어올 것이다. (CD 12.4-6)

> 그들 중 어떤 이가 재산 문제에서 고의로 거짓말을 했으면, 그 사람을 1년 동안 회중의 정결한 식사〔pure Meal of Congregation〕에서 제외할 것이요, 그 사람은 자기 음식의 4분의 1로 속죄해야 한다. (1QS 6.24f.)

…… 고의로 지은 죄는 어떤 죄든 영구 출교로 이어지나, 고의 없이 지은 범죄는 2년이라는 심리 기간 동안 과실(부주의)에 따른 죄를 더 이상 짓지 않는다는 전제 아래 이 기간 동안 공동체에서 제외하는 결과로 이어진다. ……

286 영구 출교를 시켜야 한다고 규정한 범죄 목록을 보면, 특이하게도 하나—신성모독—를 제외한 모든 범죄가 공동체를 대상으로 저지른 범죄다. 즉 말이나 행위로 공동체를 배반하는 죄를 지은 구성원은 쫓겨났다. 추방이 에세네 공동체가 내린 궁극의 제재였던 것 같은데, 이는 자기 스스로 이 공동체를 거부하는 자들에게 내리는 제재였다. …… 에세네파의 규칙을 어기는 범죄나 에세네파 자체에 맞서는 범죄는 추방, 혹은 공동체 활동에서 제외하거나 음식물 공급을 줄이는 것과 같은 다양한 형벌로 다스렸다.

이처럼 범죄를 처벌하는 규정을 다양하게 마련했다는 것은 이 종교가 작동했던 방식을 놀라울 정도로 또렷하게 보여준다. 계명은 사람이 순종하라고 주어졌다. 완전한 순종이 목표였으며, 치밀한 질서를 갖춘 공동체 구조 안에서, 완전한 순종은 도저히 불가능한 목표처럼 보이지는 않았다. 계명 위반은 벌을 받았다. 벌을 받고, 이 벌을 순종하는 자세로 견뎌내면, 공동체 구성원의 지위를 완전히 회복했다. 하지만 에세네 공동체의 개개 구성원은 자신을 먼저 하나님의 은혜로 말미암아 이 공동체로 부름을 받은 이로 생각했다는 것을 되새겨봐야 한다.

....

보상, 완전함을 요구함, 그리고 아무 것도 아닌 인간

범죄에 따른 형벌이라는 주제가 사해 사본에서 두드러진 위치를 차지하다 보니, 사해 사본이 의인에게 주어질 보상이라는 관련 주제도 강조한 내용을 발견할 수 있으리라는 기대를 가질 만하다. 사실 하나님이 의인의 선한 행위를 보시고 의인에게 보상하신다는 취지를 분명하게 이야기하는 진술은 불과 몇 개뿐이다.[288] 왜 이런지 그 이유를 이해하려면, 먼저 에세네파의 종교의 이해할 때 중요한 문제가 되는 것 중 하나를 살펴봐야 한다: 사해 사본이 한편으로는 에세네파 구성원들에게 완전한 길로 행하라고 쾌치면서, 다른 한편으로는 인간이란 아무 가치가 없으며 그가 행할 수 있는 완전한 길도 오직 하나님에게서 올 뿐이라고 말하는 데서 생기는 두 진술의 명백한 모순이 바로 그 문제다. 이 문제는 사람이 일단 언약 속에서 어떻게 살아야 하는지 일러주는 진술들과 관련이 있으면서도, 에세네파에 들어옴에 관하여 일러주는 진술들이 만들어내는 문제와 유사한 구석이 있다: 즉 사해 사본은 에세네 공동체 안에 들어온 이들을 한편으로는 "선택받은 자들"이라 부르면서, 다른 한편으로는 "자원자들"이라 부른다. 이 문제의 해답도 그 기본은 똑같다: 할라카의 관점에서 보면, 사람은 완전한 길로 행해야 한다. 개인이 기도하거나 경건 생활하는 관점에서 보면, 사람이 완전한 길로 행하기는 불가능하며, 하나님의 은혜로 그 사람에게 완전한 길이 주어져야 한다. ……

인간이 아무 가치가 없으며 선을 행할 능력이 없다는 취지의 진술이 빈번히 나오는데, 이런 것을 **늘 인간과 하나님을 비교하는 문맥에서 말한다**는 점을 주의 깊게 새겨두어야 한다. ……

사람의 의로움 혹은 사람이 행하는 길의 완전함이 하나님의 은혜에서 나온다는 견해와, 사람은 하나님 앞에서 부족하기만한 존재하는 인식은 서로 긴밀하게 연결되어 있다. 이런 진술들은 하나님 앞에서 인간의 불법〔악함〕을 토로하는 고백과 에세네파 사람들을 "완전한 길"로 행하는 이들로 묘사한 말을 신학을 통해 이어주며 설명해주는 일종의 연결고리 역할을 한다. 이런 완전함의 근원은 하나님의 은혜다. 이런 진술들 역시 찬송 자료에서 독특하게 나타나는 특징이다. ……

아울러 우리는 인간이 완전한 길로 행함은 오로지 하나님의 은혜 덕분이라 말하는 이런 진술들이 등장하는 문맥이, 대체로 인간은 하나님의 은혜로 말미암아 구원을 받는다는 고백도 함께 제시한다는 점에 주목해야 한다. 현재 상황에서 이런 고백은 하나님이 인간의 길을 세워주심뿐 아니라 하나님이 죄를 용서하시고 깨끗케 해주심까지 아우르는 고백으로 이해해야 한다: 하나님은 당신의 자비(*raḥamekah*)와 은혜(*ḥasadekah*)로 역경 가운데 인간에게 힘을 주시고 인간의 죄를 깨끗이 씻어주셨다(1QH 1.31-33). 하나님은 "완고한 영"을 깨끗케 해주셨다(3.21). 하나님은 사람의 불법을 용서해주시기에, 사람은 하나님의 은혜와 자비에 의지할 수 있다(4.37). 하나님은 당신의 진리에서 난 모든 자녀를 용서하시고 당신 앞으로 데려오사, 당신의 선하심을 통해 그들을 그들의 죄에서 깨끗케 해주신다(7.30). 하나님은 당신의 영광을 위해 인간을 죄에서 씻어주셨다(11.10). ……

유사한 방식으로, 다른 사본들에도 하나님의 은혜를 강조하는 말이 없지 않다. 우리는 이런 사본들에서 하나님이 과거에 이스라엘을 구원하신 일을 인간의 행위가 아니라 은혜로 이루어진 일로 인식한 내용을 발견한다: "당신은 당신의 자비 때문에〔for Thy mercy's sake〕 우리 왕들의 손을 통해 우리를 수없이 구원하셨으니, 우리가 악하게 행한 것을 생각하면, 이런 구원은 **우리의 행위 때문도 아니요**, 죄로 가득한 우리 행실 때문도 아니었습니다"(1QM 11.3f.; 참고. 18.7f.: "당신의 이름 때문에"). 흡사하게, 1QS 1.21-23에서도 제사장과 레위인이 하나님이 이스라엘에 베푸신 **은혜**와 이스라엘의 불법을 선포한다. 하나님과 이스라엘의 관계사〔history of God's relations with Israel〕를 이와 똑같이 바라보는 견해를 CD 8.14-18에서도 발견할 수 있다: 이스라엘이 열방을 정복함은 이스라엘의 올곧음 때문이 아니라, 하나님이 이스라엘 조상들에게 베푸신 사랑 때문이라고 봐야 한다. ……

이처럼 사본에 따라 강조점에 차이가 있음은—1QS는 율법에 비춰 완전함을 강조하나 1QH는 하나님의 은혜를 강조한다—문학〔literature〕 유형의 차이 때문이라는 말로 일부 설명이 가능하다. 이런 문헌〔문학〕 유형의 차이는 각 문서의 종교적 표현에 영향을 미쳤다. 찬송—기도는 당연히 인간이 **하나님 앞에서** 무능하고 무가치함을 강조할 수밖에 없다. 반면 1QS 1-9장과 CD는 인간이 훌륭한 언약 구성원으로 남아있으려면 해야 할 일이 무엇인가를 강조한다. ……

…… 행위의 신학과 은혜의 신학이라는, 서로 다른 두 신학이 존재하지 않는다. 동일한 사람들이 한편으로는 애초부터 자신들에겐 하나님께 내세울 만한 공로가 없고 오직 하나님의 은혜로 말미암아 자신들이 선택을 받았다고 믿으면서, 다른 한편으로는 하나님의 법규를 따라 완전한 길로 행해야 하며 자신들도 율법에 비춰 완전함에 도달할 수 있다는 믿음을 견지했을 수 있다.[293] 이런 점은 "율법주의를 따르는"〔율법 이행을 강조하는 ⓣ〕 진술

이 찬송에서도 나타나며 "은혜"를 강조하는 진술이 다른 문서에서도 나타난다는 사실이 일부 증명해준다.

…… 에세네파가 유달리 엄격한 율법주의를 천명한 진술과 유달리 은혜를 힘주어 강조한 진술을 **함께** 내놓게 된 신학적 근거를 설명하려면, 이 지점에서 〔지금까지 나온 명제들을 ⓣ첨가〕 어느 정도 종합하고 넘어가야 할 것 같다. 에세네파의 신학 전체를 살펴보면, 율법에 비춰 완전해지라는 요구를 보수〔보상, gratuity〕라는 맥락 속에서 제시한다. 인간은 오직 하나님의 은혜로 말미암아 범죄에서 정결해지고 그 "길"이 든든히 서게 되지만, 율법에 비춰 완전함〔legal perfection, 율법의 완전함〕도 유지해야만 한다. 그렇게 하면 보상을 받지만, 언약 안에서 저지른 범죄에는 처벌이 따른다. 위에서 말했듯이, 사람이 완전한 길로 행하는 것은, 곧 하나님이 하시는 일이라는 진술은, 인간의 불법과 무능을 털어놓는 고백과 언약의 계명을 따라 완전한 길로 행하라는 요구 사이에 존재하는 간극을 이어주는 데 기여한다.

율법에 비춰 완전해지라는 요구를 보수라는 맥락 속에서 제시한다는 점은 보상과 형벌에 관한 진술들을 살펴보면 분명하게 드러난다. 완전함에 따른 보상도 하나님의 **자비**로 말미암은 것이라 말하면서, 다른 한편으로 악인들은 그들이 **마땅히** 받아야 할 벌을 받는다고 말한다. 사해 사본은 "두 영 교리〔doctrine of the two spirits〕"라는 이중 예정을 분명하게 말하면서도, 선한 자에게 주어지는 보상은 자비로 말미암은 것이요 악한 자에게 주어지는 형벌은 당연히 받을 벌을 받는 것이라는 유대교의 공통 테마〔주제〕를 반영한다. 가령 1QS 2.2-8이 제시하는 축복과 저주를 보면, "하나님의 무리에 속한 자로서 그(하나님)의 모든 길을 따라 완전한 길로 행한 사람들"은 선〔善〕으로 복을 받고, 악에서 보호를 받으며, 지식을 부여받고, **자비**를 받아 영원히 복을 누리는 상태에 이르리라고 말한다. 반면, "사탄의 무리에 속한 사람들"은 "[그들의] 어두운 행위 때문에 **무자비한** 저주〔cursed *without mercy*〕

를 받는다." …… **처벌은 행위에 따라 이뤄지나 보상은 자비로 말미암아 주어진다는 테마가 말하려는 요지는 인간이 범죄를 저질러 구원을 잃어버리는 일은 있을 수 있어도, 인간이 순종함으로 구원을 얻을 수 있는 자격은 충분히 갖추지 못했다는 것이다.** ……

…… 우리는 사해 사본이 **행위에 따른** 보상을 거의 언급하지 않는 이유를 이해할 수 있다. 에세네 공동체 구성원들은 분명 보상을 받는다—이들은 장수하는 삶을 받고(1QM 1.9; CD 7.5f.; 1QS 4.7; 1QH 13.16-18), "영원한 구속"을 받으며(1QM 1.12), 분명 영생을, 다시 말해 "빛"이라 표현된 것을 받는다(1QS 4.7f.; 1QM 13.5f.; 참고. CD 3.20). 그러나 보수〔gratuity〕라는 맥락이 아주 분명하기 때문에 구원이라는 보상을 행위("행위에 따른 의,〔works-righteousness〕")로 얻을 가능성은 발생하지 않는다. 사해 사본은 하나님을 정의로운 재판관으로서 모든 사람을 심판하시고 각 사람에게 그가 받을 보상을 주시는 분이요(1QS 10.18) "모든 사람의 자손들〔아들들〕에게 [당신의] 진리에서 나온 정의로운 심판을 내리시는" 분(1QM 11.14)으로 여기지만, 이 두 본문은 주로 악한 자에게 내리는 형벌을 언급하는 것 같다. 우리는 방금 선택받은 자들은 그들의 행위대로 엄정하게 심판을 받지는 않는다는 것을 보았다(1QH 5.6, 6.9, 9.34). 사해 사본은 하나님을 재판을 열어 각 사람의 행위가 지닌 무게를 달아보시고 각 사람의 공로와 과실에 따라 보상을 내리시거나 형벌을 내리시는 분으로 묘사하지 않는다.[295] 인간이 받을 파멸이나 영원한 보상은 그가 에세네파의 구성원이냐 아니냐에 따라 이미 결정되어 있기 때문이다. 보수를 논하는 맥락이 얼마나 분명하며 자기구원〔인간이 자기 힘으로 구원을 얻음 ⓣ〕이 도저히 불가능함은 행위에 따른 구원 개념을 강조하는 것처럼 보이는 본문들만 간략히 살펴봐도 알 수 있다. CD 3.14-16은 하나님이 제정하시고 "사람이 그대로 행하면 그로 말미암아 살게 될"(레 18:5을 인용한 말) 법규들〔법도와 규례〕을 언급한

다. 그러나 분명한 것은 인간의 순종이 필요하긴 하나, 이 순종이 애초부터 구원으로 들어가는 길을 열어주지 않는다는 것이다. 이는 하나님이 인간의 범죄를 용서하시고 "이스라엘에 확실한 집"을 지으심으로써 인간을 올바른 길로 이끄시기 때문이다(3.18f.). 심지어 언약의 법규 안에서 완전한 길로 행한 이들에게 "천 세대에 걸친" 생명을 약속하는 CD 7.5f.도 하나님이 주신 언약을 엄격히 지켜야 한다고 분명하게 요구한다. 공동체 구성원들에게 생명을 확실히 보장하는 것은 언약이지만, 사람이 언약 안에 머물게 해주는 것은 순종이다(CD 14.1f.도 같은 말을 한다). 가장 전형적인〔characteristic〕 본문은 1QH 13.16-18이다: 의인은 "영원한 평안과 긴 날들〔날들의 김, length of days〕"을 받으나, 그는 오직 하나님의 선하심으로 말미암아 의로울 뿐이다.

사해 사본은 하나님의 은혜뿐 아니라 언약에 따른 법규를 이행해야 할 인간의 의무도 아주 힘주어 강조하기 때문에 은혜와 행위가 정확히 어떤 관계인지 말하기가 어렵다. ……

…… 그렇다면 에세네파는 하나님 은혜에 철저히 의지하며 이 은혜를 철두철미하게 이해하는가? 그렇지 않다. 만일 에세네파가 그리했다면, 순종하라는 엄격한 요구를 이해하기가 불가능하겠기 때문이다. 은혜로우신 하나님과 완전한 순종을 이루려고 아주 힘써 발버둥치는 인간이 나란히 존재한다. 위에서 우리가 전개한 논의에 비춰볼 때, 은혜와 행위를 서로 대립시키고 이 둘을 양자택일만이 가능한〔한쪽을 인정하면 다른 한쪽은 배제할 수밖에 없는 ⓣ〕 구원의 길로 여기는 것은 에세네파의 신학을 분명 잘못 인식한 것이라 하겠다. 이런 잘못된 인식은 유대교 텍스트를 분석한 결과에서 생겼다기보다 오히려 바울과 루터 때문에 생긴 것으로 보이며, 어떤 이를 언약 속에 놓아두시는 하나님의 은혜와 일단 언약 속에 들어왔으면 순종해야 한다는 요구가 긴밀하고 필수불가결하게 서로 연결되어있음을 인식하

지 못한 것이다.

여기서 잠시 멈춰 서서 에세네파의 견해와 랍비들의 견해가 어떤 관계에 있는지 살펴봐도 될 것 같다. 랍비 문헌을 보면, 하나님이 행위에 따라 형벌과 보상을 공정하게 나눠주신다는 점을 사해 사본보다 더 강조하지만, 하나님의 은혜가 인간이 의롭다하심을 받는 데 필요하다는 점은 사해 사본보다 덜 강조한다. 하지만 둘의 근본에는 아무런 차이가 없다.[297] 랍비 문헌을 보면, 보상과 형벌을 베풂이 구원의 기초가 되지 않고 도리어 언약이 구원의 주요 요소인 반면, 언약 안에서는 인간이 그 행위에 따라 형벌을 받고 보상을 받는다. 마찬가지로 쿰란도 사람이 언약에 따른 법규를 어기면 처벌받고 법규를 지키면 보상을 받는다고 말하면서도, 언약 자체 안에 있음으로 말미암아 구원받는다고 말한다. 사람을 언약 속에 놓아두는 하나님의 은혜는 랍비 문헌보다 쿰란이 더 강조한다. 은혜를 강조하는 이유는 두 가지로 설명할 수 있을 것 같다. 하나는 아주 많은 찬송 자료가 살아남았다는 점이다. 만일 우리가 가진 사해 사본에 호다욧과 1QS 10-11장이 없었다면, 사해 사본이 주는 전체 인상은 지금 우리가 받는 인상보다 랍비 문헌이 주는 인상에 훨씬 가까울 것이다. 또 하나 더 중요한 이유는, 쿰란 언약도들이 분명 하나님의 은혜를 깊이 자각하고 있었다는 점이다. 이 점은 그들 자신을 이스라엘 가운데서 특별히 선택받은 자로 여겼던 그들의 견해를 원용하여 설명할 수 있다. 특별한 선택을 내세우려면 하나님의 은혜를 특히 강조할 수밖에 없다. 하지만 사해 사본에는 하나님의 은혜에 관한 깊은 자각뿐 아니라 순종하라는 요구도 함께 들어있다. 율법에 비춰 완전해지라고 거듭 권면하는 말들은 —설령 범죄를 바로잡을 방도들이 있긴 해도— 탄나임 문헌에서 발견할 수 있는 어떤 내용보다도 훨씬 더 엄격하다. 완전해지라는 요구 역시 쿰란 공동체의 고양된 자의식에서 나온 것일 가능성이 없지 않다.

이처럼 하나님의 은혜에 관한 인식과 순종하라는 요구가 모두 높았다는 점은 유대교 전반을 이해하는 데 도움을 준다. 이는 곧 유대교가 "은혜"와 "행위"를 결코 서로 대립하는 것으로 여기지 않았음을 일러주기 때문이다. 나는 하나님의 은혜와 인간의 노력이 어떤 방식으로라도 대립한다는 개념이 팔레스타인 유대교에겐 철저히 낯선 개념이라고 말하는 게 안전하다고 믿는다. 이렇게 말하는 이유는 팔레스타인 유대교가 **은혜와 행위 중 어느 하나만을 구원에 이르는 길**로 여기지 않았기 때문이다. (에스라4서를 제외하면) 구원은 언약에서 체현(體現)되어 늘 하나님의 은혜로 말미암아 이루어진다. 그러나 언약 조문은 순종을 요구한다. 우리는 쿰란(사해 사본)에서 순종하라는 요구와 은혜로 말미암은 구원을 믿는 믿음이 함께 나타남을 특히 분명하게 목격한다. 이는 쿰란이 이 두 가지 점을 두드러지게 강조하기 때문이다. 그러나 이런 모습은 팔레스타인 유대교 전체에서 대체로 나타나는 현상이다. ……

6절 속죄

....

CD 전체를 살펴보면, 희생 제사만을 골라 뽑아 속죄에 가치가 있다고 말하지는 않지만, 그래도 제사 제도가 유효하다고 전제한다(9.13, 14, 11.17-12.2, 16.13; 참고. 4.1). 하지만 급박한 사정이 있을 때는 의로운 행위와 경건이 토라가 요구하는 희생 제사를 대신할 수 있었다. …… 중요한 것은 에세네 공동체가 언제든지 속죄 수단을 사용할 수 있었다는 점, 그리고 당장 성전에서 제사를 드리지 못하는 것이 아무 장애가 되지 않는다는 점이다. 랍비 유대교에서도 그렇지만, 선행이 죄를 속하지 않는다. 장부 기록하듯이 선행으로 범죄를 상계하거나 벌충하지는 않기 때문이다. 도리어 선행은 성경이 규정하는 희생 제물을 대신하여 죄를 속한다.

…… 기도와 완전한 길이 희생 제사를 대신한다. 분명 이런 것들이 희생 제사"보다 많이" 또는 희생 제사 "없이" 속죄한다. 어느 경우든 속죄는 분명 행위와 경건이 제사 제도를 대신하는 것이다. ……

…… 에세네 공동체는 구성원들의 선행 및 경건한 기도, 그리고 특히 지극히 경건하고 의로운 사람들의 선행 및 경건한 기도를 갖고 있었기에, 공동체 자체가 성전 제사를 대신했다(1QS 8. 3f.). 이처럼 공동체 자체가 그 구성원들의 죄를 속했지만(1QS 5.6; 어쩌면 9.4도 같은 취지일 것이다), 이보다 특별한 점은 공동체 자체가 그 땅의 오염도 속하여 이 땅을 장차 이 공동체가 차지하여 사용할 땅으로 보존했다는 것이다(1QS 8.6, 10, 9.4; 1QSa 1.3).

304
"속죄 〔행위〕"를 뜻하는 명사 *kippurim*의 용법을 살펴보면, 선행이 속죄 행위인 희생 제사를 대신한다는 태도를 더 볼 수 있다. 단 한 계명도 어기지 않고 하나님이 명령하신 길로 완전하게 행하는 사람은 "하나님을 기쁘게 해드리는 행위(*kippurim*)를 통해" 하나님에게서 용서를 확보한다(1QS 3.10f.). 반면, 언약의 계명에 복종하기보다 자신의 완고한 마음을 따르길 좋아하는 인간은 정화를 통해 정결해지지 못할 것이다. 그의 죄를 속해줄 행위는 아무 것도 없다(1QS 2.26-3.4). 우리가 거듭 언급했듯이, 언약에 합류하여 복종하지 않는 자들은 용서를 얻지 못한다. 1QH 15.24도 같은 점을 강조한다: 악한 행위에는 속죄를 가져다 줄 배상(*kopher*)이 존재하지 않는다〔배상으로 속죄를 받을 기회도 주어지지 않는다는 말이다 ⓣ〕. 순종은 구원에 없어서는 안 될 조건이다.

이제 고난이 속죄를 가져다주느냐는 문제를 살펴보자. 랍비 문헌에서는 고난이 속죄 행위로서 중요한 의미를 갖고 있지만, 사해 사본에서는 분명 그렇지 않다. ……[305] 어떤 의미에서 보면, 1QS와 CD가 범죄에 따른 형벌로 규정하는 모든 것은 속죄가 고난으로 말미암아 이루어진다는 것을 일러주며, 이 경우에 "고난"은 법규가 정한 형벌을 받음을 뜻한다. 하지만 고난을 속죄로 본다는 개념을 주제로 부각시키지는 않는다.

고난과 유사하게 속죄 수단으로서 부각시키지 않는 것이 참회다. 우리는 위에서 "참회" 혹은 "돌이킴"이 에세네파에 **들어오는** 이들을 논할 때 사용하는 중요 용어 중 하나임을 보았으며, "범죄에서 돌이키는(또는 범죄를 참회하는) 자들"이 에세네파 사람들을 가리키는 명칭 중 하나였던 것 같다. 그러나 *shub*〔슈브, 돌이키다〕라는 말이 언약 내에서 저지른 범죄 행위를 바로잡음을 나타내는 말로만 사용된 것 같지는 않다. 하나님이 "그들의 죄를 참회하는 자들"을 용서하시고 "악인들"을 벌하신다고 말하는 1QH 14.24를 읽어봐도, 이 본문이 "악인들"(*resha'im*)의 반대말로 제시한 "참회하는 자들"이라는 말은 에세네파 사람들을 가리키는 말일 수 있다. 즉 하나님이 선택받은 자들을 용서하신다는 말도 얼마든지 할 수 있는 셈이다. 그러나 이 말은 선택받은 자들에게 어떤 특성을 부여한다. 이들이 공동체에 들어올 때는 물론이요 공동체 안에서 생활을 계속 이어갈 때도 이들을 규정하는 특징은 분명 참회다. 범죄를 저지른 자가 범죄를 저지른 뒤 공동체 구성원의 지위를 완전히 회복하는 데 필요한 공동체의 치리를 받아들인다는 것은 참회한다는 뜻이다. 따라서 에세네파 안에 남아있으려면 참회하는 태도가 필요하다.

9절 결론

우리가 서술한 구원론 패턴이 실제로 다양한 쿰란 문서 밑바닥에 깔려 있는지〔쿰란 문서의 밑바탕이 되는지〕 여부를 알아보는 것이 적절할 것 같다. 317 유대교의 다른 문헌처럼 쿰란 문헌도 우리가 서술한 선택에서 속죄에 이르는 단계들을 정확히 이 순서대로 이야기하지 않는 것만은 틀림없는 사실이다. 이것이 놀랍지 않은 이유는 우리가 가진 것이 구원에 이르는 길을 구성하는 여러 단계를 제시한 어떤 신학 전문 연구서나 논문〔treatise〕이 아니기 때문이다. 더구나, 이런 사실이 그런 일반〔당시 일반적이었던〕 가설을 반박하는 증거도 아니다. 이런 단계들을 일부러 질서정연하게 어떤 순서를 따라 이어지는 단계들로 인식했다고 생각할 필요가 없기 때문이다. 문제는 우리가 서술한 구원론 패턴이 쿰란 문헌에서 나타나는 내용을 적절히 설명해주느냐다.

그렇다면 여기서 또 다른 패턴이 존재하느냐고 물어보는 것이 가장 좋을 것 같다. 바르트케는 1QH 11.3-14가 거의 교리문답에 가까운 형태로 "구원의 길〔way of salvation, 구원받는 방법〕"을 서술한 내용을 담고 있다고 주장했다. 바르트케가 자신이 1QH 11.3-14에서 찾아낸 요소들이 실제로 쿰란이 생각했던 구원의 길을 망라한다고 생각하는가는 분명치 않다. 그가 뒤이어 "에세네파가 쿰란의 모든 시 속에서 교리문답 형태로 제시하는 교리"에 관하여 이야기하기 때문이다. 그가 말하는 "교리문답 형태"는 에세네파가 생각하는 "구원의 길"에 들어있는 모든 본질 요소들을 아우른 어떤 진술이라기보다, 에세네파의 사상을 그 구성원들에게 가르치는 데 적절한 방법으로 제시했다는 뜻 같다. 어쨌든 바르트케가 제시하는 "구원의 길" 6단계는 링그렌도 받아들였고, 링그렌이 쿰란이 생각했던 "구원의 길"을 논할 때 기초를 제공했으며, 이로 말미암아 결국 쿰란 구원론의 본질 부분을 이

렇게 바라보는 견해가 학자들 사이에 아주 널리 퍼지게 되었다. 여섯 개 구성 요소는 다음과 같다:

1. 하나님의 진리를 아는 지식
2. 하나님의 경이로운 신비를 들여다보는 통찰
3. 죄에서 깨끗해짐
4. 혐오스럽고 신실치 않은 일과 결별함으로 거룩하게 됨
5. 진리의 자녀들과 연합함(에세네파 구성원이 됨)
6. 거룩한 백성의 무리에 참여함(에세네파 가입과 그 구성원의 자격이 함축한 의미를 더 정확히 서술한 것)
   (a) 그〔에세네파에 들어오는 자 ⓣ〕는 티끌에서 들어 올림을 받은 죽은 자와 같다〔he is as a dead man raised from dust〕
   (b) 그는 완악한 영에서 구원받았다
   (c) 그에게는 하나님 앞에 설 자리가 있다
   (d) 그는 천사들과 사귐을 나눈다
   (e) 그는 환희의 공동체에 속해있다

이 모든 것이 쿰란 문헌에서 중요한 요소임에는 다툼이 없다. 문제는 이 요소들이 쿰란이 가졌던 사상을 내가 앞서 정리하여 제시한 패턴보다 바르게 설명해주는 어떤 "패턴" 내지 어떤 "구원의 길"을 구성하는 요소인가 하는 것이다. 몇 가지 점을 짚어보면 될 것 같다.

나는 구원론 패턴 속에서 지식과 통찰에 따로 역할을 부여하지 않았다.
318 지식이라는 테마는 쿰란 사본에서 특별한 두 기능을 가진 것으로 보이는데, 하나는 선택과 관련이 있으며 다른 하나는 계명과 관련이 있다. 즉 에세네파 구성원은 틀림없이 어떤 지식을 갖고 있었으며, 에세네파는 이를

하나님이 선택받은 자들, 곧 하나님의 가르침을 따르는 자원자들—자신을 바친 자들—에게 주신 선물로 인식했을 것이다. "당신이 내 마음을 여시지 않으면 내가 어떻게 당신을 찾겠습니까?"(1QH 12.34f.). 우리가 앞서 보았듯이, 이것이 사실상 선택과 동등한 지식이다. 이런 견해는 특히 1QH 7.26f.에서 분명하게 나타나는데, 이 본문에서 시인은 하나님이 자신을 깨우쳐주심에 감사한다. 한 찬송의 첫머리에서 밝힌 이런 감사와 궤를 같이 하는 것이 이 시인의 자리를 "무익한 회중 속에〔in the congregation of Vanity〕" 두시지 아니함에 올리는 감사(1QH 7.34) 혹은 시인 자신의 영혼을 "살아있는 자들의 무리 속에" 놓아두심에 올리는 감사(1QH 2.20)다. 여기서 지식은 두 갈래로 나뉘어있다: 사람은, 하나님의 은혜로 말미암아, 구원을 에세네 공동체 안에서 발견할 수 있음을 안다. 그런가 하면 사람은, 과거를 돌아봄으로써, 바로 지식이라는 선물이 선택을 유효하게 하는 데 꼭 있어야 할 요소임을 안다(1QH 14.12f.). 즉 하나님이 에세네파 구성원에게 "알게" 하시는 것은 이 구성원들이 선택받기에 적합한 자가 될 수 있는 길이다.

하지만 자신이 선택받은 자임을 아는 지식, 그리고 자신이 받은 선택이 자신이 선택받은 자임을 아는 지식으로 말미암아 유효하게 되었음을 아는 지식이 "지식"의 전부는 아니다. 에세네파 공동체에 들어온 자는 공동체에 들어온 뒤에 그 지식이 늘 정결해져야 한다(1QS 1.12). 제사장이 공동체 가입자에게 하는 축도의 주요 내용 중 하나는 하나님이 이 가입자에게 지혜와 영원한 지식을 주시길 비는 것이다(1QS 2.3). 에세네파에 들어간 뒤 에세네파 구성원들은 인류가 선택받은 자와 선택받지 못한 자라는 두 부류로 갈라져있음에 관하여 더 깊은 지식을 받는다(1QS 3.13f.). 더구나 이런 본질적 지식을 이루는 몇몇 요소는 분명 에세네파에 들어간 뒤에야 비로소 얻을 수 있다(1QS 5.11f., 6.16; CD 15.5-11). 따라서 여기서 이렇게 언급하는 지식이 에세네파 사람들이 선택받음과 연관된 지식이라고 이해하는 한, 지식을 "구원의 길" 첫 자리에 놓아둠에는 아무런 다툼이 없다. 사람이 지식을 받아야 선택받은 자 가운데 들어있는 자로 헤아림을 받을 수 있다는 것은, 우리가 앞서 언급했듯이, 이스라엘에서 어떤 이는 선택받은 자요 어떤 이는 선택받은 자가 아닌 이유를 설명하는 데 도움을 준다.

우리는 앞서 에세네파 구성원들이 이 분파에 들어갈 때 정결케 된다고 말했다. 쿰란 공동체가 가졌던 가장 중요한 견해 중 하나가 이 분파 밖 사람은 모두 저주받은 자라는 것이었다. 날 때부터 쿰란 언약에 속한 자는 아무도 없다. 때문에 쿰란 공동체에 들어갈 때는 반드시 정결해져야만 했다. 시인이 이런 정화를 선택 및 에세네파 가입과 연결되어 있음을 일러주는 말로 거듭 언급한다는 점은 다시금 유념해둘 만하다. 실제로 바르트케가 인용하는 찬송은 이렇게 말한다. 이 찬송은 사람을 하나님이 보시기에 거룩한 이로 만들어 에세네 공동체에 합류할 수 있게 하는 것이 정화의 목적이라고 말한다(1QH 11.10-12). 반면, 정화는 여기서 멈추지 않는다. 공동체 구성원은 가입한 뒤에도 늘 죄를 지을 수 있기 때문에, 거듭 정화가 필요하다. 시인이 1QH 16.11f.에서 올리는 기도도 분명 이런 이유 때문이다.

319 이를 보면서, 우리는 바르트케가 말하는 "구원의 길"과 내가 서술한 구원론 패턴 사이에 존재하는 유일한 내용상 차이점을 발견한다: 바르트케는 계명 그리고 공동체 구성원들이 가입 후에 저지른 범죄에 따른 속죄에 아무런 역할을 부여하지 않는다(1QH 11.3-14도 마찬가지로 아무런 역할을 부여하지 않는다). 그 "길"은 죄를 씻음 받는 정화에서 거룩한 공동체에 참여하는 것으로 곧장 옮겨간다. 우리는 계명을 배우고, 예비 회원으로서 검증 기간을 거치고, 계명을 어김에 따른 처벌을 받는 것과 같은 중간 단계에 관하여 아무런 말도 듣지 못한다. 사해 사본의 찬송들에서는 이런 문제들이 거의 아무런 역할을 하지 않지만, 그래도 이것이 이 종교가 실제로 작동했던 방식임은 의심할 수가 없다. 1QS는 에세네 공동체가 이런

점들에 관하여 가졌던 견해와 관습을 표현한 문서로 봐야 한다. 사해 사본의 찬송들은 보통 율법, 율법이 정한 의무, 범죄에 따른 형벌 따위를 상세히 이야기하지 않지만—오히려 선택받은 이들 가운데 있음과 자신이 무가치한 존재임을 인식하게 된 것에 올리는 감사를 강조하지만(Emphasizing rather thanksgiving for being among the elect and the consciousness of being unworthy)—심지어 1QH에서도 새 언약의 내용, 새 언약에 따른 특별한 의무를 당연하게 받아들이는 모습을 볼 수 있다. 이 때문에 시인은 자신을 꼬드겨 하나님이 자신에게 가르쳐주신 "율법을" 자신들이 가르치는 "부드러운 것들"로 "바꾸게" 하려고 획책(劃策)하는 "거짓말하는 교사들"을 통렬히 비판한다(1QH 4.9f.). 유사하게 시인은 "[하나님의] 언약에 속한 진리를 굳게 지키겠다"고 다짐한다[1QH 16.7]. 1QS에 들어있는 찬송 자료는 언약에 속한 자들도 범죄를 저지르면 처벌을 받는다는 테마를 아주 대놓고 이야기한다: "[나는] 그 길에서 떠난 모든 이를 불쌍히 여기지 않으리라. 나는 두들겨 맞은 이들의 길이 완전해질 때까지 그들을 결코 위로하지 않으리라"(1QS 10.20f.). 따라서 선택받음에서 깨끗해짐을 거쳐 "하늘의 자녀들로 이루어진 회중"에 참여함으로 옮겨가려는 이 시인의 경향(1QH 3.21f.)을 어떤 또 다른 "패턴," 곧 계명 수여와 범죄에 따른 처벌이 아무런 역할을 하지 않는 어떤 패턴의 존재를 일러주는 증거로 받아들여서는 안 된다. 이런 본문들은 다만 이 시인의 견해가, 하나님의 은혜와 이 은혜가 결국 가져올 결과 사이에 존재하는 단계들이 아니라, 이 은혜와 이 은혜가 결국 가져올 결과 자체에 초점을 맞추고 있음을 일러준다. 따라서 나는 바르트케가 1QH 11.3-14을 바탕 삼아 그려 보이는 "구원의 길"을, 내가 이번 장에서 함께 살펴본 주요 사본들을 토대로 그려 보인 패턴과 다른 구원론 체계를 제시한 것으로 여기지 않는다.

실제로 나는 사해 사본의 어느 곳에서도 다른 구원론 패턴을 제시하는 증거를 전혀 보지 못했다. …… [320] 우리는 쿰란 자료에서 율법에 순종할 것을 요구하지 않거나 범죄를 처벌하지 않은 지층[layer]이 존재한 흔적을 전혀 찾을 수 없다. 더구나, 순종이 전체 체계 속에서 차지하는 위치는 늘 똑같다: 순종은 언약 안에 있음이 낳은 **결과**요 언약 안에 **머묾에 필요한 조건**이다. 완전한 순종을 구성하는 것이 무엇이며 범죄에 합당한 형벌이 무엇인가에는 이견이 있을지라도, 이견들이 구원론 패턴을 바꾸지는 않는다. 나는 앞서 사해 사본을 분석하면서, 개별 주제를 놓고 표명된 다양한 견해를 마땅히 살펴보려고 애썼지만, 한 구원론 패턴이 아니라 여러 구원론 패턴이 존재하지 않는지 의심할 만한 이유는 전혀 발견하지 못했다. 우리는 앞서 사해 사본 자료에서 두 가지 기본 신학—행위로 말미암은 구원을 주장하는 신학과 은혜로 말미암은 구원을 주장하는 신학—이 나타난다는 주장이 유지될 수 없음을 보았다.[1]

따라서 우리가 앞서 랍비 문헌에서 발견했던 종교의 일반 패턴이 쿰란 안에도 존재한다. 그러나 개별 주제를 놓고 보면 현저한 차이점과 특별한 강조점이 있다. 하나는 하나님의 은혜로 말미암은 선택이다. 쿰란은 하나님이 예정을 통해 행하신 선택이 인간의 선택을 배제한다고 인식하지 않았다. 도리어 쿰란이 하나님의 그런 선택을 강조한 것은 에세네파 사람들이 한 민족으로서 선택받은 게 아니라 개개인으로서 선택받았다는 그들의 예리한 자의식을 반영한다. 쿰란은 하나님이 예정을 통해 베푸신 은혜를 인간의 무가치함이라는 관점에서 강조하고 어떤 이는 언약 공동체 안에 있으나 다른 이들은 그렇지 않은 이유를 설명해주는 것으로서 강조했지만, 인간 자신이 해야 할 일이라는 관점에서 인간의 헌신도 함께 강조했다. 하나님의 선택**과** 인간의 헌신("자원")을 **모두** 강조한다는 것은 **선택과 언약**

1 244 위 원서 291-93; 참고. 원서 239 주1; 슐츠의 견해를 다룬 부록 4.

구성원이라는 지위가 구원에서 아주 중대한 의미를 가짐을 나타낸다. 일단 언약 안에 들어온 구성원은 **언약에 따른 규칙들에 순종**해야 했다. 쿰란 문헌은 아주 드물게나마 개인이 의무 이행에 따라 각자 받는 보상을 언급하긴 하지만(언약 구성원들이 완전해질수록 더 높이 올라가긴 하지만), **순종하면 보상을 받고 범죄를 저지르면 처벌받는다**는 일반 개념을 주장했다. 이런 일반 개념은 특히 범죄에 따른 벌을 상세히 규정한 목록들이 분명하게 반영하고 있다. 쿰란은 **계명 순종**이 사람이 자기 힘으로 구원을 얻는 일이라고 생각하지 않았다. 도리어 그들은 구원이 하나님의 은혜로 말미암아 온다고 보았다. 그럼에도 쿰란은 계명 순종을 **언약 안에 남아있는 데 필요한 조건**으로 요구했으며, 계명에 순종치 않음을 저주받을 일로 보았다. 모든 인간은 죄로 가득하며, 하나님과 비교하면 그렇게 보이지만, 그래도 쿰란은 사람을 공동체에 받아들이지 않거나 공동체에서 쫓아낼 명백한 **죄**〔the explicit *sinfulness*, 명백한 죄성〕는 **계명 위반**〔*transgression of commandments*〕이라고 생각했다. 선택받은 자를 포함하여 모든 인간 안에서 발견되는 깊고 깊은 인간의 죄성은 종말에 가서야 비로소 뿌리 뽑힐 것이다. 언약 안에서 저지른 대다수 범죄는 **속죄 수단으로 해결할 수 있었으나**, 일부 범죄는 용서를 받을 수 없었다(적어도 1QS에 따르면 그렇다). 언약 밖에 있는 이들에게는 아무런 자비와 용서도 없고, 도리어 그들이 저지른 행위에 엄혹한 보응만 있을 것이다.[321]

순진한 견해)를 묘사하기로 결심했다고 추정해야 할 것이다. 나는 마지막 환상(과 14장)이 에스라4서를 [illegible]에 더 맞는 작품으로 만드는 데 "도움을 주는" 부록을 이룬다고 보는 것이 더 타당할 것 같다. 따라서 이 책의 **주된 저자가 가진 견해**—천사와 에스라의 대화 뒤에 곧장 나오는 환상들과 상충하지 않는 견해—는 천사와 에스라의 대화에서 **천사가 천명한 견해**라고 보는 것이 가장 좋을 것 같다. 실제로 언약 자체가 하나님이 고통은 물론 심지어 파멸에서도 보호해주시는 혜택을 가져다주지 않는다는 것(이는 징벌을 받[illegible]는다는 솔로몬의 시편의 주장과 반대다), 그리고 오직 극소수이지만 완전히 의로운 자들만이 고난[illegible]겪은 뒤에도 하나님께 구원을 받으리라는 것이 "천사의" 주장이[illegible] [illegible] 기에서는 전통이 줄곧 이야기해온 하나님의 특성들—그는 죄인들을 값없이 용서하시고 회복시켜주시며, 범죄에도 불구하고 언약에 따른 약속들을 지키신다는 것—을 부인하기 때문이다. 달리 말하면, 에스라4서는 죄를 사실상 피할 수 없는 힘으로 본다는 점(3.20을 보라)에서는 우리가 연구해온 다른 문헌과 다르지만, [illegible] 죄를 따라 처벌받아야 할 율법 위반으로 여긴다. 우리는 쿰란 문헌이 인간을, 심지어 선택받은 자도, 인간의 연약함에 참여한 존재라는 의미에서 "죄 안에" 있다고 여기면서도 인간의 연약함 자체를 정죄하지는 않았음을 보았다. 대다수 범죄를 속할 수 있는 방법을 마련했으며, 선택받은 자들을 "죄 안에" 있어도 "타락한[버림받은, lost]" 자로 여기지 않았다. 하지만 에스라4서는 죄를 피하지 못하는 인간의 무능이 멸망으로 이어진다고 본다. 에스라4서 저자와 현존 문헌에서 나타나는 유대교의 나머지 견해를 구분해주는 것이 인간의 곤경을 바라보는 이런 비관론이다.

파들에서 대체로 독특하게 나타나는 권면과 지혜를 개인에게 제시하는 데 할애한다. ……

이 모든 것은 지극히 높으신 하나님의 언약 책이요,
모세가 야곱의 회중이 받을 유업으로
우리에게 정해준 율법이다.
이것은 피숀〔비손〕강처럼, 첫 수확 때의 티그리스강처럼,
사람을 지혜로 채워준다. (24.23-25)

이처럼 벤 시락은 율법이 특히 이스라엘에 주어졌음을 분명하게 인식했다. 아울러 그는 대개 아주 평범한〔총체적인〕 용어로 표현하는 자신의 권면과 계명을 가끔 순종함 혹은 언약을 지킴과 분명하게 연관 짓는다.

계명을 기억하고
네 이웃에게 분을 내지 말라.
지극히 높으신 분의 언약을 기억하고, 무지를 눈감아주어라. (28.7)
계명을 따라 가난한 사람을 돕고,
그가 곤궁할 때는 그를 빈손으로 보내지 말라. (29.9)

따라서 우리는 벤 시락도, 자기 뒤에 등장한 랍비들처럼, 이스라엘이 선택받았다는 성경의 관점을 전제했으며, 언약 교리의 맥락 속에서 집회서를 썼다고 결론지을 수 있다. 우리는 벤 시락이 말하는 "언약"이 대체로 단일 개념으로 보이며, 이 언약을 모세의 토라가 구현하고 있다고 정의하는 점(방금 위에서 인용한 24.23이 그렇다)에 주목해야 한다. 하지만 벤 시락이 하나님과 족장들이 잇달아 맺은 언약들을 다른 말들로 이야기할지라도

(가령 44.20, 22, 23),[2] 이런 말들이 현재 우리가 만날 수 있는 모세 언약과

IV장 팔레스타인 유대교 (기원전 200년-기원후 200년)

이 책 전반을 이해하려면, 지혜 문헌이 제시하는 권면("가난한 사람을 도우라")과 모세 언약("계명을 따라〔for the commandment's sake〕", 29.9)의 연결점을 간파하는 게 중요하다. 아주 평범한 어조의〔아주 보편적인 인상을 주는〕 권면과 모세가 준 계명에 순종하라는 분명한 언급 사이에 존재하는 차이는, 벤 시락이 일부러 모세 언약의 관점에서 확립된 지혜 전통의 여러 가치를 정의한다는 사실, 곧 모든 이가 [illegible] 지혜는 사실 하나님이 모세를 통해 주신 토라가 올바로 상징하고 자세히 서술한다는 사실(특히 24.23을 보 [illegible]가 모든 민족의 지혜로운 교사들이 칭송하는 진중한 행위 체 [illegible]

[illegible]

[illegible]의 은혜로 말미암아 주어진 것으로 보고 순종을 이런 은혜 [illegible]

[illegible]

[illegible] 하소서," 36.16)〔공동번역은 "당신 예언자들의 말이 참

2 [illegible] 전제했음을 잊지 말아야 한다. 율법 체계

[illegible] 있는 공동체에 주어진다. 그 관계는 다시 우리가 오직 하나

[illegible]

[illegible]

[illegible]

[illegible]시락은 (모든 사람이 원하는) 지혜를 원하는 사람이

라면 세상의 선생에게서 지혜를 구하지 말고 오히려 모세 언약을 지켜야

[illegible]. 요한복음의 논지, 곧 주변 문화들

이 하나같이 동의하는 욕구와 가치(진리, 빛 따위)가 사실은 예수 그리스

[illegible]

[illegible]

[illegible]

[illegible]

[illegible]

자는 지혜로울 것이다. 올바른 행위의 내용은 평범한 이도 아는 지혜 전통

[illegible]

[illegible]

[illegible]

[illegible] 대표

하는 이들이라 추정되는 랍비들조차도 케네디가 **처음에** 묘사한 언약 개념

[illegible] 이런 주장이 증명되었기를 바란다.

[illegible]

[illegible]

[illegible]

[illegible]

[illegible]

…… 벤 시락이 믿는 종교의 핵심은 하나님의 자비를 향한 신뢰로 말미

4 W. C. van Unnik, "La conception paulinienne de la nouvelle alliance," *Littérature et théologie paulinienne*, by A. Descamps and others, [illegible]

[illegible] (pragmatic nomism modified by the assurance of compassion) [illegible]

421

[illegible] 언약 개념이 유대교 신학의 근본이라는 점 [illegible] 이 랍비 문헌에서 "언약"이라는 용어가 상당히 희소하게 등장하는 이유를 [illegible][2] 랍비들은 언약을 당연한 [illegible] 논의한 대상도 언약에 따른 의무들을 [illegible] 로 이런 주장들과 이런 문제들을 [illegible] (2:15) [illegible] 님이 그의 언약에 따른 약속들을 진실히 지키셨다는— 확신을 보여준다. 문제는 바로 유대인들이 [illegible] 의무들을 어떻게 진실히 지켜야 하는가였다. [illegible] 비슷한 이야기를 할 수 있겠다. 사해 사본은 언약을 상대적으로 빈번하게 직접 언급하는데, 이는 에세네 [illegible] 할 필요가 있었기 때문이다. 하지만 대체로 보면, 언약과 관련된 개념들이 아주 널리 퍼져 있는 데 [illegible] 이라는 말이 많이 나타나지 않는다. 더구나, 이 [illegible] 데 적합한 행동이라 [illegible] 수단이라고 말하지 [illegible] 에게 간구하고도 무시당한 이가 누가 있는가?

이는 주가 긍휼을 베푸시고 자비하시기 때문이니,

그는 죄를 용서하시고 고초를 겪을 때 구해주신다. (2:10-11)

마지막 본문은 하나님의 자비와 긍휼이 그가 당신을 신뢰하고 순종하는 이들을 구해주실 속에 들어있음을 특히 분명하게 이야기한다.[3]

2 다른 용어들, 가령 "하늘나라"와 "하늘의 명에" 같은 용어들을 사용하는 것도 언약이라는 용어가 희소하게 등장하는 두 번째 이유일 것이다. 이 책의 1장 4절과 11절을 보라. 여기서 *diathēkē*를 연구한 결과에 기초한 하이네만의 결론, 곧 필론은 언약 개념을 몰랐다는 결론과 비교해볼 수 있겠다. 하이네만은 "사회〔공동 이익을 추구하는 사회, commonwealth〕" 같은 다른 용어를 간과했다. Heinemann, "The Covenant as a Soteriological Category and the Nature of Salvation in Palestinian and Hellenistic Judaism," *Jews, Greeks and Christians* (*Festschrift W. D. Davies*), ed. Hamerton-Kelly and Scroggs, 1976, 주 55를 보라.

[illegible] 의보다 크다. 다른 문헌에서는 하나님이 악인을 [illegible] [illegible].[3] [illegible] 한다. 하나님이 각 사람에게 합당한 몫을 갚아주신다고 말하는 진술들은 하나님의 정당하심을 강조하는 데 [illegible] 422 [illegible] 하나님께 보이는 반응이다)— 선택, 나아가 결국은 구원도 사람이 자기 힘으로 얻지 못[illegible]히 각인시켜주는 데 이바지한다. [illegible] the ultimate gifts, 마지막에 베푸[illegible]로운 이는 아무도 없으며, 그

….

3 [illegible] 자비"를 보라. 랍비 자료에서는 위에서 인용한 기도도 보라, 224f.

선[illegible] 하나님의 자비에 달려있다. 하나님의 자비가 의인에게도 마지막 [illegible] 우리가 살펴본 모든 문헌에서 나타나며 [illegible] 천사가 하나님의 긍휼 [illegible] 엄격하게 **이루어진다**고 말한다. 하나님의 [illegible] 문헌에는 있으나 에스라4서에는 없다는 사실은 [illegible] 공로로 얻어내는 것이라고 주장하지 않았음을 [illegible] 의인은 당연히 구속을 얻을 자격이 있고 [illegible] (에스라4서 8.33),[4] 악인에겐 분명 [illegible] 말한다. 에스라4서에는 기본적으로 충성하지만([illegible]) [illegible] 하는 사람은 들어설 자리가 없는 것 같다. 문제는 이런 기본적 충성을 증명하려면 [illegible] 하는 자요, 범죄를 저지르는 자는 "부인하는" 자로 취급받는다.[5] 따라서 하나님이 대체로 의로우나

338

[illegible] 순종하지는 않는 이스라엘 구성원들(즉 사실상 모든 이스라엘 사람)에게 자비를 [illegible] 하는 것으로 규정하지 않는다는 점에서 우리가 지금까지 살펴본 다른 문헌과 다르다. 이것 역시 다른 문헌에 [illegible] 주제다.[6] 하나님을 부인함에 해당하는 것은 범죄 자체이지, 비단 가장 심각한 범죄나 가장 가증

이는 아버지께 베푼 친절([섬김], *tsedaqah*)은 잊히지 않기 때문이니,
그것이 죄를 대신하여 확실히 심어지리라.
네가 고초를 당하는 날에 주가 그것을 기억하사 네게 호의를 베푸실 것이요,
네 죄가 좋은 날의 서리처럼 녹아 없어지리라.

4 7 8.33은 "에스라"가 한 말이나, 이 말도 에스라가 "바로 말했다"(8.37)고 천사에게 인정받은 말 중 하나다.

5 8 [illegible] 것이라고 정의한다. 불충성은 어떤 것이든 순종하지 않는 것이라고 정의하는 것이 더 나을 것 같다.

6 9 [illegible]

[illegible] 누구든지 하나님을 모독하는 자와 같으며,

자기 어머니에게 화를 내는 자는 누구든지 주께 저주를 받는다.

종교의 공통 패턴: 언약적 율법주의 (3.14-16 [13-15])

에스라4서의 독특함은 “언약적 율법주의〔covenantal nomism〕”라 부르는 것이 [illegible] 이룩하는 일이라기보다 하나님의 자비로 말미암아 이루어진다고 여긴다는 것이다.

423 [illegible] 문서 가운데 방금 열거한 모티프를 전부 담고 있는 문서는 [illegible] “불완전하다.” 나는 에녹1서의 [illegible] 을 전제하고 있다는 가설이 [illegible] 볼 수 있다고 믿는다. 가령 우리는 순종하라는 [illegible] 을 수여한 일을 자세히 이야기하지는 않지만, 그래도 순종해야 할 무언가를 틀림없이 받았으리라 [illegible] 그 행위대로 엄격하게 처벌받는다는 주제가 존재하는 점에 주목할 수 있다. 이것 [illegible] 하는 조건이긴 하지만, 그래도 선택과 구원 [illegible].

[illegible] 이 존재하지 않으며, 이 [illegible] 통일된 조직 신학이 있음을 암시하는 것은 아니다. 쿰란은 언약과 [illegible]. 그러나 언약과 언약이 가지는 의미에 우선성을 [illegible] 말하는 점에서는 쿰란과 랍비 [illegible] 수단이 정확히 동일하지는 않다. 그러나 전체 체계 안에서 속 [illegible] 공통 패턴 안에 존재하는 여러 차이점이 아주 깊은 틈새를 만들 수 있다는 것 [illegible] 말의 의미를 살펴보고, 옳다 혹은 아니다라고 대답하면 된다. 분명 많은 점에서 서로 의견을 달리 하는 그룹들이 있었고 서로 다른 신학들이 있었다. [illegible] 아니라, 더 많은 공통 [illegible][8] [illegible]하신다.

주께 돌아오고 네 죄를 버리라.

묵시주의와 율법주의 [illegible] 기도하고 네 잘못을 줄이라.

이 [illegible] 유대교 안에서 상당히 서로

역겨운 일들을 몹시 미워하라.

(17:24-26, 29)

7 10 Sandmel, *The First Christian Century*, 23f, 83도 같은 견해다.

8 11 여기서 연구한 모든 자료의 출처는 팔레스타인이다. 따라서 무엇이 공통인가라는 문제와 관련 [illegible] 스타인 유대교 문헌에 국한될 수밖에 없다. 나는 다른 곳에서 "언약적 율법주의"가 많은 헬레니즘 유대교의 특징이기도 하다고 주장했지만, 헬레니즘 유대교 신학 안에 [illegible] 발견한다. "The Covenant as a Soteriological Category and the Nature of Salvation in Palestinian and Hellenistic Judaism"을 보라.

[illegible]

[illegible]다. 더구나 이 분파의 묵시

[illegible]

[illegible] 생각할 이유는 없다.

나는 순종이라는 개념이 묵시 문헌에서 독특하게 나타나는 개념이라는 견해에 동의하지 않는다. 에녹1서와 에스라4서는 어떤 특별한 계명도 규 [illegible] 경의 계명에 순종할 것을 [illegible]

[illegible] 되어 있으며 깔끔한 균형을 이루고 있다. 벤 [illegible]

[illegible]

점을 맞추면, 분명하게 드러난다.

342 [illegible]는 (무어처럼) 묵시 문헌을 랍비 문헌 아래에 두고 싶지도 않고(subordinate apocalyptic literature to Rabbinic literature) [illegible]

[illegible]는다. 우리는 다만 남아있는 다양한 문헌 속에 공통된 [illegible] 종합으로 이어지기

[illegible]를 두려워함"과 순종을 분리하기는 불가능하다: "어떤 것도 주

[illegible]

[illegible] 당파를 논할 수 있는 한 관점을 얻는다. 사람들은 보

통, [illegible]

[illegible] (sect) [illegible] (party) [illegible]

[illegible] 배타주의(soteriological exclusivism)라 부

를 수 있는 것을 기초로 삼아 구분하는 것이 유익할 것 같다. 어떤 그룹은

[illegible]가 구원을 받으리라는 것을 인정하지

않을 [illegible] 공동체에 속한 모든 이가 자기 당파의 교

의[illegible]. 이와 비슷한 현대의 사례를 하나 쉽

게 들 [illegible] 당 당원을 말한다 ⓣ)들은 자신들이 캐나

다[illegible] 다스리면 캐나다가 더 나아질 것

이라고 [illegible], 이들은 한 **당파**다. 만일 현재

의 보수당 지도부(혹은 다른 어떤 그룹)가 마니토바 북부로 옮겨가, 거기

에 [illegible] 참 캐나

다 사람이 아니라 캐나다를 배신한 자라고 선언한다면, 이들은 한 **분파**가

[illegible] 드러나는 문헌은

오직 [illegible], "이스라엘"이라는 명칭을 자기

그룹에 [illegible] 원이 아닌 자들을 배신자

로 [illegible] ⓣ) [illegible] 그 **분파**의 언약이라고 정의했

다. [illegible]하는 흐름을 어느 정도 보

여주[illegible] 존재하지 않

는 것 같다. 랍비 문헌은 "이스라엘" 안의 암메 하아레츠('*amme ha-'arets*, 그

땅의 백성[illegible]

[illegible]

[illegible]고, 도리어 서둘러 참회하며 범죄를 되풀이하지 [illegible] 426 [illegible]인의 작품으로 분류한다.[10] 나는 모든 문헌을 반드시 어느 한 당파나 다른 당파의 작품으로 봐야 한다고 확신하지 않는다.[11] 만일 요세푸스를 따른다면, 그가 바리새인이라 여기는 사람들의 숫자도 분명 고려해야 한다. 그는 이 바리새인들을 다수 당파(the leading party)라고 부른다.[12] 바리새인이 6,000명이었다면, 대다수 유대인은 어느 한 당파에 속하지 않았다는 결론이 나온다. 이처럼 우리가 "당파"와 "분파"를 논의한

9 16 Charles, *Pseudepigrapha*, 1을 보라.

10 17 Maier, *Mensch und freier Wille*, 283-293.

11 18 Sandmel, *The First Christian Century*, 24; Reicke, "Official and Pietistic Elements of Jewish Apocalypticism," *JBL* 74, 1960, 137-150도 같은 견해다.

12 19 Josephus, *War* II. 162; *Antiquities* XVIII. 12.

것은 어떤 문헌을 이름이 알려진 [illegible] 파와 결합하려는 게 아니라, 각 책이나 문헌들이 "당파" 혹은 "분파"의 성격을 지니고 있음을 지적하려는 [illegible] 이다.

…… 에녹1서는 합성작품(composite)으로 보는 것이 통설이며, 심지어 작품 [illegible] 을 어떻게 나눌 것인가를 놓고도 널리 의견 일치 [illegible] [illegible] 아니었다. 가령 우리는 바리새 [illegible] [illegible] [illegible] 문헌도 전혀 갖고 있지 [illegible] [illegible] [illegible] [illegible] 다는 것은 이 책이 기독교 등장 이후에 나왔음을 지지하는 것 같 다. [illegible] 까지 언약적 율법주의 [illegible] [illegible] [illegible] [illegible] [illegible] [illegible] [illegible] 완전히 배제하지는 못한다. 인간의 본성을 고려할 때, 우리도 그런 이들이 일부 있었으리라고 추정한다. 하 [illegible] 우리는 현존하는 유대교 문헌이 그런 이들을 보여주지 않는다고 말할 [illegible]

[illegible] 그 종교 자신이 제시하는 내용이 명 [illegible]

[illegible] 한다. 인간들은 범죄가 파멸 [illegible]

[illegible] 학자들 사이에는 에스라4서가 바리새주의 혹은 바울이 아닌 [illegible]

는 땅을 모든 억압에서, 모든 불의에서, 모든 죄에서, 모든 경건치 않음에서 깨끗케 하라. 그러면 땅에 새겨진 모든 부정이 땅에서 떨어져 나가 파괴되리라. 그러면 모든 인간의 자녀가 의롭게 되고, 모든 민족이 내게 경배와 찬미를 드리며, 모든 이가 나를 예배하리라. 땅이 모든 더러움에서, 모든 죄에서, 모든 형벌에서, 모든 질고에서 깨끗해지고, 나는 영영 무궁토록 (그것들을) 결코 다시는 땅에 보내지 않으리라." 그리스어 본문이 쓴 말들은 이렇다: 땅을 온갖 *akatharsia*에서, 온갖 *adikia*에서, 온갖 *hamartia*와 *asebeia*에서 깨끗케 하고, 온갖 *akatharsia*를 뿌리 뽑으라. 저자가 이 용어들의 정의를 엄밀하게 그대로 따랐다고 추측하기는 불가능하나, 그래도 "부정함"은 정결법을 어긴 범죄와 다른 어떤 범죄에서 비롯된 도덕의 부패를 가리키는 말일 가능성이 크다. 아울러 "억압"(*adikia*)은 이웃에게 저지른 잘못을 가리키는 말일 가능성이 크나, "죄"와 "경건치 않음"은 십중팔구 히브리어나 아람어의 "죄"와 "악함"을 번역한 말로서 대체로 성경이 규정하는 계명들을 어긴 범죄를 가리키는 말일 가능성이 크다. 무슨 행위가 그릇된 행위인가는 여전히 모호한 문제로 남아 있지만, 노아서 저자는 뭔가 딱 부러진 정의를 내리지 않는 것 같다. [350] 죄인은 하나님 뜻을 어기는 자다. 우리는 범죄자가 "죄책을 진 자" 혹은 "채무자"(6.3, 그리스어로 *opheiletēs*)라는 데 주목해야 한다. 이 말은 십중팔구 *ḥub*〔히브리어로 "빚 진, 형벌을 받아야 할" ⓣ〕의 파생어를 번역한 말일 것이다.

이런 조각 사본들은 의인의 정의 및 특징을 우리에게 거의 일러주지 않는다. 의인은 악인이 파멸당할 심판 날에 파멸을 면하지만(10.17), 누가 그런 의인인가는 오직 악인의 정의에서 추론할 수 있을 뿐이다. 불의한 자를 불순종하는 자로 표현하듯이, 의인을 표현할 때 가장 널리 사용하는 말이 의인은 분명 하나님 뜻에 순종하는 자라는 말이다. 아마도 의인은 죄와 악함과 부정함을 피하는 자일 것이다.

에녹1서 12-36장

12-13장도 노아서와 마찬가지로 타락한 천사들이 인간에게 경건치 않음(*asebeia*)과 불의(*adikēmata*, *adikia*)와 죄(*hamartia*)를 보여주었다는 이유로 이 천사들을 통렬히 비판한다(13.2). 이 천사들은 에녹을 설득하여 자신들을 대신해 용서(*aphesis*)를 비는 청원을 올리게 하지만, 그래도 이들은 용서를 받지 못한다(12.5). "나와야 할 때에 나오지" 않은 별들도 "주의 계명을 어겼다고" 여긴다. 이것들은 하나님의 진노(*orgisthē*)를 불러일으켰기에 벌을 받는다(18.15). 19.2은 천사들이 인간을 더럽혔을 뿐 아니라, 인간을 그릇된 길로 인도하여 "마귀에게 희생 제사를 올리게" 만들었다고 말한다. 이외에는 달리 이들의 죄를 구체적으로 밝히지 않는다.

22.9-13은 모든 인간을 세 그룹으로 나눈다. 한 부류가 의인(22.9, *dikaioi*) 혹은 경건한 자(22.13, *hosioi*)라는 그룹이다. ……

22.9, 13뿐 아니라 25.5도 "의인"과 "경건한 자"(찰스는 "거룩한 자"로 번역)를 동의어로 사용한다. 여기서 그리스어 조각 사본이 히브리어나 아람어 용어를 정확히 표현하고 있다면, *dikaioi*(의인들)라는 말은 십중팔구 *tsaddiqim*(의인들)을 번역한 말이요, *hosioi*는 *ḥasidim*(이나 이와 같은 의미를 지닌 아람어)을 번역한 말이다. 25.5은 의인과 경건한 자를 선택받은 자와 동일시한다. 의인과 경건한 자 그리고 선택받은 자는, 하나님이 "이 땅에 선을 베푸신" 뒤에(25.3), 향기 나는 나무가 있는 "거룩한 곳"에 들어갈 것이며, 거기서 오래도록 평안한 삶을 살아갈 것이다(25.3-7). 351 여기서 특히 중요한 점은, 하나님의 "참된 심판"은 "저주받은" 자들을 정죄하나, 의인은 "하나님이 그들에게 베풀어주신 것(그들의 분깃)을 따라 하나님의 자비를" 송축한다는 점이다(27.3, 4). 우리는 하나님이 악인에게 합당한 벌을 내리실지라도 의인에게는 자비를 베푸시는 분으로 여김을 받는 모습을 거듭 보게 될 것이다. 그들이 의인이자 선택받은 자로서 바로 그런 "몫"을

받음은 하나님의 자비 덕분이다.

에녹1서 83-90장

....

저자는 이스라엘을 양떼에 비유하면서, 주가 이스라엘을 풀밭에 풀어 먹이셨으나(89.28), 모든 이가 주께 신실함을 지키지는 않았다고 말한다. ……

심판 때, 일부 양들—눈 먼 양들—은 "심판을 받고 유죄임이 드러나 [그] 불타는 심연에 던져진다"(90.26). 양 가운데 살아남은 양들은 모두 선하다(90.30, 33). "그들은 모두 눈이 열려 있고, 선한 것을 보았으니, 그들 가운데에는 보지 않은 이가 하나도 없다"(90.35).

이 부분을 주목해야 하는 이유는 이스라엘의 대적보다 이스라엘 안에 있는 악인에게 집중하기 때문이다. 이 부분은 눈먼 양 중 마땅히 파멸 받아야 할 양과 그렇지 않은 양을 구분해주는 것이 정확히 무엇인지 우리에게 일러주지 않는다. 그러나 여기서 다룬 이슈는 유대교에 충성하는 기본 자세 중 하나인 것 같다. 눈먼 양은 성전을 버렸다(89.51). 이 부분이 배경으로 삼고 있는 연대를 고려할 때, 여기서 언급하는 때는 예루살렘 성전의 첫 파괴가 있기 전 시대일 수도 있지만, 이 부분은 에녹서 저자가 살아있을 당시의 문제를 이야기하고 있을 가능성이 아주 높다. 충성하는 자는 심판 때 구원을 받겠으나, 배교하는 자는 파멸을 당할 것이다.

352

에녹1서 91-104장

우리 연구에 비춰볼 때 이 부분은 특히 흥미로운 곳이다. 불의한 자에 관하여 아주 많은 것을 일러주기 때문이다.

....

악인들은 이스라엘 사람이었던 것으로 보이고, 적어도 그 일부는 분명 이스라엘 사람이었던 것 같다. 저자는 이들이 "올곧은 말씀"을 왜곡하고 "영원한 율법"을 어겼다고 고소한다(99.2; 참고. 104.10, 죄인들은 "의[그리스어로 "진리"]의 말씀을 수많은 방법으로 바꾸고 왜곡할 것이다"). 이것이 이교도를 율법을 어겼다는 이유로 고소한 말일 수도 있으나, 여기서 말하는 악인은 (저자의 관점에서 볼 때) 그릇된 율법 해석에 호소하는 유대인 배교자일 가능성이 더 높아 보인다. 악인이 하나님을 모독한다는 고소(위 91.7, 96.7; 아울러 94.9도 보라) 역시 배교자들을 가리키는 것 같다. 그러나 이 경우에도 이방인일 가능성을 완전히 배제하지는 못한다. 부자와 강한 자들은 통치자와 동일한 자가 아니라, 통치자의 후원을 받는 자들로 보인다. ……

죄인들이 취하는 태도는 자신들이 안전하다고 믿는 헛된 확신과 자신들이 죽은 뒤에도 보응은 없으리라는 추측이다.

불의하게 은과 금을 얻고도 이렇게 말하는 너희에게 화가 있으리라.
"우리가 부〔富〕로 부를 얻었고 소유를 가졌으며,
우리가 원하는 모든 것을 얻었도다.
이제 우리가 목적하는 일들을 하자.
이는 우리가 은을 얻었고
우리 집에는 농사꾼들이 많기 때문이다.
우리 곳간은 물이 가득하듯 (가장자리까지) 가득하다."
그러나 너희 거짓말은 물처럼 흘러가리라 …. (97.8-10)●

● 원서는 화를 입을 자들이 하는 말을 "농사꾼들이 많기 때문이다"까지 표시해놓았으나, Charles 역본을 확인한 결과, 9절은 "(가장자리까지) 가득하다"에서 끝나며, 인용문도 여기서 끝난다. 따라서 저자가 인용한 마지막 행, 곧 "Yea and like water your lies shall flow away"는 9절이 아니라 10절이다. 아울러 저자가 인용한 찰스 역본과 달리, 다른 역본은 이 10절 첫줄을 "And like the water your life will flow away"이라 옮겼다. ⓣ

....

355 너희 죄인들은 "우리가 지은 죄는 전혀 들통 나지 않으며 기록되지도 않으리라"라고 말하지만, 그럼에도 그들은 너희 모든 죄를 매일 기록하리라. (104.7; 죄를 기록함을 이야기한 98.7을 참고하라.)

한마디로 말해 에녹1서의 이 부분이 말하는 죄인은, 집회서가 말하는 죄인처럼, "지극히 높으신 분을 두려워하지 않는다"(101.9; 참고. 101.7). 이 죄인들이 가진 자신감이 거짓된 자신감이라는 점은〔The falseness of their self-confidence〕 부자들이 자신들의 부가 자신들을 구해주지 못함을 알게 될 심판 때에 명백히 드러날 것이다(100.6).

반면, 의인은 하나님을 "두려워한다"(101.1; 그리스어 본문은 "하나님 앞에서 악을 행하길 두려워한다"). 의인은 죄인과 달리 율법에 순종한다. 그들은

... 지혜로운 말을 받아들이고, 그 말을 이해하며,
지극히 높으신 분의 길을 지키고,
그의 의(*dikaiosyne*)의 길을 따라 행하며,
경건치 않은 자들과 함께 경건치 않은 자가 되지 않으니,
이는 그들이 구원을 얻기 때문이다. (99.10)

...... 저자는 의인들에게, 설령 그들의 고난이 여기에서는 눈에 띄지 않더라도, 하나님 앞에서는 천사들이 그들을 기억할 것이며(104.1), 그들의 억울함이 풀리고 그들이 "하늘의 빛처럼 빛나되"(102.2; 참고. 103.3), 그들이 겪은 고초는 통치자들과 그들을 늑탈한 자들에게 임하리라(104.3)고 확실하게 보장한다.

죄는 인간이 자원하여〔자기 의지로 ⓣ〕 짓는다(98.4: "죄는 땅으로 보내진 것이 아니요, 인간이 스스로 만들었다"). 마찬가지로 의인들은 "[스스로] 의와 선택받은 삶을 택할" 수 있다(94.4). [356]"선택"을 인간이 택할 수 있다는 것이 특히 놀랍다(이는 우리가 사해 사본에서도 봤던 현상이다). 이런 권면은 계속하여 "악의 길로" 행하지 말라고 권면하는 것(94.3)과 일치한다.

....

저자는 의인도 마지막 심판 때 그 수고대로 보상을 받으리라고 말하면서(103.3), 독특하게도 의인이 부활 때 받는 보상은 행위로 얻는 게 아니라 하나님의 자비로 말미암아 주어진다고 생각한다. 심지어 의인이 새 생명 안에서 계속 (보여주는) 올곧음도 은혜로 말미암은 것이 될 것이다.

그[하나님]가 의인에게 은혜를 베푸시고 그에게 영원한 올곧음을 주시며,
그가 그〔의인〕에게 능력을 주심으로 그가 선과 의를 (부여받아) 가질 것이며,
그가 영원한 빛 가운데 행하리라.
죄가 어둠 안에서 영원히 멸망하리니,
그날부터 더 이상 영원히 보이지 않으리라. (92.4f.)

반면, 악인은 그들이 행한 대로 엄정한 보응을 받으며, 자비도 얻지 못하고, 그들을 위한 속죄("속전")도 없다.

너희가 무너져도 긍휼히 여김이 전혀 없으리니,
너희 창조주가 너희의 파멸을 기뻐하시리라. (94.10)

돌이키지 못하는 저주를 퍼부은 너희에게 화가 있으리니,
그런고로 너희가 너희 죄로 말미암아 치유를 얻지 못하리라. (95.4)

…… 저자는 죄인들에게 이렇게 호소한다.

> 357 이제 내가 너희에게 빛과 어둠, 낮과 밤을 보여주었으니, 너희 모든 죄를 보라. 너희 마음을 경건히 하고〔Be not godless in your hearts〕, 거짓말하지 말며 올곧은 말〔the words of uprightness〕을 바꾸지 말라. 지극히 크신 분의 말씀에 거짓말을 덮어씌우지 말며, 너희 우상을 생각하지도 말라. …. (104.8-9)

그러나 묵시 문헌이 대체로 피력하는 견해처럼, 이 본문도 한 개인이 어떻게 불의한 자들의 무리에서 의인으로 **옮겨갈** 수 있는지 우리에게 일러주지 않는다. 개개 범죄와 속죄를 고려하지 않은 채 의인과 악인을 갈라놓았다. 이 저자의 관심사는 의인에게 보상을 약속하고 악인에게 형벌을 약속하는 것이다. 저자는 불의한 자들이 회개할 가능성보다 의인이 저지르는 개개 범죄에 훨씬 적은 관심을 보인다.

…… 악인은 주로 권력을 쥔 이스라엘 원주민으로서 이제는 반역자이자 배교자로 간주되는 이들, 그리고 이 이스라엘 사람들과 결탁한 이교도들이다. 이 둘이 악한 행위를 저지를 때 "통치자"들이 도와주었다. 이들은 폭력으로 의인을 늑탈하고 번성을 누리면서, 자신들은 안전하다고 생각한다. 이들은 율법을 어기고 하나님을 모독한다. 일부 사람들(십중팔구는 이방인일 것이다)은 우상숭배를 했다는 비판을 듣는다. 의인은 고난을 겪고 핍박을 받아도 율법에 순종하고 그들의 하나님께 변함없이 충성한다. 이를 통해 이들은 자신들이 진정 선택받은 자들임을 보여주며, 악인들은 이를 통해 배교자임이 드러난다. 심판이 있을 것이다. 심판 때 악인은 정의에 따른 형벌을 받고 의인은 하나님의 자비를 따라 복을 받을 것이다.

359 에녹1서 1-5장; 108장; 93.1-10; 91.12-17

....

죄인이 "죄인"인 것은 단지 계명을 어겼기 때문이 아니다—선택받은 의인도 계명을 어긴다(이들은 심판 뒤에 더 이상 죄를 짓지 않는 변화를 겪는다). 오히려 죄인이 죄인인 이유는 이들이 "돌아섰고〔turned away〕" 하나님을 비방했기 때문이다. 이들의 저버림은, 이들의 굳어버린 마음(겸비한 마음과 반대인 마음, 5.8)처럼, 하나님께 돌아옴을, 곧 참회하길 거부하는 태도를 일러주는 것일 수 있다. 하나님을 거부하는 자들은 자신을 하나님의 자비를 받을 범위에서 제외함으로써, 결국 아무런 용서도 받지 못한다. 이들은 영원히 저주를 받으리라는 영벌을 받는다(5.5, 6).

우리는 81장에서 "의와 선 가운데 죽은" 자는 심판을 받지 않으며, 이런 이의 경우에는 "불의함을 기록한 책〔book of unrighteousness〕"을 작성하지 않는다는 말을 볼 수 있다(4절). 죄인들은 분명 배교자라 불린다(8절). 5.9과 달리, 죽음이 모든 사람에게 다 똑같이 주어지는 몫은 아니라고 말한 점은 주목할 만하다. 의인이 죽는 것은 경건치 않은 자들의 행위 때문이다(9절). 즉 의인의 죽음은 죄가 가져온 간접 결과다〔의인 자신의 죄에서 직접 생긴 결과가 아니다 ⓣ〕. 추측컨대 죄가 없다면 죽음도 없을 것이다.

....

요약

에녹1서의 다양한 부분은 여러 차이점도 갖고 있지만, 공통점도 많다. 가장 놀라운 점은 이것이다: 의인은 늘 충성스럽고 순종한다. 이들의 원수는 이들을 적대시하는 이방인이나 유대인 배교자 혹은 둘 전부다. "죄인들," "악한 자들," "경건치 않은 자들" 같은 용어들은 결코 개개 범죄를 저지르는 이들을 가리키는 말이 아니라, 죄인을 하나님 및 하나님이 택하신 백성과 완전히 대립하는 관계로 만드는 범죄를 말한다. 즉 우리는 여기서 "의인들," "선택받은 의인들," "거룩한 자들," "경건한 자들"이라 불리는 "참 이스라엘" 개념을 만나며, 이들의 대적은 배교자 그리고/또는 이교도로 정죄 당한다. "의인들"을 구성하는 지체들이 저지른 개개 범죄는 고려하지 않는다(5.8은 예외다). 악인이나 의인이 아닌 사람은 에녹1서에 거의 등장하지 않는다. 하지만 이 다른 이들을 언급할 때, 관대하지 않게 대하지 않는다. (압제자들이 아닌) 이방인을 언급하는 극소수 사례들은 모두 적어도 일부 이방인은 구원을 받을 가능성이 있다고 주장한다.

데이비드 힐〔David Hill〕은 에녹1서와 사해 사본에서 *dikaioi*(=*tsaddiqim*, 〔의인들〕)가 "준〔準〕전문용어"〔quasy-technical term〕라고 했는데, 옳은 말이다. 그는 에녹1서에서 이 말이 "이스라엘 안의 어떤 특별한 그룹 혹은 종교 분파 성격을 가진 그룹"을 가리킨다고 본다. 에녹1서의 다양한 부분에 나오는 의인들은 자신들을 **이스라엘 안의** 한 분파 구성원으로 보기보다 오히려 **유일한 참** 이스라엘 사람들로 보았을 가능성이 더 크다. 에녹1서에서는 의인은 **곧** 선택받은 자요 그 밖의 다른 모든 이들은 배교자이거나 이교도인 것 같다.

우리는 이제 산헤드린 10.1("온 이스라엘이 내세에 분깃을 갖고 있다")이 마카비 시대 이전에 나온 말이며 분명 배교자와 이교의 우상숭배에 동조하는 자들을 "이스라엘"에서 배제하려고 한 말이라는 핑켈스타인〔Finkelstein〕의 주장이 지닌 위력을 더 분명히 목격하는 지점에 와 있다. 하지만 우리는 핑켈스타인이 산헤드린 10.1을 적용한 시기가 옳은지 여부를 판명하려고 시도함이 없이 아무런 조건도 달지 않은 채 그가 대체로 제시한 논지에 찬동해도 될 것 같다. 산헤드린 10.1은 진정으로 이스라엘 안에 있는 모든 사람에게 구원을 약속한다. 그렇다면 문제는 선택받은 사람을 어떻게 정의할 것인가이다. 앞서 보았듯이, 랍비들은 대체로 넓게 정의했다. 언약을 부인하는 자들이나 죄를 지음으로써 결국 계명을 주신 하나님을 부인하는 자들은 선택받은 자가 아니나, 다른 이스라엘 사람들은 선택받은 자다. 랍비 문헌은 사람이 어떤 방법을 통해 자신이 선택받은 자임을 증명하는지, 무슨 일을 하면 선택받은 자라는 지위를 잃어버릴 수밖에 없는지, 어떤 이는 선택받는데 또 어떤 이는 받지 못하는 이유가 뭔지 묻는 문제들을 상세히 다루었지만, 에녹1서는 랍비 문헌만큼 상세히 다루지 않는다. 하지만 "우리에 찬동하느냐 아니면 반대하느냐"에 강조점을 둔 것은 둘이 비슷하다. 의인은 하나님과 전통에 충성하지만(의인이 자신의 의지로 선택을 "택한다"는 말은 바로 이런 뜻이다, 94.4), 악한 배교자는 그렇지 않다. 그들은 하나님을 부인하고 하나님의 백성을 파멸시킨다.

362 결국 우리는 우리가 랍비 문헌에서 발견했던 것과 아주 똑같은 종교 패턴을 묵시 문헌의 틀 안에서도 발견하는 것 같다. 일부 부분(개인의 범죄와 속죄)이 빠져있는 이유는 문헌의 본질 그리고 충성과 불충성이라는 문제를 다루는 규모 때문이다. 그러나 우리는 여전히 구원이 선택에 달려있다는 것 그리고 선택받은 상태를 **유지**하는 데—의롭기 위해—필요한 것은 하나님과 그분의 언약에 〔늘 변함없이 ⓣ추가〕 충성과 순종을 이어가는 것임을 발견한다.

3절 희년서

선택

희년서 저자의 주요 관심사 중 하나는 한쪽의 신실하고 언약을 지키는 이스라엘 사람들과 다른 한쪽의 배교자 및 이방인을 기본 구분을 확립하는 것이었다. 저자는 창세기를 활용하면서 선택과 언약에 호소할 기회를 빈번히 갖게 되었다.

> 내가 그들 가운데 내 성소를 세우고, 내가 그들과 함께 거하며, 진리와 의 안에서 나는 그들의 하나님이 되고 그들은 내 백성이 되리라. 내가 그들을 버리지도 않고 저버리지도 않으리니, 이는 내가 그들의 하나님 주이기 때문이다. (1.17f.)

"이스라엘이라는 선택받은 자들"(1.29)〔사해 사본과 희년서가 똑같이 elect of Israel라는 말을 사용해도, 각 문헌에서 이 말이 가지는 의미가 다르다는 것이 저자의 주장이므로, 사해 사본 부분을 번역할 때와 달리 번역했다 ⓣ〕은 십중팔구 이스라엘 내부의 한 분파, 곧 유일하게 선택받은 분파의 구성원들을 가리키는 말이 아니다. 어쩌면 이 말은 "선택받은 자들, 곧 이스라엘"로 이해해야 할 것 같다. 분명 **온** 이스라엘이 선택받은 자이기 때문이다.

....

363 유사하게, 1.28에서 하나님은 자신이 "이스라엘의 하나님이요 야곱의 모든 자녀들의 아버지"라고 말씀하신다. 야곱은 언약의 핵심 인물이며, 야곱에서 내려온 혈통을 이어받은 사람이 선택받은 자들 가운데 있다.

....

하나님이 당신 자신의 뜻으로 이스라엘을 선택하셨다는 것이 희년서를 지배하는 주제이지만, 희년서 저자는 아브라함이 하나님 및 하나님의 지배를 선택했다는 것도 아울러 이야기한다(12.19). 유대교에서 늘 볼 수 있는 모습이지만, 하나님의 선택이 인간의 행동 자유를 배제하지는 않는다.

이스라엘이 하나님께 선택받은 민족으로서 가지는 특별한 지위는 희년서 저자가 전혀 싫증내지 않고 시종일관 다루는 주제다. 이스라엘 사람들은 안식일을 통해 다른 민족과 구별되어 하나님께 속하며(2.19), "모든 백성들 위에 있는 특별한 백성"(2.21)이다. [364] 오직 이스라엘만이 안식일을 지킬 이로 거룩히 구별받았다(2.31). 이스라엘은 하나님이 친히 소유하신 백성이요, "땅 위에 있는 모든 백성들 위에 있는" 이들이다(19.18). 이스라엘은 주께 거룩하며, "유업인 민족이요〔a nation of inheritance〕, 제사장이자 왕인 민족이며 (하나님 자신의) 소유다." 결과적으로, 모든 부정이 이스라엘에서 제거될 것이다(33.20; 참고. 33.11). 이 경우에 부정은 성범죄에 따른 도덕적 부패를 말하지만, 저자는 이스라엘이 언제나 이방인과 구별된 존재로 남아있으리라는 것을 증명하는 데 똑같은 추론을 사용한다. ……

계명

이스라엘이 언약 관계 안에서 하는 역할은 계명을 지키는 것이다. 언약을 받아들였으니, 아브라함은 모든 남자가 할례를 받게 해야 한다(15.11). 다른 본문을 보면, 하나님은 이스라엘이 자신들의 죄를 고백한 뒤에 당신이 "그들의 마음 겉살에 할례를 베푸시고〔circumcise the foreskin of their heart〕", 그들 안에 거룩한 영을 창조하시며, 그들을 깨끗케 하여 이들이 더 이상 어긋난 길로 빠지지 않게 하시겠다고 약속하신다. 그 결과, "그들의 영혼이 나와 내 모든 계명을 굳게 지킬 것이며〔나와 내 모든 계명에 엉겨붙을 것이며, cleave〕, 내 계명을 이행할 것이며, 나는 그들의 아버지가 되고 그들은 내 자녀가 될 것이다"(1.23, 24). 유사하게, 다른 본문은 이스라엘에게 "하늘의 하나님을 사랑하고" "그의 모든 계명을 굳게 지키라"고 독려한다(20.7).

희년서가 자세히 말하는 계명들 대다수가 랍비들이 "인간과 하나님 사이의 계명"이라는 범주로 묶어 제시한 것임은 주목할 만하다. 인간이 인간에게 하는 행위를 규율하는 계명이 당연히 전제되어 있는 것 같으며, 이런 계명은 물어보나 마나 지켜야 한다. 가령 한 본문은 야곱에게 아버지와 형제를 존중하라고 가르치며(35.1; 참고. 7.20: 부모를 공경하고, 이웃을 사랑하라), 4.32은 살인을 금지하고 살인에 따른 형벌을 이야기한다. 그럼에도 인간이 하나님께 행하는 행위를 규율하는 계명들이 희년서가 강조하는 계명이며, 다른 계명은 거의 배제한다 싶을 만큼 강조한다. 우리는 저자가 금지하는 성범죄도 "인간과 하나님"이라는 범주 안에 포함시킨다. 성범죄로 열거한 죄들—근친상간과 벌거벗음〔치부를 드러냄 ⓣ〕에 해당하는 어떤 형태들—은 다른 사람을 능욕하는 것과 관련되어 있지 않고, 오히려 본질상 금기인 행위에 가깝기 때문이다. 이런 강조점은 이스라엘 사람과 이방인을 구분하려는 저자의 관심사에도 부합한다. 이스라엘을 이방인에게서 떼어놓는 데 이바지하는 것이 바로 이런 계명이기 때문이다. 따라서 이스라엘 사람들은 안식일을 지키고(2.18), 벌거벗은 몸을 가려야 한다(3.31, 그럼으로써 이방인과 같은 자가 되지 말아야 한다. 그러나 이것은 성경이 분명하게 제시하는 계명은 아니다). 아울러 아이를 낳은 뒤의 부정한 기간을 지켜야 하고(3.8-11), 고기를 그 안에 든 피와 함께 먹지 말아야 하며(6.10, 21.18과 다른 곳), 칠칠절을 지켜야 하고(6.17), 십일조를 해야 하며(13.24), 아들에게 할례를 행해야 하고(15.25이하), 초막절을 지켜야 하며(16.29), 딸을 혼인시킬 때는 언니보다 아우를 먼저 보내지 말아야 하고(28.6, 다른 곳에서는 나타나지 않는 할라카다), 이방인과 통혼하지 말아야 하며(30.7), 근친상간을 저지르지 말아야 하고(33.10), 유월절을 지켜야 한다(49.8). "인간과 그 이웃 사이의 계명" 중, 유일하게 앞서 등장하는 인간과 하나님 사이의 계명만큼 특별히 강조하는 계명이 형제를 사랑하라는 계명이다(36.8-11). 희년서가 이야기하는 성경 역사 내러티브의 문맥을 보면, 이삭이 에서와 야곱에게 계명을 주지만, 이는 분명 이스라엘 사람들이 서로 사랑해야 함을 말하려는 것이다.

계명을 부정어로 표현하면, 언약 구성원들은 이방인처럼 행하지 말아야 하는데, 특히 우상숭배를 피할 뿐 아니라, 이방인의 "부정"〔더러움 ⓣ〕을 피해야 한다. …… 저자의 주된 관심사는 우상숭배와 유대교의 다른 특징들을 저버림이다. 때문에 모세는 하나님께 "외세가 이스라엘을 통치하고 이스라엘을 시켜 당신께 죄를 짓게 하지 못하게" 이스라엘이 외세의 지배를 받지 않게 지켜달라고 기도한다(1.19). 여기서 염두에 둔 죄에는 할례(참고. 15.34: "그들의 구성원을 이방인처럼 다루었다")나 우상숭배가 들어 있었을 수도 있다. 유사하게, "이방인의 절기를 따라 행하지" 말라는 경고(6.35)는 실제로 이방인의 절기에 참여함(이런 절기 행사에는 우상숭배도 들어있었을 것이다)을 가리키거나, 이스라엘 자신의 절기를 이방인의 달력을 따라 지킴을 가리키는 것이었을 수도 있다. 이런 것도 역시 하나님과 이스라엘의 특별한 언약을 저버리는 경우임이 분명할 것이다.

보상과 벌

희년서 저자는 순종에는 보상이 있고 범죄에는 벌이 있다는 전통적 견해를 주장한다. 보상과 벌은 여기에서도 이루어지고 "영원히" 이루어진다. 가령 안식일을 모독하는 자들은 영원히 죽지만, 안식일을 지키는 이스라엘 자손들은 "그 땅에서 뽑히지 않을" 것이다(2.27). 유사하게, 고기를 그 안에 든 피와 함께 먹는 자들과 그 자손들은 "그 땅에서 뿌리 뽑힐 것이다." 반면 희년서는 계명을 지킨 이스라엘 사람들을 두고 "그들의 이름과 그들의 씨가 주 우리 하나님 앞에 계속 있기를〔기도한다 ⓣ첨가〕"라고 말한다

(6.12, 13; 참고. 21.23, 24). 5.10은 "큰 심판 선고일"이 있을 것이요, "그 날에는 주 앞에서 그들의 길과 그들의 행위를 더럽힌 모든 자들에게 심판이 이루어진다"고 말한다. 반면, 죄는 현세의 삶에서도 처벌받는다. 가령 홍수도 죄의 결과로 왔다(7.21). 때로는 보응도 그런 종류다. 가인이 아벨을 돌로 죽였듯이, 가인 자신도 돌로 죽임을 당했다(4.31). 의인도 현세의 삶에서 보상을 받는다. 이스라엘 사람들이 의롭다면, 이스라엘 민족은 "온 땅 위에" 퍼질 것이요(7.34), 그들이 심은 모든 것이 번성할 것이다(7.37).

…… 우리는 속죄하지 않거나 처벌받지 않은 한 개인의 죄 때문에 백성 전체가 집단으로 처벌받는다고 보는 옛 견해를 저자가 그대로 유지하는 점에 주목해야 한다. "이 사람의 모든 부정과 신성모독 때문에 온 민족이 함께 심판받는다[받을 것이다]"(30.15). 이 견해는 41.26에서도 나타난다.

> 너는 너희 자녀들에게 그들 가운데서 아무 부정도 없게 하라고 명령할지니, 이는 그 며느리나 그 장모와 동침한 자는 누구나 부정을 행했기 때문인즉, 너희 자녀들은 그 여자와 동침한 남자를 불로 태우고 동침한 여자도 똑같이 그리할지니라. 그러면 그가 이스라엘에서 진노와 벌을 거두시리라.

여기서 우리는 범죄를 저지른 개인을 처벌하지 않으면 백성 전체에게 임했을 벌을, 그 개인을 처벌함으로 말미암아 피하게 됨을 본다.

구원의 근거; "참 이스라엘"

희년서는 구원의 근거가 언약의 구성원이라는 지위 그리고 언약에 충성함에 있음을 거듭 강조한다.

> 태어나서 팔일 만에 그 포피의 살에 할례를 받지 않은 이는 누구나 주가 아브

라함과 맺으신 언약의 자손에 속하지 않고, 파멸의 자손에 속하며, 나아가 그에겐 그가 주의 소유임을 일러주는 어떤 표지도 없고, 도리어 (그는) 이 땅에서 파멸당하고 죽임을 당하며, 이 땅에서 뿌리 뽑힐 (운명이니), 이는 그가 주 우리 하나님의 언약을 깼기 때문이다. 거룩히 구별된 모든 천사가 그들이 창조된 날부터 그렇게 창조되었으나, 그〔하나님〕는 그가 계신 곳에 있는 천사들〔어전 천사들〕과 거룩히 구별된 천사들보다 앞서 이스라엘을 거룩히 구별하셨으니, 이는 그들이〔이스라엘이〕 그와 함께 있게 하시고 그의 거룩한 천사들과 함께 있게 하려 하심이다. 그런즉 너는 이스라엘 자손에게 명령하여 이 언약의 표지를 그들 대대로 영원한 법규로서 지키게 하라. 그러면 그들이 그 땅에서 뿌리 뽑히지 않으리라. (15.26-28)

여기서 구원은 영원성을 띤 것(하나님 그리고 그의 천사들과 함께 있음)이자 일시성을 띤 것(그 땅을 소유함)이지만, 어쨌든 우리는 구원이 무엇이든 구원은 이스라엘의 소유임을 본다. 설령 이스라엘이 범죄를 저지를지라도, 하나님은 그들을 버리지 않으신다(1.5; 참고. 1.18). 하나님은 결국 이스라엘을 모든 죄에서 깨끗케 하시고 악을 뿌리 뽑으심으로써 이스라엘이 "확신을 품고 그 땅 전체에" 거하게 하실 것이다(50.5). 이와 똑같이 이스라엘이 구원받을 것을 예언한 말을 희년서의 다른 곳에서도 찾을 수 있다. 가령 하나님은 당신이 계신 곳에 있는 천사에게 이렇게 명령하신다: "'모세를 위하여 창조 시작 때부터 내 성소가 그들 가운데 영원무궁토록 세워질 때까지 기록하라. 주가 모든 이의 눈앞에 나타나리니, 내가 곧 이스라엘의 하나님이요 야곱의 모든 자녀의 아버지이며 영원무궁토록 시온산 위에서 다스리는 왕임을 모든 이가 알게 되리라'"(1.27f.). ……

저자가 이런 견해를 피력하고 야곱에게서 내려오는 육의 혈통을 강조하긴 하지만, 그래도 저자는 일부 이스라엘 사람들이 영벌을 받으리라는 견해를 천명한다. **육의 혈통은 선택의 근거이며, 선택은 구원의 근거다. 그러나 야곱에게서 내려오는 육의 혈통이 구원의 유일한 조건은 아니다**. 다시금 15장 본문을 길게 인용해보는 것이 가장 좋을 것 같다.

> 그러나 그〔하나님 ⓣ〕가 이스라엘 위에 어떤 천사나 영도 세우시지 않았으니, 이는 오직 그만이 그들의 통치자이시기 때문이요, 그가 그의 천사들과 그의 영들을 통해, 그리고 그의 모든 능력을 통해 그들을 보존하시고 그들에게 요구하심은 그가 그들을 보존하시고 그들에게 복을 주시기 위함이요, 이제부터 영원히 그들은 그의 소유가 되고 그는 그들의 소유가 되게 하려 하심이다.
> 이제 나는 네게 이스라엘 자손들이 이 법규를 진실하게 지키지 아니하고 그들이 이 모든 율법을 따라 그들의 아들들에게 할례를 행하지 않으리라고 알리노니, 이는 그들이 할례 받은 육 안에 있으면서도 그들의 아들들에게 이런 할례를 행하길 생략하려 하기 때문이요, 벨리아르의 아들들인 그들 전부가 그들의 아들들을 태어났을 때와 같이 할례 받지 않은 채로 놔두려 하기 때문이다. 주에게서 나온 큰 진노가 이스라엘 자손들에게 있으리니, 이는 그들이 이 율법의 법규를 준수하지 아니함으로 그〔하나님 ⓣ〕의 언약을 저버리고 그의 말씀에서 벗어나며 하나님을 자극하고 모독했기 때문이요, 또 그들이 그들의 구성원을 이방인처럼 다룸으로써 그들이 결국 그 땅에서 제거당하고 뿌리 뽑히게 했기 때문이다. 그들에게 더 이상 용서나 죄 사함이 없으리니 … 이 영원한 잘못에 따른 모든 죄 때문이로다. (15.32-34)

여기서 우리는 하나님이 영원히 보존하시고 복 주실 "이스라엘"을 (일부) "이스라엘 자손들," 곧 배교자가 되어 용서받을 소망도 없이 영벌을 받게 될 이들과 구분하는 모습을 본다. 할례를 행하라는 계명을 지키지 않은 자는 불순종했을 뿐 아니라, "언약을 깨거나"(15.26) "그의 언약을 저버렸다”(15.34).

이리하여 우리는 희년서에서 가장 흥미로운 특징 중 하나—“영원한” 계명들을 담은 목록으로서, 이 계명들을 어긴 범죄는 속죄 없이 “죽음에 이르는 죄”이다〔the list of commandments which are ‘eternal’, transgression of which is a ‘sin unto death’〕—에 이른다. 희년서 저자는, 할례를 행하라는 계명을 어긴 범죄처럼, 이 계명들 가운데 어느 하나라도 거부하는 것을 언약을 저버림으로써 자신이 이스라엘 구성원으로서 가진 지위와 영원한 구원에 이를 운명을 지닌 자라는 지위를 포기한 것으로 본다. ……

…… 우리는 온 이스라엘이 구원을 받으리라는 것을 본다.[370] 이스라엘에서 제외당하는 자들은, 저자가 보기에, 계명을 부인하는 것과 같다 할 계명을 위반하는 자들이거나(할례를 하지 않음, 안식일을 지키지 않음, 이방인과 통혼하거나 통혼을 허락함, 유월절을 지키지 않음, 동포인 이스라엘 사람을 해치려 악을 꾸밈), 결국 추론해보면 계명을 주신 하나님을 부인하는 것과 같은 가증한 범죄(피를 먹음, 자기 아버지의 아내와 동침함, 그리고 어쩌면 장모나 며느리와 동침하는 것도 이에 포함됨)를 뻔뻔하게 저지르는 자들이다. 우리는 희년서 저자가 마지막 두 범죄에 아주 큰 중요성을 부여한 이유를 살펴봐야 한다. 희년서 저자는 고기를 그 안에 든 피와 함께 먹지 말라는 계명을, 안식일을 지키라는 계명이나 할례를 행하라는 계명처럼, 이스라엘과 이방인을 구분해주는 특징으로 여겼던 것 같다. 이를 밑받침하는 근거가 21.5, 6인데, 여기에서는 피를 먹지 말라는 금지 계명이 우상숭배를 피하라는 권면에 이어 곧바로 등장한다. 고기를 그 안에 든 피와 함께 먹지 않음이 유대인을 다른 민족과 구분해주는 표지였음은 행 15:29도 일러준다. 이 본문은 이방인 출신 그리스도인이 예루살렘 교회를 만족시키려면 지켜야 하는 최소한의 계명 중 하나로 제시한다. ……

어길 경우에 이스라엘에서 축출당하는 결과로 이어지는 계명은 모두 성경에 있는 계명임에 주목해야 한다. ……

371 따라서 우리는 희년서의 구원론도 우리가 팔레스타인 유대교 안에 아주 널리 퍼져있음을 발견했던 그 구원론이라고 결론짓는다: 구원은 하나님이 이스라엘 조상들과 언약을 세우실 때, 곧 그가 결코 버리지 않으실 언약을 세우실 때 은혜로 베풀어주신 것이다(1.18). 하지만 개인들도 언약 자체를 걷어 차버렸다 할 정도로 죄를 짓는다면, 이스라엘에서 배제당할 수 있다. 신실함을 지키면서 그런 정도로 죄를 짓지 않는 자들 그리고 (우리가 앞으로 보겠지만) 자신이 지은 죄를 고백하고 참회하는 자들은, 비록 희년서 저자가 그런 용어를 사용하진 않아도, 일종의 "참 이스라엘"을 이룬다. 분명 희년서는 중요한 여러 가지 점에서 유대교의 다른 기록들과 다르다: 아브라함이 아니라 오히려 야곱이 주된 족장으로 등장하고, 일부 범죄는 속죄가 불가능하며, 개개 할라코트〔할라카의 복수형 ⓣ〕 중 일부는 달리 알려진 게 없다. 하지만 이제까지 살펴본 기본 패턴은 동일하다. ……

…… 희년서는 많은 점에서 구약의 신앙을 이어간다. 저자는 "하나님이 이스라엘에 베푸시는 사랑과 이스라엘 사람들에게 신실하심, 순종하라는 하나님의 요구, 당신이 하겠다고 약속하신 것을 하실 수 있는 하나님의 능력, 그리고 참회하는 자를 기꺼이 용서하시려는 하나님의 뜻"을 강조한다.

………

하나님의 자비; 사람의 회개와 속죄

희년서도 집회서 및 에녹1서처럼 하나님이 범죄를 벌하심을 그가 죄인들에게 합당한 보응을 행하심이요 그의 의로우심에 따른 기능이라고 묘사하는 한편 (21.4: 하나님은 의로우시며 범죄를 심판하신다), 의롭고 순종하는 사람들을 자비를 받은 이들로 여긴다. "바로 주가 심판을 행하시고, 수백 수천 사람들에게 그리고 당신을 사랑하는 모든 자에게 자비를 보이신다"(23.31). 유사하게, 야곱이 이삭에게 자신이 어떻게 하여 번성하게 되었는지 이야기하자, "이삭이 자기 아버지 아브라함의 하나님을 송축했으니, 이는 그가 그의 종 이삭의 아들들에게서 그의 자비와 그의 의를 거두지 않으셨기 때문이다"(31.25; 여기서 "의"는 "자비〔benevolence〕"를 뜻할 수 있다). 야곱은 그의 생애 마지막이 가까웠을 때 요셉에게 하나님이 "그의 종 야곱에게서 그의 자비와 그의 은혜를 거두지 않으셨다"고 말한다(45.3).

실제로 우리는 희년서가 아주 엄격한 율법주의를 표명하는 것처럼 보임에도 불구하고, 하나님의 자비와 은혜에 끊임없이 호소하는 모습을 보며, 저자가 하나님을 당신 백성에게 늘 자비로우시고 은혜를 베푸시는 분으로 생각하는 모습을 본다. 우리는 위에서, 현존하는 랍비 문헌은 주로 율법을 어떻게 이행해야 하는가를 다루는데도, 정작 랍비들은 하나님의 선하심을 그들이 율법에 비춰 완전하기에 생긴 결과라기보다 오히려 하나님의 자비가 낳은 결과로 인식했으며, 이런 인식을 현재 남아있는 기도들에서도 볼 수 있었음을 보았다. 이와 비슷한 상황을 희년서에서도 볼 수 있다. 한편으로, 희년서는 노아에 관하여 "그의 마음이 그의 모든 점에서 의로워, 그에게 명령된 것을 그대로 따랐으며, 그가 그에게 정해진 어떤 것에서도 떠나지 않았다"라고 말한다(5.19). 이런 완전함이 노아 자신을 홍수에서 구원해주었을 뿐 아니라, 그 아들들도 구원해주었다. 하나님은 노아를 "그의 아들들 때문에" 받아들이셨고, "노아 때문에" 그의 아들들을 구해주셨다(5.19; 이는 분명 "족장들의 공로"라는 개념을 사용한 초기 사례다; 참고. 30.20, 24.11, 22). 그러나 희년서 저자는 노아가 이 상황을 하나님이 자비를 베푸신 상황으로 인식했다고 말한다. 이 때문에 노아는 자신의 아들들이 홍수 뒤에 죄에 빠져들고 있다는 말을 듣자, 이렇게 기도한다.

모든 육의 영들의 하나님, 당신은 내게 자비를 보이사,

나와 내 아들들을 홍수에서 구해내시고,
당신이 파멸의 자식들에게 행하신 것과 달리,
 내가 멸망치 않게 하셨나이다.
이는 나를 향한 당신의 은혜가 아주 컸기 때문이요,
당신이 내 영혼에 베푸신 자비가 아주 컸기 때문이니,
부디 당신의 은혜를 들어 내 아들들 위에 임하게 하사,
악한 영들이 그들을 다스리지 못하게 하셔서
그 영들이 그들을 이 땅에서 파멸시키지 못하게 하소서. (10.3)

376 이 할라카의 거친 어조는 인간의 신앙행위를 좌우하는 것이 철저히 인간 자신의 능력이라고 주장하는 것 같다. 하지만 이 할라카도 인간이 죄를 짓지 않게 미리 막아달라고 하나님께 끊임없이 호소한다. 이 때문에 모세는 희년서의 들어가는 글에서 하나님이 이스라엘 사람들 안에 올곧은 영을 창조하시고 이 사람들이 그들을 의의 길에서 파멸의 길로 이끌려하는 벨리아르의 영에게 지배당하지 않게 막아달라고 하나님께 기도한다(1.20). 아브라함은 자신이 "악한 영들의 손에서" 구함을 받고 이 악한 영들이 자신을 그릇된 길로 인도하지 못하게 해달라고 기도한다(12.20). 유사하게 그는 하나님께 야곱을 강하게 하사 "그〔하나님 ⓣ〕 앞에서 의와 하나님 뜻을 행하게" 해달라고 기도한다. 이 기도는 하나님이 야곱을 이방인의 부정과 잘못에서 건져주시고(22.19), 하나님이 그를 파멸 당하지 않게 보존하시며 그릇된 길에서 지켜주시길 요청하는 간구(22.23)로 이어진다.

이렇게 하나님의 자비와 은혜를 소중히 여기는 저자가 인간의 참회를 강조하려 것은 당연한 일이다. 집회서에서도 그랬듯이, 우리가 지금 참회라고 부를 수밖에 없는 것은 죄에서 돌이켜 하나님께 돌아감을 말한다. ……

결국 희년서 저자는 언약을 저버리면 속죄가 불가능하다는 견해를 피력

하나, 이런 견해가 **이스라엘이 계속 명맥을 이어온 역사 현실** 그리고 이스**라엘은 선택받은 자요 결국은 깨끗함을 받고 구원을 얻으리라**는 그의 **확신**과 충돌하면, 자신의 견해를 양보하는 것 같다. 우리는 이 문제와 관련하여 완벽하게 명쾌한 답을 얻기는 불가능하다고 고백할 수밖에 없다. 위에서 인용한 15.32-34을 보면, 희년서 저자는 언약에 늘 충성하는 "참 이스라엘"과 언약을 저버린 (그리고 할례를 행하라는 계명을 지키지 않은) 나머지 사람들을 구분하는 것 같다. 그러나1장에서 저자는 특정 시점에 온 이스라엘이 하나님을 저버렸음을 인정하는 것 같다. 이스라엘은 포로 생활을 겪은 뒤에 참회함으로 말미암아 다시 모이고 결국에는 하나님이 깨끗케 해주심으로 말미암아 구원을 받을 것인데, 이 구원의 전제 조건이 참회다. 이 두 견해는 사실 직접 충돌하지 않을지도 모른다. 15장이 말하는 "참 이스라엘" 개념은 저자의 세대에 참 이스라엘 사람들과 배교자들을 구별해주는 기능을 하지만, 온 이스라엘이 하나님을 저버렸다가 하나님께 돌아왔다는 개념은 이스라엘이 아주 심각한 범죄들을 저지르고도 역사 속에서 명맥을 이어온 사실을 설명하는 데 이바지한다. 참회와 완전히 깨끗케 하심(perfect cleansing)이라는 주제는 마지막 심판을 내다보는 것이지, 저자 시대의 배교자들을 직접 설명해주지는 않는다. 그럴지라도 이런 배교자들은 아마 더 이상 이스라엘의 일부가 아닐 것이며, 그러기에 마지막 정화에도 동참하지 못할 것이다.

달리 말하면, 참회는 과거에도 죄를 속했고 미래에도 죄를 속하겠으나, 희년서 저자 시대의 위기는 워낙 심각하여 어떤 범죄에도 속죄를 허용하지 않는다. 이 저자의 시대에는 경계선이 예리하게 그어져 있었다. 사람은 언약에 충성하는 사람이든지 아니면 충성하지 않는 사람이든지 둘 중 하나일 것이며, 기회는 한 번 더 주어지지 않는다.

379 우리는 죄와 속죄를 말할 때 희년서 저자가 오로지 고의로 저지른 심각

한 죄에만 관심을 기울인다는 점에 주목해야 한다. 다른 죄들은 이런 식이든 저런 식이든 거의 언급하지 않는다. 하지만 이 저자가 아브라함을 시켜 야곱이 모르고 저지른 죄도 용서받을 수 있게 해달라고 기도하게 하는 본문을 보면(22.14), 저자의 태도가 상당히 분명하게 나타난다. 분명 이런 죄들은 보통 드리는 참회 기도로 속함을 받았다. 따라서 우리는 희년서 저자가 비록 어떤 범죄도 범죄를 저지른 자를 언약에서 떼어놓는다고 말하지만—혹은 그렇게 말하는 것으로 보이지만—, 저자가 말하려는 것은 그게 아님을 안다. 결국 이 저자는 언약을 저버린 "악한 세대"에 관하여 쓰고 있는 것이다. 그들은 언약을 따라 "그〔하나님 ⓣ〕의 모든 계명과 그의 법규와 그의 모든 율법을 지키고 행하며, 좌로나 우로나 벗어나지 않겠다"는 데 동의했었다(23.16). 여기에서는 계명에서 벗어나는 어떤 행위도 언약을 저버리는 일이라고 보는 것 같다. 랍비들이 말하려 했던 것에 비춰보면, 그렇게 보는 것이 옳을 수도 있다. 랍비들에 따르면, 고의로 저지른 오만한 죄는, 참회하지 않는 이상, 언약이 멸시받았음을 보여주는 것이었다. 그러나 기도와 참회 그리고 (앞으로 보겠지만) 희생 제사를 속죄 수단으로 마련해둔 것은 범죄 자체가 범죄자를 언약에서 배제하지는 않음을 보여준다. 유사하게 저자는, 이스라엘 사람들이 "모든 점에서 범죄를 저지르고 부정한 일을 행하면, 파멸당할 사람들을 적은 책에 기록되리라"고 적어놓았는데(30.22), 여기서 저자가 파멸당할 사람들을 적은 책에 기록될 자로 말하려는 죄인은 (**"어떤**〔*any*〕 점에서" 죄인인 자가 아니라) 문자 그대로 **모든**〔*every*〕 점에서 죄인이거나, 아니면 그들 자신을 언약에서 배제할 만한 죄를 지은 자들이다. 우리가 보았듯이, 저자는 다른 본문들에서 이런 죄들을 세세하게 열거한다. 이 경고는 이방인과 통혼하지 말라고 경고하는 맥락에서 등장한다. 이렇게 저자는 널리 모든 범죄를 짓지 말라고 경고하면서 하나님의 모든 율법에 순종하라고 독려하려 하지만, 자신이 보기에 지극히 악한 죄들, 특히 하나님께 뿌리부터 충성하지 않음을 보여주는 죄들을 예방하는 데 거의 모든 관심을 기울인 것 같다.

…… 저자는 아주 많은 것을 당연한 것처럼 전제하거나 아니면 그냥 언급하지 않는다. 따라서 우리는, 희년서 저자가 말하는 할라카가 망라하지 못한 것들이 아주 광범위하다 할지라도, 이 저자가 개인의 사사로운 신앙생활은 평상시처럼 계속 이어져야 한다는 견해를 갖고 있었다고 추정해야 할 것이다. 사사로이 올리는 속죄 제사 외에도, 맹세와 서약 그리고 음식 규칙을 언급할 수 있다. 이를테면, 저자는 돼지고기를 먹지 말라고 말하지 않지만, 그래도 틀림없이 이 금지 규정을 받아들였다. 유사하게 희년서는 이 저자가 제사 제도 전체와 이런 제사 제도의 속죄 기능을 인정했음을 암시한다.

의인

우리는 이제 희년서 저자가 누구를 "의롭다"고 보는가라는 문제를 다뤄도 되겠다. ……

…… 족장들(그리고 족장의 아내 한 사람)을 간략히 살펴보기만 해도 "의롭다"가 다른 유대교 문헌에서는 올바른 신앙을 가진 사람들을 가리킬 때 주로 쓰던 말이라는 지위를 갖고 있지만, 희년서에서는 그렇지 않다는 것이 분명하게 드러난다. 분명 일부 경우에는 "의롭다"라는 형용사를 "올곧다"라는 형용사로 대체하기도 하며, 두 명사가 함께 나타날 때는(36.3, "땅 위에서 의와 올곧음을 행하라") 둘의 뜻 차이가 분명하지 않다. 의로움이 하나님 뜻을 행함이듯이, "올곧음 안에서"〔올곧게 ⓣ〕 행함도 그러하다(25.9). 올바른 신앙행위는, "의롭다"라는 형용사로 정의하든지 정의하지 않든지, 늘 율법에 순종하는 것이다. 희년서 저자는 이렇게 완전한 순종이 무엇인지 특정하여 열거하지만, 우리는 이미 사람들이 사실은 〔의롭지 않고

ⓣ첨가〕 범죄를 저지른다는 희년서 저자의 인식, 그리고 저자가 속죄 수단으로 제시하는 규정을 살펴보았다. 의롭다는 것이 가지는 이런 의미는 새 창조에 관한 예언에서도 분명하게 드러난다. 하나님이 "그의 모든 작품〔피조물〕을 위하여 새롭고 의로운 본질〔a new and righteous nature〕을" 만드실 것이요〔God will make〕, "그로 말미암아 그들의 본질 전체가 영원히 죄를 짓지 않고, 도리어 각 작품이 그 종류대로 늘 모두 의로울" 때가 올 것이다(5.12). 여기서 "의로운" 것에는 인간뿐 아니라 나머지 피조물도 들어가며, 각 피조물은 "그 나름대로〔in his own way〕" 의롭다. 저자는 분명 (죄를 지음이 아니라) 하나님의 의도를 따라 살아감을 염두에 두고 있다. ……

우리는 앞서 저자가 죄를 오염시키는 것이요 부정하게 만드는 것으로 여겼음을 보았다. 그렇다면 우리는 의롭고 순종하는 것은 곧 깨끗한 것이라고 예상할 수밖에 없다. ……

따라서 "의롭다," "완전하다," "올곧다"라는 형용사가 족장들에게 적용되듯이, 온 이스라엘도 미래에는 "의롭고," "거룩하고," "깨끗해"질 것이다.[382] 어떤 의미에서 보면, 의롭다는 것은 하나님의 손이 빚으실 새 창조와 더불어 이루어질 종말의 소망이다. (이를 에베소서에 있는 말을 가져다가 바꿔써 보면 이렇다: "의〔righteousness〕는 은혜로 말미암으나, 의는 미래의 새 창조가 이루어지기까지 늦춰진다.") 반면, 하나님이 거룩히 성화하신〔sanctified〕 이스라엘은 이미 지금 거룩한 민족이다(33.20). 서술문〔indicative〕에 이어 "거룩한 민족 가운데서 이런 부정이 나타나지 않게 하라"는 명령문〔imperative〕이 나오는데, 이는 분명 권면이 목적이다. 저자가 말하는 것을 일정한 체계로 구성한다면 이럴 것 같다: 이스라엘은 하나님이 구별하셨기 때문에 거룩하고 의로운 민족이다. 따라서 이스라엘 사람들은 범죄에 따른 부정을 피하고 의롭게 행동해야 한다. 결국 그들은 완전히 깨끗하고 의롭게 되어, 선택에 따른 약속을 이행하게 될 것이다.

....

하지만 의를 완전한 혹은 거의 완전한 순종으로 보는 희년서 저자의 견해가 곧 저자의 "구원론"은 아니다. 저자는 무엇보다 하나님이 당신 뜻대로 이스라엘을 선택하셨으며 이스라엘을 죄에서 깨끗케 하실 때도 하나님이 주도권을 행사하셨다는 점을 강조한다. 결국 저자의 "구원론"은 선택과 마지막에 이루어질 정화(election and the final purification)이지만, 이 둘은 하나님이 주도하시며, 마지막에 이루어질 정화는 참회 여부에 달려있다. [383]우리가 이제 예상하게 되었듯이, 하나님의 자비를 강조하는 입장과 순종하라는 엄격한 요구가 결합한다. 그러나 이스라엘은 "깨끗하게" 됨은 하나님이 이스라엘 민족을 거룩히 성화하셨기(sanctified) 때문이다. 희년서 저자의 견해에는 일종의 엄격한 율법주의가 담겨있다. 그렇긴 해도 이 저자의 견해는 "행위로 의를 얻는다"는 말로 집약할 수 있는 유형의 율법주의가 아니다. 구원이 하나님의 은혜에 달려있기 때문이다.

4절 솔로몬의 시편

....

솔로몬의 시편 9편에 나타난 종교 패턴

솔로몬의 시편이 종교가 "작동하는" 방식을 바라보는 견해는 우리가 다른 문헌, 특히 랍비 문헌에서 봤던 견해와 아주 비슷하기 때문에, 얼핏 보면 이 시편에서 시 한두 편만 인용해도 충분한 것처럼 보인다. 하지만 상세히 분석해봐야 할 특별한 점이 몇 개 있다. 우선 시편 9편의 논지를 추적해보고 이어 관련 주제들을 고찰해 봐도 될 것 같다.

솔로몬의 시편 9편은 희년서 1장처럼 과거에 온 이스라엘이 하나님을 배반하고 떠났던 일을 묘사한다. 그들은 "그들을 구속하신 주를 저버렸고" 결국 "그 유업에서 내쳐졌다"(9.1, 2[2])〔괄호 안의 구절은 70인역의 구절 ⓣ〕. 하나님은 그들을 벌하심으로써 당신의 의를 보여주셨다. 이는 죄가 인간 자신의 의지로 말미암은 것이기 때문이요, 하나님은 정의로운 재판관이시기 때문이다(2-8절[2-4]).[389] 즉 하나님은 각 사람에게 그 행위대로 갚으신다(9, 10[5]). 하나님은 당신에게 간청하는 이에게 자비를 보이시며, 범죄를 용서하신다(11-13절6]). 참회하는 자는 의로운 자이며, 그는 하나님의 선하심을 받아 누린다(14, 15[7]). 이어 하나님께 "아브라함의 씨"와 "우리"라 부르는, 선택받은 자들에게 자비를 베풀어달라는 호소가 이어진다(16-19절[8-10]). 이 시는 이런 공식으로 끝을 맺는다. "주의 자비가 이스라엘 집에 영세 무궁토록 있을지어다."

우리는 이 시에서 랍비 문헌뿐 아니라 팔레스타인 유대교의 다른 문헌에서도 독특하게 나타나는 종교 패턴의 모든 요소를 본다. 이 시는 선택을 받았다는 점에 분명히 호소한다("당신이 모든 민족 앞에서 아브라함의 씨를 선택하셨습니다," 17절[9]). 하나님의 선택의 결과로 계명을 주셨다고 분명하게 말하진 않지만, 이스라엘이 저지른 잘못을 이스라엘의 "범죄"라 말한다는 점에서, 하나님이 계명을 주셨음을 분명하게 암시한다(3절[2]). 하나님은 불순종을 벌하시고 순종에 보상하시는데, 이는 하나님이 정의로운 하나님이심과 일치한다. 그러나 참회와 용서를 인정하는 규정이 있다. "의로운" 자들도 완전한 자는 아니다. 이들에게도 고백해야 할 죄가 있기 때문이다. "그〔하나님 ⓣ〕가 죄를 저지른 그들을 용서하심이 아니면 누구에게 죄를 용서하시겠는가? 의인들이 참회할 때 … 당신은 그들에게 복을 베푸시나이다"(14, 15[7]).

선택

우리가 솔로몬의 시편을 연구할 때 가장 큰 문제는 이 작품 저자의 세대가 의인과 선택받은 자를 어떻게 정의하는가이다. 이 문제는 당분간 유보해 두겠다. 하지만 특별한 언약이라는 개념이 없다는 것만은 분명하다. 온 이스라엘이 하나님께 선택을 받았기 때문이다.

> 이제, 당신은 우리 하나님이시며, 우리는 당신이 사랑하신 백성입니다.
> 오 이스라엘의 하나님이시여, 우리는 당신 것이오니, 우리를 지켜보시고
> 긍휼을 보이소서.
> 그들이 우리를 공격하지 못하게, 당신의 자비를 우리에게서 거두지마소서.
> 오 주여, 이는 당신이 모든 민족 앞에서 아브라함의 씨를 선택하셨고,
> 당신 이름을 우리 위에 두셨기 때문이니,
> 당신은 영원히 (우리를) 내치지 않으실 것입니다.
> 당신은 우리 조상들과 우리에 관한 언약을 맺으셨습니다.
> 이러므로 우리가 우리 영혼을 (당신께) 돌이킬 때,
> 당신 안에 소망을 두나이다.

주의 자비가 이스라엘 집에 영세무궁토록 있을지어다. (9.16-19[8-10])

유사하게, 시인은 다른 곳에서 이렇게 말한다.

390
… 당신은 이스라엘의 씨를 영원히 긍휼히 여기실 것이요
당신은 (그들을) 내치지 않으실 것입니다. (7.8)

계명; 징계; 보상과 벌

이스라엘이 하나님의 계명에 순종해야 함은 두말할 것 없이 분명하다. 그러나 앞으로 "의로운" 사람들을 논할 때 보겠지만, 솔로몬의 시편은 특이하게도 하나님을 계명을 주시는 분으로 거의 묘사하지 않으며(한 예외가 14.1[2]이다), 특정 계명을 자세히 이야기하는 법도 거의 없고, 특정 범죄를 사항별로 다루는 일도 단지 드물게 할 뿐이다(2.3, 2.14f.[13], 아래를 보라). 즉 시인(들)은 할라카에는 거의 관심이 없었다. 이런 점에서 솔로몬의 시편은 희년서 및 랍비 문헌과 크게 다르고, 오히려 에녹1서의 다양한 부분에 더 가깝다. 솔로몬의 시편 저자는 계명을 지켜야 함을 암시하면서도 이를 언약 백성이 특히 행해야 할 행위로 강조하지 않는다. 그러면서 그는 선택받은 자들이 처해 있는 특별한 상황을 다른 방식으로 정의하는데, 그 내용이 독특하고 놀랍다. 언약 조문을 보면, 하나님은 당신 백성에게 신실하시고 이 백성을 버리지 않으시며, 하나님 백성은 하나님의 멍에와 "[그가] 징벌하시는 회초리" 아래 있다(7.8[9]). 솔로몬의 시편은 징벌을 받고 고난을 겪는 것이 하나님 백성의 특별한 역할임을 거듭 강조한다. 하나님의 "징벌은 순종하는 영혼을 무지 때문에 (행한) 어리석은 잘못에서 돌이키시려고 맏이이자 독생자 (위에) 내리시듯이 우리 위에 내리시는 것이다"(18.4f.[4]; 참고. 8.32[26], 8.35[29], 10.2f.).

이런 견해는, 집회서 안에서 늘 주류를 이루었고 랍비 문헌의 몇몇 지층에서도 나타나는 전통적 견해, 곧 의인은 현세의 삶에서 형통을 누린다는 견해에 비춰보면, 특히 놀랍다. 솔로몬의 시편도 어떤 면에서는 적어도 의인이 악인만큼 모진 고난을 겪지 않는다고 본다는 점에서 전통적 견해를 유지한다. 의인은 징벌을 받아도 파멸 당하지는 않는다(13.1-7[1-8]). 하지만 솔로몬의 시편 1편의 저자는 이런 전통적 견해를 다소 삐딱한〔풍자적, ironic〕 눈으로 바라본다. 그는 자신의 번영을 이유 삼아 자신을 의롭다고 여겼으며, 이 때문에 그는 전쟁이 위협했을 때도 하나님이 자신을 보호해주시리라고 생각했다(1.2f.). 그러나 그는 그의 원수들(십중팔구는 로마인이겠지만, 하스몬 왕조 사람들일 수도 있다)이 누리는 번영이 자신이 상상했던 어떤 것도 능가한다는 사실을 인정해야만 했다: "그들의 부는 온 땅에 퍼져 있으며, 그들의 영광은 땅 끝에 이르렀습니다"(1.4). 만일 번영이 의로움을 판단하는 시금석이라면, 로마인들(혹은 하스몬 왕조 사람들)은 정녕 의로운 자임이 틀림없다! 그러나 그들은 오만해졌다. 그들의 죄는 은밀히 묻혀버렸다(1.6f.)—즉 그들은 그런 죄를 짓고도 처벌받지 않은 채 여전히 번영을 누리는 것으로 보이니, 결국 의로운 셈이다. [391] 상황이 이렇다 보니, 징벌을 받는 것이 경건한 자들의 특별한 특징이라는 견해가 발전하게 된 것 같다. 이것은 옛 견해를 새 상황에 접목한 것이다. 의인임을 보여주는 표지는 번영을 누림이라기보다 오히려 자신의 죄에 따른 징벌을 받는 대신 파멸을 당하지 않음이다. 악인은 번영을 누릴 수 있지만, 마지막에 가서 파멸당한다.

의인이 징벌을 받은 뒤에 받는 최종 구원과 악인의 파멸은 솔로몬의 시편이 반복하는 주제다. 여기서 "파멸"은 죽음은 물론이요 영원한 죽음이나 영원한 고통을 함께 의미하는 것 같다. …… 경건한 자들은, 비록 하나님이 내리시는 징벌로 말미암아 고난을 당하더라도, "생명"을 보상으로 받으며 죄인들이 당하는 파멸에서 보호를 받는다. ……

죄인들이 파멸을 유업으로 받듯이, 경건한 자들은 "기쁨으로 생명을 유업으로 받는다"(14.7[10]). 더구나, 하나님은 경건한 자들을 보호하신다. "불의한 자들을 향한 불꽃과 진노가" 하나님께 간구하는 자에게 "닿지 않을 것이다"(15.6[4]). 하나님은 의인을 구별하심으로써 이들이 당신의 진노에서 구원을 받을 수 있게 하셨다(15.8[6]). 죄인의 파멸이 의인에게는 미치지 않는다(13.5[6]). 비록 의인이 징벌을 받을지라도, 그가 받는 징벌은 "죄인들이 뒤집히는 것"과 같지 않다(13.5[7]). 의인과 악인이 각각 그 행위를 따라 구원과 벌을 받으리라는 것을 가장 잘 요약한 말이 9.9, 10(5)이다.

의를 행하는 자는 그 자신을 위해 주와 함께 할 생명을 쌓고,
잘못을 행하는 자는 자신의 생명을 파멸에 넘겨주는 것이니,
이는 주의 심판이 (각) 사람과 (각 사람의) 집에
의롭게〔직역하면 "의 안에서" ⓣ〕 (주어지기) 때문이다.

392 하나님의 정의와 자비

이렇게 하나님이 행위에 따라 보상과 벌을 내리심으로써 엄정한 정의를 펼치신다고 보는 견해와 명백히 상충하는 견해가 솔로몬의 시편이 더 빈번히 강조하는 견해, 곧 죄인은 엄정한 정의를 따라 처리하되 의인이나 경건한 자는 하나님께 자비를 얻는다는 견해다. 가령 방금 전에 인용한 구절들에 이어 곧바로 등장하는 구절들은 의인이 죄를 저질렀을지라도 참회하면 그 죄에 따른 질책을 받지 **않는**다고 말하며, 하나님을 이스라엘, 당신께 간구하는 이들, 그리고 "우리"에게 선과 자비를 베푸시는 분으로 묘사한다(9.11-18[6-9]). ……

의인에게 그들의 행위대로 보상하심과 하나님의 자비를 따라 보상하심

사이에 존재하는 긴장은 "…으로 말미암아 살다〔live by〕"라는 말의 용법에 주목하면 더 명확하게 드러난다. 솔로몬의 시편 14편은 경건한 자가 "율법으로 말미암아" 산다고 말한다.

393 주는 진리 안에서 그를 사랑하는 이들과,
　그의 징벌을 견디는 이들과,
그의 계명의 의 안에서 행하며,
　우리를 살리고자 그가 우리에게 명령하신 율법 안에서 행하는 이들에게 신실하시도다.
주의 경건한 자들은 그것으로 말미암아[1] 영원히 살리라 …. (14.1f.[1-3])

반면, 하나님을 두려워하는 경건한 자들은 하나님의 자비로 말미암아 산다고 말한다.

주가 심판하시는 날, 곧 하나님이 이 땅에 당신의 심판을 행하시는 날에
　죄인들은 영원히 멸망하리라.
그러나 주를 두려워하는 이들은 그 날에 자비를 입으며,
　그들의 하나님이 베푸신 긍휼로 말미암아 살리라.
그러나 죄인들은 영원히 멸망하리라. (15.13하반절-15[12f.])

이 두 경우에 "…으로 말미암아 살다"에 해당하는 그리스어는 *zēsontai en*〔*zēsontai*는 "살다"를 뜻하는 동사 *zaō*의 중간태/수동태 부정사다 ⓣ〕인데, 아마도 이

1　14 여기서 쓴 그리스어 *en autō*는 "그것(율법)으로 말미암아"일 수도 있고 혹은 "그(하나님) 안에서"일 수도 있다. *kyrios*〔주〕와 *nomos*〔율법〕가 모두 남성명사이기 때문이다. 두 히브리어 번역자는 모두 이것이 토라, 곧 율법임을 가리키는 여성대명사를 사용한다.

에 해당하는 히브리어는 *yiḥyu b-*일 것이다(스타인과 프랑켄베르크도 같은 견해다). 우리는 지금 이 작품을 쓴 시인(들)의 종교관(신앙 인식)을 이해하는 데 아주 중요한 점을 다루고 있다. 한편을 보면, 의인은 율법에 순종하며(솔로몬의 시편 14편), 하나님은 불순종을 벌하시듯이 순종에는 신실히 보상하신다. 다른 한편을 보면, 의인들이 받는 구원은 그들 자신의 공로 때문이 아니라, 순전히 이 의인들을 선택하셨고 용서하시는 하나님의 자비 때문이다.[2]

하나님이 죄인들에게는 그들의 행위대로 엄히 심판하시고 경건한 자들에게는 자비를 베푸신다는 주제는 솔로몬의 시편에서 아주 흔하게 나타난다. ……

…… 우리는 솔로몬의 시편에서 하나님이 행위를 근거로 형벌과 보상을 공정하게 베푸신다는 취지의 진술을 발견할 수 있으며(9.4[2]), 다른 곳도 있지만 그중에서도 특히 랍비 문헌, 사해 사본과 바울 서신에서도 이런 말을 발견할 수 있다. 하지만 본디 의인은 자신의 공로를 근거로 하나님께 좋은 것을 요구하고 싶어 하지 않았으며, 이 때문에 하나님이 의인에게 **자비를 베푸신다**고 말한 것이다. 우리는 **하나님에 관하여** 이야기할 때, 하나님은 율법 이행과 범죄에 따라 보상하시고 처벌하시는 정의로운 재판관이라고 말할 수 있다. 하지만 우리가 하나님이 우리 자신을 다루심에 관하여 이야기할 때, **특히 하나님께 올리는 기도 형태로** 이야기할 때는 하나님이 우리를 선대하심을 우리 자신의 공로 때문이라고 말하기를 주저할 것이다. 인간이 하나님 앞에서 할 수 있는 최선은 자비를 소망하는 것이다.

2　15 이와 유사하게 뷔흘러(Büchler, *Piety*, 130)도 의인은 하나님이 자신의 기도를 들어주실 것을 확신을 품고 기대한다고 말하는 솔로몬의 시편 6.6-9(4-6)을 논하면서, "의인은 이런 확신을 자신의 수많은 '공로'에서 끌어내지 않으며 …, 이런 공로를 하나님께 정산할 청구서로 내밀지도 않으며, 이런 청구서에 동일한 보상을 해달라는 집요한 요구를 첨부하지도 않는다. 도리어 그는 오로지 하나님을 굳건히 의지하는 가운데 하나님이 당신을 성실히 사랑하는 이들에게 '자비'를 보여주시리라고 기대했다"는 점을 지적한다.

…… "값없는 은혜"(하나님이 이스라엘에 베푸신 자비)를 말하는 본문들은 하나님이 **이스라엘을 선택하시고 보존하심**과 관련이 있다. 우리가 앞서 지적했듯이, 이 본문들은 온 이스라엘이 선택을 받았고 이스라엘 자체가 "구원을 받았다"는 것을 보여준다. **하나님이 의인에게 베푸시는 자비**를 다룬 본문들은 의인들이 **잠시 해악을 겪더라도 상대적으로 더 보호를 받음**〔*relative protection from temporal harm*〕과 관련이 있다. 악인은 언약을 심각하게 어겨 이방인으로 취급받는 이들로 여긴다. 즉 악인은 하나님이 이스라엘을 선택하시고 보존하실 때 아무 공로도 요구하시지 않고 값없이 베풀어주신 은혜로 말미암아 얻은 그들의 자리를 내버렸으며, 결국 그로 말미암아 파멸 당한다. 의인은 애초부터 자기 공로로 선택의 은혜를 얻어내지 않는다. 오히려 의인은 은혜로 수립된 언약 속에서 의로움으로 말미암아 자신들의 자리를 지키며, 이런 보존도 하나님이 보장해주신다. 솔로몬의 시편 저자의 견해에 따르면, 만일 하나님이 언약을 지킨 의인의 파멸을 막으심으로 **의인**에게 자비를 보여주시는 일을 하지 않았다면, 하나님은 당신이 **이스라엘에게** 아무 공로도 요구하시지 않고 언약에 따라 하셨던 약속들을 저버리셨을 것이다. 이는 9.11-19(6-10)에서 분명하게 나타나는데, 이 본문을 보면, 하나님이 의인에게 베푸시는 자비는 그가 아브라함의 씨를 선택하신 사실에 **기초하며**, 이 선택에는 이스라엘을 결코 내치지 않으시겠다는 약속이 들어있었다. 하나님의 자비를 바라는 **의인의** 소망은 하나님이 **이스라엘**과 맺으신 언약에서 나온다. 따라서 보상은 하나님의 은혜로 확립된 것이다. 의인의 선행은 보상을 얻는 공로가 아니다. …… 의인이 하는 행위의 본질은 다른 이들이 언약을 저버릴 때 자신은 계속하여 언약을 진실히 지킴이요, 이를 통해 하나님이 **아무 공로도 요구하시지 않고** 베푸신 은혜를 받은, **선택받은 백성으로 남아있는 것**이다. 하나님의 자비를 받은 의인들이 이스라엘을 구성한다. 하나님이 의인에게 베푸신 자비와 이스라

엘에게 베푸신 자비가 서로 충돌한다고 볼 수 없다.

…… 솔로몬의 시편 저자(들)은, 그 시대의 다른 유대인들처럼, 인간이 근본부터 타락 상태에 있다는 견해를 **갖고 있지 않다**. (우리는 앞서 쿰란이 인간이 본디 부적절하고 죄로 가득하다는 견해를 갖고 있었지만, 이런 특성들은 "타락하지" 않은〔길을 잃어버리지 않은 ⓣ〕 이들도 그대로 갖고 있다는 점에서, 쿰란의 견해 역시 인간이 근본적 타락 상태에 있다고 보는 견해는 아님을 보았다.) 하나님이 의인에게 베푸시는 은혜를 이야기하는 진술들을 존재하지 않았던 것으로 보이는 상황을 바로 잡지 않는다는 이유로 비판하는 것은 부질없는 일이다. 설령 어떤 근본적 타락 상태가 존재했더라도, 이 상태는 하나님의 선택으로 말미암아 뿌리 뽑혔으며, 솔로몬의 시편은 이 사실에 자주 감사를 드리고 이 사실을 되새겨준다. 따라서 솔로몬의 시편에 나오는 경건한 자들은 하나님의 은혜로 말미암아 주어진 구원의 언약 안에 자리해있다. 이들은 계명을 늘 신실하게 지킴으로써 구원받은 자들의 언약 속에 자신들의 자리를 유지한다. 하나님은 이들을 잠시 있다 사라질〔영원하지 않은 ⓣ〕 파멸에서 보존하심으로 이들의 성실에 "보상하신다." 하지만 이들은 하나님이 자신들에게 보상하셨다고 말하지 않고, 도리어 하나님이 경건한 자들에게 자비를 베푸셨다고 말한다. 이것은 하나님이 악인들에게 이들이 마땅히 받아야 할 보응을 갚으시는 것과 서로 반대되는 점이다(그러나 이것과 하나님이 이스라엘을 선택하시면서 보여주신 값없는 은혜는 서로 반대되지 않는다).

참회와 속죄

솔로몬의 시편이 언급하는 유일한 속죄 수단은 하나님의 징벌 및 인간의 참회와 관련이 있다. …… 의인이 참회하면, 하나님은 그들이 죄를 지었다는 이유로 꾸짖지 않으신다(9.15[7]). 즉 참회는 속죄를 가져와 처벌할 필요가 없게 만든다. 하지만 하나님은 죄를 지은 의인이 참회하게 하려고 당신의 징벌을 사용하실 수도 있다. "내가 죄를 지으면, 당신은 나를 징벌하사 내가 (당신께) 돌아오게 하시나이다"(16.11). 하나님의 징벌이 의인의 길을 곧게 만든다(10.3). 즉 의인은 그 징벌 때문에 자기 행위를 바로 잡으며, "두들겨 맞음으로 말미암아 악의 길에" 빠지지 않게 제지당한다(10.1). 거듭 말하지만, 시인은 하나님이 징벌하시는 목적이 "순종하는 영혼"을 무지에 따른 범죄에서 돌아오게 하는 것이라고 쓴다(18.5[4]). 그런가 하면, 하나님이 징벌로 내리시는 벌은 의인이 모르고 저지른 죄에 충분한 형벌로 간주될 수도 있다.

> 이는 주가 그의 경건한 자들을 아끼사,
> 그들의 잘못을 그의 징벌로 지우시기 때문이로다. (13.9[10])

솔로몬의 시편은 하나님의 용서를 하나님이 참회하는 범죄자를 **깨끗케 해주심**으로 묘사하며(9.12[6]), 유사하게 하나님의 징벌을 죄에서 깨끗케 해주시는 것이라고 말한다(10.1f.). 시인은 이스라엘을 깨끗하게 하실 때를 고대한다(18.6[5]; 참고. 17.36[32]).

398 사람이 참회할 때 혹은 징벌을 받을 때 속죄가 이루어지는 죄로 유일하게 이야기하는 것이 경건한 자들이 모르고 지은 죄다(3.8f.[7f.], 13.5[7], 13.9[10]). 솔로몬의 시편 9편은 하나님이 참회하는 자들을 용서하신다는 약속을 일반론 차원에서 제시하면서 무슨 죄를 저질렀는지 자세하게 밝히지 않지만, 아마도 의인이 모르고 저지른 죄를 염두에 두고 있을 가능성이 있다. 더 중대한 죄를 지은 사람들도 하나님께 돌아올 수 있음을 유일하게 명확히 일러주는 본문이 우리가 이미 언급했던 솔로몬의 시편 16편이다. 이 시는 "하나님으로부터 멀리 있는" 사람이 1인칭 단수를 써서 올린 기도

다. 그의 영혼은 "거의 죽음 속으로 빠질 뻔했고," 그는 "죄인과 함께 쉬올 문에 가까이" 이르렀으며, 그의 영혼은 "이스라엘의 주 하나님을 떠났었다." 하나님은 당신의 자비 안에서 "말을 박차로 찌르듯이" 이 시인을 "찔러" 시인이 하나님을 섬기게 하셨다(16.1-4). 이는 분명 하나님이 헤매는 이를 징벌하심으로써 그가 의로운 길로 돌아오게 하신다는 것을 일러준다(참고. 16.11). 현재 우리 논지에 비춰볼 때 중요한 점은 시인이 분명 그의 평생 내내 "경건한" 자들의 우리 안에 안전히 있지만은 않았다는 점이다. 이처럼 하나님을 떠난 심각한 죄도 용서를 받을 수 있는 것으로 보인다.

희생 제사 제도를 속죄 수단으로 언급하지 않은 것은 십중팔구 이 솔로몬의 시편이 가지는 본질과 이 시들의 당면 관심사 때문일 것이다. 우리가 죄인의 특성을 논할 때 보겠지만, 죄인들이 지은 죄 중 하나가 성전을 더럽힌 것이었는데, 이는 솔로몬의 시편에 나오는 경건한 자들이 성전과 성전에서 올리는 희생 제사를 신성시했음을 일러준다.

하나님의 의

....

결론을 정리해본다: 우리는 솔로몬의 시편에서 우리가 팔레스타인 유대교의 다른 곳에서 봤던 종교가 대체로 표명하는 견해와 같은 견해를 본다. 조베르는 그 견해를 이렇게 말한다: "필자는 언약의 주된 고전적 범주들〔개념들, classical categories〕을 이렇게 제시한다: 하나님이 이스라엘 조상들과 맺으신 언약, 하나님의 영원한 용서, 그리고 율법에 신실함." 하나님의 언약은 구원의 근거이다. 선택받은 자들은, 언약에서 배제당할 정도의 죄를 짓지 않는 한, 언약 속에 남는다. 누가 언약에 속하고 누가 언약에 속하지 않는지는 일부 명확하지 않은 구석이 있다. 통치자들, 하스몬 왕가 사람들, 이들을 직접 돕는 자들, 그리고 예루살렘을 폼페이우스에게 넘긴 자들은 분

명 언약에서 배제된다. 나는 어떤 분파의 구성원이 아닌 자는 모두 언약에
서 배제된다고 일러주는 명확한 증거를 전혀 보지 못했으며, 사두개인이
사두개인이라는 이유로 언약에서 배제된다고 일러주는 증거도 분명 보지
못했다. 사두개인이 언약에서 배제되었다면 하스몬 왕가 사람들을 지지하
는 귀족에 속해 있을 경우에만 배제되었을 것이다. 한편으로 보면, 솔로몬
의 시편에 나오는 "경건한" 자들은 자신들과 이스라엘을 동일시하는데, 이
는 이스라엘을 "경건한" 분파의 구성원들로 제한하는 것 같다. 반면, 장차
지파들이 다 모이리라는 것을 언급하고 미래에 나타날 왕이 정결해진 이
스라엘을 한 위대한 민족을 다스리는 위대한 왕으로서 통치할 것을 두루
묘사하는 내용은, 마지막에 "이스라엘"에 포함될 자들이 어떤 한 분파의
구성원을 넘어 "죄인"과 배신자라는 이름표를 달지 않은 사람들을 모두 아
우른다는 것을 일러주는 것 같다. 다시 말하면, 경건한 자들은 자신들이 이
스라엘 사람들이라면 마땅히 살아야 하는 대로 살아가기 때문에 자신들을
참 이스라엘이라고 생각한다(이 경건한 자들은 자신들이 오직 부주의에
따른 죄만 저지른다고 생각한다는 점을 주목하라, 3.8f.[7f.], 13.5[7]). 반 409
면, 이들은 온 이스라엘이 언젠가는 "경건해지길" 소망하는데, 이는 〔이스라
엘의〕 나머지 사람들이 언약에서 확실히 배제당하지 않으리라는 것을 일러
준다. 정치의 관점에서 보면, 솔로몬의 시편이 말하는 경건한 자들은 늘 더
큰 사회의 틀 안에 있으며, 그들의 견해가 이기게 하려고 분투한다. 이들은
가장 악한 죄인들을 제외한 이스라엘의 나머지 사람들을 향한 소망을 버
리지 않았으며, 자신들만이 언약 백성이라 불릴 권리를 독차지하고 있다
고 결론짓지도 않았다.

5절 에스라4서

근래 학계에서 바라본 에스라4서: 이 책이 제기하는 문제

에스라4서를 다루는 방식은 앞에 나온 작품들을 다루는 방식과 다소 다를 것이다. 우리는 한 언약 종교 유형이 전통 대대로 다뤄온 다양한 주제들을 하나 하나 분석하지는 않겠다. 우리가 판단해야 할 문제는 단 하나, 곧 에스라4서 저자가 보기에 언약은 그 전통적 효력을 그대로 유지하고 있는가라는 문제뿐이기 때문이다. 그 결론을 예상해보면 이렇다: 여기서 주장하는 견해는 그렇지 않다〔언약은 전통적 효력을 그대로 유지하고 있지 않다 ⓣ〕는 것이요, 에스라4서는 유대교가 실제로 개인의 자기의〔individual self-righteousness〕를 추구하는 종교가 될 때 이 종교가 어떻게 작동하는가를 우리에게 보여준다는 것이다. 요컨대 우리는 에스라4서에서 언약적 율법주의가 무너진 경우를 본다. 언약적 율법주의가 무너진 자리에 남은 것은 온통 율법적 완벽주의뿐이다.

....

근래 나온 …… 세 해석자가 공통으로 주장하는 견해—내가 동의하지 않는 점이기도 하다—는 에스라4서가 이스라엘이 결국에는 구원을 받으리라는 견해다. 쾨슬러의 주장과 반대로, 그가 선택을 구원으로 보는 견해를 지지하는 본문이라며 인용한 본문들(3.13-19, 5.27, 6.55, 59, 7.119)은 모두 선견자가 거듭 올리는 간구 속에 들어있지만, 이 선견자는 저자의 견해를 대변하지 않는다. 하르니쉬의 주장과 반대로, 우리는 선견자가 하나님을 상대로 선택과 율법이 아무 소용이 없다며 회의 섞인 비판을 제시할 뿐 아니라, 하나님이 범죄를 간과하시고 엄격한 정의 대신 긍휼을 베풀어 죄인들을 구원해주시길 헛되이 간청한다. (하르니쉬가 올바로 관찰했듯이), 에스라4서 저자의 견해를 대변하는 천사는 선견자의 호소를 치밀하게 부인한다. 하르니쉬는 이 본문들을 논함으로써 천사가 선견자의 호소를 부인한다고 주장한다: 하나님은 죄를 짓지 않은 자들만 구원하실 것이다.[1] 그러나 하르니쉬는 긍휼을 베풀어달라는 선견자의 호소와 자신이 선택의 가치에 품고 있는 회의론을 연계하지 않는다. 소망을 품고 하나님께 긍휼을 베풀어주시길 간구하는 "에스라"는 하나님이 이스라엘에 하신 약속들을 내버리셨다고 결론짓는 이와 같은 분파의 입장을 대변하지 않는 것 같다. 오히려 우리는 다양한 의견이 천사에게 제시되고 천사는 이를 인정하거나 부인하는 모습을 본다. 사람에 따라서는 천사가 저자의 견해를 대변한다는 점에 동의하면서도, "에스라"가 어떤 한 특정 분파를 대변한다는 것에 의문을 제기할 수도 있겠다.[2] 일관성을 지닌 것은 천사의 주장이다. 413 처음에 선견자는 이스라엘의 처지에 탄식하면서 율법과 선택이 다 헛것이라고 비판한다. 이에 천사는 율법을 어긴 것 때문에 비판을 받을 이는 인간 자신이라고 답변한다. 그러자 선견자는 하나님께 자비를 베풀어주시길 탄원하면서, 행위에 따른 심판은 파멸을 초래한다는 게 드러나리라고 말한다. 천사는 아이러니하게도 이에 "동의하면서," 하나님은 죄인에겐 관심 없으시고 에스라처럼 완전한 의인만 구원하시리라고 일러준다.[3]

우리는 형식에 관한 브리치의 분석이 통찰로 가득하긴 하지만 그의 주장과 반대되는 주장을 제시할 수 있다. 브리치는 독자가 1-9장이 실제로 말하는 내용에는 주의를 기울일 것을 요구하지 않고 도리어 이 1-9장이 "비통"을 기록한다는 점에만 주목할 것을 요구하는 잘못을 저지른다고 말

1 10 8.20-36에 있는 간청과 이 간청에 따른 답변을 다룬 Harnisch, 235-40을 보라. 일부 학자들은 (가령 Schweitzer, *Mysticism*, 216; Bornkamm, *Paul*, 139; Longenecker, *Paul: Apostle of Liberty*, 42) 긍휼을 베풀어달라는 호소가 저자의 견해를 대변한다고 보았다. 저자의 견해는 천사의 거부에서 더 잘 발견할 수 있다. Harnisch, 237f.는 이 거부가 구사하는 비꼼의 기교를 묘사한다.

2 11 참고. Breech, 271f.

3 12 이 대화는 아래에서 분석한다.

할 수 있겠다. 이것은 분명 형식이 의미를 완전히 좌지우지하게 허용하는 것이다. 우리는 천사가 실제로 말하는 내용이 중요하다는 점, 그리고 그 내용을 진지하게 받아들여야 한다는 점을 당연시해야 한다. 더군다나, 브리치의 주장은 그 자신도 언급하는 사실, 곧 마지막 환상들이 "에스라의" 불평에 실제로 대답한 것이 아니라는 사실 때문에 힘을 잃고 만다. 그러나 이보다 훨씬 중요한 것은, **이런 환상들이** "에스라의" 불평에 대한 **천사의 대답에 답한 것도 아니라는** 것이다. 바로 이 대답들 속에 작품의〔에스라 4서의〕 부정적인 취지가 담겨 있다.

…… 우리의 목적을 고려하여 두 가지 점, 곧 에스라는 무엇을 호소하며 천사는 이에 무엇이라 대답하는가, 그리고 마지막 환상들은 이 대화가 제기하는 문제에 해답을 제시하는가 제시하지 않는가만 조사하겠다.

대화

여기에서는 대화의 모든 요소를 분석하지 않고 단지 질문과 대답의 요지만 파악하여, 저자가 말하려는 주장을 분명히 밝혀보겠다. 첫 번째 대화는 결론을 내지 않는다. "에스라"는 하나님이 이스라엘이 벌 받게 허용하셨다며 하나님이 정의롭지 않다고 비판한다. 그 근거는 이스라엘과 이방인들의 행위를 서로 저울에 달아본다면, 이스라엘이 더 낫게 나타날 것이라는 점이다(3.34). 이에 천사는 인간이 하나님의 길을 이해할 수 없다고 대답한다(4.1-21). 선견자는 이런 질문을 다그쳐 던진다: 그의 의도는 하늘의 일에 관하여 묻는 게 아니라 이스라엘의 비운에 관하여 묻는 것이었다: "이스라엘이 왜 이교도에게 넘겨져 질책을 들어야 합니까?"(4.23). 대답은 간단하다. 시대가 종말을 재촉한다는 것이었다(4.26-32). 이어 종말의 징조들을 논하지만, 대답의 본질은 바로 시대가 종말을 재촉한다는 것이다. 본문은 종말 때 이스라엘의 억울함이 풀릴지 여부를 우리에게 일러주지 않는다.

두 번째 대화에서도 질문은 똑같다: "당신은 왜 당신의 약속을 부인하는 자들이 당신의 언약을 믿은 자들을 발로 짓밟도록 허락하셨습니까?"(5.29). 대답은 역시 수수께끼 같지만, 이번에는 좀 더 선견자를 안심시킨다. 하나님이 사실은 이스라엘을 사랑하시나(5.33), 그가 그 사랑을 어떻게 실행하시는가라는 문제는 "에스라의" 이해를 넘어선다(5.40). 천사는 종말을 묘사한 뒤, 어느 정도 확신을 심어준다.[414] 마지막 환난 때 살아남은 자는 누구든지 구원을 볼 것이다(6.25). 구원을 볼 이 사람들이 누구인가는 아직 알려주지 않는다. 악도 지워질 것이나(6.27), 문제는 이로 말미암아 이득을 얻을 개인이 누구인가이다. 선견자가 다시 한 번 이스라엘에 관한 질문을 던진 다음(6.38-59), 천사가 현실과 하나님이 창조 때 가지셨던 의도(세상은 이스라엘을 위해 창조되었다, 6.55)의 괴리, 그리고 현실과 이스라엘을 선택하실 때 가지셨던 의도 사이의 괴리에 관하여 마침내 답을 내놓는다. 분명 세상은 이스라엘을 위해 창조되었다. 그러나 불행히도 아담이 죄를 지었고, 이로 말미암아 세상은 어려워졌다. 미래의 세상은 구원을 제공하나, 이 세상의 여러 역경을 헤치고 나아갈 수 있는 개인들만이 그 구원을 얻을 것이다(7.11-14). "에스라"는 이 취지를 즉시 파악한다: 의인은 장차 임할 세상의 위로를 갖겠지만, 악인은 멸망할 것이다(7.17f.). 천사도 이에 동의한다.

> 그렇다. 그들 앞에 놓인 하나님 율법보다도 오히려 지금 멸망하는 많은 자들이 경멸을 당할지어다! 이는 하나님이 (세상에) 온〔태어난 ⓣ〕 그들에게, 그들이 올 때에, 그들이 살려면 무엇을 행해야 하며, 형벌을 피하려면 무엇을 준수해야 하는지 분명하게 명령하셨기 때문이다. 그런데도 그들은 불순종했고, 그〔하나님 ⓣ〕를 비방했다. …. (7.20-22)

이것이 천사가 시종일관 고수하는 확고한 입장이다.

에스라는 몇 가지 호소를 하기 시작한다. 계명을 지키는 자는 살리라는 말은 얼마든지 좋은 말이지만, 실상 인류는 악한 마음으로 고통을 겪으며 하나님에게서 멀어져 있다. 인류 자체가 죽음의 길로 행하며, 이런 운명은 "거의 모든 창조된 것에" 적용되었다(7.45-48). 천사도 이에 동의한다: "나는 구원받을 극소수 사람 때문에 기뻐하리라," "나는 그들 가운데 멸망할 수많은 이들 때문에 슬퍼하지 않으리라"(7.60f.). 선견자는 인간의 힘든 곤경을 거듭 이야기한다. 이 곤경은 차라리 태어나지 않는 것이 좋았다 할 정도로 아주 힘들며(7.62-69), 천사도 다시금 이에 동의한다. 하나님은 오랫동안 참아**오셨지만**〔God *has been* long-suffering〕, 이제는 정의를 행하실 때가 왔으며, 죄인들은 그들에게 합당한 대우를 받을 것이다(7.70-74). 천사는 악인과 의인의 영혼이 마주할 운명을 묘사하며 "에스라"를 지지하지만, 의인을 정의할 때, 그들이 "입법자가 주신 율법을 완벽히 준수하려고, 고통을 겪으면서 지극히 높으신 분을 섬겼으며, 매 시간 위험에 빠졌다"고 정의한다(7.89).

선견자는 의인이 심판 때 경건치 않은 자들을 위하여 도고〔禱告, intercede〕할 수 있을지도 모르지 않냐고 제안한다(7.102). 천사의 대답을 요약하면 거절이다. 오직 각 개인의 의만 계산될 것이다(7.104-15). 선견자는 다시 인간의 곤경을 거론한다: **사실 모든 사람이 죄를 짓는데, 순종하는 자에게 구원을 베풀겠다는 약속이 무슨 의미가 있겠습니까?**(7.116-26). 천사는 인간의 처지를 비관하는 선견자의 평가에 재차 **동의**한 뒤, 승리하는 (그리고 율법에 순종하는) 자들은 약속된 구원을 받으리라고 격려 섞인 권면을 덧붙인다(7.127-31).

"에스라"는 이어 그의 가장 절절한 심정을 담은 호소를 제시하는데, 이는 철저히 하나님은 자비하시며 당신이 선택하신 백성에게 변함없이 신실하시다는 유대인의 관념을 그 바탕으로 삼는다. 그는 하나님이 "긍휼을 베푸시고" "은혜로우시다"고 말한다(하나님은 참회하는 자들을 받아주신다). [415]하나님은 "엄격히 따지기보다 호의를 베풀길 좋아하시므로" "오래 참으신다." 하나님은 "아주 자비로우시고," "선하십니다." 가장 중요한 것은, "용서를 베풀기 좋아하시니, 이는 만일 그가 그의 말씀으로 지으신 이들을 용서하시고 그들의 수많은 불법을 지우시지 않으면, 수많은 이들 가운데 남아있을 이가 어쩌면 거의 없겠기 때문입니다"(7.132-40). 여기에서는 자비를 구하는 호소를 하면서, 유대인이 전통 대대로 하나님을 가리킬 때 사용해온 말을 모두 사용한다. 그러나 천사는 이 말 가운데 오직 마지막 말만 골라 쓴다: "이 세대는 지극히 높으신 분이 많은 이를 위하여 만드셨으나, 오는 세대는 극소수 사람을 위하여 만드셨다 〔This age the Most High has made for many, but the age to come for few〕," "많은 사람이 창조되었으나, 구원받을 이는 극소수로다!"(8.1-3). 천사는 긍휼을 베푸시고, 은혜로우시고, 용서를 베풀기 좋아하심 같은 하나님의 성품을 확실하게 부인한다. 혹은 적어도 이런 성품을 바탕으로 선견자가 펼치는 논지를 인정하지 않는다. 선견자가 아무리 하나님에게 긍휼 많음을 증명하라고 하든, 천사는 죄인들을 회복시켜주시길 비는 선견자의 간구를 퇴짜놓는다. 같은 호소를 반복하지만, 이번에도 천사는 받아들이지 않는다. 하나님이 의로운 행위가 없는 이들에게 긍휼을 베푸신다면 은혜로운 분이라 불릴 것이다. 결국 선한 자들은 혼자 설 수 있기 때문이다. 문제는 "땅에서 난 자들 가운데 악하게 행하지 않은 이가 하나도 없다"는 것이다. 이 때문에 하나님의 긍휼이 절박하게 필요하다(8.31-36). 그러나 천사는 단호하다.

> 네가 몇 가지는 바르게 말했다. 그런 것은 네 말대로 일어나리라. 이는 정녕 내가 죄를 지은 자들이 창조된 것이나 그들이 당할 죽음이나 그들이 받을 심판이나 그들의 파멸에는 관심이 없고, (오히려) 의인들이 창조된 것과 그들의

> 순례 여정과 그들이 받을 구원과 그들이 받을 보상을 기뻐하려 하기 때문이다. (8.37-39)

"에스라"가 이 사안에 관하여 내놓은 가장 비감 어린 말(모든 이가 죄를 짓기에 모든 이가 죽는다는 말)과 천사의 답변이 하나 이견을 보이는 점은 몇몇 의로운 자들이 있다는 점이다. 에스라 자신도 그들 가운데 포함되며, 그는 구원을 받을 것이다(8.47-54). 그러나 "에스라"는 "그들 가운데 멸망할 많은 이들을 놓고 더 이상 간구하지 말라"는 권면을 받는다(8.55). 순교자들도 극소수 의인 중에 포함되는 것 같다(8.57; 참고. 7.89). 이처럼 우리는 마지막이 곧 오리라는 약속에 담긴 위로가 극소수 사람들, 다소 완전한 사람들 그리고 핍박과 죽음을 겪으면서도 늘 완전히 순종하려는 태도를 견지한 사람들에게 적용됨을 본다.

....

극소수 사람이 이스라엘이요 멸망할 많은 이가 이방인임을 일러주는 말은 전혀 없다. [416] 대화 도중에 강조점이 이스라엘 민족이 겪는 곤경에서 율법을 받았으나 율법을 **어긴** 개인들이 겪는 곤경으로 옮겨간다. 율법을 받았으나 율법을 어긴 자들은 아마도 이스라엘 사람들일 것이다. **그들**은 정죄를 받는다. 어쨌든 천사는 오직 완전한(혹은 거의 완전한) 순종만이 하나님을 만족시킨다는 입장을 시종일관 유지한다. 완전하라는 요구는 의인에 관한 천사의 정의에서도 볼 수 있지만(7.89), "에스라의" 탄식과 호소도 그런 요구를 분명히 암시한다. 선견자는 인간이 처한 곤경을 모든 이가(혹은 "거의" 모든 이가, 7.48) **가르침**을 지키지 않고(7.72) **불법**을 행하며(7.138-40, 7.68, 72) 영벌을 가져올 **행위**와 **행동**을 한(8.33, 7.120) **행악자들**이라는 사실이라고 말하는데(7.138-40), 이 말의 요지는 바로 **범죄**는 불가피하다는 것이다. **계명을 지킨** 자는 복을 받지만(7.45), 과연 누가 계명을 제대로 지킬 수 있을까? 이 작품은 수많은 악인을 하나님과 그의 율법을 **경멸**하고 **부인**하며 **조롱**하는 이들로 규정하면서도(7.24, 8.55f.) 불순종에 해당하는 사례를 항목별로 제시하지는 못한다. 그래도 하나님이 요구하시는 것은 충성하는 기본자세이자, 복스와 뢰슬러가 주장했듯이, 실제로 순종하는 것이다(7.22). 거의 모든 이에게 **충성**은 불가능하지 않으나, 완전한 순종은 불가능하다. 인간의 곤경은 하나님의 태도가 실증한다. 이스라엘을 향한 하나님의 **사랑**(5.40)은 그가 그의 **요구**를 유지하심에서 드러난다: 순종하라 그렇지 않으면 영벌을 받으리라. 범죄자들을 멸망시키는 것이 범죄자들에게 자비를 베풀어 율법의 영광에 먹칠을 하는 것보다 낫다. 이것이 이 대화 저자의 견해로 보인다. 이에 근거하여 우리는 선택 자체가 구원이라는 뢰슬러의 주장에 반대할 수밖에 없고, 천사는 주로 선견자의 회의론에 대답하고 있다고 보는 하르니쉬의 주장에도 반대할 수밖에 없다. 천사는 선견자의 비관론을 **지지하지만**, 범죄자에게 자비를 베풀어달라는 선견자의 호소는 받아들이지 않는다.

환상들

…… 시온의 영원한 영광은 나타나지만(10.50), 범죄를 저지른 이스라엘 사람들이 얻을 구원은 일언반구도 언급되지 않는다. 율법과 시온은 본질상〔in and of themselves〕 그 자체가 선하고 영광스럽지만, 그것들이 구원을 가져다주지는 않는다. ……

이어 등장하는 독수리 환상은 많은 이들이 영벌을 받게 된다는 문제에 더 에둘러 대답하는데, 어쩌면 전혀 답을 하지 않았을지도 모르겠다. 복스가 생각하듯이, 12.34이 후대에 끼워 넣은 본문이 아니라 저자가 정말 쓴 본문이라면, (로마와 벌일 마지막 전쟁에서?) 살아남은 자들은 구원을 얻으리라는 것을 우리에게 일러주는 셈이다. 하지만 우리는 살아남은 자들이 율법에 완전히 순종하는 데 성공한 극소수 사람들(이 작품이 홍수와 대비했던 물방울, 9.16을 참고하라)인지 여부를 판단할 수가 없다. 살아남은 자들을 염두에 둔 것이라면, 그들에겐 뭔가 위로가 있는 셈이다. 하지만 이스라엘을 염두에 둔 것이라면, 이 환상은 이 책이 앞부분에서 천명한 견해와 철저히 모순이어서, 이를 그냥 무시하거나 어떻게든 앞부분과 절충시켜보거나 아니면 사라지게 하기가 불가능할 정도다. 하지만 나는 대체로 궁극에는 이스라엘이 로마에 승리하리라는 약속이 이 독수리 환상의 의미이지만, 이것이 앞서 제기된 죄와 영벌이라는 문제에 대한 답은 결코 아니며 독수리 환상이 본디 담고 있는 살아가는 자리〔the origital *Sitz im Leben*〕가 이 작품 앞장들이 담고 있는 살아가는 자리와 다름을 보여줄 뿐이라는 견해를 취한다.

앞서 표명된 비관론을 직접 반박하는 것은 오직 바다에서 나오는 사람을 본 환상뿐일지도 모른다. 분명 우리는 하나님을 "향한 행위와 믿음을 가지는" 자들은 살아남으리라는 말을 읽는다(13.23). 하지만 뒤따르는 해석은 이런 사람들이 **많으리라**는 것을 전제하는 것 같다. 바다에서 나온 사람이 시온산 위에 설 때, 모든 민족이 그에 대항하여 싸우겠지만, 그가 그들을 파괴할 것이다(13.33-38). 파괴당하는 이들은 분명 이방 민족들이다. 또 다른 많이 이들이 모여들어, 다시 결합된 열 지파(알지 못하는 땅으로 이주하여 포로 생활을 할 때 그 법령을 지켜낸 이들)와 팔레스타인에 그대로 남아 거주하던 유대인을 구성하기 때문이다(13.48이 후대에 끼워 넣은 본문이 아니면). 바다에서 나온 그 사람은 (이방) 민족들을 파괴함으로써 다시 결합하고 통일된 이 이스라엘을 지킨다(13.39-51).

이 마지막 환상은 이스라엘이 재결합하고 이방인이 파멸을 맞을 것을 보여주는 전통 이미지들을 원용함으로써, 이스라엘이 율법을 지키고 결국 하나님께 구원을 받으리라는 것을 철저히 전제한다. 에스라4서의 최종 편집자는 이런 환상을 에스라4서에 "도움을 주는" 결론으로 보았을 수 있으며, 이는 이 작품을 바람직한 작품이요 대다수 유대인이 품고 있던 소망과 일치하는 작품으로 만들어주었을 것이다. 에스라4서 저자는 은연중에 앞장들에서 나온 천사의 견해를 부인하면서도, 에스라와 천사가 나눈 대화들에서 저자가 골몰했던 범죄와 영벌이라는 문제를 검증하고 분석하는 일에는 열중하지 않는다. 이 환상을(그리고 어쩌면 다른 환상들까지) 이 대화에 덧붙인 최종 편집자의 견해를 염두에 둔다면, 브리치의 가설을 지지할 수도 있다. [418] 그러나 천사와 에스라의 대화를 쓴 저자가 천사의 입을 빌려 말한 것이 바로 이 저자가 말하려는 내용—곧 구원을 받으려면 율법에 완전히 순종해야 한다는 것, 범죄자는 이방인이나 유대인이나 파멸을 당한다는 것, 그리고 이런 엄격한 기준을 따라 심판을 받는다면 어느 누구도 구원을 얻지 못한다는 것—임을 부인하려고 바다에서 나온 사람 환상을 원용해서는 안 된다(그러나 브리치는 그리 하는 것 같다: 천사와 에스라의 대화는 결론이 없다).

결국 이 책이 말하려는 것이 무엇인가라는 물음에 대한 대답은 이 책 저자가 누구인가라는 문제에 대한 대답이 일부 결정해준다. 이 책이 단일 작품이요 이 책 마지막에 나온 환상이 이 책이 정말 말하려는 취지를 제시한다고 여긴다면, 브리치와 하르니쉬의 주장에 동의할 수밖에 없다. 하지만 천사가 3.1-9.22에서 선견자가 제시하는 소망과 간청을 부인하고 받아들이지 않는 대답을 되풀이한다는 점을 무시할 수 있을 정도로 브리치와 하르니쉬의 견해를 철석같이 고수하는 것이 과연 가능할지 알기가 힘들다. 〔브리치와 하르니쉬의 견해를 고수한다면, ⓔ〕 우리는 천사와 에스라의 대화를 아주 꼼꼼하게 구성하고 그 대화에서 인간 실존에 가장 절박한 문제들—밥 먹듯이 죄를 짓는 인간에게 소망이 있는가, 차라리 태어나지 않은 쪽이 더 나았을 것인가—을 다룬 저자가 이 마지막 부분에 이르러 이 문제들을 마음에서 떨쳐버리고 이스라엘이 이방인에 승리하리라는 전통 견해(비교적 순진한 견해)를 묘사하기로 결심했다고 추정해야 할 것이다. 나는 마지막 환상(과 14장)이 에스라4서를 유대인 집단의 구미에 더 맞는 작품으로 만드는 데 "도움을 주는" 부록을 이룬다고 보는 것이 더 타당할 것 같다. 따라서 이 책의 **주된 저자가 가진 견해**—천사와 에스라의 대화 뒤에 곧장 나오는 환상들과 상충하지 않는 견해—는 천사와 에스라의 대화에서 **천사가 천명한 견해**라고 보는 것이 가장 좋을 것 같다. 실제로 언약 자체가 하나님이 고통은 물론 심지어 파멸에서도 보호해주시는 혜택을 가져다주지 않는다는 것(이는 징벌을 받아도 파멸을 당하지는 않는다는 솔로몬의 시편의 주장과 반대다), 그리고 오직 극소수이지만 완전히 의로운 자들만이 고난과 아픔을 겪은 뒤에도 하나님께 구원을 받으리라는 것이 "천사의" 주장이다. 여기서 우리는 이 시대 유대교 문헌에서 발견할 수 있는 접근법 중 행위로 의를 얻는다는 율법주의식 접근법에 가장 가까운 접근법을 본다. 여기에서는 전통이 줄곧 이야기해온 하나님의 특성들—그는 죄인들을 값없이 용서하시고 회복시켜주시며, 범죄에도 불구하고 언약에 따른 약속들을 지키신다는 것—을 부인하기 때문이다. 달리 말하면, 에스라4서는 죄를 사실상 피할 수 없는 힘으로 본다는 점(3.20을 보라)에서는 우리가 연구해온 다른 문헌과 다르지만, 그래도 여전히 이 죄를 지은 죄를 따라 처벌받아야 할 율법 위반으로 여긴다. 우리는 쿰란 문헌이 인간을, 심지어 선택받은 자도, 인간의 연약함에 참여한 존재한다는 의미에서 "죄 안에" 있다고 여기면서도 인간의 연약함 자체를 정죄하지는 않았음을 보았다. 대다수 범죄를 속할 수 있는 방법을 마련했으며, 선택받은 자들을 "죄 안에" 있어도 "타락한(버림받은, lost)" 자로 여기지 않았다. 하지만 에스라4서는 죄를 피하지 못하는 인간의 무능이 영벌로 이어진다고 본다. 에스라4서 저자와 현존 문헌에서 나타나는 유대교의 나머지 견해를 구분해주는 것이 인간의 곤경을 바라보는 이런 비관론이다.[419]

IV장 팔레스타인 유대교 (기원전 200년-기원후 200년)

결론

언약과 율법

우리가 연구하는 시대의 유대교를 이해할 때 주로 문제가 되는 것 중 하나가 율법과 언약의 관계다. 기독교 신학자들은 이 관계를 다룰 때 대체로 성경 시대 이후〔성경이 다 기록된 뒤를 말한다 ⓣ〕 유대교의 성경적 사상이 퇴보했다는 확신을 견지해왔다-거의 모든 기독교 신학자가 그렇게 주장해왔다. 언약을 하나님의 은혜로 말미암아 주어진 것으로 보고 순종을 이런 은혜로운 선물의 결과로 보았던 한때의 고상한 사상이 옹졸한 율법주의 사상으로 타락하고〔degenerated into〕 말았다. 이런 율법주의 사상은 사람이 별 의미도 없는 부적절한 법령도 세세한 부분까지 준수하여 하나님의 자비를 얻어내야〔earn〕 한다고 보았다. 이런 견해가 성경 신학계의 통설이다. 이를 테면, 사람들이 널리 칭송하는 논문으로 해리 케네디〔Harry Angus Alexander Kennedy, 1866-1934. 영국의 성경 신학자다 ⓣ〕가 1915년에 언약을 주제 삼아 펴낸 논문을 언급할 수 있다. 케네디는 구약 속의 언약과 율법의 관계를 서술하면서, 이렇게 써놓았다.

계시된 율법 체계가 언약의 존재를 전제했음을 잊지 말아야 한다. 율법 체계

> 는 언약 **안에** 서 있는 공동체에 주어진다. 그 관계는 다시 우리가 오직 하나님의 자비와 선하심을 믿는 믿음이라고 부를 수밖에 없는 것을 전제했다. 따라서 예배하는 사람들이 나중에 제의에서 행하는 모든 일은 하나님과 사귐에 이르려는 목적을 갖고 있지 않았다: 그 모든 일의 목적은 그 사귐이 깨지지 않게 유지하는 것이다.
>
> 하지만 후대에 가서 균형이 바뀌었다.
>
> 그러나 이 시대에 이스라엘이 선택받았음을 증명해주는 최고 증거는 율법 소유이다.[420] 따라서 율법에 순종함은 이스라엘이 하나님의 은혜를 인정한다는 것을 보여주는 주된 표지다. 그러나 이런 순종이 사소한 규칙 준수를 포함하게 되면서 공로라는 관념이 서서히 들어올 수 밖에 없었으며, 결국 엄격한 계약 개념이 하나님의 자비를 근간으로 삼고 있던 언약 개념을 가려버렸다.

나는 이런 견해가 후대 유대교 자료를 잘못 읽어 생긴 결과라고 주장했으며, 이스라엘은 물론이요, 언약을 하나님의 은혜로 말미암은 것으로 보고 토라 순종을 인간이 언약 안에서 보여야 할 적절한 반응으로 보는 사상을 몰아내고 그 자리를 대신 차지해버린 시시한 율법주의를 가장 잘 대표하는 이들이라 추정되는 랍비들조차도 케네디가 **처음에** 묘사한 언약 개념을 그대로 유지했다고 주장했다. 나는 이런 주장이 증명되었기를 바란다.

우리는 언약과 율법의 이런 관계가 여태껏 검토한 자료 속에 거의 모두 들어있음을 발견했다. 한 예외가 벤 시락〔집회서〕인데, 벤 시락은 율법에 순종함이라는 문제를 선택이라는 문제와 연관 짓지 않는다. 이것은 분명 두 사실로 설명할 수 있다: 1. 벤 시락이 이야기하는 상대는 오직 이스라엘 사람들이며(그의 권면에는 일반성을 띤 권면이 많지만), 선택받은 자 대 선택받지 못한 자의 관계를 묻는 문제는 거의 등장하지 않았다(그는 36장에서 전통 견해를 따라 이스라엘이 받을 구속을 묘사하여 제시한다). 2. 벤 시락은 내세에 형벌과 보상이 주어진다는 개념을 갖고 있지 않았다. 때문에 그는 현세에서 사람들이 경험하는 번영과 고난의 정도만 서로 비교하여 다루었다. 그도 일반적 보응 이론을 사용하여 현세에서 의인과 악인이 마주할 운명을 다룰 수 있었고, 한 개인이 진정 "안에"〔언약 안에 ⓣ〕 있음으로써 "구원을 받을" 것인가라는 문제는 등장하지 않았다. 하지만 이와 달리, 다른 모든 문헌을 살펴보면, **순종은 어떤 사람이 언약 속에서 갖고 있는 자리를 유지해주지만, 이 순종으로 하나님의 은혜 자체를 얻지는 않는다**〔*obedience maintains one's position in the covenant, but it does not earn God's grace as such*〕. 순종은 다만 한 개인이 하나님의 은혜를 받은 그룹 속에 계속 머물게 해준다. 이것은 에스라4서도 똑같이 하는 말이다. 천사와 에스라의 대화는 비관이 담긴 주장을 제시하지만, 이런 대화도 사실은 언약과 순종의 이런 관계를 뒤집지는 않는다. 에스라4서가 다른 문헌과 다른 점이 있다면, 순종은 완전해야 한다고 요구한 점, 따라서 범죄는 영벌로 이어진다고 주장한 점이다. 결국 에스라4서가 제시하는 대화가 말하는 구원은 행위로 구성된다—사람이 구원을 받으려면 완벽하게 순종해야 하지만, 언약과 율법의 형식적 관계는 그대로 유지된다—순종은 사람이 계속 언약 속에 머물게 해준다.

"후기 유대교"의 언약 개념이 우위에 있음을 반박하는 증거로 사람들이 빈번히 했던 말이 "언약"이라는 단어가 자주 등장하지 않는다는 것이다. 가령 판 위니크〔W. C. van Unnik, 1910-1978. 화란의 신약 신학자다 ⓣ〕는 언약 개념이 유대교 안에서 희미해졌다는 부세트의 견해에 동조하면서, 부세트가 "언약"을 그의 색인 속에 집어넣지 않은 것을 올바르다고 말한다.[1] 단어 연

1 4 W. C. van Unnik, "La conception paulinienne de la nouvelle alliance," *Littérature et théologie pauliniennes*, by A. Descamps and others, 113. Roetzel, *Judgement in the Community*, 55f.도 유사한 견해다.

구가 늘 사람을 속이지는 않지만, 그래도 충분히 그럴 수 있으며, 이것도 그 한 예다. 421 나는 위 1장에서 랍비들이 말하는 언약과 선택 개념을 분석한 결과를 토대로, **언약 개념의 근본적 성격**〔언약 개념이 유대교 신학의 근본이라는 점 ⓣ〕**이 랍비 문헌에서 "언약"이라는 용어가 상당히 희소하게 등장하는 이유를 크게 설명해준다는 것**을 대담하게 말해보았다.[2] 랍비들은 언약을 당연한 것으로 전제했으며, 랍비들이 주로 논의한 대상도 언약에 따른 의무들을 **어떻게** 이행해야 하는가라는 문제였다. 바로 이런 주장들과 이런 문제들을 이야기하는 방식은 언약이 유효했다는—하나님이 그의 언약에 따른 약속들을 진실히 지키셨다는— 확신을 보여준다. 문제는 바로 유대인들이 그들이 언약에 따라 짊어진 의무들을 어떻게 진실히 지켜야 하는가였다. 유대교의 나머지 대다수 문헌을 놓고도 비슷한 이야기를 할 수 있겠다. 사해 사본은 언약을 상대적으로 빈번하게 직접 언급하는데, 이는 에세네파 자체가 그들이 참 언약을(혹은 언약에 관한 참된 해석을) 갖고 있다는 자신의 확신을 존립 근거로 삼았기 때문이요, 이 언약에 들어오고 머물려면 지켜야 하는 특별한 요구사항들을 규정해야 할 필요가 있었기 때문이다. 하지만 대체로 보면, 언약과 관련된 개념들이 아주 널리 퍼져 있는데도, 이 시대 문헌에서는 언약이라는 말이 많이 나타나지 않는다. 더구나, 이 시대 문헌은 하나같이 순종을 언약 속에 남아있는 데 적합한 행동이라 주장하지, 하나님의 은혜를 얻어내는〔자기 힘으로 사들이는 ⓣ〕 수단이라고 말하지 않는다.

2 5 다른 용어들, 가령 "하늘나라"와 "하늘의 명에" 같은 용어들을 사용하는 것도 언약이라는 용어가 희소하게 등장하는 두 번째 이유일 것이다. 이 책의 1장 4절과 11절을 보라. 여기서 *diathēkē*를 연구한 결과에 기초한 하이네만의 결론, 곧 필론은 언약 개념을 몰랐다는 결론과 비교해볼 수 있겠다. 하이네만은 "사회〔공동 이익을 추구하는 사회, commonwealth〕" 같은 다른 용어를 간과했다. Heinemann, "The Covenant as a Soteriological Category and the Nature of Salvation in Palestinian and Hellenistic Judaism," *Jews, Greeks and Christians* (*Festschrift W. D. Davies*), ed. Hamerton-Kelly and Scroggs, 1976, 주55를 보라.

유대교가 이 점과 관련하여 통일된 견해를 보여주며 남아있는 문헌 가운데 에스라4서만이 독특한 입장을 피력한다는 점은 하나님의 **자비**라는 주제를 살펴보면 알 수 있다. 에스라4서를 제외하고 지금까지 살펴본 모든 문헌에서는 이 자비가 엄격한 보응이라는 주제—각 사람에게 그가 행한 대로 갚으신다는 주제—와 나란히 자리해있는 주제다. 자비 및 정의와 관련하여 서로 다른 두 공식이 있다. 하나는 랍비 문헌이 제시하는 공식이다: 하나님의 자비는 그의 정의보다 크다. 다른 문헌에서는 하나님이 악인을 **그 행위 때문에** 처벌하시고 **의인에게는 자비**를 베푸신다는 공식이 늘 나타난다. 의인에게 자비를 베푸신다는 주제를 특히 정교하게 다듬어 제시하는 문헌이 사해 사본과 솔로몬의 시편이며, 이 주제는 집회서, 희년서, 에녹1서에서도 나타난다.[3] **자비**와 **보응** 혹은 정의라는 주제는 사실 서로 맞서는 개념이 아니며, 서로 다른 기능을 한다. 하나님이 각 사람에게 합당한 몫을 갚아주신다고 말하는 진술들은 하나님의 정당하심을 강조하는 데 이바지하며, 죄인과 의인 모두에게 그들의 행동이 중요하다는 것을 확실히 심어주는 데 이바지한다. 하나님은 변덕스럽지 않으시다. 하나님은 순종을 벌하시지 않고 범죄에 보상하시지 않는다. 422 자비라는 주제는 —하나님이 이스라엘을 선택하실 때 베푸신 자비라는 관점에서 바라보든, 하나님이 참회하는 죄인들을 받아주실 때 베푸시는 자비라는 관점에서 바라보든(참회는 보상을 얻어내는 행위가 아니라 자비를 베푸시는 하나님께 보이는 반응이다)— 선택, 나아가 결국은 구원도 사람이 자기 힘으로 얻지 못하며 하나님 은혜에 달려있다는 것을 확실히 각인시켜주는 데 이바지한다. 하나님이 보시기에 그가 주시는 궁극의 선물〔the ultimate gifts, 마지막에 베푸실 선물 ⓣ〕을 충분히 받을 수 있을 정도로 의로운 이는 아무도 없으며, 그

3 6 색인에서 "의인에게 베푸시는 자비"를 보라. 랍비 자료에서는 위에서 인용한 기도도 보라, 224f.

선물은 오직 하나님의 자비에 달려있다. 하나님의 자비가 의인에게도 마지막으로 의지할 곳이라는 주제는 우리가 살펴본 모든 문헌에서 나타나며 에스라4서에서만 나타나지 않는다: 에스라4서에서는 천사가 하나님의 긍휼을 부인하며, 심판은 행위대로 엄격하게 **이루어진다**고 말한다. 하나님의 자비라는 주제가 나머지 문헌에는 있으나 에스라4서에는 없다는 사실은 이 시대 유대교가 구원을 대개 공로로 얻어내는 것이라고 주장하지 않았음을 보여주는 데 도움을 준다. 에스라4서는 의인은 당연히 구속을 얻을 **자격이 있고**〔*merit*〕 자비를 필요로 하지 않지만(에스라4서 8.33),[4] 악인에겐 분명 자비가 없다고 딱 잘라 말한다. 에스라4서에는 기본적으로 충성하지만(랍비들의 용어로 말하면, "믿는다고 고백하지만") 사실 불순종하는 사람은 들어설 자리가 없는 것 같다. 문제는 이런 기본적 충성을 증명하려면 도대체 순종이란 것이 얼마나 완벽해야 하는가이다. 에스라4서가 요구하는 순종의 정도는 극한이다. "믿는" 자는 순종하는 자요, 범죄를 저지르는 자는 "부인하는" 자로 취급받는다.[5] 따라서 하나님이 대체로 의로우나 늘 순종하지는 않는 이스라엘 구성원들(즉 사실상 모든 이스라엘 사람)에게 자비를 베푸신다는 주제는 나타나지 않는다. 이것이 바로 구원받은 자로 헤아림을 받는 이들이 극히 적은 이유다. 달리 말하면, 에스라4서는 오직 **특정** 범죄만을 하나님과의 언약을 부인하는 것으로 규정하지 않는다는 점에서 우리가 지금까지 살펴본 다른 문헌과 다르다. 이것 역시 다른 문헌에서는 널리 발견할 수 있으나 에스라4서에는 없는 주제다.[6] 하나님을 부인함에 해당하는 것은 범죄 자체이지, 비단 가장 심각한 범죄나 가장 가중

4 7 8.33은 "에스라"가 한 말이나, 이 말도 에스라가 "바로 말했다"(8.37)고 천사에게 인정받은 말 중 하나다.

5 8 뢰슬러, 하르니쉬, 그리고 다른 이들은 에스라4서가 말하는 불순종을 오직 기본적 충성만 하는 것이라고 정의한다. 불충성은 어떤 것이든 순종하지 않는 것이라고 정의하는 것이 더 나을 것 같다.

6 9 색인의 "하나님을(언약을) 부인함"을 보라.

한 범죄만 그런 것이 아니다.

종교의 공통 패턴: 언약적 율법주의

에스라4서의 독특함은 "언약적 율법주의〔covenantal nomism〕"라 부르는 것이 가장 타당한 종교 유형이 여기서 고찰한 문헌에서 나타나는 유대교에 널리 퍼져 있던 정도를 부각시키는 데 도움을 준다. 언약적 율법주의의 "패턴" 혹은 "구조"는 이렇다: (1) 하나님이 이스라엘을 선택하셨으며, (2) 율법을 주셨다. 율법은 (3) 이 선택을 유지하시겠다는 하나님의 약속과 (4) 순종해야 한다는 요구를 암시한다. (5) 하나님은 순종에 보상하시고 범죄를 처벌하신다. (6) 율법은 속죄 수단을 제공하며, 속죄는 결국 (7) 언약 관계 유지 혹은 언약 관계 재수립이라는 결과로 이어진다. (8) 순종과 속죄 그리고 하나님의 자비로 말미암아 언약 안에 남아있게 된 모든 이는 장차 구원받을 그룹에 속해 있다. 첫 번째 요점과 마지막 요점에 관한 중요한 해석이 선택, 나아가 결국 구원은 인간이 이룩하는 일이라기보다 하나님의 자비로 말미암아 이루어진다고 여긴다는 것이다.

423 우리가 고찰한 개개 문서 가운데 방금 열거한 모티프를 전부 담고 있는 문서는 하나도 없다. 가령 에녹1서는 두드러지게 "불완전하다." 나는 에녹1서의 여러 부분에서도 이 작품이 언급하지 않는 요소들을 전제하고 있다는 가설이 정당함을 충분히 인정할 수 있는 증거를 볼 수 있다고 믿는다. 가령 우리는 순종하라는 요구를 볼 수 있는데, 이로 보아 율법을 수여한 일을 자세히 이야기하지는 않지만, 그래도 순종해야 할 무언가를 틀림없이 받았으리라는 추론을 해볼 수 있다. 유사하게 의인은 자비를 얻으나 악인은 그 행위대로 엄격하게 처벌받는다는 주제가 존재하는 점에 주목할 수 있다. 이것 역시, 비록 순종이 의로움을 유지하는 조건이긴 하지만, 그래도 선택과 구원 자체는 율법의 행위로 말미암지 않는다는 견해를 암시하는 것 같다.

우리가 살펴본 자료에는 분명 통일된 조직 신학이 존재하지 않으며, 이 자료들 밑바닥에 깔려 있는 종교 패턴에 대체로 통일성이 존재한다고 주장한다 하여 통일된 조직 신학이 있음을 암시하는 것은 아니다. 쿰란은 언약과 계명이 "모세의 손을 통해 주어졌다"고 정의하는데, 이런 정의는 분명 랍비들의 정의와 다르다. 그러나 언약과 언약이 가지는 의미에 우선성을 부여하는 점, 그리고 계명에 순종해야 한다고 말하는 점에서는 쿰란과 랍비들 사이에 의견일치가 존재한다. 둘의 속죄 수단이 정확히 동일하지는 않다. 그러나 전체 체계 안에서 속죄가 차지하는 위치는 동일하다. 한 공통 패턴 안에 존재하는 여러 차이점이 아주 깊은 틈새를 만들 수 있다는 것은 쿰란 공동체가 다른 이들과 분리된 한 분파로 존재했다는 사실이 보여주지만, 이런 차이점들 때문에 이들이 공통으로 갖고 있는 것들을 보지 못하는 일이 있어서는 안 된다.[7] 따라서 학자들은 우리가 연구한 시대의 팔레스타인에는 수많은 **유대교들**이 있었다고 누누이 강조하는데, 우리는 단지 그 말의 의미를 살펴보고, 옳다 혹은 아니다라고 대답하면 된다. 분명 많은 점에서 서로 의견을 달리 하는 그룹들이 있었고 서로 다른 신학들이 있었다. 그러나 단지 "유대인"이라는 이름만 공통된 게 아니라, 더 많은 공통 요소들이 있었던 것 같다.[8]

묵시주의와 율법주의

이 연구서는 묵시주의와 율법주의가 이 시대 유대교 안에서 상당히 서로

7　10 Sandmel, *The First Christian Century*, 23f, 83도 같은 견해다.

8　11 여기서 연구한 모든 자료의 출처는 팔레스타인이다. 따라서 무엇이 공통인가라는 문제와 관련하여 내릴 수 있는 결론도 팔레스타인 유대교 문헌에 국한될 수밖에 없다. 나는 다른 곳에서 "언약적 율법주의"가 많은 헬레니즘 유대교의 특징이기도 하다고 주장했지만, 헬레니즘 유대교 신학 안에는 어떤 팔레스타인 유대교 문헌에도 존재하지 않는 중요한 강조점들이 있음을 발견한다. "The Covenant as a Soteriological Category and the Nature of Salvation in Palestinian and Hellenistic Judaism"을 보라.

다른 종교 유형 내지 흐름을 구성한다고 주장한 이들에게 아무런 도움도 주지 않는다. 쿰란에 엄격한 율법주의를 지향하면서 임박한 종말을 명백히 고대하던 그룹이 존재했다는 것은 이런 단순한 분석을 받아들이는 데 아주 신중해야 함을 일깨워주는 요인임이 틀림없다. 사해 사본은 임박한 종말을 크게 기다렸다는 것 자체가 어떤 독특한 종교 유형 혹은 심지어 어떤 독특한 종교 분파를 구성하지는 않는다는 것을 일러준다.[424] 물론 쿰란에서 발견되는 종교에는 이채롭고 독특한 측면들이 있긴 하지만, 그래도 대체로 거기서 발견되는 종교 유형이 예외는 아니다. 더구나 이 분파의 묵시주의가 이 단체를 분파로 만들어주는 것도 아니다. 이 분파가 한 분파인 이유는 **선택**을 달리 정의하기 때문이요 언약 구성원을 달리 정의하기 때문이다. 종말이 속히 오리라고 기대했던 모든 사람이 언약과 선택을 다시 정의했다고 생각할 이유는 없다.

나는 **순종**이라는 개념이 묵시 문헌에서 독특하게 나타나는 개념이라는 견해에 동의하지 않는다. 에녹1서와 에스라4서는 어떤 특별한 계명도 규정하지 않지만, 이런 사실이 곧 구체적 경우에 성경의 계명에 순종할 것을 기대하지 않았다는 암시는 아닌 것 같다. 이와 반대로, 우리가 에스라4서를 논할 때 보았듯이, 순종해야 할 것은 **가르침**과 **계명**이다. 순종은 기본적 충성을 증명하지만, 이 점은 랍비 문헌에서도 역시 마찬가지이며, 이는 우리가 고백(시인)과 부인이라는 주제를 다룬 내용이 증명해주었다. 희년서도 여기서 도움이 된다. 희년서가 주로 묵시의 대망을 담은 작품은 아니나, 명확하게 미래를 지향하는 내용이 들어있으며, 23장과 50장은 특히 그렇다. 그러나 순종해야 할 계명을 자세히 규정한다는 점에서 "율법주의 성격이" 더 강한 작품은 거의 없다.

나는 어떤 유대인들은 다른 이들보다 묵시의 대망과 사색에 더 많은 관심을 기울였다는 점을 부인하고 싶지 않다. 나는 다만 이 문제가 어떤 독특한 종교 유형을 구성할 수 있다는 점에는 의문이 든다. 오히려 이와 반대로, 우리는 묵시를 많이 지향하는 작품과 적게 지향하는 작품 모두의 밑바탕에 동일한 패턴이 깔려 있음을 본다. 집회서를 제외하고 우리가 살펴본 모든 문헌에 미래를 향한 어떤 기대가 들어있음을 언급해야 한다. 가령 우리는 랍비 문헌을 살펴볼 때, 키두쉰 1.10에서 "그 땅"에 관한 약속을 이해한 것에 변화가 있음을 보았다. 아마 처음에는 문자 그대로 이스라엘 땅을 가리키는 약속으로 받아들였겠지만, 나중에는 장차 임할 세상을 의미하는 말로 받아들였다. 하지만 이런 이해의 변화가 사람이 어떻게 "안에" 들어가〔gets 'in'〕 "안에" 머무는가라는〔stays 'in'〕 기본 문제에 영향을 주지는 않는다. 우리가 탐구하는 문제는 주로 사람이 어떻게 구원받은 자들의 공동체 안에 들어가 그 안에 머무는가라는 문제이지, 언제 결정적 구원이 일어나며 그 구원은 어떤 모습일 것인가라는 문제가 아니다. 거듭 말하면, 종말의 시간과 본질에 관한 사변이 만들어낸 차이들이 서로 다른 종교 유형이나 패턴을 구성하지 않는다. 이 점은, 우리가 일단 "안에" 들어감(선택)〔getting in(election)〕과 "안에" 머묾(순종)〔staying in(obedience)〕이라는 패턴에 초점을 맞추면, 분명하게 드러난다.

이처럼 나는 (무어처럼) 묵시 문헌을 랍비 문헌 아래에 두고 싶지도 않고〔subordinate apocalyptic literature to Rabbinic literature〕, (뢰슬러처럼) 둘의 차이를 너무 부각시켜 이 둘을 철저히 다른 종교를 대변하는 것으로 만들고 싶지도 않다. 우리는 다양한 문헌에 어떤 공통 기반이 존재함을 발견할 수 있는가 여부를 묻는 문제에 관심을 기울였으며, 그 답은 발견할 수 있다는 것이었다. 이것이 묵시 문헌과 랍비 문헌이 서로 배척하는 그룹들에서 생겨났는가, 얼마나 많은 랍비가 강한 묵시 대망을 주장했는가와 같은 역사 문제들을 해결해주지는 않는다. 우리는 다만 남아있는 다양한 문헌 속에 공통된 한 "종교 패턴"이 존재한다는 것을 발견할 뿐이다.

425 분파와 당파

우리는 아울러 "안에" 들어감과 "안에" 머묾이라는 문제에 초점을 맞춤으로써 유대교의 분파와 당파를 논할 수 있는 한 관점을 얻는다. 사람들은 보통, 많든 적든 요세푸스를 따라서, 유대교 안의 다양한 그룹이 똑같이 "분파(sect)" 혹은 "당파(party)"였으며, 이 두 용어는 서로 바꿔쓸 수 있다고 생각한다. 오히려 우리가 구원론 차원의 배타주의(soteriological exclusivism)라 부를 수 있는 것을 기초로 삼아 구분하는 것이 유익할 것 같다. 어떤 그룹은 그 그룹 구성원들만이 아닌 모든 이가 구원을 받으리라는 것을 인정하지 않을 수도 있고, 혹은 아예 더 큰 공동체에 속한 모든 이가 자기 당파의 교의에 동의**해야 한다**고 말할 수도 있다. 이와 비슷한 현대의 사례를 하나 쉽게 들 수 있겠다. 보수당원(캐나다 보수당 당원을 말한다 ⓣ)들은 자신들이 캐나다를 다스려야 하며, 자신들이 캐나다를 다스리면 캐나다가 더 나아질 것이라고 주장하는데, 이런 주장을 펼치는 한, 이들은 한 **당파**다. 만일 현재의 보수당 지도부(혹은 다른 어떤 그룹)가 마니토바 북부로 옮겨가, 거기에 의회와 법원을 세우고, 자신들의 법을 따르지 않는 이는 모두 참 캐나다 사람이 아니라 캐나다를 배신한 자라고 선언한다면, 이들은 한 **분파**가 될 것이다. 이런 의미에서 보면, 분파 문헌임이 명확하게 드러나는 문헌은 오직 사해 사본뿐이다. 심지어 거기에서도, "이스라엘"이라는 명칭을 자기 그룹에 적용하길 주저했지만, 그래도 분파 구성원이 아닌 자들을 배신자로 불렀으며, 그(하나님과 이스라엘의 ⓣ) 언약도 그 **분파**의 언약이라고 정의했다. 희년서는 달력 문제 때문에 분파주의를 지향하는 흐름을 어느 정도 보여주었으나, 그래도 분파 성격을 명확하게 드러내는 관점은 존재하지 않는 것 같다. 랍비 문헌은 "이스라엘" 안의 암메 하아레츠(*'amme ha-'arets*, 그 땅의 백성들)를 은근히(때로는 분명하게) 포함하고 있지만, 여기서 사용하는 분파라는 말의 의미에 비춰보면, 랍비 문헌은 분명 분파 문헌은 아니다. 만일 모든 랍비가 하베림〔*ḥaberim*〕이라 가정한다면(이 점에는 의문이 있다), 실제로 사회관계라는 관점에서 어떤 배타주의가 있을 것이다. 그러나 암메 하아레츠를 "이스라엘"에서 제외하지 않은 점을 고려하면, 그 태도는 분파라기보다 당파 쪽이다.

모든 당파와 분파에 어떤 이름을 부여하는 일은 덜 중요해 보인다. 사람들은 현존 문헌의 출처를 요세푸스가 언급하는 여러 당파 중 하나로 만들고자 상당한 노력을 기울였다. 이것은 마치 신약 성경 각 책의 저자를 신약 성경의 다른 곳에서 언급하는 어떤 한 사람으로 만들고 싶어 하는 것과 비슷할지도 모른다. 예전에는 부활과 관련하여 사두개인과 바리새인이 보이는 이견에 주목하는 경향이 있었으며, 그에 따라 대다수 현존 문헌을 바리새인의 저작으로 보는 경향이 있었다. 이런 문헌이 부활을 늘 인정하거나 적어도 암시하기 때문이다. 426 이 때문에 찰스는 희년서를 바리새인이 쓴 문헌으로 여겼지만,[9] 희년서의 달력 때문에라도 이 책을 바리새인이 썼다고 생각하지 말아야했다. 솔로몬의 시편은 이 속에 들어있는 시들이 사두개인이나 에세네인이나 열심당의 색채를 띠고 있지 않다는 이유 때문에 지금도 가끔씩 바리새인의 작품으로 분류한다.[10] 나는 모든 문헌을 반드시 어느 한 당파나 다른 당파의 작품으로 봐야 한다고 확신하지 않는다.[11] 만일 요세푸스를 따른다면, 그가 바리새인이라 여기는 사람들의 숫자도 분명 고려해야 한다. 그는 이 바리새인들을 다수 당파〔the leading party〕라고 부른다.[12] 바리새인이 6,000명이었다면, 대다수 유대인은 어느 한 당파에 속하지 않았다는 결론이 나온다. 이처럼 우리가 "당파"와 "분파"를 논의한

9 16 Charles, *Pseudepigrapha*, 1을 보라.

10 17 Maier, *Mensch und freier Wille*, 283-293.

11 18 Sandmel, *The First Christian Century*, 24; Reicke, "Official and Pietistic Elements of Jewish Apocalypticism," *JBL* 74, 1960, 137-150도 같은 견해다.

12 19 Josephus, *War* II. 162; *Antiquities* XVIII. 12.

것은 어떤 문헌을 이름이 알려진 당파 및 분파와 결합하려는 게 아니라, 각 책이나 문헌들이 "당파" 혹은 "분파"의 성격을 지니고 있음을 지적하려는 목적 때문이다.

예수와 바울 시대의 유대교

우리 연구는 기원후 70년 이전의 팔레스타인에서 유대교가 어떤 모습을 하고 있었는가라는 물음에 답하려는 것이 아니었다. 가령 우리는 바리새인과 사두개인 자체를 논하지 않았으며, 다만 현존 문헌만을 논했다. 내가 보기에 우리는 사두개 문헌은 물론이요, 랍비 자료에 바탕을 둔 몇몇 단편들〔fragments, 조각 문헌들〕을 제외하면, 사실상 바리새 문헌도 전혀 갖고 있지 않을 가능성이 아주 높다. 따라서 나는 바리새주의와 관련하여 많은 탐구자가 "알았던" 것보다 아주 적은 것만을 알고 있을 뿐이다. 하지만 기원후 70년 이전의 유대교와 관련하여 이 연구서를 토대로 말할 수 있는 것이 몇 가지 있다.

기원전 2세기 초부터 기원후 2세기 말에 이르기까지 언약적 율법주의가 일관되게 유지되었다. 때문에 우리는 언약적 율법주의가 기원후 70년 이전의 팔레스타인에 **널리 퍼져 있었다**고〔covenantal nomism was *pervasive* in Palestine before 70〕가정할 수밖에 없다. 따라서 언약적 율법주의는 예수가 아셨고 어쩌면 바울도 알았을 기본 종교 **유형**이었다. (우리는 소아시아의 유대교가 가졌던 독특한 특징들은 거의 알지 못한다.) 마태복음 23장의 논박이 정확하게 비판하는 유대인, 곧 오직 시시한 일에만 신경 쓰고 더 큰 문제는 무시한 유대인이 있었을 가능성을 완전히 배제하지는 못한다. 인간의 본성을 고려할 때, 우리도 그런 이들이 일부 있었으리라고 추정한다. 하지만 우리는 현존하는 유대교 문헌이 그런 이들을 보여주지 않는다고 말할 수밖에 없다. 현존하는 모든 유대교 문헌이 유대인이 보존한 문헌이 아님을 명심해야 한다. 외경과 위경은 그리스도인이 보존했으며, 사해 사본은 우연히 발견되었다. 따라서 우리가 통틀어 살펴본 이 모든 문헌에서 유대교는 그 시대의 유대교에 대해 직접 전달하지, 이후 세대가 사람들이 기억해주길 바랐던 모습의 유대교만 존재하는 게 아니다(기독교는 후자의 경우에 속한다). 종교를 이해할 때는, 그 종교 자신이 제시하는 내용이 명백히 무단 삭제되거나 정정되지 않은 한, 바로 그런 내용에 기초하여 이해해야지, 외부에서 그 종교를 논박하고 공격한 내용에 기초하여 이해해서는 안 된다.[427] 이런 점에 비춰볼 때, 우리는 기원후 70년 이전의 유대교가 은혜와 행위를 올바른 시각으로 파악했으며, 하나님의 계명을 시시한 것으로 만들지 않았고, 특히 위선이라는 특징을 갖지 않았다고 말할 수밖에 없다. 우리는 그리스도인들이 유대교에 자주 퍼붓는 비판이 몇몇 유대교 신자 개인이 그들의 종교를 오해했다, 잘못 적용했다, 악용했다는 비판이 아니라, **유대교 자체가** 시시한 율법주의, 자기를 섬기고 자신을 속이는 궤변으로, 그리고 오만과 하나님을 확실히 믿지 않음이 뒤섞인 모습으로 **흐를 수밖에 없다**는 비판임을 되새겨봐야 한다. 그러나 현존하는 유대교 문헌을 보면, 내가 읽어본 어떤 문헌도 이런 특징을 갖고 있지 않다. 이 문헌들은 **언약적 율법주의**라는 기본 틀을 일관되게 유지함으로써, 하나님의 선물과 요구가 늘 서로 건강한 관계를 유지하게 했고, 율법의 세세한 사항들을 지킬 때도 종교〔유대교 ⓣ〕의 큰 원리를 기초로 삼고 하나님께 헌신하는 자세를 지키는 이유로 삼았으며, 이스라엘을 선택하시고 궁극에는 이스라엘을 구속하실 하나님 앞에서 겸손하라고 독려했다.

나아가 우리는 에스라4서가 유대교의 특히 좋은 대표 문헌은 아님을 알았다. 기독교 학자들 사이에는 에스라4서가 바리새주의 혹은 바울이 아는 유대교를 정확히 대변한다고 보는 케케묵은 전통이 있다. 쾨벌레는 이런 주장을 체계 있게 전개했다: "대체로 보면 … 에스라4서 저자는 분명 우리에게 개개 유대인의 경건이 드러나는 신앙 표현들에서 미래의 심판을 믿는 믿음에서 나온 되울림을 올바로 제시한다. **하나님의 은혜와 자비를 믿는 믿음을 담은 많은 표현이 모두 부인당하는 것 같다.**"[13] 사람들은 에스라4서가 〔당시 유대교의〕 좋은 예라는 입장을 유지해왔다. 가령 도드〔Charles Harold Dodd, 1884-1973. 영국의 신약 신학자다 ⓣ〕는 에스라4서가 "바울이 그리스도인이 되기 전에 가졌던 입장"을 가장 잘 대변한다고 여겼다.[14] 롱그넥커는 에스라4서가 "초기 바리새주의"를 보여주는 주된 자료 중 하나라고 여겼고,[15] 보른캄은 유대 묵시주의가 에스라4서에서 피할 수 없는 파국을 맞는다고 말했다.[16] 우리는 우선 에스라4서를 기원후 70년 **이전의** 유대교를 대변하는 문헌으로 사용하는 것과 관련하여, 예루살렘 함락이 이 책만큼 깊은 흔적을 남긴 책은 없다는 점을 언급해두어야겠다. 이 책의 존재 이유는 바로 로마가 이스라엘에 가한 물리적 억압이다. 그러나 설령 이 책이 기원후 70년 이전의 유대교를 대변한다 하더라도 랍비 문헌만큼 대변하지는 않는다. 전쟁 이후에 이스라엘이 겪은 어려운 상황이 없었어도 이 책이 **과연**〔*at all*〕 지금 이 책이 말하는 것 같은 관점을 주장할 수 있었을지 의문이 들 수 있기 때문이다. 우리는 심지어 에스라4서가 기원후 70년 **이후의** 유대교 중 아주 많은 부분을 대변하는 자료로서 유용한가도 의심해봐야 한다. 이 책은 결론 부분의 환상에서 이스라엘의 승리를 묘사함으로써 천사와 선견자가 나누는 대화가 표명하는 비관론을 바로잡았다(본서에서 이 작품을 바라보는 견해에 비춰보면 그렇다). 바룩2서는 에스라4서의 많은 부분을 사용했지만, 에스라 4서의 일반 관점을 뒤엎었다. 이는 바룩2서가 죄에도 불구하

13 20 Köberle, *Sünde und Gnade*, 657.

14 21 C. H. Dodd, "The Mind of Paul II," *New Testament Studies*, 118.

15 22 Longenecker, *Paul: Apostle of Liberty*, 8.

16 23 Bornkamm, *Paul*, 147.

고 죄인이 회복될 수 있으며 이스라엘이 구속받을 수 있다는 견해로 되돌아가기 때문이다.[17] (나는 바룩2서가 에스라4서를 사용했다고 추정한다.)
428 행위로 말미암은 구원 교리를 표명하는 대화에 나오는 비관론은 유대인 공동체가 널리 주장했던 견해와 일치하지 않는 것 같다. 랍비들이 바리새주의를 계속 이어갔다면, 선견자가 제시하는 간구들에서 "바리새주의"의 견해를 가장 잘 볼 수 있지만, 이 간구들은 인정받지 못한다. 에스라4서는 바리새주의를 대변할 수 없다. 현존하는 유대교 문헌 중, 범죄는 반드시 파멸로 이어진다고 보고 충성을 절대 순종과 동일시하는 견해〔에스라4서의 견해 ⓣ〕와 유사한 예가 있는 문헌은 없다. 따라서 에스라4서는 소수의 견해이자, 예루살렘 멸망 전에는 결코 존재하지 않았던 것으로 보이는 견해를 대변하는 문헌으로서 따로 떼어놓아야 한다. (만일 우리가 복스, 뢰슬러, 하르니쉬, 그리고 비리치가 제시하는 에스라4서 해석을 받아들인다면, 내가 에스라4서만이 유일무이하게 주장하는 견해라고 묘사한 견해는 유대교 문헌이 전혀 증언하지 않는 것이라는 결론이 나올 것이다.)

결국 우리는 이 연구를 토대로 역사 속 여러 당파 및 분파의 관계, 바리새주의가 다른 당파 혹은 분파보다 우위에 있었다는 점 등에 관하여 결론을 끌어내지는 못하지만, 예루살렘 멸망 전에 유대교가 가졌던 **특성**에 관한 한, 몇 가지 결론을 타당하게 끌어낼 수 있다. 설령 우리가 언약적 율법주의가 표명했던 서로 다른 주제들과 모티프들을, 이후에 랍비 문헌이 이해한 그대로 이해하지 못했다 할지라도, 언약적 율법주의가 예루살렘 성전 파괴 이전에 팔레스타인에 널리 퍼져 있었던 일반적 종교 유형이었던 것만은 틀림없다.

17 24 "The Covenant as a Soteriological Category"(위 주5)를 보라.

2부

바울

V장 바울

1절 들어가는 글

자료

이 간결한 부분〔sub-section〕의 주된 목적은 이곳에서 바울 사상을 다룰 때 근간이 된 몇몇 중요한 판단을 변호하거나 증명하려 하지 않고—이 판단들을 변호할 수 없기 때문에 그러는 것은 아니다—두루 고찰해보는 것이다. …… 나는 바울을 연구할 자료로 그 진정성에〔바울이 쓴 서신이라는 데 ⓣ〕 아무 의문이 없는 일곱 서신, 곧 로마서, 고린도전서와 후서, 갈라디아서, 빌립보서, 데살로니가전서, 그리고 빌레몬서만을 받아들인다. 빌레몬서에는 신앙이나 신학과 관련된 내용이 거의 없으므로, 여섯 서신만을 살펴봐도 적절하겠다. ……

…… 나는 바울 사상에서 커다란 신학 "발전"을 보여주는 어떤 표지도 발견하지 못하나, 바울이 그 자신을 표현한 방식에는 분명 여러 차례 변경이 있으며, 이렇게 변경한 내용들은 바울 사상을 이해할 수 있는 가장 훌륭한 계기를 제공하는 동시에 주해가의 지독한 평가를 거쳐 검증을 받는다.

433 이것이 바울의 종교가 그의 신학인지 여부를 묻는 표준 질문, 또는 이와 비슷한(그러나 더 순진한) 질문, 곧 바울이 "신학자"였는가 여부를 묻는 질문에 한 가지 대답을 제공한다. 여기서 어떤 간결한 대답을 제시해도 이

번 장 전체를 그 대답의 내용을 충실히 채우는 데 할애해야겠지만, 우선 간결한 대답을 하나 제시해보면, 바울도 그의 복음을 곱씹고 성찰한 점에서는 신학자**였다**고 말할 수 있으나, **체계 있는 신학을 제시한**〔*systematic*〕 신학자〔조직신학자〕는 아니었으며, 심지어 그가 로마서를 쓸 때도 그런 신학자는 아니었다고 대답할 수 있겠다. 바울의 신학은 그의 종교가 아니라, 다양한 서신이 반영하고 있는 여러 상황에서 그의 종교를 표현하려는 바울 자신의 노력이다. 나아가 바울 사상이 본질상 체계가 없고 그 사상을 표명한 형태가 다양한 변화를 보여주긴 하지만, 그래도 나는 바울을 **일관된**〔*coherent*〕 사상가로 본다.

연구 진행 방법

이번 장에서 완수할 일은 우리가 1부에서 제시한 종교 패턴들과 비교할 수 있는 바울의 "종교 패턴"을 제시하는 것이다. 우리는 보통 진행하는 과정을 따라 바울 사상의 일관된 기본 구조(우선 그런 구조가 존재한다고 가정한다)를 밝혀보려고 시도하겠다. 바울의 경우에는 종교 패턴을 단순하게 "구원론"이라고 묘사하기가 유대교의 경우보다 쉽다. 바울에겐 그가 분명하게 밝힌 구원론이 있었기 때문이다. 하지만 구원론은 독립된 주제라기보다 오히려 다른 주제들(사람들이 보통 사용하는 명칭으로 그 주제들을 표현해본다면, 특히 기독론, 종말론과 인간론과 같은 주제들)과 긴밀하게 연결되어 있으므로, 이 부분을 그냥 바울의 구원론을 묘사한 부분이라고 부르기보다 바울의 종교 패턴 중 하나를 묘사한 것이라고 부르는 것이 아무래도 가장 좋겠다.

1부에서는 사실상 모든 경우에 선택과 언약이라는 문제에서 우리의 분석을 시작하는 것이 최선이었다. 언제나 이 선택과 언약이라는 개념이 유대교를 분석하는 출발점이라고 볼 수 있기 때문이다. 하지만 바울의 경우에는 문제가 더 어렵다. 바울의 종교 사상을 정확히 살펴보기 위한 출발점은 어디이며 바울 사상의 중심은 어디인가라는 관련 문제는 바울 연구에서도 가장 난해한 문제에 속한다.[434] 앞으로 보겠지만, 보통은 어디를 출발점으로 선택하느냐가 바울 사상을 묘사한 내용이 적절한가를 판가름하는 결정적 요인이 되므로, 출발점을 주의 깊게 선택하여 바울이 시작한 곳에서 시작하는 것이 중요하다.

중심은 무엇이며 출발점은 어디인가?

자신이 늘 발휘하던 비판적 통찰력을 발휘하여 이 문제가 바울을 이해하는 데 결정적 관건임을 예리하게 지적한 이가 바로 알베르트 쉬바이처였다. 우리가 바울을 조직신학이라는 범주〔장소〕 아래 연구하면서, 종말론을 우리가 마지막에 논의할 사항으로 밀어놓는 한 바울을 이해하는 데 지장이 생기며, 심지어는 바울이 완전히 가려질 수도 있다. 더구나, 우리가 바울 복음의 중심 주제를 "오직 믿음으로 의롭다하심을 얻음"이라 여긴다면, 바울이 성도가 연합하여 그리스도의 몸을 이룸을 생각하면서 이와 연계하여 생각했던 현실의 의미를 놓치게 되며, 결국 바울 신학의 핵심도 놓치게 된다. …… 바울을 연구하는 학자 집단 중 가장 영향력 있는 단일 학자 집단을 이루고 있는 독일 개신교 신학자들 중 많은 이가 쉬바이처를 무시했다.[435] 보른캄〔Günther Bornkamm, 1905-1990. 독일의 신약 신학자다 ⓣ〕과 콘첼만〔Conzelmann〕 같은 학자들은 쉬바이처 자신이 받아들이지 않을 정의〔定義〕를 내세워 쉬바이처가 사용한 "신비주의"라는 용어를 거부했으며, 쉬바이처의 견해 중 다른 부분도 소홀히 다루거나 아예 다루지 않았다. 보른캄은 그가 바울 사상을 다룬 항목의 **마지막** 즈음에서 전개한 논의를 통해 종말론이 바울 사상 전반에 걸쳐 널리 중요성을 갖고 있음을 설명하려 하지만, 그의 이런 시도는 사실 쉬바이처의 논지와 일치하지 않는다. 인간론에서 출발하여 믿음이 없는 인간을 가장 먼저 고찰하겠다는 불트만의 결정은 보른캄과 콘첼만에게도 결정적 영향을 미쳤으며, 이런 출발점은 "이신칭의"〔"믿음으로 의롭다하심을 얻음"은 이신득의라고도 하는데, 여기에서는 이신칭의로 번역한다 ⓣ〕를 바울 사상의 중심 신학 주제로 이해하고, 바울 사상이 가진 종말론적, 우주적, 참여주의적〔participationist〕 측면보다 개인적 측면에 논의의 초점을 맞추는 태도와 일치한다.

…… 우리는 다음 절에서 "이신칭의"를 **어떻게** 이해해야 하는지 논해보겠다. 여기에서는 다만 "이신칭의"라는 말이 바울 신학의 중심을 가리키는 **용어**로 부적절한 이유들을 요약해보겠다.

쉬바이처는 "이신칭의"라는 표현을 바울 사상의 중심으로 보는 견해에 반대하는 이유를 간결하면서도 설득력 있게 제시했는데, 그가 요약한 것을 인용하면 될 것 같다.

> 439 그것[이신칭의]을 가장 간단하고 가장 원형에 가까운 형태로 우리 앞에 제시하는 갈라디아서를 보면, 이신칭의라는 교리는 아직 독립된 교리가 아니라, 그리스도 안에 있음이라는 종말론 교리에서 끌어온 개념들의 도움을 받아 만들어진 교리다.
>
> 이신칭의 교리는, 갈라디아서에서나 로마서에서나, 항상 율법을 둘러싼 논쟁을 다루어야 할 때만 등장하며,—아주 중요한 사실은—심지어 그런 때에도 성경이 아직 할례 받지 않은 아브라함을 근거로 삼은 논증을 펼칠 때만 등장한다. 이신칭의 교리는 이런 성경의 논증과 접촉점을 발견할 수 있을 때만 두드러지게 나타난다.
>
> 또 다른 점은 … 바울이 그것[이신칭의]을 다른 복〔福〕인 구속〔救贖〕, 성령을 소유함, 부활과 연계하지 않는다는 것이다. 바울이 믿음에 따른 의 및 율법에 따른 의에 관한 그의 성경 속 논증 때문에 필요해진 이런 논의를 그대로 놔두

고 떠나자, 그것〔이신칭의 ⓣ〕은 그에게 더 이상 아무 도움도 주지 않는다. 그는 윤리의 기초를 찾을 때는 물론이요 세례와 주의 만찬에 관한 교리를 다룰 때도 그것〔이신칭의 ⓣ〕에 전혀 의지하지 않는다.[1]

쉬바이처의 저작은 다른 곳에서 이 가운데 많은 점을 훨씬 더 자세히 다룬다. 예를 들면, 쉬바이처는 이신칭의에서 유래하지 않고 쉬바이처 자신이 그리스도 안에 있음이라는 신비주의적 교리라 부른 것에서 유래한 윤리들을 다루면서, 이렇게 주장했다. 즉 윤리를 의롭다하심을 얻음이라는 교리에서 끌어낸다면,

> 이전에는 본디 선한 행위를 만들어낼 수 없었던 사람이 어떻게 하여 의롭다하심을 얻는 행위를 통해 그런 선한 행위를 할 수 있는 능력을 얻었는지 보여주어야 할 것이다. 그런 능력은 오로지 그리스도를 통해 그에게 주어질 수 있을 뿐이지만, 믿음으로 의롭다하심을 얻는다는 교리에 따르면 그리스도가 신자에게 행하시는 일은 신자로 하여금 의롭다하심을 얻게 하는 게 전부이다.

하지만 바울은 칭의〔의롭다하심을 얻음〕와 윤리 사이의 틈새를 이어줄 논증을 제시하지 않았다. 오히려 윤리는 "그리스도와 함께 죽고 그리스도와 함께 부활함〔다시 삶〕이라는 신비주의적 교리"에서 나온다. 당시 쉬바이처는 이 교리가 바울의 신비주의적 교리라기보다 바로 바울이 윤리와 관련하여 제시한 교리로 불리곤 했다고 진술한다. 바울 서신을 샅샅이 연구하여 이신칭의가 윤리의 근거 역할을 하는, (또는 이신칭의를 성례 같은 것들을 설명하는 데 사용하는) 사례들을 발견하려고 애쓴 이라면 쉬바이처

1 42 Schweitzer, *Mysticism*, 220f.

의 논증이 지닌 힘을 금세 알아차릴 것이다. 여기에서는 굳이 논의를 멈추
고 불트만과 다른 이들이 윤리를 이신칭의라는 개념에서 어떻게 끌어내
려고 시도했는가를 상세히 언급하지 않은 채 이 한 문장만 인용하면 될 것
같다: "따라서 '성령을 따라 행하라'는 **명령문**은 의롭다하심을 얻는다(신자
가 의롭다함을 받는다)는 **평서문**과 모순되지 않을 뿐 아니라, 의롭다하심
을 얻음에서 생긴다…."[2] 이 말이 절대 옳지만, 한 가지 점만은 예외다. 바 440
울 자신이 사용하는 술어를 보면, "성령으로 행하라"는 명령문에 상응하는
평서문은 **의**〔*righteousness*〕가 아니라, **성령 안에서 살아감**이다(갈 5:16-25; 롬
8:1-17; 참고. 살전 4:1-8).

이런 말을 한다고 쉬바이처의 입장이 완전히 옳다는 말은 아니다. 그는 작은 문제 하나와 큰 문제 하나에 대해 각각 실제를 지나치게 단순화하였다〔It is oversimplified in one minor way and in one major way〕. 우선, 바울이 대체로 신자가 성령 안에서 살아가는 삶을 기초로 삼아 윤리에 관한 진술을 제시하기는 하지만, 우리는 "이신칭의"는 아니어도 "믿음"을 윤리와 연계하는 몇몇 본문을 발견할 수 있다. 그러나 이보다 더 중요한 점은—아울러 이것은 쉬바이처의 이론 전체가 기본적으로 안고 있는 잘못이기도 하다—쉬바이처가 술어 이신칭의와 성령 안에서 살아가는 삶, 그리스도 안에 있음 같은 술어들(여기에서는 이 술어들을 논란이 많은 용어인 "신비주의"〔신비한〕라는 말보다 나아 보이는 "참여주의"〔참여〕라는[3] 말로 부르겠다) 사이에 존재하는 **내부 연관관계**〔*internal connection*〕, 곧 바울 자신이 쓴 서신 안에 존

2 46 Bultmann, *Theology* I, 332.

3 49 케제만은 "참여"〔participation〕라는 말이 너무 약하다고 주장했다. 이 말은 그리스도가 주로서 가지신 권능이 신자들을 꽉 붙잡고 있음을 충분히 표현하지 않기 때문이다: Käsemann, "The Lord's Supper," *Essays*, 124. 그럼에도 이 말이 대체로 가장 좋은 용어 같다. Whiteley, *Theology of St. Paul*, 가령, 130, 152, 154("상징들을 포괄하는 가장 중요하고 일관된 묶음은 참여를 표현한다")도 같은 견해다. 태너힐〔Robert C. Tannehill, 1934- . 미국의 신약 신학자다 ⓣ〕이 쓰는 용어도 주목하라: "한 몸을 이루고 있는 사상 패턴"〔corporate patterns of thought〕(Tannehill, *Dying and Rising*, 24), "포괄하는 사상 패턴"〔inclusive patterns of thought〕(24).

재하는 연관관계를 알아차리지 못했다는 점이다. 때문에 쉬바이처는 바울이 사람이 성례로 주와 한 몸이 된다는 말도 했지만(고전 10:17; 12:13), **그와 더불어** 믿음을 통해 성령을 받는다는 말도 써놓았음(갈 3:1-5)을 간파하지 못했다.[4]

이처럼 쉬바이처의 저작을 세세히 뜯어보면 지나치게 단순화한 부분과 오류도 있다. 그렇긴 해도, 쉬바이처가 이신칭의라는 술어를 바울 신학의 중심 주제요, 따라서 결국은 바울 사상의 핵심을 이루는 것으로 여기는 견해에 반대하여 제시한 논증들을 차곡차곡 쌓아 한꺼번에 검토해보면, 설득력이 있으며, 그의 논증들을 효과 있게 반박한 견해도 여태껏 나오지 않았다. ……

그럼 우리는 어떻게 시작할 것인가? [442] 내가 보기에 바울이 그리스도인으로서 살아간 삶을 지배했던 쉬이 식별할 수 있고 주된 확신이 둘 있는 것 같다: (1) 예수 그리스도가 주이시고, 그 안에서 하나님이 믿는(보통 말하는 "회심한"이라는 의미) 모든 이에게 구원을 베푸셨으며, 그가 곧 다시 오사 만물에 마침표를 찍으시리라는 것이 그 하나요, (2) 바울 자신이 이방인의 사도로 부르심을 받았다는 것이 다른 하나다. 몽크가 특히 지적하듯이, 이 두 확신은 함께 간다. 이방인의 사도라는 바울의 역할은 구원이 유대인과 이방인을 불문하고 믿는 모든 이에게 주어진다는 확신은 물론이요, 시대의 종말이 가까웠다는 확신과도 이어져 있다. 바울은 종말이 다가온다고 보고, 이방인의 사도로서, 복음을 가능한 한 빨리 온 세상에 전해야 할 절박함을 느꼈다. 우리는 이 두 **확신**을 기초로 삼아 바울의 **신학**을, 그리고 그가 구원 사건과 이 사건 속에서 자신이 하는 역할이 가지는 의미에 관하여 복잡하면서도 때로는 모호하게 펼쳐 보이는 깊은 생각들을 설명할 수 있다.

4 50 따라서 쉬바이처(Schweitzer, *Mysticism*, 221)가 성령을 소유함과 이신칭의는 아무 관련이 없다고 강조한 것은 잘못이다. 적어도 성령을 소유함과 믿음은 서로 연관이 있다.

2절 문제를 앞질러가는 해결책

나는 바울의 주된 확신 중 하나가 하나님이 그리스도 안에서 구원을 베푸셨다는 것이라고 말할 때, 사람들이 바울 신학에 관한 논의를 전개해온 전통적 방법 중 하나—즉 가장 먼저 인간이 처한 비참한 곤경을 묘사하면서, 바울이 그리스도를 이 곤경을 해결할 길을 제공하신 분으로 보았다고 보는 방법—를 배제하려 한다. ……

로마서의 구조에 근거한 논증에 추가하여, **비참한 곤경**〔*plight*〕과 이를 **해결할 길**〔*solution*〕이 일치해야 한다는 명백하고도 당연한 견해를 제시할 수도 있을 것이다. 이 견해가 옳다면, 바울이 인식한 대로 인간의 비참한 곤경부터 논의하기 시작하는 것이 논리에 맞을 것 같다. 하지만 바울의 사상은 인간의 비참한 곤경에서 그 해결책으로 진행한다기보다 오히려 그 해결책에서 인간의 비참한 곤경 쪽으로 진행하는 것 같다. 롬 7장은 바울이 율법을 행하는 유대인으로서 살아가는 동안에 느꼈던 좌절을 보여준다고 주장하려는 시도들이 있었지만, 이제는 이런 시도들을 대부분 포기했으며, 롬 7장을 이런 식으로 이해해서는 안 된다고 주장하는 쪽이 올바르고 안전할 지도 모르겠다. 오히려 롬 7장은 그리스도인이 되기 전의 삶 혹은 그리스도인이 아닌 자의 삶을 믿음의 시각에서 바라본 대로 묘사한다. 나아가 빌 3장에 비춰보면, 바울은 "율법 아래" 있는 동안 그 자신을 구원 받아야 할 "비참한 곤경"에 처한 이로 인식하지 않았다고 주장하는 것도 가능할 것 같다.[1] …… 온 세상—유대인과 이방인 전체—이 똑같이 어떤 구원자를 필요로 하는 상태에 있다는 결론은 하나님이 이런 구원자를 주셨다는

1 4 가장 중요한 예가 W. G. Kümmel, *Römer 7 und die Bekehrung des Paulus*, 1929가 제시하는 주장이다. 큄멜의 견해를 지지하고 발전시킨 글이 Bultmann, "Romans 7 and the Anthropology of Paul," *Existence and Faith*, 147-57(1932년에 처음 출간)이다. ……

사전 확신**에서 나온**〔*springs from*〕 것으로 보인다. 그가 정말 그랬다면, **당연히**〔*must*〕 이런 구원자가 필요했을 것이며, 결국 구원의 길일 법한 다른 모든 길은 잘못된 길이라는 결론이 나온다. 갈 2:21은 이 점을 분명하게 밝힌다: 의가 율법으로 말미암아 올 수 있다면, 그리스도는 헛되이 죽은 것이다. 여기서 끌어낼 수 있는 결론은 분명 그리스도의 죽음이 헛된 죽음이 아니라는 것이다. 그가 죽었다가 다시 사심은 "죽은 자와 산 자의 주가 되시려" 함이요(롬 14:9), "우리가 깨어있으나 잠잘 때나 그와 더불어 살게 하려" 함이다(살전 5:10). 만일 그의 죽음이 인간을 구원하는 데 **필요하다면**〔*necessary*〕, 구원은 다른 어떤 방법으로는 올 수 없다는 결론이 나오며, 결국 모든 이가, 죽음과 부활에 앞서, 이미 어떤 구원자를 필요로 하는 상태에 있었다는 결론이 나온다. 바울이 예수가 이런 구원자이시라는 확신을 갖기 전에 온 세상을 구원할 어떤 구원자가 필요함을 느꼈다고 생각할 이유는 없다.

…… 바울이 설교한 "그리스도의 복음"이나 "하나님의 복음"이 무엇이었는가 …… : 그리스도가 죽었다는 것, 하나님이 그를 다시 살리셨다는 것, 그리스도가 주이시라는 것, 주가 다시 오시리라는 것, 아피스토이〔*apistoi*〕는 파멸을 맞으리라는 것(고후4:3f.), 신자들은 구원을 받으리라는 것—살아있으면 그 몸이 변형될 것이요, 죽은 자는 "영의 몸"〔spiritual body〕으로 부활하리라는 것(고전 15:44). 바울은 분명 다른 것도 많이 설교했지만, 그래도 이것이 그의 복음이다. 이처럼 그는 인간의 죄와 범과〔transgression〕에서 시작하지 않고, 하나님이 베풀어주신 구원 기회에서 시작했다(죄는 사람이 이런 구원 받을 기회를 갖지 못하게 할 수 있다). 달리 말하면, 바울은 인간을 설교하지 않고 하나님을 설교했다. 사실, 바울은 그의 복음이 암시하는 의미들을 설명해야 할 일이 화급하다보니, "인간론"이라 부를 수 있을 만한 것을 제시하는 데 신약 성경의 다른 저자보다 더 치중하는 것 같지만, 그것도 **단지 그의 신학과 기독론 그리고 구원론의 결과**

에 불과하다. 바울은 인간론이라 부를 만한 것을 따로 독립된 내용으로 제시하지 않는다. 바울이 주로 인간의 비참한 곤경**에 관하여** 설교한 것으로 보이지 않기 때문이다.

…… 우리가 보기에 개인이 어떤 길이나 주께 나아가기로 결단하거나 헌신할 능력을 갖고 있다 하면 예정을 이야기하는 말들이 배제되는 것 같지만, 유대교에서는 이 둘〔개인의 결단/헌신과 예정 ⓣ〕이 보통 함께 붙어 다닌다는 것을 되새겨봐야 한다. [447] 쿰란의 언약도들이 하나님께 택함을 받은 자이자 하나님을 택한 자〔그들의 의지에 따른 결단으로 하나님을 택한 자 ⓣ〕라 불렸듯이, 바울도 복음을 **받아들이는** 자를 하나님께 **택함을 받은 자**라 생각하는 데 아무런 어려움을 겪지 않았다(살전 1:4; 고전 1:24, 26; 롬 9:11-12; 11:7도 참고하라). 우리가 바울 서신에서 나타나는 예정과 결단의 균형을 어떻게 공식으로 정립해야 하는지 정확하게 이야기하기가 어렵다. 어떤 이는 롬 8:28-30(미리 정하심, 부르심, 의롭다하심)을 롬 10:13-17과 비교할지도 모르겠다. 바울은 요엘 3:5("누구든지 야훼의 이름을 부르는 자는 구원을 얻으리라," 영역 성경은 2:32)을 설명하면서, "자기가 믿지 않는 사람을 어찌 부를 수 있겠는가? 자기가 듣지도 못한 사람을 어찌 믿을 수 있겠는가?"라고 묻는다. 그러면서 그는 이렇게 결론짓는다. "이처럼 믿음은 들은 것에서 나오며, 들은 것은 그리스도를 전하는 설교로 말미암아 나온다." 여기서 설교〔복음을 전함 ⓣ〕, 들음, 믿음이라는 순서는 바울이 두 장 앞에서 역설했던 바로 그 예정이라는 것을 무시한다. 여기서 열거한 것들을 이렇게 조화시킬 수 있을 것이다: 하나님은 복음의 메시지를 듣고 믿으려는 자를 택하시며, 이런 믿음에 기초하여, 그런 이들을 의롭다하시고 영화롭게 하신다. 바울이 자신이 열거한 내용을 굳이 조화시켜야 할 압박을 느끼지 않은 것은 주목할 만하다. 바울은 그가 구원의 확신, 하나님이 인간에게 구원을 베푸시는 행위, 그리고 하나님이 그리하심에서 나타나는 그분

의 은혜를 염두에 둘 때 예정이라는 술어를 채용할 수 있다. 바울은 인간이 그리스도가 주이심을 인정하는 결단을 할 필요를 염두에 둘 때는 "믿음"이라는 술어를 사용한다. 바울 서신에서는 후자의 유형에 속하는 진술이 주로 나타나지만, 예정과 은혜를 이야기하는 진술도 나오므로 인간의 결단을 이야기하는 진술을 인간이 그 자신의 노력으로 구원을 받을 수 있는 가능성을 제시한 말로 이해하기는 불가능하다.

....

3절 바울의 구원론

미래를 내다보는 기대와 현재 그 미래를 보장해주는 것

바울 사상에서 다른 어느 요소보다 확실하고 바울 자신이 일관되게 표현하는 요소가 신자의 완전한 구원과 불신자의 파멸이 가까운 미래에 이루어진다는 확신이요, 이와 관련된 확신으로서 그리스도인은 미래에 있을 구원을 현재 보증해주는 성령을 소유한다는 확신이다. …… 데살로니가전서에서 바울의 관심사는 종말이 오기 전에 죽은 자들에게 무슨 일이 일어나는가라는 물음에 대답하는 것이었는데, 마찬가지로 고전 15장에서도 부활이 정말 오리라는 것을 증명하는 데 관심을 기울인다. 문제가 다르다보니 결국 진술도 달라지긴 했지만, 대체로 그가 제시하는 개념은 일관성이 있어 보인다.

바울 서신에서는 주의 오심을 기다리는 기대가 아주 빈번히 나타나며, 바로 이 주제가 여기서 우리가 확증하고 싶은 점이다. …… 그리스도인은 그리스도의 날에 흠이 없고, 거룩하며, 책망할 것이 없어야 한다(살전 3:13; 5:23; 빌 1:10; 고전 1:7-8). 그리스도께 두고 있는 미래의 소망(살전 1:3)은 구원의 소망이라 정의할 수도 있고(살전 5:8) 혹은 의의 소망이라고 정의할 수도 있다(갈 5:5). 바울이 특히 관심을 갖는 것은 주의 날에 바울 자신이 한 일의 정당성이 확인되리라는〔vindicated〕 점이다. ……

나아가 바울은 "구하다"라는 동사를 대개 미래나 현재로 사용하지만, 단 한 번 과거(부정과거〔aorist〕) 시제로 사용한 적이 있음을 관찰할 수 있다. 하지만 여기에서도 바울은 "우리가 **소망** 안에서 구원을 얻었다〔그리스어 본문이 쓴 동사는 *esōthēmen*인데, 이는 "구하다"를 뜻하는 동사 *sōzō*의 1인칭 복수 1부정과거 수동태 형태다 ⓣ〕"(롬 8:24)고 써놓았다.[1] "우리가 그로 말미암아 진노에서 구원을 받을 것이다"(롬 5:9), "만일 네가 믿는다고 고백하고 … 믿으면 …

구원을 받을 것이다"(롬 10:9), "그의 영이 주의 날에 구원을 받도록"(고전 5:5; 그리스어 본문은 부정과거 시제 동사를 썼지만 사실상 미래를 나타내는 말이다), "어쨌든 내가 몇 사람이라도 구원하고자"(고전 9:22; 참고. 롬 11:14) 같은 본문들은 더 독특하다. 특히 고전 1:18(십자가의 말씀이 파멸해가는 이들에게는 어리석은 것이나 구원을 받아가는 이들에겐 하나님의 능력이다)과 고후 2:15(이는 우리가 구원을 받아가는 이들과 망해가는 이들 가운데서 하나님을 향한 그리스도의 향기이기 때문이다)이 "구원을 받아가다"와 "파멸해가다"라는 현재 수동태 분사를 사용한 일은 놀랍다〔고전 1:18은 동사 *sōzō*의 현재 중간/수동태 분사 복수 여격 형태인 *sōzomenois*를 썼고, 고후 2:15은 *sōzomenois*와 "파괴하다, 파멸시키다"를 뜻하는 동사 *apollumi*의 현재 중간/수동태 분사 복수 여격 형태인 *apollumenois*를 썼다 ⓣ〕. 구원의 역사가 이미 진행 중임은 나중에 우리가 다룰 것이다. 아울러 여기에서는 고전 7:31의 "이 세상의 형태는 지나가고 있다," 고후 3:18의 "우리가 … 그의 모양으로 변화해가면서 이런 영광의 차원에서 저런 영광의 차원에 이르러가고 있다," 그리고 고후 4:16의 "우리 내면의 본질이 날마다 새로워지고 있다"(미래 시제를 사용한 빌 3:21의 "우리의 비천한 몸을 그의 영광스러운 몸처럼 바꾸실 이"와 비교해보라)가 현재 시제를 사용한다는 점도 언급할 수 있겠다. 어쨌든 완성은 여전히 미래에 일어날 일이다.

마지막으로, 부활이 미래임을 언급할 수 있겠다. 바울은 심지어 그리스도의 몸에 참여함을 다룬 논의가 그리스도인이 **이미** 그리스도의 부활에 참여**했다**는〔*have* participated in his resurrection〕 결론으로 이어지는 것처럼 보일 가능성이 있을 때조차도 이런 구분을 유지한다. 그러나 바울은 신중하게 "우리가 그의 부활처럼 부활할 때 그와 연합**하리라**"(롬 6:5)라고 말하며

1 9 따라서 엡 2:5, 8이 사용한 완료 시제는 독특한 신학적 발전을 나타낸다.

"우리가 또 그와 함께 살리라"(롬 6:8)고 말하는 것 같지만, 그래도 어떤 의미에서 보면 그리스도인은 이미 하나님을 향해 "살고 있다"(롬 6:11). 고전 6:14, 15:22("살게 되리라"), 빌 3:11은 부활을 분명 미래로 묘사한다.[2] ……

그리스도인은 하늘에서 하나님의 아들이 오시기를 기다리는 동안(살전 1:9-10), 성령을 갖고 있다. 바울 서신이 **생명**이 현재인가 아니면 미래인가라는 문제를 다룰 때는 다소 모호한 태도를 보일지도 모르나, 성령을 다룰 때는 전혀 모호한 태도를 보이지 않는다. 성령은 그리스도인이 현재 소유하고 있으며, 그리스도인에게 구원을 보증하시는 분이다. 나아가, 성령은 영의 선물〔은사〕에서 분명하게 나타나신다. ……

451 그리스도인은 현재 삶 속에서 **거룩하게 되었**는데〔been *sanctified*〕, 이는 **깨끗함을 받았다**〔cleansed〕는 의미이며(고전 1:2), 바울은 이런 그리스도인에게 주의 날까지 **순수하고 책망 받을 것이 없는**〔*pure and blameless*〕 상태를 유지하라고 독려한다. ……

바울의 간절한 소망은 그가 회심케 한 이방인들이 이처럼 늘 정결함을 유지함으로써, "성령으로 말미암아 거룩하게 된 이방인이라는 제물이 받으실 만한 것이 되게 하려는" 것이다(롬 15:16). 유사하게 그는 데살로니가 사람들을 놓고 기도하면서, "우리 주 예수가 그의 모든 성도와 함께 오실 때에" 주가 "[그들의] 마음을 우리 하나님 아버지 앞에서 거룩함에 책망 받을 것이 없게 세워주시길" 기도한다(살전 3:13). 또 그는 데살로니가 사람들이 "우리 주 예수 그리스도가 오실 때 건전하고 책망 받을 것이 없게" 보전되길 소망한다(살전 5:23). 그는 고린도 사람들에게 주 예수 그리스도가 "너희를 끝까지 지켜 우리 주 예수 그리스도의 날에 죄 없이 나타나게 해주실" 것이라고 써놓았다(고전 1:8). 바울은 사람이 "주의 일을" 염

2 11 골 3:1은 그리스도인이 다시 살리심을 받았다고 말한다. ……

려하고 "어떻게 하면 몸과 영을 거룩하게 할지" 염려하는 것이 당연하다고 여긴다(고전 7:34). …… 이처럼 바울의 주된 견해는 그리스도인이 **이미 그 믿음 안에서 깨끗함을 받았고 세움을 받았다**는 것이요, **그 상태를 그대로 유지**〔*remain so*〕함으로써 주의 날에 책망할 것이 없는 이들로 드러나야 한다는 것처럼 보이지만, 동시에 바울은 그리스도인들에게 그들 자신을 깨끗이 하라고 독려한다: "사랑하는 자들아, 우리가 이런 약속들을 가졌으니, 우리 자신을 몸과 영의 온갖 더러움에서 깨끗케 하고, 하나님을 두려워하는 가운데 거룩함을 완전히 이루자"(고후 7:1). 바울은 고린도가 타락하여 명백히 부도덕한 성생활을 영위하는 모습을 보고, 자신이 고린도에 다시 갈 때 "내가 이전에 죄를 짓고도 그들이 행한 더러움과 부도덕과 음탕함을 회개하지 않은 이 많은 이들 때문에 슬퍼해야 할까봐" 두렵다고 써놓았다(고후 12:21). 이처럼 바울은 모든 이가 시종일관 정결한 상태를 유지하지는 않는다는 것을 알고 있으며, 적어도 이 한 경우에는 참회를 그런 정결한 상태를 다시 세울 수 있는 길로 본다.[3]

바울이 그리스도인을 가리키는 말로 "신자" 외에 또 쓰는 주요 용어가 "성도"(*hagioi*)〔"거룩한 자들"〕라는 사실은 그리스도인이 이미 거룩해졌다(*hēgiasmenois*, 고전 1:2)고 보는 그의 견해와 일치한다: 가령 롬 1:7, 8:27, 고전 1:2은 물론이요 다른 곳에서도 아주 빈번하게 "성도"라는 말을 사용한다. 바울은 그리스도인을 가리켜 "의롭다하심을 받은" 자라고도 말하지만(고전 6:9-11, 롬 8:30), 그렇다고 그리스도인을 "의로운 자들," 곧 디카이오이(*dikaioi*)라고 부르지는 않는다. 이 복수 형용사〔"의롭다"를 뜻하는 *dikaios*의 복수형이다 ⓣ〕는 롬 5:19과 2:13에서만 나타나며, 이 중 어느 곳에서도 이를 그리스도인을 가리키는 명칭으로 쓴 것 같지 않다. 바울이 정결함

3 16 참회를 살펴보려면, 아래 원서 500-1을 더 읽어보라.

과 "성화"〔거룩해짐〕를 강조함은 그가 이방인의 사도인 것과 관련이 있을지도 모른다. 이방인은 (바울이 보기에) 분명 도덕적 불결함에 오염된 이들이었기 때문이다.

이제까지 우리는 깨끗해짐, 다가올 구원을 순수한 상태로 기다림, 미래에 있을 구원을 보증하는 성령을 소유함, 실족에서 회복할 수 있게 참회〔회개〕라는 길을 마련해둠을 내용으로 한 구원론을 서술해보았다(마지막 사항은 단 한 번만 강조했으나, 다른 주제는 아주 빈번히 이야기했다.) 우리는 구원론에서 다루는 이런 상황에 참여하는 이들을 "악한 자"(고전 6:1) 및 "불신자"(고전 6:6)와 대비하여 "성도"와 "신자"로 부른다는 것도 보았다. 따라서 그리스도인이 하는 독특한 행위는 "믿음"이며, 그리스도인의 독특한 특징은 "책망 받을 것이 없는 상태"이다. ……

한 몸, 한 영

현대 학자들은 참여와 연합을 바라보는 바울의 견해에 아주 센 충격을 받았기 때문에 그의 견해를 정확하게 제대로 평가하지 못할 수도 있다. …… 바울의 생각이 얼마나 쉽게 **참여**와 **연합**이라는 범주〔개념〕로 옮겨갔는지 알아보려면, 고린도전서의 두 본문을 살펴보는 것이 가장 좋을 것 같다. 첫 본문은 길게 인용해야 한다.

> 몸은 부도덕을 위한 것이 아니요 주를 위한 것이며, 주는 몸을 위해 계신다. 하나님이 주를 다시 살리셨으니, 또한 우리도 그의 능력으로 다시 살리시리라. 너희는 너희 몸이 그리스도의 지체임을 모르느냐? 그런즉 내가 그리스도의 지체들을 취하여 창녀의 지체들로 만들겠느냐? 결코 그럴 수 없다! 창녀와 결합하는 자는 창녀와 한 몸이 된다는 것을 모르느냐? 이는 "둘이 하나가 되리라"고 기록되었기 때문이다. 그러나 주와 연합한 자는 주와 한 영이 된다.

부도덕을 피하라. (고전 6:13하반절-18상반절)

여기서 바울은 오직 자신만이 아는 기독교 신앙의 어떤 "신비"를 설명하지도 않고, 어떤 독특한 "체험"을 묘사하지도 않으며, 심지어 그것과 관련하여 그리스도인 사이에서만 발견되는 어떤 상황을 묘사하지도 않는다. 그의 주장은 무언가에 참여하여 그것과 연합하면 이것이 다른 연합을 파괴할 수 있다는 것이다. 이것은 그 둘이 정확히 같은 차원에 있지 않더라도 변함없는 사실이다. RSV는 창세기 2:24을 인용한 말에서 "flesh"〔육〕를 빼버렸지만, 바울은 "육"의 연합이 영의 연합을 파괴할 수 있다고 일러준다. 바울이 사실은 인간을 육과 영과 혼으로 나누어 생각하지 않았다는 것은 잘 알려져 있으며, 여기에서도 분명하게 드러난다.[4] 한 **인간**〔*person*〕이 서로 양립할 수 없는 두 연합에 참여하기는 불가능하다.[5] 이 주장은 그리스도인이 부도덕한 성생활에 빠져서는 안 된다는 것을 확실히 못박아두려고 쓴 것이다. 우리는 여기서 바울이 현대인에겐 대단히 이채로워 보이는 개념으로 쉽게 옮겨가는 모습을 본다. [455] 부도덕한 성생활을 다룬 주장은 참여를 통한 연합〔participatory union〕과 관련된 사실들을 그 근거로 삼고 있는데, 바울은 그의 독자들이 이런 사실들을 금세 이해하고 이에 동의하리라고 추측한다: "너희가 모르느냐?" 모든 이가 바울의 결론(그리스도인은 부도덕한 성생활을 해서는 안 된다)에 흔쾌히 동의하다보니, 이런 결론 뒤에 자리한 논리가 우리에겐 아주 이상해보이나 바울에겐 아주 자연스럽다는 것을 놓치기가 쉽다. 우리가 예상했던 논증은 그리스도인에겐 부도덕한 행위가 적절

4 25 Bultmann, *Theology* I, 192-210. 불트만이 바울의 인간론 용어를 분석한 내용은 세세한 부분에서는 바로잡아야 할 곳이 있을 수도 있으나, 대체로 보아 우리가 활용할 수 있는 분석 가운데 여전히 가장 잘 다룬 분석이며, 그의 탁월한 주해 능력을 증언해주는 것이다. 이 점을 살펴보려면, Käsemann, "On Paul's Anthropology," 7을 보라.

5 26 참고. Schweitzer, *Mysticism*, 128.

치 않다거나, 성경이 그런 행위를 금지하고 있다거나, 그런 범죄는 결국 하나님께 벌을 받을 것이므로 그런 행위를 해서는 안 된다는 것이었을지도 모르겠다. 그런데 바울이 간음은 사람을 구원에 이르는 연합에서 떨어져나가게 만드는 연합을 만들기 때문에 간음해서는 안 된다고 말한 것은 오늘날엔 쉬이 이해할 수 없는 논거를 채용한 것이다. 바울이 정말 말하려 하는 의미는 오직 자아에 관한 새로운 이해와 관련이 있을 뿐이라는 견해가 있지만, 우리는 이런 견해에 맞서, 비록 이 문제와 관련된 고린도 사람들의 **이해**에 문제가 있긴 하지만(바울이 한 말의 의미를 곱씹어보는 사람은 자신의 행위를 바로잡으려 할 텐데, 사람들이 이런 행위를 저지른다는 것은 그런 성찰이 이루어지지 않았음을 일러준다), 그래도 바울이 문제 삼는 것은 자기이해**라는** 문제가 아님을 주목해야 한다. 사람이 자신과 하나님을 이해할 때는 창녀와 연합하는 것이 자신을 그리스도에게서 떼어놓을 위험성이 있다는 사실과 그리스도인은 그리스도의 몸을 이루는 지체요 그리스도와 한 영이라는 사실을 깊이 곱씹어봐야 하지만, 그렇다고 이런 사실들이 그런 이해를 구성하지는 않는다. 참여를 통한 연합은 다른 무언가를 가리키는 비유가 아니라, 많은 학자가 강조하듯이, 실제 사실이다.[6]

두 번째 본문인 고전 10장은 방금 인용한 본문과 긴밀한 관련이 있다. 이 논증의 취지는 그리스도 안에〔in Christ〕 참여함이 주의 만찬 때 주어졌지만, 이 참여가 결코 파괴될 수 없는 어떤 구원을 이루는 연합〔salvific union〕을 확립하지 않는다는 것이다. 바울은 고린도전서에서 이방인이 전통 대대로 저질러온 두 죄—우상숭배와 부도덕한 성생활—에 거듭 우려를 표시하면서, 여기에서는 우상숭배를 다룬다. 그는 먼저 구약 성경을 논거로 삼아, "세례를 받고 모세와 하나가 되었으며" 초자연적 음식과 초자연적 음료(반석, 곧

6 27 참고. Schweitzer, *Mysticism*, 128f.; Käsemann, "The Lord's Supper," *Essays*, 109, 118, 132; 특히 J. A. T. Robinson, *The Body*, 1952, 47, 50-53.

그리스도에게서 나온 음료)를 마셨던 유대인도 우상숭배를 저질렀을 때는 파멸을 당하고 말았다고 주장한다(고전 10:1-7).[7] 바울은 그리스도인이 그리스도의 몸과 피에 참여(*koinōnia*)하더라도 우상숭배를 저지르면 구원받지 못한다는 것을 그리스도인에게 가르치는 것이 구약 내러티브의 목적이라고 써놓았다. 다시 말하지만, 우상숭배는 사람이 그리스도와 연합하지 못하게 하는 참여 연합〔참여를 통한 연합〕을 만들어낸다(10:14-22). 여기서 바울이 주장하는 것은 사람이 주의 만찬 때 그리스도의 몸과 살에 참여하게 된다는 **것**이 아니라, 도리어 그렇게 그리스도의 몸과 살에 참여하기 **때문에** 귀신들이 함께 하는 음식과 음료에 참여해서는 안 된다는 것이다. 따라서 바울이 주장하는 것은 단순히 어떤 **범죄**가 사람을 그리스도와 연합에서 떨어져나가게 한다는 것이 아니라, 오히려 그리스도와 이룬 연합과 귀신과 이룬 연합은 서로 양립할 수 없다는 것이다. [456] 바울에겐 우상숭배가 잘못임을 증명하는 데 인용할 수 있는 구약 본문이 아주 많이 있었다. 하지만 그는 우상숭배가 계명과 하나님의 뜻을 거스른 **범죄이기 때문에** 잘못이라는 것을 명백히 증명해줄 이 본문들을 단 하나도 제시하지 않았다. 오히려 그는 우상숭배가 사람이 그리스도의 몸에 참여하지 못하게 하는 연합을 세운다고 논증한다. 구약 본문은 세례 그리고 음식과 음료도 우상숭배와 부도덕이라는 연합으로 말미암아 무효가 될 수 있음을 있는 그대로 보여준다(10:8). 우상에게 제물로 바친 음식을 먹는 사람은, 이로 말미암아, 그 희생 제물을 바친 이방신의 제단에 참여하는 자(*koinōnos*)가 된다(참고. 10:18).

…… 참여라는 주제가 중심임은 방금 언급한 것들에서 드러난다: **그것**〔참여 ⓣ〕**은 무엇보다도 바울이 권면과 논쟁에서 원용하는 주제다**. 더군다나 참여를 나타내는 용어가 아주 다양하다는 점은 참여라는 일반 개념이 바

7 28 이 본문에 관하여 알아보려면, Käsemann, "The Lord's Supper," *Essays*, 116-18을 보라.

울의 사상 속에 얼마나 깊이 배어있는가를 보여주는 데 도움을 준다.

우리는 바울이 구사한 몇몇 용어를 이미 만났는데, 이제는 그 용어들을 모두 검토해봐야 한다. 각 용어가 참여라는 개념 전체에 어떤 차원을 더해주기 때문이다.

1. **그리스도의 몸을 이루는 지체**, **그리스도의 몸**. 우리는 이미 고전 6:15("너희 몸이 그리스도의 지체다")과 10:16(그리스도의 피와 몸에 참여함, *koinōnia*)을 살펴보았다. 바울은 10:16이 들어있는 본문에서 이렇게 말을 이어간다. "빵이 한 덩어리가 있으며, 많은 우리가 한 몸이니, 이는 우리가 모두 같은 덩어리에 참여하기 때문이다"(10:17). 이와 똑같은 개념이 고전 12장에서 세례 및 주의 만찬과 연계하여 나타난다.

....

2. **한 영**. ⋯⋯ 바울은 고전 12:13에서 그리스도인이 한 성령**으로** 세례를 받아 한 **몸**이 되었으며 모든 이가 한 영을 마신다고 써놓았다. 바울은 그리스도의 몸과 피에 참여함 혹은 그리스도의 몸과 피로 나누는 사귐을 이야기하듯이(고전 10:16), 성령에 참여함이나 성령으로 나누는 사귐도 이야기할 수 있었다(고후 13:13, 소유격과 함께 온 *koinōnia*)〔*koinōnia*를 "성령의"라는 소유격—그리스어로 *tou hagiou pneumatos*—와 함께 사용했다 ⓣ〕. 하지만 이보다 빈번히 볼 수 있는 모습은 바울이 우리가 성령을 **가짐** 혹은 성령이 (성전인) 그리스도인 안에 거하심이라는 말을 사용하여 이야기하거나, 이와 반대로, 우리가 성령 안에 거함이라는 말을 사용하여 이야기하는 모습이다(롬 8:9-11).

잘 알려져 있듯이, 성령은 바울의 **권면**을 뒷받침할 근거들을 제공하는 데 큰 역할을 한다. 사람은 그 안에 성령을 가지며 그는 성령 안에 거한다. 때문에 그는 성령으로 **행해야**〔*walk*〕 하고, 성령의 **인도를 받거나** 성령의 열매를 맺어야 한다(롬 8:9-14; 고전 6:19; 갈 5:16-25). ⋯⋯

3. **그리스도 안에**. ……

…… 바울은 "너희가 그리스도 안에 있다"를 뒤집어 "너희 안에 그리스도가 계시다"라고도 말한다: 롬 8:10, 고후 13:5. 다시 말하지만, 바울은 코이노니아, 곧 그리스도의 피와 몸(고전 10:16) 및 성령(고후 13:13)에 참여함이나 이들과 나누는 사귐을 언급했듯이, 이제는 하나님의 아들이신 예수 그리스도 우리 주와 더불어 나누는 코이노니아를 언급한다(고전 1:9). 우리는 이미 "세례를 받아 그리스도와 한몸이 되다"와 "그리스도를 입다"(갈 3:27)라는 문구를 언급했다.

………

4. **그리스도의 것**, **주의 종**. 바울은, 특히 권면을 제시할 때, 영〔성령〕이나 그리스도의 몸에 참여함을 이야기하다가, 그리스도인은 그리스도의 것이라거나, 그리스도인은 그리스도께 속해 있다거나, 그리스도인은 그들 자신을 그리스도의 종으로 여겨야 한다는 말로 거듭 옮겨간다. 가령 바울은 고전 6:12-20에서 창녀와 간음함이 그리스도의 지체요 그리스도와 함께 한 영인 이들에게 가지는 의미를 논한 뒤, 이렇게 결론짓는다. "너희는 너희 자신의 것이 아니다. 너희는 값을 주고 산 것이다. 그런즉 너희 몸으로 하나님께 영광을 돌리라." 유사하게, 바울은 갈 5:16-23에서 성령의 열매를 육의 열매와 대비하여 논한 뒤에 이런 결론을 내린다. "그리스도 예수께 속한 자들은 그 육을 그 정욕 및 욕망과 더불어 십자가에 못 박았다"〔5:24 ⓣ〕. ……

…… 우리가 주목해야 할 중요한 점은 바울이 그리스도께 **속함**〔*belonging*〕을 그리스도 **안에** 있음과 다른 말로 여기지 않았다는 것이다. 예를 들면, 롬 8:9이 그런 경우다: "그러나 하나님의 영이 정말로 너희 안에 거하시면, 너희는 육 안에 있지 않고 영〔성령〕 안에 있다. 누구든 그리스도의 영을 가지지 않은 자는 그리스도께 속하지 않았다." 이어 10절은 이렇게 말한다:

"그러나 그리스도가 너희 안에 계시면, 몸은 죄로 말미암아 죽었어도 영은 의로 말미암아 생명이다." 10절 번역문이 갖고 있는 여러 난제는 여기서 굳이 해명할 필요가 없다. 중요한 점은 바울이 "너희는 영〔성령〕 **안에** 있다"는 말에서 "하나님의 영이 너희 **안에** 거하시면"이라는 조건문으로, "그리스도의 영"이 우리 **안에** 계신다고 언급하는 말로, 그리스도께 **속하였음**을 언급하는 진술로, 그리고 다시 돌이켜 그리스도가 그리스도인 **안에** 계심을 언급하는 말로 옮겨간다는 것이다. 나는 이런 논증을 그리스도의 영을 가진 사람은 결국 이로 말미암아 그리스도의 것이 되며, 이는 그리스도가 오실 때 생명으로 이어질 것이라는 논지로 받아들이고 싶다. 그러나 어쨌든 우리는 그리스도께 속함과 그리스도 안에 거함과 그리스도가 우리 안에 거하심 사이에 긴밀한 연관관계가 있음을 본다.

우리는 앞서 미래에 있을 구원을 내다보는 기대를 근거로 삼은 간명한 종말론적 구원론이 존재할 가능성이 있음을 언급했다. 미래에 있을 그런 구원은 영〔성령〕의 소유가 보증하며, 이런 영을 소유했다는 것은 은사들〔*charismata*〕을 통해 드러난다. 우리는 이제 우리가 방금 롬 8:9-10에서 인용한 순서가 장차 그리스도인이 생명을 가지게 **될 것을 보증하는** 기능을 한다는 것을 되새겨야 하지만(11절), 동시에 고후 5장도 〔그런 기능을 하는 본문으로 ⓣ첨가〕 인용할 수 있다. 바울은 그리스도 **안에** 있는 이는 **언제나** 새 피조물**임**(고후 5:17)을 말하기 전에, 성령을 소유함이 곧 **보증**이라고 언급했다(5:5). 따라서 우리는 바울 서신 어디에서도 종말론적 기대를 담은 간명한 구원론이 그리스도 안에 참여함이나 영〔성령〕에 참여함이라는 현재의 실재와 분리되어 있는 모습을 발견하지 못한다. 오히려 이 둘은 함께 간다. ……

이제까지 해온 논의에서 나타난 다양한 가닥들을 함께 모으면, 바울의 견해를 이런 식으로 표현할 수 있겠다: 하나님은 그리스도를 세상의 주요 구주로 임명하셨다. 그를 믿는 이는 모두 미래에 이루어질 완전한 구원을 보증하시는 성령을 가졌으며, 현재는 그리스도의 몸에 참여하는 이요, 그리스도와 함께 한 영〔靈〕인 이로 간주된다. 바로 이런 이유 때문에, 그리스도인은 영〔성령〕을 따라 행해야 한다. 이는 또한 그리스도를 그들이 속한 주로 섬기는 것이기도 하다.

옮겨감을 나타내는 용어〔Transfer Terminology〕

…… 믿음의 내용은 우리를 구원하는 예수 그리스도의 죽음과 부활이다: 대체로 보아, 하나님이 그리스도 안에서 행하신 구원 행위가 믿음의 내용이다. 하지만 바울이 생각하는 믿음 개념을 더 깊이 파고 들어가기 전에, 구원받을 무리(택함 받은 자들, 신자들 혹은 성도)로 옮겨감을 나타내는 다른 용어를 몇 가지 살펴보는 것이 좋겠다.

1. **그리스도의 죽음에 참여함**. 바울은 그리스도인의 상태를 그리스도 안에 있음, 그리스도의 몸 안에 있음, 영〔성령〕 안에 있음 같은 것들로 묘사한다. 마찬가지로 그는 이런 상황에 들어가는 수단이 그리스도와 함께 죽음이라고 묘사한다. 우리는 바울이 그가 참여를 나타낼 때 쓴 언어를 독특한 것으로, 혹은 이상하거나 이해할 수 없는 사실을 강조하는 말로 여기지 않는다는 것을 보았다. 마찬가지로 우리는 그가 그리스도인이 그리스도와 함께 죽었다는 말을 독특하게 여기지 않는 점도 주목해야 한다.

바울이 그리스도가 범죄〔인간이 지은 죄 ⓣ〕 때문에 돌아가셨다는 견해를 물려받았음은 잘 알려져 있다. 기독교의 통설은 아마도 그리스도가 그의 죽음으로 다른 이들의 범죄를 **대속**〔*atonement*〕했으며, 이 덕분에 그리스도의 죽음을 자신들을 위한 죽음으로 받아들인 이들이 지은 죄는 이들이 지은 죄로 간주되지 않게 되었다는 견해일 것이다. ……

464 이는 차별이 없기 때문인즉, 곧 모든 이가 죄를 범하여 하나님의 영광에 미

치지 못했으나, 하나님이 그리스도 예수 안에 있는 구속으로 말미암아 선물로 베푸신 은혜로 그들이 의롭다하심을 얻었기 때문이니, 하나님은 그[그리스도 예수 ⓣ]를 그의 피로 말미암은 속죄 제물로 내어주사 믿음으로 받아들이게 하셨도다. (롬 3:22하반절-25절)[8]

예수 우리 주를 죽은 자 가운데서 다시 살리신 그를 믿는 우리는 [의]로 여김을 받으리니, 예수는 우리 범죄 때문에 죽었다가 우리를 의롭다하시고자 다시 살아나셨다. (롬 4:24하반절-25절)

....

하지만 그리스도가 "우리를 위해" 죽었음을 언급하는 모든 말을, 사람들이 보통 주장하는 것처럼, **사람들이 과거에 저지른 범죄 때문에 희생 제물이 된** 그리스도의 **죽음**을 언급하는 것으로 받아들여야 하는가는 명확하지 않다. 그와 반대로, 바울은 종종 그리스도의 죽음에 사뭇 다른 의미를 부여한다. 가령 고후 5:14b.이 그 예다.

그리스도의 사랑이 우리를 제어한즉, 우리는 한 사람이 모든 이를 대신하여 죽었다고 확신하기 때문에, 결국 모든 사람이 죽었다. 그가 모든 이를 위해 죽음은 살아있는 이들이 더 이상 그들 자신을 위해 살지 않고 그들을 위해 죽었다가 부활하신 이를 위해 살게 하려 함이다.

여기서 보면, 휘페르 판톤(*hyper pantōn*), 곧 "모든 이를 위한" 그리스도의 죽음이 가지는 주된 의미는 그 죽음이 속죄의 죽음이라는 것이 아니다. 우

8 43 ...... *hilastērion*의 정확한 의미가 무엇이든, 사람들이 어려운 구문과 관련하여 무슨 결정을 내리든, 나는 이 본문을 그리스도의 죽음과 피 흘림이 과거에 모든 사람이 지은 범죄를 대속함을 가리키는 말로 받아들인다. ......

리는 여기서 바울이 그가 말하려는 의미를 설명할 때 참여를 나타내는 범주들〔개념들〕을 거침없이〔the ease with which〕 사용하는 것에 주목한다: 그는 "결국 모든 사람이 그들의 죄를 속함 받았다"고 말하지 않고 "결국 모든 사람이 죽었다"고 말한다.[465] 사실 바울은 고후 5:19에서 하나님이 이전의 범죄들을 헤아리지 않으셨다고 말하지만, 5:14의 의미를 단순히 이전의 범죄들을 이렇게 "간과하심"〔보아 넘기심〕으로 국한할 수 없다는 것도 사실이다. 오히려 사람은 그리스도 안에서 죄의 **힘**에 대하여 죽은 것이지, 단순히 그가 지었던 범죄들을 속함 받은 데 그치는 것이 아니다. 십중팔구는 갈 1:4도 이와 같은 식으로 읽어야 할 것이다. 바울은 주 예수 그리스도가 "우리를 악한 현 세대에서 구하시려고 우리 죄 때문에 자신을 내어주셨다"라고 써놓았다. 우리는 여기서 과거에 지은 범죄들이 사함 받았을 뿐 아니라, 그리스도인이 악한 세대에서 구원을 받았다는 것도 암시한다는 점에 주목한다. 따라서 그리스도가 죽은 **목적**에는 비단 속죄뿐 아니라, 그가 주가 되심으로 그에게 속하며 그 "안에" 있는 이들을 구원하시려는 것도 들어있었다. 롬 14:8f.은 이것을 훨씬 더 분명하게 이야기한다.

> 우리가 살아도 주를 위해 살고, 죽어도 주를 위해 죽으니, 그러므로 우리가 사나 죽으나, 우리는 주의 것이다. **이는 그리스도가 이를 위해 죽으시고** 다시 사심으로, 죽은 자와 산 자의 주가 되려 하셨기 **때문이다**.

나는 살전 5:10도 같은 관점에서 읽고 싶다: "우리를 위한" 그리스도의 죽음은 "우리가 깨어있으나 자나 그와 함께 살게 하려는" 목적 때문임을 우리에게 확실히 새겨준다. 우리는 그리스도의 죽음이 이전에 사람들이 지은 죄를 속함으로써 믿음을 굳게 지키는 이들에게 그들이 미래에 구원을 받으리라는 것을 확실히 보장해준다는 것이 바로 바울이 품었던 생각이었을 가능성을 배제하지 못한다. 그러나 바울의 강조점은 틀림없이 다른 곳에 있다: 그는 뒤로 거슬러 올라가 과거의 죄를 대속함으로 나아가지 않고, 앞으로 나아가, 그리스도가 오실 때 살아있으나 죽어있으나 그리스도와 함께 생명을 누리리라는 것을 확신시켜주는 쪽으로 나아간다. 바울은 이것이 그리스도의 죽음이 지닌 **목적**이라고 말한다.

....

바울은 그리스도의 죽음이 가진 의미를 생각할 때 과거의 범죄를 속(贖)한다는 관점에서 생각하기보다 **주(主)인 이가 바뀜**(*a change of lordship*; 과거에는 죄와 죽음이 사람들을 지배하는 주였다면, 회심한 뒤에는 그리스도와 생명이 우리를 소유하고 주관하게 됨을 일컫는 표현이다 ⓣ)이라는 관점에서 생각하며, 이렇게 주가 바뀜이 미래에 임할 구원을 보장한다고 생각한다. 이는 그리스도인이 **그리스도와 함께 죽음**을 이야기하는 본문들을 검토하면 쉬이 알 수 있다. **바로 이 본문들이 바울 사상에서 그리스도의 죽음이 지닌 참된 의미를 드러낸다.**[467] 롬 6:3-11은 전체가 이 주제와 관련이 있다. 따라서 이 본문 전체를 다른 관련 본문들과 함께 인용해도 좋겠다.

> 너희는 세례를 받아 그리스도와 하나가 된 우리 모든 이가 세례를 받아 그의 죽음과 하나가 되었다는 것을 모르느냐? 그러므로 우리는 세례를 받아 죽음으로 그와 함께 장사되었으니, 이는 그리스도가 아버지의 영광으로 말미암아 죽은 자 가운데서 부활하심과 같이, 우리도 역시 새 생명(직역하면, 생명의 새로움 ⓣ) 안에서 행하게 하려 하심이다.
>
> 우리가 그의 죽음과 같은 죽음으로 그와 연합했으면, 틀림없이 그의 부활과 같은 부활로 그와 연합하리라. 우리는 우리 옛 자아가 그와 함께 십자가에 못 박힌 것은 죄로 가득한 몸이 파괴되고 우리가 더 이상 죄의 노예로 살지 않게 하려 함이라는 것을 안다. 이는 죽은 이가 죄에서 벗어나 자유를 얻기 때문이

다. 그러나 우리는 우리가 그리스도와 함께 죽었으면, 그와 함께 살리라는 것도 믿는다. 이는 우리가 죽은 자 가운데서 부활하신 그리스도가 다시 죽지 않으시고 죽음이 그를 지배하지 못한다는 것을 알기 때문이다. 그가 죽음은 그가 죄에 대하여 단번에 죽음이나, 그가 살아계심은 하나님을 향하여 살아계심이다. 그러므로 너희도 너희 자신을 죄에 대하여 죽고 그리스도 예수 안에서 하나님을 향하여 살아있는 자로 여겨야 한다. (롬 6:3-11)

그러므로, 내 형제들아, 너희가 그리스도의 몸을 통해 율법에 대하여 죽었으니, 이는 너희가 다른 이, 곧 우리가 하나님을 위한 열매를 맺을 수 있게 하시려고 죽은 자 가운데서 부활하신 이께 속하게 하려 함이다. (롬 7:4)

이는 내가 율법을 통해 율법에 대하여 죽었기 때문이니, 그리함은 내가 하나님을 향하여 살려 함이다. 나는 그리스도와 함께 십자가에 못 박혔다. 그러므로 사는 이는 더 이상 내가 아니요 내 안에 사시는 그리스도이시다. 이제 내가 육 안에서 사는 것은 나를 사랑하사 나를 위해 자신을 내어주신 하나님의 아들을 믿는 믿음으로 말미암아 사는 것이다. (갈 2:19f.)

그리스도 예수께 속한 자들은 그 육을 그 정욕 및 욕망과 함께 십자가에 못 박았다. (갈 5:24)

그러나 내겐 우리 주 예수 그리스도의 십자가 외에는 영광이 없나니, 그 십자가로 말미암아 세상이 내게 대하여 못 박히고 내가 세상에 대하여 못 박혔다. (갈 6:14)

… 이는 내가 그와 그의 부활의 권능을 알고, 그의 고난에 참여하여 그의 죽음

속에서 그와 같이 되고자 함이요, 가능하면 나도 죽은 자 가운데서 부활에 이르려 하기 때문이다. (빌 3:10f.)

마지막 본문이 그리스도와 함께 겪는 고난을 언급한 말은 바울이 그리스도인은 그리스도의 고난에 동참함으로써 그리스도의 생명에 동참해야 한다고 말하는 다른 본문들과 연결지어볼 수 있다: 롬 8:17("우리가 그와 함께 고난을 받음으로 결국 그와 함께 영광을 받는다면, 그리스도와 공동 상속인이다"), 고후 4:10("우리가 예수의 죽음을 늘 몸에 짊어짐은 예수의 생명도 우리 몸에서 나타나게 하려 함이다"). 이는 또한 그리스도의 고난을 "본받음"이라는 말로도 표현할 수 있다: 살전 1:6.

468 이처럼 우리는 이 모든 본문에서 바울이 그리스도의 죽음을 이야기할 때 말하려 했던 첫 번째 의미가 이 죽음이 과거에 사람들이 지은 범죄를 속하는 속죄〔대속〕라는 것이 아니라(그렇지만 바울은 그리스도인들이 공통으로 주장하는 견해를 따라 그리스도의 죽음이 속죄라는 것도 주장한다), 우리가 그리스도의 죽음에 **동참함**으로써 죄의 **힘**이나 옛 세대에 대하여 죽고, 이로 말미암아 결국 우리가 하나님께 **속하게** 된다는 것임을 본다. 이 **옮겨감**은 비단 우상숭배와 부도덕한 성생활이라는 더러움에서 깨끗함과 거룩함으로 옮겨감뿐 아니라, 이 주〔主〕에서 저 주로 옮겨감을 말한다. 이런 옮겨감은 그리스도의 죽음에 **참여함**으로써 일어난다. ……

2. **자유**. 바울이 옮겨감을 속박에서 풀려나 해방을 얻음이나 자유를 얻음이라는 말로 표현함은 그리스도의 죽음이 주의 지위에 있던 이를 옮겨놓았다〔이전에 주였던 죄와 죽음이 물러가고 새 주이신 그리스도가 우리 주가 되었다 ⓣ〕고 보는 견해와 일치한다. 우리는 죄의 힘(혹은 율법의 힘)에서 풀려나 자유를 얻고, 자유인으로서 하나님을 향해 산다. 이렇게 바울은 그리스도인을 이교도가 지었던 범죄들에서 거룩해진 이들로 묘사했던 것처럼(고전 6:9-

11), 이제는 그리스도인이 **단수**〔singular〕로 지칭한 "죄에서 풀려나 자유를 얻었다"고(롬 6:18, 22), 또는 "죄와 죽음의 법에서 풀려나 자유를 얻었다"고 말한다(롬 8:2). 바울은 또 갈라디아서에서 그리스도가 그리스도인들을 해방시켜 주실 때 이들에게 안겨주려 하신 자유(5:1)와 율법 혹은 우주의 초보 영들〔the fundamental spirits of the universe〕에게 노예 노릇했던 것(4:1-9)을 대조한다. 그가 세상에 소망하는 것은 세상이 "썩어질 속박에서 풀려나 자유를 얻는 것"이다(롬 8:21).

3. **변화, 새 피조물**. 우리는 위에서 변화 혹은 변화됨을 현재와 미래 시제로 표현한 용어들의 용법을 간략히 언급했다. 우리는 여기서 이런 표현들을 되새겨봐야 한다. 이런 표현들도 바울이 쓴 "옮겨감을 나타내는 용어" 가운데서 중요한 의미를 갖고 있기 때문이다. 가령 고후 4:16은 이렇게 말한다: "그러므로 우리는 낙심하지 않는다. 비록 우리 외면의 본질은 낡아가지만, 우리 내면의 본질은 매일 새로워진다". 고후 5:1-5이 분명히 밝히듯이, 완전한 변화, 다시 말해 옛 피조물〔창조〕이나 옛 세대에서 새 피조물이나 새 세대로 완전히 옮겨감은 여전히 미래에 속한다. 그러나 바울은 이런 갱신이 이미 이루어지고 있다고 본다. 이는 추측컨대 바울이 고후 5:17에서 그리스도 안에 있는 자는 새 피조물(또는 우리가 그리스도 안에 있으면 새 피조물이 있는 것이다)이라고 기록할 때, 새 피조물을 현재이지만 미래에 있을 일을 현재처럼 기록해놓은 것으로 여기거나 현재이지만 적어도 불완전한 현재로 여겼다는 의미일 것이다. 갈 6:15이 새 피조물을 간단히 언급한 말도 추측컨대 똑같은 식으로 이해해야 할 것이다. 변화가 완결되지 않고 진행 중임을 나타내는 언어는 고후 3:18에서도 나타난다: "우리가 모두 베일을 벗은 얼굴로 주의 영광을 보니, 주의 모양으로 변화하면서 이 단계의 영광에서 저 단계의 영광으로 변화한즉 …."

바울이 옮겨감을 나타내는 말을 평서문으로도 사용하고 명령문으로도 사용한다든지, 혹은 명령문과 같은 효과를 지닌 조건문으로 사용한다는 것이 표준 관찰 결과〔통설이 제시하는 관찰 결과 ⓣ〕다.[469] 이 때문에 바울은 그리스도 예수께 속한 자들은 그 육을 그 정욕 및 욕망과 함께 십자가에 **못 박았다**고〔*have* crucified〕 쓰면서도(갈 5:24), 사람이 **만일**〔*if*〕 몸의 행위를 죽이면 그 사람은 살 것이라고 쓴다(롬 8:13). 또 그는 그리스도인이 의의 노예가 되었다고 쓰면서도(롬 6:18), 그리스도인이 그들 자신을 하나님께 내어 **드려야 하며**〔*should* yield〕 그들의 지체를 의의 도구로 하나님께 내어**드려야 한다**고 쓴다(롬 6:13). 그는 또 영〔성령〕으로 사는 자는 역시 영〔성령〕으로 행해야 한다고 쓰면서도(갈 5:25), 고전 3장에서는 그냥 영〔성령〕을 가진 그리스도인들이 사실은 결국 "영적"이지 않을 수 있음을 암시한다(고전 3:1-3). 그는 이와 같은 선상에서 변화되어가고 새로워져가는 과정에 있다 싶은 그리스도인들에게(고후 3:18; 4:16) "너희 마음을 새롭게 함으로" 변화를 **받으라**고〔*be* transformed〕 독려한다(롬 12:2). 우리는 여기서 갈 4:19, 곧 "내 어린 자녀들아, 그리스도가 너희 안에서 형성되기까지 내가 다시 너희로 말미암아 산고를 치른다"라는 본문도 언급하지 않을 수 없다. 바울은 여기서 갈라디아 사람들이 율법을 받아들일 가능성이 있다는 것은 그들 "안에" 사실은 그리스도가 없다는 의미요, 새 피조물로 변화됨(갈 6:15) 혹은 노예 신분에서 아들이라는 신분으로 옮겨감(갈 4:1-7)이 취소될 위험에 빠져 있다는 의미라고 분명하게 말한다.

4. **화해**. *katallagē*〔화해〕라는 명사와 *katallassō*〔화해하다〕라는 동사는 신약성경에서 바울이 독특하게 구사하는 단어이며, 주로 두 본문, 곧 롬 5:10-11과 고후 5:18-20에서 등장한다. 이 명사는 롬 11:15에서도 등장하며, 이 동사는 고전 7:11에서도 등장하는데, 후자는 남편과 아내의 화해를 다룬다. 이 본문들을 인용해 봐도 되겠다.

이는 우리가 원수였을 때 우리가 그〔하나님〕 아들의 죽음으로 말미암아 하나님과 화해하게 되었다면, 이제는 우리가 화해했으니, 더더욱 그의 생명〔사심〕으로 말미암아 구원을 받겠기 때문이다. 이뿐 아니라 우리는 이제 우리가 우리의 화해를 얻게 해주신 우리 주 예수 그리스도를 통해 하나님 안에서 즐거워한다. (롬 5:10f.)

이는 그들의[유대인의] 거부가 세상과 화해함을 뜻한다면, 그들의 받아들임은 오직 죽은 자 가운데 살아남을 뜻하지 않겠는가? (롬 11:15)

그러므로 누구든지 그리스도 안에 있으면, 그는 새 피조물이다. 옛 것은 지나갔으니, 보라 새 것이 왔도다. 이 모든 것이 하나님에게서 왔으나, 하나님은 그리스도를 통해 우리를 그 자신과 화해시키시고 우리에게 화해케 하는 직무를 주셨으니, 곧 하나님이 그리스도 안에서 세상을 자신과 화해시키시고, 그들의 범죄를 그들의 죄로 헤아리지 않으시며, 우리에게 화해케 하는 말씀을 맡기셨다. 그러므로 우리는 그리스도를 대신하는 사절〔대사〕이며, 하나님은 우리를 통해 그의 호소를 전하신다. 우리가 그리스도를 대신하여 너희에게 간청하니, 하나님과 화해하라〔be reconciled to God〕. 그〔하나님〕가 죄를 모르는 이를 우리를 대신하여 죄가 되게 하심은 우리가 그 안에서 하나님의 의가 되게 하려 하심이다. (고후 5:17-21)

이 본문과 관련하여 짚고 넘어가야 할 것이 몇 개 있다. 첫째, 우리는 화해가 시종일관 과거에 일어난 일이라는 데 주목한다. 고린도후서가 하나님이 "그리스도 안에서" 세상과 화해하심을 언급한 내용은 십중팔구 로마서 그리스도의 죽음으로 말미암아 이루어진 화해를 언급한 말에 비춰 이해해야 할 것이다.[470] 그리스도의 죽음은 "세상"과 "화해"를 이루었다〔The death of Christ accomplished the 'reconciliation' of 'the world'〕. 이 경우에 세상은 인류를 가리킨다. 고린도후서가 하나님이 범죄들을 헤아리지 않으신다고 언급한 말은 롬 3:24f.의 논증을 떠올려준다: 속죄를 가져다준 그리스도의 죽음을 믿음으로 받아들였을 때, 그 죽음으로 말미암아 의롭다하심이 주어졌다. "이것은 하나님의 의를 보여주는 것이었다. 하나님이 길이 참으심으로 인간이 이전에 지은 죄들을 보아 넘기셨기 때문이다." 둘째로, 우리는 화해가, 앞서 논의했던 "옮겨감"을 나타내는 다른 용어들과 달리, 힘인 죄가 아니라 **인간이 저지른 범죄**인 죄를 지칭한다는 점에 주목할 수 있겠다. 화해는 다만 생명을 부여받음의 준비 단계일 뿐이다. 화해 자체만 놓고 보면, 화해는 사람이 어떻게 그리스도 안에 참여하여 생명을 얻는가를 보여줄 수 있는 용어가 아니요, 죄의 힘과 악한 현 시대의 힘에서 변화 받아 아들의 지위로 옮겨감과 죄에서 자유를 얻음이 현재도 어떻게 일어나고 있는가를 보여줄 수 있는 용어가 아니다. 화해는 다만 하나님이 우리가 지은 범죄들을 헤아리지 않으심으로써 증오를 극복함을 일컬을 뿐이며, 이 "헤아리지 않음"은 어쨌든 그리스도의 죽음과 관련이 있다. 결국 화해라는 주제는 "법과 관련이 있지만," 우리는 이 주제를 에워싸고 있는 언어가 아주 제한되어 있음을 명심해야 한다. 바울은 과거에 지은 죄에 관하여 화해를 얻어낼 목적으로 참회하는 사람들을 전혀 논의하지 않으며, 이 사람들이 화해를 **받아들임**〔*accepting*; 하나님이 제공하신 화해를 이리저리 따져보고 수락함 ⓣ〕도 전혀 논의하지 않는다: 사람들은 그저 화해를 **받을**〔*receive*; 화해에 응할 ⓣ〕 뿐이다(롬 5:11). 바울은 세상이 하나님과 화목케 되었음을 말한 뒤 독특하게도 오직 "하나님과 화해하게 됨"만 이야기한다. 그는 심지어 사람들이 기대할 법한 말인 "참회하고 화해의 복음을 믿어라"라는 말도 하지 않는다. 그가 이리 하는 이유는 우리가 칭의와 이신칭의를 논하고 나면 비로소 분명하게 밝혀질 것이다.

5. **칭의와 의**. 우리는 먼저 독자들에게 *dikaioō*와 *dikaiosynē*를 영어로 번역하는 데 여러 난관이 있음을 되새겨두고자 한다.[9] 명사인 *dikaiosynē*는 "의"로 번역하는 것이 가장 좋지만, 영어는 이와 동족〔同族〕인 동사가 없다. 때문에 동사 *dikaioō*는 "의롭다하다"〔의롭게 여기다, justify〕로 번역하는 것이 통례이며, 이 때문에 종종 *dikaiosynē*라는 명사를 동족어인 "의롭다하심"〔칭의〕으로 번역하기도 한다. 하지만 사람들은 보통 "의롭다하다"와 "칭의"라는 말이 바울이 말하려는 의미를 나타내는 데 적절치 않다고 생각하기 때문에, 그가 써놓은 것을 어떻게 번역할 것인가를 놓고 끝없는 난제들이 이어지고 있다. 그로벨〔Kendrick Grobel, 1908-1965. 미국의 신약 신학자다 ⓣ〕은 불트만이 쓴 *Theologie des Neuen Testaments*『신약성서신학』(성광)을 번역할 때 저 동사를 "rightwise"〔"의롭게 해주다, 죄를 용서해주다"를 뜻하는 중세 영어 ⓣ〕로 번역하여 난관을 극복하려 했다.[10] 이것도 다소 장점이 있는 해결책이긴 하나, 현대 영어가 딱히 사용하지 않는 단어를 채용했다는 결점이 있다. 사람들은 저 동사가 사람이 의롭다는 **상태가**〔*be* righteous〕 됨을 암시하긴 하지만, 사실 이 동사는 어떤 의로운 관계가 수립됨을 일컫는다는 점을 근거로 내세워 "의롭게 해주다"로 번역하는 데 반대한다.[11] 471 이 문제의 완벽한 해결책은 존재하지 않기 때문에, 우리는 우리가 이 문제를 다룰 방법을 서술하면서, 어떤 번역도 결국은 반대에 부닥칠 수 있다는 것을 인식하는 것으로 만족해야만 할 것이다. 내가 보기에, 사실 이 동사는 바울 서신에서

9 53 참고. J. Reumann, "The Gospel of the Righteousness of God," 444.

10 54 Bultmann, *Theology* I, 253.

11 55 참고. Whiteley, *Theology of St Paul*, 141, 156-61. 하지만 굿스피드〔Edgar Johnson Goodspeed, 1871-1962. 미국의 신약 신학자다 ⓣ〕는 메츠거의 비판에 맞서 그의 번역인 "올곧다 하다 혹은 의롭게 해주다"를 열렬히 옹호했다(E. J. Goodspeed, "Some Greek Notes: III Justification," *JBL* 73, 1954, 86-91을 보라). 굿스피드의 변호는 이 동사가 "사실은 어떤 이가 그렇지 않은데도 그를 올곧다고 선언하다"라는 의미라고 보는 견해, 곧 이 동사가 전가된 의를 가리킨다는 견해에 맞선 것이었다. 그는 실제로 새 피조물을 바라보는 바울의 견해가 "올곧다 하다"라는 의미를 훨씬 넘어선 것이었다고 생각했다(ibid., 88).

늘 똑같은 의미를 갖고 있지는 않다. 때로는 "화해시키다"와 "거룩하게 하다"와 비슷한 의미를 가지는데, 이 경우에는 "의롭다하다"가 아주 좋은 번역이며, 때로는 *dikaiosynē*, 곧 의를 가짐, 의에 이름, 혹은 의를 받음과 같은 의미를 가지는데(참고. 빌 3:9, "의를 가짐"), 이 경우에는 "의롭게 해주다"나 "의롭게 되다"가 다소 적절한 번역이다. 사람들이 "의롭게 해주다"를 중립적 의미로 읽을 수 있기를, 다시 말해 *dikaiosynē*라는 명사를 "의"로 번역하는 것에 맞춰 *dikaioō*라는 동사를 번역한 것으로, 갈 2:15-21 같은 본문에서 필요해 보이는 번역으로 읽기를 바란다.

이 동사는 주로 갈 2-3장과 롬 2-5장, 특히 3장에서 주로 나타난다. 바울은 이 장들에서 아주 많은 이들이 바울 신학의 핵심으로 받아들이는 "이신칭의"와 "믿음으로 의롭게 됨"을 논한다. 먼저 이 동사의 다른 용례들을 언급하는 것이 유익할 것 같다. 가장 분명한 예가 고전 6:9-11이다. 우리가 다른 문맥에서 이미 인용했으나 부득이 되풀이한다.

> 너희는 불의한 자[*adikoi*]가 하나님 나라를 유업으로 받지 못하리라는 것을 모르느냐? 미혹당하지 말라. 부도덕한 자와 우상숭배자와 간음하는 자와 남색하는 자와 도적과 탐욕을 부리는 자와 술 취하는 자와 욕하는 자와 강도는 하나님 나라를 유업으로 받지 못하리라. 너희 가운데 이런 자들이 일부 있다. 그러나 너희는 주 예수 그리스도의 이름과 우리 하나님 영〔성령〕 안에서 씻음을 받았고, 거룩함을 받았으며, 의롭다하심을 받았다.

여기서 "의롭다하심을 받다"를 포함하여 모든 동사가 말하려는 요지는 그리스도인이 방금 전에 열거한 죄들에서 **깨끗함을 받았다**는 것이다. 이와 비슷한 의미가 롬 5:9에서 나타난다.

> 우리가 아직 연약할 바로 그때에 그리스도가 경건하지 않은 자들을 위해 돌아가셨다. 당연한 일이나, 의인을 위해 죽는 자가 거의 없으며, 어쩌면 선인을 위해 담대히 목숨까지도 내놓는 이는 있을지도 모르겠다. 그러나 우리가 아직 죄인이었을 때 그리스도가 우리를 위하여 죽음으로 하나님이 우리를 향한 당신의 사랑을 보이셨다. 따라서 우리가 이제 그의 피로 의롭다하심을 받았으니, 우리가 그로 말미암아 하나님의 진노에서 더더욱 구원을 받으리라. (롬 5:6-9)

이 본문에 이어 화해하게 되었음을 이야기하는 본문이 이어지는데, 이 본문에서 "의롭다하심을 받다"의 의미는 "화해했다"〔정확히 말하면, 하나님이 주도하신 화해를 통해 하나님께 받아들여졌다 ⓣ〕와 같다: 과거에 지은 범죄들이 보아 넘겨졌다 혹은 속함을 받았다.[12] 롬 8:30이 말하려는 의미도 똑같은 것 같다: "그가 당신이 미리 정하신 이들을 부르셨고, 당신이 부르신 이들을 또 의롭다하셨으며, 당신이 의롭다하신 이들을 또 영화롭게 하셨도다." 472 이 모든 경우에 "의롭다하심을 받다"는 "과거에 지은 범죄에서 깨끗함을 받다 혹은 용서받다"라는 뜻이며, 하나님의 원수였고 범죄자였던 이전 상태와 영화롭게 될 미래 상태의 중간 단계다. 이 의미는 "화해했다"와 같다. 한 경우에는 이 동사가 "해방시켜 자유를 얻게 해주다"와 같은 뜻이다: "이는 죽은 자가 죄에서 벗어나 자유를 얻었기(*dedikaiotai*) 때문이다"(단수로 표현했다, 롬 6:7). 이는 "죄에서 해방되어 자유를 얻었다(*eleutherothentes*)"고 말하는 롬 6:18과 그 의미가 같다.[13] 결국 이제까지 살

12 56 5:8에서 드러나는 "죄인"이라는 말의 용법은 롬 5:9의 "의롭다하심을 받다"를 이렇게 해석하는 것을 지지한다. 바울은 보통 "죄"라는 말을 어떤 힘인 죄를 뜻하는 말로 사용하지만, "죄인"이라는 말은 사람들이 그런 힘 아래 있다는 사실을 가리킬 때가 아니라 사람들이 실제로 죄를 지음을, 곧 범죄를 저지름을 가리킬 때 사용한다. 롬 5:19(참고. 5:20의 "범죄하다")과 갈 2:15("이방인 죄인")이 그런 예다.

13 57 스크록스(R. Scroggs, "Romans vi. 7," *NTS* 10, 1963, 104-8)는 아주 다른 설명을 제시했다: 6:7

펴본 내용을 볼 때, "옮겨감"을 나타내는 용어로 사용했던 "의롭다하다"는 "거룩하게 하다" 및 "화해시키다"(이들은 모두 과거의 범죄들을 염두에 둔다), 혹은 "해방시켜 자유롭게 해주다"(이는 죄가 사람을 노예로 부리는 권력임을 가리킨다)와 비슷한 말이라고 할 수 있을 것 같다.

우리는 바울의 글 안에 범죄에서 깨끗해짐을 나타내는 언어와 죄의 힘에서 해방됨을 나타내는 언어가 존재한다는 것을 거듭 관찰했으며, 바울이 "신비주의"를 함축한 개념이나 "참여"를 나타내는 개념을 "법과 관련된"〔법정적〕 개념과 구분하여 별개 개념으로 제시하지 않듯이, 깨끗해짐을 나타내는 언어와 죄의 힘에서 해방됨을 나타내는 언어도 각각 따로 구분하여 제시하지 않는다는 것도 아울러 보았다. 이 두 언어는 거듭 함께 나타난다. 하지만 이제 우리는 바울의 이런 통합된 사고방식에서 생겨나는 표현 문제〔a problem of presentation〕에 부닥친다. 우리가 참여를 나타내는 용어와 법과 관련된 용어의 관계를 완벽하게 밝혀냄으로써 로마서와 갈라디아서가 말하는 "이신칭의"를 올바로 이해할 수 있으려면, 먼저 바울이 말하는 인간의 비참한 곤경이라는 개념을 어느 정도 고찰해봐야 한다—이 인간의 비참한 곤경이라는 개념 자체는 오직 예수 그리스도로 말미암

은 예수가 순교자로 죽은 죽음을 언급한다. 이 죽음은 다른 사람들을 대속하는 죽음이다. 이것은 이 문장의 구문에 관한 가장 간단한 설명조차도 무시하는 것 같다. 이 설명에 따르면 이 동사는 수동태이기 때문에 "죽은 자는 …를 의롭게 만들어준다"〔he who dies justifies …〕는 의미일 수가 없다. *ho apothanōn*을 예수의 죽음을 가리키는 말로 보기도 쉽지 않고, 신자가 예수와 함께 죽음을 가리키는 말로 보기도(즉 "[그리스도와 함께] 죽은 자는 [그의 대속 죽음으로 말미암아] 의롭다하심을 얻는다"라는 뜻으로 보기도) 쉽지 않다. 나는 어떤 이의 죽음이 범죄들을〔transgression*s*〕 대속한다고 생각했던 랍비들의 관념이 여기에는 존재하지 않는다는 스크록스의 견해에 찬동한다(그 근거로 참조한 문헌을 보려면, 스크록스의 논문과 Käsemann, *An die Römer*, 162을 보라). 크랜필드(Cranfield, *Romans*, 311)는 흥미롭게도 여기에서는 이 말이 "…에서 풀려나 자유를 얻다"라는 의미일 수 없다고 주장한다. 바울은 사람이 현세의 삶을 살아가는 동안에 죄에서 풀려나 자유를 얻는다고 믿지 않았다는 것을 그 이유로 든다. 그러나 이 견해는 이 의미를 결정하는 두 구절을 간과했다: 6:6, "더 이상 죄에게 노예 노릇하지 않는다." 이 구절과 대구를 이루는 긍정문이 6:7이다; 그리고 6:17-18, "이전에는 죄의 노예였다"는 말에 이어 등장하는 또 다른 말이 이 구절에 대응하는 긍정문, 곧 "죄에서 해방되었다"〔*eleutherothentes* from sin〕라는 말이다.

아 구원을 받는다는 그의 유일주의 구원론〔唯一主義, exclusivist; 예수 그리스도가 구원의 유일한 통로라는 주장 취지와 "배타"라는 말이 주는 좋지 않은 느낌을 고려하여 exclusivism을 배타주의로 번역하지 않고 유일주의로 번역했다 ⓣ〕을 기초로 삼을 때만 이해할 수 있다. 우리는 바울이 시작한 곳으로 보이는 곳에서, 곧 그리스도가 주요 구주라는 확신에서 시작했다. 이제 우리는 구원받은 이들의 무리 가운데 있음을 나타내는 주요 용어("한 몸" 같은 말)와 파멸당할 무리에서 구원받을 무리로 "옮겨감"을 나타내는 주요 용어("그리스도와 함께 죽음" 같은 말)도 논의했다. 하지만 이런 다양한 용어 사이의 관계는 율법을 바라보는 바울의 태도와 바울이 인간의 비참한 곤경을 생각하는 개념을 분석해봐야 가장 잘 이해할 수 있다. 따라서 우리는 원을 그리며 나아갈 수밖에 없다. 그러나 율법과 인간의 비참한 곤경을 다루고 해석의 순환을 마무리하기 전에, 바울의 구원론에서 마지막 한 문제, 곧 구원의 대상—누가 구원받는가?—이라는 문제를 살펴봐야 한다.

....

4절 율법, 인간의 비참한 곤경, 그리고 그 비참한 곤경과 해결책의 관계 〔The Law, the human plight and the relationship of the solutions to it〕

바울이 바라보는 비〔非〕그리스도인의 상황을 이해하려 할 때 관찰해야 할 가장 중요한 사항은 우리가 이미 살펴보았다: 즉 바울의 경우에는 보편성을 띤 해결책〔a universal solution, 인간 누구에게나 적용되는 해결책 ⓣ〕이 있다는 확신이 보편성을 띤 비참한 곤경〔a universal plight, 인간 누구나 처한 비참한 곤경 ⓣ〕이 존재한다는 확신보다 앞서 있었다. ……

…… 바울이 실제로 모든 인간이 죄의 노예 노릇을 하고 있다는 결론을 육의 약함과 계명이 던지는 도전을 분석한 결과**에서** 끌어내지 않았다는 것 역시 분명하다. 이것은 하나님이 그리스도 안에서 만인이 구원받을 길을 제공하셨다는 확신에서 나온 견해이며, 이 확신에 따르면, 결국 모든 사람이 구원을 받아야 한다는 결론이 나온다. 롬 7장은 율법과 율법의 목적을 이런 점에 비추어 다소 비틀어 설명한 것이다.

바울은 자신의 논리를 이와 같이 전개하는 것 같다: 하나님은 세상을 구하고자 그리스도 안에서 행동하셨다. 따라서 세상은 구원을 받아야 한다. 그렇지만 하나님은 율법도 함께 주셨다. 그리스도가 구원을 이루고자 주어진 분이라면, 율법은 구원의 길일 리가 없다는 결론이 나올 수밖에 없다. 그렇다면 율법은 그리스도 안에서 계시된 하나님의 목적에 어긋나는가? 아니다. 율법은 모든 인간을 죄에 건네줌으로써 **결국** 모든 사람이 그리스도 안에서 나타난 하나님의 은혜로 말미암아 구원을 받을 수 있게 하는 기능을 가진다. 나는 이 논증을 이와 다른 방식으로 전개하는 것은, 다시 말해 인간이 스스로 자신을 구원하려는 욕심을 부리다 결국 죄에 넘겨져 죄에 묶여버렸음을 미리 보여주는 인간론 차원의 분석에서 바울의 논증을 풀어나가기 시작하는 것은 도저히 불가능하다고 본다. …… 사전에 예상하기론 인간의 비참한 곤경이라는 개념이 그 해결책이라는 개념보다 앞서 나타날 것 같은데, 정작 바울의 사상은 그와 다른 방향으로 나아간 것 같다.

476 율법; 믿음으로 의롭다하심을 얻음

바울의 사상이 해결책에서 인간의 비참한 곤경으로 나아갔음을〔불트만은 바울의 논지가 인간의 비참한 곤경에서 시작하여 그 해결책으로 나아갔다고 말하지만, 저자인 샌더스 교수는 그와 정반대 방향으로 나아갔다고 주장한다 ⓣ〕 가장 강하게 확증해주는 증거는 그의 사상에서 가장 논란이 많은 문제 중 하나, 곧 율법을 대하는 바울의 태도를 분석한 결과에서 나온다. 율법을 대하는 바울의 태도를 이해하면, 바울이 인간의 비참한 곤경을 **어떻게** 인식했고 우리가 3절에서 간략히 서술했던 그 곤경의 해결책을 결국 어떻게 이해해야 하는지 파악하는 데도 역시 도움을 줄 것이다. 율법이라는 문제가 등장하면, 역시 가장 먼저 살펴봐야 할 것이 "이신칭의"다. 율법을 대하는 바울의 태도라는 문제는 이런 식으로 정리하여 표현하는 것이 가장 예리할 것 같다: 바울은 왜 율법을 받아들인 이들이 그리스도로 말미암은 구원에서 배제된다고 생각했는가? ……

482 …… 바울의 견해를 결정한 것은 죄의 본질에 관한 바울의 분석이 아니라, 구원에 이르는 길에 관한 바울의 분석이다. 다시 말해, 바울의 인간론이 아니라, 바울의 기독론과 구원론이 바울의 견해를 결정한다. 바울 자신이 "인간은 율법의 행위로 말미암아 '의롭다하심'을 얻지도 못하고 그렇게 얻어서도 안 된다"는 주장을 편 이유는 인간이 그 자신의 구원을 확보하려는 생각을 해서는 안 되기 때문이 아니라, 율법이 인간을 구원할 수 있다면, 그리스도의 죽음은 헛일이 되기 때문이요(갈 2:21), "창조주 하나님께 의존하여 그 자신을" 이해함이 아니라, 인간이 그리스도와 더불어 부활할 것을 확실히 보증해주는 그리스도의 죽음에 참여함이 구원을 발견하는

길이기 때문이다(롬 6:5). 다시 말해, 서로 대립하는 것은 인간이 자기에게 의존함과 하나님께 의존함—두 종류의 자기이해—이 아니라, 그리스도께 속함과 그리스도께 속하지 않음이다. 오직 그리스도께 속함만이 구원을 가져다준다는 확신이 인간이 하나님 앞에서 가진 위치와 인간의 자기이해에 일어난 변화에 관한 분석보다 앞선다. 불트만은 인간에겐 하나님 앞에서 자랑할 것이 분명 아무 것도 없기 **때문에** 율법의 행위는 인간을 의롭게 해주지 못한다는 것이 바울의 견해라고 주장했다. 그러나 율법을 행하려하는 것 자체가 죄라는 바울의 견해가 율법을 지킴과 그리스도인이라는 것〔그리스도인이라는 존재로 살아감 ⓣ〕은 양립할 수 없다는 그의 견해를 낳은 **원인**이라기보다는, 전자가 후자의 **결과**인 셈이다. 구원은 오직 그리스도 안에만 있기 **때문에**, **결국** 구원으로 가는 다른 모든 길은 잘못된 길이며, 그런 길들을 따라가다간 오히려 바라는 것의 반대 결과만 얻을 뿐이다. 율법을 따름에서 잘못인 부분은 율법을 따르려는 노력 자체가 아니라, 율법을 지키는 자가 그리스도의 오심을 통해 하나님이 베풀어주신 의를 구하지 않는다는 사실이다(롬 10:2-4). 노력 자체는 죄가 아니다. "그리스도 안에서만" 발견되는 목표가 아닌 다른 목표를 추구함은, 그것이 **어떤** 목표이든, 죄다(빌 3:9). ……

…… 갈 2:21과 3:21은 내용상 동일한 것 같으며, 바울 사상의 주된 취지를 제시하는 것 같다. 즉 사람이 율법으로 말미암아 의로워질 수 있다면 그리스도가 죽을 필요가 없었을 것이요, 율법이 사람을 살릴 수 있다면 율법으로 말미암아 의로워질 수 있을 것이다. 독자가 마지막 본문에서 끌어내야 할 결론은 사람을 살릴 수 있는 율법은 주어지지 않았으며 의는 다른 길로 올 수밖에 없었다는 것이다. 바울은 의가 어떻게 오는지 이미 말했다: 의는 그리스도의 죽음과 믿음으로 말미암아 온다. 창세기 15:6과 하박국 2:4에서 인용한 내용은 교리상 동일한 취지를 담고 있다. 율법으로 의롭다

하심을 얻기는 **불가능하다**. 이는 율법을 행함이 자랑으로 이어지기 때문이 아니라, **의가 믿음으로 말미암기 때문이다**. 사실 믿음은 자랑을 배척하긴 하지만(롬 3:27), 그것이 여기서 바울이 제시하는 논지는 아니다. 바울의 논지는 갈라디아 사람들이 율법으로 얻고자 하는 것은 **오직** 다른 길, 곧 그리스도의 죽음과 믿음으로만 다다를 **수 있다**는 것이다. 갈 3:1-5은 바울이 어떻게 생각했는가를 아는 데 특히 유용한 것 같다: 성령은 구원의 보증이시다. 성령은 믿음으로 말미암아 왔기 때문에, 다른 어떤 길로도 올 수가 없다. 이것이 바로 바울 사상에서는 해결책이 인간의 비참한 곤경보다 앞서 나온다는 말의 의미다. 바울은 죄로 가득한 인간 상태의 본질에서 출발하지도 않고 거기서 논증을 시작하지도 않는다. 오히려 바울은 그리스도의 죽음과 부활 그리고 성령을 받음에서 출발한다. 그리스도의 죽음과 부활이 구원을 제공하고 성령을 받음이 구원의 보증이라면, **다른 모든 수단은 당연히 배제된다**. 이는 3:11f.이 가지는 교리의 성격을 설명해준다. 믿음으로 말미암아 의롭다하심을 받은 자**만이** 살 것이다(바울은 하박국 2:4을 이렇게 읽는다).[1] 때문에 인간은 율법으로 말미암아 "살" **수 없다**. 계명을 행하는 자는 계명으로 말미암아 살기 때문이다. 교리 차원에서 보면, 두 명제는 서로 배척하는데, 바울은 이 두 명제를 사용하여, 오직 믿음으로 말미암아 생명이 오고 율법은 믿음에 의지하지 않기 때문에, **생명** 혹은 **의**는 율법으로 얻지 못한다는 것을 증명한다. 바울은 율법이 구원하는 역할을 하지 못한다고 주장한 뒤, 율법이 구원사 속에서 다른 역할을 했다고, 곧 모

1 38 이와 반대 견해, 곧 갈 3:11에 들어있는 합 2:4과 롬 1:17을 ("믿음으로"를 "의로운"〔의〕보다 "살다"와 연계하여) "의인은 믿음으로 말미암아 살리라"로 읽어야 한다고 보는 견해를 살펴보려면, D. M. Smith, "Ο ΔΕ ΔΙΚΑΙΟΣ ΕΚ ΠΙΣΤΕΩΣ ΖΗΣΕΤΑΙ," *Festschrift Kenneth Clark*, ed. Daniels and Suggs, 13-25; J. Cambier, "Justice de Dieu, salut de tous les hommes et foi," *RB* 71, 1964, 569-570을 보라. 롬 1:17은 갈 3:11만큼 명확해 보이지 않는데, 갈 3:11에서는 율법으로 말미암아 의롭다하심을 얻음("누구도 하나님 앞에서 율법으로[*en*] 의롭다하심을 얻지 못한다"]과 믿음으로 말미암아 의롭다하심을 얻음("믿음을 통해[*ek*] 의롭다하심을 얻은 자는 살리라")의 대비가 아주 확고해 보인다.

든 이를 죄에 건네줌으로써 결국 모든 이가 믿음으로 구원을 받을 수 있게 해주는 역할을 했다고 주장한다. 그러나 이것은 그가 말하는 주요 주제에 덧붙인 부차적 논지일 뿐이다.

유사하게, 바울이 "돌 위에 글자들로 새겨놓은 죽음의 법"과 "성령의 법"을 대조하는 고후 3:7-18도 인간의 비참한 곤경을 전혀 분석하지 않는다.
485 옛 법의 잘못은 인간이 이행하지 못할 것을 규정한 점이 아니요, 그 법을 이행함이 자랑과 하나님께 소외당함으로 이어진다는 점도 아니다. 오히려 "이전에는 영광을 가졌던 것이 그 영광을 능가하는 영광으로 말미암아 이제는 전혀 영광을 갖지 못하게 되었다"(3:10). 우리는 빌 3장에서도 이와 똑같은 방식으로 생각을 펼쳐가는 모습을 볼 수 있다. 바울은 율법을 기준으로 한 의를 놓고 본다면, 자신은 책망 받을 것이 없으며, 자신이 유대교에 열심이었다고 말한다. 열심과 의 자체는 나쁘지 않다(롬 10:2도 참고하라). 그러나 바울은 인간의 비참한 곤경을 전혀 묘사하지 않는다. 바울은 자신이 이전에 유대교 안에서 보냈던 삶에 관하여 이런 견해를 피력한다: "그러나 내가 가졌던 이득이 무엇이든, 나는 그것을 그리스도를 위해 손실로 여겼다. 진실로 내가 모든 것을 손실로 여김은 그리스도 예수 내 주를 앎이 가장 탁월한 가치가 있기 때문이다"(빌 3:6-8). 이런 논리—하나님이 그리스도 안에서 하신 행위만이 구원을 제공한다. 그 행위는 다른 모든 것을 가치 없는 것으로 보이게 하며, 실제로 **정녕** 가치가 없다〔in fact actually be worthless〕—가 율법을 바라보는 바울의 견해를 지배하는 것 같다. ……

갈라디아서의 논지를 다시 간략히 살펴봐도 이 두 가지 점—이신칭의가 어떤 한 교리가 아니라는 것, 그리고 이신칭의는 주로 율법 준수가 구원의 충분조건이나 필요조건이라는 주장을 부정하는 논지 역할을 한다는 것—을 알 수 있다. …… 우리는 이제, 로마서의 경우처럼, 갈라디아서의 논지도 **용어와 관련이 있으며**〔*terminological*〕 **뭔가를 부정하는** 것임을 볼 수

있다: 바울은 믿음으로 "의롭다"는 것이 무슨 뜻인지 그 의미를 적극 정의하여 정확하게 제시하지 않으며(물론 그 정의는 "의"와 평행을 이루는 용어들에서 추론할 수 있다), 그가 제시하는 논증의 주된 목적은 "율법의 행위"에 반대하려는 것이다. 다음 목록이 이런 점을 분명하게 밝혀줄 것이다.

의 ("의롭다하심을 받음")	믿음으로 말미암은	율법의 행위로 말미암지 않은 (갈 2:16)
성령	믿음으로 말미암은	율법의 행위로 말미암지 않은 (3:1-5)
아브라함의 자녀	믿음으로 말미암은	(3:7)
아브라함의 복	믿음으로 말미암은	(3:9)
[대조: 저주받음		율법의 행위로 말미암은 (3:10)]
의	믿음으로 말미암은	율법의 행위로 말미암지 않은 (3:11)
성령의 약속	믿음을 통한	(3:14)
유업	약속으로 말미암은	율법으로 말미암지 않은 (3:18)
생명과 의 (동사와 형용사)		율법으로 말미암지 않은 (3:21)
약속	믿음으로 말미암은	(3:22)
하나님의 아들	믿음을 통한	(3:26)

"율법의 행위로 말미암지 않음"이라는 부정문이 나오지 않은 갈 2-3장의 논증도 율법의 행위로 말미암지 않는다는 것을 암시한다(3장 7절과 9절 그리고 다른 곳도 마찬가지다). "율법의 행위로 말미암지 않음"은 바울의 논증이 시종일관 반복하여 제시하는 주제이며, 결국 이 논증의 주된 목적도 율법의 행위를 부인하려는 것이다. 우리는 여기서 다시금 "믿음"이 무엇인지(순종인지, 신뢰인지, 아니면 다른 무엇인지) 딱 부러지게 말하지

는 않지만, 이것이 "율법의 행위"에 반대할 목적으로 제시한 **용어**임을 본다. 믿음을 지지하고 율법의 행위에 반대하는 바울의 논지는 성경의 증거 본문(갈 3:6, 11)이나 그리스도인의 체험(갈 3:1-5)을 그 근거로 삼는다. 하지만 바울은 무엇보다 자신이 염두에 둔 성경의 증거 본문이 달라지면 율법의 행위가 아니라 믿음으로 말미암아 받게 되는 것이 **무엇인가**도 다양하게 바꿔 말한다. 바울이 성경에서 인용한 본문의 도움을 빌리지 않고 소개하는 용어들은 오직 성령(갈 3:1-5, 14), 생명("살게 하다"라는 동사가 일러준다, 3:21), 그리고 하나님의 아들(3:26)이다. 따라서 "이신칭의"는 어떤 고정된 교리가 아니며—이신칭의는 많은 공식 가운데 한 공식일 뿐이다—주로 무언가를 부정하려는 목적에 기여한다. 바울이 제시하는 논지는 곧 종교〔신앙〕의 관점에서 보아 **아무리** 선한 것—의, 아브라함의 약속, 성령, 생명 같은 것들—이라도 율법의 행위로 말미암아 오지 않고 틀림없이 다른 길로, 곧 믿음으로 말미암아 온다는 것이다. 더구나, 그 때문에 의, 성령 같은 것들은 이제 유대인과 이방인을 불문하고 모든 이가 아무 차별 없이, 같은 근거에 기초하여 얻을 수 있게 되었다(갈 3:7, 28-29).

나는 "Patterns of Religion in Paul and Rabbinic Judaism," *HTR* 66, 1973, 470f, 477f(477f에는 Ziesler, *The Meaning of Righteousness in Paul*, 1972을 비판하는 내용이 들어있다)에서, 의의 "진짜" 의미는 ("의"를 동사로 나타냈든, 형용사로 나타냈든, 아니면 명사로 나타냈든) **생명**이라고 주장하면서, 의는 주로 종말론적/법정적 용어라는 불트만의 견해, 그리고 명사인 의와 형용사는 의롭다는 윤리와 관련된 말이나, 동사("의롭다하다")는 법정적 용어(전가가 아니라 무죄 판결을 가리키는 말; 주57을 보라)라는 지슬러의 견해에 동의하지 않았다. 지슬러 박사는 이제 자신이 의가 윤리적 올곧음보다 **많은 의미를 담고 있다**는 주장에 반대하지 않는다는 것을 내게 일러주었다.[494] 그는 이

"의"라는 말이 전가된 "가상〔假想〕의"〔fictional〕 의를 가리킨다는 견해에 맞서 적어도 올곧음을 의미한다는 것을 강조하려고 애썼다. "의"가 "생명"을 의미하는 (그리고 단순히 법정적 용어나 윤리적 용어가 아님을 일러주는) 핵심 본문은 롬 6:16과 갈 3:21이며, 어쩌면 고후 3:8f.도 그런 본문일 수 있다. 사실, 갈라디아서에서는 법정적 의미(무죄 판결)가 거의 철저하게 나타나지 않는 것 같다. 나는 갈 2:15-21을 사람이 법정에서 의롭다고 선고받거나 용서받음 또는 윤리 차원에서 의롭게 됨을 주장하는 논증이 아니라, **구원**이란 율법의 행위가 아니라 믿음으로 말미암는다는 취지를 구성하여 제시한 논증으로 받아들이고 싶다. …… 우리가 1부 전체에서 봤지만, 팔레스타인 유대교에는 "의롭다"라는 말을 언약의 올바른 구성원들—계명에 순종하고 범죄를 속함 받은 사람들—에게 적용한 경우가 많았다. 이들은 의롭다고 선고받길 기다리지 않는다. 의로운 자들은 현실 속에 살아있으며 잘 지낸다. …… 유대교에서 "하나님의 의"는 고정된 전문용어이며 바울 서신에서도 같은 의미를 갖고 있다고 보는 케제만/쉬툴마허의 주장도 역시 옳지 않다. 나는 히브리 문헌이 이 말을 하나님의 구원 **능력**을 가리키는 전문용어로 쓴 사례를 전혀 발견하지 못했다(내가 케제만이 인용하는 주요 본문 중 하나인 1QS 11.12를 논한 내용을 보려면, 색인을 찾아보라). ……

바울의 용법과 관련하여, 나는 이렇게 주장하고 싶다: (1) 바울과 유대교가 말하는 의의 형식적 의미는 똑같다(둘 다 법정적/종말론적 의미로 이야기한다)는 불트만의 견해는 옳지 않다(Bultmann, *Theology* I, 273). 불트만은 이 의라는 용어가 대체로 두 진영〔바울과 유대교 ⓣ〕에게 같은 것을 의미했다고 추측하면서, 다만 사람이 어떻게 의를 **얻느냐**가 유일한 문제였다고 생각하는데, 다른 많은 이도 이런 불트만의 견해를 따른다(가령 Thyen, *Sündenvergebung*, 60). 우리가 이 절 뒤에 가서 제시하겠지만, 빌 3:4-12과 관련지어 살펴볼 때, **바울이 추구하는 목표 자체가 다르다**. 즉 바울은 사람이 **이미** 의롭다고 말하는 점에서 유대교와 다르지 **않다**(불트만은 루터파의 구분을 따른다: 의는 이미 **전가**되었다, *Theology* I, 274). 유대교는 의롭다는 형용사를 살아있는 유대인에게 적용하기 때문이다. 오히려 바울이 유대교와 견해를 달리 하는 부분은 **참된** 의의 의미다. (2) 나는 보른캄(Bornkamm, *Paul*, 153), 콘첼만(Conzelmann, *Theology*, 273), 뷰캐넌(Buchanan, *Consequences of the Covenant*, 233)과 다른 많은 이들의 견해에 반대하면서, 바울은 의를 현재 얻은 것이요 장차 생명을 얻기 위한 선행조건 역할을 하는 것이라고 체계 있게 생각하지 않았다는 주장을 하고 싶다. [495]분명 그것이 롬 5:1과 다른 곳이 말하는 의미다. 그러나 의는 때로 미래(갈 5:5) 혹은 "생명"과 같은 것이기도 하다(갈 3:21). (3) 따라서 나는 내가 이전에 바울이 "진짜로 말하고자 했던 의미"를 놓고 주장했던 견해를 바꿀 수밖에 없다. 바울은 의라는 용어를 **어떤 한** 의미로 사용하지 않는다. 의는 구원이나 생명과 같은 의미로도 사용할 수 있으며, 어떤 때는 과거에 지은 범죄들을 현재 용서해주는 무죄 선고를 가리킬 수도 있고, 혹은 미래에 있을 심판 때 의로움을 확인해주는 것일 수도 있다(롬 2:13). (4) 아울러 이것은 바울이 말하는 의의 의미를 하나같이 하나님의 구원 행위를 뜻하는 "하나님의 의"라는 전문용어에서 끌어내려는 케제만과 쉬툴마허의 시도가 유지될 수 없음을 뜻하는 것이기도 하다. 하지만 롬 1장에 나오는 "하나님의 의"라는 말은 분명 케제만이 이 말에 부여하는 의미를 담고 있다.

마지막으로, 우리는 "이신칭의"가 때로는 과거에 지은 범죄들을 용서하는 무죄 판결이라는 법정적 개념으로 **국한하여 사용되기도** 하고, 때로는 그리스도 안에 있는 사람이 어떻게 죄의 힘에 대하여 죽음으로 하나님께 대하여 새 삶을 살아가는가를 묘사하는 참여 언어로 **설명되기도** 한다는 점을 이야기하지 않을 수 없다. "이신칭의"가 전자의 기능을 가지면, 이 용어는 바울이 "옮겨감"을 나타낼 때 주로 쓰는 용어들과 일치하지 않는다.

"이신칭의"를 다른 용어들로 설명할 때는 분명 "의"를 나타내는 용어가 참여를 나타내는 언어보다 덜 적합하다. 하지만 우리가 "더 적절한" 언어가 무엇인가라는 문제를 제대로 마무리할 수 있으려면, 이제까지 제시한 논지를 요약하고, 율법에 관한 논의를 매듭지은 뒤, 바울이 생각하는 인간의 비참한 곤경이라는 개념을 살펴봐야 한다.

…… 나 자신은 바울이 유대교 안에서 율법이 하는 역할을 오해했다기보다 그로 하여금 율법은 폐지되었다고 선언하게 만든 새 관점을 얻었다고 보는 견해를 취한다. 즉 나는 바울이 회심하고 이방인의 사도로 부르심을 받기 전에도 율법에 환멸을 느끼지 않았다는 입장을 취한다. 만일 그가 율법을 오해했었다면 율법에 환멸을 느꼈겠지만, 그는 그렇지 않았다. 물론 바울이 유대교에 몸담았던 시절에 가졌던 견해의 배경을 찾아내려는 시도가 수도 없이 있었지만, 지금도 우리는 그런 배경을 찾아낼 수 없다. 메시아가 강림하실 때 율법이 폐지되리라고 예상하는 유대교 문헌은 전혀 없다. 아울러 우리가 아는 한, 율법에 관한 바울의 견해를 끌어내면서, 바울의 배경이 율법을 바라보는 바울의 견해를 결정한 전제였다면 바울도 그런 견해〔메시아가 강림하시면 율법이 폐지되리라는 견해 ⓣ〕를 취했으리라고 생각하는 그리스도인 그룹이나 신학자도 역시 전혀 존재하지 않는다. 율법을 바라보는 바울의 견해에서—그리고 사실은 그의 신학에서도—독특하게 나타나는 특징은 우리가 데이비스의 글에서 인용한 말이 올바로 일러주었다: 그리스도는 유대인뿐 아니라 이방인도 구원하신다. 이것은 신학적 견해일 뿐 아니라, 바울이 자신과 관련하여 품고 있던 가장 심오한 확신, 곧 그가 자신의 이력과 삶을 걸었던 확신—그가 이방인의 사도라는 확신—과 관련이 있었다. 이방인의 구원은 바울의 설교에 필수불가결하다. 율법은 이 구원과 더불어 설 자리를 잃는다. 바울이 간결하게 천명하듯이, 이방인은 율법으로 말미암아 살 수 없기 때문이다(갈 2:14).[497] 더구나,

성령과 믿음이 율법에 순종함이 아니라 복음으로 들음으로 말미암아 온다는 것은 그리스도인이 공통으로 경험한 일이었다(갈 3:1-5). 더 중요한 점은 성령과 믿음이 **오직** 이 길로**만** 온다는 것이다. **율법을 몰아낸 것은 이방인 문제와 바울의 구원론이 천명하는 유일주의**〔구원의 길은 오직 복음을 듣고 믿음뿐이라는 주의 ⓣ〕**이지, 율법에 관한 바울의 오해나 바울의 배경이 결정지은 견해가 아니었다**〔*It is the Gentile question and the exclusivism of Paul's soteriology which dethrone the law, not a misunderstanding of it or a view predetermined by his background*〕.

예수가 곧 메시아이시**라는**〔*that* Jesus was the Messiah〕 확신이 바울 구원론의 중심을 이루는 확신이라 일컫는 것이 적절하지는 않다. 바울 구원론의 본질을 이루는 것은 예수 그리스도가 유대인과 이방인을 불문하고 **모든 이**를 구원하고자 오셨다는 것이다. ……

구원과 관련하여 율법을 폐지되었다고 선언한 바울은 이제 하나님이 율법을 주신 이유를 묻는 물음에 대답해야 했다. 그 답은 율법이 정죄 목적으로 주어졌다는 것이다: 온 세상이 오직 그리스도를 통해서만 구원받을 수 있기 때문에, 온 세상은 틀림없이 정죄를 받아야했으며, 정죄하는 것이 율법의 역할이었다. 바로 이런 이유 때문에, 바울은 율법과 죄, "육"과 죽음을 연계하고, 율법 아래 있음과 우주의 초등 영들〔the fundamental spirits of the universe〕에게 노예로 사로잡힌 처지를 연계한다(롬 6:15-20; 7:4-6; 갈 4:1-11). 하지만 바울은, 이를 제외하면, 율법과 관련하여 오로지 좋은 이야기만 한다. 율법의 요구는 정당하며, 율법 자체가 목표하는 것도 본디 올바르다. 그러나 율법의 요구는 오로지 그리스도 안에서만 이행되며(롬 8:4), 율법의 목표인 생명도 오직 그리스도 안에서만 성취된다(롬 7:10, 8:1-4).

인간의 비참한 곤경

인간의 비참한 곤경은 기본적으로 바울이 이 곤경의 해결책이라 이해했던 그 해결책의 반대 명제라고 이해할 수 있다. 우리는 위에서 바울 서신에 나오는 두 묶음의 "옮겨감" 용어를 언급했다. 하나는 참여라는 관점에서 옮겨감을 표현한 용어요, 다른 하나는 법의 관점에서 옮겨감을 표현한 용어였다. 바울은 그리스도가 없는 인간의 비참한 곤경을 묘사하면서, 사람이 죄에 대하여 그리스도와 함께 죽음으로써 결국 그리스도께 속한다는 말과 대비하여, 죄의 노예 노릇을 함 또는 죄의 통치를 받음으로 묘사한다(롬 6:20). 영〔성령〕 안에 있음 혹은 그리스도 안에 있음이라는 말과 주로 대조를 이루는 말이 "육 안에" 있음이라는 용어다(롬 7:5; 8:9). 죄 아래 있음은 율법 아래 있음과 같다고 할 수 있으며(롬 6:15-20), 마찬가지로 육 안에 있음도 율법 아래 있음과 같다고 할 수 있다(롬 7:4-6). 여기서 이 모든 말을 지배하는 개념이 한 **주**〔主〕를 섬김에서 다른 주를 섬김으로 옮겨감이다. 이는 "영역"이라는 말을 완전한 변화가 일어났음을 암시하는 말로 이해하지 않는 한,[2] 한 **영역**에서 다른 영역으로(육 안에 있음에서 영〔성령〕 안에 있음으로) 옮겨감이라고 말할 수도 있겠다. 우리가 종종 언급했듯이, 바울은 이 점에 관하여 늘 말을 아낀다. 498 현재 형태의 세상은 지나가는 것이며, 시대도 늘 무상〔無常〕하고, 그리스도인도 변화해간다. 그러나 종말이 오기 전에 죽음을 맞지 않은 그리스도인의 부활과 완전한 변화는 늘 미래 속에 자리해있다.

....

바울이 주로 이야기하는 개념은 주의 변화〔섬기던 주가 죄나 사탄에서 그리스도로 옮겨감 ⓣ〕이지만, 그는 자주 이런 옮겨감을 과거에 지은 **범죄들**에서 깨끗이 씻김을 받음이라고 기록하기 때문에, 이를 읽다보면 "참여"라는 관점에서 죄의 힘에 대하여 그리스도**와 함께** 죽음을 말하는 견해가 생각나지

2 64 "영역"이라는 용어를 살펴보려면, Käsemann, "Primitive Christian Apocalyptic," *Questions*, 136; Conzelmann, *Theology*, 194을 보라.

않는다(도리어 범죄들 **때문에**〔위하여, *for*〕 돌아가신 그리스도가 생각난다). 이런 점이 가장 분명하게 드러나는 단일 본문이 고전 6:9-11이다. 이 본문은 그리스도인을 이방인의 뻔뻔한 범죄들(우상숭배와 부도덕한 성생활이 이 범죄 목록의 첫머리를 장식한다)에서 씻음을 받고, 의롭다하심을 받았으며, 거룩하게 된 이들이라고 말한다. 화해를 다루는 본문들도 과거의 범죄를 극복함을 언급한 본문으로 이해할 수 있으며, 롬 2-3장은 인간의 비참한 곤경을 정의할 때 인간이 범죄를 저질렀다는 말로 정의한다.[3] 바울은 롬 5장에서 인간이 죄를 지음으로 죄의 노예가 되었다고 일러줌으로써 죄와 인간의 비참한 곤경을 결합한다. 하지만 롬 6장에 가서야 비로소 "죄"라는 말이 범죄를 가리키지 않고 일관되게 단수로 등장하면서 인간을 노예로 삼아버린 어떤 힘을 가리키게 된다. 때문에, 다시 말하지만, 로마서를 해석하는 방식에도 서로 다른 두 방식이 존재한다. 499 한 견해는 롬 6장이 그 앞 장들을 되풀이하면서, 인간의 비참한 곤경을 바울 나름의 용어로 표현한다고 본다—이 용어는 모든 이가 죄를 지었고 〔하나님의 영광에 ⓔ첨가〕 이르지 못함을 표현하는 전통적 용어와 대조를 이루는 용어다. 또 다른 견해는 롬 6장이 롬 1-5장을 토대로 삼아 논리를 전개한다고 본다: 모든 사람이 범죄를 저질렀고, 범죄는 사람을 죄의 힘 아래 가두었으며, 그리스도의 죽음은 과거에 지은 죄를 속할 길을 제공하고(롬 3:21-26) 죄의 힘에 대하여 죽을 길을 제공한다(6:1-11). 우리 대답은 이 두 견해 모두 딱 부러지게 옳지는 않다는 것이다. 바울은 사실 자신의 구원론을 반영한 견해로서 모든 인간이 죄라는 주〔主〕 아래 있다는 견해를 갖게 되었다: 그리스도는 당신의 죽음과 부활에 참여하는 이들에게 새로운 주〔主〕를 주시려고 오셨다.

3 65 스텐달(Stendahl, *HTR* 56, 1963, 200)은 롬 2-3장을 개인이 저지른 범죄들 자체를 언급한 본문으로 받아들이지 않는다: "이스라엘—이스라엘 사람 하나하나가 아니라 이스라엘 민족 전체—이 실제로 저지른 범죄들은 유대인이 이방인보다 낫지 않음을 보여준다 …."

바울은 죄의 힘과 관련하여 이런 결론을 내린 뒤에, 사람들이 공통으로 관찰한 결과를 토대로 삼아 모든 사람이 범죄를 저질렀다고 주장함으로써—모든 사람이 범죄를 저질렀다는 이 관찰 결과는 시빗거리가 되지 않을 것이다[4]—모든 이가 죄라는 주 아래 있음을 **증명할** 수 있었다. 그러나 이것은 단순히 **어떤 논점을 증명하려는 논증**이지, 그가 실제로 인간의 비참한 곤경을 평가한 결과에 다다른 방법은 아니었다.

바울이 회심하고 부르심을 받기 전에 가졌던 생각과 관련한 억측들은 대부분 피해야 할 것들이지만, 그리스도가 그에게 나타나시기 전에는 그가 유대인과 이방인을 불문하고 모든 이가 죄에 노예로 잡혀있다는 생각을 할 수는 없었으리라는 추측만큼은 피할 수 없을 것 같다. 바울이 그런 생각을 했다면, 그가 딱히 유대교에 열심을 낼 이유가 전혀 없었을 것이다. 열심을 내도 죄에 노예로 묶인 사슬은 끊지 못하기 때문이다. 바울은 그리스도가 만인의 구주로서 그에게 나타나신 뒤에야 비로소 유대인과 이방인을 불문하고 모든 이가 죄에 노예로 잡혀있다고 확신하게 되었다. 그러기 전에는 틀림없이 (때로 범죄를 짓긴 하지만 그래도) 의로운 유대인과 "이방인 죄인들"(갈 2:15)을 구분했을 것이다. 그러나 바울은 일단 모든 사람이 죄에 노예로 잡혀있으며 오직 그리스도로 말미암아 구원을 얻을 수 있다는 결론에 이르자, 그가 이전에는 틀림없이 유대교가 제공하는 수단들을 통해 속함을 받는다고 생각했던 범죄들과 모든 이를 에워싼 죄의 힘을 쉬이 연계할 수 있었으며, 실제로 모든 사람이 죄에 노예로 잡혀있다는 사실을 오직 그리스도로 말미암아 구원을 얻을 수 있음을 증명하는 데 사용한다. 이제 드디어 우리는 참회와 용서, 그리고 사실은 유대교의 모든 속

4 66 우리는 모든 이가 죄를 짓는다는 견해가 사람들 사이에 두루 퍼져 있음을 자주 언급했다; 색인에서 "죄" 항목을 보라. 바울이 롬 1-3장에서 이런 취지로 한 말들은 팔레스타인 지역이나 헬레니즘 문화권의 어느 회당에서도 쉬이 동의를 얻었을 것이다.

죄 체계—추측건대 바울도 이런 속죄 체계를 몰랐을 리가 없다—가 바울의 사상 속에서 사실상 아무 역할도 하지 않는 이유를 이해할 수 있는 위치에 이르렀다. **이런 것들은 인간이 실제로 처해있는 비참한 곤경에 아무런 답변을 제시하지 않는다**. 진실로 모든 인간이 죄를 짓는다. 진실로 특히 이방인은 그들의 가증한 범죄들에서 깨끗함을 받아야 한다(아울러 이런 사실에서 유추하건대, 범죄를 저지른 유대인도 그리스도의 피로 의롭다하심을 받아야 한다). 그러나 바울은 인간이 저지른 범죄들을 분석함으로써 인간의 비참한 곤경을 이해하는 데 이르지 않았으며, 이 때문에 결국 범죄를 해결할 명백한 방법, 곧 참회와 용서를 인간의 비참한 곤경을 해결할 길로 제시하지도 않았다. 그는 참회하고 용서받음으로 하나님께 돌아온 인간에 관하여 이야기할 기회를 갖고 있었지만, 두 번이나 그런 이야기를 하길 거부한다—십중팔구는 분명 그렇게 보인다. 바울은 롬 3:25에서—참회나 율법이 규정하는 어떤 속죄 수단도 언급하지 않은 채—하나님이 "이전에 지은 죄들을 보아 넘기셨다"고 써놓았다.[500] 또 고후 5:19에서는 이제 하나님이 그리스도 안에서 행하신 일을 근거로 삼아 하나님이 "그들이 지은 범죄들을 그들에게 불리하게 헤아리지 않으신다"고 말한다. 여기에서도 여전히 인간의 참회를 전혀 언급하지 않는다. 바울이 이렇게 하는 이유는 그리스도인의 독특한 행위가 하나님이 그리스도를 다시 살리셨고 이후에는 믿는 이들을 다시 살리시리라는 복음의 메시지를 믿는 것이요, 그 뒤에는 영(성령)을 받고 영(성령)에 참여하는 것이기 때문이다. 이 모든 일은 그리스도인이 자신들의 범죄를 확실히 깨닫고 이 범죄를 참회하며 이 범죄를 용서받음을 언급하지 않고도 일어날 수 있다. 바울은 이 점을 되풀이하여 강조하고자, 모든 이가 범죄를 저질렀다는 그리스도인 (그리고 유대교) 공통의 견해를 받아들였듯이, 그리스도의 죽음이 속죄하는 죽음이라는 그리스도인 공통의 견해도 받아들였다. 그러나 주된 확신은 죽음에서 생명으로 옮겨감이, 죄라는 주를 섬김에서 그리스도라는 주를 섬김으로 옮겨감이 진짜 옮겨감이라는 것이었다. 바울은 인간이 비참한 곤경에 처해있음을 경험에서, 관찰에서, 인간의 노력이 낳은 결과를 분석하여 터득하지 않고, 도리어 그리스도가 만인의 주가 되셨다는 확신에서 터득했다. 그가 이렇게 터득한 인간의 진정한 곤경은 사람들이 다른 주〔그리스도가 아닌 다른 주 ⓣ〕 아래 있다는 것이었다. 아무리 열심히 참회해도, 참회가 주를 바꿔놓지 못한다. 인간은 자신이 지은 범죄들에 책임을 져야만 한다. 이를 해결할 길은 하나님이 그 범죄들을 보아 넘기시든지 아니면 그리스도가 그 범죄들을 속하고자 죽는 길밖에 없다. 그러나 그것들이 이 문제를 **이루지는** 않는다. 인간의 문제는 그리스도라는 주 아래 있지 않다는 것이다. 이것이 진짜 문제다. 때문에 바울은 참회와 용서라는 전통적 용어들을 거의 사용하지 않으며, 권면을 담은 본문에서는 주로 깨끗케 함을 표현하는 언어가 나타나고(고전 6:9-11), 범죄를 다루는 논의도 오직 수사〔修辭〕 차원에서 모든 이가 그리스도를 필요로 한다는 결론을 이끌어낼 때만 활용한다(롬 1-3장).

> 바울이 참회와 용서를 "빠뜨렸다"는 점이 유대교와 비교하여 가지는 의미는 이 책의 들어가는 글 1절에서 논했으며, 결론에서 다시 다루도록 하겠다. ……죄가 잘못임은 율법을 어겼기 때문이 아니다. 죄가 잘못임은 죄란 것이 그리스도 안에 있는 이에게 합당하지 않기 때문이다. 이처럼 바울은 실제로 죄를 **죄책**〔*guilt*〕으로 다루지 **않는다**. …… 우리가 정작 중요하게 주목할 점은 "의"가 바울의 글에서는 무엇보다 **옮겨감을 나타내는 용어**라는 것이다. 그리스도인이 된 사람은 죄에서 "의롭다하심을 받거나"(고전 6:9-11) 죄의 힘에서 "의롭다하심을 받는다"(롬 6:7). …… 나는 바로 위에서 죄를 범죄라 말하는 롬 1-3장이 수사를 동원한 공식이며, 인간의 문제가 **무엇인가**를 근본까지 파고들어가 서술하지 않는다고 주장했다: 롬 1-3장의 의도는 다만 인간에게

구주가 필요함을 증명하는 것이다. 이것이 곧 바울이 죄를 범죄로 보는 개념을 부인하려 한다는 의미는 아니다. 오히려 그와 반대로, 바울은 그런 개념을 채용한다. 그러나 바울은 죄를 범죄로 보는 개념과 죄를 힘으로 보는 개념이 동일한 의미를 갖고 있다고 보지 않는다. 이것은 바울이 정작 우리가 죄성이 가득한 범죄에 따른 죄책에 적절한 답변이라 여길 법한 것을 제시하지 않는 이유를 설명하는 데 도움을 준다.

…… Mary E. Andrews, "Paul and Repentance," *JBL* 54, 1934, 125도 주목하라: 유대교의 초석〔礎石〕인 참회가 빠져있음은 우연이 아니다. "바울은 영〔성령〕을 소유함을 고귀한 윤리적 삶뿐 아니라 구원에도 필수불가결한 조건으로 삼으면서, 간단한 수단을 사용하여 참회를 빼버리고 이를 더 효과 있는 것으로 대신한다." 나는 바울이 대신한 것이 더 효과가 있을 뿐 아니라, 바울이 인식했던 인간의 비참한 곤경에 더 좋은 대답을 제시한다고 본다. 이것은 바로 속박〔죄에 노예로 묶여있음 ⓣ〕이다.

바울은 두 갈래 생각을 갖지 않았다. 한편으로는 죄를 범죄와 속죄라는 관점에서 생각하고, 다른 한편으로는 죄를 지배와 그리스도 안에 참여함으로 말미암아 얻는 자유라는 관점에서 생각하는 일은 하지 않았다. 아울러 그는 인간의 범죄를 분석한 결과를 기초로 죄의 지배를 추론하지도 않았다(롬 1-6장을 읽어보면 바울이 그렇게 추론한다고 이해할 수 있을지도 모른다). 바울은 죄의 지배를 그의 구원론과 기독론의 반대〔반전〕라고 추론했으며, 이어 "죄 지음"을—(로마서의 경우처럼) 논란이 있는 목적들을 이루기 위한 지배를 낳은 **원인**으로, **혹은** 육 안에 있음이 불러온 **결과**로(갈 5:19-21)—쉽게 끼워 넣을 수 있었다. 이처럼 바울이 범죄를 어떤 때는 죄에 매이게 한 원인으로, 또 어떤 때는 죄에 매임으로 말미암아 생긴 결과로 다양하게 고찰한다는 것은 이것〔죄에 노예처럼 매여 있는 인간의 비참한 곤경 ⓣ〕

이 바울의 출발점이 아님을 일러준다.

바울이 "법과 관련된"〔법정적〕 개념과 "참여를 나타내는"(또는 주라는) 개념을 쉬이 결합함으로써 결국 인간의 비참한 곤경을 표현하는 두 개념도 결합할 수 있었다는 것은 로마서보다 오히려 다른 서신에서 드러난다. 가장 유명한 본문이 고후 5:14-21이다.

502 그리스도의 사랑이 우리를 제어한즉, 우리는 한 사람이 모든 이를 대신하여 죽었다고 확신하기 때문에, 결국 모든 사람이 죽었다. 그가 모든 이를 위해 죽음은 살아있는 이들이 더 이상 그들 자신을 위해 살지 않고 그들을 위해 죽었다가 부활하신 이를 위해 살게 하려 함이다.

그런즉 이제부터 우리는 아무도 인간의 관점에서 바라보지 않는다. …. 그러므로 누구든지 그리스도 안에 있으면, 그는 새 피조물이다. 옛 것은 지나갔으니, 보라 새 것이 왔도다. 이 모든 것이 하나님에게서 왔으니, 하나님은 그리스도를 통해 우리를 당신 자신과 화해시키시고 우리에게 화해의 직무를 주셨다. 즉 하나님은 그리스도 안에서 세상과 자신을 화해시키시고, 그들이 지은 범죄들을 그들에게 불리하게 헤아리지 않으시며, 우리에게 화해의 메시지를 맡기셨다. …. 그〔하나님〕가 죄를 모르는 이를 우리를 대신하여 죄가 되게 하심은 우리가 그 안에서 하나님의 의가 되게 하려 하심이다.

이 본문은 몇 가지 관점에서 볼 때 흥미롭다. 예를 들면, 우리는 "의"가 늘 같은 의미를 갖지 않는 모습을 본다. 다른 곳에서는 그리스도를 그리스도인의 의라 부른다(고전 1:30). 우리는 이 용어가 어떤 때는 생명에 잠시 주어지는 것을 뜻하다가 어떤 때는 생명과 똑같은 의미를 가지는 등 다양하게 변하는 모습을 보았다. 하지만 그 중에서도 가장 흥미로운 것은 그리스도의 죽음이 가지는 이중 의미다. 방금 인용한 본문의 첫머리에서는 그리스도의 죽음에 참여한다는 사상이 가장 두드러지게 나타난다. 그리스도의 죽음이 가지는 중요성은 그리스도인이 그**와 함께** 죽는다는 것이다. 그러나 이런 일이 일어나는 이유는 오로지 그리스도가 모든 이**를 대신하여**〔모든 이를 **위해**〕 죽었기 때문이다. 마지막 절에서는 "…를 **대신하여**"〔*for*〕와 "…**와 함께**"〔*with*〕가 같은 순서로 나타나지만, 이 전치사들을 사용하지는 않는다. 바울은 하나님이 그리스도를 "죄" 혹은 "속죄 제물"로 만드셨다고 말할 때, 분명 우리**를 대신한** 그리스도의 죽음을 염두에 둔다. 그러나 이런 일이 일어나는 것은, 여기서 "의"의 정확한 의미가 무엇이든 상관없이, 그리스도인이 **그리스도 안에서** "하나님의 의"가 되게 **하려 하심이다**. 더구나, 17절이 말하는 그리스도 안에 참여함과 새 피조물로 옮겨감은 19절이 화해 및 범죄를 간과하심을 논한 내용과 바싹 붙어있다. 이처럼 바울은 범죄들에 따른 그리스도의 죽음과 신자들이 죄의 힘에 대하여 죽음에 참여할 수 있게 해주는 수단을 제공한 그리스도의 죽음이 전혀 모순되지 않는다고 보았으며, 하나님이 과거에 지은 죄들을 보아 넘기심과 "그리스도 안에" 있음이 제공하는 새 피조물도 전혀 모순을 빚지 않는다고 보았다. 실제로 여기에서는 역사 속에서 인간의 비참한 곤경을 서로 다르게 이해했던 두 개념과 그리스도의 죽음이 가져온 결과가 결합함을 인식할 수 있으나, 애초에 바울은 이 두 개념을 서로 다른 개념으로 여기지 않았다.

의와 참여

…… 바울 신학의 핵심이 어디에 있는가라는 문제에 관한 한, 분명 아무런 의심이 존재하지 않는다. 바울은 법과 관련된 개념들을 사용하여 작업하긴 하지만, 그의 주관심사는 그런 개념들이 아니다. 바울 신학이 진짜 물고 늘어지는 것은 참여를 나타내는 개념들이다. **물론 바울 자신은 이런 개념들을 이런 식으로 구분하지는 않았다.** 503 바울의 주관심사가 참여를 나타내

는 개념들이라는 것은 몇 가지 것을 고찰해보면 알 수 있다: (1) 바울은 그리스도가 우리를 대신하여 죽었음을 나타내는 공식들을 반복하며, 비록 공식 형태는 아니어도 같은 취지를 가진 진술들을 제시한다(나는 고후 5장에 있는 진술들을 공식 형태가 아닌 진술들로 본다). 그러나 그리스도의 죽음을 죄에 대하여 죽고 하나님께 대하여 삶에 참여할 계기를 제공하는 사건이라 언급하는 곳이 더 빈번히 나타나고 더 전형적이다. 뿐만 아니라 이런 언급은 바울이 성례를 논하는 곳과 권면을 제시하는 곳에서도 나타난다. (2) 법과 관련된 바울의 언어는 "결함이 있으며," 참회와 용서를 논하지 않는다(고후 12:21은 예외다. 이 구절은 참회를 범죄를 바로잡음이라 일컫고, 용서를 암시한다. 그러나 여기서 쓴 용어는 **구원론**을 언급하지 않고, 그리스도의 몸 안에 있는 지위를 유지함을 언급한다). 참회와 용서라는 용어가 없음은 종종 언급했으나, 이제 우리는 이런 관찰 결과에 바울 서신에는 **죄책**을 나타내는 용어가 없음도 덧붙여야겠다. "죄책이 있는"〔guilty이며, "죄에 따른 책임을 져야 하는"이라는 뜻이다 ⓣ〕이라는 뜻을 가진 형용사 *enochos*는 오직 고전 11:27에서만 나타나는데("주의 몸과 피에 범한 죄에 따른 죄책이 있다"), 이는 바울이 독특하게도 죄라는 말을 죄책을 일으키는 범죄로 생각하지 않았다는 논지에 다시금 힘을 실어준다. 이런 죄책은 참회와 용서로 제거된다. 인간이 안고 있는 문제를 범죄라 서술하는 롬 1-3장마저도 모든 이가 하나님 앞에서 죄책을 짊어지고 있다고 결론짓지 않고, 모든 사람이 "죄 아래" 있다고 결론짓는(3:9) 점은 주목할 만하다. 바울이 비록 하나님이 이전에 인간이 지은 죄들을 보아 넘기셨다고 말하긴 하지만(롬 3:25), 인간이 안고 있는 문제의 해결책을 하나님이 범죄를 용서하시고 죄책을 제거하심이라 말하지 않는 점 역시 방금 전에 말한 것과 궤를 같이 한다. (3) 바울은 어떤 범죄를 저지른 사람들은 하나님 나라를 유업으로 받지 못하리라고 말한다(갈 5:21; 참고. 고전 6:9). 아울러 그는 고전 6:12-20과 10:6-14 첫머리에서도 부도덕한 성생활이나 우상 숭배를 저질러 **범죄를 지은** 자들은 하나님 나라에서 배제 당한다는 것을 논증하겠다고 말한다. 그럼에도 그가 실제로 이 두 경우에 전개하는 논증은 다르다. 그것이 범죄인 이유는 (그런 범죄에 따른 벌로서) 그 범죄를 저지른 사람을 하나님 나라에서 배제시키는 범죄이기 **때문이** 아니라, 그 범죄가 그리스도와 이룬 연합과 양립할 수 없는 **연합을 이룬다**는 사실 때문이다. (4) 바울은 때로 억지를 써서 "법과 관련된" 언어를 "참여"라는 개념을 표현하는 데 이바지하도록 만들지만, 그 반대의 경우는 결코 존재하지 않는다. 가령 우리는 이미 *dikaiomai*라는 동사가 고전 6:11에서는 "무죄 판결을 받다"("씻음을 받다" 및 "거룩함을 받다"와 평행을 이룬다)라는 뜻이지만, 롬 6:7에서는 그리스도**와 함께** 죽음을 논하는 맥락에서 사람을 죄의 힘에서 해방시켜 자유롭게 해준다는 의미로 사용하여 "해방시키다"와 평행을 이루는 말로 사용한다는 것을 언급했다. 롬 6장에서는 사람이 그리스도의 죽음에 참여함으로써 결국 생명에 참여할 수 있게 됨을 논하는 전체 맥락이 *dikaioumai*의 의미를 결정한다〔원서는 *dikaoumai*로 기록해 놓았다. 이는 영어로 "deserve"라는 뜻이 있다 ⓣ〕. 이 말이 고전 6:9-11에서는 사람이 죄**들**에서〔from sin*s*〕 의롭다하심을 받는다는 의미였지만, 롬 6장에서는 그런 의미의 "의롭다하심을 받다"를 뜻**할 수가 없다**. 따라서 보통 법적 의미를 지닌 *dikaioumai*는 롬 6:7의 의미를 결정하지 않고, 도리어 다른 개념을 표현하는 데 이바지하게 된다. 바울은 죄에 "대하여 죽다"라는 말(롬 6:11)과 죄에서 "의롭다하심을 받다"(6:7)라는 말을 함께 한다. 분명 롬 6장에서는 "…에 대하여 죽다"라는 용어가 바울이 정말로 말하려는 의미를 더 잘 표현한다. 마찬가지로 우리는 종종 생명**으로 이어지는** 의를 뜻하는 *dikaiosynē*가 단순히 "생명"과 같은 말일 수 있음을 언급했다(갈 3:21이 그런 예다). 여기에서도 역시 *dikaiosynē*가 이런 본문들의 의미를 결정하지 않고, 도리어 이런 본문들이 *dikaiosynē*의 의미를 결정한다.[504] 바울은 보통 법률적, 법정적, 혹은 윤리적 의미를 가진 의라는 언어가 "그리스도의 몸에 참여함으로 말미암아 얻는 생명"이라는 의미를 갖게 강제한다. 그러나 이런 의미의 반전은 반대 방향으로는 결코 일어나지 않는다.

…… 바울은 우리에게 거듭거듭 이렇게 말한다: 종교의 목표는 "그리스도 안에서 발견됨"이요, 그리스도와 함께 고난 받고 죽음으로 말미암아 부활에 이름이다.

우리가 위에서 말했듯이, 이것은 곧 우리가 바울이 말하는 "의"를 유대교에서 생각했던 의미라고 추측되는 의미와 똑같은 "법정적-종말론적" 의미로 보는 견해를 포기해야 함을 뜻한다. 유대교가 말하는 의로운 인간은 사실 바르고 경건한 사람으로서, 율법에 순종하고 범죄를 참회하는 사람이다. 바울은 오직 스스로 깨우친 정의만을 받아들인다: "의롭다"는 말은 "바르고 경건함"을 가리키는 말로 활용할 수 있다. 바울은 의—곧 **참된** 의—가 율법으로 말미암아 올 수 있음을 부인할 때, 유대인의 의가 율법으로 말미암아 온다는 점은 부인하지 못한다. 이 유대인의 의는 토라에 순종함이라 **정의되는** 의이며, 바울도 이를 아주 잘 안다(빌 3:9). 오히려 바울은 **종교의 참된 목표**가 율법으로 말미암아 온다는 것을 부인한다. 다시금 강조하는 말이지만, 이렇게 부인하는 이유는 이런 참된 목표가 오직 그리스도를 통해서만 오기 때문이다. 바울은 인간의 경험을 분석한 결과를 토대로 이를 알게 된 것이 아니라, 그 자신이 그리스도의 부활의 능력을 체험함으로 이를 알게 되었다.

나아가, 이것은 이신칭의와 그리스도 안에 참여함이 결국 같은 것에 이름을 뜻한다. 바울은 때로 의를 그리스도 안에 있는 삶으로 이어지기 전 단계의 법적 지위라고 이야기한다. 바울이 체계 있는 신학자여서 두 용어 묶음을 일관되고 논리가 잡힌 통일체로 만들어내야 한다는 압박을 느꼈다면, 이런 해결책을 택했을지도 모른다. 학자들이 로마서를 근거로 삼아 바로 바울이 이런 해결책을 골랐다고 결론지은 것도 이해할 수 있다. 그러나 의를 생명에 이르는 문으로 보는 것에 반대하는 묵직한 논증이 있다: (1) 롬 6:7에서 *dikaioumai*라는 동사가 그리스도의 죽음에 참여함으로 말미암아 죄의 힘에서 "자유를 얻음"과 같은 말로 등장한다는 사실은 이런 결론을 내려서는 안 된다는 경고임이 틀림없다.[507] (2) 바울이 쓴 다른 서신들을 보면, 이신칭의, 믿음으로 말미암아 영〔성령〕을 받음이나 아들의 지위를 받음이 참여를 나타내는 언어와 아무 구별 없이 뒤섞여있다. 이는 바울이 의를 그리스도 예수 안에 있는 삶의 준비 단계인 법정적 개념으로 체계 있게 만들어냈을 가능성을 배제한다. (3) 우리는 의가 때로는 과거이기보다 미래임을 재차 이야기해두고 싶다(롬 2:13; 갈 5:5). (4) 사실 바울의 사상은 범죄에서 칭의(=무죄 판결)로, 칭의에서 다시 생명으로 진행하지 않고(그러나 롬 1-6장의 구조는 그렇게 보인다), 도리어 그리스도가 주이심에서 죄라는 또 다른 주에 속박당한 인간으로, 이런 인간의 처지에서 이런 속박을 증명하는 증거인 개개 범죄들로 진행하는 것처럼 보인다. 따라서 **가장 먼저** 등장하는 것은 주〔主〕가 이 주에서 다른 주로 옮겨감이며, 이는 범죄들에 내려진 무죄 판결을 **수반한다**. 후자는 전자의 준비 단계가 아니다. (5) 의가 준비 단계라는 견해를 반박하는 최종 증거가 있다: 바울은 그리스도의 죽음을 속죄이자 죄의 힘에 대하여 죽음에 참여 할 길을 제공한 사건이라고 이야기한다. 의롭다하심을 받은 법적 지위가 롬 8장이 묘사하는 영〔성령〕 안의 삶보다 **앞선다면**, 바울이 그리스도의 죽음 자체를 두 번 적용했다고 추정해야만 할 것이다: 즉 한 번은 신자들에게 과거의 범죄들을 용서하는 무죄 판결과 의라는 준비 단계의 지위를 얻어주는 속죄 제사로, 또 한 번은 신자가 영 안의 삶을 받는데 참여함으로 말미암아 일어난 사건으로 적용했다고 추정해야 한다. 이것은 분명 불가능한 추정이며, 바울이 의를 완전한 그리스도인의 삶으로 들어가는 법정적 출구로서 영 안의 삶과 체계 있게 연결했다고 보는 견해가 무너짐을 의미한다.

그런가하면, 우리는 바울이 그 자신의 생각이 두 갈래로 나뉘어있음을 인식하고 있었다고 생각할 수 없다. 그리스도의 죽음은 무죄 판결을 얻어주기 위함이요 죄의 힘에 대하여 죽은 그의 죽음에 참여할 길을 제공하는 것이었지만, 바울은 이 둘을 서로 다른 두 가지로 인식하지 않고 하나로 인식했다. 하지만 우리가 일단 법과 관련된 개념과 참여를 나타내는 개념을 구분한 이상, 후자가 바울이 "진정으로" 생각했던 것을 우리에게 더 많이 일러준다는 점에는 아무런 의심이 없다. 사람은 그리스도와 함께 죄의 힘에 대하여 죽고 영 안에서 산다. **이는 또한 구체적으로** 사람이 죄짓기를 멈추고 (그리고 무죄 판결을 받고) 영의 열매를 맺음을 **뜻한다**. 그러나 우리가 바울의 사상을 정반대로 이해할 수는 없다: 사람이 지은 범죄들을 용서받음으로 말미암아 영 안의 삶에 참여하기 시작한다는 식으로 이해하지 못한다. 우리가 위에서 말했지만, 이것이 바로 바울의 글에서 참회와 용서가 중대한 주제가 되지 않는 이유다: 바울은 참회와 용서가 해결책이라 할 문제, 곧 범죄인 죄에서 시작하지 않고, 오히려 그리스도가 베풀어주신 새로운 삶이라는 실체에서 시작했다. 바울은 이 실체를 주로 속죄의 완성으로 보지 않고, 무엇보다 시대 변화〔옛 시대가 새 시대로 옮겨감 ⓣ〕의 시작을 이룬 일로 보았다.

이제는 내가 위에서 이신칭의라는 용어가 바울 사상의 진수를 파악하는 데 가장 적합한 언어가 아니며, 다만 용어를 둘러싼 논쟁이 일부 있을 뿐이라고 쓴 이유가 분명히 밝혀졌으리라고 본다. …… 바울 자신이 때로는 "의"라는 용어를 그런 식으로 썼을지라도, 나는 "의"가 그의 구원론을 가장 잘 드러낸다고 생각하지 않는다.[5] 바울은 "의"라는 말에 이 말이 쉬이

5 72 무슨 용어가 바울의 사상을 가장 잘 표현하는가라는 문제는 결국 바울의 사상을 집약한 한 구절을 밝혀내려는 노력으로 이어졌다. 나는 그 구절이 롬 1:16-17(Conzelmann, *Theology*, 200과 다른

담을 수 없는 의미들을 강요했다. 바로 이런 이유 때문에 그가 써놓은 글을 주해하기가 늘 심히 어렵고 혼란스럽다.

이리하여 우리는 분명 바울 주해의 주요한 문제〔the problem of Pauline exegesis〕로 여겨야 할 것, 곧 다양한 구원론 용어들 사이의 관계를 고찰하는 일을 마무리한다. 우리는 먼저 바울이 구사하는 폭넓고 다양한 구원론 용어들을 살펴보고 바울이 논의를 시작한 곳에서 우리도 시작하고자, 구원론과 관련된 바울의 주요 진술들을 두루 고찰하여 제시해야만 했다(3절). 이어 우리는 율법을 바라보는 바울의 견해를 고찰해야 했으며, 이는 결국 의와 관련된 용어를 더 깊이 고찰하게 만들었다. 이는 의라는 용어가 특히 율법을 내세우는 주장들에 대응하려는 것이기 때문이다. 하지만 다양한 구원론 용어들의 상호관계는 바울이 인간의 비참한 곤경을 묘사한 내용에 주목한 뒤에야 비로소 살펴볼 수 있었다. 용어라는 관점에서 보면, 구원론과 관련된 이 두 큰 용어 묶음, 곧 "법과 관련된" 용어와 "참여를 나타내는" 용어는 인간의 비참한 곤경을 표현한 두 개념인 범죄와 속박에 제시한 답변이다. 그러나 내용이라는 관점에서 보면, 인간의 비참한 곤경을 나타내는 두 개념은 함께 붙어 다니며—이 두 개념은 그리스도에게서 떨어져 나간 인간은 정죄를 받았다는 것을 서로 다른 방식으로 말한 것이다—따라서 구원론과 관련된 두 큰 용어 묶음도 함께 붙어 다닌다. 둘 가운데 더 적절한 용어 묶음은, 우리가 이번 항에서 주장했듯이, 참여를 나타내는 용어다.

많은 이들)이나 롬 5:1(Hunter, *Interpreting Paul's Gospel*, 22; *The Gospel According to St Paul*, 15에서는 조금 바꿔 제시한다)이기보다 롬 7:4이라는 로빈슨의 견해(Robinson, *The Body*, 49)에 동의하고 싶다.

5절 바울이 제시하는 언약적 율법주의

…… 데이비스는 바울의 신학을 사실상 유대교의 언약적 율법주의 패턴을 따라 이해해야 한다고 주장했다. 새 언약으로 이어지는 새 출애굽("구속," "풀려나 자유를 얻음")이 있으며, 이 새 언약은 순종해야 할 새 토라를 수반한다.[1] 512 나는 이 연쇄 사슬의 약점이 첫 번째에 있다고 본다. 나는 바울이 "자유롭게 해주다"〔해방시키다〕와 "구속"이라는 말을 사용할 때 출애굽을 생각했다거나 영 안의 삶을 새 출애굽에서 비롯된 것으로 묘사했다는 데 동의하지 않는다.[2] "자유롭게 해주다"라는 말은 오히려 시대의 변화(옛 피조물〔창조〕에서 새 피조물〔창조〕로 바뀜), 죄를 주로 섬김에서 그리스도를 주로 섬김으로 바뀌는 주의 변화(여기서 바울이 보여주는 죄 이해는 이스라엘에 파라오 아래에 매여 있던 처지를 떠올리지 않는다), 그리고 현재에 시작하여 이 단계의 영광에서 다음 단계의 영광으로 옮겨가는 그리스도인의 변화와 관련이 있는 것 같다. 특히 마지막 점은 바울의 구속 이해(우리 몸이 썩음에서 구속받음)를 파악하는 데 아주 중요한데, 이 마지막 점은 출애굽 모형론에서 나온 것이 아니다. 사실, 바울은 한 번 이스라엘의 광야 유랑을 논하긴 하지만, 이것이 지목하는 것은 출애굽 자체가 아니라, 참

1 위 원서 1의 들어가는 글의 1절을 보라. Davies, *Paul and Rabbinic Judaism*, 216f., 225, 250, 259f.("바울은 그리스도의 법에 관한 그의 해석을 유대교의 언약 개념까지 미치게 했다"), 323. Robinson, *The Body*, 72도 유사하다: 교회는 세례로 들어가는 언약이다. Whiteley, *Theology of St Paul*, 75f.: 바울은 언약의 관점에서 생각했으며 그의 신학은 언약의 관점에 의존한다; van Unnik, "La conception paulinienne de la nouvelle alliance," *Littérature et théologie pauliniennes* by A. Descamps et al., 109-26. 이에 반대되는 의견으로는 H. A. A. Kennedy, "The Significance and Range of the Covenant-Conception in the New Testament', *The Expositor* 10, 1915, 385-410: 바울은 약속이라는 개념에 집중했다. 하지만 그의 사상에서 언약이라는 개념은 어떠한 역할도 하지 않았다.

2 Davies, op. cit., 102-8. 화이틀리는 70인역이 구사하는 *lutrousthai*〔"구속하다, 자유롭게 해주다"를 뜻하는 lutro,w의 현재 중간태/수동태 부정사다 ⓣ〕의 용법을 이집트에서 구속받음과 관련지어 언급하지만, 죄 및 죽음에서 구속받음과 관련지어서도 언급한다(Whiteley, *Theology of St Paul*, 142). 후자가 바울 사상과 더 밀접한 관련이 있어 보인다.

여를 구성하는 먹음과 마심이다(고전 10장). 나아가 우리는, 바울이 **그 자신**과 모세를 대비할 때는 죽음의 법을 섬기는 자가 아니라 생명의 법을 섬기는 자로서 대비하면서도, 그리스도와 모세를 대비할 때는 택함 받은 이들을 해방시킨 이로서 대비하지는 않음을 관찰할 수 있다. 오히려 모세는 해방자라기보다 모든 이를 결박하여 정죄에 넘겨준 율법의 대표자다. 바울은 그리스도를 두 번째〔또 다른〕 아담이라 부르지, 새 모세라 부르지 않는다. 나아가, 바울은, 데이비스의 주장과 달리, 데이비스가 바울 구원론의 중심 공식으로 받아들이는 그리스도 안에 참여함과 "이스라엘 안에" 있음을 실제로 대비하지 않지만(그러나 갈 6:16에서 "하나님의 이스라엘"을 언급하긴 한다), 그리스도 안에 참여함을 "육 안에" 있음이나 "죄 아래" 있음의 반대말인 "영〔성령〕 안에" 있음과 같은 의미로 제시한다. 따라서 바울 사상에서 가장 중요한 대립 구도는 "새 이스라엘" 대 "옛 이스라엘," 또는 "새 이스라엘" 대 "육을 따른 이스라엘"이 아니다(고전 10:18).

…… 우리는 출애굽 모형론 안에는 그리스도와 함께 죽고 부활함, 그리고 유대인과 이방인이 모두 어울려 한 인격체가 됨으로 말미암아 한 몸을 이뤄내는 연합을 설명해줄 것이 전혀 없다고 말할 수밖에 없다. 여기서 "이스라엘 사람들이 생각했던 개인과 공동체 개념"에 호소한 것은 설득력이 없다. 이스라엘 사람들은 하나님이 집단으로 벌하거나 보상을 베푸실 수 있었던 한 그룹의 구성원이었다. 그러나 갈대 바다〔히브리어로 *yam sūp* ⓣ〕를 건넌 일은 이 구성원들을 한 **몸**으로 만들어주지 못했다. 더구나, 우리가 출애굽과 토라가 서로 유비 관계에 있다고 주장하려면, 바울이 윤리도 새 출애굽이라 여길 수 있는 것에서 끌어내야 할 텐데, 바울은 윤리를 그런 것에서 끌어내지 않는다. 우리는 앞서 바울이 윤리와 이신칭의를 연계하지 않는다고 주장했다. 마찬가지로 이제 우리는 윤리와 이신칭의가 새 언약을 언급하는 말들과 연결되어 있지 않다고 말할 수밖에 없다. 윤리는 무엇

보다 영〔성령〕을 받음과 연결되어 있다. 따라서 출애굽 모형론이 바울의 생각을 결정했다고 보이지 않는다.

…… 우리는 바울의 글 속에서 기독교가 새로운 형태의 언약적 율법주의이자 언약 종교가 되어가는 모습을 볼 수 있다. 사람은 세례를 받음으로 이 언약 종교 안에 들어가, 그에게 구원을 제공하는 이 종교의 구성원이 된다. 이 언약 종교는 독특한 계명들을 갖고 있으며, 이 계명에 순종하는 사람은(혹은 이 계명을 어겼을 경우 이를 참회〔회개〕하는 사람은) 그 언약 관계 안에 계속 머물 수 있지만, 범죄를 반복하거나 가증한 범죄를 저지르면 그 구성원의 지위를 박탈당한다.

그러나 뒤집어 살펴보면, 우리는 언약과 관련된 개념들이 바울을 이해하는 데 적절치 않다는 점에도 주목해야 한다.[514] 바울은 어떤 지점에서는 바울 자신을 무시하는 행위와 결합한 가증스러운 부도덕을 그것을 저지른 자가 그리스도의 몸 안에 계속 머물려면 반드시 참회해야 하는 범죄로 여기지만, 그래도 바울이 참회하지 않는 범죄자는 쫓겨날 위험이 있음을 내세워 그의 권면을 제시하지 않고, 어떤 행위는 그리스도와 이룬 연합과 서로 양립할 수 없는 연합을 이룬다는 사실을 내세워 그의 권면을 제시할 때가 바울의 사상에 더 가까워 보이고 더 자연스러워 보인다(고전 10:1-5). 우상들과 함께 먹고 마심과 간음이 잘못인 이유는 이것들이 하나님 뜻에 어긋나는 범죄나 사도들의 명령을 어긴 범죄라는 특성을 갖기 때문이라기보다(물론 바울은 성경을 인용하여 이것들이 범죄임을 증명하려면 할 수도 있었다), 결국 그리스도와 이룬 연합과 대립하는 연합을 만들어내기 때문이다. 이런 논증은 우리가 유대교에서 알아낸 언약적 율법주의 유형에 해당하지 않는다.

더구나, 바울은 그리스도의 죽음으로 세워진 공동체를 묘사할 때 "새 언약"이라는 용어를 사용하긴 하지만, 여기에서는 분명 기독교의 전통 용어를 따르면서(고전 11:25; 고후 3:6), 동시에 "새 피조물"〔새 창조〕을 이야기한다(고후 5:17, 갈 6:15).[3] 우리가 방금 위에서 말했듯이, 바울은 그리스도가 하신 일을 모세가 한 일과 대비하지 않고 아담이 한 일과 대비한다. 아담은 언약을 수립하지 않았으나, 그가 저지른 범죄는 인류 전체의 운명을 결정했다. 마찬가지로 그리스도의 행위도 세상의 운명을 결정했다. 여기서 우리는 다시금 바울이 언약 개념을 초월하여 이야기하는 모습을 본다.

그러나 바울 종교를 새로운 언약적 율법주의로 묘사하기가 적절치 않은 가장 중요한 이유는, 바울이 참여라는 관점에서 옮겨감을 표현한 용어들이 바울의 구원론을 이해하는 데 가장 중요한 용어인데도, 이 언약적 율법주의라는 용어는 바울이 구사한 그런 용어들을 설명해주지 않기 때문이다. 언약 개념은 그리스도가 과거에 인간이 저지른 범죄 때문에 돌아가셨음을 다루는 논의는 쉬이 아우를 수 있지만, 신자가 그리스도와 함께 죽음으로써 옛 시대와 죄의 힘에 대하여 죽음을 설명하는 데는 적절치 않다. 바울 사상의 핵심은 인간이 하나님이 제공하신 언약을 비준하고 이 언약에 동의함으로써, 하나님과 언약 관계를 맺은 그룹의 구성원이 되고 언약에 합당한 행위를 한다는 조건에 근거하여 그 그룹에 계속 머문다는 것이 아니다. 오히려 바울 사상의 핵심은 인간이 그리스도와 함께 죽음으로써 새 생명을 얻고 1차 변화를 겪으며 이 변화는 결국 부활과 궁극의 변화〔마지막 날에 있을 변화 ⓣ〕로 이어진다는 것이요, 이런 이는 그리스도의 몸을 이루는 지체이자 그리스도와 더불어 한 영〔Spirit〕인 사람이라는 것이며, 인간이 그리스도와 이룬 연합과 양립할 수 없는 다른 연합을 형성하여 그가 참여를 통해 이룬 연합〔그리스도와 이룬 연합 ⓣ〕을 깨뜨리지 않는 한, 그는 계속하여 방금 말한 지위를 유지한다는 것이다.

....

3 11 케제만(Käsemann, "'The Righteousness of God' in Paul," *Questions*, 177f.)도 이런 근거에 기초하여 바울을 언약 관점에서 해석하는 것에 반대한다.

6절 행위에 따른 심판과 은혜로 말미암은 구원

…… 바울이 행위에 따라 심판이 이루어진다는 말한 본문들을 어느 정도 살펴보지 않은 채 바울과 유대교에 관한 논의를 마무리하기는 불가능하다. 주요 본문은 이것이다.

> 율법 없이 죄를 범한 자는 모두 율법 없이 망하고, 율법 아래서 죄를 범한 자는 모두 율법으로 말미암아 심판을 받으리라. 이는 율법을 들은 자가 하나님 앞에 의로운 자가 아니요, 율법을 행하는 자가 의롭다하심을 받겠기 때문이다. 율법을 갖지 않은 이방인이 본성으로 율법이 요구하는 일을 하면, 이들은 율법을 갖지 않았어도 그들 자신에게 율법이 된다. 이들은 율법이 요구하는 것이 그들의 마음에 기록되었음을 보여주나, 내 복음에 따르면 하나님이 그리스도 예수로 말미암아 사람들의 비밀을 심판하시는 날에 그들의 양심이 증언하며 서로 충돌하는 그들의 생각들이 그들을 고소하거나 어쩌면 변명하리라. (롬 2:12-16)

> 우리가 선한 용기를 가졌으니, 우리는 차라리 몸을 떠나 주와 함께 있고 싶다. 그러므로 우리는 집에 있든지 떠나 있든지, 그를 기쁘게 해드리는 것을 목표로 삼는다. 이는 우리가 반드시 모두 그리스도의 심판석 앞에 나아가, 각자가 그 몸으로 행한 것을 따라 선이나 악을 받으려 함이다. (고후 5:8-10)

> [516] 내가 내게 주신 하나님의 사명을 따라 능숙한 건축 장인처럼 기초를 놓았고, 다른 사람이 그 위에 짓도다. 각자 자신이 그 위에 어떻게 지을지 깊이 생각하자. 이는 어느 누구도 놓친 기초, 곧 예수 그리스도 외에 다른 기초를 놓지 않았기 때문이다. 어떤 이가 그 기초 위에 금이나 은이나 보석이나 나무나 건초

나 나무 그루터기로 지으면, 각 사람이 한 일이 드러나리라. 이는 그날이 그것을 드러내겠기 때문인즉, 그것이 불로 말미암아 드러나고, 불이 각 사람이 한 일이 무슨 종류인지 검증하리라. 만일 어떤 이가 그 기초 위에 세운 일이 그대로 남아있으면, 그 사람은 보상을 받으리라. 만일 어떤 이가 한 일이 불타 없어지면, 그는 손해를 입으리니, 비록 그 자신은 구원을 받을지라도 다만 불을 거쳐 구원을 받은 것 같으리라. (고전 3:10-15)

이는 그 몸을 분별하지 못하고 먹고 마시는 이는 누구나 그 자신에게 임할 심판을 먹고 마시는 것이기 때문이다. 그것이 바로 너희 중 많은 이가 약하고 병들었으며, 일부는 죽은 이유다. 그러나 만일 우리가 우리 자신을 진실로 판단하면, 우리는 심판을 받지 않을 것이다. 그러나 우리가 주께 심판을 받음은 우리가 징벌을 받음으로써 이 세상과 함께 정죄를 받지 않게 하려 함이다. (고전 11:29-32)

바울의 글 안에 바울이 자주 했던 말답지 않은 본문이 있다면, 롬 2:12-16이 그런 본문이다. 그러나 이는 이 본문이 행위에 근거한 심판을 언급하기 때문이 아니다. 오히려 흥미로운 점은 이 본문이 행위로 말미암은 **의**를 언급한다는 것이다. 바울은 다른 곳에서는 의를 행위로 말미암아 얻지 않고 틀림없이 믿음으로 말미암아 얻는다고 역설했다. 이 난제를 해결할 길은 의롭다하심을 얻는다는 동사가 미래 시제인 점에, 곧 "의롭다하심을 **얻을 것이다**"라는 데 있는 것 같다. 이것은 사실 의(칭의)라는 주제가 바울의 글에서는 얼마만큼 여러 정의(의미)를 가진 주제인가를 보여준다. 바울은 이 문제가 종교의 목표인 의와 관련이 있을 때는 그리스도인이 그리스도를 믿음으로 말미암아 의롭게 **되었다**(*have been* justified)고 역설한다. 하지만 바울은 롬 2장 문맥에서는 유대인과 이방인이 하나님 앞에서 동등한 발판에 서 있다고 주장한다. 그는 이것을 심지어 심판 날에도 적용한다. 심판 날이 오면, 유대인이나 이방인이나 실제로 죄를 지은 자들은 처벌을 받겠지만(그들의 행위가 고소당함에 따른 결과다), 죄를 짓지 않은 자들은 처벌을 면할 것이다(벌을 면하거나 "의롭다하심을 받을 것이다"). 여기서 의 혹은 의롭다하심을 받음은 사람이 심판 날에 처벌을 받느냐 여부와 관련이 있으며, 여기서 이 용어는 불트만이 이 용어가 독특하게 갖고 있다고 생각하는 법정적/종말론적 의미를 갖고 있다. 우리가 일단 여기에서는 의라는 용어가 **처벌** 문제를 가리키며, **구원을 받느냐** 여부(바울의 글에서는 의가 보통 이런 의미다)와 관련이 없음을 이해하면, 어려움이 사라진다. 이는 바울이 다른 곳에서 행위에 따른 처벌을 언급하기 때문이다.

고린도전서와 후서에 있는 세 본문은 (하나님의 은혜로 말미암아) 구원받음과 행위를 따라 심판받음, 선한 행위를 따른 보상을 받음과 악한 행위에 따른 벌을 받음을 아주 뚜렷하게 구분한다. 바울은 고전 3:10-15에서 구원받음과 벌을 받음 혹은 보상 받음을 명백히 구분하면서, 그 자신과 다른 사도가 한 일을 언급한다.[517] 고전 11:29은 "몸을 분별치 않음"이 질병이나 죽음이라는 형벌로 이어진다고 말하지만, 유대교의 전통적 견해에 따르면, 이런 형벌이 정죄를 **예방한다**. 바울은 고후 5:8-10에서 "우리"가 행위대로 형벌을 받거나 보상을 받으리라고 말하는데, 이 1인칭 복수〔우리 ⓣ〕는 십중팔구 비단 수사에 그치는 말이 아닐 것이다. 이는 바울이 자신도 사도로서 한 일대로 심판을 받으리라 예상하기 때문이다. 어느 누구도 바울만큼 자신의 운명을 확신할 수는 없을 것이다. 바울은 자신이 죽으면 그리스도와 함께 있으리라는 것을 알았다(고후 5:8; 빌 1:23). 그러나 그는 그 자신이 한 일에 심판을 선언하길 주저한다. 그는 자신이 하나님 앞에서 완전히 죄 없는 자로 인정받을지 판단할 수 있을 정도로 담대하진 않았을 것이다.

> 더욱이 청지기는 신실한 자로 발견되어야 하리라. 그러나 내겐 너희에게나 인간의 어떤 법정에게 판단을 받는 것이 아주 작은 일이다. 심지어 나도 나 자신을 판단하지 않는다. 나는 나 자신을 비판할 어떤 것도 알지 않지만, 이 때문에 무죄 판결을 받지는(*dedikaiōmai*) 않는다. 판단하시는 이는 주이시다. 따라서 그 때가 오기 전에, 주가 오시기 전에 판단을 선언하지 말라. 그가 어둠 속에 감춰진 것들을 밝히 드러내시고 마음의 목적들을 폭로하시리라. 그 때에는 모든 사람이 하나님께 칭찬을 받으리라. (고전 4:2-5)

결국 바울이 가졌던 구원의 확신은 그가 한 일이 완전하다는 확신도 아니었고, 심판 때 그가 처벌받을 수 있는 이유가 될 그의 잘못이 전혀 드러나지 않으리라는 확신도 아니었다. 이 모든 내용을 보면, 바울의 견해는 유대교의 전형적 견해다. 우리가 위에서 봤듯이, 한편에 있는 **행위에 근거하여** 심판을 받음과 심판 때(혹은 현세의 삶에서) 처벌을 받거나 보상을 받음을, 다른 한편에 있는 **하나님의 은혜로운 선택으로 말미암아 구원받음**을 구분하는 것이 랍비 문헌에서 대체로 나타나는 견해였다. 이는 아주 간명한 구분이며, 우리가 바울의 글에서 만나도 전혀 놀라울 게 없는 구분이다. 은혜로 말미암은 구원은 행위에 따른 형벌 및 보상과 양립하지 못하는 게 아니다.

이와 궤를 같이 하는 점이 바울도, 유대교 문헌에서 볼 수 있듯이, 선한 행위로 구원을 **얻는다**[사들인다]고 생각하지 않고, 선한 행위를 "안에" 계속 머물게 해주는 조건으로 본 점이다. 가령 롬 11:22이 그런 예다.

> 그러므로 하나님의 친절하심과 엄격하심을 보라. 넘어진 자들에겐 엄격하심을 보이시나, **너희가 계속하여** 그의 친절하심 안에 **있으면**, 하나님이 너희에게 친절하심을 보이시리라. 그렇지 않으면 너희도 잘려 나가리라.

고전 6:9f.은 훨씬 더 분명하게 말한다.

> 너희는 불의한 자가 하나님 나라를 유업으로 받지 못하리라는 것을 모르느냐? 미혹당하지 말라. 부도덕한 자와 우상숭배자와 간음하는 자와 남색하는 자와 도적과 탐욕을 부리는 자와 술 취하는 자와 욕하는 자와 강도는 하나님 나라를 유업으로 받지 못하리라.

갈 5:21도 같은 취지를 말한다: "내가 이전에 너희에게 경고했듯이 너희에게 경고하니, 이런 일을 하는 자들은 하나님 나라를 유업으로 받지 못하리라."[518] 우리가 연구했던 랍비들과 유대교의 다른 저자들이 말하려 했던 것은 순종은 구원을 얻어내지만 일부러 불순종하거나 가증한 행위로 불순종하면 구원에서 배제 당한다는 것이 아니었다. 이와 마찬가지로, 바울이 말하려 했던 것도 특정한 죄를 짓지 않고 올바로 행동하면 구원을 얻으리라는 것이 아니었다. 바울은 이 두 점—즉 하나님의 정의는 범죄에 따른 형벌과 순종에 따른 보상을 요구하지만, 범죄에 따른 형벌과 순종에 따른 보상이 그의 구원론을 구성하지는 **않으며**, 올바른 행위도 "안에" 계속 머무는 데 필요한 조건이다—에서 우리가 유대교 문헌에서 발견한 내용과 완전히 일치하는 모습을 보여준다.

7절 일관성, 연관성 그리고 자료

우리는 바울이 일관성은 있지만 체계 있는〔coherent, but not systematic〕 신학자는 아니었다는 입장을 취한다. …… 바울이 생각을 했고〔문제를 늘 깊이 생각하는 사람이었고 ⓣ〕, 생각할 때는 여러 신학적 확신을 토대로 생각했으며, 시종일관 일관되게 생각했음을 보여준다. 519 바울이 기독교에 끼친 독창적 공헌은 이신칭의 교리라는 말을 빈번히 하곤 한다. 나는 사람이 믿음으로 말미암아 구원을 얻는다는 통념이 초기 기독교 안에 아주 널리 퍼져 있었음을 인정하면서도, 바울의 독창적 공헌은 이 통념을 서로 반대인 명제들을 사용하여 공식으로—즉 율법의 행위로 말미암아 구원을 얻지 않고 믿음으로 말미암아 구원을 얻는다는 공식으로—정립한 점에 있다고 보고 싶다. 이방인 가운데서 일한 다른 사도들도 이방인은 율법에 순종하지 않아도 된다고 주장했을 수 있으나, 율법에 순종함은 이방인 회심자들을 그리스도에게서 떼어놓는 일이라 주장하면서, 자신이 표방하는 유일주의 구원론—구원은 오직 그리스도 안에 있으며 오로지 믿음으로 말미암아 얻는다—을 토대로 이런 확신에 이른 이는 바로 바울이었다. …… 만일 구원이 오직 그리스도 안에서 온다면, 그것이 어떤 길이든, 이 길이 아닌 다른 길을 따라가면 안 된다. 이 결론에서 드러나는 엄정한 태도는 다시금 바울이 일관된 관점을 지닌 신학 사상가임을 확실히 새겨준다.

…… 520 가장 뚜렷한 예가 법과 관련된 용어와 참여를 나타내는 용어의 구분이다. 여기에는 이 구분이 확고하게 자리를 잡고 있다. 요컨대, 이 구분은 그리스도가 그리스도인을 **대신하여**〔위하여, *for*〕 죽었다는 말과 그리스도인이 그리스도**와 함께** 죽는다는 말을 나누는 구분이요, 그리스도인이 그들이 과거에 지은 범죄에서 거룩하게 되어 의롭다하심을 받는다는 말과 그리스도인이 그리스와 함께 죄의 힘에 대하여 죽는다는 말을 나누는 구분이

며, 그리스도인이 “책망 받을 것이 없게” 살아가야 한다는 말과 그리스도인이 “영 안에서” 산다는 말을 나누는 구분이다. 바울의 생각 속에서는 이 두 시리즈가 별개로 나뉘어 존재하지 않는다. 그는 거듭 이들을 함께 묶어 이야기했다. 하지만 일단 이 둘을 구분하게 되면, 분명 “참여를 나타내는” 사고방식이 법과 관련된 사고방식보다 우리를 바울 사상의 핵심으로 더 가까이 데려간다. 이 둘은 늘 서로 상대방을 바로 잡아주는 역할을 한다. 이 때문에, 참여를 나타내는 언어는 바울 사상에 깊이를 더해주는 반면(사람은 단순히 과거에 지은 범죄를 용서해주는 무죄 판결을 받음에 그치지 않고, 죄에서 풀려나 자유를 얻는다. 또 사람은 단순히 책망 받을 게 없는 상태를 유지하는데 그치지 않고, 영〔성령〕 안에서 살아간다), 법과 관련된 용어는 바울이 어떤 형태의 율법무용론〔律法無用論, antinomianism〕에 빠지지도 않았고(행위 역시 중요하며, 모든 이는 행한 대로 심판을 받을 것이다; 과거에 지은 범죄들은 속함을 받아야 한다) 역사〔역사 속에 자리한 삶의 정황 ⓣ〕를 무시하는 “영지주의식” 영성에 빠지지도 않았으며 개인의 체험과 내면성찰을 중시하는 신비주의에 빠지지도 않았음을 보여준다. 이 모든 내용은 대체로 일관성을 갖고 있으나, 그렇다고 바울이 이를 **체계 있게** 정리하여 제시하지는 않는다. 예를 들면, 바울은 죄를 용서해주는 무죄 판결과 죄의 힘에 대하여 죽음의 정확한 관계를 해결이 필요한 문제라고 여기지 않는다.

…… 바울이 자신이 의미하는 바를 말했고, 말한 바를 의미했다고 보는 것이 가장 좋다고 본다: 그리스도인은 실제로 그리스도와 한 몸이며 한 영이다, 현세의 외형은 실제로 지나가고 있다, 그리스도인은 실제로 이 단계의 영광에서 또 다른 단계의 영광으로 옮겨가고 있다, 마지막은 실제로 올 것이며 그리스도 안에 있는 이들은 실제로 변화될 것이다.

그렇다면 이것은 무엇을 뜻하는가? 우리는 이를 어떻게 이해해야 하는가? 우리에겐 한쪽에 자리한 온 우주 차원을 아우르는 소박한 사색 및 마법을 통한 옮겨감을 믿는 믿음과, 다른 한쪽에 자리한 새로워진 자기이해 사이에 자리한 "실재"〔현실로 체험함 ⓣ〕라는 범주—실제로 그리스도 안에 참여함, 실제로 영〔성령〕을 소유함—가 없는 것 같다. [523]나는 여기서 제안할 새로운 인식 범주가 내겐 없음을 고백할 수밖에 없다. 하지만 이것이 곧 바울이 어떤 한 사상을 갖지 않았다는 뜻은 아니다. 불트만이 마법 같은 옮겨감을 부인하며 한 말이 옳음을 강조해야 마땅하다. 불트만의 말이 옳은 이유는 오늘날 바울이 말하려는 것을 마법을 통한 옮겨감으로 해석했다간 그릇된 신학으로 빠질 것이기 때문이요, 불트만의 말이 바울을 정확히 주해하고 한 말이기 때문이다. 바울이 서신을 써 보낸 그리스도인들은 마법을 통해 옮겨간〔죄라는 주를 섬김에서 그리스도라는 주를 섬김으로, 죄의 노예로 있던 처지에서 그리스도의 몸을 이루는 지체이자 영 안에서 사는 이로 옮겨간 ⓣ〕 사람들이 아니었다. 바울은 분명 그런 생각이 고린도에서 나타나자 그런 생각을 분명하게 거부했다. 반면, 그는 이 세상 속에서 어떤 **진짜** 변화가 일어났으며 그리스도인이 그런 변화에 참여하고 있다고 생각했다. 오늘날에는 마법도 아니요 자기이해도 아닌 인식 범주를 공식으로 정립하기가 어렵다. 하지만 우리는 적어도 바울의 견해가 표명하는 현실주의〔그가 말하는 변화와 참여가 현실에서 일어나고 있다고 믿는 확신 ⓣ〕가 바울이 어떤 한 사상을 갖고 있었음을 일러준다는 것을 강조할 수 있다. 오늘날 그리스도인이 바울이 구체적으로 생각했던 것들을 직접 체험하기는 상당히 불가능하다. 현세의 외형은 지나가지 않았다. 마지막도 오지 않았고, 신자들은 하늘로 붙잡혀 올라가 주를 만나지도 않았다. 바울은 더 영속성이 있다는 게 판명된 말들로 자신의 생각을 진정 털어놓았다. 따라서 바울 복음을 오늘날과 연관 지으려는 사람들은 그런 말들을 강조해야 한다. 그렇다고 이것이 더 쉽게 적용할 수 있는 언어인 신뢰, 순종, 자기 자신의 노력을 부인함〔자기 힘으로 구원을 얻으려는 노력을 부인함 ⓣ〕 같은 말이 바울이 말하려 했던 것들을 정말로 철저하게 밝혀낸 해석이라는 뜻은 아니다. 바울이 한 말이 바로 바울이 실제로 생각했던〔말하려 했던, 의미했던〕 것이다: 즉 그리스도는 하나님이 믿는 모든 사람을 구원하시려 세우신 주이시요, 믿는 자는 다 주께 속하며 그와 하나이며, 믿는 자들은 주와 한 몸을 이룸으로 말미암아 주의 날에 구원을 얻으리라는 것이 바로 바울이 하는 말이요 하려 했던 말이다.

결론

바울과 팔레스타인 유대교

우리는 이 책 5장 5절에서 이 연구서의 주요 결론 중 하나를 끌어냈다: 바울의 "종교 패턴"은 "언약적 율법주의"라는 말로 묘사할 수 없고, 결국 바울은 **본질상 팔레스타인 유대교 문헌에서 발견되는 어떤 종교 패턴과도 유형이 다른 신앙**(*different type of religiousness from any found in a Palestinian Jewish literature*)을 제시한다.

이 결론은 참이지만, 사실은 많은 이가 바울과 유대교의 결정적 차이점—은혜와 행위—을 발견한 지점에서 바울과 팔레스타인 유대교는 견해를 같이 한다(5장 6절). 은혜와 행위의 관계에는 두 측면이 있다: **구원은 은혜로 말미암지만 심판은 행위를 따라 이루어진다. 행위는 "안에" 머무는 데 필요한 조건이지만, 행위로 구원을 얻지는**(사들이지는) **않는다**. 두 번째 측면은 팔레스타인 유대교 전체에서, 심지어 에스라4서에서도, 공통으로 발견되나, 첫 번째 측면은 에스라4서를 제외한 모든 곳에서 발견된다. 구원은 은혜로 말미암으나 심판은 행위에 따른다는 견해는 처음 보면 앞뒤가 맞지 않는 말처럼 보이나, 그렇지 않다. 중요한 점은 하나님이 은혜로 **구원하시지만**, 당신이 은혜로 세우신 틀 **안에서** 선한 행위에 보상하시고 범죄를 처벌하신다는 점이다. 사람들은 이 공식의 마지막 부분(행위에 따른 심판)이 "유대교 구원론"이라고 자주 주장해왔다. 그러나 우리는 에스라4서를 제외한 어디에서도 유대교가 이런 구원론을 표방한 예를 보지 못했다. 뿐만 아니라, 은혜로 말미암은 구원과 행위에 근거한 보상 및 처벌이 양립할 수 있음은 바울의 글 안에 이 두 주제가 공존한다는 사실이 증명해준다.

주의 강림이 임박했다는 바울의 기대도 대체로 보아 팔레스타인 유대교와, 혹은 적어도 팔레스타인 유대교의 일부 견해와 일치한다고 설명할 수 있다. 마지막이 임박했다는 바울의 기대는 유대교에서 직접 나왔다기보다 기독교 전통에서 온 게 확실하지만, 그럼에도 이것 역시 바울과 유대교 사이의 유사점을 이룬다. 바울의 견해와 묵시주의는 세세한 내용에서 유사성을 보인다기보다 주장 전반에서 유사성을 보인다. 우리가 이미 보았지만, 바울은 때와 절기를 헤아리지 않았고, 마지막에 관한 예언들을 짐승들이 나오는 환상으로 표현하지 않았으며, 묵시 문헌이 따랐던 어떤 문학 관습도 지키지 않았다. 묵시주의 관습은 바울에게 거의 영향을 미치지 않았기 때문에, 바울은 회심하고 부르심을 받기 전에도 특별히 묵시주의를 지향하지 않았다는 가설을 제시할 수 있을 것 같다. 이것이 바로 바울이 어떤 묵시주의 견해에서 시작하여 그리스도를 이 견해에 끼워 맞췄다고 추정해서는 안 될 또 다른 이유다. 그러나 만일 양자의 차이점과 유사점을 기록한다면〔tallying, 누적총계를 내보자면〕, 주의 강림을 기대한 점은 바울과 팔레스타인 유대교가 대체로 유사하다고 본다.

544 율법을 대하는 바울의 태도는, 그가 피력한 기독론 중심의 유일주의 구원론을 그 기초로 삼고 있다는 점에서, 유대교와 비슷하다고 할 수는 없으나, 그가 피력하는 어떤 구체적 생각들은 유대교와 비슷할 수 있다. 예를 들면, 바울은 은연중에 "인간과 인간의 관계를 규율하는 계명"과 "인간과 하나님의 관계를 규율하는 계명"을 구분하고 논리를 전개하는 것 같다. 특별히 후자(안식일, 할례 따위)는 이방인이 따를 필요가 없으나, 전자를 어긴 범죄는 언제나 그 책임을 묻는다 – 그러나 이 경우에도 그 계명이 계명

이기 때문에 그런다기보다, 그의 구원론과 기독론 그리고 성령론을 토대로 책임을 묻는다.

바울이 구사하는 의 용어〔righteousness terminology〕도 팔레스타인 유대교의 의 용어와 관련이 있다. 바울의 글에서는 그리스와 헬레니즘 시대 유대교처럼 의로움(인간/인간)과 경건함(인간/하나님)을 구분한 흔적을 전혀 찾을 수 없으며, 바울의 글에서는 의가 여러 미덕 중 하나이지도 않다. 하지만 여기에도 역시 큰 변화가 있다. 유대교 문헌에서는 의롭다는 것이 토라에 순종하고 범죄를 참회함을 뜻하지만, 바울의 글에서는 의롭다는 것이 그리스도로 말미암아 구원받음을 뜻하기 때문이다. 요컨대, 유대교에서는 의가 택함 받은 자들로 이루어진 그룹 가운데서 **지위를 유지함**〔*maintenance of status*〕을 암시하는 용어이지만, 바울의 글에서는 의가 **옮겨감을 나타내는 용어**〔*transfer term*〕다. 즉 유대교는 언약에 헌신함을 "안에" 자리 잡게〔들어가게〕 해주는 것으로 보고, 순종(의)을 뒤이어 사람이 안에 계속 머물게 해주는 것으로 본다. 반면, 바울의 용법을 보면, "의롭게 되다〔be made righteous〕"("의롭다하심을 받다〔be justified〕")는 구원받은 이들로 이루어진 몸 안에 들어감〔getting in〕을 가리키는 용어이지, 그 몸 안에 머묾〔staying in〕을 나타내는 용어가 아니다. 따라서 사람이 율법의 행위로 말미암아 의롭게 되지 않는다는 바울의 말은 사람이 율법의 행위로 말미암아 "구원받은 자들로 이루어진 몸으로 옮겨가는" 것은 불가능하다는 뜻이다. 유대교는 율법에 순종하는 사람은 의롭다고 말했는데, 이는 사람이 그렇게 율법에 순종함으로 언약 안에 머문다는 뜻이다. 결국 의가 믿음으로 말미암느냐 아니면 행위로 말미암느냐를 둘러싼 논쟁은 "의롭다"는 단어 그룹을 서로 달리 사용한 데서 생겨난 결과임이 드러난다.

이런 용법의 차이는 올바른 행위가 "안에" 머무는 조건이라는 점에 양자가 의견을 같이함을 주목해 봐도 일부 간파할 수 있다. 유대교에서는 대개 올바로 행하는 사람을 가리킬 때 주로 쓰는 말이 "의롭다"이다(사해 사본은 예외이지만, 사해 사본에서도 이런 용법이 등장한다). 반면, 바울은 "의롭다"는 용어를 사람이 계속하는 올바른 행위를 가리키는 말로 쓰지 않는다. 오히려 바울은 "책망할 것이 없는," "결백한," "견고한," "건전한," "죄책이 없는" 상태 같은 상태를 계속 유지함을 언급하지만(5장 3절 첫머리를 보라), 사람을 계속하여 "안에" 머물게 해주는 올바른 행위를 이야기할 때는 결코 의로움을 언급하지 않는다.

하지만 바울의 *dik*- 어군〔語群〕 용법이 지닌 독특함은, 그가 *dikaioō*라는
동사와 이 동사의 수동형을 활용한 예를 살펴보면, 가장 잘 알 수 있다. 히 545
브리 문헌은 독특하게도 이 말의 형용사를 사람에게 적용한다(어떤 이가 의롭다; 보통 집합명사다: 의인들, *tsaddiqim*〔형용사 *tsaddiq*의 복수형 ⓣ〕). 반면, 동사는 단지 "사실은 옳은 편에 있는 어떤 이를 옳다고 선언하다"를 뜻할 뿐이다. 하나님은 실제로 죄책이 있는 자〔죄가 있는 자〕를 무죄라〔결백하다〕 하시지("의롭다 선고하시지," *yitsdaq*) 않는다.[1] 이러한 행위는 정의〔正義〕를 제멋대로 다루는 일이 되겠기 때문이다. 결백한 혹은 의로운 사람들만이 결백하다는 혹은 의롭다는 말을 듣는다. 유사하게, 어떤 사람이 "하나님의 심판이 의롭다한다는 것은" 곧 그가 (정당한 심판인) 그 심판이 정당하다고 선언한다는 말이요 그 심판을 받아들인다는 말이다.[2] 바울은 이 동사를 종종 "그리스도인이 되다"나 "구원받다"라는 뜻으로 사용하는데, 여기서 우리는 의 용어를 "옮겨감"을 나타내는 말로 온전히 활용하는 모습을 본다.[3] 히브리어에는 이와 같은 용법이 없다. 따라서 유대교가 말하는

1 3 1장 8절 주84를 보라; 참고. 1QH 9.14-15.

2 4 Sifra Shemini Milu'im 23(레 9:22을 다룬 본문).

3 5 다음 두 본문을 보라. 갈 2:15-17, 특히 2:17: "의롭게 되려(의롭다하심을 받으려) 함," 곧 구원을 받으려 함; 그리고 롬 4:5: "경건하지 않은 자들을 의롭다하시다," 곧 그들을 용서하시고 구원하시다. 빌 3:9에서는 명사가 비슷한 의미를 갖는다: 그리스도 안에 있는 이가 얻는 것.

"의"와 바울이 말하는 "의"를 비교하는 사람은 형용사(유대교는 의로운—*dikaios, tsaddiq*—사람이란 토라에 순종하는 사람이라고 말한다)에서 동사(바울은 사람이 오직 믿음으로 의롭다하심을 받을 수 있다 혹은 의롭게 될—*dikaiousthai*—수 있다고 말한다)로 빈번히 옮겨가야 한다. 이처럼 바울은 성경이 말하는 표현인 *ho dikaios ek pisteōs zēsetai*〔의로운 자가 믿음으로 말미암아 구원받다 ⓣ〕를 자신의 공식인 *en nomō oudeis dikaioutai*〔율법 안에서 의롭다하심을 받을 이는 아무도 없다 ⓣ〕(갈 3:11)와 대조한다. "의롭다"라는 형용사는 의로운 자들 가운데 있는 지위를 암시할 경우가 더 많은데, 이런 형용사는 동사〔의롭다하다, 의롭다하심을 받다 ⓣ〕에 자리를 비켜주는 경향이 있으며, 바울은 이 동사의 의미를 확장하여 **변화를 받다**라는 뜻으로도 사용한다. 사람은 범죄나 죄에서 "의롭다하심"을 받는다(고전 6:9-11; 롬 6:7). 이는 곧 사람이 구원받지 않은 상태에서 구원받은 상태로 **옮겨가는** 것이다. 이는 의 용어를 으레 사용해왔던 의미에서 힘껏 끌어내는 것이며, 이런 옮겨감은 바울 사상의 독특함을 드러내는 데 이바지한다.[4]

쿰란 문헌에서 의 용어가 구원받지 않은 상태에서 구원받은 상태로 옮겨감과 결합해있음은 의미가 있다. 사람은 하나님의 의(=자비)로 말미암아 의롭게 된다(=그 길이 완전해진다). 이런 유사성은 쿰란 문헌과 바울이 모두 사람이 "회개해야 한다"고—그 사람이 본디 태어나지 않았던 그룹에 합류해야 한다고—이야기한다는 사실과 필시 관련이 있을 것이다. 이처럼 쿰란 문헌에도 "옮겨감"을 나타내는 용어를 사용한 요소가 있다. 하지만

4 6 바우어(Bauer, *Lexicon*, ET by Arndt and Gingrich)는 죄에서 "풀려나 자유를 얻음"이나 "정결하게 됨"이라는 의미를 본디 히브리 문헌인 집회서 26.29과 시므온의 유언 6.1에서 인용한다. 이곳에서는 수동태로 쓴 *dikaioō*가 *apo* [*tēs*] *hamartias*〔(그)죄에서 ⓣ〕를 지배한다. 하지만 두 경우에 이 말이 가지는 의미는 "…에서 풀려나 자유를 얻다"라기보다 오히려 십중팔구는 "…에서 결백해지다"나 "…에서 결백하다고 선고받다"이다. 바우어도 (Reitzenstein, *Hellenistischen Mysterienreligionen*, 258에서) 인용하는 Hermetica 13.9를 살펴보려면, 도드가 더 나은 설명을 제시한 Dodd, *The Bible and the Greeks*, 58-59을 보라.

양자가 생각하는 개념은 물론이요 양자가 이 용어를 사용하는 방법도 동일하지 않다. 쿰란 문헌에서는 이 동사가 "의롭다," 곧 "올곧다"나 "그 길이 완전하다"를 뜻하지, 바울이 사용하는 의미처럼, "구원받았다"는 의미를 가진 "의롭다하심을 받다"를 뜻하진 않는다. 심지어 의를 하나님이 주신 선물로 인식할 때도 "의롭다"라는 동사는 "의롭**다**"〔*be* righteous〕를 뜻하지, "의롭게 되다"〔be made righteous〕를 뜻하지는 않는다. 나아가, 쿰란 문헌은 인간의 의를 토라에 순종함으로 인식하나, 바울은 그렇게 여기지 않는다. 바울에겐 인간의 의가 종교〔신앙〕의 일반 목표를 뜻할 수는 있겠지만, 그것이 토라 순종은 아니다.[546] 결국 바울과 유대교 사이에 일부 유사점이 있긴 하지만, 그래도 우리는 바울이 이 용어를 유대교 문헌에는 존재하지 않는 의미를 아우르는 데까지 확장하는 모습을 여전히 목격한다.

심지어 하나님 앞에서 혹은 하나님이 심판하실 때 누구도 의롭지 않다(*yitsdaq*)는 쿰란 문헌의 진술(1QH 9.14-15; 참고. 7.28)과 아무도 율법의 행위로 말미암아 의롭게 되지 않는다 혹은 의롭다하심을 얻지(*dikaioutai*) 않는다는 바울의 진술(갈 2:16)은 내용상 같은 뜻이 아니다. 바울이 말하려는 취지는, 설령 율법의 행위가 아무리 많다 해도, 올바른 종류의 의("생명"; 참고. 갈 3:21)는 율법의 행위로 말미암아 오지 않는다는 것이다. 쿰란 사본에 있는 진술은, 하나님과 비교하면 혹은 하나님이 보시기에, 어느 누구도 그 자신의 노력으로 **완전해지기**는 불가능하다는 뜻이다. 쿰란 문헌의 진술들은 하나님과 대비하여 인간이 부적절하고 연약함을 일러준다. 쿰란 문헌의 진술들은 인간이 어떻게 구원받는가를 일러주지 않는다. 하나님 앞에서 "의롭지" 않은 이들은 그 분파〔쿰란 공동체 ⓣ〕 구성원들이기 때문이다. 심지어 이들도, 하나님과 대비하여 심판을 받으면, 완전하다는 의미에서 의로울 이는 **결코** 아무도 **없을** 것이다. (따라서 쿰란 문헌의 진술에는 행위를 근거로 삼아 어떤 사람들이 의롭다고 선언하는 법정적/종말론적 선언은 존재하지 않는다. 하나님 관점이 아닌 다른 관점에서 보면, 1QH 1.36처럼 그 분파 사람들을 의롭다고 부를 수 있을지는 몰라도, 하나님 관점에서 보면, 실상 의로울 이가 아무도 없다.)

유대교에서는 의로움, 그리고 이를 통해 언약 안에서 자신의 지위를 유지함이 참회를 암시하며, 이 참회는 실제로 유대교의 종교 패턴에 필수불가결하다. 만일 (바울의 경우처럼) 참회가 사실상 사라져버리거나 (에스라4서의 경우처럼) 아주 축소되어 아무런 범주와 힘도 갖지 못하게 되면, 언약적 율법주의는 사라지거나 제 구실을 못하게 된다. 에스라4서의 대화를 보면, 언약적 율법주의의 형태를 유지했지만, 참회가 축소되고 그 결과로서 완전한 순종을 요구하면서〔참회가 들어설 여지가 없다는 말은 인간이 토라를 어겨도 돌이킬 길을 열어주지 않는다는 말이며 철두철미한 순종만을 요구한다는 뜻이다 ⓣ〕, 결국 유대교는 사실상 활동력을 잃어버린 종교가 되고 말았다〔rendered the religion effectively non-operative〕. 오직 완전하게 순종한 자만이 구원을 받을 수 있었다. 반면, 바울의 경우에는 유대교 패턴의 본질을 이루는 여러 모티프 중 하나가 없다는 점이 전체 패턴에서 일어난 변화를 일러주는 실마리 노릇을 한다. 에스라4서에 나온 대화의 저자는 인간이 율법에 순종할 수 있는 능력을 가졌는가라는 문제에 관하여 비관하는 태도를 보인다. 그는 참회가 비록 인간이 불순종했어도 여전히 의로움을 유지할 수단을 제공해준다고 여기지 않는 것 같으며, 만일 그렇지 않다해도 참회 자체를 할 수 있는 가능성이 존재하지 않는다고 보는 것 같다. 어쨌든 그는 구원의 가능성을 비관하며, 이런 비관론은 참회에 부여된 역할을 축소해버린 것과 이어져있다. 바울의 비관론은 "육" 안의 삶과 관련이 있다. 그는 율법에 순종할 수 있는 가능성을 비관하지도 않고, 구원의 가능성도 비관하지 않는다. 따라서 바울은 에스라4서의 대화 저자가 보여주는 것 같은 비관론을 피력하지 않는다. 참회는 바울이 제시한 도식의 일부는 아니다. 이는 그가 비관론을 가졌기 때문이 아니라, 다른 도식을 가졌기 때문이다.

전체 패턴을 놓고 볼 때 양자의 차이점이 명백하게 드러나는 또 한 가지 점은 죄의 정의다. 모든 유대교는 죄를 하나같이 범죄〔범과, 곧 율법이 정해놓은 경계를 넘어감 ⓣ〕라고 정의한다〔In Judaism sin is uniformly transgression〕. 죄와 육(인간의 연약함)을 연계하는 사해 사본조차도 죄를 이렇게 정의함을 볼 수 있다. [547] 바울은 분명 죄를 범죄로 보는 개념을 주장했으며, 이런 정의를 롬 1-3장에서 폭넓게 활용한다. 하지만 바울이 생각하는 죄의 주된 개념은 죄를 어떤 힘으로 보는 것이다. 사람이 구원을 받으려면 그 힘에서 벗어나 자유를 얻어야 한다. 사람은 죄를 주〔主〕로 섬김에서 그리스도를 주로 섬김으로 옮겨가야 한다. 쿰란 문헌은 죄로 물든 육의 연약함을 택함 받은 자가 그 손아귀에서 벗어나 다른 곳으로 옮겨가야 할 어떤 힘으로 여기지 않는다. 심지어 택함 받은 자로 육의 연약함 속에 머물러 있다. 구원은 언약 속에 바로 머무름이지, "육"의 힘을 벗어남에 있지 않다. 나아가, 육은 무엇보다 약한 것이지, 결코 어떤 힘이 아니다. 이처럼 겉으로 보면, 바울과 쿰란 문헌은 죄의 본질을 놓고 비슷한 견해를 가진 것 같으나, 그 생각〔사상〕은 철저히 다르다.

죄의 정의를 놓고 보여주는 이런 기본적 차이점과 궤를 같이 하는 것이 바울이 말하는 **죽음**의 의미와, 가령, 랍비 유대교가 말하는 **죽음**의 의미가 똑같지 않다는 점이다. 많은 이들은 그리스도 안에 있는 이를 율법에 대하여 죽은 이로 보는 바울의 견해에서 "랍비의" 사상을 보았다. 바울의 글에서는 이 주제가 이 주에서 저 주로 옮겨감("너희가 그리스도의 몸을 통해 율법에 대하여 죽었으니, 이는 너희가 다른 이께 속하게 하려 함이다," 롬 7:4)과 연결되어 있으며, 율법 폐지를 암시하는데, 율법 폐지는 랍비 문헌에겐 완전히 낯선 개념이다. 랍비 문헌의 진술들은 **범죄를 속하는** 죽음과 관련이 있지, 어떤 **힘**에 대하여 죽음으로써 다른 힘에 대하여 사는 것과 관련이 있지는 않다. 한쪽은 사람이 범죄로 말미암아 죽는다고 말하나, 다른 한쪽은 사람이 자유를 얻는 방편으로서 그를 노예로 사로잡은 힘에 대하여 죽는다고 말하며, 이것이 양자의 차이다.

어쩌면 구원받은 자 가운데 있음을 나타내는 공식〔문구〕도 다르다는 점은 새삼 말할 필요가 없을 것 같다. 분명 중요한 유사점이 있다: **유대교와 바울은 모두 개인과 그룹을 충실히 고려한다**. 유대교에서는 하나님의 언약이 **이스라엘**과 맺은 언약이나, 이것이 개인과 하나님이 인격 대 인격으로 맺은 관계를 결코 제거하지 않는다. 개인은 하나님 앞에서 경건해야 하고, 하나님과 늘 바른 관계에 있음으로써, 구원받은 이들로 이루어진 그룹의 구성원 지위를 유지해야 한다. 바울의 글에서는, 사람이 결국 **그리스도 안에**〔*in Christ*〕 참여함으로 이어지는 믿음의 행위〔act of faith〕로 말미암아 구원받은 이들 가운데 들게 된다. 사람은 "공동상속인"이 됨으로써 유업을 **공유하고** 그리스도의 부활에 **참여한다**. 우리가 위에서 봤듯이, 이 개념은 긍정문으로 정의하기가 어렵다. 부정문을 사용하자면, 그것은 단순히 개인적 신비주의도 아니요, (화이틀리가 든 예를 사용하자면, 어떤 대학의 구성원이라는 지위처럼) 겉으로 드러나는 그룹 구성원의 지위도 아니다. 또 다른 부정문이 바울의 견해와 유대교의 견해를 구분해준다. 유대교 안에도 한 몸을 이룬 통일체라는 느낌에 가까운 것이 있긴 하지만, 그리스도인은 그리스도 안에서 한 인격체라는 바울의 진술(갈 3:28)과 비슷한 표현이 전혀 없다. 마찬가지로, "그리스도가 너희 안에 계신다"와 비슷한 문구가 유대교 안에도 있으리라고 상상하기는 불가능하다("이스라엘이 너희 안에 있다" 같은 문구가 있을까?). 여기서 그룹의 정체를 규정하는 **본질**이 다르다는 게 나타난다. 그리스도의 몸은 이스라엘과 유사하지 않으며, 그리스도 안에 있음도 형식상 하나님과 이스라엘이 맺은 언약 안에 있음과 같지 않다.

바울이 모든 이가—유대인과 이방인을 불문하고—멸망해가는 그룹에서 구원을 받아가는(who are being saved) 이들로 이루어진 그룹으로 **옮겨가야** 한다고 생각했음은 대단히 놀랍다. 유대교 문헌에서 이 견해와 유일하게 비슷하다 할 수 있는 견해를 쿰란 사본이 제시하는 주장, 곧 다른 이스라엘 사람들이 구원을 받으려면 "새 언약"에 가입해야 한다는 주장에서 찾을 수 있다. 하지만 여기도 옮겨감을 이루는 **수단**을 완전히 다르게 이해한다. 쿰란 문헌이 요구하는 "회개"는 "참회"요 이 분파가 가진 언약과 토라 이해를 굳건히 따름이지, 바울이 말하는 것처럼 죄에 대하여 죽고 한 몸에 참여함이 아니다.

결국 본질이라 할 이 모든 점에서—"의"의 의미, 참회의 역할, 죄의 본질, 구원받은 "그룹"의 본질, 그리고 가장 중요한 점인 저주받은 자들에서 구원받은 자들로 옮겨가야 할 필요성—바울 사상과 팔레스타인 유대교 안에서 발견되는 어떤 견해도 예리하게 구분할 수 있다. 물론 양자 사이에는 일치점도 있긴 하지만, 근본적 차이가 있다. 따라서 우리는 앞서 바울과 유대교를 비교하여 얻어낸 결론 중 하나, 곧 주변부에는 일치점이 있으나 기본은 일치하지 않는다는 결론에 얼추 동의한다.[5] 하지만 나는 양자 사이에 **상당한** 일치점이 있으나 기본은 일치하지 않는다고 말하고 싶다. 나아가, 양자의 다름은 사람들이 서로 대립하는 명제라 추정하는 은혜와 행위에 있지 않고(은혜와 행위를 놓고 보면, 사실 일치점이 있으며, 이 일치점은 "주변부에 있는" 일치점이라 부를 수 없다), 종교 유형 전체에 있다.

이런 유형을 식별해주는 것이 우리가 "패턴"이라 불렀던 것이며, 이런 유형은 한 종교의 논리적 출발점에서 시작하여 논리적 결론에 이르기까지 죽 이어지는 단계들을 가리킨다. "패턴"이라는 용어는 종교를 그 자체의 관점에서 시종일관 어떻게 생각해야하는가라는 문제를 가리킴과 동시

5　10 원서 1부터 시작되는 들어가는 글을 보라.

에(따라서 "조직 신학"이라는 말보다 "패턴"이나 "구조"라는 말이 낫다), 참여자나 회심자가 그 스스로 그 종교를 이해하며 그 종교를 붙들고 씨름하는 과정에서 따라가는 경로를 가리킨다(따라서 때로는 "패턴"이 "구조〔structure〕"보다 쓸모가 있다. 어떤 이가 안으로 들어가〔getting in〕 그 안에 머물 때〔staying in〕 따라가는 경로를 나타내는 말로는 패턴이 더 잘 어울린다). 이런 논리적 단계들은 바울보다 유대교에서 더 분명하게 나타난다. 예를 들면, 유대교에서는 반드시 범죄와 순종이 보상 및 형벌보다 앞선다. 유대교가 택함이 순종하라는 요구보다 앞선다고 **인식했느냐** 여부가 주요한 탐구 주제였는데, 우리는 그랬다고 결론지었다. 여기서 차례차례 이어지는 단계들이 서로 가지는 관계가 대단히 중요했다. 우리가 내린 결론은 참여자들 자신이(적어도 글로 자취를 남겼던 자들은) 이런 순서나 패턴을 여기서 묘사한 그대로 인식했다는 것이다. 바울의 경우, 그의 기본 문제는 그 자신의 사상 전개 순서였고 그의 사상을 구성하는 부분들이 서로 어떻게 연결되어 있는가라는 문제였다. 우리는 바울이 회심시킨 자들이 복음이 "작용한다"는 것을 어떻게 인식했는가라는 문제는 훨씬 더 알지 못한다. 바울 사상의 전개 순서는 해결책에서 인간의 비참한 곤경으로 나아가며, 그가 개별 계명은 이 해결책이 암시하는 것으로 이해했다고 생각하는 것이 타당해 보인다. [549] 사람은 그리스도 예수와 하나가 됨으로써 안으로 들어가며〔enter〕, "순전하고 책망 받을 것이 없는 상태"를 유지하고 그리스도와 맺은 연합을 파괴할 또 다른 연합들에 빠지지 않음으로써 안에 머문다〔stays in〕. 이어 바울은 시종일관 그리스도인이 아닌 인간의 위치를 그리스도께 속함이나 그리스도와 하나됨의 반대말로 생각했다. 이 때문에 우리는 바울 사상에서 언약적 율법주의가 부드럽게 이어지기보다 서로 극과 극으로 대립하는 것들이 잇달아 나타나는 모습을 만난다: 그리스도 안에/육 안에, 은혜 아래/율법 아래 같은 것들. 바울이 제시한 기본 통찰은 신자가 그리스도 예수와 한 몸이 된다는 것, 그리고 이것이 신자가 섬기는 주를 이 주에서 다른 주로 옮겨놓고 나중에 주의 오심으로 완성될 변화가 시작되게 한다는 것이었다. 바울 사상의 전개 순서, 다시 말해 바울 종교 사상의 패턴은 이렇다: 하나님은 그리스도를 보내사, 유대인과 이방인을 불문하고 만인의 구주가 되게 하셨다 (그리고 바울을 이방인의 사도로 부르셨다); 사람은 그리스도와 한 인격체가 됨으로써 구원에 참여하며, 그리스도와 함께 죄에 대하여 죽고 그리스도가 하신 부활의 약속을 공유한다; 하지만 변화는 주가 다시 오셔야 완성된다; 그러는 동안, 그리스도 안에 있는 자는 죄의 힘과 범죄의 더러움에서 해방되어 자유를 얻었으며, 이제 그의 행위는 틀림없이 새로운 상황이 좌우하게 된다; 그리스도가 모든 이를 구원하고자 돌아가셨기 때문에, 틀림없이 모든 사람이 죄의 지배 아래, 영〔성령〕 안에 있음과 반대인 "육 안에" 있었다. 이런 식의 사고방식을 "참여 종말론"이라 부름이 타당할 것 같다.

이렇게 종교 **사상**의 패턴이나 전개 순서나 구조를 분석하여 바울과 유대교의 차이점들을 판별해냈지만, 우리가 꼭 지적〔intellectual〕 차이점만 다루고 있는 것은 아니다. 이런 도식과 모티프, 공식의 차이점 뒤에는 종교적 체험의 차이가 자리해있을 수도 있다. "그리스도 안에" 있음을 겪은 체험과 "이스라엘 안에" 있음을 겪은 체험이 같지 않았다는 추측을 대담하게 해볼 수도 있겠다. 이것은 생각보다 이 연구서에서 다루기에는 훨씬 더 확실치 않은 문제다. 따라서 우리는 종교가 유대교 사상과 바울 사상 속에서 어떻게 나타나는지 분석하는 것으로 만족해야 한다.

우리가 들어가는 글에서 지적했지만, 바울과 유대교를 연구한 역사가 제기하는 기본 문제 중 하나는 바울의 논박〔바울이 유대교에게 퍼붓는 논박 ⓣ〕이 과연 정확한가이다. 우리는 다른 이 중에서도 몬테피오리와 쉽스가 바울이 비판한 유대교는 틀림없이 헬레니즘 유대교〔헬레니즘 사상의 영향을 받은 유대교 ⓣ〕일 것이라 추측했다고 말했다. 랍비 유대교는 바울의 공격에서 추론해낼 만한 모습보다 낫기 때문이다. 다른 학자들은(우리는 불트만을 예로 들었다) 바울의 비판이 대단히 정확하며, 바울이 제시하는 유대교 비판을 랍비 문헌이 밑받침한다고 주장했다. 우리가 이 문제를 정확히 평가하려면, 사람들이 바울의 공격〔공격 대상과 공격 내용 ⓣ〕을 무엇이라 주장하며 바울이 실제로 무슨 공격을 했는지 꼼꼼하게 짚어봐야 한다. 바울의 비판은 유대교가 율법의 행위로 의를 얻으려는 종교라는 것이라는 게 대체로 사람들이 받아들이는 견해다. 즉 바울은 수단(율법의 행위)은 비판하되, 그 목표(의)에는 동의한다는 것이다.[550] 바울은 언약이 하나님의 은혜를 일러주는 것으로서 가지는 의미를 언급하지 않으며 참회가 계속하여 용서에 다가갈 길을 제공하는 방편으로서 가지는 의미를 언급하지 않는데, 학자들은 이런 바울의 태도가 유대교(후기 유대교에서 후퇴한 언약 개념)를 정확히 대변한다거나 유대교를 모르는 모습을 보여준다고 주장해왔다. 우리는 바울이 롬 3:27-4:5에서 자랑을 논하면서 유대인의 오만을 공격한다고 볼 수 있다. 또 사람들은 (구원을 확신하지 못하는 태도뿐 아니라) 거드름피우는 자기만족의 증거를 랍비 문헌에서 찾을 수 있다고 주장해왔다.

〔그러나〕 우리가 랍비 유대교 문헌과 팔레스타인 유대교 문헌을 분석한 바에 의하면, 이 종교 유형은 율법의 행위로 의를 얻으려는 종교 유형이라 규정하기 어렵다. 그러나 우리가 지금 다루는 주제에 비춰 더 중요한 점은 어쨌든 이런 비판이 바울이 제시한 비판의 핵심은 아니라는 관찰 결과다. 우리가 율법을 대하는 바울의 태도를 논할 때 주장했듯이(5장 4절), 바울이 율법을 논박하고 결국 율법을 행함을 논박하는 근거는 그가 주장하는 유일주의 구원론이었다. 구원은 오직 그리스도로 말미암기 때문에, 이와 다른 길이라면 **어떤** 길이든 따라감은 모두 잘못이다. 바울은 믿음이 자

랑을 배척한다고 말하면서, 유대인에게 자랑하지 말라고 경고하지만(롬 2:17), 이것은 행위로 하나님 앞에서 공로를 얻는다는 견해에 근거한 자기의(自己義)를 반대한 것이 아니다. 바울이 경고하는 것은 율법 **소유**를 **증거**로 내세워 하나님과 자신의 관계를 자랑하지 말라는 말이요, 사실은 범죄를 저지르면서도 하나님 뜻을 **안다며** 거드름을 피우지 말라는 말이다. 바울은 율법을 향한 열심 자체는 선한 일로 여겼다(롬 10:2; 빌 3:6). 그 열심이 잘못인 이유는 그것이 하찮은 순종을 암시하고 중요한 문제를 축소함을 암시하기 때문도 아니요, 그것이 결국 하나님 앞에 내세울 공로 목록으로 이어지기 때문도 아니라, **그리스도 안에 있음과 비교할 때 그것이 아무런 가치가 없기** 때문이다(빌 3:4-11). 바울이 율법을 상대로 제시하는 근본 비판은 율법을 따름이 그리스도 안에서 발견됨을 만들어내지 못한다는 것이다. 구원과 영〔성령〕이라는 선물은 오직 믿음으로 말미암아 오기 때문이다(롬 10:10; 갈 3:1-5). 요컨대 율법을 행함이 잘못인 이유는 오직 그것이 믿음이 아니기 때문이다. 율법에 순종함 자체는 좋은 일이다(롬 2:13). 이는 마치 할례 자체는 좋은 일이나(2:25-3:2), 그것이 그리스도를 믿음으로 말미암는 구원의 유일성을 위협하는 것처럼 보일 때만 잘못인 것과 마찬가지다(갈라디아서). 유대교의 잘못은 유대인이 스스로 자신을 구원하려 하고 그것으로 자기의가 되게 하려고 하는 점이 아니라, 그들이 추구하는 목표가 올바르지 않다는 데 있다. 그들은 미몽(迷夢)에 빠져 있다. 구원에 관한 한, 그들은 그리스도가 율법에 마침표를 찍으셨으며 토라 순종이 제공하는 의와 다른 의를 제공하신다는 것을 모른다(롬 10:2-4).

논증이 뜨거워지자, 바울은 율법을 놓고 이보다 심한 말을 퍼붓지만(갈 3:19), 그가 로마서에서 더 냉철하게 제시하는 성찰, 그리고 그가 빌 3장과 다른 곳에서 율법을 두고 하는 말은 그가 제시하는 논증의 취지를 보여준다. 율법은 선하며, 율법을 **행함**도 역시 선하나, 구원은 오직 그리스도로 말미암아 온다. 때문에 율법이 제시하는 모든 체계는 구원에 아무 소용이 없다.[551] **이처럼 "모든 체계"에 변화가 일어났기 때문에 바울은 참회 혹은 언약 수여에서 나타난 하나님의 은혜에 관하여 이야기할 필요가 없다**. 이런 것들이 배경으로 사라져버림은 이런 것들을 능가하는 새 체제의 영광이 왔기 때문이다(고후 3:9-10). 바울은 유대교를 유대교 자체의 관점에서 정확히 제시하려고 하지 않았지만, 그렇다고 그가 유대교의 본질 사항들을 몰랐다고 추정할 필요는 없다. 그는 다만 새 체제와 비교하여 옛 체제를 아무 가치가 없다고 보았을 뿐이다.

바울 자신은 종종 그의 유대교(혹은 유대교로 돌아가려는 움직임) 비판을 의를 얻는 **수단**과 관련된 공식으로 정리하여 "율법의 행위가 아니라 믿음으로"라는 말로 천명했으며, 사람들은 이 공식이 정확하다고 주장했다: 바울은 의라는 **목표**에는 동의했으나, 그 의는 행위로 얻지 않고 믿음을 통해 은혜로 말미암아 얻어야 한다고 보았다. 그러나 이 공식이 비록 바울 자신이 만든 것이라 할지라도, 사실은 근본적 불일치점을 잘못 이야기한 것이다. 율법의 문제는 그것이 그리스도가 아니라는 점이다. 마찬가지로 "율법에 근거한 의"(빌 3:9)의 문제는 그것이 하나님에게서 온 **진정한** 의가 아니라는 점이다. 이 진정한 의는 믿음에 근거한다. 이 의는 사람이 "그리스도 안에서 발견되고," 그리스도의 고난에 동참하며, 그리스도의 부활에 동참하려는 이들 가운데 놓일 때에 얻는다. 즉 "의" 자체가 다른 의다. 사실이 구원은 그리스도께 속함에서 오며, 오직 이것에서만 온다. 따라서 바울은 오직 수단에서만 유대교와 다른 게 아니다. 수단과 목표는 상응한다. **진정한** 의는 그리스도로 말미암아 구원받음이며, 이 의는 오직 믿음을 통해 온다. 이는 다시 율법을 행하는 활동이 활동으로서 잘못은 아님을 암시한다. 오히려 이런 수단이 잘못된 목표(율법에 근거한 의)로 인도하며, 목표 자체가 잘못이다. 이것은 그리스도 안에 있는 구원이 아니기 때문이다.

바울의 유대교 비판에 실제 근거가 된 것에 대해 다른 한 측면에서도 볼 수 있다. 바울은 선택과 언약이 증명해주는, 이스라엘을 행한 하나님의 은혜를 무시하는 것 같다(그리고 은연중에 부인하는 것 같다). 그러나 그가 이리하는 이유는 유대교 사상 속에서 언약이 가지는 의미를 모르기 때문도 아니요, 후기 유대교에서 언약 개념이 종언을 고했기 때문도 아니다. **바울은 사실 유대인이 가진 언약이 구원에 효험이 있을 수 있음을 확실하게 부인하며, 이를 통해 유대교의 기초마저 일부러 부인한다.** 완전한 순종이 없는 할례는 무가치하거나 오히려 더 못하다(롬 2:25-3:2; 갈 3:10). 더 중요한 점은 **아브라함에게 주어진 언약의 약속들이 아브라함의 자손에게 적용되지 않고, 그리스도인에게 적용된다는 것이다**(롬 4:13-25; 갈 3:15-29). "율법"과 "믿음"을 다루는 논의가 아주 구체적이다. 이런 논의는 언약을 지키는 자가 아니라 그리스도를 믿고 그리스도 "안에" 있는 자만이 성경의 약속들을 받는다는 것을 증명하려고 제시한 논의다. 이 때문에 갈 3:29은 "너희가 **만일** 그리스도의 것이면, 너희는 아브라함의 자손이요, 약속에 따른 상속인이다"라고 말하며, 롬 4:24-25은 "예수 우리 주를 죽은 자 가운데서 다시 살리신 그를 믿는 우리는 의로 여김을 받으리니, 예수는 우리 범죄 때문에 죽었다가 우리를 의롭다하시고자 다시 살아나셨다"라고 말한다.[552] 결국 바울이 논박하는 것은 무엇보다 유대교가 합당히 여기는 올바른 경건에 이르는 **수단**("율법의 행위로")이 아니라, 그보다 앞선 유대교의 근본 기초들이다: 선택, 언약과 율법. 그리고 이것들이 잘못되었기 때문에 "율법에 따른 의"에 합당한 수단(토라에 순종함과 참회)도 잘못이라 주장하거나, 이 수단에 대해 언급하지 않는다. 요컨대, **이것이 바로 바울이 유대교에서 발견한 문제다: 유대교는 기독교가 아니다.**

우리가 묘사한 여러 종교 패턴 중 하나가 다른 것보다 우월하다는 것이 이 연구서가 제시하는 결론 중 하나는 아니다. 우리는 고대 종교의 가치를 판단할 때 현대 인본주의의 가치들만을 판단기준으로 활용하지 않도록 늘 조심해야 하지만, 그래도 나는 이렇게 대강이라도 고대 종교의 가치를 판단하는 데 완전히 반대하지는 않는다. 왠지 좀 자아도취에 빠진 것 같은 바울의 모습을 유감스러워하는 이들이 있을 수 있듯이, 쿰란 문헌에서 자기의에 빠진, 어리석고 완고한 분위기를 짚어내며 이를 헐뜯는 이도 있을 수 있다. 하지만 언약적 율법주의와 참여 종말론의 주요 줄거리를 놓고 볼 때, 하나가 다른 하나보다 우월하다고 생각할 이유가 전혀 없는 것 같다. 바울의 견해는 유지될 수 없었으며, 유지되지도 않았다. 기독교는 급속히 새로운 언약적 율법주의가 되었지만, 이런 현상이 바울주의〔바울 사상〕가 열등하거나 우월하다고 증명해주지는 않는다. 내가 참여 종말론이 언약적 율법주의와 다르다고 말한 것은 다만 이 둘이 다르다고 말하려 함이었지, 이런 차이가 유대교가 걸었던 길이 틀렸음을 간파하는 데 도움을 준다는 말은 아니었다.

나는 신학의 차원에서 바울이나 유대교 중 어느 쪽이 열등하거나 우월하다는 판단을 내리기보다, 내가 다만 〔바울과 유대교를 ⓣ첨가〕 이해하는 데 도움이 될 연구 결과를 제시했길 바랄 뿐이다. 나는 시종일관 어려운 주장을 제시했다: 랍비 유대교는 많은 학자가 묘사해왔던 모습이 아니었다는 것, 쿰란 공동체를 한 분파로 만들기에 충분할 정도로 중요한 차이점들이 존재하긴 했지만, 그래도 쿰란 공동체와 그 시기에 존재했다고 알려진 다른 형태의 유대교 사이에는 종교 유형상 근본적 일치점이 존재한다는 것, 바울 신학의 주된 주제는 이신칭의라는 주제보다 참여를 나타내는 그의 언어에서 나타난다는 것, 여러 일치점이 있긴 하지만, 그래도 바울의 종교 유형과 팔레스타인 유대교에 존재했다고 알려진 다른 모든 종교 유형은 기본부터 다르다는 것이 그런 주장들이다. 이런 비교를 이끌어낸 결론들은 여러 종교 패턴을 연구한 결과를 기초로 다다른 것이다. 이런 결론들이 견실한 이유는 통설, 곧 "전체"와 "전체"는 비교가 가능하고, 어떤 전체 패턴과 관련한 기본적 일치점이나 불일치점에는 중요한 **의미**가 있으며, 심지어 중요한 요소가 일치하지 않더라도 기본적 일치가 존재할 수 있으며 중요한 요소가 일치해도 기본적 불일치가 존재할 수 있다는 통설이 견실하기 때문이다. 이 통설은 두 주된 결론이 의지하는 가정이다: 팔레스타인 유대교 안에는 대체로 만연한 종교 유형이 있었다 (그것이 바로 언약적 율법주의다)는 결론이 그 하나요, 바울의 종교 사상 패턴은 기본부터 달랐다 (참여 종말론이었다)는 결론이 다른 하나다.

553
바울, 헬레니즘 그리고 헬레니즘 시대 유대교

만일 바울의 종교 사상 패턴이 팔레스타인 유대교에서 나왔다고 설명하는 것이 만족스럽지 못하다면, 그 패턴은 대체 어디서 나왔냐라는 문제가 자연히 등장한다. 다른 무언가를 다룬 책 결론의 후반부에서 이런 문제를 다루려는 것은 도를 넘은 일일지도 모르나, 이 문제는 간단히 무시할 수가 없다. 나는 비록 완전하거나 확실하지는 않으나, 그래도 이 문제의 대답이 어떠할지 대강이라도 묘사해보도록 하겠다.

이 문제는 아마도 바울이 말하는 인간의 비참한 곤경이라는 개념에 초점을 맞춰 제시하는 것이 가장 좋을 것 같다. 노예 노릇, 속박이라는 개념은 이런 말이 헬레니즘〔그리스〕에서 나왔을 가능성을 금세 귀띔한다. 굿이너프와[6] 샌드멜이[7] 바울과 필론을 비교할 때, 이 점이 주요 요소로써 기여했다. 가령 샌드멜은 바울이 인간의 비참한 곤경을 논하는 접근법이 헬레니즘 색채를 띤다고 주장했는데, 이것이 그가 묘사한 그리스의 견해다.

6 11 E. R. Goodenough, "Paul and the Hellenization of Christianity," *Religions in Antiquity*, ed. J. Neusner, 23-68.

7 12 특히 *The Genius of Paul*, 8-14을 보라.

그리스인들이 보기에, 세계는 슬픔의 장소였고, 인간은 영적이고 선한 특성을 가진 혼과, 물질 및 악인 몸이 뒤섞인 불행한 혼합체였으며, 삶은 짐이었다. 실제로 그리스 종교의 목표이자 주제는 도피였다: 즉 불가피한 종말과 죽음에서 도피하는 것이었고, 몸에 매인 처지에서 도피하는 것이었다.[8]

센드멜은 바울과 필론을 이렇게 비교한다.

… 바울과 필론은 많은 공통 요소를 갖고 있다. 둘 다 성경을 개인 구원을 위한 도구로 본다. 둘 다 개인이 어떻게 하면 그 정신(혹은 영혼: 이 단어들은 서로 바꿔쓸 수 있다)이 그 몸을 이기게 할 수 있을까라는 문제에 골몰한다. 이 두 사람은 물질과 물질이 아닌 것의 혼합체인 인간이 자신 안에서 깨어난 정신과 공격성을 띤 감각 및 열망이 벌이는 싸움을 주최한다고 본다. 둘 다 비슷한 질문을 던진다: 몸의 욕망이 인간의 이성을 정복할까? 아니면 인간이 그 이성을 통해 몸의 욕구를 통제할까?[9]

정확히 말하면, 이것은 바울이 아니라 필론의 견해를 묘사한 것 같다. 바울은 "영"〔spirit〕과 "육"〔flesh〕의 싸움을 이야기하는데(갈 5:16-25), 이 두 단어는 대문자로 표기하는 것이 나을 것이다. 이 싸움은 하나님의 **영**〔Spirit〕과 하나님을 대적하는 힘인 **육**〔Flesh〕의 싸움이다(특히 25절을 보라)〔여기에서는 저자가 flesh도 대문자로 적어 Spirit와 대조하므로, 번역 편의상, 저자가 대문자로 쓴 영과 육은 굵은 글씨로 표기한다 ⓣ〕. 여기서 싸움에 참여하는 **영**은 그리스도인이 갖고, 그리스도 안에 거하시는 바로 그 **영**이다. 이 **영**은 육체성〔corporeality〕에 맞서 전쟁을 벌이는 인간의 영이 아니다. 바울은 때로 **육**을 인간의 정

8 13 Ibid., 22.

9 14 Ibid., 53.

욕 및 욕망과 연계함으로써 필론이 말한 *sōma/sēma* 개념을 떠올리게 하지만,[10] 둘의 유사성은 깊지 않다. 바울은 자기 영을 몸이라는 무덤에서 해방시키는 것이 인간의 열망이라고 제시하지 않는다. 인간에게 필요한 것은 오히려 그리스도 예수와 하나가 되고 하나님의 **영**을 갖는 것이다. 554 다시 말해, 전쟁은 인간 자신 안에서 벌어지는 전쟁이 아니라, 인간이 어느 힘에 속하는가—몸과 혼—와 관련이 있다. 바울이 말하는 "육"은 필론이 말하는 "몸"과 같은 말이 아니며, 바울이 말하는 "영"은 필론이 말하는 "혼"과 같은 말이 아니다. 필론은 몸 안에 머무는 "진짜 인간"을 묘사할 수 있다고 여기나(*Conf*. 77), 바울은 그렇게 여기지 않는다. 바울은 육에서 확실하게 옮겨감을 이야기하고 몸에서 옮겨감을 이야기하지 않으나(롬 7:5), 필론은 그렇게 이야기하지 못했다. 달리 말하면, 바울의 견해는 몸과 혼의 싸움을 말하는 헬레니즘〔그리스〕 이론에 신세를 진 것만큼이나 두 시대〔세대〕를 말하는 묵시 이론에도 신세를 진 것 같다.

바울이 말하는 인간의 비참한 곤경과 필론이 말하는 인간의 비참한 곤경을 유사하다고 볼 수 있다는 주장에 제시한 이런 답변을, 둘 사이의 유사성을 아예 부인하는 말로 받아들여서는 안 된다. 둘이 제시하는 개념의 차이는 방대하다. 그러나 바울이 때로 **육**을 인간의 육체성과 연계하기도 하지만, **속박**이라는 말이 제시하는 기본적 유사성이 존재한다. 팔레스타인 유대교 문헌은 언약 안에 있는 개인이 **노예로 붙잡혀 노예 노릇한다**고 여기지 않는다. 묵시 문헌은 인간을 악한 시대 동안에 **억압 받는** 이요 종말이 와야 비로소 그 억울함을 구제받고 승리를 거둘 이로 보았을 수 있지만,[11] 이것이 꼭 우리가 바울의 글에서 만나는 노예 노릇이라는 의미를 갖지는 않는

10 15 갈 5:24의 "욕망과 욕구," 롬 6:6의 "죄로 가득한 몸," 그리고 롬 7:23의 몸과 마음의 싸움을 보라. 참고. Goodenough, op. cit., 53의 주11.

11 16 가령 에녹1서 95-97을 보라.

다. 따라서 나는 둘 사이에 현저한 유사점이 있긴 하지만(두 시대, 세상의 여러 세력에 반대함, 종말에 하나님의 승리가 가져다주는 해결), 그래도 바울이 바라보는 인간의 비참한 곤경을 단순히 묵시주의에서 넘겨받은 것이라고 설명하기를 주저할 수밖에 없다. 어떤 면에서 보면, 우리는 헬레니즘이 생각했던 노예 노릇과 세상의 대적 세력이라는 묵시주의의 도식을 발견한다. 얼핏 보면, 이 두 개념(노예제와 대적 세력)의 조합이 점성술에서 발견된다고 생각할 수도 있으며, 바울이 갈라디아서에서 그리스도인이 아닌 자가 처한 비참한 곤경을 점성술에서나 말할 법한 잡신들에 매인 처지라는 말로 분명하게 표현한 것은 주목할 만하다(갈 4:3). 그러나 점성술로 바울의 견해를 다 설명하지는 못한다. 점성술은 시대가 바뀜으로 말미암아 탈출이 효력을 발생한다고 생각하지 않기 때문이다("때가 다 차니," 갈 4:4). 결국 종교사 연구가 내놓은 전통적 줄거리에 기초할 때, 바울은 인간의 비참한 곤경을 묘사하는 개념들을 흥미롭게 결합하여 제시하는 것 같다.

이것은 십중팔구 바울이 그가 해결책을 찾았던 어떤 보편적 곤경을 명확히 정의한 개념에서 시작하지 않았다는 말로 설명할 수 있을 것 같다. 그가 인간의 혼이 몸/무덤 안에 갇혀 있다고 본 헬레니즘의(혹은 우리가 필론에서 보는 것처럼, 헬레니즘의 영향을 받은 유대교의) 비참한 곤경 개념에서 시작했다면, 우리는 이런 문제를 이런 용어들을 사용하여 더 자세히 서술한 모습을 당연히 보았을 것이다. 유사하게, 바울이 만일 묵시주의가 생각했던 인간의 비참한 곤경 개념—의인이 어쩌면 벨리알의 힘을 대변하는 자일 수도 있는 악인에게 억압당함—에서[12] 시작했다면, 당연히 그런 개념을 더 꼼꼼하게 서술한 모습과 더 많은 묵시주의 관습을 발견했을 것이다. 그러나 인간의 비참한 곤경은 그가 **그리스도 안에 있지 않음**이다.

12 17 참고. 1QM 1.1.

555
그는 우주의 초등 영들에게 매여 있고(참고. 점성술), "**육** 안에" 있으며(참고. 필론은 대적을 나타내는 말로 "몸"을 사용한다), 범죄를 저지를 수밖에 없다(참고. 팔레스타인 유대교)는 것 등등이 그런 곤경을 나타낸다. 바울은 인간의 비참한 곤경을 묘사할 때, 단순히 "유대교의" 개념이나 "헬레니즘"〔그리스〕의 개념, 혹은 "헬레니즘의 영향을 받은 유대교의" 개념을 활용하지 않는다. 바울의 사상은 단순히 그보다 앞서 고대 세계에 존재했던 어떤 한 도식에서 넘겨받은 게 아닌 것 같다.[13]

우리가 바울에게 일정 부분 독특함이 있음을 주장할 때는 두 가지 점을 조심해야 한다. 하나는 바울이 주장하는 어떤 것도 철저히 유일무이한 것은 아니라는 통설의 관찰 결과에 동의해야 한다는 점이다. 실제로 인간의 비참한 곤경이라는 문제를 놓고 봐도, 바울 사상과 고대 세계의 다른 다양한 개념 사이에 연관관계가 있음을 볼 수 있다. 바울의 사상을 속속들이 설명해줄 어떤 정확한 유사성은 존재하지 않는다. 이는 바울이 불의에서 시작하여 노예제와 하늘의 세력들에 이르기까지 기존 사상 도식과 다른 도식을 아주 많이 사용한 점과 일부 관련이 있다. 바울은 이런 도식들을 활용하여 자신의 구원론과 반대되는 것을 묘사한다. 또 바울은 자신의 사상 속에서 이런 도식들이 가지는 의미를 그 자신의 신학 속에서 이런 도식이 가지는 맥락에서 끌어내지, 이 도식들 자체가 존재했던 사상 세계에서 이것들이 지녔던 의미에서 끌어내지 않는다. 바울의 독특함이 존재하는 곳은 그의 사상이 확고하게 피력하는 구원론 및 기독론 차원의 해답이지, 그가 활용하는 개념의 독창성이 아니다. 둘째, 우리는 바울 사상을 가리켜 어느 정도 독특하다고 말하는 것이 어떤 가치판단이 아님을 유념해야 한다. 바

13 18 우리는 샌드멜이 바울과 필론의 긴밀한 일치점을 발견하면서도, 바울은 그와 비슷한 사례들이 아니라 바울 자신의 관점에서 이해함이 가장 좋다고 주장한 점을 주목해야 한다. *The Genius of Paul*을 보라.

울 사상이 그런 점 때문에 더 심오해지지는 않는다. 우리는 바울이 생각하는 인간의 비참한 곤경이란 개념이 고대 세계의 다른 예와 정확히 일치하지 않는다고 잠정 결론지었는데, 이런 결론을 내린 근거는 기독교가 실제로 새로운 것임이 분명하다는 확신 때문이 아니다. 나는 단지 바울 사상과 정확히 일치하는 사상을 알지 못하며, 그런 사상이 나타날 것 같지도 않다. 바울이 인간의 비참한 곤경을 해결한 방안으로 내놓은 것이 그 곤경을 바라보는 그의 사상을 결정했다고 보이기 때문이다.

결론의 이 부분을 요약해본다: 우리는 바울이 몇 가지 본질적 사항에서 팔레스타인 유대교와 다름을 언급한 뒤, 이런 다름이 헬레니즘이나 헬레니즘 유대교에서 받은 영향 때문이라고 설명할 수 있을지 여부를 탐구해봤다. 이때 우리는 인간의 비참한 곤경이라는 개념에 초점을 맞췄다. 우리는 이 점을 상세히 분석하지 못했다. 그러나 인간의 딜레마를 바라보는 바울의 견해가 단순히 어느 한 근원에서 나온 것 같지는 않다. 이는 인간의 비참한 곤경을 바라보는 바울의 견해가 그의 구원론에서 나왔다는 말로 설명할 수 있을 것 같다. 하지만 그럴지라도 바울은 이런 곤경을 표현하고 그리스도가 없는 사람과 그리스도 안에서 살아가는 사람을 비교할 때 다양한 개념을 활용했다. 여기서 바울과 그 시대 다른 모든 종교 운동의 관계를 설명하기는 불가능하지만, 바울을 예수가 곧 메시아라고 생각했던 랍비주의 유대인이라고 규정하기가 쉽지 않듯이, 그를 헬레니즘의 영향을 받아 그리스도가 참된 신비나 참된 **지식**(*gnosis*)을 제시하셨다고 생각했던 유대인으로 단정하기도 어려울 것 같다.[556] 바울은 그가 쓴 서신에서 예수의 죽음과 부활을 기초로 삼아 자신의 복음과 신학을 설명하는 인물로 등장하지, 그 죽음과 부활을 그보다 앞서 존재했던 어떤 도식에 집어넣은 인물로 등장하지 않는다. 바울 서신에서는 예수의 죽음과 부활이 기능은 비슷해도 내용은 달랐던 다른 모티프들을 대신한다.

간추린판

부록

부록 일러두기

1. 간추린판 부록 1은 서두에 언급된 것처럼 원래 2003년에 발표된 강연 원고입니다. 본 한국어 번역문은 *Comparing Judaism and Christianity: Common Judaism, Paul, and the Inner and Outer in the Study of Religion* (Minneapolis: Fortress Press, 2016, 1-27)의 제1장 "Comparing Judaism and Christianity: An Academic Autobiography"를 번역한 것입니다. 거의 동일한 내용이 *Redefining First-Century Jewish and Christian Identities: Essays in Honor of Ed Parish Sanders*, ed. Fabian E. Udoh with Mark Chancey, Susannah Heschel, and Gregory Tatum, Christianity and Judaism in Antiquity (Notre Dame, IN: University of Notre Dame Press, 2008, 11-41)의 제2장으로 처음 출간된 바 있습니다. University of Notre Dame Press의 사용 허락을 받고 번역 출간합니다.
2. 간추린판 부록 2는 미국종교학회(American Academy of Religion)와 미국성서학회(Society of Biblical Literature)의 두 지역 모임에서 발표되었다가 *Jewish Studies Quarterly* 16 (2009): 25-55에 "Covenantal Nomism Revisited"로 출간되었습니다. 이후 다시 *Comparing Judaism and Christianity*의 제3장(51-83)에 실린 것을 한국어로 번역하였습니다. Mohr Siebeck의 사용 허락을 받고 번역 출간합니다.
3. 이 두 부록의 원서 쪽수는 *Comparing Judaism and Christianity*의 것을 사용했습니다.
4. 부록에 언급된 원서 중 한국어판 번역서가 존재하는 경우 『 』로 표기했습니다. 한국어판이 존재하지 않는 경우는 선별적으로 간단한 뜻풀이를 원서명 뒤 적절한 곳에 〔 〕로 넣었습니다.
5. 구약 위경, 사해 문서, 미쉬나, 탈무드, 필론의 (분)책명은 알맹e에서 간행한 『성서학 용어 사전』의 부록2에 실린 감은사-알맹e 안을 따라 표기합니다.

부록 약어표

E. P. Sanders의 아래 책들은 이 부록에 자주 언급되는 관계로 약어로 표기합니다. 한국어 출간 정보와 가장 최근의 원서 출간 정보도 참고로 기록하지만, 본 부록에 아래 책들이 언급된 경우에는 모두 2009년 이전에 출간된 원서의 쪽수로 표기합니다.

PPJ — *Paul and Palestinian Judaism* (London: SCM Press; Philadelphia: Fortress Press, 1977) 『바울과 팔레스타인 유대교: 40주년 기념 한국어판』(알맹e, 2018, 박규태 역).

PLJP — *Paul, the Law, and the Jewish People* (London: SCM Press; Philadelphia: Fortress Press, 1983) 『바울, 율법, 유대인』(CH북스, 1995, 김진영 역).

JJ — *Jesus and Judaism* (London: SCM Press; Philadelphia: Fortress Press, 1985) 『예수와 유대교』(CH북스, 1994, 황종구 역). 본서는 1997년 한국신학연구소에서 『예수운동과 하나님나라』라는 제목으로도 출간된 바 있음.

JPB — *Judaism: Practice and Belief, 63BCE-66CE*, 2nd ed. (London: SCM; Philadelphia: Trinity Press International, 1994〔유대교: 관습과 믿음〕). 본서는 2016년에 새로이 디자인되어 Fortress에서 출간됨(즉, 이전 판과 내용은 동일하나 쪽수는 다름).

JL — *Jewish Law from Jesus to the Mishnah: Five Studies* (London: SCM; Philadelphia: Trinity Press International, 1990〔예수에서 미쉬나까지 유대 율법〕). 본서는 2016년에 새로이 디자인되어 Fortress에서 출간됨(즉, 이전 판과 내용은 동일하나 쪽수는 다름).

간추린판 부록 1

유대교와 기독교를 비교함

내가 걸어온 학자의 길

2003년 4월, 나는 노터데임 대학교가 나를 기념하여 "1세기 유대교와 기독교의 자기 정의를 바라보는 새 견해들"〔New Views of First-Century Jewish and Christian Self-Definition〕이라는 이름으로 개최한 한 국제학술대회에 초대받았다. 나는 여기서 나를 초대해준 학술대회 조직자요 내 친한 벗인 마크 챈시〔Mark Chancey〕, 수재너 헤셸〔Susannah Heschel〕, 그레고리 테이텀〔Gregory Tatum〕, 페이비언 우도〔Fabian Udoh〕에게 감사를 표하고 싶다.

나는 본디 이 글을 통해 스물넷 가량 되는 논문에 대답하려고 했다. 그러나 나는 이내 그 일이 불가능함을 깨달았다. 그나마 다룬다 해도 내가 다룰 수 있는 것은 기껏해야 몇 가지 논점에 불과했다. 그래서 그 대신에 내가 내 몇몇 저서를 저술할 때의 상황을 설명하기로 마음먹었다. 더 정확히 말하면, 내가 그 책들을 쓸 때 무슨 생각을 하며 썼는가를 설명하기로 결심했다. 나는 학문 여정을 서술한 이 자서전 성격의 글이 인상 깊거나 중요하다고 생각하지는 않으며, 나중에 곱씹어보니 위험한 것도 몇 있다. 세월이 흘러 지난날을 돌아보는 것은 장밋빛 안경을 끼고 세상을 바라보는 것이요, 젊은 날에 관하여 생각해보는 것은 그저 자기만족이요 방종일지도 모르겠다. 이 때문에 나는 내가 학자로서 걸어온 길을 정리한 자서전 같은 것을 쓰리라고 결코 자신하지 않았다. 하지만 그 학술대회에서 이 내용을 발표한 나는, 다른 이들의 언급을 듣고 나서 이 글이 유익한 목적에 이바지한다고 생각하게 되었다. 나는 지금도 내 책들이 중요한 논제를 다루었다고 생각한다. 따라서 그 책 가운데 셋을 어떻게 쓰게 되었는지 이야기해본다면, 뭔가 의미가 있을 것 같다. 먼저 내 젊은 날부터 간단히 이야기해보겠다.

[2] 어린 시절과 학업

나는 1940년대와 1950년대에 미국 텍사스주 그랜드프레리(Grand Prairie)에서 자랐다. 그랜드프레리는 댈러스와 포트워스에 가깝지만, 경제 형편이 하류층에 속했던 우리와 같은 집들은 거의 다 우리가 살던 작은 도시에 살았으며, 근처 도시들로 여행을 가본 적이 거의 없었다. 우리는 사람들을 끌어당기는 커다란 문화 세계의 영향 밖에 있기도 했지만, 동시에 고등교육 세계에서도 아주 멀리 떨어져 있었다. 나는 어머니가 대학 다니실 때 사용하던 교과서 덕분에 영문학과 세계사 책을 폭넓게 읽었다. 그러긴 했어도, 나는 학자로서 평생을 살아가겠다는 생각은 전혀 하지 않았으며, (당연한 말이지만) 학자로서 살아간다면 뭐가 필요할 것인가도 전혀 생각해보지 않았다. 여러 언어를 터득하려는 분투가 내 삶을 지배하는 요소가 되었다. 나는 대학에 들어갈 때까지 외국인은 구경도 못했고, 심지어 외국어를 쓰는 이도 만난 적이 없었다. 고등학교에 들어가기 전에 (열여섯 살에 들어갔다) 배울 수 있었던 외국어는 두 해 동안 배운 에스파냐어가 전부였다(물론 내가 사는 동네에는 그때까지 에스파냐어를 쓰는 이가 정착한 적이 없었다). 몇몇 지역 학교의 교육감 아들이던 내 죽마고우 더들리 챔버스(Dudley Chambers)의 영향 덕분에 우리가 고등학교에 입학하던 때 두 해 동안 나는 라틴어를 배울 수 있었다. 더들리와 나는 다른 몇몇 친구와 함께 라틴어를 충실히 공부했다. 나는 내가 유일하게 갈 수 있었던 포트워스 텍사스 웨슬리언 칼리지〔Texas Wesleyan College〕에 입학했다. 대학은 나를 후히 배려하여 장학금을 주고 파트타임 일자리까지 마련해주었다. 거기서 배울 수 있는 언어는 프랑스어뿐이었다. 나는 프랑스어를 3년 동안 공부했으며, 덕분에 프랑스어 자료를 상당히 자유롭게 읽을 수 있게 되었다. 이 대학에는 어학실습실이 없었기 때문에, 다른 이가 입으로 말하는 프랑스어를 이해할 능력은 습득하지 못했다.

나는 왜 현대 언어들을 배우려고 다른 곳으로, 가령 유럽 같은 곳으로 가지 않았느냐는 질문을 받은 적이 있다. 내 대답은 둘이다. (1) 나는 그런 생각은 하지도 않았고, 그런 것을 내게 말해주는 사람도 전혀 없었다. (2) 설령 내가 다른 곳에 가서 공부할 생각을 했더라도, 그럴 형편이 못 되었을 것이다. 지금은 소득과 비교할 때 여행 경비가 아주 싸다. 따라서 나는 1920년대와 1930년대 미국의 자그만 도시를 묘사하는 작품으로서 1946년에 출간된 한 소설에 들어 있는 일화를 제시해보겠다. 그 일화를 보면, 한 독심술사〔mind reader〕가 어떤 사람의 마음속에 들어 있는 것을 읽어내는 묘술을 설명한다. 첫째, 사람들이 생각하는 건 그저 몇 가지뿐임을, 그러니까 건강, 부, 사랑, 여행, 성공 같은 것뿐임을 깨달아야 한다. 가장 많이 받는 질문은 "내가 과연 여행을 갈 날이 있을까?"였다.[1] 1950년대는 1920년대와 1930년대처럼 돈이 통 없다거나 여행이 아주 드물었던 시절은 아니었지만, 그래도 우리 집 형편은 대공황 때와 별반 다르지 않았다. 우리 아버지 한 해 수입을 다 써도 유럽행 왕복 항공권을 못 샀을 것이다. 그러나 우리 집만 유독 그런 건 아니었다. 한번은 우리 선생님 가운데 한 분이 뉴욕에서

1 William Lindsay Gresham, *Nightmare Alley* (New York: Rinehart, 1946), reprinted in Robert Polito, ed., *Crime Novels: American Noir of the 1930s and 40s*, Library of America 94 (New York: Library of America, 1997), 517-795.

일주일을 보내고 오셨다. 선생님은 우리가 사는 자그만 도시에서 그래도 다른 집보다 잘 산다는 집안 사람이셨다. 우리 학교 학생들은 그 선생님이 들려주신 여행 이야기를 들으며 온통 신기해했다. 그렇게 멀리 여행한 사람 이야기를 들은 것은 그때가 처음이었다(물론 제2차 세계대전 때 싸우러 나갔던 사람들은 더 멀리 갔었지만). 내가 대학을 졸업할 때까지 그랜드프레리 시민으로서 해외에 다녀온 이는, 내가 아는 한, 소수에 불과했다.

여러 선생님과 그랜드프레리시에 살던 다른 많은 이는 내게 여러 재능이 있음을 알았다. 그들은 내가 아주 잘할 수 있을 만한 전문 직업들을 이야기해주었다. 우리가 살던 지역의 의사인 윌리엄 콜립〔William Colip〕은 내가 의예과 과정을 A학점으로 마치면 의과대학원에서 공부할 학비를 자신이 책임지고 보장하겠다고 제안했다. 아! 그러나 안타깝게도 내 관심 분야는 오로지 인문학, 그중에서도 특히 역사와 문학이었다. 내가 알던 식자〔識者〕들은 우리가 살던 조그만 도시들에서 잘 나가던 세 전문직—법률, 의료, 그리고 목회—에 종사하는 사람이었다. 나는 교회에 가서 많은 것을 배웠지만, 성경을 읽는 데 히브리어와 그리스어〔헬라어〕가 필요하다는 것은 깨닫지 못했으며, 성경을 연구하는 데 독일어와 프랑스어가 필요하다는 것도 미처 파악하지 못했다. 지역에서 나를 도와준 이는 많이 있었지만, 나를 올바른 방향으로 이끌어줄 수 있는 이는 아무도 없었다.

나는 대학에 다닐 때(1955-1959) 비로소 내가 고대사를 공부하고 싶어 하며 종교를 전공하고 싶어 한다는 것을 알았다. 그러나 나는 댈러스 남감리교 대학교〔Southern Methodist University, 이하 SMU로 약칭〕 퍼킨스 신학대학원〔Perkins School of Theology〕에 (1959년부터 1962년까지 다녔다) 들어갈 때까지 내가 무엇을 알아야 하는지도 몰랐고, 그것을 내게 말해주는 이도 전혀 없었다. 거기 들어가서야, 내가 (프랑스어는 물론이요) 그리스어와 히브리어, 독일어를 배워야 함을 분명히 알았다. 나는 SMU에 다니는 동안 내가 들을 수 있는 언어 수업을 모두 들었으며(그리스어, 히브리어, 아람어, 시리아어를 배웠다), 여름 학기에는 독일어를 배웠다(뿐만 아니라 여름에는 주방기구도 팔았는데, 이는 지역 교회가 제공한 사역 일자리와 장학금과 더불어 내 생계에 보탬이 되었다). 그러다가 퍼킨스의 원로 신약학자인 윌리엄 파머〔William Reuben Farmer, 1921-2000. 미국 신약학자다. 특히 공관복음 문제를 깊이 연구했다.ⓣ〕가 나더러 1년 동안 해외에 가서 공부하도록 결정하면서, 내 삶이 완전히 바뀌었다. 빌〔윌리엄 파머〕과 더불어 나의 친구이자 전 고용주이기도 했던 당시 유니버시티 파크 감리교회 기독교 교육 책임자였던 새뮤얼 크로슬리〔Samuel Crossley〕가 돈을 마련하기 시작했다. 포트워스 제일 감리교회의 한 지체가 큰돈을 기부했다(샘〔새뮤얼 크로슬리〕과 나는 그 전에 그 교회에서 일했다). 빌은 댈러스에 있는 이매뉴얼 회당〔Temple Emanuel〕의 랍비 리바이 올란〔Levi A. Olan〕을 직접 만났는데, 리바이 올란은 그 회당의 한 지체에게서 익명으로 아주 큰돈을 받았다. 나는 그들의 후한 마음에 아주 크게 감동했으며, 특히 이매뉴얼 회당이 준 선물을 결코 헛되게 하지 않겠노라고 특별히 서약했다.[4] 이렇게 하여 빌과 샘은 모두 1만 달러〔1958년의 미화 1달러는 오늘날 가치로 8.99달러에 해당한다고 본다. 당시 1만 달러는 오늘날 한화로 대략 1억 원 정도임. ⓣ〕를 모았다. 빌은 소개서를 몇 써주었다. 나는 그 전에 SMU에서 강의하던 주요 학자 두 사람을 만났었는데, 이 두 학자는 내 삶에서 (나중은 물론이요) 이 단계에서 아주 큰 도움을 주었다. 데이비드 도브〔David Daube, 1909-1999〕는 나더러 옥스퍼드로 가라고 독려하면서, 내가 거기로 간다면 자신이 도와주겠다고 말했다. 모튼 스미스〔Morton Smith, 1915-1991〕는 소개서를 써주고, 이스라엘에서 내게 도움을 줄 수 있는 사람들을 알려주었다. 윌리엄 파머와 모튼 스미스가 이가엘 야딘〔Yigael Yadin, 1917-1984〕에게 소개서를 써준 것이 무엇보다 큰 도움이 되었다. 이리하여 나는 내 모험을 시작했다(1962-1963년).

나는 1962년 6월부터 10월까지 독일 괴팅엔에서 독일어를 공부한 뒤, 옥스퍼드로 가 데이비드 도브가 주선해줄 수 있는 일이 무엇인지 알아보았다. 이렇게 하여 결국 나는 두 학기 동안 랍비 히브리어를 공부하게 되었다. 내 진도에 불만을 느낀 나는 발음부호가 붙어 있지 않은 텍스트를 어떻게 읽어야 하는지 배우고자 현대 히브리어를 공부하기로 결심하고 예루살렘으로 갔다. 거기서 이가엘 야딘은 모디카이 캄라트〔Mordechai Kamrat, 1915-1970〕를 강권하여 결국 나를 개인지도 학생으로 받게 해주었으며, 나는 히브리어를 굉장히 많이 습득하기 시작했다.

앞 문단에서 언급한 거의 모든 사람이 이제는 고인이 되었으며, 그들이 가난하고 배움도 부족한 한 학생에게 아무 사심 없이 베풀어준 도움이 열매를 맺었는지 여부도 못 보고 세상을 떠났다. 나는 여태까지 살아오면서 이 위대하고 열심히 살았던 사람들이 내게 베풀어준 것의 절반만큼이라도 다른 몇 사람에게 도움을 주었기를 소망한다.

바울과 팔레스타인 유대교 (*PPL*)

1963년 9월, 나는 뉴욕시의 유니언 신학교〔Union Theological Seminary〕에서 대학원 공부를 시작했다. 당시 거기 신약학 교수는 존 녹스〔John Knox, 1900-1990〕, W. D. 데이비스〔William David Davies, 1911-2001〕, 루이스 마틴〔James Louis Martyn, 1925-2015. 미국 신약학자다. 요한복음이 예수 시대와 1세기 말 그리스도인 공동체의 삶을 동시에 이야기하는 드라마임을 강조하고, 바울 서신이 묵시의 성격을 짙게 갖고 있음을 강조했다.ⓣ〕이었는데, 나는 내가 들어간 분야 그리고 내가 하고 싶은 것에 관하여 세 가지 생각을 갖고 있었다. (1) 종교는 그저 신학이 아니며, 실제로 신학과 거의 무관할 때가 종종 있다. (지금도 그렇지만) 당시 신약학계는 신학에만 아주 지나친 관심을 쏟고 종교에는 충분한 관심을 기울이지 않았다. 이에 대한 책임을 많이 져야 할 이가 종교사학파 출신인 불트만(Rudolf Karl Bultmann)이다. 그가 루터파 신학으로 돌아선 것은 더 큰 움직임의 일부였다. 내가 그를 언급하는 이유는 다만 그가 신약학에 심대한 영향을 미쳤기 때문이다. (2) 한 종교만 안다는 것은 어떤 종교도 모른다는 것이다. 인간의 뇌는 비교와 대조를 통해 이해한다. 따라서 종교를 연구할 때도 비교는 필수불가결하며, 선택 사항이 아니다. (3) 신약학자는 유대교를 공부해야 한다.

내가 무엇 때문에 위 1번과 2번의 내용을 확신하게 되었는지(즉 신약학계가 너무 신학에만 빠져 있으며 종교를 연구할 때는 비교가 필수라고 확신하게 되었는지) 지금 딱히 말할 수가 없다. 3번을(유대교를 공부하라고) 내게 말해준 이는 빌 파머였으며, 나는 그냥 그의 말을 믿었다. 내가 박사과정 공부를 시작하기 전에 옥스퍼드에 갔던 것도 빌의 그런 조언 때문이었다. [5]옥스퍼드에 갔을 때, 도브는 나를 데이비드 패터슨(David Patterson, 1922-2005. 영국의 히브리어 학자요 유대교 연구자다ⓣ)의 가르침을 받으며 미쉬나 산헤드린을 번역하던 수업을 듣게 해주었다. 그리고 내가 이스라엘에 가서 현대 히브리어를 배운 것 역시 빌의 그런 조언이 있었기 때문이다. 더구나 내가 유니언 신학교에 가게 된 것도 유대교를 배우겠다는 뜻이 있었기 때문이다. 윌리엄 데이비스는 신약학계를 이끄는 학자로서 랍비를 다룬 책을 썼을 뿐 아니라, 유대교와 헬레니즘의 상호침투(interpenetration)를 옹호하는(유대교와 헬레니즘이 서로 상대방 속으로 들어가 영향을 미쳤다는) 주장을 펴기도 했었다.[2] 더구나 유니언 신학교는 길 건너편에 뉴욕 유대교 신학교(Jewish Theological Seminary)가 있었는데, 나는 거기서 몇 개 강의를 들었다.

2 W. D. Davies, *Paul and Rabbinic Judaism: Some Rabbinic Elements in Pauline Theology* (London: SPCK, 1948; 재판, Mifflintown, PA: Sigler, 1998). "Interpenetration"은 이 책 1장의 주제이기도 하다.

나는 왜 그때 내가 종교를 연구하는 학생들이 오로지 신학에만 몰두해서는 안 된다는 생각을 했었는지 모르지만, 내가 그런 생각을 하기 전에 읽었던 것은 몇 가지 알고 있다. 내가 좋아하던 책이 둘 있었다. 하나는 굿이너프의 *By Light, Light*[3]이었고, 다른 하나는 도드의 *The Interpretation of the Fourth Gospel*[4]이었다. 나는 필론과 요한복음 연구에서 누가 봐도 명백히 중요했던 신비주의를 좋아했다. 당시 나는 이 신비주의를 "비신학적 종교"〔nontheological religion; 非-〕의 일부라 여겼다. 이는 사상이라기보다 경험이었다. 나는 도드가 요한복음을 설명할 목적으로 필론〔Philo〕의 여러 본문과 헤르메스 트리스메기스투스〔Hermes Trismegistus; "세 번 위대한 헤르메스"라는 뜻으로서, 헬레니즘 시대에 그리스신 헤르메스와 이집트신 토트를 결합하여 만든 신이다. 세 번 위대하다는 것은 연금술, 점성술, 백마술에 능함을 가리킨다.ⓣ〕의 *Revelation*을 상세히 사용한 것을 놀랍게 생각했다. 또 나는 굿이너프의 신비주의 유대교 묘사가 매력이 있다고 보았다. 아울러 나는 유니언에 있는 동안, 거의 *By Light, Light*만큼이나 내게 깊은 인상을 주었던 굿이너프의 *Jewish Symbols*를[5] 내 나름대로 공부하기 시작했다.

나는 고대 점성술을 다룬 글을 읽으며 몇 주를 보냈으며, 그때 신약 성경의 수많은 페이지에서 이 고대 점성술을 보기 시작했다. 점성술은 신학과 상당히 거리가 먼 종교 형태가 존재했음을 더 많이 일러주는 증거였다.

그리하려면 할 수도 있겠지만, 그때 내가 읽은 나머지 책의 목록을 여기서 여러분에게 조목조목 이야기하지는 않겠다. 나는 박사과정이 요구하는

3 E. R. Goodenough, *By Light, Light: The Mystic Gospel of Hellenistic Judaism* (New Haven, CT: Yale University Press, 1935

4 C. H. Dodd, *The Interpretation of the Fourth Gospel* (Cambridge: Cambridge University Press, 1953).

5 E. R. Goodenough, *Jewish Symbols in the Greco-Roman Period*, 13 vols., Bollingen Series 37 (New York: Pantheon Books, 1953-1968).

것들을 쫓아가려다 정작 내가 진짜 공부해야 할 것들을 놓치고 있음을 발견했다. 아울러 나는 비교를 주제로 한 박사학위 논문을 쓸 수 없다는 것도 알게 되었다. 그걸 쓰려면 긴 시간이 걸릴 수밖에 없었다. 나는 벗어나고 싶었다. 때문에 나는 내가 할 수 있는 최선을 다해 민첩하게 그 고생길을 헤치고 빠져나왔으며 2년 9개월 만에 박사과정을 마쳤다. 〔이는 유니언 신학교 역사상 최단 기록으로 현재까지도 남아 있다.ⓣ〕

내 박사학위 논문 제목은 "The Tendencies of the Synoptic Tradition"〔공관복음 전승의 경향〕이었다.[6] 이 논문은 양식비평 문제, 즉 "복음 전승은 일관된 방식으로 바뀌었는가? (예를 들면) 더 길어지고, 더 상세해지며, 유대 색깔이 옅어지는 쪽으로 바뀌었는가?"를 다루었다. 이 문제는, 그 기원을 따지면, 빌 파머가 내 안에 심어주었던 공관복음 연구를 향한 관심까지 거슬러 올라가지만,[7] 나는 "공관복음 문제" 자체에 관하여 쓰지는 않았다.[8] 박사학위 논문을 이 주제로 쓰다 보니, 나는 (가령) 불트만이 알았던 공관복음 전승의 "진정성" 문제는 그리 깊게 알지 못하고 넘어갔다. 전승 내용의 변화를 통제한 전승 "법칙"은 전혀 없었다는 것이 내 논문의 주장이었기 때문이다. 전승 내용은 전승 전달 과정에서 바뀌었지만, 나는 그 내용이 어떤 식으로 바뀌었는지는 우리가 알지 못한다고 결론지었다. 그때 나는 역사 속 예수〔historical Jesus; 흔히 역사적 예수ⓣ〕 연구를 시작할 생각을 전혀 하지 않고 있었지만, 어쨌든 나는 그 연구를 늦추고 싶었다. 졸업한 뒤에는

6 E. P. Sanders, *The Tendencies of the Synoptic Tradition*, Society for New Testament Studies Monograph Series 9 (Cambridge: Cambridge University Press, 1969).

7 내가 퍼킨스 재학 시절, 윌리엄 파머가 *The Synoptical Problem: A Critical Review of the Problem of the Literary Relationships between Matthew, Mark, and Luke* (New York: Macmillan, 1964, 공관복음 문제)를 썼다.

8 시간이 한참 흐른 뒤에, 내가 공관복음 문제와 양식비평에 관심을 갖게 되면서, 결국 E. P. Sanders and Margaret Davies, *Studying the Synoptic Gospels* (London: SCM; Philadelphia: Trinity Press International, 1989)를 쓰게 되었다. 나는 이 공저에서 자료비평, 양식비평, 그리고 예수의 생애 연구를 다룬 부분을 썼다. 마가렛은 통전적 읽기를 다룬 부분을 썼다.

종교를 비교 연구가〔comparativist〕의 길을 시작하고 싶었기 때문이다. 나는 내용상 빌 파머가 제시한 명제에서 큰 영향을 받아 박사학위 논문을 쓰긴 했지만, 박사학위 취득 후 연구 과정에서는 윌리엄 데이비스의 연구에 더 가까운 연구 작업을 해보겠다고 제시했다.

당시 내 계획은 이스라엘로 다시 가서 랍비 문헌 읽기를 시작하는 것이었다. 장학금을 받았지만, 일자리 제안도 들어오기 시작했다. 그때가 1966년이었다. 그 무렵에 미국은 세금 지원을 받는 대학이 종교에 관하여 가르치는 것을 헌법도 막지 않는다는 것을 배웠다. 베이비붐 세대가 가득 밀어닥쳤다. 대학이 팽창했으며, 종교학부도 여기저기서 생겨나 성장했다. 성장과 팽창은 캐나다에도 영향을 미쳤다. 캐나다 온타리오주 해밀턴에 있는 맥매스터 대학교〔McMaster University〕의 유진 콤스〔Eugene Combs〕가 전화를 걸어와 와서 면접을 볼 생각이 없는지 물었다. 나는 다른 사람들에게도 그렇게 대답했지만, 이스라엘로 가겠다고 대답했다. 하지만 유진은 와서 두 해 동안 있다가 그 뒤에 이스라엘로 가면 어떻겠느냐고 제안했다. 맥매스터 대학교는 새로 설립한 종교학과에서 신약학 연구도 서둘러 시작되길 원했다. 결국 나는 그 제안을 따랐다. 휴가를 가든, 다른 대학에 방문교수로 가든, 몇 년을 밖에서 보내긴 했지만, 그렇게 하여 나는 1966년부터 1984년까지 맥매스터 대학교에 머물렀다.

내가 헬레니즘 시대 점성술과 신비주의에 관심을 가졌던 때에 랍비들을 공부한 이유는 무엇인가? 나는 *유대교와 관련된* 주제 가운데 *신학적이지 않으면서*도 비교와 대조가 가능한 주제를 생각했다—나는 그 세 가지 점〔유대교와 관련될 것, 신학적이지 않을 것, 비교와 대조가 가능할 것ⓣ〕을 필수라 여겼다. 첫째, 나는 유대교 내부에서 비교 작업을 해보려 했다. 그런 다음 나는 유대교의 내용을 기독교의 내용과 비교할 방법을 알아내려 했다.[7] 내가 생각한 첫 번째 연구 과업의 개념, 그러니까 유대교 내부에 있는 것들을 비교한다는 것의 의미는 주로 굿이너프가 정해놓은 것이었다. 나는 그가 쓴 *Jewish Symbosl*에서 조지 푸트 무어가 생각했던 유대교가[9] 정말로 존재했다고 읽었다—아울러 나는 당연히 그런 유대교가 있었다고 믿었다. 그러나 그 유대교는 "규범적 〔normative〕" 유대교와 거리가 멀었다. 오히려 무어가 생각한 랍비 유대교는 헬레니즘계 유대교 신비주의〔Hellenistic Jewish mysticism〕라는 거대한 바다에 자리한 작은 섬이었다. 그러나 굿이너프는 랍비 문헌 전문가가 아니었다. 새뮤얼 샌드멜이 말했듯이, 굿이너프는 랍비 문헌을 영어로 읽었으며, 이 때문에 "유대교 문헌의 양〔quantity〕은 어마어마하게 흡수했지만, 유대교 문헌의 질〔quality〕은 아주 조금밖에 흡수하지 못했다."[10] 어쩌면 겸손 때문에 그랬는지 모르겠지만, 굿이너프는 무어가 생각한 랍비 유대교와 자신이 생각했던 헬레니즘화된 유대교〔Hellenized Judaism; "헬라화"는 적절치 않다. 『성서학 용어 사전』(알맹e, 2019) 참고.ⓔ〕가 서로 어떤 관계인가에 관하여 거의 이야기하지 않았으며, 다만 그 둘은 확연히 구분된다는 것, 그리고 헬레니즘화된 유대교는 훨씬 더 큰 종류의 유대교였다는 것만 이야기했다.[11] 나는 울프선〔Harry Austryn Wolfson, 1887-1974. 미국인

9 George Foot Moore, *Judaism in the First Centuries of the Christian Era: The Age of Tannaim*, 3 vols. (Cambridge, MA: Harvard University Press, 1927-1930).

10 Samuel Sandmel, "An Appreciation," in *Religions in Antiquity: Essays in Memory of E. R. Goodenough*, ed. Jacob Neusner, Studies in the History of Religion XIV (Leiden: Brill, 1968), 8-9, 10.

11 나는 "거대한 바다에 자리한 작은 섬 같다"는 유비의 원천을 찾을 수 없었다. 하지만 두 종류의 유대교, 그리고 이 두 종류의 유대교가 각각 얼마만한 범위를 차지하고 있었는지 알아보려면, Goodenough, *Jewish Symbols*, 12:185-190, 197-198; 4:3-24을 보라. 굿이너프는 *By Light, Light*에서 "규범적" 신비주의 유대교와 비규범적 신비주의 유대교가 서로 얼마만한 크기였는지 이야기하길 주저했다: 비규범적 신비주의 유대교는 "적어도 중요한 소수의"〔at least an important minority〕 유대교였다(p. 5; 9쪽도 비슷한 내용). 하지만 여기에서도 그가 제시한 몇 가지 주장은 강했다: "70인역을 사용하고 있던 무리들의 유대교가 내가 지목한 것을 의미하게 되었다면 …"(9). 어쨌든, 그가 신비주의 유대교는 랍비 유대교보다 훨씬 컸다고 확신하게 된 것은 *Jewish Symbols*를 만들어낸 그의 연구 결과 때문이었던 것 같다.

으로 유대교 연구자요 철학자이며 역사가다.ⓣ][12]과 벨킨이[13] 필론에 관하여 쓴 책을 읽었으며, 이 책들을 통해 필론 연구와 랍비 연구가 있음을 알게 되었다. 그러나 나는 −울프선이 말하는 필론이 아니라− 굿이너프가 말하는 필론이 진짜 필론이라고 생각했기 때문에, 이 진짜 필론과 랍비들을 적절히 비교하고 대조하는 일은 그때까지 전혀 이루어지지 않았다고 생각했다.[14] 아울러 나는, 필론과 랍비들이 공통으로 다루었던 율법 관련 주제를 모두 다루는 일처럼, 내가 할 수 없는 일이 많음도 알았다. 나는 앞서 말한 작품을 고려할 때, 그런 주제를 다루는 일이 필요하다는 생각도 하지 않았다.
8 당장은 신비주의가 내 마음을 끌어당겼기 때문에, 우선 필론의 신비주의와 랍비 신비주의를 비교해보려고 생각했지만, 랍비 문헌에서는 신비주의가 대체로 그리 중요하지 않다는 판단 아래 그 비교를 하지 않기로 마음먹었다.[15] 나는 신비주의와 점성술 외에 신학과 무관한 종교의 또 다른 측면을 알고 있었다. 경건한 신앙관습이 그것이다. 나는 보통 이를 "실천적 경

12 Harry A. Wolfson, *Philo: Foundations of Religious Philosophy in Judaism, Christianity, and Islam*, rev. ed., 2 vols. (Cambridge, MA: Harvard University Press, 1962).

13 Samuel Belkin, *Philo and the Oral Law* (Cambridge, MA: Harvard University Press, 1940).

14 팔레스타인 유대교와 헬레니즘계 유대교〔Hellenistic Judaism; 헬레니즘 문화와 언어의 여러 가치들을 받아들인 유대교(들)의 유형을 가리키는 용어. 헬라주의적, 헬라파 등은 적절치 않다(『성서학 용어 사전』(알맹e, 2019).ⓔ〕를 비교해보려는 내 노력의 결과를 담은 유일한 출판물이 E. P. Sanders, "The Covenant as a Soteriological Category and the Nature of Salvation in Palestinian and Hellenistic Judaism," in *Jews, Greeks and Christians: Religious Cultures in Late Antiquity, Essays in Honor of William David Davies*, ed. Robert Hamerton-Kelly and Robin Scroggs, Studies in Judaism in Late Antiquity 21 (Leiden: Brill, 1976), 11–44이며, 이를 *Comparing Judaism and Christianity*에 제 6장으로 다시 담아 출간하였다. 이 글은 내가 *PPJ*의 집필을 거의 마쳤을 때 썼기 때문에, 팔레스타인 유대교를 다룬 부분에서 언약적 율법주의를 되풀이하여 이야기했다(그러나 이 논문에서는 내가 *PPJ*에 포함시키지 않기로 결정했던 바룩2서를 사용했다). 나는 요셉과 아스낫서 그리고 "진짜" 필론(굿이너프가 말하는 필론)이 신비주의 유대교의 여러 형태를 반영한다고 주장했지만, 그럼에도 필론의 글 일부에서는, 율법을 준수해야 한다는 견해가 두드러지듯이, (필론이 폴리테이아—*politeia*— 곧 "연맹체"라 부르는) 언약의 중요성도 내내 돋보인다고 주장했다.

15 내가 여기서 강조하고픈 말은 "대체로"다. 나는 그 전에 Gershom Scholem, *Major Trends in Jewish Mysticism* (Jerusalem: Schocken, 1941; 재판, 1961); Gershom Scholem, *Jewish Gnosticism, Merkabah Mysticism, and Talmudic Tradition* (New York: Jewish Theological Seminary, 1960)을 읽었다.

건"〔practical piety〕이라 불렀지만, "경건한 신앙관습"〔pious practices〕이 훨씬 나은 말이다.

나는 고대의 경건한 신앙관습에 관하여 아무것도 몰랐다. 내가 아는 것은 기도, 그리고 —그나마 아주 어렴풋이 아는— 희생 제사였다. 아울러 신비주의에 신비한 의식〔제의〕이 들어 있었을 수도 있음을 굿이너프의 글을 통해 알았다. 나는 무지와 겨우 아는 몇 가지 실마리에 이끌려, 틀림없이 경건한 신앙관습이 많이 있었고, 내가 찾아내려 한다면 그것들을 찾아낼 수 있을 것이며, 내가 랍비 유대교의 신앙관습과 헬레니즘계 유대교의 신앙관습을 비교해보면 굿이너프가 생각했던 유대교와 무어가 생각했던 유대교의 관계를 이해하는 데 기여할 수 있으리라고 생각했다. 이리하여 나는 *유대교*를 다루면서 종교의 *비신학적* 측면을 *비교* 연구할 수 있었고, 마침내 이 비교 연구에 뒤이어 *초기* 기독교의 경건한 신앙관습까지 철저히 연구할 수 있게 되었다. 내가 이 단계에서 "유리창 안을 어렴풋이 들여다보았다"고 말한다면, 너무 지나친 주장이 될 것이다.

어쨌든 나는 랍비들의 경건한 신앙관습과 굿이너프가 염두에 두었던 유대인들(필론과 유대교의 상징들)의 경건한 신앙관습을 비교해볼 계획을 세웠다. 무어와 굿이너프는 충분한 정보를 제공하지 않았다.

나는 내 동료들과 맥매스터 대학 당국의 격려를 받고,[16] 장학금을 받아 랍비들을 연구하러 이스라엘로 갔다(1968-1969).[17]

나는 내가 제안했던 일을 할 수 없으리라는 생각을 결코 하지 않았음을

16 나는 다른 많은 이에게도 신세를 졌지만, 특히 맥매스터 대학교 최고행정당국에게 깊은 신세를 졌다. 맥매스터 대학교는 자연과학이 주류였고 캐나다에서 이 대학이 얻은 명성도 자연과학 분야 때문이었지만, 행정책임자들은 인문학과 사회과학을 키우길 원했으며, 이런 계획에는 종교학부가 크고 탁월한 곳이 되도록 후원하고 재정을 지원하는 것도 들어 있었다. 우리의 연구 작업은 여러 갈래를 통해 재정을 지원받았다—나는 특히 내 연구 작업이 그런 지원을 받았음을 인정한다. 나는 멜 프레스턴, 빌 헬머스, 앨빈 리, 아트 번스, 사울 프랭클, 피터 조지를 기억하며, 그들에게 깊이 감사드린다.

17 그 장학금은 나중에 캐나다 사회과학 및 인문학 연구 협의회(SSHRC)라 불리게 된 캐나다 협의회가 주었다.

이제 고백할 수밖에 없다. 텍사스 촌사람이었던 나는 몰랐던 것이 너무 많았던 탓에 사람이 마음만 먹으면 무엇이든 할 수 있으리라고 순진하게 추측했다. 어찌 생각하면, 모르는 게 복이기도 했다. 만일 내가 가려는 길에 자리한 여러 난관을 알았더라면, 십중팔구는 훨씬 편안한 길을 가려고 했을 테니까. 그러나 나는 관례대로 지원금신청서를 썼고, 심사위원들도 서신을 써주었으며, 협의회는 그 신청을 받아주었다. 내가 제안한 프로젝트는, 조금만 연구하면, 실현할 수 있을 것처럼 보였다. 그러나 사실, 나는 내가 제안한 프로젝트가 완전히 내 능력을 벗어나는 일임을 *PPJ*를 완성하고 몇 해가 지나서야 비로소 깨달았다. 그때 이후로 나는 내가 사람들을 속인 것 같다는 느낌이 들었다. 그러나 나는 내가 제안했던 프로젝트를 어떻게든 이뤄보려고 열심히 연구했다.[9] (이제야 비로소 나는 사람이 많이 배우면 미처 해내지 못할 일도 아주 많다는 것을 배우는 게 유익함을 깨닫는 지점에 이르렀다.)

어쩌면 그때 일을 이렇게 성찰해볼 수 있을 것 같다. 나는 연구 생활 초기만 해도 어떤 때는 "모험이 없으면 얻는 것도 없다"는 원리를 적용했고 또 어떤 때는 "나중에 후회하느니 미리 조심하는 게 낫다"는 원리를 적용하기도 했지만, 어떤 원리를 따라야 할지 미리 알지는 못했다. 물론 젊은 시절에는 대부분 첫 번째 격언을 따라 살았다.

1968년 가을, 내 사랑하는 친구이자 스승인 모디카이 캄라트가 나를 다시 학생으로 받아주었다. 캄라트는 내가 알고 있던 가장 주목할 만한 두 사람 가운데 하나였으며, 다른 한 사람은 데이비드 도브였는데, 1962년부터 1963년까지 옥스퍼드에서 공부할 때는 도브와 많은 토론을 하기도 했다. 캄라트는 모든 언어를 알았다. 나는 그가 덴마크어로 대화하는 것을 들은 적이 있다. 한번은 그와 내가 키프로스에서 한 텔레비전 프로그램을 보고 있었는데, 그리스어를 사용하는 나라에서 한 번도 산 적이 없는 그가 텔레

비전에서 하는 말을 번역해주었다.[18] 그는 또 누구에게나 모든 것을 가르칠 수 있었다. 그 시대 많은 이스라엘인처럼 그도 늘 돈이 없었다. 그때 나는 매주 적절하다 싶은 금액을 그에게 지불했다. 그 금액은 내가 나중에 내 딸 피아노 교습비로 지불한 금액과 얼추 같았다.

캄라트는 폴란드에서 네 살 때 탈무드를 공부하기 시작했다. 그는 한 가톨릭 사제가 친구처럼 다정히 돌봐준 덕분에, 도서관에 들어갈 수 있었고, 이디시어, 아람어, 히브리어, 폴란드어, 러시아어 같은 언어 외에 다른 언어는 물론이요, 탈무드에 관한 지식뿐 아니라 다른 지식도 습득하기 시작했다. 그는 크라쿠프〔Kraków〕 대학교에서 교육심리학으로 철학박사 학위를 받은 뒤, 영국이 관할하던 팔레스타인으로 갔으며(나치가 저지른 유대인 대학살을 피한 이는 그의 집에서 그가 유일했다), 세계 각지에서 팔레스타인으로 이민 온 이들에게 히브리어를 가르칠 방법을 알아냈다.[19] 그는 내게도 같은 방법을 써서—귀납적 방법과 엄격한 훈련을 통해— 현대 히브리어와 랍비학을 가르쳤다. 우리는 머킬타〔Mekhilta; 유대교의 성경 주해서ⓣ〕부터 시작했다. 나는 모셰 쉬라이버 서점〔Moshe Schreiber Buchhandlung〕에 가서, 5년 된 내 낡은 히브리어 책을 꺼내 보이며, 공부할 만한 책을 권해달라고 조언을 구했다. 나는 탄나임 미드라쉬〔Tannaitic Midrashim; 탄나임은 기원후 200년까지 200년 동안 활동했던 랍비 현자들을 가리키며, 미드라쉬는 성경 주해를 가리킨다.ⓣ〕를 거의 다 구해 가지고 돌아왔다. 다행히 나는 라우터바흐〔Jacob Zallel Lauterbach, 1873-1942〕가 머킬타를 영어로 번역한 것을 몰랐다. 이제와 즐거이 말하는 일이지만, 나중에 나는 기존 미드라쉬 독일어 역본을 참고하면

18 "모든 언어를 알았다"는 말은 과장이다. 내가 발견한 것만 이야기하면, 그는 오늘날 사용되는 모든 슬라브어, 게르만어, 로망스어, 셈어는 물론이요, 그리스어와 라틴어도 알았다. 한번은 내게 취미 삼아 중국어도 공부해봤다고 이야기했다. 그건 곧 그가 아는 언어가 엄청나게 많다는 말일 수도 있을 것이다.

19 Mordechai Kamrat, *Inculcation of the Hebrew Language* (in Hebrew) (Tel Aviv: Karni, 1962).

서, 독일어 역본보다 히브리어 원문이 명확함을 알았다. 그렇다고 내가 그 때 랍비 히브리어에 통달했다는 말은 아니다. 그 경지까지 가려면 먼 길을 가야 했다. 나는 천천히 읽었고, 때로는 도움이 필요했다. 그때로부터 35년이 흐른 지금, 내 히브리어는 아주 녹이 슬어버렸고, 이전에 알았지만 이제는 찾아봐야 하는 단어가 아주 많다. [10] 앞서 말했듯이, 나도 여느 미국인처럼 어른이 되어서야 외국을 배우기 시작한 약점을 갖고 있었다. 더구나 나는 타고난 재능도 없었다. 나는 캄라트 옆에만 있어도 언어를 습득하는 내 능력이 보잘것없다는 생각이 들어 아주 겸손해졌다.

우리가 탄나임 미드라쉬로 시작하여 그것으로 마친 것은 아주 다행이었다. 내가 번역본을 전혀 활용할 수 없었기 때문이다. 내겐 댄비 판이[20] 있었지만, 다행히도 우리는 미쉬나를 읽지 않았다. 덕분에 우리는 랍비들을 그들 자신의 언어로 이해해야 했다—물론 이때 캄라트 박사의 도움을 받았다.

나는 사랑에 빠졌다. 내가 랍비들과 관련하여 맨 처음 주목한 것은 그들의 인간성과 관용 그리고 멋진 유머였다. 물론 나는 그들이 학문을 할 때 엄정함을 사랑함에도 주목했다. 랍비들은 무슨 동물이 유월절 희생이 되어야 하고, 그 희생을 어떻게 요리해야 하는가[21]과 같은 문제들을 밝혀내고 싶어 했다. 아울러 그들은 **벤 하 아라바임**〔*ben ha-'arabayim*〕의 의미를 확실히 밝히는데도 열심이었다.[22] 랍비들도 신약 학자들과 아주 흡사하게 신성

20 Herbert Danby, trans., *The Mishnah: Translated from the Hebrew with Introduction and Brief Explanatory Notes* (Oxford: Oxford University Press, 1933).

21 출애굽기 21장과 신명기 16장은 유월절 희생이 될 동물이나 요리 방법에 관하여 완전히 일치된 내용을 제시하지 않는다. 이 때문에 랍비들은 이 문제를 잘 정리하여 해결해야만 했다. 가령 *Sifre Deuteronomy* pisqa 129를 보라.

22 "두 저녁 사이에"는 아마도 본디(출 12:6, 민 9:3) "해질녘"이라는 뜻이었으리라. 하지만 그 시간은 성전 뜰에서 수만 마리나 되는 동물을 죽이고, 치우고, 저녁마다 올리는 희생 제사를 거행하기에는 충분치 않았다. 따라서 그 말의 "바른" 의미를 찾아내야 했다. 머킬타 피샤[*Mekilta Pisha* (*Bo'*)] 5에 따르면, 그 말은 "낮 6시가 지난 뒤," 곧 "정오 뒤에"라는 뜻이었다. Jacob Z. Lauterbach, *Mekilta de-Rabbi Ishmael* (Philadelphia: Jewish Publication Society of America, 1933), 1:43을 보라.

한 텍스트를 이해하려는 욕구를 갖고 있었다. 그러나 그런 욕구 외에도 자신과 다른 의견에 보이는 관용이야말로 랍비들이 가장 강하고 가장 일관되게 보여주는 특징이었다. 남자가 홀로 자기 아내가 아닌 여성과 얼마나 오래 있을 수 있는가라는 문제를 둘러싼 토론—우리는 결국 이 토론도 살펴보게 되었다—을 살펴보면서, 나는 상당히 유머가 있고 기발한 표현이 넘치는 주목할 만한 사례라는 생각이 들었다. 유쾌하면서도 한 발 앞서는 기교가 있었다. "달걀 하나를 삼키는 데 걸리는 시간"은 "바람에 구부러진 야자나무를 다시 똑바로 세워놓는 데 걸리는 시간"보다 길까 짧을까?[23]

나는 크고 작은 탄나임 미드라쉬를 대부분 독파했지만,[24] 그밖에도 내가 그해에 읽은 또 다른 책이 엡스타인의 *Mevo'ot le-Sifrut ha-Tannaim* 〔탄나임 문헌 입문〕이었다.[25] 그 책은 내 눈을 열어주었다. 나는 이 책을 번역해볼까 하는 생각도 했지만, 이 책은 인용문이 가득한 데다, 편집자가 원전 출처도 밝히지 않은 곳이 많았다. 이 책은 탈무드를 암기한 이에겐 더할 나위 없이 좋지만, 내겐 너무 벅찼다. 그럼에도 나는 그 문헌의 역사비평 작업이 가능하다는 것, 그리고 특히 각 분책〔tractate; 소책자〕이나 심지어 각 장〔chapter〕에서 들려오는 익명의 목소리 **세탐**〔*setam*〕의 정체를 밝힐 수 있다는 것을 깨달았다. 물론 나는 내가 그 일을 할 수 없음을 알았지만, 엡스타인의 설명 덕분에 얻은 한 가지 수확은 그 익명의 목소리 정체를 밝히면서

23 *Sifre Zuta* (민 15:3). H. S. Horovitz, *Sifre d'Be Rab*, Fasciculus primus: *Siphre ad Numeros adjecto Siphre Zutta* (Leipzig: Wahrmann Books, 1917; corrected ed.; 재판, 1966), 233을 보라. 아울러 *t. Sotah* 1.2를 보라. Saul Lieberman, ed., *The Tosefta*, 3 vols. (New York: Jewish Theological Seminary of America, 1955-1973), *Sotah*, 151을 보라. 나는 칼라트 박사와 내가 *hazārat deqel*을 "[바람에 구부러진] 야자나무의 원상회복"으로 읽었다고 기억한다. *Sifre Numbers pisqa* 7 (Horovitz, *Siphre d'Be Rab*, 12)에 나온 *lehaqqîf*에 비춰볼 때, 저 말은 "야자나무를 에워싸는데[둘레를 도는데] 걸리는 시간 동안"으로도 번역할 수 있겠다.

24 우리는 머킬타, 민수기와 신명기 시프레〔*Sifre* on Numbers and Deuteronomy〕, 시프라〔*Sifra*〕 대부분, 민수기 시프라 주타〔*Sifra Zuta* on Numbers〕, 그리고 랍비 시므온 벤 요하이〔R. Shime'on b. Yohai〕의 머킬타 가운데 여러 부분을 읽었다.

25 J. N. Epstein, *Introduction to Tannaitic Literature*, ed. E. Z. Melamed (Jerusalem: Magnes, 1959).

시작하지 않는 전문 연구서는 의심의 눈길로 보게 되었다는 점이다.

그해가 끝날 즈음, 나는 조지 푸트 무어의 *Judaism*을 다시 읽었다. 나는 무어가 말하는 유대교와 굿이너프가 말하는 유대교를 비교해보겠다는 계획을 세웠다. 마침 무어가 좋아했던 몇몇 자료를 읽었던 터라, 그의 대작을 읽을 때가 되었다고 생각했다.

나는 앞서 랍비들의 인간성과 관용에 충격을 받았다고 말했다. 이 때문에 나는 내가 좋아했던 루돌프 불트만 같은 몇몇 신약학자들이 바리새 유대교나 랍비 유대교에[26] 관하여 내게 말했던 내용이 옳지 않다는 견해를 형성하기 시작했다. 이제 무어를 읽은 나는 그 행간(行間)에서 또 다른 견해에 대한 논박을 보았다. 그리고 나는 많든 적든 그가 논의한 모든 점에서 그가 피력한 견해가 옳다고 결론지었다. 랍비들은 실제로 하나님의 은혜를 믿었으며 참회가 유효하다고 믿었다. 무어도 그렇게 썼지만, 랍비 문헌을 편견 없이 액면 그대로 읽어보면 그런 점이 증명된다. 나는 기본적으로 기독교 신조(신앙고백(문서))를 따라 자료 배열 순서를 짜놓은 무어의 방식이 마음에 들지 않았다. 무어는 하나님에 관한 생각(하나님은 누구신가)을 맨 처음에 놓고, 뒤이어 사람(이제는 인간이라 부르곤 한다), 죄, 속죄, 그리고 내세(아울러 다른 몇몇 주제)의 순서로 구성했다. 나는 무어가 배열해놓은 자료를 본디 그 자료의 본질에 더 어울리는 방식으로 배열할 수 있으리라 고 생각했다.

이리하여 그 즈음에 내 연구 주제가 바뀌기 시작했다. 물론 나는 몇몇 경

26 유대교 학자들과 기독교 학자들이 바리새인과 랍비의 다른 점을 완전히 인식하기까지 오랜 시간이 걸렸다. 나는 이 둘이 구분된다는 게 대체로 명확히 밝혀진 것은 Jacob Neusner, *The Rabbinic Traditions about the Pharisees before 70*, 3 vols (Leiden: Brill, 1971-1972) 덕택이라고 본다. 그런가 하면, 나는 1968-1969년 기간에 내가 바리새인이 아니라 랍비를 공부하고 있음을 알았으며, 내가 계획하던 프로젝트를 이름이 정해져 있는 특정 문헌 그룹들이 아니라 문헌 군(bodies of literature)이라는 관점에서 인식하게 되었다. 나는 분명 엡스타인의 *Introduction to Tannaitic Literature*에서 영향을 받았지만, 기원후 70년 전의 바리새 문헌과 랍비 문헌의 관계에 관하여 내 자신이 초기에 가졌던 견해들의 역사는 여기서 제시할 수 없다.

건한 신앙관습을 발견했지만, 영향력을 지닌 많은 신약 학자가 랍비들을 잘못 제시했다는 느낌이 점점 강하게 들면서, 경건한 신앙관습을 연구하려던 생각에서 멀어졌다. [12]나는 부세의 책이나[27] 예레미아스의 책을[28] 갖고 있지 않았으며, 유대교에 관하여 글을 쓴 기독교 학자들을 논박한 무어의 논문도 아직 모르고 있었지만,[29] 학자들의 주장이 허위임을 밝히고자 뭔가를 해야 할 필요는 커가고 있었다. 랍비들은 악행보다 선행을 많이 하여 자신을 구원하려고 노력하는 데 깊은 관심이 있었기 때문에 (악행과 선행 중 어느 쪽이 많은지 그들도 확실히 알지 못하다 보니) 불안에 떨거나 (그들 자신을 구원하기에 충분한 선행을 했다고 확신한 나머지) 오만했다는 말이 있었다. 나는 그런 랍비들이 —내가 아직 읽지 않았던— 미쉬나와 토세프타 어딘가에 숨어 있을 수도 있음을 인식했지만, 과연 그럴지 의심했다. 탄나임 미드라쉬에서는 그런 랍비들을 분명 찾을 수 없었다. (결국 그런 랍비들은 어디에서도 찾을 수 없음이 드러났다.)

"그때까지 읽은 내용을 보니, 나머지는 읽어보나 마나였다." 맥매스터로 돌아온 나는 랍비 문헌을 신학적 관점에서 어떻게 봐야 할지 다루되, "율법주의〔legalism〕"라는 엉터리 개념에 의지하지 않는 논문을 쓸 준비가 되어 있었다.[30] 즉, 나는 그때까지 사람들이 랍비 문헌 전체를 잘못 설명해왔기

27 Wilhelm Bousset, *Die Religion des Judentums im späthellenistischen Zeitalter*, 3rd ed. (Tübingen: Mohr Siebeck, 1926)

28 Joachim Jeremias, *Jerusalem zur Zeit Jesu* (Göttingen: Vandenhoeck & Ruprecht, 1962)『예수시대의 예루살렘』(한국신학연구소, 1992). 영역본 Joachim Jeremias, *Jerusalem in the Time of Jesus* (Philadelphia: Fortress Press)는 1969년에 나왔다.

29 George Foote Moore, "Christian Writers on Judaism," *Harvard Theological Review* 14 (1921): 197-254.

30 나는 몇 년 동안 "율법주의"라는 엉터리 구성물에 관하여 강의해오면서, 이 구성물에는 다른 약점도 여럿 있지만, 이 구성물이 옳다면 개별주의〔individualism; 개인주의〕가 어느 정도 존재해야 하는데, 고대 유대교 문헌에서는 그런 개별주의를 찾을 수 없었다는 점을 지적했다. 이런 개별주의는 각 개인이 자기 구원을 이루어야지, 어떤 그룹에 속했다 하여 어떤 혜택을 받고 어떤 집단에 들어 있다 하여 특권을 누리는 일은 없다는 것이 유대인의 생각이었다고 전제한다. 율법주의는 로마 가톨릭과 유대교를 논박하며 공격하는 이들이 지어낸 것이다. 나는 결국 이것과 다른 관련 강의를 출판하길 소망한다.

때문에, 경건한 신앙관습처럼, 랍비 문헌이 다루는 몇몇 세부 사항만 다룬 글을 출간하는 것으로는 불충분하리라고 생각했다. 오히려 나는 그보다 넓게 전체를 아울러 설명하는 글, 특히 랍비주의를 떠받치는 신학을 폭넓게 아울러 제시하지 않으면 안 된다는 느낌이 들었다.[31] 그럼에도 이 새로운 필요성으로 말미암아 나의 확고한 신념이 사라지지는 않았다. 진 켈리〔Gene Kelly〕가 춤을 춰야 했듯이〔진 켈리—1912-1996—는 미국 영화배우다. 영화 "사랑은 비를 타고"(Singing in the Rain)에서 사랑에 빠진 희열을 빗속에서 추는 춤으로 표현했다.ⓣ〕, **나는 비교해야 했다**. 그러나 나는 경건한 신앙관습을 연구하려는 의도를 제쳐두었을 뿐 아니라, 필론에게서도 멀찌감치 떨어졌다. 나는 그때 랍비들보다 앞서 나온 팔레스타인 문헌을 살펴봐야 할 필요를 느꼈다. 이 때문에 나는 시간을 들여 사해 분파〔Dead Sea sect〕를 연구하면서, 사해 문서와 랍비 문헌을 비교했다.[32] 뒤이어 나는 팔레스타인에서 나온 몇몇 위경을 연구했다. 그렇게 연구를 진행하다가 어느 시점엔가 "언약적 율법주의〔covenantal nomism〕"라는 말이 떠올랐다. 그것이 내가 연구하는 자료에서 유기적으로 발생하는 것처럼 보였다.[13] 내가 연구한 문헌은 프로테스탄트가 "율법주의〔legalism〕"(지금은 때로 "공로 신학"이라 부르기도 한다)라 부르는 것, 곧 자기 자신을 구원하기 위한 노력을 말하지 않고, 말 그대로 율법

31 나는 막스 카두쉰〔Max Kadushin, 1895-1980. 민스크에서 태어나 미국으로 건너와서 활동한 랍비이며, 유기적 랍비 철학으로 잘 알려진 인물이다.〕의 저작을 읽으면서 총체적 연구가 훨씬 매력이 있음을 알았으며, 그의 저작을 읽은 덕분에 그런 글을 쓸 수 있겠다는 생각이 들었다. 예를 들어, Max Kadushin, *The Rabbinic Mind*, 2nd ed. (New York: Blaisdell, 1965)를 보라. 아울러 나는 Abraham Joshua Heschel, *Torah min ha-Shamayim ba-Aspaqlaryah shel ha-Dorot*, 2 vols. (London: Soncino, 1962-1965)를 읽고 내가 세운 기본 가설과 이를 밑받침하는 신학 원리를 찾으려는 용기를 얻었다. 헤셸의 이 작품은 이제 이렇게 영어로 번역되었다. *Heavenly Torah: As Refracted through the Generations*, ed. and trans. Gordon Tucker with Leonard Levin (New York: Continuum, 2005).

32 그 먼 옛날에는 열두 개 주요 두루마리가 사해 문서를 구성했다. Eduard Lohse, ed. and trans, *Die Texte aus Qumran*, 2nd ed. (Darmstadt: Wissenschaftliche Buchgesellschaft, 1971)을 보라. 아울러 나는 2차 문헌을 사실상 전부 완독하는 것도 가능함을 깨달았다. 어쩌면 쓸데없는 말일지 모르겠으나, 이제 이런 문헌 완독은 오로지 사해 문서 연구만 전업으로 삼는 이가 아니면 불가능할 것이다.

을 다룬다. 그 문헌의 기본 주제는 "율법과 관련이 있었다"〔nomistic〕. 그렇다면 랍비들과 다른 유대인들은 대체 왜 이 주제를 다루었을까? 하나님이 이미 율법을 주시지 않았는가? 유대인은 왜 그 율법에 순종해야 하는가? 그들 자신을 구원하려고? 랍비 문헌은 개인 구원에 관심을 보이지 않는다. 그렇다면 그들은 왜 율법의 세부 내용을 탐구했는가? 그런 탐구 노력은 선택이라는 개념을 전제하지 않는가? 그 외에도 여러 의문이 있었다. 나는 그 책의 논지를 아래에서 되풀이하지 않겠다.

사해 분파가 몇몇 측면에서는 랍비들과 달랐지만 선택과 율법에 관한 견해는 랍비들과 대체로 같은 견해를 갖고 있었다는 게 드러나면서, 나는 이 둘을 대비해보아야 할 필요가 있음을 알았다. 그리하여 나는 바울을 살펴보게 되었다. 바울은 대체로 내게 낯선 인물이었지만, 이전에 내 스승인 윌리엄 데이비스가 랍비들과 비교해보았던 사람이기도 했다.

나중에 *PPJ*가 될 책을 쓸 지점에 이르기 전만 해도 내 전문 연구 분야는 공관복음이었다. 나는 공관복음을 연구하는 데 몇 해를 보냈다. 나는 (내 기억이 옳다면) 바울 서신의 일부분을 그리스어 본문으로 다루는 강의를 모두 둘 들었다. 하나는 퍼킨스에서 빅터 퍼니쉬〔Victor Paul Furnish, 1931- 〕가 가르치는 강의였고, 다른 하나는 유니언 신학교에서 루이스 마틴이 가르치는 강의였다. 아울러 나는 바울을 다룬 책들을 잇달아 읽었고, 내 박사 과정 연구 작업의 일부로서 바울을 꼼꼼히 살펴보았다. 나는 맥매스터 대학교에서 강의를 시작했을 때, 불트만이 묘사했던 바울을 제시하려고 했다. 그러다가 불트만이 묘사한 바울은 적절치 않으며(그의 이론은 본문과 들어맞지 않았다) 뭔가 다른 것을 연구하고 가르쳐야 한다는 것을 깨달았다. 그때까지 나는 **내 삶에서 가장 중요한 교훈**을 배웠다. 내 진짜 지식은 내 스스로 원전을 연구하여 터득한 것이라는 게 바로 그 교훈이었다. 내가 만일 2차 문헌을 읽었다면, 랍비를 이해하는 데 결코 이르지 못했을 것이다. 나는 원전을 직접 연구하지 않고 무어가 부세보다 낫다는 판단을 내릴 수 있었지만, 그것은 결코 랍비들의 논증 방식과 랍비들의 정신을 내 내면에 받아들여 습득했다는 말과 같은 말이 아니었다. 더구나, 나는 내 삶에서 가장 가슴이 뛰었던 오후 가운데 하나가 앉은 자리에서 한 번도 일어나지 않고 바울 서신 전체를 완독했을 때였음을 기억했다. 나는 이 둘을 한 데 묶어, 바울 서신을 읽어 내려가면서 노트에 기록하는 일을 시작했다. 고린도후서 12장은 바울이 뭔가 신비주의자 같은 인물이었음을 아주 또렷이 일러주었다. "그리스도와 함께 십자가에 못 박힘," "그리스도와 함께 죽음," 그리고 "그리스도와 한 사람〔인격체〕이 됨"은 분명 바울이 아주 중요하게 여긴 개념이었지만, 대다수 프로테스탄트 연구자는 허구 같은〔fictional〕("전가된") 의의 법정 선언〔judicial declaration; -선고〕이라는 뜻으로 이해한 "이신칭의"〔믿음으로 의롭다하심을 받음〕만 좋아하면서 저런 개념들을 밖으로 쓸어내버렸다. 나는 바울 서신을 몇 차례에 걸쳐 완독한 뒤, 알베르트 쉬바이처〔1875-1965〕를[33] 다시 읽고, 뒤이어 쉬바이처보다 앞서 활동한 몇몇 독일 학자들, 그러니까 독일 학계가 다시 루터 신학으로 돌아가기〔re-Lutheranization〕 전에 책을 쓴 독일 학자들의 저작을 읽었다. 나는 다른 이들도 내가 "발견한" 바울과 얼추 같은 바울을 발견했었다는 것을 알고 마음을 놓았다. 이런 문헌들—랍비 문헌, 사해 문서, 선별하여 읽은 위경들, 그리고 바울 서신—이 *PPJ*를 구성하는 부분이 되었다.

나는 본디 유대교 문헌을 다룬 부분을 쓸 때 아무 논박도 쓰지 않았으며, 무어가 그의 주저〔主著〕에서 보여준 어조를 모방하려고 했다. 무어는 그가 쓴 여러 논문에서는 맹렬한 공격을 퍼부었지만, 그의 주저에서는 이런 공격을 생략해버렸다. 그러나 나는 집필 작업을 거의 마칠 때까지 랍비들을 다

33 Albert Schweitzer, *The Mysticism of Paul the Apostle*, 2nd ed.(London: Adam and Charles Black, 1953)

룬 부분을 거의 여섯 번이나 고쳐 썼는데, 그러는 동안 무어가 옳지 않았다는 판단을 내렸다. 불트만은 무어가 마치 부세의 책이 랍비들을 묘사한 초상에 살을 붙여 유일하게 세부 내용을 더 제시한 사람인 것처럼 인용했다.[34] 나는 그런 일이 다시 일어나게 하고 싶지 않았기 때문에, 몇몇 학자의 견해는 잘못되었다는 것과 랍비들이 잘못 소개되었다는 것을 분명히 밝히기로 결심했다. 이리하여 *PPJ*는 마침내 논박을 담은 책으로서 이 세상에 나왔다.

중요한 문제인데도 *PPJ*가 나올 때까지 아무도 다루지 않았던 것이 딱 하나 있었다. "안으로 들어감과 그 안에 머묾(getting in and staying in)"이 그것이다. 이 문제는 무엇과 무엇을 비교해야 하는가라는 문제를 연구하다가 등장했는데, 이 문제를 부정하는 시각을 드러낸 주요 작품이 내가 존경하는 내 박사 논문 지도교수 윌리엄 데이비스의 저작이었다. 윌리엄 데이비스는 성경과 유대교의 기본 개념-출애굽과 율법 수여-에서 출발하여, 이와 유사한(평행을 이루는) 사례를 바울의 글에서 찾는 데까지 나아갔다. 그는 서너 사례를 발견하고, 바울은 단지 알려지지 않은 메시아를 구체적 메시아 후보인 예수로 바꿔놓은 랍비 유대인이었다고 결론지었다. 새 출애굽과 새 율법, 곧 그리스도의 법이 있었다. 나는 이것이 사실 바울 서신은 중요하게 여기지 않았던 이 두 가지 점에 어떤 중요성을 부여했다고 보았다. 나는 "그리스도와 함께 죽음"을 새 출애굽으로 볼 수 없었으며, 바울의 글에서 바울이 새로운 "그리스도의 법"을 세우는 데 큰 관심을 보이는 모습을 발견하지도 못했다. 나는 그런 노력에 개개 주제를 다루는 연구라는 뜻으로 **주제사**(*Motivgeschichte*; 主題史)라는 이름을 지어 붙였으며, 다른 곳에서도 계속하여 그런 것을 찾았다. 이런 말을 하기가 당황스럽지만, 나는 윌리엄 데이비스가 말한 출애굽과 율법이 내가 말한 언약적 율법주의임을 알

34 *PPJ*, 43-47을 보라.

아차리지 못했다. 나는 윌리엄 데이비스가 비교했던 방식을 거부할 때, 우리 둘이 유대교 쪽에 얼마나 가까이 있는지 파악하지 못했다. 데이비스는 바울을 분석하면서 실수를 했고(나는 지금도 그게 실수라고 생각한다), 결국 그 실수 때문에 바울 서신에서 새롭고도 본질적인 것을 놓치고 말았다. 그러나 나는 그의 그런 실수만 보다가, 정작 그가 유대교의 기본 특성을 결정짓는 두 요소를 올바로 인식했다는 점은 못 보고 말았다.[15] (확실히 나는 유대교 안에 들어 있는 것들이 내 두뇌에서 가장 큰 범주를 차지하고 있는데도, 막상 그런 것을 떠올려야 할 때는 떠올리지 못한다.)

어쨌든 나는 그 범주들을 확장하여 "안으로 들어감과 그 안에 머묾"을 논하기로 마음먹었다. 물론, 문헌들도 가지각색이다 보니, 문헌마다 각 주제에 부여하는 비중도 사뭇 다르다. 바울은 사람들을 새 운동 안으로 이끌어 들이는 데 몰두한다. 올바른 행위도 논하긴 하지만, 일단 새 운동 안으로 들어간 뒤에는, 올바른 행위에 관한 논의가 상당히 묽어지고 수박 겉 핥기가 된다.[35] 랍비들은 그룹 안에 있는 이들이 해야 할 올바른 행위에 관심이 있었고, 그룹 "안으로 들어감"은 거의 언급하지 않았다—물론 그룹 안에 들어간 이들이 할 행위에 관심이 있었다는 것은 들어갈 그룹이 존재했음을 암시한다. 사해 문서는 두 가지를 모두 강조한다. 나는, 비록 모든 문헌이 똑같은 비중을 부여하지는 않지만, 시종일관 중요하게 등장하는—심지어 논증하지 않고 그저 가정할 때도 중요하게 여기는, 아니 어쩌면 그런 때에 훨씬 더 중요하게 여기는— 한 주제를 발견했다. 그룹 내부에서 나온 문헌은 그 그룹 안에 있음이 중요함을 당연히 전제한다.[36]

35 바울은 종종, 고린도전서 8장과 10장에서 우상숭배를 다룰 때처럼, 어떤 행위를 지지하는 논증을 펼 때 대단한 독창성을 펼쳐 보인다. 그러나 그 결과물은 전혀 새롭지 않다. 우상 예배 자리에 직접 참여하지 말라는 말뿐이다. 하지만 그는 종종 "흠〔나무랄 것〕이 없어야 한다"(살전 5:23)는 말처럼, 일반적 권면을 제시하기도 한다. 바울의 독창성은 그가 "안으로 들어감"을 논하는 곳, 그리고 그가 행위와 관련한 **논증**을 제시하는 몇 곳에서 나타나지, 행위의 맥락을 논하는 곳에서는 나타나지 않는다.

36 유대교 문헌이 "가정"이나 "추정"을 다루는 논증은 많은 독자가 알기 힘든 것임이 판명되었다. 독자

나는 바울이 유대교와 단절한 것이 안으로 들어감과 관련이 있다고 생각했다. 바울도 그룹 안에 있는 이들의 행위라는 주제를 다룰 때는 당시 다른 유대인과 긴밀한 의견일치를 보였다. 그러나 바울은 그리스도를 믿음이 필요하다고 주장함으로써 다른 유대인과 견해를 달리 한다. 나는 이것이, 오직 이것이, 바울 종교와 바울이 본디 몸 담았던 유대교를 갈라놓았다고 제시했다.

나는 이 주제가 신학이 되어버린 것이 좀 유감이었다—그러나 조금만 유감이었다. 내게는 많은 신약 학자들의 정직하지 못함이 아주 중요한 일이 되었기 때문이었다. *PPJ*는 적어도 또 다른 내 두 목표를 이뤄주었다. 유대교를 포함한 비교가 그것이었다.

나는 *PPJ* 집필을 마칠 무렵에 이르러, 이 책이 방법과 내용 면에서 새뮤엘 샌드멜의 저작과[37] 많은 점이 아주 비슷함을 깨달았다. 새뮤얼이 타자기로 작성한 이 책 초고를 읽어주겠다고 약속하자, 나는 신시내티에 있는 그의 집을 방문했다. 나는 이틀 동안 오후 내내 그와 함께 그의 집 현관〔porch; 지붕이 있는 -〕에 앉아, 그가 내 책의 여러 점에 관하여 침착하고 꼼꼼하게 논평해주는 말을 들었다. 새뮤얼은 벤 자이언 와콜더〔Ben Zion Wacholder, 1924-2011〕를 설득하여 내가 이전에 번역되지 않았던 랍비 문헌 본문을 번역해놓은 것을 검토하게 해주었다. 나는 귀중한 시간을 내 이 저작에 아주 많이 할애해주신 이들의 명단에 이 두 분 성함을 추가한다.[38]

들은 증거 본문〔proof texts〕을 찾기 때문이다. 나는 이 책〔*Comparing Judaism and Christianity*〕 3장 "다시 살펴본 언약적 율법주의"(Covenantal Nomism Revisited)에서 이 문제와 관련 문제들을 논했다.

37 특히 Samuel Sandmel, "Parallelomania," *Journal of Biblical Literature* 81 (1962): 1-13; Samuel Sandmel, "The Need of Comparative Study," in *Theological Soundings: Notre Dame Seminary Jubilee Studies 1923-1973*, ed. I. Mihalik (New Orleans: Notre Dame Seminary), 30-35.

38 아울러 나는 이 책과 관련하여 찰스 모울〔Charles Francis Digby Moule, 1908-2007〕 그리고 윌리엄 데이비스와 유익한 토론을 나누었다. 이 여행 경비는 물론이요 내 봉급과 연구 비서까지 킬럼 시니어 연구기금〔Killam Senior Research Scholarship〕이 지원해주었다. 이 연구기금의 지원은 1975-

[16] 나는 이 책 원고를, 1975년 10월, 출판사에 보냈다. 잉글랜드와 미국에서 이 책을 읽은 이들이 아주 좋지 않은 평을 제시하면서, 책 출간이 늦어졌다. 그러다가 SCM 출판사 편집장인 존 보우든(John Bowden, 1935-2010. 영국 신학자요 신학 번역가다. SCM 편집장으로 일하면서 많은 신학 책을 펴냈을 뿐 아니라, 그 자신이 유럽 대륙 여러 나라의 신학 원서를 영어로 직접 번역하여 신학계에 공헌했다.)이 마침내 직접 이 책 타자 원고를 읽었다는 사실 덕분에, 이 책은 내가 보낸 초고대로 1977년에 출간되었다.

나는 이제 *PPJ*의 주요 논지를 요약하여 제시해보겠다. 우선 뭔가를 부정하는 내용을 담은 논지부터 제시해본다. (1) 이 책은 바울 사상의 원천을 다룬 책이 아니다. 나는 바울이 다루는 많은 주제 혹은 대다수 주제와 유사한 것을 유대 문헌에서 찾을 수 있다고 인정하지만, 바울이 그의 사상을 어디서 얻었는가는 논증하려 하지 않았다. 이 점을 언급하지 않는 바람에 몇몇 독자의 오해를 샀다. 그런 독자 가운데 일부는 내가 바울보다 뒤에 나온 유대교 자료를 사용했다고 비판하는가 하면, 또 다른 일부 독자는 심지어 내가 바울은 다른 "종교 패턴"을 가졌다고 제시하면서 바울과 유대교는 무관하다는 말을 하려 하는 게 아닌가 하는 억측까지 하기도 했다. (2) 대다수 팔레스타인 문헌을 보면, "안으로 들어감과 그 안에 머묾"이라는 "패턴"이 단순, 명쾌하다. 즉 어떤 이가 안으로 들어감은 선택(또는 언약) 덕택이다. 그리고 그는 늘 유대교 율법을 성실히 지킴으로써 그 안에 머문다. 이 두 기본 확신이 "언약적 율법주의"라는 용어를 낳는다.[39] (3) 바울의 글

1976년 내내 계속되었다. 이 기간 동안, 나는 *JJ*를 집필을 진행하면서, (벤 마이어 그리고 앨 바움가르텐과 함께) 규범적 자기 정의(normative self-definition)를 다룬 맥매스터 프로젝트를 시작했다: 주 41을 보라.

39 언약적 율법주의는 필론의 글에서도 나온다("Covenant as Soteriological Category"). 나는 *PPJ*에서 "공통(common)," "기본(basic)," "가정(assumption)," "추정(presupposition)," "근간을 이루는 의견 일치(underlying agreement)," "근간을 이루는 패턴(underlying pattern)," 그리고 "기본 공통 근거(basic common ground)" 같은 말과 문구를 사용하여 언약적 율법주의를 묘사했다(가령 원서의 70, 71, 75, 82, 85, 424쪽). 나는 언약적 율법주의가 유대교의 수많은 유형이 공유하는 "최저공통분모"

을 보면, 모든 이가 하나님 백성 "밖"에 있지만, 하나님 백성 안으로 들어갈 때는 오직 그리스도를 믿음으로만 들어갈 수 있다. (4) "믿음으로 의롭다 하심을 받음[의롭게 됨]"과 "그리스도와 한 사람〔인격체〕이 됨"이라는 말로 요약한 두 묶음의 용어는 본질상 같은 것을 의미한다. 이것들은 하나님 백성 안으로 들어감을 가리키는 용어다. 사람들은 그리스도와 함께 "죽거나" 믿음으로 의롭게 되며, 이를 통해 그룹〔하나님 백성〕 안으로 옮겨간다. (5) 일단 그룹 안으로 들어간 그리스도의 몸의 지체는 올바로 행동해야 한다. 자세히 말하면, 이는 보통 유대교가 요구하는 윤리 규칙과 다른 형태의 행위〔행위 규칙〕를 받아들임을 뜻한다. (6) 그룹 안에 있는 사람들은 그들이 요구받은 기준을 얼마나 잘 지켰느냐에 따라 형벌을 받거나 보상을 받는다는 것이 유대교와 바울의 공통된 견해다.[17] 하지만 형벌과 보상이 "구원"은 아니다. 오히려 사람은 그룹 안에 있음으로써 구원을 얻으며, 형벌도 사람을 그룹 안에 남아 있게 하는 것이라 해석한다(고전 11:27-32이 그런 예다). (7) 바울은 유대인이 그룹 안에 들어갈 이들로 선택받았다는 주장이 옳다고 인정하지 않는다. 그는 신학 차원에서 유대교와 갈라서는 과정을 그리스도를 믿으라는 요구로 시작한다. (8) 형식만 놓고 보면, 바울도 "온 율법"을 받아들인다. 그러나 그가 회심시킨 이방인들은 사실 유대교 율법의 모든 부분을 지킬 필요가 없었으며, 때로는 심지어 유대계 그리스도인도 유대인이 따르던 관습을 멀리했어야 한다는 게 드러난다(안디

라고 생각했지만, 그래도 그 문구를 쓰지 않는 쪽을 택했다. 나는 2004년 봄에 굿이너프의 저작을 다시 읽으면서, 그가 유대인이 "유대교의 몇몇 공통분모"에 성실했다고 써놓은 것을 발견했으며, 이 공통분모는 유대교〔유대 민족〕를 향한 충성 그리고 성경을 믿음으로 구성되어 있었다. 아울러 그는 이것이 "유대교의 최소치"라고 말했다. 굿이너프가 써놓은 글에 따르면, 필론은 "유대인이 토라 안에 담긴 하나님의 특별 계시를 갖고 있으며 하나님과 특별한 관계에 있다는 것을 그 마음을 다해 분명히 믿었다." Goodenough, *Jewish Symbols*, 12:6-9를 보라. 나는 이 페이지들을 1964년인가 1965년에 읽었었는데, 그때는 내가 이런 말이나 주장을 중요하게 여겼음을 암시하는 연필 자국을 남기지 않았었다. 그런데도 이 페이지들이 내 무의식 속의 생각에 숨어 있다가 10년 뒤에 표면으로 떠올랐는지 지금 생각해도 의아하다. 아마도 내가 이 페이지들을 기억하길 바랐던 것 같다. 굿이너프를 지지하는 증거가 필론은 물론 유대교 전반에 존재한다면, 나 역시 기뻐했을 것이기 때문이다.

옥의 베드로 사례가 그런 경우다). (9) 결국 바울의 종교 "패턴"은 "언약적 율법주의"와 같지 않다. 바울은 선택의 효험을 인정하지 않으며, 율법도 여러 단서〔조건〕를 달아 받아들인다. (10) 하지만 사람이 그룹 안으로 들어감은 하나님 은혜에 달린 일이지만, 행위는 각 개인의 책임임을 인정한 점—물론 이렇게 각 개인이 책임을 다하려고 노력하지만, 이런 노력은 역시 하나님의 사랑과 자비가 밑받침한다—은 바울의 종교 패턴이 언약적 율법주의와 비슷한 측면이다. (11) 사람은 그리스도와 죽음으로 말미암아 그룹 안으로 들어간다. 아울러 바울이 주장하는 견해는 종말론 성격이 강하다. 이 때문에 나는 바울의 종교 패턴을 "참여주의자 종말론"〔participationist eschatology〕이라 불렀지만, "종말론적 참여주의"〔eschatological participationism〕가 더 나을지도 모르겠다.[40]

예수와 유대교 (*JJ*)

내가 아내에게 나는 *JJ*에 관하여 할 말이 많지 않다고 했더니, 아내는 유감이라 했다. (아내는) *JJ*가 내 저서 가운데 가장 훌륭하다고 (말했기) 때문이었다. 그러나 사실 내가 완성하려고 애쓰고 있던 것을 설명하자면, 내가 *PPJ*를 쓰게 된 이야기보다 훨씬 간단하다. 내가 *JJ*를 쓰던 기간에는 유대교와 기독교의 규범적 자기 정의를 다룬 맥매스터 프로젝트 기간도 들어 있

40 *PLJP*는, 존 보우든이 내게 불만을 토로했듯이, 기본적으로 *PPJ*에 붙인 긴 각주다. *PPJ*는 바울을 신약 학자들이 기대했던 것보다 덜 상세히 다루었었다. 이 때문에 나는 가장 복잡한 주제인 율법을 충실히 주해하여 자세히 설명하고 싶었다. 나는 지금도 바울이 율법에 관하여 쓴 다양한 문맥을 논한 것에 만족한다. 그는 다양한 질문에 대답하며, 각 질문에 대한 그의 대답은 일관성이 있다. 그러나 그 다양한 대답을 나란히 놓고 보면, 혼란을 야기하는 그림이 나타난다. 그가 제시하는 그런 다양한 대답에서 율법에 관한 어떤 체계적 견해를 끌어내기는 불가능하다. 나는 율법을 다룬 논의에 유대 백성에 관한 바울의 견해를 다룬 내용을 덧붙이면서, 로마서 9-11장을 상당히 자세하게 주해한 결과를 제시했다.

었는데, 그 프로젝트 제목이 내가 처음 이 논문을 발표했던 학술대회 명칭에 사용되었다.[41] [18]이 기간은 내게 여러 이유로 힘든 시간이었다. 때문에 나는 내 친구들과 동료들, 곧 앨 바움가르텐, 필리스 디로사 코팅, 앨런 멘델슨, 벤 마이어, 존 로버트슨, 그리고 제라르 발레가 베풀어준 친절함에 글로 감사를 전하고 싶다. 하지만 내 삶에서 가장 중요한 사람은 그 기간에 다섯 살에서 열네 살로 자라난 내 딸 로라였다.

JJ 이야기를 해보겠다. 나는 이 책을 "예수가 실제로 하신 말씀을 많이 알지 않고도 예수에 관한 책을 쓰는 방법"이라 부를까 하는 생각을 했었다. 나는 박사학위 논문을 쓰고 몇 년이 흐르는 동안에 우리가 예수에 관하여 알고 싶어 하는 것을 우리에게 일러주는 "진정한" 말씀 모음에 의지하는 것을 더욱더 신뢰하지 않게 되었다. 내가 학문 여정에서 내린 가장 중요한 결단은 이 논의를 예수의 말씀으로 다른 것으로 옮겨가기로 한 것이었다. 나는 진정성을 판단할 기준을 찾는 데 여러 해를 보냈으며 온갖 종류의 목록을 확보했지만, 결국 진정한 말씀을 더 찾아내 진정한 말씀 목록을 늘려간다 해도 그것이 예수가 진정 누구이셨는지, 혹은 예수 당대에 무슨 일이 일어났는지 설명해주지 않으리라는 결론을 내렸다. 그리하여 나는 내가 더 나은 증거라 여겼던 것을 연구하게 되었다. 즉 예수 이력〔행적〕의 골격 그리고, 특히 열두 제자를 부르시고 예루살렘에 들어가며 성전 앞뜰에서 환전상의 탁자를 엎어버린 일처럼, 그가 행하신 상징 행위를 연구했다. 아울러 종말론적 선지자였던 세례 요한과 유대 종말론 운동의 하나였던 초기 기독교가 예수 이력의 틀을 형성한다는 것도 대단히 중요한 사실이었다. 나는 토론토에서 열린 신약학회〔Studiorum Novi Testamenti Societas〕 모임 때 모튼 스미스와 짧지만 기억할 만한 대화를 나눴다. 그때 우리는 사실에

41 이 프로젝트는 SSHRC가 아주 후하게 도와준 5년분 "프로그램 보조금"(1976-1981)의 도움을 받았다. 우리 연구는 맥매스터 대학교의 도움으로 1년 더 이어졌다.

초점을 맞춰야 한다는 데 의견을 같이 했다. 나는 큰 힘을 얻었다. 나는 이미 치료자 예수(Jesus as a healer)에 아주 큰 비중을 두는 쪽으로 흘러가고 있었다. 이는 예수를 그저 선생쯤으로 제시하려는 학계의 경향을 상쇄하는 것을 돕고자 "행위"를 강조하고 싶었기 때문인데, 물론 모튼과 기적에 관하여 나눈 이야기도 그런 경향에 힘을 실어주었다.[42]

나는 가장 신뢰할 수 있는 전승 혹은 "반석" 같은 전승을 *JJ*의 기초로 삼고 싶었다. 그러나 나는 나중에 "일반 독자"를 염두에 두고 *The Historical Figure of Jesus*(예수라는 역사 속 인물)을 쓰면서, 진정성 판단기준(criteria for authenticity)이란 그저 저자가 원하지 않는 자료를 제거할 때 사용하는 방편이라는 것이 대다수 독자의 생각임을 깨달았다. 더구나 나는 점점 더 올바른 맥락을 발견하는 일이 중요하다는 생각을 하게 되었으며, 결국 예수에게 해당하는 올바른 맥락만 찾아낸다면, 어떤 말씀(예수의 말씀)을 인용하는가는 그리 중요하지 않다는 결론을 내리게 되었다. 그리하여 나는 예수에게서 나온 말씀을 내가 *JJ*에서 사용했던 것보다 *The Historical Figure of Jesus*에서 훨씬 많이 인용했다. 그렇다고 이것이 곧 그 모든 말씀이 진정한(정말로 예수가 하신) 말씀이라고 완전히 믿었다는 말은 아니다.[43]

19 내가 *JJ*에서 가장 크게 관심을 가진 것은 무엇이 그런 결과들로, 그러니까 먼저 예수의 죽음이라는 결과로, 이어 그의 제자 무리가 새로운 분파를 형성하는 결과로 이어졌는지 확증하는 것이었다. 나는 예수와 바리새인의 갈등을 묘사하는 본문 대다수의 진정성을 의심했으며, 어쨌든 그런 다툼이 상당히 적었음을 발견했다. 그럼 살기등등한 바리새인의 적대감이 아니었다면 대체 무엇이 역사를 그곳으로 끌어갔을까? 나는 자신을 이스라엘 재조직(이방인을 포함한 새 이스라엘을 만듦)과 하나님 나라의 도래를 선포

42 Morton Smith, *Jesus the Magician* (New York: Harper & Row, 1978).

43 E. P. Sanders, *The Historical Figure of Jesus* (London: Allen Lane Penguin, 1993).

한 이로 본 예수의 자기인식, 그의 극적 행동(특히 예루살렘 입성과 성전 장면에서 보여준 행위), 그리고 대제사장이 그 지역에서 로마의 평화〔*pax Romana*〕를 책임지게 했던 유대의 체계가 역사를 그렇게 끌고 갔다고 제시했다. 불행히도 나는 **체계**〔*system*〕라는 말을 쓰지 않았다. 한편, 나와 거의 같은 시기에 책을 써서 내놓은 엘리스 리브킨〔1918-2010. 미국의 역사학자요 유대교 연구자다.〕은 그 책에서 "무엇이 예수를 죽였는가"를 나보다 분명하게 설명해놓았다.[44] 하지만 나는 내가 많은 학자를 지배하고 있던 견해, 곧 예수는 사랑과 자비와 은혜를 옹호하며 바리새인을 공격하는 바람에 죽임을 당했다는 견해를 잠재우는 데 도움을 주었다고 생각한다. 나는 내 원고를 1984년 봄에 출판사에 보냈으며, 책은 1985년 초에 나왔다.[45]

*JJ*의 주요 논지를 간략히 제시해본다. 예수는 이스라엘을 회복한 선지자였다. 그는 한 종말론적 선지자(세례 요한)의 제자로 시작했으며, 그의 사역은 결국 종말론적 유대교 운동(초기 기독교, 특히 바울 서신은 그렇게 보았다)으로 귀결되었다. 그는 말과 행위로 회복을 가리키면서, 하나님 나라가 속히 도래하리라고 선포했고, 특히 열두 제자를 부름으로 이스라엘 회복을 일러주었다. 그는 극적이고 상징적 몸짓(행동)을 통해 이런 소망을 가리켰다. 그런 몸짓 가운데 하나가 성전 뜰에서 상인들의 탁자를 뒤엎은 것인데, 가야바는 이를 보고 예수가 폭동을 유발할지도 모르겠다는 생각을 하게 되었다. 로마 체제의 여러 요구는 결국 그를 처형하는 결과로 이어

44 Ellis Rivkin, *What Crucified Jesus? The Political Execution of a Charismatic* (Nashville: Abingdon, 1984). 리브킨 책은 내가 내 원고를 출판사에 보낸 뒤에 나왔다. 불행히도 나는 1984년 여름과 가을에 옥스퍼드로 옮겨가느라 정신이 없어서, 내 책 교정쇄를 보낼 때까지도 그 책을 읽지 못했다. 되돌아보면, 시간이 그렇게 늦었더라도 그런 내용을 담은 각주를 내 책에 집어넣어야 한다고 강력히 주장했어야 하는데, 그리하지 못했다.

45 *JJ*를 쓸 때 두 곳이 도움을 주었다. 처음 집필을 시작할 때는 킬럼 시니어 연구기금이 도움을 주었고, 끝낼 무렵에는 SSHRC Leave Fellowship이 도움을 주었다. 책 대부분은 내가 케임브리지 트리니티 칼리지에서 Visiting Fellow Commoner〔이는 케임브리지가 그 대학 방문 연구진 중 가장 뛰어난 반열에 있는 이에게 수여하는 명칭ⓣ〕로 있을 때(1982) 썼다.

졌다. 그의 제자들은 그의 운동을 이어가면서, 그가 돌아와 이스라엘을 재건해주길 고대했다. 이 때문에 그들은 자연스럽게 마지막 날이 이르면 이방인들이 돌아와 이스라엘의 하나님을 예배하리라는 선지자들의 소망을 그들의 소망으로 삼게 되었다.[46]

[20] 유대교: 관습과 믿음, 기원전 63년-기원후 66년 (*JPB*)

1984년 9월, 나는 옥스퍼드로 옮겼다. 이때도 내가 처음 랍비 문헌을 읽었을 때처럼 사랑에 빠졌다-이번에는 고대 세계의 다른 측면들을 연구하는 학자들이 만들어낸 환경이 함께 했다. 그 학자들은 게자 베르메쉬〔Geza Vermes, 1924-2013〕가 있었고, 곧이어 소장파 학자 마틴 굿맨〔Martin David Goodman, 1953- . 영국 역사가이며, 고대 로마사와 로마 시대 유대인의 역사와 생활을 연구했다.ⓣ〕, 로빈 레인 폭스〔Robin James Lane Fox, 1946- . 영국 역사학자이며, 알렉산드로스 대왕을 깊이 연구했다.ⓣ〕, 퍼거스 밀러〔Fergus Graham Bartholme Millar, 1935-2019. 영국 역사학자이며, 고대 로마사를 주로 연구했다.ⓣ〕, 사이먼 프라이스〔Simon Rowland Francis Price, 1954-2011. 영국 역사학자이며, 로마 황제 숭배를 주로 연구했다.ⓣ〕 같은 이들이었다. 나는 그들을 닮고 싶었다. 물론 나는 그들만큼 명석하거나 박식할 수는 없었지만, 그래도 비신학적 종교로 돌아갈 수 있었으며, 특히 내가 1968-1969년 뒤로 떠났던 경건한 신앙관습으로 돌아갈 수 있었다.

46 나는 션 프레인〔Seán Freyne, 1935-2013. 아일랜드 종교학자다. 예수와 예수 시대 갈릴리 상황을 주로 연구했다.ⓣ〕이 예수 시대 갈릴리 모습을 정확하고도 적절하게 설명했다고 추측했기 때문에, 이에 관하여 많은 말이 필요치 않다고 여겼다. 나중에 나는 미국으로 돌아와서(1990년 8월), 완전히 그릇된 견해가 여기서 점점 더 널리 퍼지고 있음을 천천히 깨닫기 시작했다. 그럼에도 나는 1992년 *The Historical Figure of Jesus* 집필을 마쳤을 때도 이런 견해의 엄청난 영향을 인식하지 못했다. 나는 이런 견해가 점차 사라질 것이라고 생각했다. 프레인의 저작과 내 자신이 나중에 펼친 노력을 보려면, 주 74를 보라.

나는 *JJ*를 쓰는 동안 요세푸스가 남긴 풍성한 자료에 매료되었다. *PPJ*를 쓸 때는 요세푸스를 거들떠보지도 않았었다.[47] 내가 예수의 역사를 그 시대 권력 구조에 비춰 설명해야 했을 때, 복음서 외에 사용할 수 있었던 자료는 —미쉬나가 아니라— 당연히 요세푸스뿐이었다. 나는, 1968년부터 1969년까지, 탄나임 문헌 대다수가 랍비 아키바와 랍비 이쉬마엘 시대 그리고 그 뒤에-그러니까 2세기의 마지막 75년 동안에- 나왔음을 엡스타인에게 배웠다. 나는 예수 시대에 랍비 율법이 유대 팔레스타인을 다스렸다고 생각하지 않았다. 내가 맨 처음 읽은 랍비 문헌은(여러분은 부디 기억해주길 바란다) 미쉬나 산헤드린이었으며, 이것은 분명 율법을 다루는 법원이 어떻게 일했는가를 다룬 지침서가 아니었다.[48] 나는 이제 올브라이트 고고학연구소〔W. F. Albright Institute of Archaeological Research; 구 Albright School of Archaeological School. 1900년에 예루살렘에 설립되었다.ⓣ〕가 된 곳에서 일하는 친구들에게서 들은 말을 기억한다. 그들은 한 이스라엘 학자—(안타깝지만) 그 이름은 기억나지 않는다—에게서 미쉬나 산헤드린이 사실은 예수 시대 율법을 대표하지 않는다는 말을 듣고 아연실색했다고 했다. 나는 이 말을 듣고 전혀 놀라지 않았다.

나는 율법 체계와 행정 체계를 이해하고자 요세푸스를 다시 살펴보았으

47 윌리엄 파머는, 내가 퍼킨스에 있을 때(1959-1962), 나더러 요세푸스가 쓴 『유대전쟁사』(*Jewish War*)를 읽으라고 독려했으며, 나는 그 말을 따랐다. 하지만 그가 거기서 본 것은 (1) 수많은 유대인이 율법에 열심이었다는 것이었다. 이 때문에 그는 이런 견해를 갖게 되었다. (2) 바리새인이 유대교를 통제했으며 사람들이 열심을 품게 만들었다. 하지만 이는 나빴으니, 그 이유인즉 (3) 율법을 향한 열심은 율법주의와 같기 때문이요, 이런 율법주의는 무섭기 때문이다. 나는 결국 (2)와 (3)이 틀렸음을 알게 되었지만, 이런 경험 때문에 요세푸스가 담고 있던 진짜 보화를 대부분 놓쳐버리고 말았다. 파머는 유대교를 바라보는 자신의 견해를 철저히 요아힘 예레미아스에게서 가져왔다. 요세푸스 그리고 바리새인의 유대교 통제에 관하여 파머와 얼추 같은 견해를 주장한 이가 M. Hengel and R. Deines, "E. P. Sanders' 'Common Judaism,' Jesus, and the Pharisees: Review Article of *Jewish Law from Jesus to the Mishnah* and *Judaism: Practice and Belief* by E. P. Sanders," *Journal of Theological Studies* 46 (1995): 1-70이다. 이 견해는 지금도 그때보다 나아지지 않았다.

48 이 말은 특히 구조와 관련된 진술 그리고 "현자들"이 법원 구성원이었다는 견해를 포함하여, 그 논문 전체에 적용되는 말이다.

며, 실제로 당시 정치와 사법의 실상을 가장 잘 설명해주는 자료가 그의 기록임을 발견했다. 더구나, 복음서와 사도행전도 그를 지지한다. 속주 지사〔prefect〕와 속주 행정관〔procurator; 특히 재무관〕이 다스리던 시절에 유대를 다스린 이는 귀족 제사장들이었다.

21 그리하여 나는 드디어 경건한 신앙관습을 다시 연구해야겠다고 결심했을 때, 요세푸스를 이전보다 많이 사용하려 하면서, 가능하면 (초기 랍비 문헌을 포함하여) 다른 문헌도 함께 사용하길 원했다. 나는 수십 개 사례를 분석하여 유대인들이 실제로 한 일이 무엇인지 판명하려 했다. 그러면서 그때까지 내 경험 법칙이 무엇인지 기록해놓은 적이 없다는 생각이 들었기 때문에, 그 법칙들을 요약하기로 했다. 나는 다섯 가지 자료가 있다고 생각하고, 이 자료들을 사용했다. 제사장 저자, 요세푸스, 미쉬나(탄나임 문헌을 대신하는 자료), 필론, 그리고 다른 자료(사해 문서, 뒤늦게 기록된 성경 속 책들, 위경, 그리고 외경)가 그것이었다. 첫 세 자료—레위기, 요세푸스, 미쉬나— 사이에는 확고한 일치가 존재한다. 이 자료들이 말하는 내용이 1세기에 사람들이 실제로 했던 일이다. 레위기와 필론의 일치 여부는 의심스럽다. 그러나 이것도 십중팔구는 필론이 성경을 읽었음을 일러줄 뿐이다. 레위기와 요세푸스의 일치 여부도 의문을 품어봐야 하며, 특히 요세푸스가 구사하는 말이 오로지 70인역에서 가져온 것이라면, 더더욱 그리해야 한다. 요세푸스는 때때로 그의 조수에게 70인역을 요약한 것을 받아 적으라고 말했다(혹은 그랬을 거라고 나는 상상한다). 요세푸스와 미쉬나는 다른 모든 자료와 상반될 개연성이 아주 높다.

이런 경험법칙이 모든 경우에 들어맞는 것은 아니다. 이런 자료들의 조합이 언제나 타당하지는 않다. 때로는 느헤미야처럼 "다른" 범주에 속하는 자료가 아주 큰 무게를 가진다. 몇몇 경우에는 사해 문서가 일반 관습 연구에 크게 기여하는데, 특히 어떤 본문〔사해 문서 속의 어떤 본문〕이 랍비 문헌과 긴밀한 유사성(평행 관계)을 가질 때는 더더욱 그렇다. 요컨대, 사해 문서+미쉬나는 순전히 기원후 70년보다 앞선 시기의 주제를 다룬다(그러나 주요 관습이 무엇이었는지 판명하고자 할 때는 꼭 그렇지만도 않다).

Encyclopedia Judaica〔유대 백과사전〕에서 논문들을 잘라다 알파벳 순서 대신 주제별로 엮어놓은 책에 갖다 붙이면 안 될까? *Encyclopedia Judaica*는 랍비들을 두둔하는 쪽에 치우쳐 있다. 이 사전 저자들 가운데 모든 랍비 자료가 **전승**〔전통〕**을 보존하고 있으며**(*traditional*) 랍비들이 늘 이스라엘을 다스렸다는 옛 견해를 털어내버린 이는 극소수다. 이는 결국 (이를테면) 이들이 4세기나 5세기에 나온 바벨론 자료를 활용하여 1세기 유대인이 팔레스타인에서 무슨 일을 했는지 판단하는 결과로 이어졌다.

나는 *Encyclopedia Judaica*가 다루는 몇몇 주제에 더 나은 내용을 담아보려고 애쓰면서, 동시에 누가 무엇을 경영했는가라는 문제, 어떤 것이 바리새인의 역할에 관한 연구 그리고 산헤드린을 다룬 본문에 관한 연구와 관련이 있는가라는 문제를 탐구하고 싶었다. 더구나 나는, 비록 여러 변형이 있긴 해도, 아주 널리 퍼져 있었거나 심지어 보편성까지 지녔던 몇몇 믿음과 몇 가지 신앙관습으로 구성된 어떤 주류 유대교가 존재했다고 주장했다.

이 때문에 이 책의 내용은 여러 가지가 뒤섞여 있다. 이런 다양한 연구 결과의 공통분모는 **실제 삶**이다. 실제로 어떤 일들이 어떻게 이루어졌고 대다수 유대인이 계명을 지킬 때 실제로 했던 행동이 무엇인가가 공통분모였다.

[22] 1차 문헌 자체를 제외하면, 바리새인의 역할, 사법 체계, 행정이 어떻게 작동했는가라는 문제, 그리고 주류 유대교〔common Judaism〕를 어떻게 정의해야 하는가라는 문제와 관련하여 내 견해에 가장 강력한 영향을 미친 단일 문헌은 모튼 스미스의 저작이었다. 그는 요세푸스의 내러티브가 그가 제시한 몇몇 요약을 지지하지 않음을 지적했는데, 가령 사두개인이 공직을

맡을 때면 민중을 통제하던 바리새인의 견해를 늘 따라야 했다는 것이 그런 예다.[49] 스미스는 "규범적 유대교"를 정의하려면 어떤 사항이든 오경과 평범한 제사장들 그리고 보통 사람들이 의견일치를 보이는 내용을 따라 정의해야 한다고 말했다.[50] 아울러 그는 바리새인의 권위를 "낮게" 보는 견해를, 그의 학생들과 그를 추앙하는 이들의 저작에서 계속 살아 있는 견해를 지지했다.[51] 나는 "누가 무엇을 경영했나?"라는 장(章)을 마친 뒤에, 타자한 원고를 모튼에게 보내야겠다고 생각했지만, 결국 더 기다렸다가 책이 나오면 책을 하나 증정하기로 결심했다. 나는 그에게 직접 이 책을 증정할 수 있으리라고 생각했다. 그러나 나는 지금도 그 어리석은 생각 때문에 슬퍼한다. 내가 그 책을 증정하기 전에 모튼이 세상을 떠났기 때문이다. 이 때문에 모튼은 내가 이런 점들과 관련하여 그를 전폭 지지했음을 모르고 떠났다. 모튼이 제시한 견해들이 아주 빼어난 이유는 두말할 것도 없이 그 견해들이 1차 자료를 아주 훌륭히 반영하기 때문이다. 나는 이런 1차 자료를 철두철미하게 연구하는 이라면 같은 결론에 이르리라고 생각한다. 물론 그런 이들이 선입견에 사로잡히지 않고 상세한 내러티브-요세푸스, 복음서, 사도행전이 제시하는 내러티브-에서 등장하는 사례들을 연구하기보다 이런 것들을 요약해놓은 것을 선호하지 않아야 같은 결론에 이를 것이다.

나는 1990년 8월에 듀크 대학교로 옮겨가 지저스 세미나 회원들의 저작을 읽기 시작하면서, 이 책에 로마의 관점에서 본 행정—제국의 다른 부분들을 어떻게 다스렸고 어떻게 다스리지 않았는가를 다룬 내용—과 로마 군단 배치를 다룬 부분을 추가했어야 한다는 것을 깨달았다. 나는 빠진 부

49 사례 연구 결과와 요약이 대립한 경우를 보려면, *JPB*, 특히 318, 393-394, 401-402, 481-490을 보라.

50 M. Smith, "The Dead Sea Sect in Relation to Ancient Judaism," *New Testament Studies* 7 (1960-1961): 356; 아울러 Morton Smith, "Palestinian Judaism in the First Century," in *Israel: Its Role in Civilization*, ed. Moshe Davis (New York: Jewish Theological Seminary, 1956), 73-74을 보라.

51 *JPB*, 401과 535 주 45를 보라.

분 몇 가지를 레이세넨〔Heikki Martti Räisänen, 1941-2015. 핀란드 신약 학자다. 예수와 바울을 비롯하여 신약 전반에 걸쳐 여러 주제를 탐구했다.ⓣ〕 교수 회갑기념 논문집에서 보완하려 했다.[52]

나는 *JPB*가 실제 관습을 연구한 결과로서 크게 평가받기를 원했다.[53] 23 이런 연구 결과 외에, 이 책이 제시하는 주요 논지는 다음과 같다. (1) 어떤 특정 분파에게 좌우되지 않고 온 세계 유대교가 공유하는 믿음과 관습이 있었으며, 이것이 "주류 유대교"〔common Judaism; 혹은 공통 유대교〕를 구성한다.[54] (2) 바리새인은, 살로메 알렉산드라 시대(기원전 76-67년) 이후, 유대교 안에서 작지만 대단히 존경받는 분파였으며, 이들이 행사한 영향력의 크기는 때와 이슈에 따라 달랐다. (3) 하지만 진짜 권력은 통치자들이 쥐고 있었다. 통치자는 하스몬 왕가 사람, 헤롯 왕가 사람, (기원전 6년 이후에는) 유대 속주 지사나 행정관, 로마가 "직접" 예루살렘을 통치하던 시기에는 예루살렘의 귀족, 특히 귀족 제사장들이 권력을 쥐고 있었다. 증거는 바리새인이 방금 말한 그룹이나 개인에게 정책을 이래라저래라 할 수 없었음을 일러준다.[55]

52 E. P. Sanders, "Jesus' Galilee," in *Fair Play: Diversity and Conflicts in Early Christianity: Essays in Honour of Heikki Räisänen*, ed. Ismo Dunderburg et al. (Leiden: Brill, 2001), 3-41.

53 나는 이 책을 저술하는 과정에서 몇몇 연구 결과를 집필했는데, 그 가운데에는 여기에 맞지 않은 것이 많을 것이다. 이 결과 중 몇 가지는 *JL*에 모아 출간했다. 이 책에서 다룬 주요 주제는 "공관복음이 말하는 예수와 율법," "바리새인은 구전 율법을 갖고 있었는가?", "바리새인은 정결 기간에 보통 먹었던 음식을 먹었는가?", "그리스어를 사용하던 디아스포라의 정결, 음식, 그리고 제사," 그리고 "제이콥 뉴스너〔Jacob Neusner, 1932-2016. 미국 유대교 학자이며, 미쉬나와 탈무드가 증언하는 랍비 유대교를 주로 연구했다. 약 1,000권에 달하는 많은 책을 쓴 저술가이기도 했다ⓣ〕와 미쉬나 철학"이다.

54 John P. Meier, *Companions and Competitors*, vol. 3 of *A Marginal Jew* (New York: Doubleday, 2001)는 **공통** 유대교라는 말과 **주류**〔*mainstream*〕라는 말을 함께 사용한다(7-8; 329, 384도 그렇다). **주류**는 쿰란 분파를 배제한다. 쿰란 분파는 예루살렘에서 예배하지 않았기 때문이다. 이는 분명 훌륭한 구분이긴 하지만, 나는 성전을 추상적 개념으로 고려한다면 여기에도 일치가 존재할 뿐 아니라, 오히려 건축과 달력, 그리고 대제사장 제도에 초점을 맞춰야 양자 사이에 불일치가 존재한다는 점을 지적하고 싶었다.

55 *JL* 그리고 *JPB*와 관련된 연구 작업은 구겐하임 펠로우십〔Guggenheim Fellowship〕의 지원을 받았으

결론

설령 내가 뭔가 이루었다 해도, 지금은 내가 뭔가를 이루었다는 말을 할 계제가 아니다. 내가 말할 수 있는 것은 위에서 말한 세 책이 제시하는 주요 테제—위에서 열거한 모든 테제와 거기서 언급하지 않은 몇 가지 테제—가 지금도 옳다고 본다는 말뿐이다. 내가 그 이름을 댈 수 있는 실수도 많으며, 더 잘할 수 있었는데 그러지 못한 일들이 종종 생각나기도 했다. 그러나 나는 지금도 언약적 율법주의를 믿으며, 대다수 유대인이 언약적 율법주의(와 많은 관습)를 공유했다고 믿는다. 아울러 나는 바울이 그 동포의 종교에 맞선 유일한 근본 이유는 이 종교에 그리스도를 믿는 믿음이 들어 있지 않았기 때문이라고 믿으며, 예수가 예루살렘에서 행한 상징적 행위가 가야바를 놀라게 하여 결국 예수가 폭동을 일으킬 수도 있겠다는 생각을 하게 만들었다고 믿는다. 따라서 (아!) 나는 내가 주장한 내용을 크게 후회하지 않는다.

그렇게 길을 걸어오다 어디에선가 헬레니즘계 신비주의(Hellenistic mysticism)가 떨어져나갔다—이 신비주의는 바울 연구에서 등장하는 신비주의가 아니라, 굿이너프가 묘사하는 것과 같은 종류의 헬레니즘계 신비주의이며, 물질세계를 떠나 이성의 세계, 진짜 실체가 존재하는 세계로 들어감을 추구하는 신비주의다. 나는 이런 종류의 신비주의가 내 견해에서 완전히 사라졌다는 것을 2002년 봄에 가서야, 그러니까 내가 강단에 선 지 30년도 더 되어 처음으로 필론을 가르칠 때가 되어서야 비로소 깨달았다.[24] 이 필론 강의는 대부분 필론의 역사 논문들과 『세부규정에 대하여』

며, 후자는 내가 듀크 대학교를 떠나 있을 때 완성했다. 이스라엘에 있던 미크바오트〔*miqva'ot*; 정결 목욕통들〕에 관한 연구는 영국 학술원 연구기금〔British Academy Research Grant〕의 지원을 받았다. 내가 많은 고고학 유적지를 방문하는 동안 가르침을 분 하난 에셸〔Hanan Eshel, 1958-2010. 이스라엘 고고학자요 역사학자다. 사해 문서, 하스몬 왕조를 주로 연구했다.①〕에게 감사한다.

(*Special Laws*)를 다루었지만,[56] 그래도 우리는 강의를 진행하면서 모세가 하나님이 계신 어둠 속으로 들어갔다고 말하는 본문을 언급했고,[57] 요셉과 아스낫서 16장에 나오는 신비한 식사를 주마간산〔走馬看山〕식으로 살펴봤으며, 이스라엘 사람들이 바다를 건넌 두라 에우로파스 현장을 다룬 굿이너프의 글을 살펴봤다.[58] 나는 *By Light, Light*를 다시 읽었는데, 이제는 이전과 달리 나를 단단히 휘어잡지도 않고 설득력도 없다. 그럼에도 내가 헬레니즘계 신비주의를 다시 연구하지 못하고 그리스어를 사용했던 유대교를 거의 다루지 못한 것은 아쉽다.

이와 관련하여, 바울 사상의 **근원**〔바울 사상의 원천이 된 자료〕이라는 문제를 다시 살펴볼 수밖에 없다. 트롤스 엥베리-피더슨〔Troels Engebrg Pedersen, 1948- . 덴마크 철학자요 신학자다. 본디 고대 그리스 철학을 전공했으나, 신학에도 눈을 돌려 특히 스토아주의가 초기 기독교와 바울 사상에 미친 영향을 연구했다.ⓣ〕은 근래 그와 다른 이들이 바울 및 스토아학파와 관련하여 내놓은 연구 결과에[59] 내가 반대 의견을 제시해주길 기대한다는 뜻을 내게 비쳤다. 그것은 내 태도가 아니다. 나는 바울을 내가 연구한 유대교 문헌과 비교하고 대조했지만, 바울은 오로지 유대교와 관련이 있을 뿐이라고 주장하거나 바울의 사상은 모두 유대교에서 나왔다고 주장할 의도는 없었다. 내겐 바울이 활용한 자료를 하나도 남김없이 다룰 능력이 없다. 바울과 그리스-로마 자료를 비교

56 한때 나는 율법에 관한 필론의 견해를 다른 이들의 견해와 비교하는 게 전혀 타당하지 않다고 느꼈지만, 이제는 이런 비교를 할 수 있으며 그게 타당하다고 느낀다. 그렇지만 나는 내게 신비주의를 비교라는 방법으로 논할 능력이 있다고 자신하지 못한다. 나는 늘 필론과 그리스 철학학파들의 관계를 논할 능력이 없었다.

57 Philo, *Mos*. 1.158.『모세의 생애에 대하여』

58 Goodenough, *Jewish Symbols*, 11, West Wall plate XIV; 10, chapter 16. 이 장면이 굿이너프의 전체 견해에서 차지하는 중요성을 살펴보려면, 12:188-189을 보라.

59 T. Engberg Pedersen, *Paul and the Stoics* (Edinburgh: T&T Clark; Louisville: Westminster John Knox, 2000); T. Engberg Pedersen, ed., *Paul beyond the Judaism/Hellenism Divide* (Louisville: Westminster John Knox, 2001).

할 능력이 내겐 없기 때문이다. 지금보다 20년 전이었다면, 내가 30대, 40대, 50대에 가졌던 에너지만큼만 에너지를 갖고 있다면, 기꺼이 이 주제를 다루고 싶다. 그렇다면 나는 본능처럼 먼저 굿이너프의 프로젝트를 검토하고 헬레니즘화된 유대교부터 파고들 것이다. 그것을 이런 식으로 말해보고 싶다: 바울은 "우리가 보는 것은 볼 수 있는 것이 아니라 볼 수 없는 것이니, 이는 볼 수 있는 것은 잠시 있다 사라지나, 볼 수 없는 것은 영원하기 때문이다"(고후 4:18). 바울은 고린도전서 15:53에서 썩지 않음과 죽지 않음에 관하여 썼다. 나는 우리가 이런 본문에서 아주 "그리스다운" 음성을 듣는다고 본다. 실제로 고린도후서 4:18은 그야말로 플라톤이 하는 말 같다.[60] 바울은 그리스 철학 자료를 읽었을까? 그는 그런 사상을 그가 속한 문화에서 흡수했을까? 그가 자랐던 유대교는 이미 이런 용어와 사고방식을 흡수했을까?

필론 같은 경우는 강력하게 헬레니즘화된 유대교를 물려받았으며, 적어도 플라톤의 몇몇 작품을 포함하여 그리스 철학자들의 저작을 직접 연구한 결과를 그 유대교에 덧붙였다고 확신해도 타당할 것 같다. [25] 나는 바울이 필론이 받았던 것과 같은 그리스 철학 교육을 더 받지 않았으리라고 생각하곤 했기 때문에, 세 번째 가능성—즉 보이지 않는 세계, 곧 영원한(= 진짜) 세계와 우리 오감으로 인식할 수 있는 세계, 곧 잠시 있다 사라지는(= 진짜가 아닌) 세계를 대립시키는 사상이 이미 유대교 안으로 침투했었으며, 바울은 이 유대교를 받아들였다는 생각—을 가장 먼저 시도해보았을 것이다. 나는 이 가능성이 옳은지 모른다. 그러나 그것이 애초에 내가 가정하

60 고전 15:53에 나오는 두 단어(ἀφθαρσία와 ἀθανασία; 곧 썩지 않음과 죽지 않음ⓣ)와 같은 알파 결합어(단어 첫머리에 알파를 붙여 부정의 의미를 나타낸 말ⓣ), 혹은 (고후 4:18에 나오는 말처럼) 알파 결합어일 수도 있는 단어가 늘 내 눈을 사로잡는다. 바울이 필론이라면, 고후 4:18의 반대 명제를 쓸 때, *aorata*(눈에 보이지 않는 특질들)(그가 롬 1:20에서 사용하는 단어; 뒤에 가서 골 1:15-16을 보라) 포함시키는 식으로 썼을까?

곤 했던 것이며, 이런 가정 때문에 내가 문헌과 상징을 포함하여 그리스어를 사용한 유대교를 연구하려 했던 것 같다. 필론은 자신이 그리스풍 허울을 랍비 유대교 같은 것에 입히고 있다고 생각하지 않았다. 도리어 그가 진짜 유대교로 알고 있던 유대교가 헬레니즘 사상에 깊이 물들어 있었다(굿이너프의 견해를 따르면, 그렇다).[61] 비록 그 강도는 필론보다 덜했을지 몰라도, 바울 역시 필론과 마찬가지였을지 모른다. 나는 우리가 이 주제 전체, 그러니까 그리스 사상이 회당을 통해 바울에게 미친 간접 영향과 바울 자신이 그 주위 환경에서 습득한 지식에서 직접 받은 영향을 더 깊이 연구해야 한다고 본다. 내가 여태까지 쓴 내용이 결코 이런 노력에 반대하는 취지로 비치지 않기를 바란다. 오히려 그 반대로, 나는 더 자세하고 깊은 연구가 필요하다고 생각하며, 할 수만 있다면 나도 그 연구에 동참하고 싶습니다.

나는 굿이너프가 실제로 무언가—심하게 헬레니즘화된 유대교—를 발견했다는 확신을 잃어버린 적은 한 번도 없었다. 이 엄청난 주제를 학자들이 다시금 왕성하게 파고드는 모습을 보게 된다면, 그것만큼 기쁜 일은 없을 것이다.

하지만 내 자신의 삶과 저작을 놓고 본다면, 굿이너프는 저만치 아래로 밀려났으며, 그의 영향력도 십중팔구는 아주 미미해져 감지할 수 없는 것이 되었다.[62] 26 내게 가장 도움이 되었던 학술 자료 가운데 주요 작품을 열거해보라면, 이런 목록을 제시하겠다: 알베르트 슈바이처가 예수와 바울을 다룬 작품,[63] 모튼 스미스의 논문들,[64] 사울(샤울) 리버만〔Saul/Shaul

61 가령, Goodenough, *Jewish Symbols*, 12:9, 12.

62 Sanders, "Covenant as a Soteriological Category"는 예외다(이 책 6장을 보라).

63 슈바이처가 바울을 다룬 작품은 주 33을 보라; 슈바이처가 예수를 다룬 작품을 보려면, Albert Schweitzer, *The Quest of the Historical Jesus: A Critical Case Study of Its Progress from Reimarus to Wrede* (New York: Macmillan, 1906; 재판, 1961)를 보라(Von Reimarus zu Wrede: Eine Geschichte der Leben-Jesu-Forschung, 1906; 『예수 생애 연구사』, 기독교서회, 1995).

64 Morton Smith, *Studies in the Cult of Yahweh*, 2 vols., ed. Shaye J. D. Cohen, Religions in the Graeco-

Liebermann, 1898-1983. 벨라루스에서 태어나 미국에서 활동한 랍비요 탈무드 학자다.ⓣ〕이 쓴 *Tosefta Ki-Feshutah*〔토세프타 키-퍼슈타〕,[65] 엡스타인의 *Introduction to Tannaitic Literature*,[66] 데이비스의 *The Gospel and the Land* 〔복음과 그 땅〕,[67] 도브가 쓴 많은 논문,[68] 로빈 레인 폭스가 알렉산드로스 대왕을 다룬 책과 또 다른 그의 저서 *Pagans and Christians*〔이교도와 그리스도인〕,[69] 부르케르트〔Walter Burkert, 1931-2015. 독일 학자다. 그리스 신화 및 종교 제의를 깊이 연구했다.ⓣ〕가 쓴 *Griechische Religion der archaischen und klassischen Epoche*〔고대와 고전 시대 그리스 종교〕와 *Homo necans: Interpretationen Altgriechischer Opferriten und Mythen*〔살인자인 인간: 고대 그리스의 희생 제사와 신화 해석〕,[70] 퍼거스 밀러가 쓴 *The Roman Near East*〔로마 시대 서아시아(중동)〕,[71] 아놀드 존스가 쓴 *Cities of the Eastern Roman Provinces*〔로마 동부 속주 도시들〕,[72] 그리고 리 러빈이 쓴

Roman World 130 (Leiden: Brill, 1996).

65 Liebermann, ed., *Tosefta*, and Saul Liebermann, *Tosefta Ki-Feshutah*, 13 vols. (New York: Jewish Theological Seminary, 1955-1988). 나는 정말 어려운 본문을 만날 때마다, 토세프타의 첫 세 열 어딘가에서 유사한 본문을 발견하게 해달라고 기도했다. 그런 경우는 리버만이 설명을 했을 것이기 때문이다. 랍비를 다룬 이 전집 작품에서 가장 요긴한 책은 카소브스키 집안 식구들이 펴낸 탁월한 콘코던스였다; *PPJ*, 564-565을 보라.

66 주 25를 보라.

67 W. D. Davies, *The Gospel and the Land: Early Christianity and Jewish Territorial Doctrine* (Berkeley: University of California Press, 1974).

68 많은 이가 그랬겠지만, 내가 맨 처음 만난 책은 David Daube, *The New Testament and Rabbinic Judaism* (London: Athlone, 1956; 재판, London: Arno, 1973)이었다. 아울러 David Daube, *New Testament Judaism*, ed. Calum M. Carmichael (Berkeley: University of California Press, 2000)을 보라.

69 Robin Lane Fox, *Alexander the Great* (London: Allen Lane, 1973); 그리고 *Pagans and Christians in the Mediterranean World from the Second Century A.D. to the Conversion of Constantine* (London: Viking, 1986).

70 Walter Burkert, *Greek Religion: Archaic and Classical* (Oxford: Blackwell, 1985), 그리고 *Homo Necans: The Anthropology of Ancient Greek Sacrificial Ritual and Myth* (Berkeley: University of California Press, 1983).

71 Fergus Millar, *The Roman Near East 31 B.C.-A.D. 337* (Cambridge, MA: Harvard University Press, 1993).

72 A. H. M. Jones, *Cities of the Eastern Roman Provinces* (Oxford: Oxford University Press, 1937; 재판, 1998).

Jerusalem.[73] 내가 이 책들을 열거한 것은 (희생 제사 같은) 종교의 핵심〔그 종교에 필수불가결한 일〕을 다루는 저작들, 그리고 내가 종교를 역사와 사회라는 배경에 비추어 확실히 관찰할 수 있게 해준 저작들에 나 자신이 오랫동안 관심을 가져왔음을 밝혀두려는 것도 한 이유다. 더구나 이 저작들은 내 관심사와 견해가 형성되던 시기에 그런 내 관심사와 견해에 충분히 영향을 미칠 정도로 일찍 출간되었다는 장점도 아울러 갖고 있다.[74]

73 L. I. Levine, *Jerusalem: Portrait of the City in the Second Temple Period (538 BCE-70CE)* (Philadelphia: Jewish Publication Society, 2002).

74 여기서 나는 이 논문을 처음 발표한 학술대회에서 자신들의 논문을 발표한 이들에게 내가 몇 가지 큰 신세를 졌음을 언급해두고 싶다. 그렇게 신세 진 내용을 시간 순으로 말해본다. (1) 나는 맥매스터에서 긴 시간을 보내는 동안(1973-1984), 앨 바움가르텐에게서 아주 많은 것을 배웠다. 나는 그가 쓴 몇몇 논문을 E. P. Sanders, "The Dead Sea Sect and Other Jews: Commonalities, Overlaps and Differences," in *The Dead Sea Scrolls in Their Historical Context*, ed. Timothy H. Lim; with Larry W. Hurtado et al. (Edinburgh: T&T Clark, 2000), 7-43에서 사용할 수 있었다. 이 논문은 이 책 4장에 들어 있다. 불행히도, 바움가르텐이 유대교 여러 분파를 다룬 역작 *The Flourishing of Jewish Sects in the Macabbean Era: An Interpretation*, Supplements to Journal for the Study of Judaism 55 (Leiden: Brill, 1997)은 내가 *JPB*를 쓸 때 활용할 수 없었다. (2) 내가 *JJ*를 집필하는 동안, Seán Freyne, *Galilee from Alexander the Great to Hadrian: 323 B.C.E. to 235 C.E.* (Notre Dame, IN: University of Notre Dame Press, 1980; 재판, Edinburgh: T&T Clark, 2000)이 나오면서, 나는 갈릴리에 시간과 지면을 할애하지 않아도 되게 되었다. 갈릴리가 뜨거운 쟁점이 되면서, 나는 프레인을 지지한다는 뜻을 "Jesus' Galilee"(주 52를 보라)와 E. P. Sanders, "Jesus' Relation to Sepphoris," in *Sepphoris in Galilee: Concurrents of Culture*, ed. Rebecca Matin Nagy et al. (Raleigh: North Carolina Museum of Art, 1996), 75-79에서 밝혔다. (3) 헤이키 레이세넨과 나는, 각자 바울과 율법을 다룬 책을 집필하는 동안, 원고를 바꿔 보았다; H. Räisänen, *Paul and the Law*, 2nd ed., WUNT 29(Tübingen: Mohr Siebeck, 1987)를 보라. 이 덕분에 나는 큰 덕을 봤다. (4) M. Goodman, *The Ruling Class of Judaea: The Origins of the Jewish War against Rome, A.D. 66-70* (Cambridge: Cambridge University Press, 1987), 그리고 M. Goodman, *State and Society in Roman Galilee, A.D. 132-212* (Towata, NJ: Rowman & Allanheld, 1983)는 내가 *JL* 그리고 *JPB*를 쓸 때 상당한 유익을 줬다. (5) "예수의 갈릴리"를 다룬 내 논문은 에릭 마이어스〔Eric Matthew Meyers, 1940- . 미국 성경 신학자요 고고학자다.ⓣ〕와 함께 한 덕분에 훨씬 나아졌다. 여러 이유가 있지만, 우리가 함께 마크 챈시의 박사학위 논문[Mark Chancey, *The Myth of a Gentile Galilee*, Society of New Testament Studies Monograph series 118 (Cambridge: Cambridge University Press, 2002)]을 지도하면서 자주 만난 까닭도 있고, 그가 쓴 논문과 편집한 책을 포함하여 그가 낸 출판물 때문이기도 하다. "Jesus' Galilee," 주 1, 3, 6, 10, 64, 83을 보라. (6) 내가 "Jesus' Galilee"를 쓸 때, Peter Richardson, *Herod: King of the Jews and Friend of the Romans, Personalities of the New Testament* (Columbia: University of South Carolina Press, 1996; 재판, Minneapolis: Fortress Press, 1999)가 아주 큰 도움을 주었다. *JPB*를 쓸 때 이 책을 활용할 수 있었으면 했지만, 그러지 못했다. 내가 다시 예수나 바울을 다룬 책을 쓴다면, 이 논문이 처음 출간된 책인 *Redefining First-Century Jewish and Christian Identities*에 등장했던 논문을 쓴 다른 대다수 학자의 저작을 강력히 제시하겠다는 뜻을 덧붙여 두어야 할 것 같다.

[27]나는 초기에 내가 신비주의와 점성술에 관심이 있었음을 이야기하면서, 종교사학파, 그리고 사실은 제1차 세계대전 전의 독일 신약학계 전반—즉 루터로 회귀하는 바람에 결국 스스로 연구 폭을 좁혀 자신들에게 해를 입히는 결과를 자초하기 전의 독일 신약학계 전반—에 아주 큰 매력을 느꼈음을 암시했지만, 그것을 딱 부러지게 말하지는 않았다. 나는 오랫동안 다이스만(Gustav Adolf Deissmann, 1866-1937)이 바울에 관하여 가장 훌륭한 책을 썼다고 생각했지만, 요즈음에는 이 옛적의 독일 신학자와 사귐을 갖지 못했다. 이들 가운데 몇 사람을 다시 읽어봐야겠다.

나는 지금도 신약 연구에 종사하는 이들 가운데 많은 이가 성경을 제외한 고대사와 고대 자료에 관하여 너무나 모른다고 생각한다. 나는 늘 비교 연구가 더 많이, 더 훌륭하게 이어지길 소망한다. 그런 비교 연구는 결코 쉽지 않지만, 정말 엄청나게 즐거운 일이다.

간추린판 부록 2

다시 살펴본 언약적 율법주의

나는 사실 기원후 1년을 전후하여 백 년이 넘는 시간을 아우르지만 편의상 "1세기 유대교"라 부르는 것과 관련하여 두 가지 큰 제안을 했다.[1] 더 근래에 내놓은 제안은 1992년에 출간되어 나온 *JPB*에 들어 있는데, 그 내용을 먼저 언급하고자 한다. 나는 고대 세계의 대다수 유대인을 아울렀던 공통분모를 지니는 주류 유대교(common Judaism) 같은 것이 있었다고 주장했다. 이 유대인들은, 그들 사이에 이런저런 다른 점이 있었을지라도, 몇 가지 관습과 믿음을 공유했다. 주류 유대교를 정의하는 것은 유일신주의에서 안식일 준수를 거쳐 예루살렘 성전이 (존속하던 동안에) 그곳에서 올리는 희생제사에 이르기까지 이어지는 여러 믿음과 관습이 "길게 적힌 목록"이다.[2]

또 다른 제안은 지금부터 25년 전인 1977년에 *PPJ*에서 했었다. [52] 나는 그 책에서 기원전 200년경에서 기원후 200년에 이르는 시기에 나온 팔레스

1 이 논문은 미국종교학회와 미국성서학회의 두 지역 모임에서 발표했었다. 한 번은 2004년 3월에 미드 아틀랜틱 지역 모임에서 발표했고, 또 한 번은 2007년 3월에 서남부 지역 모임에서 발표했다. 거기서 좋은 질문을 제시하고 흥미로운 제안을 해준 학자들에게 감사한다. 아울러 언약적 율법주의와 행위-의(works-righteousness; 행위로 말미암은 의)라는 문제를 놓고 나와 폭넓은 대화를 나눈 크레이그 키너(Craig Keener)에게도 감사한다.

2 유대교의 공통 관습을 살펴보려면, *JPB*, 236f.를 보라. 아울러 유대교의 공통 믿음을 살펴보려면, 이 책 13장을 보라. 아울러 John P. Meier, *A Marginal Jew: Companions and Competitors* (New York: Doubleday, 2001), 3:7-8, 329, 384 주 158, 642; 요 근래 내가 쓴 "Common Judaism," in *Common Judaism Explored: Second Temple Judaism in Context*, ed. Wayne McCready and Adele Reinhartz (Minneapolis: Fortress Press, 2008)를 보라.

타인 유대교의 주요 문헌은 (에스라4서를 제외하면) 모두 어떤 종교가 어떻게 작동하는가와 관련하여 공통된 이해를 반영한다고 주장했다. 나는 이것을 "종교 패턴"이라 불렀으며, "안으로 들어감과 그 안에 머묾"을 어떻게 이해했는가가 바로 종교 패턴의 의미라 정의했다.[3] 이 종교 패턴의 기초는 이스라엘 선택이었다. 이는 유대인이라는 백성〔민족〕이 어떻게 "안으로" 들어가게 되었는가를 설명해주었다. 유대인은 그렇게〔선택받아 안에 들어와 있는 이로〕 태어났다. 외부인은 회심하면 "안으로" 들어올 수 있었고, 내부인은 그들을 택하신 하나님을 거부함으로써 스스로 안에서 나올 수 있었다. 그러나 근본은 선택이었다. 그 다음으로 중요한 것은 선택받은 이에게 율법을 수여함이다. 선택받은 이들은 율법을 지킴으로써 그들이 언약 속에서 누리는 지위를 유지했다. 두 근본 요소는 출애굽과 시내산에서 이루어진 율법 수여가 완벽하고 생생하게 보여주며, 이 두 요소에서 나온 다른 요소들은 각기 그 자리를 찾아 자리를 잡았다. 이제 내가 위에서 말한 종교 패턴의 두 주요 구성 부분을 고려하여 "언약적 율법주의"라 부른 것을 구성하는 여덟 개 항목을 인용해보겠다.

에스라4서가 가진 독특함은 여기서 살펴본 문헌에 나오는 유대교가 "언약적 율법주의"라 부르는 것이 가장 적절한 종교 유형을 얼마만큼이나 공통으로 갖고 있었는지 밝혀내는 데 도움을 준다. 언약적 율법주의의 "패턴"과 "구조"는 이렇다: (1) 하나님은 이스라엘을 선택하시고 (2) 율법을 주셨다. 이 율법은 (3) 하나님이 그 선택을 유지하시겠다는 약속과 (4) 그 율법에 순종해야 한다는 요구를 함께 암시한다. (5) 하나님은 순종에 보상하시고, 범과〔犯過; 율법을 어김〕를 벌하신다. (6) 율법은 속죄 수단을 제공한다. 속죄는 (7) 언약 관계가 유지되거나 재수립되는 결과로 이어진다. (8) 순종과

3 가령 *PPJ*, 17f., 543-552.

속죄, 그리고 하나님의 자비를 통해 언약 속에 남아 있게 되는 이는 모두 장차 구원받은 그룹에 속한다. 첫 번째 요점과 마지막 요점에서 중요시해야 할 해석은 선택과 궁극(최종)의 구원을 인간이 그 공로로 얻어내는 것이 아니라 하나님의 자비로 말미암아 주어지는 것으로 여긴다는 점이다(p. 42).

이것이 내가 제시하는 두 큰 주장이다. 우리는 이 논문에서 우리가 앞서 제시한 것, 곧 내가 유대교의 근간을 이루는 공통 신학이라 묘사한 언약적 율법주의의 몇 가지 난점에 관심을 갖고 다뤄보려 한다.[4] 우리 논지는 많은 고대 유대인이 여태까지 자주 언급되지 않은 기본 가설들을 주요 원리로서 견지했다는 것이다. 물론 그 원리는 존재했다고 추론할 수 있으며 존재했다고 추론해야 한다. 두 주요 원리가 있었다. 하나는 선택을 확신함이었고, 다른 하나는 이 선택에 대한 확신과 함께 하는 요구, 곧 유대인은 율법에 순종해야 한다는 요구였다. 53 위 목록에서 제시한 항목 3번에서 8번은 고대 유대인이 대체로 위 항목 1번과 2번이 주로 암시하는 것들을 어떻게 이해했는지 보여준다. 고대 유대교 문헌이 위 여덟 개 구성 부분을 어찌나 자주 언급하는지, 우리는 이것들이 일부 사람들의 마음속에 늘 자리하고 있었다고 확신해도 될 정도다. 문제는 위 항목 1과 2가 근본 원리요 근간을 이루는 원리였음을 증명하는 것이다.

내가 만약 먼저 주류 유대교를 제안하고 뒤이어 언약적 율법주의를 제시했었다면 더 나았을 것이다. 내가 먼저 단지 관찰 결과를 토대로 아주 많은 관습과 믿음—그 가운데 둘이 선택과 율법이다—에 관하여 폭넓은 일치가 존재했음을 확증했었다면, 사람들은 언약적 율법주의를 그들이 이미

4 가령 *PPJ*, 69-73. 다음 용어와 문구를 주목하라: "그 바탕을 이루는 종교와 종교 생활에 관한 어떤 일반적 이해"(69); "탄나임 문헌을 구성하는 여러 상이한 부분의 밑바닥에 깔려 있는 어떤 공통 패턴"(70); "기본 종교 원리들"(71); "세부 사항을 다루는 논의들 뒤편에 자리한 원리들"(71); 어떤 "체계"가 아니다(73f.; "밑바탕에 깔려 있는 일치된 견해"(85); "밑바탕에 깔려 있는 동일한 패턴"(424); "다양한 문헌에 어떤 공통 기반이 존재함을 발견할 수 있는가"(424).

받아들인 분석의 타당한 확장이라 보았을 것이다. 아! 그러나 내 두뇌는 미처 이런 생각을 하지 못했다. 나는 먼저 언약적 율법주의를 생각하고 나중에야 주류 유대교를 떠올렸다. 이런 순서를 설명해주는 몇 가지 요소가 있는데, 나는 그 가운데 하나만 강조해보겠다.[5]

나는 "율법주의(legalism)"에 주목하게 되었는데, 내가 처음 1세기 유대인에 관하여 읽었을 때 위에 붙어 있던 제목이 바로 "율법주의"였다.[6] 나는 1960년대 말에 이르기까지 여러 해에 걸쳐 유대교 문헌을 읽어오면서, 이 범주(개념)가 철저히 잘못되었다고 확신하게 되었으며, 당시 대다수 기독교 신학자가 고대 유대교의 근간을 이룬 신학이라 여겼던 율법주의를 반박할 큰 신학 구조를 구성해야만 했다. 율법주의라는 한 측면이 진실이 아님을 지적했더라도, 당시 신약학계의 분위기에는 전혀 유익이 되지 않았을 것이다. 내 관심사는 단순히 율법주의 비판을 출간하는 데 있지 않고, 오히려 율법주의를 그보다 높은 견해(개념)로 대치하는 데 있었다.

언약적 율법주의도 율법주의처럼 고대 유대교가 공통으로 받아들였던

5 다른 둘은 이것이다. (1) 젊은 시절, 나는 경솔하고 성급하여 더 복잡한 쟁점을 먼저 쫓아갔다. 이제 나는 늙고 치매가 다가오면서 비로소 내가 현재 저지른 잘못과 내가 젊은 날 어리석었을 때 드러냈던 부족한 점들을 내 스스로 질책할 수 있는 행복한 삶의 단계에 이르렀다. 그러나 나는 젊은 시절에는 그런 과정을 겪기 마련이라고 생각한다. (2) 둘째, 이것이 더 중요한데, 나는 랍비 문헌 내부에서 벌어지는 일들, 그리고 특히 랍비들의 생각에 몰두하게 되었다. 내 삶에서 아주 중요했던 것이 막스 카두쉰의 저작이었는데, 나는 랍비 사상의 한 측면과 다른 측면들의 상호 관계를 많이 생각했다. (막스 카두쉰이 지은 책으로는 *A Conceptual Approach to the Mekilta*, *Organic Thinking: A Study of Rabbinic Thought*, *The Rabbinic Mind* 등이 있다). 이는 외관상 각자 별개로 노는 잡스러운 항목들을 모아놓은 긴 목록이 아니라, 그 바탕에 깔린 일관된 관점을 내가 추구하도록 이끌었다.

6 나는 **율법주의**가 "(선행이든 악행이든) 자신의 행위를 모아놓은 목록에 근거하여 그 행위로 얻는 구원"을 뜻한다고 이해한다. 크레이그 키너는 내게 자신이 읽었던 일부 사람들이 말하는 **율법주의**란 그저 유대교 문헌이 지나치게 큰 공간을 행실 내지 "행위"에 할애한다는 의미 정도인 것 같으며, 그런 이들이 모두 "율법주의"라는 말을 오로지 행위 구원을 가리킬 목적으로 사용하지는 않는다고 말했다. 이것이 참이라면, 나는 행위를 강조하는 정도가 주로 장르에 따른 문제요 그 시대의 쟁점과 관련된 것이라고 본다. 십계명을 다루는 논의는 율법에 초점을 맞추지만, 시편을 다루는 논의는 그렇지 않다. 바울 문헌을 봐도, 갈라디아서와 로마서는 "받아들임(admission; 들어감을 허락함)과 지체임(membership; 지체로서 가지는 지위)"이라는 문제에, 다시 말해 "이방인 그리스도인이 하나님 백성 안에 들어가려면 유대 율법을 받아들여야 하는가?"라는 문제에 큰 비중을 두는 반면, 고린도전서는 행실에 더 큰 비중을 둔다.

어떤 신학을 학문 차원에서 일반화한 개념이다. 우리에겐 문화, 역사 시대, 종교 등등과 관련한 일반화〔일반개념〕가 필요하며, 시대를 막론하고 늘 그런 일반화를 사용한다.[54] 문제는 실제로 적용되는 일반화, 하찮지도 않고 오해를 낳지도 않는 일반화를 찾아내기가 어렵다는 점이다. *PPJ*와 이 논문이 부정어〔否定語〕를 써서 제시하는 논지는 율법주의가 고대 유대교 문헌에 결코 적용되지 않으며, 아무런 상관이 없다는 것이다. 더욱이 율법주의라는 일반화는 철저히 오해를 불러일으키는 것이요, 자료〔고대 유대교 문헌〕를 왜곡하는 것이다. 아울러 나는 아래에서 유대인을 각양각색 사람들이 뭉쳐 있던 무리로 보면서, 그들끼리도 서로 단절되어 있었고 그들 자신의 역사와도 단절되어 있었으며, 그들 모두가 이전에 하나님과 맺은 관계와 그룹〔선택받은 이들로 이루어진 무리로서 장차 구원받은 이들〕이 주는 혜택을 모두 배제한 채 오로지 그들 자신의 노력으로 그들 자신을 구원하려 했던 이들이라 봐도 될 정도로 고대 유대교가 개별주의〔개인주의〕적이지는 않았음을 지적하겠다.

이런 논의가 부닥친 여러 난관 가운데 하나는 기독교가, 곧 기독교 학자들이 제시하는 유대교 비판은 개인 구원에 초점을 맞추는데, 정작 유대교는 그룹의 보호와 보존에 더 관심을 기울였다는 점이었다. 내가 "구원론"이라는 범주를 "안으로 들어감과 그 안에 머묾"이라는 범주로 바꾼 것도 그 때문이었다. 이렇게 바꾼 덕분에 비교와 대조가 가능해졌다. 둘〔기독교와 유대교〕은 모두 —둘 다 개인 구원을 똑같이 강조하느냐 여부와 상관없이— 하나님이 인정하시는 그룹 안에 있음이 중요하다는 데 의견을 같이하기 때문이다. 바울은 사람들이 그리스도의 몸을 이루는 지체여야 한다고 생각했다. 유대인은 유대인이 이스라엘 백성의 지체여야 한다고 생각했다. 바울과 유대교를 대조했을 때 둘의 다른 점은 사람이 "안으로 들어가는" 길이다. 바울과 유대교는 "안에 머무르려면" 어떤 형태의 행실이 필요하다는 데는 의견을 같이 하나, 그 행실이 무엇인가를 이야기할 때는 일부 의견을 달리 한다. 바울은 할례와 안식일 준수를 필수라 여기지 않으면서도, 그리스도의 몸 안에 있는 이들에게 그가 이웃 사랑으로 정의한(가령 롬 13:9) "율법"을 강조했다.

나는 아래에서 학자들이 "언약적 율법주의"와 관련하여 제기한 몇 가지 비판을 다뤄보겠다. 그러나 그 전에 먼저 언약적 율법주의를 내가 대체하고자 한 신학 구조인 율법주의와 대조해보겠다. 나는 페르디난트 베버〔1836-1879〕의 저작(1897)까지만[7] 거슬러 올라가 율법주의 비판을 살펴봤지만, 내가 학자 생활을 시작할 때에 신약학계는 이미 아주 오래 전부터 그런 율법주의 비판을 널리 해왔으며, 그런 비판을 받아들이고 있었다.

유대교가 "율법주의"라는 견해는 모든 유대인 한 사람 한 사람이 그들 자신의 공로로 자신을 구원해야 한다는 의미였다. 이 논지의 근본은 유대인이 아주 절박한 곤경에 처해 있었다는 주장이었다. 유대인이 그런 곤경에 빠진 것은 자신들이 선택받은 자라는 지위를 잃어버렸다고 인식했기 때문이었다. 베버의 견해에 따르면, 유대인은 대개 황금 송아지 사건으로 말미암아 선택이 취소되었으며 그 바람에 자신들이 결국 버림을 받아 스스로 알아서 해야 하는 처지가 되어버렸다고 생각했다.

55 이 주장이 베버의 저작에서는 필수요 근본이 되는 것이지만, 어디까지나 상상에서 나온 주장이다. 그렇게 주장할 근거가 전혀 없으며, 설령 있다 해도 유대인은 모두 율법주의자였다는 그전의 확신뿐이다. 베버는 유대교를 "율법주의"라 논박하려면 사실은 유대인이 그들을 언약을 잃어버린 이들이라 생각했다는 주장이 먼저 필요하다는 것을 훤히 알 정도로 예리하고 해박했다.

베버의 이론을 반박하는 주장을 펴기는 쉽다. 유대인이 자기네가 이전에

7 Ferdinand Weber, *Jüdische Theologie auf Grund des Talmud und verwandter Scriften* (Leipzig, 1897)〔베버 사후에 출간된 유작이다.ⓣ〕; *PPJ*, 36-39을 보라.

가졌던 것을 잃어버렸다고 인식했다면, 그것을 언급했을 것이요, 애통해했을 것이며, 대체 무슨 일이 일어났고 왜 일어났는지 물었을 것이다. 그러나 그들은 그리하지 않았다. 하지만 베버는 깊은 생각 끝에 한 명제를, 실제로 고대 유대교를 설명해주는 명제를 제시했다. 유대인이 언약을 믿었다면, "율법주의"라는 비판은 공허하다—그런 믿음은 기독교에서 말하는 선행 은혜〔선재은총〕 개념과 얼추 같은 역할을 하기 때문이다.[8] 하나님이 이 관계를 주도하시며, 인간은 감사함으로 자신의 뜻을 하나님 뜻에 일치시킨다. 루돌프 불트만의 용어를 빌리자면, 하나님이 주신 선물이 하나님의 요구보다 앞선다. 유대교는 이를 하나님이 먼저 아브라함을 부르시고 그 백성을 이집트에서 이끌어내신 다음에 그 백성이 하나님의 율법을 기꺼이 받아들였다는 형태로 이야기한다. 따라서 고대 유대인은 성경의 전통적 선택 교리를 받아들였으므로 율법주의자가 아니었든지, 아니면 선택이 취소되었다는 견해를 갖고 있었기에 결국 모든 이가 극단적 개인주의자가 되어 이전에 그들이 집단으로서 가졌던 이점도 다 잃어버리고 이제는 각자 율법을 어기기보다 율법에 순종하는 일을 많이 함으로써 자신의 구원을 강구해야 하는 처지가 되어버렸든지, 둘 가운데 하나였다는 것이 베버의 인식이었다. 이는 합리적 대안이지만, 베버는 그릇된 답을 골랐다. 선택과 언약 개념을 내버리는 이런 극적 변화를 인정하거나 거부해야 했을 것이다. 그러나 유대인 가운데서 이런 논의가 없었다는 것은 그들이 물려받은 확신을 지키며 언약을 계속 확신했음을 일러준다.

유대인의 언약관은 그보다 훨씬 근본적 가정인 아주 큰 세계관, 곧 하나님이 온 세상을 창조하셨고, 역사는 대체로 이스라엘의 하나님이 주관하시는 결말을 향해 나아가고 있다는 세계관의 일부다. 이 세계관은 유대인

8 *Oxford Dictionary of the Christian Faith*, 2nd ed., ed. F. L. Cross and E. A. Livingstone (Oxford: Oxford University Press, 1974), "Prevenient Grace" 항목을 보라.

이 장차 자유를 누리거나 어쩌면 거기서 더 나아가 주위 민족들을 아예 지배하게 되리라고 본다. 서로 겨루는 세계관이 몇 있었다. 가장 명백한 것이 바로 유대인이 맹렬히 비판했던 다신론이었다. 이 다신론과 별개로, 상당히 소수이지만, 유대인이 경쟁하던 세계관에 맞서 제시한 주장들이 있다. 예를 들면, 유대인의 주된 견해는 역사가 하나님이 정하신 마지막을 향해 나아간다는 것이지만, 교육을 받았고 그리스어를 사용했던 연설가들은 ― 이방인과 유대인을 가리지 않고 모두― 역사란 순환이며 역사의 모든 국면이 되풀이되리라는 것을 아주 잘 알았다는 주장은 유대인의 그런 견해를 대놓고 반대했다.[56] 그러나 유대인은 그리스-로마의 이런 기본 이론들을 거의 반박하지 않았다. 필론은 하나님과 자연이 동일하다는 스토아학파의 주장에 맞서 싸웠지만, 그런 주장을 가볍게 일축했다.[9]

현재 얼마 남지 않은 유대교 문헌에는 (다신론을 제외한) 다른 견해들을 폭넓게 반박하는 논증이 들어 있다. 이 때문에 우리가 활용한 자료들은 정작 그들 자신을 변호하는 논증에는 공간을 그다지 할애하지 않는다. 그럼에도 모든 역사가는 유대인만이 가진 독특한 세계관―즉 하나님이 온 세상을 창조하셨고, 유대인을 선택하셨으며, 마지막까지 유대인을 보호하셨다가 마침내 그들을 구원하시리라는 세계관―이 있었다는 데 동의해야만 한다. 이런 가설이 하도 깊이 자리 잡고 있었기 때문에, 심지어 배운 유대인들은 유대인이 아닌 이들이 유대인의 세계관과 상반된 견해를 주장한다는 것을 알았어도, 굳이 많은 증거를 내세워 자신들의 가설을 증명하려 하지 않았다.

9 가령 *Migr.* 179 (*On the Migration of Abraham*; 『아브라함의 이주에 대하여』); *Heir* 97 (*Who Is the Heir?*; 『누가 거룩한 것들의 상속자인가?』)을 보라.

비판

내가 *PPJ*에서 제시한 논증은, 여러 논증이 의견대립과 논쟁으로 가득한 분야에서 오고감을 생각하면, 사실 상당한 성공을 거두었다. 이제 일부 그룹이 여러 비판을 체계화하여 제시하고 있는데, —내가 보기에— 그들이 그리 하는 목적 중에는 유대인이 행위로 의를 얻으려 했다는 견해, 곧 지금은 "공로 신학〔merit theology〕"이라 부르는 견해를 유지하려는 목적도 있는 것 같다. 나는 지난 30년 동안 쌓여온 비판들에 답변하는 일을 거의 하지 않았으며, 지금도 단 세 비판에만 답변하려 한다. 이 셋 가운데 첫 번째 비판과 세 번째 비판(즉 "언약적 율법주의는 유대교 문헌에 들어 있는 많은 내용을 요약하는 말이 아니다"와 "유대인은 실제로 행위로 의를 얻는다고 믿었으며, 프로테스탄트가 생각하는 의미의 율법주의자였다")이 가장 빈번히 등장하는 것 같다. 내가 가장 작은 공간을 할애할 두 번째 비판은 언약적 율법주의가 옳긴 하지만 아주 중요하지는 않다는 비판이다. 아주 박식한 일부 학자들이 이런 주장을 했는데, 이 비판도 논의해봐야 한다.

1. 언약적 율법주의는 랍비 문헌이 다루는 몇몇 주제를 설명하지 못한다.

이 비판에 대한 대답은 간단하지만, 이 비판이 우리가 다뤄야 할 쟁점을 드러내고 있기 때문에, 이에 대답하려면 몇 페이지가 필요하다. 첫째, 나는 언약적 율법주의가 유대교 문헌에 들어 있는 내용의 요약이라고 말하지도 않았고 그런 생각을 한 적도 없다. 언약적 율법주의는 기본 개념, 근본 개념, 바탕에 깔린 개념이어서 명시적으로 묘사되거나 설명되는 예가 거의 없다. 그런 까닭에 많은 학자가 내 논지가 지닌 힘을 제대로 파악하지 못한 채 언약적 율법주의를 명백히 언급한 구절들을 찾길 원했다. 그들은 근본 전제들을 보지 못했다. [57]이런 근본 전제들은 그야말로 근본인 것들이라 이 전제들에 반대하는 주장을 펴는 이가 전혀 없기 때문에, 이 전제들이 참이라는 것을 애써 논증하려는 이도 거의 없다. 내가 (나중에) 제안한 "주류 유대교(Common Judaism)"라는 개념은 여러 주제를 살펴봄으로써 검증될 수 있으나, 언약적 율법주의는, 우리가 전제하는 것이기에, 근본 개념이다.

텍스트를 연구하는 우리 모두는 자주 언급되는 주제가 중요한 주제라는 관념에 익숙해진다. 이것이 진실일 때가 잦기에, 단어 연구가 적절하고 유용하다. 나는 가장 행복한 시간 가운데 많은 시간을 큰 책상에 몇몇 텍스트와 성구사전을 펼쳐놓고 단어와 문구를 찾으며 보냈다. 물론 오늘날은 컴퓨터 검색 엔진이 빈번히 성구사전을 대신한다—이 때문에 맥락을 간과할 위험성이 훨씬 많아졌다. 어쨌든 단어 연구를 할 때는 그 바탕에 자리한 개념과 기본 전제를 찾아내기가 힘들다. 히브리어와 그리스어에서 "언약"을 나타내는 단어들—*berît*와 *diathēkē*—이 특히 그렇다. 랍비 문헌에서는 **언약**이라는 단어가 때로 이스라엘을 선택함까지 포함하는 넓은 개념을 뜻했지만,[10] 아브라함과 맺은 언약만을 가리킴으로써 결국 "할례"를 의미할 때가 빈번했다—이는 내가 잘 인식하고 있던 점이었다.[11] 하지만 일단 그런 언약 개념을 발견한 이는 콘코던스를 찾다가 더 적절한 용어를 발견할 수도 있는데, 이를테면 "출애굽을 믿는다고 고백하다," "하나님 나라의 멍에를 받아들이다," "하나님 나라를 받아들이다" 같은 말들이 그런 예다.[12] 마찬가지로 필론의 글을 봐도, **언약**이라는 말이 중요하게 부각되지 않는다. 이 때문에 이츠하크(이삭) 하이네만(1876-1957. 독일에서 태어나 이스라

10 가령 민 6:24-26을 다룬 *Sifre Zuta*와 *Sifre Be-Midbar*; *PPJ*, 105.

11 가령 *PPJ*, 84 주 21.

12 *PPJ*, 94, 236f.

엘에서 활동한 랍비 연구 학자요 고전학자다. 랍비 문헌, 헬레니즘 시대 문헌, 그 시대의 언어를 깊이 연구했다.ⓣ]은 필론이 "언약 개념을 전혀 몰랐다"고 써놓았다.[13] 내가 수십 년 전에 지적했듯이, 그가 만일 필론이 유대 정치체〔politeia, 시민사회〕—국가, 시민사회, 또는 헌법— 안에 있었다는 것이 가지는 중요성을 간파했다면, 언약 개념을 발견했을 것이다.[14]

58 그러나 정말 큰 문화 가설들을 찾는다면, 검색하기 가장 좋은 단어를 찾는 것은 유익하긴 해도 그저 수박 겉 핥기에 불과하다. 근래에 우리가 어떤 문서에서 알 수 있는 것은 오로지 그 문서의 페이지에 있는 단어들뿐이라 주장하는 일부 문학비평가의 견해가 많은 학자에게 영향을 주었다. 그러나 고대 유대교와 초기 기독교를 연구하는 학도들은 —나처럼— 늘 역사가가 되고 싶어 하지, 순수한〔진짜 문학비평만 하는〕 문학비평가가 되길 원하지 않는다. 역사가는 문화 가설을 탐구할 수밖에 없다. 내가 증명하고 싶은 것은 (a) 단어를 헤아림으로 그 중요성을 확증할 수 없는 커다란 세계관들이 실제로 존재한다는 것, 그리고 (b) 그런 세계관들을 발견할 수 있다는 것이다.

내가 아래에서 이야기하는 모든 내용에서 집중하여 다룰 고대 유대교 문헌의 일부는 랍비 문헌이다. 그리하는 이유는 다른 학자들이 그 문헌에서 나와 다른 가설—율법주의—을 발견하기 때문이다.

13 Isaak Heinemann, *Philons griechische und jüdische Bildung* (1929-1932; 재판, Hildesheim: Georg Olms, 1962), 482-483, 564.

14 "The Covenant as a Soteriological Category and the Nature of Salvation in Palestinian and Hellenistic Judaism." 여기에서는 31f.이며, 이 논문은*Comparing Judaism and Christianity*에 제 6장으로 다시 담아 출간하였다. 나는 어윈 굿이너프가 필론〔-의 사상〕에서 언약 개념이 중요함을 이미 논했음을 앞서 언급했다. 그는 필론이 "유대인은 토라 안에 담긴 하나님의 특별 계시를 갖고 있으며 하나님과 특별한 관계에 있다는 것을 그 마음을 다해 분명히 믿었다"고 써놓았다. *Jewish Symbols in the Greco-Roman Period*, 12 (New York: Bollingen Foundation, 1965), 6-9를 보라. 아울러 굿이너프는 여기에 유대인이 "유대교의 몇몇 공통분모에 성실했다"고 써놓았다. 더구나 "대다수 유대인에겐 언약이 아브라함과 이삭과 야곱 그리고 시내산의 하나님께 … 성실함을 의미했으며, 그들의 존재 이유 자체가 바로 그 하나님과 그들의 독특한 관계에서 나왔다는 의식을 의미했다." 나는 내가 처음 *Jewish Symbols*을 공부하고 약 10년이 지난 뒤에 *PPJ*를 쓸 때 이 페이지들을 되새겨주지 않은 것을 후회한다.

바탕을 이루는 원리들

나는 먼저 근본을 이루는 문화 가설이 어떤 모습인지 보여주는 사례를 몇 가지 제시하겠다. 이 사례들은 다양한 문화에서 가져온 것이다. 한 사례는 고대 이집트 것이요, 한 사례는 미국 초기 것이며, 나머지는 우리 자신이 살아가는 시공간 안에 존재하는 것이다.

공간과 시간을 절약하고자, 첫 두 사례는 언급만 하고 지나가겠다.

(1) 현대 미국 광고에서 아주 분명하게 볼 수 있는 한 가설은 "새것이 더 좋다"이다. 다른 문화들은 반대 견해를 갖고 있었다. 우리는 "새것이 더 좋다"라는 말을 거의 하지 않지만, 그것이 현대 미국 사회의 핵심 모티프다.

(2) 오늘날 대다수 사람은 무의식(unconscious mind)적으로, 즉 우리가 일부러 의도하지 않은 방식으로 행동하게 하거나 반응하게 만드는 것을 믿는다. "의식하지 못하는 사이에 속마음을 드러내는 말"〔Freudian slips〕과 "방어 메커니즘"〔방어기제, 防禦機制〕이 그런 무의식을 논하는 현대 담론의 일부다. 18세기에는 이런 개념을 몰랐다. 오늘날 사람들은 이런 개념을 빈번히 가정하지만, 이런 개념이 지그문트 프로이트와 그의 딸 안나〔Anna Freud, 1895-1982〕에게서 나왔다고 분명하게 말하는 이는 거의 없다. 사실 그들은 적극적 무의식이 우리 문화의 표준이라고 거의 말하지 않는다.

(3) 미국 독립선언서와 헌법은 많은 전제를 말하지 않는다. 이 둘은 일상에서 널리 통용되던 관습에 관한 지식에 의존하며, 미국을 세운 아버지들이 젊은 날에 공부했던 계몽주의 철학에 의존한다. 그 가운데 몇 가지 항목만 열거해본다.

(a) 건국의 아버지들은 인간불평등을 인정했다. 미국 독립선언서는 "모든 인간은 평등하게 창조되었다"라고 선언한다. 사람들은 수십 년 전까지만 해도 (인간이나 인류를 뜻하는) 포괄 명칭으로 *man*과 *men*을 사용하는 게 보통이었다. 이 때문에 18세기 사람들이 당연시했던 정치적 전제를 모

르고 텍스트를 액면 그대로 읽는 현대의 순진한 독자는 여자와 노예, 미성년자, 재산이 없는 사람들도 성인 자유인 남자와 동등한 권리를 가졌으리라고 추론할지도 모른다. 이와 비슷하게 미국 헌법 전문도 그냥 "우리 미국 국민"이라 언급하면서, 이 국민이 "이 헌법을 제정한다"고 말한다. 우리는 어느 경우에도 그 시대에 당연시했던 전제들을 명백히 천명한 내용, 그러니까 재산을 가진 성인 자유인 남자만이 투표권을 포함하여 완전한 권리를 가진다는 내용을 발견하지 못한다.

몇몇 건국의 아버지는 (예를 들어) 노예를 제외하는 것이 잘못임을 알았지만, 그들도 모두 그리하는 데 동의했다. 이 경우에, 그 전제들은 그런 특정 단어들을 보강하기보다 일부 부인한다. 미국 연방 헌법과 첫 십계명("권리 장전")이 분명하게 긍정하지는 않았으나 은연중에 인정하는 주요 원리는 이렇다.

(b) 정부는 자연법인 이성을 따르지, 계시에 의존하지 않는다. 미국 헌법에는 **하나님**, **예수 그리스도**, **성경** 같은 말이 없기로 유명하지만, 건국의 아버지들은 대부분 그리스도인이었다. 그러나 하나님을 믿되, 기독교 교리대로 믿지 않는 이신론자들도 있었다. 역사가라면 18세기에는 종교가 정부에서 담당하는 역할이 자주 이야깃거리가 되었으며, 때로는 그것을 둘러싼 논쟁이 뜨겁게 벌어지기도 했음을 쉬이 발견할 수 있다.[15] 이런 주제를 미국 헌법에서 뺀 것은 물론이요 1차 수정 헌법이 종교의 자유에 관한 논의를 제약한 것도 우연일 리가 없다: 미국 헌법 "기초자들"은 하나님, 그리스도, 성경이라는 말을 일부러 뺐다. 이는 그들이 정부의 기초는 인간 이

15 예를 들면 제퍼슨〔미국 제3대 대통령ⓣ〕의 자서전이 들어 있는 Thomas Jefferson, *Writings* (New York: Library of America, 1984), 40을 보라. 이 부분은 일부 사람들이 종교의 자유에 관한 버지니아주 주법〔statute〕에 "예수 그리스도"라는 말을 넣으려 했던 일을 다룬다. 제퍼슨은 그 개정 작업이 실패했음을 예로 들어, 입법자들이 "유대인과 이방인, 그리스도인과 무슬림, 힌두교 신자, 그리고 모든 교파를 믿지 않는 자"를 보호하려 했음을 보여준다.

성이어야 한다고 믿었기 때문이다.

(c) "모든 사람"이 평등하기 때문에, 어느 누구도 다른 사람의 생명이나 건강이나 자유나 재산에 해를 입혀서는 안 된다. 5차 수정 헌법은 이런 권리들을 규정하면서도, 이를 규정하는 논거는 제시하지 않는다(모든 사람이 평등하기 때문이다). 이런 연유를 알려면, 미국 헌법 "기초자들"이 젊었을 때 공부한 것들을 읽어봐야 한다.[16]

60 (4) 나는 이제 우리 시대의 그것과 완전히 다르고 성경에서 발견할 수 있는 가설과도 완전히 다른 공통 문화 가설 하나를 고대 세계에서 가져다 보기로 제시해보겠다. 이 일을 행하고자, 이집트를 살펴보겠으며, 특히 헨리 프랑크포르트〔1897-1954. 네덜란드 고고학자요 이집트 학자다. 이집트 엘 아마르나 유적 발굴을 지휘했으며, 고대 이집트 종교를 깊이 연구했다.ⓣ〕가 쓴 *Ancient Egyptian Religion*〔고대 이집트 종교〕을 살펴보겠다. 프랑크포르트는 갈피를 잡을 수 없을 정도로 다양한 이집트 종교 표현들 뒤편에 어떤 통일성이 존재하는지 물었다. 그는 어떤 통일성이 있었다고 생각했다: 모든 것이 "단일한 기본 확신, 곧 우주가 본질상 정지 상태에 있다는 확신에 뿌리를 두고 있었다. 이집트인은 자신이 변하지 않는 세계에서 살고 있다고 생각했다." 이것은 "명확히 천

16 미국 헌법의 바탕에 자리한 철학, 특히 이 책이 제시한 (b)와 (c)를 가리키는 철학은 John Locke, *The Second Treatise of Government*, §6이 이렇게 분명히 설명한다. "자연 상태는 그것을 다스리는 자연법이란 것을 갖고 있으며, 이 자연법은 만인에게 의무를 지운다. 바로 그 자연법인 이성은 그것에 다만 조언을 구하려 하는 모든 인류에게, 인간은 모든 이가 평등하고 독립된 존재이므로, 누구도 다른 이의 생명이나 건강이나 자유나 재산에 해를 입혀서는 안 된다고 가르친다": Locke, *Two Treatises of Government*, ed. Peter Laslett, student ed. (Cambridge: Cambridge University Press, 14th 재판, 2003), 271. *Two Treatises of Government*〔정부에 관한 두 논문〕은 본디 1689년에 출간되었으며, 18세기 교육과 정치사상의 근본이 되었다. 1825년 3월 4일자 *Minutes of the Board of Visitors of the University of Virginia*는 이렇게 말한다. "자유에 관한 일반 원리 그리고 인권과 관련하여, … 이 주〔State〕, 그리고 미국의 동료 시민들은 … 로크 … 그리고 시드니가 천명한 원리들을 대체로 인정할 원리로 여겨도 된다." 미국 건국 아버지들은 학창 시절에 로크〔John Locke, 1632-1704〕와 시드니〔Algernon Sidney, 623-1683. 잉글랜드 정치인이요 공화주의 이론가다.ⓣ〕 그리고 다른 이들을 읽었다. 제퍼슨 자신도 로크를 (프랜시스 베이컨 그리고 아이작 뉴턴과 더불어) 그때까지 살았던 가장 위대한 세 인물 가운데 하나로 여겼다. Thomas Jefferson, *Writings*, 479, 939-940을 보라; 참고. 1176.

명한 교리"는 아니었으나, 그럼에도 "그[이집트인]가 그의 나라와 사회, 그의 문학과 예술에 부여한 형태를" 아주 확실하게 "결정했다."[17]

물론 고대 이집트인은 다양한 종류의 변화를 알고 있었다. 왕조는 일어섰다가 몰락했다. 이집트군도 늘 승전만 하지는 않았다. 그러나 이집트인은 이런 변동이 그저 "변하지 않은 전체 안에서 리듬을 따라 일어나는 운동[들]"일 뿐이라고 생각했다(13).

텍스트들이 끊임없이 논하는 창조〔creation〕는 중요한 논제였는데, 이는 바로 창조가 결코 변하지 않는 우주에서 정말로 중요한 문제이기 때문이다(50). 하지만 우주가 "결코 변하지 않는다"는 것도 아예 대놓고 천명하는 말이라기보다 은연중에 암시하는 말이다.

프랑크포르트는 이집트의 기막힌 생산품, 도덕과 행실에 관한 권면, 죽음에 관한 견해, 그리고 또 아주 많은 것을 분석하여 불변이라는 개념이 그런 것들의 바탕에 자리하고 있음을 증명한다. 그는 이집트인이 이런 개념을 분명하게 천명한 적이 거의 없음을 여러 차례에 걸쳐 지적하면서도, 이집트인의 삶과 사상의 밑바탕에는 그런 불변 개념이 자리해 있었다고 주장한다.

나는 고대 종교 분야에서 내가 해내려 했던 일을 가장 탁월하게 해낸 학자의 본보기가 바로 프랑크포르트라고 본다. 그러나 나는 그만큼 훌륭하게 해내지 못했다.

61 (5) 나는 정말 강력하고도 모든 것을 통제하지만 아무도 천명하지 않았던 가설들의 최종 사례로서, 내가 보기에, 초기 랍비 문헌에 가장 가까울 수 있는 유비를 제공하는 주제〔이야깃거리〕를 제시하고 싶다. 그건 바로 현대 성서학이다. 나는 신약학이라 부르겠지만, 그렇게 불러도 모든 이가 그 유사성을 이해할 것이다. 내가 랍비 문헌과 성서학이 유사하다는 생각을

17 Henri Frankfort, *Ancient Egyptian Religion: An Interpretation* (Mineola, NY: Dover, 2000), vii. 이 작품은 본디 Columbia University Press가 1948년에 출판했다.

맨 처음 하게 된 것은, 불행히도, 내가 *PPJ*를 다 쓰고 7년이 지난 뒤, 그리고 그 책이 출간되고 5년이 지난 뒤였다. 나는 1982년에 케임브리지에서 열린 신약 세미나에 참석했다. 모나 후커〔Morna Dorothy Hooker, 1931- . 영국 신약학자이며 케임브리지대 명예 교수다. 마가복음과 바울 서신을 주로 연구했다.ⓣ〕가 이 세미나를 주재했다. 제프리 스타일러〔Geoffrey Styler〕가 세미나 내용을 기록했고, 그는 각 모임이 시작할 때마다 자신이 기록한 세미나 내용을 읽어주었다. 나는 그렇게 읽어주는 세미나 기록을 경청하다가 우리 활동과 고대 랍비들의 활동 사이에 존재하는 여러 유사점을 깨닫게 되었다. 세미나 기록은 일어난 일을 적었기 때문에, 보통은 그날 다룬 문제를 소개하는 글이 없었다. 우리는 모두 그날 다룬 주제가 왜 쟁점이 되었는지 알기 때문에, 서기는 그 이유를 우리에게 일러주지 않아도 된다.

세미나는 물론이요 세미나 기록도 우리가 품었던 동기들에 관하여 어느 한 가지만을 일러주지는 않았다. 거기에 왜 그리 많은 학자가 모여 자신들이 한 짧은 텍스트를 아주 세밀히 탐구하며 그 삶을 보냈음을 펼쳐 보일까? 우리는 그 답을 알기에-아니, 더 정확히 말하면, 그 답이 얼마나 복잡다단하고 광범위한지 알기에- 그 문제는 논하지 않았다. 〔그래도 만일 신약 텍스트를 탐구하며 그 삶을 보낸 동기를 말해보라 했다면-ⓣ첨가〕 어떤 이들은 신약 성경이 말 그대로 계시된 하나님 말씀〔the revealed word of God〕이라고 주장했을지 모른다. 또 다른 이들은 기독교가 세계 역사상 가장 중요한 운동 가운데 하나이기에, 어떤 노력이라도 그 노력이 아주 자그마한 신약 본문의 의미와 중요성을 드러낸다면 그야말로 값진 노력이라고 말했을 수도 있다. 내가 참석해본 신약학 대학원 세미나 가운데는 세미나 참석자가 자신이 왜 온 몸과 영혼을 바쳐 신약학 연구에 헌신하고 있는지 설명하라는 요구를 받는다고 느꼈던 세미나가 하나도 없었다.

박사나 중견 학자가 참석하는 세미나에서도 동기나 중요성은 당연한 것이라 여기고 넘어가지, 따로 논의하지 않는다. 아울러 더 광범위한 쟁점도 당연한 것이라 생각하며, 따로 토론하지 않는다. 세미나 참석자들은 그날 다루는 바로 그 주제에만 집중한다. 랍비 문헌의 내용도 현대 성서학자들의 모임 결과를 담아놓은 기록과 아주 비슷하다.

나는 *PPJ*에서 랍비들에 관하여 이렇게 썼다.

> [기본 종교 원리는] … 자체가 논의되지 않는다. 랍비들이 논의하는 것들은 종교적 중요성을 가지는 중심 문제들과 동떨어져 있을 때가 종종 있다.[18] 따라서 미콰오트〔Mikwaoth; 미크바오트(*miqva'ot*)〕, 곧 "정결용 목욕탕(못)"이라는 분책은 정결함을 얻고자 몸을 물에 담그는 일이 가지는 종교적 가치나 정결해야 할 일반적 이유를 고찰하지 않을 뿐 아니라, 심지어 이런 율법을 지켜야 하는 이유 같은 큰 주제조차도 아예 고찰하지 않는다. 이 논문은 그냥 몸을 담글 목욕탕의 등급을 분류하는 것으로 시작한다. 그렇다고 이것이 이런 논의 뒤편에 아무런 종교 원리도 존재하지 않았다는 뜻은 아니다. 이것은 다만 (a) 사람들이 이런 원리들을 아주 잘 이해하고 있다 보니, 이 원리들을 자세히 거론할 필요가 없었다는 뜻이요, (b) 이런 원리들이 할라카의 영역에 속하지 않았다는 의미일 뿐이다. …. 이런 종류의 문헌은 원리보다 세부 문제들을 다루기 때문에 … 세부 사항을 다루는 논의 전체의 뒤편에 자리한 원리들이 무엇인가는 추측할 수 있게 해준다. (71)

나는 "[인간이] 언약 아래서 짊어진 의무들만 상세히 설명하고 정의하는 이유는 단 하나, 하나님이 언약 당사자로서 신실하심과 정의를 지키시리라는 것은 의심할 여지가 전혀 없기 때문이다"라고 제시했는데(82), 지

18 참고. Jacob Neusner, *The Rabbinic Traditions about the Pharisees before 70*, 3 vols. (Leiden: Brill, 1971), 235, 238; 더 자세한 내용은 아래 3절을 보라. [원서에 붙인 주.]

금도 이 생각이 옳다고 본다. 세미나에 참석하여 성경 주해의 세부 내용을 토론하는 교수들과 박사과정 학생들이 아무런 원리도 갖고 있지 않다거나 그들이 가진 여러 원리를 추론할 수 없다고 말한다면, 나는 그런 말을 어리석다고 여길 것이다. 랍비들이 신성한 텍스트를 공부하면서 최선을 다해 철저히 공부했지만 그들이 왜 그렇게 했는지 설명해주는 말이 전혀 없다고 한다면, 앞의 말보다 훨씬 어리석은 말처럼 들릴 것이다.

랍비들은 선택받음이나 시내산이나 속죄〔대속〕를 언급하지 않고도 한 페이지 한 페이지 계속 연구해갈 수 있다—이는 마치 신약 학자들이 그리스도 안에서 하나님이 자신을 계시하심을 언급하지 않고도 한 페이지 한 페이지 계속 연구해갈 수 있는 것과 마찬가지다. 나는 언약적 율법주의가 현대 성서학의 그런 경우와 유사한 기능을 랍비 문헌 속에서 하고 있다고 제안하고 싶다. 언약적 율법주의는 전체를 설명해주지만, 그 설명을 분명하게 제시하는 경우는 거의 없다. 언약적 율법주의는 랍비들이 왜 아주 많은 시간과 에너지를 들여 성경을 한 줄 한 줄 꼼꼼하게 연구하고 그 의미를 토론했는지 설명해준다. 일부 학자들은 요샛말로 "공로 신학"이라 표현하는 소위 "율법주의"를 유대교의 바탕을 이루는 신학으로 제시하면서, 바로 이런 공로 신학 내지 율법주의를 따라 위에 계신 분에게 점수를 따거나 공로 배지를 얻을 방법을 찾으려 했던 것이 유대인의 공부 동기라고 주장하지만, 나는 오히려 언약적 율법주의가 유대인이 공부에 열심을 냈던 이유를 더 잘 설명해준다고 생각한다. 랍비들도 기독교 신학들과 같은 이유로 성경을 연구했다. 즉 그들 역시 성경을 사랑하며 하나님이 그들에게 주신 큰 선물이 성경이라 여겼기에 성경을 연구했지, 성경을 연구하지 않으면 달리 충분한 공로를 쌓을 길이 없겠다는 두려움 때문에 연구한 것은 아니었다.

바탕을 이루는 원리인 언약적 율법주의

우리는 이런 질문을 해봐야 한다. 만일 문화 가설 같은 것이 존재한다고 인정한다면, 랍비들에게도 그런 것이 있었다고 인정한다면, 특히 "언약적 율법주의"가 기원전 200년에서 기원후 200년에 이르는 기간에 나온 유대교 문헌 중 대다수 현존 문헌에서 볼 수 있는 그런 공통 가설임을 어떻게 증명할 수 있을까?[63] 내 논지를 일부 받아들였던 한 서평자는 내가 랍비들이 원자 이론을 알았다는 것도 증명할 수 있을 것 같다고 말했다. 랍비들이 원자 이론을 따로 논하지 않았으니, 그들이 그것을 알았다는 말이 아니겠느냐는 취지였다. 이것은 그저 말놀음에 굴복하는 언사요 깊이 파고들어가 조사해보길 거부하는 말에 불과하다.

언약적 율법주의라는 말은 나오지 않지만, 그것이 존재했음을 드러내는 논지는 많으며, 그 가운데 셋을 요약해보겠다. 나는 *PPJ*에서 강조하지 않은 한 가지와 그 책에서 전혀 논하지 않은 한 가지에 초점을 맞춰보고, 그 책의 주요 논지 가운데 하나는 그냥 되풀이하고 넘어가겠다.

(1) 첫째, 나는 *PPJ*에서 과소평가했던 한 가지를 강조하고 싶다. 언약적 율법주의는 성경 내러티브에서 분명하게 나타나며, 랍비처럼 성경을 정독하는 이들이라면 그것을 결코 놓칠 수 없었으리라는 점이 그것이다. 실제로 랍비들은 언약적 율법주의를 놓치지 않았다. 그들은 인간에게 부여된 요구보다 하나님의 은혜가 앞섬〔precedence; 선행함〕을 지적한다.[19] 언약적 율법주의는 아브라함과 모세라는 두 인물이 씨앗 같은〔seminal; 근원이 되는〕 이로서 중요성을 갖고 있다고 여긴다. 즉 하나님은 아브라함과 그 자손들을 택하시고 그들을 이집트에서 이끌어내셨으며, 모세를 통해 이스라엘에게 율법을 주셨다. 언약과 율법, 은혜와 요구(의무)라는 패턴이 잇달아 이어

19 예를 들면, *PPJ*, 92-97.

지는 그런 큰 사건들 속에서 아주 분명하게 나타난다. 내가 성경이 명백히 보여주는 이런 근거를 더 강하게 논거로 내세울 지혜를 가졌었다면, 내 주장이 더 힘을 받았을 것이다. 랍비들이 아인쉬타인이나 페르미〔Enrico Fermi; 1901-1954. 이탈리아계 미국인 핵물리학자다.ⓣ〕를 읽었다고 생각할 이유는 없지만, 그들이 성경을 공부했다는 점은 의심할 수가 없다.

(2) 다음으로 나는 *PPJ*에서 제시했던 주요 논지 가운데 하나를 독자들에게 되새겨주고 싶다. 속죄가 가능했던 것은 도처에 온갖 범과〔transgressions; 犯過〕가 널리 퍼져 있기 때문이라는 견해가 바로 그것이다. 그 견해는 속죄라는 주제가 등장할 때마다 등장한다. 속죄 희생 제사를 언급하는 성경 본문을 다루는 탄나임 미드라쉬에서 그 주제가 등장할 때가 그런 예다. 아울러 미쉬나에는 속죄를 다루는 분책들이 있다. 속죄 또는 회복이라는 개념은 그 전에 좋은 지위에 있었음—*PPJ*에서 쓴 언어로 표현하면, "안에" 있음(being "in")—을 전제한다.[20]

랍비 문헌은 다른 속죄 "체계"를 제시한다. 성경을 보면, 다양한 범과가 등장하며, 우리는 여기저기서 속죄와 용서, 회복을 말하는 문장을 발견한다. 랍비들은 범과와 속죄를 다양한 방법으로 짝 지움으로써(157-180), 특정한 속죄 수단으로 특정한 범과를 바로잡게 했다. 이 모든 노력에서 드러나는 공통점은 속죄를 받고자 하는 모든 이스라엘 사람에게 속죄를 보장한다는 것이다. 64 랍비들의 토론을 보면, 범과에 대한 속죄에는 성경이 속죄함을 얻지 못한다고 말하는 것과 관련된 죄-야훼의 이름을 헛되이〔망령되이〕 가져다 쓰는 행위-도 들어 있다. 랍비들은 그 예외를 쉽게 우회했으며(159-160), 이는 하나님이 어떤 일이 있어도 당신을 거스른 채 어긋난 길로 간 자녀를 용서할 준비가 되어 있으시며 기꺼이 용서하시려 한다는 것

20 "Salvation by Membership in the Covenant and Atonement (언약과 속죄의 일원이 됨으로써 얻은 구원)," in *PPJ*, 147-182을 보라.

이 랍비들의 바탕을 이루는 가설이었음을 명쾌하게 보여준다. 설령 그들이 어긋난 길로 가더라도, 여전히 그들은 하나님의 자녀였으며 그들의 길을 바로잡을 수 있었다.

되풀이하자면, 속죄에 관한 이 모든 논의는, 그리스도인이 쓸 법한 용어인 은혜를 빌려 표현한다면, 속죄 앞에 은혜라는 상태가 있었음을, *PPJ*에서 쓴 언어로 표현한다면, "안에" 있음이라는 상태가 먼저 있었음을 전제한다. 속죄가 있다면, 선택이 있으며, 범과와 속죄를 정의하는 율법도 당연히 있다. 즉 속죄를 가졌으면 언약적 율법주의도 가진 것이다. (3) 세 번째 논지는 역사에 호소함〔역사를 근거로 원용함〕이다. 고대 유대교를 수박 겉 핥기식으로 살펴보기만 해도, 그룹 정체성과 결속력의 중요성이 아주 명백하게 드러난다. 고대에는 성지 밖에 사는 유대인이 엄청나게 많았다. 동쪽(메소포타미아)이든, 서쪽(소아시아, 북아프리카 그리고 유럽)이든, 아주 많았다. 그곳의 공통 문화 속으로 섞여 들어간 이들도 분명 일부 있었지만, 그들은 눈에 띌 정도로 함께 어울려 살면서 독특한 그룹을 형성했고, 심지어 (요세푸스가 언급한 것처럼) 그들 민족 고유의 근본 질서〔constitution; 구조〕, 그들의 율법, 그들의 관습을 스파르타인보다 훨씬 강고하게 지키려 했으며, 그들의 하나님과 민족을 위해 기꺼이 죽으려 했다.[21] 마카비 봉기나 두 차례에 걸쳐 로마에 맞서 봉기했을 때에 숨진 사람들은 하찮게 공로를 쌓는 일에 연연하지 않았다. 그들은 삶의 방식, 그들의 동포 유대인, 그리고 이스라엘을 택하시고 이 민족의 여러 독특한 문화 특징을 법으로 정해주신 분에게 성실을 다하고 있었다. 불행히도 나는 기지나 지혜가 없어서 이런 논지를 *PPJ*에 포함시키진 못했지만, *JPB*에서는 이런 내용이 나타난

21 유대인이 그들의 하나님과 하나님의 율법에 성실한 점, 그리고 다른 민족 가운데에서는 유대인과 같은 성실함을 볼 수 없다는 점을 알아보려면, Josephus, *Against Apion* 2.225-235, 271-280을 보라. 그가 말하는 요지는 전부 옳다. 유대인은 계속하여 독특한 그룹을 형성했으나, 스파르타인은 그렇지 않았다.

다. 유대인이 하나님께 성실을 다하고 그들끼리 성실을 다했음을 극명하게 보여주는 유일한 사례가 전쟁이다. 사람에 따라선 예루살렘 순례, 성전세 납부, 그리고 다른 주제들을 그런 사례로 고찰할 수도 있겠다.[22]

율법주의는 하나님과 그룹〔이스라엘 민족〕에게 다했던 성실을 설명해주지 못하나, 언약적 율법주의-율법주의의 대안-는 설명해준다.

65

2. 일부 유대교 문헌에서는 언약적 율법주의가 진실로 등장하긴 하나, 아주 중요하지는 않다.

이 비판은 대니얼 포크〔Daniel K. Falk; 미국의 유대교 및 초기 기독교 연구 학자로서 주로 사해 문서를 깊이 연구해왔다.ⓣ〕가 유대교의 기도 및 시편을 다룬 한 논문에 실려 있으며, 이 논문은 *Justification and Variegated Nomism* 〔칭의와 다채로운 율법주의〕이라는 책에 실려 출간되었다.[23] 나는 이 논문이 훌륭하다고 본다. 포크는 전제를 분석하는 것이 중요하다고 인식한다. 그는 그가 다루는 자료가 언약을 분명히 언급하거나 전제하고 있음을 조심스럽게 언급한다. 이는 당연히 예상할 수 있는 일이다. 그의 논문 주제이기도 한 기도와 시편의 시들은 하나님께 올리는 것이다. 하나님께 뭔가 말씀 올리는 사람은 그분의 자비 그리고 인간이 그분에게 의지한다는 것을 의식하는 경향이 있다.[24] 그렇지만 포크는 언약적 율법주의를 애써 비판한다. 그는, 일

22 *JPB*, 130, 144, 237f., 256f., 264f. 나는 144쪽에서 인용한다. "우리는 종교와 애국심이 어떻게 서로 엮어져 있는지 샅샅이 살펴보았다. 이스라엘의 하나님은 온 세상의 하나님이시지만, 그분은 이스라엘 민족을 택하셨다. …. 그 공동체에 성실을 다하는 것은 이스라엘을 불러 존재하게 하신 신에게 성실을 다함과 떼려야 뗄 수 없었다. 그룹 정체성과 하나님을 향한 헌신은 함께 붙어 다녔다."

23 Daniel Falk, "Prayers and Psalms," in *Justification and Variegated Nomism*, vol. 1, *The Complexities of Second Temple Judaism*, ed. D. A. Carson, Peter T. O'Brien, and Mark A. Seifrid, WUNT 2.140 (Tübingen: Mohr Siebeck, 2001), 7-57.

24 자신하는 태도가 옳은가 아니면 하나님을 의지하는 태도가 옳은가라는 문제는 장르 문제라는 성격도 일부 갖고 있다: **할라카**〔*halakhah*〕는 인간에게 구체적 문제를 해결할 능력이 있음을 전제한다.

부 자료, 특히 사해 문서와 솔로몬의 시편을 보면, 아주 중요한 "언약"은 이스라엘 전체와 맺은 언약이 아니라, 이스라엘 내부의 한정된 그룹과 맺은 언약이라고 언급한다.[25] 그는 언약적 율법주의가 솔로몬의 시편을 분석하는 데 얼마나 적합한지 물은 뒤, 그 대답은 "다소 모호하다"고 답변한다. 이어 그는 이렇게 말한다.

> 우리가 만일 시편 시인(들)이 인정하고 동의했을 한 공식을 염두에 두면, 내 생각에는 분명 그들이 샌더스가 말하는 "언약적 율법주의"를 샌더스를 비판하는 이들이 주장하는 판단보다 마음에 들어 했으리라고 본다. …. 그러나 [시편 시인들이 말한] 한정된 그룹 중심의 구원론을 "언약적 율법주의"라 규정한다면, 이는 그야말로 아주 도움이 되지 않는다.[26]

마찬가지로, 포크는 사해 문서의 호다요트〔*Hodayot*; 감사 시편〕를 주석하면서, "이 종교 관습의 독특한 특성은 … 그것이 지닌 분파〔종파〕라는 맥락이며, 무엇보다 한 사람 한 사람이 그 분파 안으로 옮겨옴으로써 비로소 언약 구성원이 된다는 것이다."[27]라고 지적했다. 나는 그가 솔로몬의 시편과 쿰란에서 나온 찬송들이 제시한 언약 개념을 재정의하면서 한 말들에 전적으로 동의한다. [66] 다만 나는 포크가 사해 문서를 논할 때 나도 같은 점을 강조한다는 것을 간파하지 못한 게 아쉽다: "우리가 앞서 랍비 문헌에서 발견했던 종교의 일반 패턴이 쿰란 안에도 존재한다. 그러나 개별 주제를 놓

반면, 하나님께 올리는 말씀(기도와 시편의 시들)은 하나님 은혜에 의지함을 전제한다. *PPJ*, 224, 266f., 292, 297, 376.

25 참고. Mark Adam Elliott, *The Survivors of Israel: A Reconsideration of the Theology of Pre-Christian Judaism* (Grand Rapids: Eerdmans, 2000).

26 Falk, "Paryers and Psalms," 51.

27 Ibid., 34.

고 보면 현저한 차이점과 특별한 강조점이 있다." 나는 선택과 관련하여 이렇게 말했다. "도리어 쿰란이 그런 선택을 강조한 것은 에세네파 사람들이 한 민족으로서 선택받은 게 아니라 개개인으로 선택받았다는 그들의 예리한 자의식을 반영한다."[28] 나는 솔로몬의 시편을 다룰 때도 같은 문제—작은 그룹 대 모든 유대인—를 논했다.[29]

하지만 당시 내 관심사 중 하나는 사해 문서에서 나타나는 **패턴** 내지 **구조**가 랍비 문헌에서 나타나는 그것과 같으며 그 구조가 율법주의와 완전히 다름을 지적하는 것이었다. 포크는 그런 논지를 완전히 지지한다. 이 경우에 나는 내 저작이 적어도 조금은 도움이 되었다고 보고 싶다. 기독교 학자들은 여전히 사해 분파의 율법주의를 논하는 글을 쓰고 있기 때문이다.

3. 고대 유대교는 "다양한 면모를 지녔다." 언약적 율법주의도 존재했지만, 그와 대립하는 신학, 특히 행위로 구원을 얻는다고 믿는 "공로 신학"도 있었다.

랍비 문헌에는 내가 "패턴"이라 말하는 것에 해당하지 않는 문장들이 있다는 견해가 상당히 널리 퍼져 있다. 지금도 랍비 문헌에서 내가 말하는 패턴과 완전히 다른 패턴을 찾아내길 원하는 학자가 많다. 그들은 구닥다리 방법으로, 말하자면 그들 자신이 고안한 틀에 들어맞을 수 있는 증거 본문을 찾는 방법을 사용하여 그런 패턴을 찾아내려 한다(사실 그 틀은 루터가 고안한 틀이지만, 그것은 또 다른 문제다). 그 다른 패턴은 늘 율법주의(혹은 공로 신학)이며, 그들이 언급하는 문장들은 늘 보상 및 벌과 관련이 있

28 *PPJ*, 320.

29 Ibid., 408. 하지만 내가 작은 그룹과 이스라엘 민족의 균형과 관련하여 내린 결론은 포크의 결론과 조금 달랐다.

다. 사람들은 때로 보상과 벌을 다루는 문장들이 하나님 은혜를 거부하고 인간이 이룬 업적을 의지함을 암시한다고 믿는다. 근래에는 상황이 조금 나아졌을지도 모르겠지만, 역사를 살펴보면, 신약학자들은 주로 랍비 히브리어를 주로 이런 식으로 "사용해왔다." 즉, 그들은 어떤 문장을 발견하면, 그것을 모든 랍비가 확고히 주장한 도그마라고 선언한 뒤, 그 문장을 도그마의 성격을 지닌 전제들 덩어리에 끼워 넣는다. 문제의 학자들은 그 과정에서, 만일 그 문장이 어떤 조직〔체계〕 신학의 구성 부분이라 여겼다면 자신이 생각했을 법한 내용을 적어둠으로써 그런 끼워 넣기를 하곤 한다. 이런 일을 하게 되면, 랍비 문헌의 "바탕을 이루는" 신학을 넘어 그보다 많은 것을 찾아낼 가능성이 훨씬 커진다.

67 필립 알렉산더가 서로 다투는 두 구원론에 관하여 제시한 견해

나는 이 논지, 곧 "공로" 신학이 "언약적 율법주의"와 다툰다는 논지를 살펴보고자, *Justification and Variegated Nomism*에 실려 있는 가장 훌륭한 논문 하나를 더 살펴보겠다. 필립 알렉산더의 "Torah and Salvation in Tannaitic Literature"〔탄나임 문헌이 말하는 토라와 구원〕가 그것이다.[30] 이는 아주 유용한 논문이다. 알렉산더는 이 논문에서 미쉬나가 은연중에 암시하는 구원 체계를 신명기 시프레〔*Sifre Deuteronomy*; *PPJ* 한국어판에는 시프레 신명기로 번역하였음.ⓔ〕 (*Sifre Devarim*, 탄나임 혹은 초기 랍비들의 신명기 미드라쉬 내지 주석)의 그것과 비교한다. 알렉산더는 신명기 시프레에서 언약이 두드러짐을 보게 된다고 주장한다—누구라도 예상하겠지만, 그것이 바로 랍비들이 주석하는 성경 본문의 주된 특징이기 때문이다. 이 신명기 시프레를 보면, 많은 본문이 언약을 분명히 언급하지만, 다른 한편으로는 언약

30 Philip Alexander, "Torah and Salvation in Tannaitic Literature," in *Justification and Variegated Nomism*, 261-301.

을 분명히 언급하지 않은 채 전제하는 본문도 많다. (알렉산더도 포크처럼 전제들을 찾아보는 일이 중요함을 인식했다.)

하지만 미쉬나를 보면, "하나님이 인류의 행위를 정확히 헤아려보신 뒤에 정확히 계산하신 보상과 벌을 나누어주신다는 인상이 … 아주 확연히 두드러진다."[31] 이 때문에 알렉산더는 *Justification and Variegated Nomism* 이라는 책의 목표와 조화를 이루는 결론, 곧 탄나임 문헌에는 비단 한 "체계"뿐 아니라 더 많은 "체계"가 있다는 결론을 끌어낸다. 알렉산더는 "결론으로 제시하는 테제들"에서 미쉬나에 관한 그의 견해를 일반화하여 초기 랍비 문헌 전체를 아우르는 견해로 만들면서 이렇게 말한다. "탄나임 유대교는 본질상 행위-의〔행위로 의를 얻음〕의 종교로 볼 수 있으며, 그럼에도 불구하고 아무 문제가 없다." 그러나 (그는 계속하여) "이스라엘 선택이라는 교리"는 "기본이 되는 행위-의와 변증법적 긴장" 관계에 있다(고 말한다).[32] 따라서 신명기 시프레는 이스라엘 선택이라는 한 견해를 표명하지만, 미쉬나는 행위-의가 대체로 지배한다는 것이 그의 생각이며, 미쉬나의 이런 행위-의는 이스라엘 선택과 긴장 관계에 있다. 알렉산더는 한 번에 한 문서만 공부하고 각 문서에서 그 고유의 견해를 찾아낸 뒤에 일반 결론을 제시해야 한다고 제안한다.[33]

나는 알렉산더가 제시한 결론에 반대하는 내 의견을 몇 개 항목으로 제시해보겠다. 포크의 논문을 다룰 때도 그랬지만, 나는 그의 전반적인 분석에 대해서는 동의하는 바가 많지만, 그가 내린 결론에는 동의하지 않는다. 나는 (나라면 했겠지만) 알렉산더는 다루지 않거나 평가하지 않은 미쉬나의 몇몇 측면도 함께 언급해보겠다.

31 Ibid., 284.

32 Ibid., 300.

33 Ibid., 298f.

68 (1) 모든 사람이 알듯이, 미쉬나는 주로 율법(할라카를 다룬) 토론으로 구성되어 있다. 언약은 어떤 토론도 요구하지 않으며, 언약에 의지함은 율법 문제가 아니다. 따라서 미쉬나는 언약에 한 논문도 할애하지 않는다. (아울러 미쉬나에는 유일신주의를 다룬 논문도 전혀 없다.) 그러나 이스라엘이 하나님께 십일조를 드리고 제사를 올리기 전에 하나님이 먼저 그들에게 땅을 주셨다는 개념과 그렇게 하나님이 먼저 주신 선물에 보답하여 이스라엘이 제사를 올린다는 개념—기독교의 고전적 용어로 표현하면 "선재 은혜"〔prior grace; 앞선〕—이 미쉬나가 곡물로 올리는 제사를 논할 때 사람들이 예상할 만한 곳에서 튀어나온다(가령 *Ma'aśer Šheni* 5.14).

마찬가지로 미쉬나에서는 속죄가 주요 주제다. 속죄는 이전의 좋은 지위를 되찾음을 의미하지, 그런 지위를 처음으로 얻음을 의미하지 않는다. 알렉산더는 참회와 속죄를 논한다. 하지만 "냉혹한 정의가 인정사정 봐줌이 없이 혹은 기계처럼 작동하고 있다는 생각만큼 탄나임 사상을 곡해한 것은 없다"는 게 그의 주된 결론이다. 즉, 그는 참회와 속죄가 행위—의 체계의 엄중함을 완화시켜준다고 본다. 하지만 이스라엘은 "그런 수단을 행할 수밖에 없었기" 때문에, 결국 참회와 속죄는 바탕을 이루는 행위—의를 무효로 만들어버린다.[34] 즉, 옛날 기독교 진영의 평가는 대체로 이렇다: 참회는 선행을 하나 더 늘린 것에 불과하다. 아직 완전히 사라지지 않은 기독교 쪽의 견해를 보면, 참회는 저울에서 참회자에게 유리한 쪽에 속하지만, 하나님의 심판은 철저히 저울 눈금을 계산한 결과에 따른다. 참회 자체는 공로에 속하는 업적으로서, 저울이 심판 받는 개인에게 유리한 쪽으로 기울어지는 데 도움을 준다.[35]

34 Ibid., 288.

35 참회를 믿는 유대인의 믿음이 율법주의가 져야 할 책임을 뒤집어엎지는 않는다고 주장했던 기독교 쪽 학자들을 살펴보려면, *PPJ*, 36(베버), 46f.(불트만), 52f.(티언)를 보라.

여기서 나타나는 주된 결점은 문서인 미쉬나에서 어떤 가설로, 곧 미쉬나가 어떤 세계관 전체를 대변하며 따라서 하나님은 오로지 행위의 균형에만 신경을 쓰신다고 생각하는 사람들이 실제로 있었다는 가설로 옮겨간다는 점이다. 이런 결정은 결국 참회란 단지 하나님의 주된 역할이 공로와 잘못의 계산인 체계에서 그저 잘못을 완화시키는 역할이나 하는 것쯤으로 평가하는 결과로 이어지고 만다. 유대인의 삶은 이런 식의 제약을 받지 않았다. 속죄는 개인의 악행을 제거하는 데 그치지 않고 그보다 훨씬 근본적 의미를 갖고 있었다. 속죄는 사람을 하나님과 본디 가졌던 관계로 회복시켜주었다. 속죄는 하나님과 이스라엘의 기본 약정인 언약, 말하자면 하나님은 이스라엘의 하나님이 되시고 이스라엘은 하나님 백성이 된다는 약정, 이스라엘은 번영할 것이요, 심지어 그들이 곤고한 시절에 빠지더라도 하나님은 이 민족의 연속성을 확실히 보장해주실 것이라는 약정의 일부다.[69] 이스라엘 사람은 율법에 순종해야 한다. 율법에 순종하지 않았을 때는 속죄해야 한다. 그리고 1년에 한 번, 대속죄일에 모든 범과를 씻는다. 랍비들은 나중에 대속죄일에 더하여 참회를 말하곤 했다.[36] 따라서 속죄를 논의할 때는 엄격한 율법주의를 가정하고 논의를 시작해서는 안 된다. 엄격한 율법주의는 학자들의 결정이지, 고대 유대인들이 내린 결정이 아니다.

유대인은 실제 삶에서 "정해진 때"—안식일, 축일, 대금식일〔대속죄일〕—를 지켰다. 이때 그들은 그들 자신이 짊어진 의무를 생각하는 데 그치지 않고, 하나님이 베풀어주신 자비도 생각했다. 유대인의 종교 생활이 우리가 지금 미쉬나에서 발견할 수 있는 율법에 관한 견해와 보상과 벌로 시작한

36 *Sifra Emor* pereq 14를 보면, 성경이 대속죄일과 관련하여 제시하는 다양한 요구를 논한 흥미로운 토론이 나온다. 랍비들은 이 본문에서, 설령 엄숙한 총회가 없고 희생양 등등이 없어도, 대속죄일은 범과를 속한다고 결론짓는다. 사실, 대속죄일은 성전이 없을 때 이미 범과를 속한다(이는 레위기를 읽어서 알 수 있는 게 아니었을 것이다). 이어 랍비들은 (이 주제를 다루는 성경 본문이 언급하지 않는) 참회가 필요한지 여부를 토론한 뒤, 참회가 필요하다고 결론짓는다. 이것이 대체로 랍비들의 의견이다.

다고 판단하는 것은 유대인을 냉혹하게 대하는 것이다. 유대인 그룹 가운데 그 세계관 전체가 율법 토론으로 구성되어 있었던 그룹은 하나도 없었다. 그들은 성경을 믿었으며, 그들이 믿은 것 가운데는 가령 특별한 날을 정해놓은 역법 같은 것도 들어 있었다. 절기가 되면, 그들은 비단 준수할 규칙만 생각한 게 아니라, 신명기 26장에서 고백하는 내용처럼, 그 절기에 적합한 성경 본문도 함께 생각했다. 칠칠절〔Shavuot, the Feast of Weeks〕에 첫 열매를 성전에 가져오는 농부는 "신앙고백"을 말해야 했다(혹은 적어도 언급했으리라고 짐작한다). 이때 그는 하나님이 자신의 조상에게 주신 땅에서 거둔 첫 열매를 가져온다고 말한다. 이 신앙고백은 계속하여 하나님의 아브라함 선택, 이집트에서 보낸 노예생활, 출애굽, 그리고 하나님이 가나안 땅을 선물로 주심을 요약한다.[37] 만일 미쉬나에 들어 있는 율법주의적 논쟁이 정말로 전체 "유대교"를 이루는 것이었다면 유대인이 실제로 살아갔던 삶은 우리가 추론할 수 있을 법한 삶과 달랐을 것이다(아래 (3)을 보라).

참회와 속죄가 유대교에서 하는 역할은 기독교에서 하는 역할과 같다. 두 종교에서 참회와 속죄는 완전한 치유책이다. 인간은 이 둘을 통해 용서를 구해야 한다. 하나님이 용서를 베풀어주신다는 보장이 이 둘 안에 들어 있다. 몇몇 형태의 기독교는(신자라면 세례를 받게 되어 있다고 보는 기독교 형태들은) 참회가 원죄로 고통 받는, 버림받은 사람을 구해준다고 본다.
70 그러나 이와 다른 형태의 기독교, 그리고 특히 랍비 유대교를 포함하여 유대교의 대다수 형태는 속죄가 속죄하는 이를 그가 하나님과 가졌던 좋은 관계로 회복시켜주며, 이 좋은 관계는 하나님의 행동(그 행동이 아브라함 선택과 출애굽이든 아니면 그리스도의 죽음이든)에 달려 있다고 본다. 이런 하나님의 행동은 참회하는 죄인이 자기 힘으로 얻으려 해도 얻을 수 없

37 절기와 금식을 간략히 설명한 글을 보려면, *JPB*, 132-143을 보라.

는 것이다. 참회 당시에 그는 죽은 자이기 때문이다.

또 하나 비판할 것은, 첫 번째 비판보다 덜하긴 하지만, 그래도 알렉산더가 속죄를 아주 따뜻하게 묘사해놓은 내용(286-288) 역시 속죄가 미쉬나에서 두드러지게 나타남을 제대로 설명해주지 않는다는 것이다. 분책 요마〔*Yoma*〕는 대속죄일에 쓰려고 헌정한 논문이다. 이 사실뿐 아니라, 랍비들이 시종일관 사람들이 그 범과를 속죄함으로써 그들이 하나님 백성 속에서 가졌던 자리를 회복할 수 있다고 생각했음을 생생히 보여주는 말들이 더 많이 있다.[38]

나는 미쉬나가 제시하는 땅의 소산으로 올리는 제사에 관하여 토론하고 속죄의 커다란 역할을 강조할 때 하나님의 은혜를 암시하는 모습이 드러나는 점에 주목한다. 뿐만 아니라, 나는 하나님이 값없이〔unearned; 인간의 공로를 대가로 받지 않고 먼저〕 베풀어주시는 신뢰할 만한 은혜를 믿는 믿음을 분명하게 가리키는 또 다른 한 본문에 주목하고 싶다. 분책 쏘타〔*Sotah*〕의 끝부분을 보면, 갖가지 어려움을 탄원하는 기도가 결국 "우리는 누구를 의지할 수 있습니까?"라는 질문을 거듭 던지는 결과로 이어진다. "하늘에 계신 우리 아버지"가 그 대답이다(*Sotah* 9.15). 이 본문은 대봉기〔Great Revolt; 大蜂起〕를 언급하며, 랍비 요하난 벤 자카이〔R. Yohanan ben Zakkai; 제2성전기 시대에 활동한 유대교 현자 가운데 한 사람이라 하며, 사두개파를 반박하고 바리새파의 해석을 옹호한 이로 알려져 있다.ⓣ〕의 학생이었던 랍비 엘리에제르 벤 후르카누스/히르카누스〔R. Eliezer the Great/R. Eliezer ben Hurcanus/Hyrcanus; 1세기와 2세기에 활동한 유대교 현자 가운데 한 사람이다ⓣ〕가 한 말이라고 일러준다. 따라서 이 본문은 십중팔구 유대-로마 전쟁 직후에 나왔을 것이다. 그런 때라 하나님을

38 "속죄하다"라는 동사 *kipper*는, 요마를 빼고 대충 헤아려 봐도, 30개가 넘는 미쉬나욧〔*mishnayot*, 미쉬나 속의 문단들〕에서 발견할 수 있다. 나는 등장 횟수를 셈할 때 명사인 *kippûrîm*이 나오는 경우는 제외했는데, 이 명사도 복합어 형태로 많이 등장한다. *yôm ha-kippûrîm*〔대속죄일〕이 다양한 분책에서 빈번히 등장하면서, 결국 이 명사도 아주 많이 나오게 되었다.

신뢰하기가 조금은 어려웠을 수 있으며, 랍비 엘리에제르가 하나님을 신뢰해야 한다고 강조한 이유도 그런 상황 때문이었을 것이다.

따라서 미쉬나의 랍비들은, (제사와 희생과 속죄를 다루는 본문의 경우처럼) 토론하는 주제와 들어맞으면, 그리고 때로는 심지어 토론하는 주제와 들어맞지 않을 때도(가령 쏘타 마지막 부분이 그런 예인데, 이곳에서는 간음한 여자를 주제 삼아 토론한다), 하나님이 그들에게 땅을 주셨다는 확신을 내보이며, 하나님이 그들의 범과를 용서하시고 결국 그들 옆에 서 계시리라는 확신을 내보인다.

(2) 알렉산더와 포크는, 프로테스탄트의 논박이라는 엄중한 실체에 깊이 신경 쓰지 않는 대다수 유대교 학자처럼, 율법주의라는 비판이 지닌 무게를 완전히 인식하지 못한다: 어떤 개인이 자기 힘으로 얻어낼 수 있는 것이 없으면 하나님과 아무 상관이 없다는 것이 율법주의다. 이는 유대교를—빌러벡(Paul Billerbeck, 1853-1932)이 쓴 용어로 표현하면—자기구속(*Selbsterlösung*)의 종교, 자신의 힘으로 자신을 일으켜 세우는 종교로 만든다. 알렉산더가 미쉬나를 "행위-의의 종교"를 대변하는 책으로 규정할 수 있다고 쓰면서, "유대교가 그런 종교임을 고려하면, 괜찮은 종교다"(300)라고 덧붙인 점이 눈에 확 띈다. 그는 "개인이 스스로 이뤄내는 업적이 없으면 하나님과 아무 상관이 없다"는 비판의 심각함을 깨닫지 못한다.[39]

71 유대교를 반박하는 논증을 체계화했던 프로테스탄트 학자들은, 우리가 유대교를 평가할 때, 인간이 최초에 타락하여 버림을 받았으며 인간 본성이 철저히 부패했다는 기독교의 가설을 토대로 평가를 시작해야 한다고 주장한다-이어 이 학자들은 각 유대인이 하나님의 도움을 전혀 받지 못한

39 내가 SBL과 AAR 서남부 지역 모임에서 유대교가 율법주의인 점을 고려하면 "괜찮다"는 알렉산더의 말을 읽었더니, 청중에게서 숨이 멎는 소리가 들렸다. 이는 일부 프로테스탄트 신자들이 상상할 수 있는, 거의 최악의 표현이다.

나머지 스스로 알아서 어떤 불가능한 상황에서 벗어나야 했었다고 상상한다.[40] 유대인은, 많은 그리스도인과 달리, 원죄에 따른 부패를 주장하지 않고, 도리어 자신들이 하나님과 맺은 좋은 관계(하나님의 애호를 받는 관계)를 물려받았다고 주장했다. 그리스도인은 유대인의 그런 주장은 사실이 아니라고 딱 잘라 부인했으며, 이어 출애굽과 언약을 부인하면서, 언약 속의 어떤 지위가 아니라 도리어 근본적 죄성(sinfulness)과 그에 따른 저주(영벌)를 물려받은 사람들에게 적용되는 보상과 벌을 논하는 체계로 나아갔다. 부세가 써놓았듯이, "인간 본성은 타락했기 때문에, 인간이 하나님께 다가가고자 한다면, 자신을 완전히 바꿔야 한다"(40). 행위-의는 유대인의 유일한 탈출구였지만, 실패할 때가 잦았다. 율법주의를 따르는 유대인의 상태는 거의 절망이었다.[41]

그러나 나는 알렉산더가 그런 신학적 기초를 의식하지 않고 유대교를 "율법주의"라 힐난하는 기독교의 비판이 지닌 엄청난 무게를 의식하지 않았다면 언약적 율법주의를 증명하는 증거를 내가 발견했던 것보다도 얼마든지 많이 발견할 수 있었으리라고 생각한다. 예를 들어, 그가 만일 왜 랍

40 *PPJ*, 215-217이 부세(부세트)를 논한 내용을 보라. 참조한 내용을 모두 보려면, Wilhelm Bousset, *Die Religion des Judentums in neutestamentlichen Zeitalter*, ed. H. Gressmann, Handbuch zum Neuen Testament 21 (1903; Tübingen: Mohr Siebeck, 1966), 374, 389을 보라. 우리는 여기서, 유대교는 율법주의였다는 견해가 타당하려면, 베버가 모든 유대인이 자신들은 선택에서 나타난 하나님의 은혜를 상실했다고 생각했었다는 주장(위 주 7 아래)을 견지해야 한다는 사실과 부세의 견해를 비교해볼 수 있겠다. 우리가 유대교를 평가할 때는 먼저 유대인은 하나님의 사랑에서 제외되었다는 가설에서 시작해야 한다는 베버의 주장은 원죄와 부패를 논하는 기독교 신학에 의존한 주장으로서, 어쩌면 부세의 견해만큼이나 심히 신학적이었을 수도 있다.

41 랍비 유대교를 이렇게 보는 견해를 만들어 내거나 체계화한 기독교 학자들은 "(개인) 구원의 확실성"에만 집착하다가, 개인 구원이라는 관심사가 고대 유대교 사상에서는 두드러지지 않는다는 사실을 깨닫지 못했던 것 같다. 그들은 개개 유대인이 미친 듯이 구원받으려고 몸부림쳤지만, 그의 구원을 보증할 어떤 종교적 담보도 발견하지 못한 채 결국 소망을 잃어버렸다고 생각했다. 물론 어떤 개인이 구원을 확신하는 것처럼 보이면, 그는 금세 오만하다는 공격을 받았는데, 이는 구원을 받지 못하리라는 불안(*Heilsunsicherheit*)으로 가득한 상태보다 훨씬 좋지 않은 것이었다. 이런 주제들을 살펴보려면, *PPJ*, 225-230을 보라. 이런 견해를 가진 학자가 쓴 논문을 보려면, K. H. Rengstorf, "Hope in Rabbinic Judaism," in *Theological Dictionary of the New Testament* (Eng. trans., Ann Arbor, MI: Eerdmans, 1964), 2:523-529, *elpis*를 찾아보라.

비들이 미쉬나를 만들었는지-왜 랍비들이 율법을 공부하고 율법에 순종하려 했는지- 자신에게 물어보았다면, 그도 십중팔구는 내가 내놓은 대답에 동의하면서, 랍비들은 하나님이 먼저 그들을 장차 율법을 수여할 백성으로 택하셨기 때문에 그 율법을 공부했으며 그것을 지키려 애썼다는 대답을 내놓았을 것이다. 그런 이유가 아니면 랍비들이 왜 율법을 공부했겠는가?[72] 그런 이유가 아니면 그들이 왜 이 특별한 문서를 연구할 그룹을, 유대 색채가 철저한 이 그룹을 만들었겠는가?

탄나임 문헌은 하나님과 성경에 성실한 그룹이 먼저 존재함을 전제한다—따라서 선택을 전제한다. 마찬가지로 모든 유대교 문헌과 유대의 역사(역사 기록)는 이스라엘 백성과 하나님의 특별한 관계, 그리고 이스라엘 백성에게 강한 그룹 정체성을 부여했던 단단한 유대관계를 전제한다.

(3) 나는 "뉴스너 오류"〔Neusner fallacy〕라 내가 명명한 것을 필립 알렉산더가 상당 부분 받아들인다는 사실에 좀 더 꼼꼼히 초점을 맞춰보고 싶다. 이 "뉴스너 오류"〔Neusner fallacy〕는 곧 각 문헌은 어떤 세계관을 담고 있으며 그 저자나 편집자가 중요하다고 생각했던 모든 것을 포함하고 있다고 보는 것이다.[42] 내가 아는 한, 이런 주장은 어느 문화 어느 책에도 들어맞지 않는다. 나는 이런 주장이 고대 유대교 문서에 적용될 리도 만무하다고 생각한다. 알렉산더는 모든 문서가 고유한 세계관을 담고 있다는 뉴스너의 명제를 일부 받아들인다. 이 때문에 그는 신명기 시프레는 율법주의를 표방하지 않지만 미쉬나는 율법주의를 표방한다고 주장하면서, 결국 서로

42 Alexander, "Torah and Salvation in Tannaitic Literature," 298f. Jacob Neusner, "Parsing the Rabbinic Canon with the History of an Idea: The Messiah," in *Formative Judaism: Religious, Historical and Literary Studies*, third series, *Torah, Pharisees, and Rabbis*, Brown Judaic Studies 46 (Chicago: University of Chicago Press, 1983), 173-198; *Messiah in Context: Israel's History and Destiny in Formative Judaism* (Philadelphia: Fortress Press, 1984); *Midrash in Context: Exegesis in Formative Judaism* (Philadelphia: Fortress Press, 1983); *Torah: From Scroll to Symbol in Formative Judaism* (Philadelphia: Fortress Press, 1985). 나는 이 저작들의 여러 측면을 "Common Judaism"에서 논했다.

충돌하고 쉽게 조화시킬 수 없는 세계관들이 존재한다고 주장한다.

1980년대 중엽의 뉴스너는 이런 견해를 주장했을지도 모른다. 그가 각 문서는 별개의 사회 그룹이 신봉하는 세계관을 담고 있다는 주장도 폈기 때문이다(주 42를 보라). 하지만 이것은 알렉산더가 받아들이지 않은 뉴스너 오류의 일부일 뿐이다. 그는 미쉬나를 만들어낸 랍비들이 신명기 시프레에서 등장하는 이들과 대체로 같은 그룹 구성원이었음을 안다.[43] 나는 미쉬나에 나오는 이름과 신명기 시프레에 나오는 이름이 겹치는 점을 좀 더 상세히 짚어보겠다.

신명기 시프레에 나오는 랍비 이름 81개중 3분의 2(66퍼센트)에 해당하는 54개 이름이 미쉬나에도 있다.[44] [73] 더 중요한 것은 동일한 랍비들의 의견을 아주 자주 인용한다는 점이다. 그들을 알파벳 순으로 열거해본다: 랍비 아키바〔R. Akiba〕, 랍비 엘리에제르〔R. Eliezer the Great〕, 랍비 이쉬마엘(벤 엘리샤)〔R. Ishmael (b. Elisha)〕, 랍비 요슈아(벤 하나냐)〔R. Joshua (b. Hananiah)〕, 랍비 유다(벤 일라이)〔R. Judah (b. Ilai)〕, 랍비 메이르〔R. Meir〕, 그리고 랍비 시므온 벤 요하이〔R. Simeon b. Yoha〕.

알렉산더는 두 문서가 같은 환경에서 나왔음을 인정하면서도, 여전히 이 둘이 상반된 구원론을 갖고 있다고 역설하면서, 우리가 이 둘을 조화시키는 건 시기상조라고 주장한다. 나는 이런 주장을 잘못이라고 본다. 두 문서는 다른 장르에 속하며, 장르가 다르기 때문에 작품의 내용도 달라진다. 거

43 Alexander, "Torah and Salvation in Tannaitic Literature," 268: "미쉬나와 탄나임 미드라쉬는 같은 문예 정황, 같은 역사 정황에서 나왔기 때문에, 대단히 비슷한 세계관을 공유하고 있다."

44 이 숫자는 근사치다. 나는 이 숫자를 헤아리고자 영역본에 나오는 랍비 명단과 대조해보았다: *The Midrash*, ed. and trans. Herbert Danby, corrected ed. (Oxford: Oxford University Press, 1938, often reprinted), 799-800; *Sifre: A Tannaitic Commentary on the Book of Deuteronomy*, ed. and trans. Reuven Hammer (New Haven, CT: Yale University Press, 1986), 551-553. 미쉬나는 신명기 시프레보다 훨씬 길며, 그 편집자들은 분명 학자들의 의견을 망라하여 인용하려고 상당히 노력했다. 신명기 시프레가 이름을 밝힌 랍비는 81명이며, 미쉬나는 134명이다(탄나임 시대 전에 활동한 현자들은 헤아리지 않았다). 결국 이름이 겹치는 비율은 미쉬나보다 신명기 시프레가 훨씬 높은 셈이다.

듭 말하면, 미쉬나는 율법에 관한 견해를 주제 중심으로 모아놓은 것이지만, 신명기 시프레는 신명기 율법과 내러티브를 모두 다룬다. 하나님과 이스라엘의 언약 관계를 분명히 언급하는 말을 담고 있는 곳은 바로 내러티브다. 따라서 만일 어떤 이가 율법을 율법에 붙인 서문에서, 그리고 이 서문과 율법을 에워싼 내러티브에서 떼어놓으려 한다면, 언약의 맥락〔정황〕을 언급할 기회조차 갖지 못하게 될 수도 있다. 그것이 바로 미쉬나가 하는 일이다. 미쉬나는 율법을 율법 토론의 정황에서 떼어놓는다. 그러나 이것이 곧 미쉬나가 인용하는 랍비들이 율법을 그 맥락 속에서 고찰함이 없이 율법을 지키며 살거나 율법에 관하여 생각했다는 뜻은 아니다. 오히려 반대로, 바로 그 랍비들이 오경의 내러티브 부분에서 선택과 언약이 등장하는 것을 보면 이 선택과 언약에 관하여 주석하기도 했다.

나는 우리가 미쉬나를 따로 떼어 읽어야 하고 거기서 완전한 구원론을 끄집어내야 한다는 견해와 견줄 만한 유비를 하나 제시해본다: 우리는 세법에 관하여 재판했던 중요한 재판관들의 의견을 모아놓은 현대의 책 하나를 유비할 사례로 살펴보는 것이 좋겠다. 그런 책을 살펴본 뒤에는 그 책이 애국주의를 포함하지 않은 미국이나 영국(또는 다른 어느 나라라도 좋다)의 견해를 제시하며, 그 견해는 애국주의가 아주 분명하게 드러나는 그 나라 역사서에서 발견할 수 있는 견해와 정반대라고 말할 것이다. 세법에 관한 견해를 모아놓은 책에 애국주의를 다룬 장〔章〕이 들어 있지 않음은 당연한 일이다. 그러나 이것이 곧 그 책에서 인용하는 사법 기관이 애국주의를 모른다거나 애국주의에 반대한다는 뜻은 아니다. 오히려 그 재판관이 법에 관하여 주석〔註釋〕한다는 것은 그가 그 법을 만들어낸 통치 제도〔기관〕를 존중한다는 것, 따라서 그가 세금과 관련한 재판을 할 때 애국주의를 일언반구도 언급하지 않았지만 그도 애국주의를 생각한다는 것을 보여준다.

따라서 나는 미쉬나가 인용하는 당국자들도 대체로 신명기 시프레에 나오는 이들과 같으며 그들과 같은 견해를 갖고 있었다고 본다.

74 (4) 이는 결국 알렉산더의 논문에 관한 최종 논평으로 이어진다: 알렉산더는 신명기 시프레를 논하면서, 언약의 지속성을 강조하고, "언약은 결국 실패할 수 없다"는 것과 "언약[언약의 성패]은 결국 이스라엘이 아니라 하나님께 달렸다"는 사실을 강조한다(296-297). 그는 결론에서 이런 인식을 "행위-의"와 어떻게 조화시켜야 할지 제시하지 않는다(300-301). 그러나 미쉬나와 탄나님 미드라쉬에 들어 있는 많은 내용이 같은 집단에서 나왔음을 간파하면, 미드라쉬도 이미 언약에 대한 신뢰와 율법의 요구를 함께 묶는 일을 했음을 인정할 수밖에 없다: 성경과 마찬가지로, 미드라쉬도 순종과 불순종, 보상과 벌을 언약이라는 맥락 속에 놓고 본다. 미드라쉬에 등장하는 랍비들은 모두 성경을 연구했으며, 그 가운데 많은 이가 미드라쉬에 기여했다.[45]

고대 문헌과 프로테스탄트의 논박이 제시하는 보상과 벌

(1) 나는 이제 성경의 주요 주제이자 유대교 문헌의 주요 주제인 보상과 벌을 더 상세히 논해보겠다. 나는 *PPJ*에서 순종에 따른 보상과 불순종에 따른 벌을 강조했다. 순종하라는 요구는 위에서 언약적 율법주의의 특징을 열거할 때 항목 4번에서 제시했으며, 보상과 벌은 항목 5번에서 제시했다. 색인은 이 주제에 관한 몇 가지 논의를 보여준다.[46] 모든 독자가 간파하겠지만, 이 주제를 언급하는 진술이 아주 많다. 이런 진술들은 그 바탕을 이루는 신학으로 다른 신학의 존재를 전제하는가?

45 나는 나보다 젊은 눈과 큰 에너지를 가진 사람이 미쉬나에 나오는 랍비들의 이름을 머킬타[*Mekhilta*; 출애굽기를 다룸], 시프라[*Sifra*; 레위기를 다룸], 그리고 시프레 버미드바르[*Sifre Be-Midbar*; 민수기를 다룸]에 나온 이름들과 비교해주길 바란다.

46 *PPJ*에서 "벌"[Punishment]을 제시한 색인은 4행이 조금 더 되며, "보상과 벌" [Reward and punishment]을 제시한 색인은 9행이 조금 더 된다. "보상"에 관하여 더 자세한 것을 살펴보려면, John Meier, *A Marginal Jew: Mentor, Message, and Miracles* (New York: Doubleday, 1994), 2: 388-389 주 178; John Calvin, 아래 주 54에서 인용한 곳을 보라.

초기 랍비 문헌 전체에 널리, 그리고 특히 미쉬나가 행위-의의 신학을 제시한다고 알렉산더는 천명하는데 이 때 알렉산더는 특히 랍비들이 보상과 벌을 강조한다는 점을 그 근거로 삼는다.[47] 아울러 사람들은 고대 유대인이 스스로 그 행위나 공로를 통해 자신을 구원해야 했음을 증명할 때면 늘 이 진술을 증거로 인용하곤 했다. 사람들은 이런 진술을 아우르는 더 큰 맥락에서 몇몇 문장을 인용함으로써 이에는 이, 눈에는 눈을 표방하는 종교의 모습을 그릴 수 있었다. 이런 종교는 하나님이 인간을 다루심을 철저히 인간의 순종이나 불순종에 대한 반응이라고 보며, 따라서 인간의 순종이나 불순종이 하나님의 반응보다 앞선 요소라고 본다.[75] 이런 문장들을 골라내면, 선택과 출애굽을 다룬 역사와 문헌의 맥락에서 순종과 불순종을 끌어낼 수 있다.

나는 아직도 *PPJ*에서 보상과 벌을 제대로 다루었다고 생각하지만, 내 논지 일부에 관하여 답변을 제시해보려 한다. 이번에는 기독교 문헌에서 출발하여, 바울과 마태에게만 초점을 맞춰보겠다.[48]

바울은 이렇게 써놓았다.

> 그 몸을 분별함이 없이 먹고 마시는 이는 모두 그들 자신에 대한 심판을 먹고 마신다. 이런 이유 때문에 너희 가운데 약한 이와 병든 이가 많으며, 일부는 죽었다. 그러나 우리가 우리 자신을 판단하면 판단을 받지 않으리라. 하지만 우리가 주께 판단을 받는다면, 이는 우리가 연단을 받아[어쩌면 "질책을 받아"로 번역하는 게 나을지도 모르겠다] 이 세상과 더불어 정죄를 받지 않게 하려 함이다(고전 11:29-32).

47 Alexander, "Torah and Salvation in Tannaitic Literature," 284, 300.

48 바울을 다루면서 행위에 따른 심판을 논한 *PPJ*, 515-518을 참고하라.

여기서 바울은 유대인의 공통된 견해, 곧 사람이 올바로 행동해야 한다는 것, 하나님이 사람의 행동을 다 살펴보신다는 것, 만일 사람이 올바로 행동하지 않으면 하나님이 사람을 벌하시리라는 것, 그리고 벌은 죄를 속한다는 것을 받아들인다. 바울은 율법주의자가 되지 않고도 이 모든 것을 생각했다. 그렇다면 그는 이런 견해를 과연 어디서 배웠을까?

바울은 나아가 이렇게 써놓았다. "우리 모든 이가 그리스도의 심판석 앞에 나아가, 각 사람이 선이든 악이든 그 몸으로 행한 것을 그대로 되돌려 받게 하려 함이다"(고후 5:10). "우리 모든 이"라는 말은 십중팔구 모든 그리스도인을 가리킬 것이다. 여기서 바울은 사람이 죽어도 남는 죄(아마도 죽은 뒤에야 제대로 벌을 받는 죄를 가리키는 것 같다)는 그리스도께 제시될 것이며, 그리스도는 이 죄를 정의를 따라 처리하실 것이라고 분명하게 말한다. 만일 이 본문이 염두에 둔 이들이 정녕 그리스도인이라면, 보상과 벌이 구원으로 이어지는 체계 안에서 작동한다는 것이 더더욱 분명해진다. 즉 보상은 구원이 아니요, 벌은 영벌〔저주〕이 아닌 셈이다. 벌은, 고린도전서 5:3-5과 11:29-32이 말하는 것처럼, 구원에 이르는 머리말인 셈이다.

이는 보상은 구원이 아니며 벌은 영벌이 아니라는 유대교의 견해와 같다.[49]
76 바울은 물론이요 그리스도인이 아닌 유대인도 보상과 벌이 더 큰 맥락 속에서, 곧 사람들에게 다가가 당신이 벌하시는 이들을 구원해주시는 하나님의 사랑이라는 맥락 속에서 작용한다고 본다. 벌은, 그것이 죽기 전에 주어지든 아니면 죽은 뒤에 주어지든, 죄를 지은 이들이 행하는 속죄의 일부다.

49 내가 고대 유대교와 초기 기독교에서는 "벌"이 "영벌"을 의미하지 않았고 "보상"은 "구원"을 의미하지 않았다고 지적하면, 사람들은 종종 놀라는 것 같다. 내가 지적하는 내용은, 문헌을 살펴보면, 아주 분명하게 드러난다. 몇 가지 사례만 들어보자. 랍비 문헌은 벌이 죄를 속한다고 말한다[*PPJ*, 168-172, 여기에서는 특히 Adolph Büchler, *Studies in Sin and Atonement* (New York: KTAV, 1967)을 인용했다.]. 사해 문서는 벌받는 이를 공동체에서 배제하는 벌도 몇 가지 있지만, 다른 벌들은 범과자를 언약 안에 머물게 하고 동동체 안에 머물게 한다고 말한다(284-287). 솔로몬의 시편을 보면, 경건한 자는 질책을 받아도 구원을 받는다(390-397). 그리고 바울은 그리스도 안에 있는 이는 범과로 말미암아 벌을 받아도 멸망하지는 않는다고 말한다(515-518).

신약 성경이 말하는 보상과 벌을 염두에 두고 마태복음이 말하는 예수를 살펴보자. 예수는 늘 똑바로 살지 않는 사람은 바깥 어두움이나 불이 타오르는 화로 속에 던져질 것이라고 위협한다[마 8:12, 13:42, 50, 22:13, 24:51(이를 갊 등등, 어둠이나 불이 없음), 25:30; 눅 13:28도 마찬가지임]. 아울러 복음서는 예수가 참회하지 않는 두 고을 고라신과 벳새다에 "화"〔禍〕가 있으리라고 외쳤으며, 또 다른 고을 가버나움에겐 음부〔Hades; 陰府〕까지 낮아지리라는 말로 위협했다고 보고한다(마 11:20-24, 눅 10:13-15).

이 모든 말을 살펴보면, 흡사 예수와 바울 그리고 복음서 저자들이 올바른 행위를 기대하고, 범과를 심각하게 받아들이며, 범과를 저지른 이들에게 그에 따른 책임을 물어, 이런 이들이 어떤 식으로든 벌을 받거나 속죄해야 한다고 주장한 것처럼 들린다. 그러나 신약학자들은 예수와 바울 그리고 복음서 저자들이 율법주의를 주장한 이들이라고 비판하지 않는다. 실제로 예수와 그 제자들은 하나님의 은혜와 하나님의 정의에 관한 그들의 견해를 유대교에게서 물려받았다.

나는 "이에는 이, 눈에는 눈"주의〔tit-for-tat-ism〕를 담고 있는 표현은 어느 것이나 율법주의를 증명한다고 생각하는 이들에게 마태복음 6:14을 제시할 수 있다. "이는 만일 너희가 다른 이들의 범과를 용서하면, 하늘의 너희 아버지께서도 너희를 용서하시겠지만, 너희가 다른 이들을 용서하지 않으면, 너희 아버지도 너희의 범과를 용서하시지 않으리라." 이는 선한 행위로 용서를 받을 수 있다는 견해와 관련하여 내가 알고 있는 가장 명확한 단일 표현이다. 사실, 그 전반적 어조를 놓고 보면, 마태야말로 유대 문헌의 어느 부분보다 훨씬 많이 심판을 이야기하고 "율법주의" 색채를 드러낸다.

그러나 나는 마태복음 저자를 율법주의자라고 비판하지 않는다—그러나 내 생각〔taste; 기호〕에 비춰보면, 마태복음 저자는 심판을 지나치게 많이 이야기한다. 그렇다면 그는 율법주의자인가? 아니다. 내가 기억하기에, 마태복음 전체는, 설령 행위-의 형태 같은 것이 우세한 것처럼 보일 때도, 그런 행위-의 형태처럼 보이는 것을 하나님이 그리스도 안에서 은혜로 주신 선물이라는 맥락 속에 놓아두었다.

나는 고대 유대 문헌에 행위를 엄정히 고려하는 내용이 들어 있으며 이런 문헌이 하나님을 정의를 따라 행위를 처리하시는 분으로 묘사한다고 말하는 사람들이 있다 해도, 이들이 다만 초기 기독교 역시 마찬가지였다고 말하는 한, 그런 말을 문제 삼지 않겠다. 실제로 이 점에서는 둘〔초기 기독교와 초기 기독교 시대의 유대교ⓣ〕이 똑같다. 따라서 우리는 그 점을 인정하고, 고대 유대교가 단지 하나님을 정의로우신 분이라 생각했다 하여 유대인을 율법주의자라고 비판하는 것을 멈추어야 한다.

하나님은 정의로우신 분이요 올바른 행위에 보상하시고 잘못한 행위는 벌하시는 분이라는 생각과 벌은 효과가 있으며 죄를 속하는 결과를 낳기 때문에 결국 하나님은 은혜로 구원하시는 분이라는 생각은 상반된 생각이(양립할 수 없는 개념이) 아니다. [77]하나님이 행위를 합당하게 벌하시고 보상하신다는 말의 반대말은 하나님은 변덕스러운 분이요 보상과 벌을 시행하실 때도 개인이 한 행동에는 눈곱만큼도 관심이 없으시다는 말이다. 유대인은 물론이요 그리스도인도 그렇게 생각하지 않았다.

(2) 나는 이제 프로테스탄트 진영의 몇몇 비판자들에게 몇 마디 해두고 싶다. 나는 늘 언약적 율법주의가 유대교 학자보다 오히려 기독교 학자에게 중요하다고 생각해왔다. 그리스도인—특히 프로테스탄트 신자들—은 "율법주의"라는 비판을 내놓았다. "행위-의"를 끔찍하게 여긴 이들은 유대인이 아니라 그리스도인이었다—위에서 살펴본 알렉산더의 논의가 그 점을 잘 보여준다. 언약적 율법주의는 그리스도인이 제기한 그릇된 비판에 대한 내 우려에서 생겨났다.[50] 어쩌면 오만한 말일 수도 있겠지만, 나는 언약적 율법주의가 유대교 학자들이 함께 고찰해 봐도 유익하리라고 생각

했었다. 그러나 *PPJ*가 가까이 염두에 둔 맥락은 신약학계였다.

1960년대와 1970년대 신약학계를 보면, 자유주의 형태의 프로테스탄트 기독교 진영 학자들이 대세를 이루었었다. 그러나 그 세기가 흘러가면서, 보수 프로테스탄트 학자들과 복음주의 프로테스탄트 학자들이 더 많아지게 되었고, 이제는 그들이 상당히 다수를 차지하고 있다(내가 보기엔 그렇다). 이런 변화는 마르틴 루터와 장 칼뱅 시대 뒤에 벌어진 불가사의한 논쟁을 포함하여 프로테스탄트 교의에 더 많은 관심을 불러일으켰다. 우리는 모두 후대의 관심사를 고대 자료에 투영하여 읽어내고픈 유혹에 말려들지 않도록 조심해야 한다. 그런 관심이 우익 프로테스탄트 진영에서 나오면서, 이 진영 사람들은 교의에 더 집착하게 된다. 유대교를 향한 예전의 오래된 비판들(유대교 의식은 외식에 치우쳤으며 하찮다는 비판, 유대교는 사람을 오만하게 하거나 불안에 떨게 한다는 비판 등)은 종종 인문주의에 근거하곤 했지만, 이제는 프로테스탄트 교의가 이런 비판의 근거일 가능성이 더 크다.

나는 이에 해당하는 사례로서 사람들이 *PPJ*를 비판할 때 신인협력〔*synergism*, 神人協力〕이라는 말을 쓴 것을 간단히 논해보고 싶다. *synergism*이라는 단어는, 어원을 살펴볼 때, "협력"이나 "함께 일함"을 뜻한다. *Oxford Dictionary of the Christian Church*〔옥스퍼드 교회사전〕에 따르면, *synergism*은 "회개 행위 때 인간의 의지가 성령 및 하나님의 은혜와 협력할 수 있다는 필립 멜란히톤〔Philipp Melanchthon, 1497-1560〕의 가르침"을 표현하는 말로 사용되었다.[51] [78] 불행히도 내가 메모해놓지 못했지만, 심지어 내 고대 유대교 해

50 프로테스탄트 진영의 논박이 제시한 율법주의 비판의 기원을 살펴보려면, George Foot Moore, "Christian Writers on Judaism," *Harvard Theological Review* 14 (1921): 197-254, 특히 228-234을 보라. "유대교를 반박하는 명제를 대놓고 혹은 은연중에 제시한 것은 가톨릭 교리가 아니라, 특히 근대화된 유형의 루터교〔루터주의〕다"(230-231). 아울러 Bernard Jackson, "Legalism," *Journal of Jewish Studies* 30 (1979): 1-22을 보라: "이처럼 우리가 쓰는 이 용어는 17세기 프로테스탄트 진영의 신학 논쟁에 그 기원을 두고 있다. 19세기에 이르러서야 비로소 … '율법주의'라는 말이 유대교를 비판하는 용어로 사용되었다"(6).

51 *Oxford Dictionary of the Christian Church*에서 "*synergism*"을 찾아보라.

석조차도 신인협력설을 따른 것이요, 이는 율법주의만큼이나 나쁜 것이라는 취지의 주장도 보았다. 말하자면, 신인협력을 주창하는 이들은 (율법주의처럼) 하나님의 은혜를 철저히 무시하고 인간이 그 의지에서 우러나온 행위로 협력해야만 하나님의 은혜도 비로소 작동하지 온전히 은혜만으로는 아무것도 하지 못한다고 보기 때문에 율법주의만큼이나 나쁘다는 비판이었다. 그런 비판들을 떠올려보면, 그런 비판들이 문제 삼는 협력은 사실 하나님의 은혜와 인간 의지의 협력이 아니라, 오히려 하나님의 은혜와 인간 행위의 협력이었다(어쩌면 구분의 의미가 없는 구분일지도 모르겠다).

달리 말하면, 바울과 유대교가 은혜 및 행위에 관하여 의견을 같이 한다는 것이 내가 제시하는 주장이기 때문에, 내가 바울을 읽어낸 결과는 신인협력설이라는 것이었다.[52] 즉 내가 율법주의자에 버금가는 바울을 만들어냈다는 것이다. 말하자면, "내가 그려낸" 바울은, "내가 그려낸" 유대인처럼, 인간이 스스로 성취한 업적으로 구원을 일부 얻어낼 수 있다고 생각했다는 것이다.

내 (어설픈〔amateurish〕) 종교개혁 관련 지식을 최선을 다해 되짚어보면, 내가 바울을 분석한 결과(즉 구원은 은혜와 믿음으로 말미암아 이루어진다; 행위〔행함〕가 있어야 하며 행위에 따라 보상을 받거나 벌을 받는다; 그리스도 안에 있는 이들이 받는 벌은 그들을 구원으로 이끈다)는 종교개혁의 가장 위대한 두 인물인 루터 그리고 칼뱅의 견해와 완전히 일치한다. 내 바울 분석 결과가 루터와 칼뱅을 따르는 다른 모든 이의 견해와 일치하는지 여부는 내가 판단하지 못하겠다. 루터는 갈라디아서 5:14을 주석하면서, 이렇게 써놓았다. "따라서 사도는 그리스도인들에게 믿음에 관한 순전

52 내가 일부 사람들이 말하는 "신인협력"이라는 비판이 무슨 의미인가를 적어도 조금이나마 분명히 깨달을 수 있었던 것은 크레이그 키너와 주고받은 서신 덕택이었다. 나는 지난 몇 년 동안 내 저작을 비판하면서 **신인협력**이라는 말을 사용한 사람들을 메모해놓지는 못했지만, 근래 이 말을 Douglas Campbell, *The Quest for Paul's Gospel* (London: T&T Clark International, 2005), 15에서 보았다. 그는 내가 바울을 읽어낸 결과가 "근본적으로 신인협력설"이라고 비판한다.

한 가르침을 듣고 받았으면, 그 뒤에는 선한 행위를 힘써 행하라고 간절히 권면한다."[53] 칼뱅의 『기독교강요』 3권 18장의 제목은 "행위로 의롭다 하심을 받는다는 결론을 보상이 주어지리라는 약속에서 추론할 수는 없다"〔Justification by Works not to be Inferred from the Promise of a Reward〕이다. 그는 계속하여 빌립보서 2:12과 요한복음 6:27이 "행위는 은혜와 상반되지 않는다"는 것을 보여준다고 말한다.[54] 나는 이 인용문이 하는 말에 전적으로 동의한다. 다만 루터의 말이 담고 있는 시간 순서의 측면을 지적하고 싶다. 선한 행위는 이미 그리스도를 믿은 이들에게 해가 되지 않는다. 유대교에도 이에 상응하는 것이 있는데, 먼저 하나님이 아브라함을 부르시고 출애굽이 있은 뒤에 율법을 수여하셨다는 것이 바로 그것이다(위를 보라).

나는 일부 프로테스탄트 신자들이, 어떤 면에서 보면, 올바른 행위가 신앙생활에서 행하는 역할에 지나칠 정도로 예민해져, "행위"와 "구원"을 아주 밀접하게 결합하여 사용하는 것이 마치 로마가톨릭이나 다른 이단으로 돌아가자는 암시라도 되는 것처럼 두려움을 조장했다고 본다. 79 헤이키 레이세넨은 그런 지나친 예민함을 보며 이런 유머를 던진다. "율법을 지키려는 열심이 율법을 어김보다 위험하다는 인상을 받는다."[55]

나는 인간의 행위를 구원과 밀접하게 연계할 때마다 높아지곤 했던 불안의 역사를 기꺼이 더 많이 알고 싶다. 이런 역사에 관한 내 지식은 한정되어 있다. 하지만, 내가 보기에, 오늘날의 많은 신약학자가 종교개혁 시대 논

53 Martin Luther, *A Commentary on St. Paul's Epistle to the Galatians*, rev. and completed translation based on the Middleton ed. of the English version of 1575 (London: James Clarke, 1953; third impression, 1961), 487.

54 John Calvin, *Institutes of the Christian Religion*, Eng. trans. John Allen (Philadelphia: Presbyterian Board of Christian Education, 1935), 50-51.

55 레이세넨은 루돌프 불트만을 언급하며 이 말을 했지만, 이 언급은 훨씬 넓게 적용되는 말이다. "Legalism and Salvation by the Law," in *Die Paulinische Literatur und Theologie*, ed. Siegfried Pedersen (Aarhus: Forlaget Aros, 1980), 68.

쟁을 통해 그 눈과 귀가 예리하게 다듬어지기 전인 1세기에 살았던 사람들보다 행위와 하나님 은혜의 정확한 관계에 많은 관심을 쏟고 있음은 분명한 것 같다. 나는 "행위"를 놓고 루터와 칼뱅 뒤에 벌어진 논쟁에서 생겨난 치열한 관심이 때로는 무심코 시대를 거꾸로 거슬러 올라가 1세기에 투영된다고 믿는다.

프로테스탄트 진영의 많은 학자는 종교개혁 시대의 논쟁에서 유래한 공식들이 영원한 진리라고 생각한다. 이러다 보니, 자연히 이 공식들을 시대를 거꾸로 거슬러올라가 더 오래 전 일에도 투영한다. 말하자면, 내가 지금 받아들이는 이 견해들은 언제나 진리였으니, 오래 전의 그 사람들도 그 견해들을 틀림없이 받아들였으리라고 생각하는 것이다. 하르티비히 티언〔1927-2015〕의 글에서 유익한 부분을 하나 인용해본다. 티언은 유대교가 참회를 엄격한 율법주의 정황 속에서 인간이 자기 힘으로 이뤄낸 업적으로 보았다고 주장하면서, 이런 주장을 폈다: "우리는 종교개혁의 유산이 우리에게 부여한 의무를 짊어진지라, 공로와 신인협력 사상의 아주 자그마한 흔적이라도 은혜라는 개념을 그 뿌리부터 훼손한다는 것을 안다." 이 때문에, 우리는 유대교가 참회마저도 "옹졸한 계산 체계에 가둬버렸으며," 신앙고백도 "공로"로 여긴다는 것을 의아하게 여겨서는 안 된다. 그는 유대교가 참회의 가치를 "보응의 도그마"나 "보상"〔*Vergeltungsdogma*〕에 종속시켰다고 결론짓는다.[56] 그의 논지는 사실 (우리 가운데 몇몇 사람만이 아는 사실이지만) 공로 그리고 인간과 하나님의 협력(신인협력)이라는 생각이 꼭 은혜라는 개념을 파괴하지는 않는다는 것이다. 이는 옳다. 따라서 우리는 그런 생각이 틀림없이 유대교 안에서 발생했으리라는 것을 안다. 고대

56 Hartwig Thyen, *Studien zur Sündenvergebung im Neuen Testament und seinen alttestamentlichen und jüdischen Voraussetzungen*, Forschungen zur Religion und Literatur des AT und NT 96 (Göttingen: Vandenhoeck&Ruprecht, 1970), 75. 독일어 본문 전체는 *PPJ*, 53에 인용해놓았다. 영역문은 주 71에 있다.

유대인도 가끔씩 순종과 불순종, 보상과 벌에 관하여 생각했기 때문이다.

신학은, 종종 그랬듯이 여기에서도(주 41을 보라), 유대교가 틀림없이 가졌을 법한 모습에 관한 역사 정보를 제공한다. 이 신학은 위에서 인용한 루터와 칼뱅의 글도 선한 행위와 보상이 은혜 개념을 파괴했음을 증명한다고 여길 것이다.[80] 어쩌면 —모든 일이 가능한 법이니— 종교개혁의 우익 진영이 하는 그런 주장이, 즉 루터 뒤에 그리고 칼뱅 뒤에 등장한 이런 신학이 바로 하나님 자신의 뜻이며 우리 가운데 그들을 제외한 나머지 사람들은 하나님 은혜를 부인했으니 다 지옥으로 갈 수밖에 없다는 주장이 옳을 수도 있다. 그러나 우리는 역사가이기에, 과거로 거슬러 올라가 그때 사람들이 생각했던 것에 주목해야 한다. 우리가 역사가로서 내놓는 대답은 그들—랍비들, 바울, 복음서 저자들, 루터, 혹은 칼뱅— 가운데 어느 누구도 선한 행위와 보상과 벌이라는 개념이 아주 조금만으로도 하나님의 은혜라는 개념을 그 뿌리부터 공격한다는 견해를 전혀 주장하지 않았다는 것이다. 그들은 모두 순종과 보상과 벌을 아주 기탄없이 말했다. 우리는 프로테스탄트 종교개혁이 한참 뜨거울 때 새로이 만들어지고 기독교 역사를 포함하여 기나긴 인류 역사 속에서 상당히 적은 사람만이 받아들였던 예리한 구분을 고대 사람들이 어겼다 하여 이 고대 사람들이 잘못했다고 비판해서는 안 된다.

잠시 본론을 벗어나 "신인협력"이라는 여담으로 빠졌는데, 이 대목에서 내가 제시하고픈 논문의 주요 논지로 되돌아가고자 한다. 즉 신약 성경에 있는 책들, 그 가운데서도 특히 바울 서신은 행위가 필요하고, 선한 행위는 보상을 받으며, 악한 행위는 벌을 받는다는 견해를 확실히 제시한다. 만일 어떤 이가 바울을 폄훼하는 뜻으로 **신인협력**이라는 말을 사용하길 원한다면, 어쩔 수 없다. 하지만 내 자신이 바울과 비(非)기독교 유대 문헌을 이해한 결과에 따르면, 그들은 사람들이 행위로 구원받는다고 생각하지 않고, 도리어 하나님이 구원을 베풀어주시고 벌로 죄를 속함 받는다는 커다란 맥락 속에서 행위에 따른 보상과 벌을 받는다고 생각했다. 개인 구원(기독교가 말하는 구원)과 이스라엘 백성 구속(유대교가 말하는 구속)은 모두 하나님의 은혜로 말미암아 이루어지지, 공로로 얻어낼 수 있는 것이 아니다.

"두 구원론" 모델과 관련하여 더 강조해둘 점

(1) 사람들이 때로는 "율법주의"나 "공로 신학"과 같은 의미로 사용하는 "행위-의"[work-righteousness; 행위로 얻는 의]라는 문구를 간략히 논해보는 것이 유익하겠다. 이 말은 "율법의 행위가 아니라 믿음으로 의롭다 하심을 받음"을 논한 바울 서신 본문에서 나왔다. 나는 이미 가장 중요한 점을, 즉 유대교에서는 순종 행위, 혹은 "행위"가 언약이라는 맥락 속에서 기능한다는 점을 강조했다. 택함을 받은 이들은 하나님이 주신 율법을 받아들이고 그 율법에 순종한다.[57]

81 하지만 용어와 관련하여 *PPJ* 독자들이 놓쳐버린 중대한 이슈가 하나 있는데, 여기서 그 이슈를 분명히 밝혀보고자 한다. 바울 서신은 "의"(또는 "칭의")와 "의롭게 되다"(또는 "의롭다 하심을 받다")를 가리키는 단어나 단어들을 우리가 *PPJ*에서 고찰한 다른 문헌이 사용하는 방식과 늘 똑같은 방식으로 사용하지는 않는다. 유대교는 의로운 사람(*tsadîq*한 사람)을 선한 유대인이요, 언약의 구성원으로서, 율법에 순종하고 범과를 참회하는 사람으로 본다. 따라서 유대교가 생각하는 의인은 율법에 비춰 의로운 사람이다. 이 의인은 자기 힘으로 그런 의를 얻은 게 아니며, 언약 안에서 그의 지위를 유지한다.

57 "의롭다고 인정하다" 혹은 "의로 여기다"를 의미하는 동사 *dikaioun*을 영어로 번역하기 어려움을 살펴보려면, *PPJ*, 470-472; *PLJP*, 6 주 18(p. 13f.); *Paul*, Past Masters Series (Oxford: Oxford University Press, 1991), 45-47 (『사도 바오로』, 뿌리와이파리, 2016)을 보라. 불행히도 2001년에 작은 판형으로 재출간된 판(옥스퍼드대 출판부가 펴낸 Very Short Introduction series, 2001, p. 54)은 용어와 번역어 표를 심하게 망쳐놔서 논의 내용을 이해할 수 없게 만들어버렸다.

사람들이 종종 바울 서신에서 유대교의 견해와 상극이라 여기는 문장이 "누구도 율법의 행위로 의롭게 되지 않는다[또는 의롭다 하심을 받지 않는다]"이다(갈 2:16이 그런 예다). 갈라디아서와 로마서를 보면,[58] "의롭게 하다〔to righteous〕"("의롭다 하다〔to justify〕")라는 동사, 또는 이보다 더 자주 사용하는 수동태 동사인 "의롭게 되다"("의롭다 하심을 받다")는 보통 지위가 유지됨을 가리키지 않고, 도리어 지위의 변화를 가리킨다. 그것은 "변화되다," "그리스도의 몸을 구성하는 지체가 되다," "그리스도와 함께 죽다" 같은 의미다. 이는 가령 갈라디아서 3:6-29에서 분명하게 드러나는데, 이 본문을 보면, "믿음으로 의롭게 되다"가 믿음으로 "그리스도 예수 안에 있는 사람이 됨"으로 섞여 들어간다. 빌립보서 3장도 비슷한 과정을 따른다.[59]

바울은 사람이 유대교 율법을 지킴으로 그리스도인이 될 수 없음을 아주 명확히 말했다. 그것이 바로 "사람이 율법의 행위로 의롭게 되지 [의롭다 하심을 받지] 않는다"는 의미다. 이는 유대인이라면 율법을 지켜야 한다는 유대교의 견해를 공격한 말도 아니요, 사람은 하나님께 순종해야 한다는 보편적 견해를 공격한 말도 아니었다. 도리어 바울의 그 말은 율법의 행위가 그리스도의 몸을 이루는 지체가 되게 하지 못한다는 것을 분명히 천명한 것이었다.

이를 달리 표현하면, 이렇다. 즉 의인은 율법으로 말미암아 의롭다는 유대교의 견해와 누구도 율법으로 의롭게 되지 못한다는 바울의 견해는, 그

58 갈라디아서와 로마서 밖에 있는 두 용례-고전 4:4과 6:11-를 보면, 수동태 동사인 "의롭다 하심을 받다"나 "의롭게 되다"가 "죄가 없는 이로 간주되다"(4:4)나 "정결케 되다"(6:11)를 뜻한다. 이 두 본문은 변화의 한 측면을 가리킬 수도 있지만, 그 직접 문맥을 보면, "그리스도 예수 안에 있는 사람"이 됨 같은 말과 평행을 이루지 않는다. 심지어 로마서를 봐도, 가령 롬 2:13에서 볼 수 있듯이, *dikaioun*의 수동형이 늘 "변화되다"를 의미하지는 않는다. "의롭다 하심을 받다[의롭게 되다]"와 "그리스도와 함께 죽다"(그리고 이와 비슷한 말)의 평행 관계〔유사성〕를 살펴보려면, 다음 주를 보라.

59 "의롭게 되다"가 때로 지위의 변화를 가리키는 경우를 살펴보려면, *PPJ*, 470-472, 493, 502-508, 544-546; *PLJP*, 6-10을 더 살펴보라(아울러 "믿음으로 의롭게 되다"와, 그리스도의 죽음에 참여함처럼, 지위 변화〔transfer; 이전〕를 나타내는 다른 용어의 평행 관계〔유사성〕를 보여주는 표도 함께 보라).

말만 놓고 보면, 서로 다른 견해다. [82]그러나 두 견해는 말(표현)만 다를 뿐이다. 이는 두 문구가 각기 다른 주제를 언급하기 때문이다. 한 견해는 하나님의 뜻을 행함으로 그들의 지위를 유지하려는 사람이 언약 안에서 의로움을 말하는 반면(유대교의 견해), 다른 한 견해는 모든 이가 그리스도 안에서 새 사람이 되어야 한다고 말하면서, 이렇게 새 지위로 옮겨가는 변화는 유대교 율법에 순종함으로 얻을 수 있는 게 아니라고 말한다(바울의 견해).

유대교는 율법으로 말미암은 의를 말하는데, 이 의는 율법을 지킴으로 온다. 바울은 이런 행동을 인정하면서도, 그리스도를 얻음으로써 새 "의," 곧 "그리스도의 죽음 안에서 그와 같이 됨"과 관련이 있는 의를 얻음과 비교하면, 율법으로 말미암은 의는 아무 가치가 없다고 보았다(빌 3:6-10). 바울은 그것이 유대교의 결점이라고 주장했다. 즉 유대인이 율법을 지킨다는 게 결점이 아니라, 율법을 지킴으로 그리스도의 죽음을, 곧 바울 자신이 본질이라 여겼던 그 죽음을 공유하지 못한다는 것이 바로 유대교의 결점이었다.[60]

바울은 "율법으로 의롭게 됨"이 그리스도를 얻는 수단이 아니라고 선언하지만, 이것이 곧 그가 사람들이 그리스도의 몸으로 옮겨간 뒤에 올바른 행위를 해야 함을 믿지 않았다는 말은 아니다. 오히려 그 반대로, 바울은 완벽주의자였다. 그럼에도, 바울은, 가끔이긴 하지만, 그리스도인의 행위를 나타내는 말로 의라는 용어를 사용한다.[61] 바울은 다른 용어 무리를 빈

60 나는 바울의 유대교 비판에 관한 내 논의를 맺으면서, "이것이 바로 바울이 유대교에서 발견한 문제다. 유대교는 기독교가 아니다"(*PPJ*, 552)라고 써놓았다. 일부 사람들은 내가 결코 이해하지 못한 여러 이유를 내세워, "바울은 유대교와 아무 관계가 없다"는 것이 이 말의 의미라고 억측했다. 문맥을 살펴보면, 내가 쓴 문장은 명확하다. 즉 바울은 그리스도가 없다는 게 유대교의 잘못이라고 본다(유대인이 율법을 지켰다는 게 잘못이 아니었다). 만일 내가 "바울이 찾을 수 있는 유일한 잘못은…"이라고 말했거나 그와 비슷한 표현을 썼다면, 아무도 내 진의를 오해하지 않았을 것이다.

61 나는 바울 서신에 나오는 *dik*-(의로운-) 단어를 모두 살펴 연구한 결과를 제시하지 않겠다. 바울이 이런 용어를 유대교의 표준 방식으로 사용함을 보여주는 사례가 많이 있는데, 그런 경우는 가령 *adikia*, *adikos*, 그리고 *dikaios*를 연구해보면 드러날 것이다. 바울의 경우에 특이한 점은 그가 동족〔同族〕 동사를 사용하는 방식이다. 그는 올바른 행위를 묘사하는 말로 *dikaios*를 상당히 적게 사용하는데, 이는 다른 유대 저자와 비교하면 특이한 점이다.

번히 활용했으며, 그런 용어 중에는 특히 정결을 나타내는 단어도 들어 있다. 바울이 올바른 행위를 권면한 말에서 딱 한 사례만 들어보자. "전에 너희가 너희 지체를 부정[*akatharsia*]에게 노예로 내주었듯이 … 이제는 너희 지체를 의[*dikaiosynē*]에게 노예로 내주어 성결[*hagiosmos*]에 이르게 하라"(롬 6:19). **부정**과 **성결**(**거룩함**)은 희생 제사 의식에서 중요한 용어다. 여기서 바울은 이 말을 윤리에 합당한 행위에 응용한다. 그는 분명 몸("너희 지체")의 행위가 중요하다고 믿었다. 바울은 로마서 6:19에서 "의"라는 용어를 정결이라는 용어와 결합했다. 유대교에서는 이런 조합이 보통이었지만, 바울이 의로운 행위를 논할 때는 대체로 정결 용어가 의 용어보다 두드러지는데, 이는 특이한 현상이다.[62]

결국, 유대교 문헌은 율법으로 의롭게 된 사람들에 관하여 이야기한다.
83 반면, 바울은 다양한 방식으로 올바른 행위를 독려했다. 그런 것 가운데 하나가 그리스도인더러 부정을 피하고(롬 6:19), 정결하며 흠이 없는 삶을 살아가며(참고. 빌 1:10), "흠이 없이" 지내라고(빌 2:15, 레 21:17에 나오는 제사장처럼 또는 레 22:19에 나오는 희생 제물처럼 흠이 없어야 한다고) 쾌쳐댄〔urge〕 것이다.

"바울"과 "유대교" 사이에 얽힌 이슈는 사람들이 올바로 행하고, "율법"을 충실히 이행하며, 선한 행위를 해야 하느냐 여부가 아니었다. 사람이라면 그렇게 행해야 한다는 데 모든 이가 동의했다. 문제는 사람들이 그리스도의 몸을 이루는 지체가 되어야 하느냐 여부였다. 여기서 사람들은 편이 갈렸다. 바울과 유대교는 "그룹 안에" 있음〔in-group〕이라는 것이 있다는 데는 의견을 같이 했으나, 그룹의 지체가 되는 데 필요한 기본 요구 사항을 놓고 완전히

62 *PPJ*, 450-452; *PLJP*, 6, 14 주 20, 45, 63 주 138을 보라. 더 철저히 살펴보려면, Michael Newton, *The Concept of Purity at Qumran in the Letters of Paul*, Society for New Testament Studies Monograph Series 33 (Cambridge: Cambridge University Press, 1985)을 보라.

다른 의견을 내놓았다. 그들은 모두 "안에" 있는 이들도 올바로 행해야 한다고 믿었다(그러나 그렇게 행해야 할 행위의 일부 세부 사항에서는 서로 의견을 달리 한다). 바울은 때로 그리스도와 함께 죽은 사람의 변화를 나타내는 말로 "의롭게 하다"나 "의롭게 되다"라는 동사를 사용하는데, 이것이 후대 독자에게 다소 혼란을 불러일으켰다, 아울러 바울은 그리스도와 함께 죽은 사람의 변화가 율법을 지킴으로 온 것이 아님을 지적했다.

(2) 마지막으로 율법주의에 관하여 한마디 해둔다. 역사를 살펴보면, 철저히 자신들의 노력으로 자신들을 구원할 수 있다고 믿었던 사람들로 구성된 공동체는 전혀 존재하지 않았다. 그런 구원이 가능하려면, 고립된 개인이라는 개념이 필요하다. 즉 한 민족 단위 그룹이 아니라, 집단에서 아무런 혜택도 얻지 못하고, 어떤 형태의 구원사와도 연결점이 없으며, 오로지 그들 각자 각자가 심판을 행하시고 용서를 모르시는 하나님과 대면해야 하는 개인들이라는 개념이 필요하다. 이런 공동체는 논박이 지어낸 허구다. 설령 그런 공동체가 있었다 해도, 1세기 유대인은 거기에 포함되지 않을 것이다. 우리가 1세기 유대인에 관하여 알고 있는 주요 사실 가운데 하나는 그들이 그들의 하나님과 그들의 동포에게 굳건히 성실했다는 것이다. 그들은 그들끼리 서로 동일하게 여겼고, 그들에게 독특한 율법과 관습을 주신 하나님과 그들 자신을 동일시했다. 그들은 모두 그들이 성실을 다하는 사람들이 바로 하나님이 택하신 그룹의 지체들임을 알았다. 그들은 그들 자신을 고립된 개인으로 여기지 않았다.

내 가장 간절한 소망은 남을 심판하길 좋아하는 그리스도인이 유대교 문헌을 기독교 문헌을 볼 때와 같은 방식으로 살펴보았으면 하는 것이다. 유대교 문헌도 기독교 문헌과 마찬가지로 하나님의 은혜에서 비롯된 선택이라는 개념을 그 기초로 삼고 있기 때문이다.

An Annotated Bibliography for Further Study

작성: 김선용

일차 자료

일차 자료는 우선 『바울과 팔레스타인 유대교: 40주년 기념 한국어판』의 마지막 부분에 실린 〈참고문헌 출처〉의 〈텍스트와 번역문〉목록을 참고하면 좋다. 샌더스의 저술 이후로도 몇몇 중요한 문헌이 새롭게 번역되고 재편집되어 출간되었다. 특히 사해 문서 일부는 서지 정보가 갱신되기도 하였으므로 주의를 요한다. 역자가 본문에서 역자주로 정보를 제공한 부분이 있으니 참고하길 바란다. 그외 자세한 서지 정보는 크레이그 A. 에반스, 『신약 성경 연구를 위한 고대 문헌 개론』, 김주한, 박정훈 역 (서울: 솔로몬, 2018)에서 해당 문헌 관련 사항을 참고하면 좋다. 에녹 1서와 솔로몬의 시편에 대한 개괄과 번역문은 송혜경, 『구약 외경 1』 (의정부: 한님성서연구소, 2018), 집회서는 가톨릭 성경을 참고하라.

이차 자료

1. 바울신학

초급

Aune, David E. "Recent readings of Paul Relating to Justification by Faith." Pages 188-245 in *Rereading Paul Together: Protestant and Catholic Perspectives on Justification*. Grand Rapids, Mich.: Baker Academic, 2006. 샌더스를 "새 관점 학파"의 한 명으로 간주하는 오류를 제외하고는 짧은 분량에 바울 연구사의 주요 주제와 연구자를 거의 빼놓지 않고 살핀 대가의 작품.

Bassler, Jouette M. *Navigating Paul: An Introduction to Key Theological Concepts*. Louisville: Westminster John Knox, 2007. 바울의 신학을 주요 개념에 따라 깔끔하게 정리한 책. 비교적 최신 논의를 담고 있다.

Bird, Michael F. "When the Dust Finally Settles: Coming to a Post-New Perspective." *Criswell Theological Review* 2.2 (2005): 57-69. 새 관점에 대한 학계의 다양한 반응을 정리한 소논문.

D. A. Carson, Peter T. O'Brien, and Mark A. Seifrid, eds. *The Complexities of Second Temple Judaism*. Volume 1 of *Justification and Variegated Nomism*. Grand Rapids: Baker Academic, 2001. 샌더스의 해석을 검토하고 비판하기 위해 카슨이 세계의 굵직한 학자들을 모아서 낸 책이다. 여러 학자들이 샌더스의 유대 문헌 읽기를 어떻게 평가하는지를 볼 수

있고, 바파유와 함께 읽으면 각 유대 문헌 이해의 기초를 쌓는 데 도움이 된다. 전반적으로 편집자 카슨의 의도와는 달리 샌더스의 주장이 유효하다는 평가를 (암묵적으로라도) 내린 학자가 꽤 있다. 카슨의 서문이 이러한 저자들의 견해를 제대로 반영하지 않았다는 평가가 있다.

Fitzmyer, Joseph A. *Paul and His Theology: A Brief Sketch*. 2nd ed. Englewood Cliffs, N.J.: Prentice Hall, 1989. 얇은 책에 방대한 바울 연구의 엑기스를 담아 대가의 노련함을 보여준다. 원서의 초판은 『바울로의 신학』으로 분도에서 1973년에 출간된 바 있고, 개정판은 『바울의 신학』으로 솔로몬에서 1996년에 출간한 바 있다.

Fredriksen, Paula. *Paul: The Pagans' Apostle*. New Haven: Yale University Press, 2017. 바울을 당대의 사회-역사적 맥락에서 읽어내려는 신선한 노력이 담겨 있는 얇은 책. 최근 바울은 철저하게 유대교 안에서 숨쉬고 사고한 사람으로 이해하려는 경향이 두드러지는데(물론 이러한 접근은 유구한 역사가 있다), 이 학문적 동향을 이해하는 데 도움이 된다. (한국어판은 학영에서 출간 예정임.)

Sanders, E. P. *Paul: A Very Short Introduction*. Oxford: Oxford University, 2001. 샌더스의 바울 해석을 이해하기 위한 최고의 입문서. 우리말 번역: E. P. 샌더스. 『사도 바오로: 그리스도교의 설계자』 전경훈 역. 서울: 뿌리와 이파리, 2016.

Wright, Tom. 『톰 라이트, 칭의를 말하다: 하나님의 계획과 바울의 비전』 개정판. 최현만 역. 평택: 에클레이아북스, 2016. 『톰 라이트의 바울: 내러티브 관점에서 본 바울 신학』 순돈호 역. 서울: 죠이북스, 2012.

Yinger, Kent L. *The New Perspective on Paul: An Introduction*. Eugene: Wipf and Stock, 2011. 바울신학의 "행위심판사상"에 대해 좋은 연구물을 저술한 학자가 낸 신뢰할 만한 "새 관점" 입문서.

Zetterholm, Magnus. *Approaches to Paul: A Student's Guide to Recent Scholarship*. Minneapolis: Fortress Press, 2009. 최신 바울 연구 동향까지 망라한 바울 연구사 입문서. 바울신학을 철저하게 유대교 맥락 안에서 이해하려는 움직임인 "Paul within Judaism"을 이해하기 위한 좋은 책을 편집하기도 했다. *Paul Within Judaism: Restoring the First-century Context to the Apostle*. eds. Mark Nanos and Magnus Zetterholm. Minneapolis: Fortress Press, 2015. 이러한 "Paul Within Judaism"은 예전부터 있었던 학계의 목소리(거칠게 말해, 바울의 복음과 신학 논증이 유대인과 이방인을 대상으로 한 것이 아니라 이방인만 대상으로 했다는 주장, Llyod Gaston, Stanley Stowers, John Gager의 책을 보라)를 최근 더 또렷하고 정치하게 부각시키고 있다. 참고할 만한 책으로는 Rafael Rodríguez and Matthew Thiessen, ed., *The So-called Jew in Paul's Letter to the Romans*. Minneapolis: Augsburg Fortress, 2016. 학문적 흐름으로서의 "Paul Within Judaism"은 종종 "Radical New Perspective on Paul" (RNPP, 바울에 관한 급진적인 새 관점; 용어에 대한 설명은 『성서학 용어 사전』(서울: 알맹e, 2019)을 참고할 것.ⓔ)이라고 불리기도 한다. *Sondeweg* (special way for salvation, 유대인에게는 유대인을 위한 구원의 길이, 이방인에게는 이방인만을 위한 구원의 길이 있다는 생각)이라는 표현이 자주 이러한 견해와 같이 등장한다.

Ziesler, John. *Pauline Christianity*, rev. ed. London/New York: Oxford University, 1990. 샌더스가 추천하는 책. 좀 오래된 감이 없지 않지만 그래도 여전히 바울신학 입문에 유용. 우리말 번역: 존 지슬러, 『사도바울의 기독교』 김광수 역. 서울: 은성출판사, 1999.

중급

Dunn, James D. G. *The Theology of Paul the Apostle.* Grand Rapids: Eerdmans, 1998. 한역: 제임스 던, 『바울신학』 박문재 역. 서울: 크리스챤 다이제스트, 2003. "바울에 대한 새 관점"을 바탕으로 바울신학을 기술한 역작. 주요한 학적 논의를 거의 빠짐없이 담고 있는 성실함이 돋보인다. 초급자가 보기에는 다소 어렵다. 한국어판은 번역의 질이 좋지 않다.

Schnelle, Udo. *Apostle Paul: His Life and Theology*, trans. M. Eugene Boring. Grand Rapids: Baker Academic, 2005. (원서: *Paulus: Leben und Denken.* Berlin: Walter de Gruyter, 2003) 아주 독창적이라고 할 수는 없고 군데군데 설득력 없는 주장이 있으나 독어권 학계의 중요한 논의를 각주에 잘 소개하고 요약한 것만으로도 읽을 가치가 있다.

Wolter, Michael. *Paulus: Ein Grundriss seiner Theologie*. Neukirchen: Neukirchener Verlag, 2011. 영역: Michael Wolter. *Paul: An Outline of His Theology*. Trans. Robert L. Brawley. Waco: Baylor University Press, 2015. 매우 독창적인 바울신학 해석을 담고 있다. 격찬받은 그의 로마서 주석(EKK)을 제대로 읽기 위한 디딤돌 역할도 한다.

2. 샌더스의 논지에 대한 중요한 도전

보수적 학자들이 내놓은 샌더스 비판은 셀 수 없이 많으나 대체로 보수적 교리를 옹호하려는 변증적 입장에서 벗어나지 못하며, 샌더스의 논지를 제대로 이해하지 못한 경우가 대부분이다.

학문적으로 볼 때 아래의 연구들이 샌더스의 논지에 의미있는 도전장을 던졌다고 볼 수 있다.

Avemarie, Friedrich. "Erwählung und Vergeltung: Zur optionalen Struktur rabbinischer Soteriologie." *NTS* 45 (1999): 108–26.

——. *Tora und Leben: Untersuchungen zur Heilsbedeutung der Tora in der frühen rabbinischen Literature*. Tübingen: Mohr Siebeck, 1996.
안타깝게 요절한 Avemarie의 랍비 유대교 구원론 해석은 샌더스의 주장을 정면으로 반박하지 않으면서도 하나님의 선택과 보상, 또는 은혜와 행위라는 두 원리가 긴장 가운데 공존했다고 주장한다. 아래에 소개한 Simon Gathercole과 유사한 주장을 할 때도 있다.

Bachmann, Michael."Was für Praktiken? Zur jüngsten Diskussion um die ἔργα νόμου." *New Testament Studies* 55.1 (2009): 35-54. 동일 저자, *Antijudaismus im Galaterbrief? Exegetische Studien zu einem polemischen Schreiben und zur Theologie des Apostels Paulus*. Göttingen: Vandenhoeck & Ruprecht, 1999 (영어번역 *Anti-Judaism in Galatians? Exegetical Studies on a Polemical Letter and on Paul's Theology*. Translated by R.L. Brawley. Grand Rapids: Eerdmans, 2009). "율법의

행위들"이라는 표현을 어떻게 해석해야 하는가라는 질문에 대해 바흐만은 "율법의 행위들"을 "율법의 규정(regulation, prescription)"이라고 해석한다. 바흐만과 던, 그리고 라이트 모두 "율법의 행위들"이라는 매우 드문 표현에 상응하는 단어가 나오는 4QMMT(=4Q394-399) 문서에 대해 글을 썼으니 비교해서 읽기를 추천한다.

Barclay, John M. G. *Paul and the Gift*. Grand Rapids: Eerdmans, 2015. 『바울과 선물』 송일 역. 서울: 새물결플러스, 2019.

———. "Paul, the Gift and the Battle over Gentile Circumcision: Revisiting the Logic of Galatians." *ABR* 58 (2010): 36-56.
바클레이는 샌더스의 유대교 이해가 지나치게 "선행하는 은혜"와 "일방적 은혜"를 강조하는 문제점이 있다고 지적한다. 유대교 내의 은혜 개념은 샌더스가 생각한 것보다 더욱 다양했음을 역설한다. 예를 들어 "받을 만한 가치가 있는 사람에게 주는 은혜"와 "보답을 기대하고 주는 은혜"를 강조하는 유대인들도 있었다. 그의 2010년 소논문은 『바울과 선물』이라는 대작에 도전하기 위한 준비로 안성맞춤이다.

Gathercole, Simon J. "Deutsche Erwiderungen auf die „New Perspective": Eine anglophone Sicht." Pages 115-53 in *Die Theologie des Paulus in der Diskussion: Reflexionen im Anschluss an Michael Wolters Grundriss*. Edited by J. Frey and B. Schliessler. Neukirchen: Neukirchener Verlag, 2013. 독일어권 학계에서 새 관점이 어떤 식으로 받아들여졌는지를 명료하게 저술. 독어권 학자들이 톰 라이트에 거의 관심이 없었다는 이야기가 흥미롭다.

——. "Torah, Life, and Salvation: Leviticus 18:5 in Early Judaism and the New Testament." Pages 126–45 in *From Prophecy to Testament: The Function of the Old Testament in the New*. Edited by Craig Evans. Peabody, MA: Hendrickson, 2004. 레위기 18장 5절이 초기 유대교와 신약 성서에서 어떻게 받아들여지고 해석되었는지를 관찰한 소논문. 구원을 얻기 위해 "행위"를 강조했음을 지적한다.

——. *Where Is Boasting? Early Jewish Soteriology and Paul's Response in Romans 1–5*. Grand Rapids: Eerdmans, 2002. 개더콜의 박사논문이다. 제임스 던의 지도를 받았으나 던의 주장을 반박하는 논증을 전개한다. 초기 유대교의 구원론이 "행위"를 강조했다는 논지.

Laato, Timo. *Paul and Judaism: An Anthropological Approach*. Atlanta: Scholars Press, 1995. (원서: *Paulus und Judentum: Anthropologische Erwägungen*. Åbo: Åbo Akademis förlag, 1991.) 바울과 초기 유대교를 "인간 이해"에 중점을 두고 비교한 책. 유대교가 인간에 대해 비교적 긍정적 관점을 지닌 데 비해, 바울은 하나님과의 관계 측면에서 인간을 매우 부정적으로 파악했다고 주장한다. Latto외에도 많은 핀란드 학자들이 신선한 바울 이해를 제시했다. 이들의 관점은 다음의 책에 잘 나와있다. *The Nordic Paul: Finnish Approaches to Pauline Theology*. Edited by Lars Aejmelaeus and Antti Mustakallio London: T & T Clark, 2008.

Matlock, R. Barry. "Helping Paul's Argument Work? The Curse of Galatians 3.10-14." Pages 154-79 in *Torah in the New Testament: Papers*

Delivered at the Manchester-Lausanne Seminar of June 2008. Edited by M. Tait and P. Oakes. LNTS 401. London: T & T Clark, 2009. 바울 서신에 나타난 유대교와 율법 묘사가 꼭 "중립적"이고 "객관적"이어야 할 이유가 없음을 예리하게 짚은 소논문. 우리는 과연 "바울의 율법관"을 말할 수 있는가?

Watson, Francis. *Paul and the Hermeneutics of Faith*. London: T&T Clark, 2004. 구약 자체에 무조건적 약속과 조건적 언약이라는 긴장이 존재하고 이것이 바울신학의 요체를 형성했다는 주장.

———. *Paul, Judaism, and the Gentiles: Beyond the New Perspective*. 2nd ed. Grand Rapids: Eerdmans, 2007. 왓슨의 박사학위 논문을 개정하고 보완해서 출판했다. 사회학 이론을 바탕으로 바울의 율법관이 유대교 회당으로부터 교회가 분리하기 위한 "사회학적 이유"에서 제기되었다는 주장을 담고 있다. 신학적으로 바울의 율법 이해를 분석하려는 일체의 노력에 도전장을 던졌다.

Westerholm, Stephen. *Perspectives Old and New on Paul: The "Lutheran" Paul and His Critics*. Grand Rapids: Eerdmans, 2004. 보수적 입장을 지닌 학자가 쓴 책 중에서 정보량과 견실함에 있어서 돋보인다. "새 관점"에 대해서 일목요연하게 정리한 부분(직접 인용문을 모아 놓은 부분도 있다)과 종교개혁가들의 바울 해석을 설명한 부분이 특히 가치가 있다.

3. 중요한 샌더스의 연구물

Sanders, E. P. "The Covenant as a Soteriological Category and the Nature of Salvation in Palestinian and Hellenistic Judaism." Pages 11–44 in *Jews, Greeks, and Christians: Studies in Honor of W. D. Davies*. Edited by R. Hammerton-Kelly and R. Scroggs. Leiden: Brill, 1976. (Sanders의 *Comparing Judaism and Christianity*에 제 6장으로 실림.) 『바울과 팔레스타인 유대교』가 주로 팔레스타인 지역의 유대 문헌 분석에 공을 들였는데, 이 소논문에서는 팔레스타인 지역 외의 유대교도 다룬다.

——. "Covenantal Nomism Revisited." *JSQ* 16 (2009): 23-55. (Sanders의 *Comparing Judaism and Christianity*에 제 3장으로 실림. 한국어역은 본 책의 부록 2로 실림.)

——. "Did Paul's Theology Develop?" Pages 325-50 in *The Word Leaps the Gap: Essays on Scripture and Theology in Honor of Richard B. Hays*. Eds. by J. Ross Wagner, Christopher Kavin Rowe, and A. Katherine Grieb. Grand Rapids: Eerdmans, 2008. (Sanders의 *Comparing Judaism and Christianity*에 제 11장으로 실림.) 바울 사고가 일련의 발전 과정을 거쳤다는 샌더스의 논쟁적 주장을 보다 명료하게 진술한 소논문.

——. "Jewish Association with Gentiles and Galatians 2.1–14." Pages 170-88 in *The Conversation Continues: Studies in Paul and John in Honor of J. Louis Martyn*. Edited by R. T. Fortna and B. R. Gaventa. Nashville: Abingdon, 1990. (Sanders의 *Comparing Judaism and Christianity*에

제 13장으로 실림.) 안디옥 사건을 유대교 전문가로서 바라본 연구. 정보가 풍부하다.

——. *Judaism: Practice and Belief, 63 B.C.E.–66 C.E.* London: SCM, 1992. (2016년 Fortress에서 재디자인한 판이 출간됨.) 『바울과 팔레스타인 유대교』가 비교를 중점에 둔 작업인 데 비해 이 책은 초기 유대교를 포괄적으로 설명한다. 필독서.

——. *Paul: The Apostle's Life, Letters, and Thought*. Minneapolis: Fortress, 2015. 만년의 샌더스가 바울 서신 하나하나를 쉽고도 자세하게 설명한 책. 만년의 대가가 학부생들을 대상으로 자기가 알고 있는 바를 빠짐없이, 그러나 쉽게 설명하려고 노력하는 광경을 떠올릴 수 있는 책.

——. *Paul, the Law, and the Jewish People*. Philadelphia: Fortress, 1983. 『바울, 율법, 유대인』, 김진영 번역. 크리스챤다이제스트, 1995. 바울과 팔레스타인 유대교를 읽고 나서 반드시 읽어야 할 바울 해석서이다.

참고문헌과 색인에 대한 안내

본 간추린판에서는 참고문헌과 색인을 생략합니다. 필요하신 분은 『바울과 팔레스타인 유대교: 40주년 기념 한국어판』을 출간한 알맹e 웹집(www.rmaenge.com)에서 무료로 내려받아서 참고로 보실 수 있습니다.

rmaenge.com

'간추린판'에 붙이는 발행인의 말

이 '간추린판'은 원서가 존재하지 않습니다. 오로지 한국어판만 있을 뿐입니다. 그렇다고 앞으로 다른 언어로 나올 것 같지도 않습니다. (이런 책을 출간하게 된 배경은 이렇습니다.) 지난 2018년에 『바울과 팔레스타인 유대교: 40주년 기념 한국어판』(이하 『바파유』)을 출간하면서 5년 동안에 대략 500부 정도가 판매될 것으로 예상하고 그에 따른 정가와 판매 계획을 세웠는데, 예상과 달리 2년여가 지난 지금 벌써 800부가 넘는 종이책과 200부의 전자책이 판매되었습니다. 우리나라에 바울과 유대교 연구자가 이렇게 많이 있을 줄은 상상도 못했던 터라 많이 놀랐습니다. 그러면서 한편으로 SNS와 여러 다양한 경로를 통해서 이 책이 신학 전공자뿐만 아니라 신학을 공부하지 않은 일반 독자들에게도 많은 관심의 대상이 되고 있고, 실제로 읽히고 있다는 것을 알게 되었습니다. 해서 이런 독자들을 위해 좀 더 간단하고 핵심만 정리한 책이 필요하지 않을까 싶었습니다.

처음에는 여러 서문들과 각 장 절의 서두, 그리고 결론부를 대략적으로 발췌하여 종이책 기준 250페이지 정도로 직접 간추릴 계획이었습니다. 그러던 중 사석에서 김선용 박사와 대화를 나누다가 그 간추리는 작업을 김선용 박사가 맡게 되었고, 그 결과물이 바로 이 책입니다. 하지만 이 책이 보여주듯이, 전체 분량에서 절반 정도밖에 줄이지 못했다는 것은 이 책의 '기획 의도'에서 볼 때 치명적인(?) 단점이 되고 말았습니다. 이 정도의 분량으로 줄이기까지는 세 차례에 걸쳐 더, 더, 더 줄여 달라는 발행인의 간곡한 요청이 있었다는 것을 밝히고 넘어가야겠습니다. 그러니 처음에는 얼마나 많은 양이었는지를 짐작해 보실 수 있을 겁니다. 이런 수고로운 과정을 거쳐, 1,100페이지의 방대한 내용을 그 절반 정도로 간추림으로 그 두꺼운

책을 다 읽지 않아도 요지를 이해할 수 있게 되었다는 점, 그리고 종이책을 내는 비아토르 덕분에 알맹e가 가진 유통망의 한계를 뛰어넘어 정식 서점 유통망을 통해서도 구매할 수 있게 되었다는 점은 다행이라고 생각합니다.

지난 20여 년간 책을 판매하고 저작권을 중개하느라 공부는 포기하고 있었는데, 『바파유』와 이번 '간추린판'을 편집하면서 얼떨결에 공부를 다시 하게 되었습니다. 이 책이 1977년에 나온 후 바울 연구의 패러다임 전환이 왜 일어났는지를 확실하게 공부한 셈이지요. '위험한 책'(?)이라고 이 책을 읽고 공부하지 않는다면 바울신학을 제대로 연구하는 자라 할 수 없는 세상에 살고 있다는 것을 상기시켜드리고 싶습니다.

'간추린판'만으로는 별 매력을 느끼지 못하실 분들이 있을 것 같아서 세 가지를 추가했습니다. '간추린판'의 첫 번째 부록은 "유대교와 기독교를 비교함: 내가 걸어온 학자의 길"인데, 샌더스가 어떻게 성장해서 『바파유』를 쓴 대학자가 되었는지와 더불어 『바파유』와 그 뒤의 책들을 어떻게, 왜 쓰게 되었는지 배경 설명을 매우 솔직하게 보여줍니다. 『바파유』를 쓴 대학자가 이렇게 솔직하게 본인의 한계와 무지를 인정하는 모습을 목격하게 됩니다. 두 번째 부록은 "다시 살펴본 언약적 율법주의(Covenantal Nomisim Revisited)"입니다. 김선용 박사의 말을 빌리자면, 이 소논문은 샌더스가 『바파유』에 대해서 여러 학자들이 오랜 세월 비판한 내용들에 대해서 거의 유일하게 공식적으로 반박 대응한 소중한 글입니다. 그래서 김선용 박사는 이 글을 자신의 "영업 비밀"이라고 부르는데, 읽어 보니 동의할 수밖에 없었습니다. 그래서 이렇게 두 편의 짧은 글과 더불어 Annotated Bibliography for Further Study를 추가로 넣었습니다. 원래는 『바울과 팔레스타인 유대교: 40주년 기념 한국어판』을 내면서 넣을 계획이었지만 뜻대로 되지 않아서 이번에 이렇게 뒤늦게 넣었는데, 이 목록과 각 책에 대한 소개글만으로도 이 책값을 한다고 자평합니다.

책을 완성하면서 지난 9월에 샌더스 교수와 부인인 벡키(Rebecca Gray, Prophetic Figures in Late Second Temple Jewish Palestine의 저자) 박사님께 연락을 드렸더니, 최근 들어 "부록 1"에도 잠깐 언급되었던 치매 증세가 심해졌다는 슬픈 소식을 알려왔습니다. 그러면서 아래와 같은 짧은 인사말을 보내주셨습니다.

> 한국의 학생, 학자 및 그 외에 관심을 가질 독자들을 위해 이 두 단편이 함께 번역되어 출간된다는 소식을 접하게 되어 매우 기쁩니다. 내 저술에 꾸준한 관심과 지원을 해주고, 책으로 나올 수 있도록 한 나의 친구이자 동료 맹호성에게 감사한 마음을 전합니다.

개인적으로는 이 '간추린판'을 출간하면서 20년 전에 끝내지 못한 갈라디아서 3:10에 관한 박사논문을 마친 느낌이 듭니다. 맨날 일을 벌릴 때마다 옆에서 묵묵히 벌린 일의 앞뒷처리 다 해주는 아내 김진실 대표님, 미래의 독자들을 위하여 전자책으로만 나왔을 뻔한 이 책을 종이책으로 내주는 제안에 흔쾌히 동의해주고 편집에 참여해준 친구 김도완 대표님, 매번 어렵다고 하면서 번역을 부탁하면 거절하지 않고 이번에도 부록 두 편의 번역을 맡아 주신 박규태 역자님, 후배 바울학도를 위하여 귀찮은 일을 흔쾌히 맡아서 이 책을 함께 만들어주신 김선용 박사님, 그리고 온갖 난해하고 비상식적인 업무방식에도 짜증내지 않고 멋지게 책을 만들어주신 김지호 대표님께 감사드립니다.

2020년 10월 29일

전자책 발행인 김진실, 맹호성과 종이책 발행인 김도완을 대표하여

맹호성 씀

바울과 팔레스타인 유대교: 종교 패턴 비교 (간추린판)

지은이 E. P. 샌더스
옮긴이 박규태
간추린이 김선용
편집 임아름, 맹호성, 김도완
디자인 김지호

2020년 10월 29일 종이책 초판 1쇄 발행

펴낸이 김도완
펴낸곳 비아토르
등록 제406-2017-000014호(2017년 2월 1일)
주소 경기도 파주시 문발로 197 102호(우편번호 10881)
전화 031-955-3183
팩스 031-955-3187
전자우편 viator@homoviator.co.kr

제작 제이오
인쇄 (주)민언프린팅
제본 (주)정문바인텍

ISBN 979-11-88255-70-2 93200

2020년 10월 29일 전자책 1판 발행

펴낸이 김진실, 맹호성
펴낸곳 알맹e
등록 제25100-2014-000047호(2014년 7월 25일)
주소 서울특별시 노원구 동일로 1700, 1031호 (파르코오피스텔) 01624
전자우편 rmaenge@rmaeng2.com
홈페이지 www.rmaenge.com
페이스북 www.facebook.com/rmaenge

eISBN 979-11-959773-9-0 95200

이 도서의 국립중앙도서관 출판예정도서목록(CIP)은 서지정보유통지원시스템 홈페이지(http://seoji.nl.go.kr)와 공동목록시스템(http://www.nl.go.kr/kolisnet)에서 이용하실 수 있습니다.(CIP제어번호: CIP2020044643)